了解中国历史常识，就看这一本

掌握中国历史精髓，只在一问一答间

中国历史常识与趣闻
随问随查

苏豫 编著

中国华侨出版社

图书在版编目（CIP）数据

中国历史常识与趣闻随问随查/苏豫编著. —北京：中国华侨出版社，2012.4（2016.7重印）
ISBN 978-7-5113-1988-3

I.①中… Ⅱ.①苏… Ⅲ.①中国历史－通俗读物 Ⅳ.①K209

中国版本图书馆CIP数据核字（2012）第050430号

中国历史常识与趣闻随问随查

编　　著：苏　豫
出 版 人：方　鸣
责任编辑：云　泊
封面设计：王明贵
文字编辑：倪　亮　李智燕　杨　君
美术编辑：宇　枫
经　　销：新华书店
开　　本：890毫米×1230毫米　1/16　印张：22.5　字数：690千字
印　　刷：北京华平博印刷有限公司
版　　次：2012年5月第1版　2016年7月第3次印刷
书　　号：ISBN 978-7-5113-1988-3
定　　价：59.80元

中国华侨出版社　北京市朝阳区静安里26号通成达大厦3层　　邮编：100028
法律顾问：陈鹰律师事务所
发 行 部：（010）88866079　传　真：（010）88877396
网　　址：www.oveaschin.com
E-mail：oveaschin@sina.com

如发现印装质量问题，影响阅读，请与印刷厂联系调换。

前 言

中华民族数千年的风雨变迁，经历朝代变化，在漫长的历史进程中，出现了众多风云人物、重大历史事件，还有无数具有深远影响的光辉思想和凝结劳动人民智慧结晶的发明创造，这一切都是我们的辉煌与骄傲。对于中国人，特别是对于年轻一代的中国人来说，了解绵延不绝的数千年中国历史中的思想、文化精髓，认识中国历史中历朝历代的名人志士，挖掘已经消失在历史尘埃中的种种过往，感悟中华民族伟大先辈的生存智慧，是一件非常有意义的事，也是每个中国人义不容辞的责任。一个人的历史文化常识往往是其综合素质和能力的体现，了解和掌握必要的历史文化常识，有利于丰富知识储备，提高个人素质。然而，历史文化是一个包罗万象的综合体系，可以说无穷无尽，任何一个人都无法做到对人类历史文化面面俱到、事无巨细地了解。即便是专业人士，所掌握的历史文化常识也不过是庞大冰山的一个小角，对于大多数人来说，更是存在着难以计数的盲区。

为了帮助读者更方便、更轻松、更快捷地了解和掌握必要的中国历史知识，开阔文化视野，丰富知识储备，提高人文修养，增加个人影响力，编者对浩如烟海的历史文化材料进行了适当取舍和整理，选取了读者最感兴趣且最实用的内容，推出了这本书。本书是一个瞭望中国历史的窗口，通过这个窗口，你可以对中国历史有一个全面系统的了解。全书以知识性和趣味性为出发点，全方位、多角度地展示了各个朝代最基础、最有意义和最为人们关注的中国历史常识，涵盖内容广泛，从远古神话到各个历史阶段的文化、人物、著作、建筑古迹、民族风情……不一而足，为读者呈现出一幅恢弘壮阔、气势磅礴的历史画卷：

传说中盘古是怎么开天辟地的？精卫为什么要填海？商朝敢于向神权挑战的君王是谁？楚国人伍子胥为什么要辅佐吴王？萧何为什么要月下追韩信？谁是中国历史上篡位为帝的第一人？在凉州之战中晋军使用了什么神秘武器？为凌烟阁二十四功臣画像的人是谁？潘美算不算是大宋的开国功臣？辽代的"贞观之治"是谁创造的？明朝禁止百姓养猪的皇帝是谁？明朝为猫立碑的皇帝是谁？"最有福气"的清朝皇后是谁？……

本书通过科学的体例、图文结合的版式设计，分别介绍了数百个常识与趣闻，涉及人们在学习、工作、生活中最常用的历史文化常识，资料翔实，语言简练，内容全面，脉络清晰。本书将零散的知识和隐藏在历史背后的趣闻系统地串联在一起，力求为读者在文化的群峰间标画出一些简明的线路，在历史的长河中铺设一条有浮标的缆索。

这是一座浓缩了古今历史文化常识的知识宝库，覆盖面大，涉猎面广，集知识性、趣味性、科学性于一体，为你提供你最想知道、最需要知道、最应该知道的历史文化知识。一书在手，让你在畅游历史海洋的同时，轻松掌握中国历史文化精华。

目 录

远古时期

夏朝时期

商朝时期

西周时期

春秋战国时期

秦朝时期

汉朝时期

三国时期

南北朝时期

隋朝时期

唐朝时期

五代十国时期

北宋时期

南宋时期

辽金元时期

明朝时期

清朝时期

远古时期

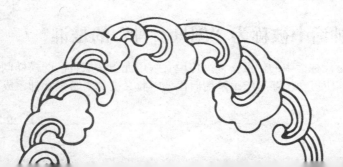

　　在人类产生文字、绘画之前，先有的是语言。在有语言没有文字的年代里，人们传播知识、追溯历史只能靠世代相传的口述形式，也就是流传下来的神话和传说。也因此，神话可以说是唯一接近我们未知的那个年代的最古老的记载形式。在研究远古的史前文明的时候，地球上再没有一种资料比神话和传说更为接近历史的原貌。

　　古老的神话不受任何限制，古朴自然：盘古一只手就可以举起苍天；精卫死了还能变成鸟儿衔石填海；夸父两口就能喝干黄河……这些神话故事丰富了我们对那个遥远年代的记忆。

　　从那些考古遗迹中，我们发现，远古时期的人们聚族而居，在现今已发掘的遗址中都可以看到他们当时居住所形成的聚落。经过漫长岁月的繁衍生息，人口不断增长，当增至一定数量时，就又分离出新的氏族，他们之间以血缘为纽带，形成规模较大的部落。他们一般聚集在大河中下游地区，如关中平原、河东盆地就形成了华夏部落群，炎帝、黄帝、蚩尤还有此后的尧、舜、禹都是这时期的主角。传说在涿鹿之战中，黄帝和炎帝联手打败了以蚩尤为首领的部落，使华夏部落势力扩大到今天的山东境内。

　　尧、舜、禹时期也是一个原始社会向奴隶社会过渡的阶段，最后，禹拥有了夏后氏的称号，即诸夏之王。及至禹的儿子夏启建立夏朝，史前时期也宣告结束了，中国进入了新的文明时代。

传说中盘古是怎么开天辟地的？

　　盘古是中国远古时代传说中开天辟地的英雄人物。"盘古开天"最早见于三国时期徐整的《三五历纪》中。

　　传说在天地还没有开辟之前，有一个不知道为何物的东西，没有七窍，它叫做帝江。它有两个好友：一个叫倏，一个叫忽。有一天，倏和忽商量为帝江凿开七窍，帝江很快同意了。倏和忽用了七天的时间为帝江凿开了七窍，但帝江却因为凿七窍而失去了生命。

　　帝江死后，在它的肚子里出现了一个人，后人称他为盘古。盘古在帝江这个"大口袋"里一直沉睡了约18000年。当他睁开朦胧的双眼时，发现眼前一片漆黑。他的身体好像被一个"鸡蛋"似的东西紧紧地包裹着，他感到浑身焦躁不堪，呼吸十分困难。

　　盘古无法在这种环境中生存下去。他火冒三丈，拔下自己一颗牙齿，把它变成威力无比的神斧，抡起来用力向四周劈砍。一阵巨响过后，"鸡蛋"中一股清新的气体散发开来，飘飘扬扬升到高处，化作天空；另外一些浑浊的东西缓缓沉淀，变成了大地。

　　盘古仍不肯罢休，继续施展法术，不知又过了多少年，天终于不能再长高了，地也不能再增厚了。这时候，盘古也筋疲力尽了，他慢慢睁开双眼，满怀深情地望了望自己亲手开辟的天地，并长长地吐出一口气，慢慢地躺在地上，闭上沉重的眼皮，与世长辞了。

　　盘古临死前，嘴里呼出的气体变成了春风和天空的云雾；左眼变成了温暖的太阳；右眼变成了皎洁的月亮；千万缕头发变成了满天的繁星；一腔热血变成了江河湖海；盘古倒下时，他的头和脚分别化作了东岳泰山和西岳华山，左臂化作了南岳衡山，右臂化作了北岳恒山，腹部化作了中岳嵩山。

　　从此，天上有了日月星辰，地上有了山川树木、鸟兽虫鱼，天地之间有了世界。传说盘古的魂魄在他死后也变成了人类，因此，也就有了人类是世界上的万物之灵一说。

中国远古时代神话中被称为"创世女神"的是谁？

　　女娲是中国远古时代神话中的创世女神。传说女娲用泥土按照自己的模样创造了人类，并为人类建立了婚姻制度，使男女相互婚配，繁衍后代，因此又被称为婚姻女神，成为中华民族伟大的母亲。女娲是被世人长久崇拜的创世神和始祖神。

自从盘古开辟了天地之后，女娲就在这莽莽的原野上行走，她放眼望去，山岭起伏，江河奔流，丛林茂密，草木争辉，天上飞鸣，地上群兽奔驰，水中鱼儿嬉戏，草中虫豸跳跃，这世界按理来说也点缀得相当美丽。但是她总觉得有一种说不出来的寂寞，越看越烦，寂寞感越来越强烈，连她自己也弄不清这是为什么。

她与山川草木倾吐苦闷，可山川草木根本听不懂她的话；对虫鱼鸟兽倾吐心事，但虫鱼鸟兽哪能听得懂呢。她颓然坐在一个池塘旁边，茫然看着池塘中自己的影子。忽然一片树叶飘落静止的池水泛起了一片小小的涟漪，使她的影子也微微晃动了起来。她突然明白了，为什么她会有那种说不出的孤寂感呢？原来是世界缺少一种像她一样的生物。

想到这儿，她马上用手在池边取了些泥土，和上水，照着自己的样子捏了起来。她把泥土捏成一个小小的生物，模样与她自己差不多，也有五官七窍，双手双脚，捏好后放地上，居然活了起来。女娲一见，非常高兴，接着又捏了许多泥人，她称他们为"人"。

"女娲造人"只是一个神话传说，它反映出远古时代人类社会的生活状况。我们都知道，人类历史上存在过母系氏族社会时期，当时妇女在生产和生活中处于主导地位，子女只认得自己的母亲，而不认得自己的父亲。女娲造人的神话正是母系氏族社会的缩影，是母系社会中女性占据社会主导地位的体现。

为什么说伏羲氏是中华民族的"人文始祖"？

在中国神话里，伏羲氏是中华民族敬仰的人文始祖，他居于三皇之首。

相传伏羲的母亲华胥氏外出，在沼泽中无意中看到一个硕大的脚印，好奇的华胥氏用她的脚印丈量了该足迹之后，不知不觉就怀孕了，12年之后，伏羲才降生。传说中伏羲是人首蛇身，长相非常怪异。又相传他是古代东夷部落的杰出首领。

根据古书中记载，伏羲氏发源于成纪一带，发展壮大后，沿着渭河谷地逐渐进入关中，出潼关，沿崤山、王屋山、太行山东迁，而后折向东南，最后在陈建都，共在位150年，传15世。这一活动区与仰韶文化古遗址的分布区域大致相吻合。

今河南淮阳蔡河之滨，有"太昊伏羲氏之陵"，高约20米，上圆下方，据说，此陵早在春秋时期就已经有了，一直保留到今天，是世人公认的伏羲墓地。

伏羲氏是中国古代文献记载中最早的智者之一。上古时期，孟津东部有一条图河与黄河相连，龙马负图就是出于此河，伏羲氏依据龙马之图画出了乾、兑、离、震、巽、坎、艮、坤为内容的卦图，后人称其为伏羲八卦图。伏羲氏仰观天象，俯察地法，用阴阳八卦来解释天地万物的演化规律和人伦秩序。除此之外，伏羲氏还创造了书契、创立了婚姻制度、教会人民渔猎，从而结束了人们茹毛饮血、结绳记事的蒙昧历史，开创了中华文明。据说龙图腾的形成，源于伏羲氏，并非炎帝和黄帝。我们作为龙的传人，在知道炎黄为老祖宗的同时，也不应该忘记，在炎黄之前还有一位更伟大，更古老的始祖，即伏羲氏，是他开创了华夏民族的文明。

因此，伏羲氏被奉为中华民族的"人根之祖"、"人文之祖"。

神农氏是最早的农学家和医学家吗？

神农氏，又被称为五谷帝仙，他是继伏羲以后对中华民族颇多贡献的传奇人物，是农业和医药的发明者，也是最早的农学家和医学家。

传说神农生下来的时候肚子几乎是全透明的，不仅可以看到五脏六腑，还能看得见东西。

那时候，五谷和杂草长在一起，药物和百花开在一起，黎民百姓靠打猎过日子，的时候，只能饿肚子，生病的人们也无医无药，只能等死。神农氏看到人们的疾苦，让人们充饥的谷物和治病的解毒良药。

他带着一批臣民，从家乡出发，走了七七四十九天，历经千难万险终于来到了异草的山谷，他亲自采摘花草，放到嘴里尝，为了能在这里尝百草，为老百姓找到的母亲。女娲是被世人长久崇拜的创世神和始祖神。

自从盘古开辟了天地之后，女娲就在这莽莽的原野上行走，她放眼望去，山岭起伏，江河奔流，丛林茂密，草木争辉，天上百鸟飞鸣，地上群兽奔驰，水中鱼儿嬉戏，草中虫豸跳跃，这世界按理来说也点缀得相当美丽了。但是她总觉得有一种说不出来的寂寞，越看越烦，寂寞感越来越强烈，连她自己也弄不清楚这是为什么。

她与山川草木诉说心中的烦躁，可山川草木根本听不懂她的话；对虫鱼鸟兽倾吐心事，但虫鱼鸟兽哪能了解她的苦恼。她颓然坐在一个池塘旁边，茫然看着池塘中自己的影子。忽然一片树叶飘落池中，静止的池水泛起了一片小小的涟漪，使她的影子也微微晃动了起来。她突然觉得心头的烦恼解开了，为什么她会有那种说不出的孤寂感呢？原来是世界缺少一种像她一样的生物。

想到这儿，她马上用手在池边取了些泥土，和上水，照着自己的样子捏了起来。她把泥土捏成了一个小小的生物，模样与她自己差不多，也有五官七窍，双手双脚，捏好后放地上，居然活了起来。女娲一见，非常高兴，接着又捏了许多泥人，她称他们为"人"。

"女娲造人"只是一个神话传说，它反映出远古时代人类社会的生活状况。我们都知道，人类历史上存在过母系氏族社会时期，当时妇女在生产和生活中处于主导地位，子女只认得自己的母亲，而不认得自己的父亲。女娲造人的神话正是母系氏族社会的缩影，是母系社会中女性占据社会主导地位的体现。

为什么说伏羲氏是中华民族的"人文始祖"？

在中国神话里，伏羲氏是中华民族敬仰的人文始祖，他居于三皇之首。

相传伏羲的母亲华胥氏外出，在沼泽中无意中看到一个硕大的脚印，好奇的华胥氏用她的脚印丈量了该足迹之后，不知不觉就怀孕了，12年之后，伏羲才降生。传说中伏羲是人首蛇身，长相非常怪异。又相传他是古代东夷部落的杰出首领。

根据古书中记载，伏羲氏发源于成纪一带，发展壮大后，沿着渭河谷地逐渐进入关中，出潼关，沿崤山、王屋山、太行山东迁，而后折向东南，最后在陈建都，共在位150年，传15世。这一活动区与仰韶文化古遗址的分布区域大致相吻合。

今河南淮阳蔡河之滨，有"太昊伏羲氏之陵"，高约20米，上圆下方，据说，此陵早在春秋时期就已经有了，一直保留到今天，是世人公认的伏羲墓地。

伏羲氏是中国古代文献记载中最早的智者之一。上古时期，孟津东部有一条图河与黄河相连，龙马负图就是出于此河，伏羲氏依据龙马之图画出了乾、兑、离、震、巽、坎、艮、坤为内容的卦图，后人称其为伏羲八卦图。伏羲氏仰观天象，俯察地法，用阴阳八卦来解释天地万物的演化规律和人伦秩序。除此之外，伏羲氏还创造了书契、创立了婚姻制度、教会人民渔猎，从而结束了人们茹毛饮血、结绳记事的蒙昧历史，开创了中华文明。据说龙图腾的形成，源于伏羲氏，而并非炎帝和黄帝。我们作为龙的传人，在知道炎黄为老祖宗的同时，也不应该忘记，在炎黄之前，还有一位更伟大，更古老的始祖，即伏羲氏，是他开创了华夏民族的文明。

因此，伏羲氏被奉为中华民族的"人根之祖"、"人文之祖"。

神农氏是最早的农学家和医学家吗？

神农氏，又被称为五谷帝仙，他是继伏羲以后对中华民族颇多贡献的传奇人物，是传说中的农业和医药的发明者，也是最早的农学家和医学家。

传说神农生下来的时候肚子几乎是全透明的，不仅可以看到五脏六腑，还能看得见吃进去的东西。

那时候，五谷和杂草长在一起，药物和百花开在一起，黎民百姓靠打猎过日子，打不到猎物的时候，只能饿肚子，生病的人们也无医无药，只能等死。神农氏看到人们的疾苦决定找寻可以让人们充饥的谷物和治病的解毒良药。

他带着一批臣民，从家乡出发，走了七七四十九天，历经千难万险终于来到了一个长满奇花异草的山谷，他亲自采摘花草，放到嘴里尝，为了能在这里尝百草，为老百姓找到谷物和药材，神农叫臣民在山上盖了一间茅屋，白天，他领着臣民到山上尝百草，晚上，他叫臣民生起篝火，他就着火光把它详细记载下来。

有一次，他把一棵草放到嘴里，刚吃完就倒在了地上，他明白自己中了毒，就让臣民们把红灵芝放到自己嘴里，神农吃了灵芝草，马上恢复了健康，从此，人们都说灵芝草能起死回生。就这样，神农尝遍了这里所有的奇花异草，他尝出了麦、稻、谷子、高粱能充饥，就叫臣民把种子带回去，让黎民百姓种植，这也是后来的主要粮食作物。

他还尝出了365种草药，写成《神农本草经》，后来，神农因误食"断肠草"肠断而死。

为什么中国人被称为"炎黄子孙"？

远古的两个部落首领黄帝和炎帝被中国人奉为始祖，因此中国人往往以"炎黄子孙"自居。

黄帝，又称轩辕黄帝，少典之子，本姓公孙，长居姬水（今陕西境内渭河流域一带），因而改姓姬，居住在轩辕（今河南省新郑西北），因此号轩辕氏。他出生、创业和建都在有熊（今河南省新郑），因此又称为有熊氏。

黄帝首先以一统华夏族的丰功伟业而载入史册。他播种百谷草木，大力发展生产，又让仓颉创造了文字，始制衣冠，建造舟车，发明指南车，定算数，制音律，创医学等，是承前启后中华文明的始祖。传说他是中远古时代华夏民族的首领之一。

炎帝同黄帝一样也是中华民族的始祖之一，又称赤帝、烈山氏。炎帝自幼聪慧，出生3天就能说话，5天就能走路，3岁时就知晓稼穑之事。他一生为百姓办了很多善事：教百姓耕作，百姓因而丰衣足食；为了不让百姓再受疾病折磨，他尝遍了各种草药，以至于使自己一日之内中毒70次；他又制作乐器，让百姓懂得礼仪，为后世所称赞。

据说，黄帝族和炎帝族最早在陕西一带活动，黄帝族最后在河北涿鹿附近定居，炎帝最后到达今山东地区。相传，他们两个部落曾携手打败了九黎族，之后两个部落在阪泉决战，黄帝打败了炎帝，两个部落也逐渐融合，成为华夏族，亦称炎黄部落，所以，中国人又被称为"炎黄子孙"。

嫘祖为何被称为人文始祖之一？

在《史记》中记载，黄帝娶西陵氏之女嫘祖为妻，嫘祖发明了养蚕技术，为"嫘祖始蚕"。她是我们先祖中女性的杰出代表，是养蚕制衣的创造者，华夏文明的奠基人。嫘祖被后人奉为"先蚕"圣母，与炎帝、黄帝一样，同为人文始祖。

嫘祖，又作"累祖"。传说她是西陵氏的女儿，是北方部落首领黄帝轩辕氏的妃子。嫘祖生有二子：玄嚣和昌意。据说玄嚣的孙子为五帝之一的"帝喾"；昌意娶蜀山氏的女儿为妻，生儿子高阳，继承天下，这就是五帝之一的"颛顼帝"。

嫘祖不但是蚕桑丝织的伟大创造者，也是一位出色的政治家和教育家。她辅佐黄帝，联盟炎帝，东进中原，战败蚩尤，统一万邦，奠定了华夏立国的基业；她和黄帝共同决定，让长子玄嚣镇守江水（岷江），次子昌意镇守若水（雅砻江），接受艰苦条件的磨练，并让能担当重任的孙子颛顼继承黄帝位；她恩威并用，以攻心为上，多次平定西陵境内的小部落叛乱；她提倡婚娶相媒，缔结对偶婚姻，进行人文教化，逐步杜绝群婚、乱婚、抢婚等败落风俗的现象；她以玉帛化干戈，辅弼黄帝、协和万邦、不尚杀伐、安抚战败的蚩尤部落，使之与其他部族和谐融洽，繁衍生息，使民族共存共荣，和平共处；她"以劳定国"、"以死勤事"、"未尝宁居"，没有坐享"第一国母"的清福……

这些足以表明，嫘祖是个明大体、识礼仪、有韬略、大爱无私的万世母师。嫘祖一生为教育和推广蚕桑事业，奔走劳碌，最后逝世于南巡的衡山道上。由于她巡行全国，教民蚕桑而逝于道上，因此被人们祭祀为"道神"、"行神"、"祖神"，后来又逐渐演变为"旅游之神"，即旅游者的保护神。

后人敬祀嫘祖，由祖先崇拜逐渐发展为神灵崇拜，由民族共祖演进为人格之神，具有双重身份。

黄帝和蚩尤之战的最终结果是什么？

蚩尤是远古时代九黎族部落的酋长，是中国神话传说中的武战神，他和黄帝、炎帝一样，是中华民族的先祖之一。蚩尤与黄帝决战于涿鹿，但最终被黄帝所败。

约在4600多年以前，黄帝在今河北涿鹿县境内，与蚩尤部落展开了一场生死决战——涿鹿之战，这是我国历史上记载的最早的"战争"。蚩尤在战争中战死，东夷、九黎等部族归降了炎黄部族，逐渐形成了今天中华民族的最早主体。

蚩尤曾把炎帝击溃，于是炎帝与黄帝联合起来大战蚩尤。蚩尤率81个兄弟举兵与黄帝在涿鹿展开激战，战争伊始，蚩尤凭借精美的武器和勇猛强悍的士兵，连战连捷。在传说中，后来，黄帝请来龙和其他奇怪的猛兽前来助阵。蚩尤的兵士虽然凶猛，但是遭遇黄帝的军队，再加上这一群猛兽，再也抵挡不住，纷纷溃逃。

后来蚩尤又施用妖术制造了一场烟雾，使黄帝的兵士迷失了方向。黄帝利用天上北斗星永远指向北方的自然现象，造了一辆"指南车"，用于指引兵士冲出迷雾。

黄帝率领兵士乘胜追击，突然间天昏地暗，浓雾迷漫，狂风兴起，雷电交加，暴雨倾盆，因此，黄帝的兵再也无法继续追赶。原来蚩尤请来了"风神"和"雨神"前来助战。黄帝也不甘示弱，请来天上的"旱神"（一说天女）助阵，很快驱散了风雨。霎时间，风停雨息，万里无云。黄帝趁机命应龙喷水。应龙张开巨口，于是江河般的水流从上往下喷射出来，蚩尤没有来得及做好防备，被冲得人仰马翻。他慌忙让"风神"和"雨神"掀起狂风暴雨向黄帝阵营打去，只见地面上洪水暴涨，波浪滔天，情况十分危机。这时候，"旱神"上阵了，她施展法术，刹那间从她身上散射出滚滚热浪，她走到哪里，哪里就风停雨息，烈日当空。"风神"和"雨神"无计可施，慌忙败走了。黄帝乘势率军追赶上去，厮杀一阵，结果，蚩尤大败而逃。后来又经过很多次激烈的决战，黄帝先后杀死了蚩尤的81个兄弟。

然而蚩尤的头跟铁齿铜牙一般，以铁石为饭，还能在空中飞行，在悬崖峭壁上如履平地，黄帝无论如何也捉不住他。当追到冀州中部时，黄帝突发灵感，命人将夔牛皮鼓使劲连擂九下，这一敲果然奏效，蚩尤顿时魂飞魄散，无法游走，被黄帝捉住了。黄帝命人给蚩尤戴上枷栲，随后把他杀了。黄帝惧怕蚩尤死后还会作怪，于是把他的身躯和头颅分开埋在了不同的地方。蚩尤战死之后，他身上的枷栲被取下来抛在荒山上，变成了一片枫树林，每一片枫叶，都是蚩尤枷栲上的斑斑血迹。黄帝打败蚩尤之后，诸侯都尊奉他为"天子"，即轩辕（黄帝的名字）黄帝。

黄帝与蚩尤决战于涿鹿的故事，是古史传说时代的一件大事。这次战争的目的，是双方为了夺取适于牧放和浅耕的中原地带。它也是我国历史上见于记载的最早的"战争"，对于远古华夏族由野蛮时代向文明时代的转变产生了重大影响。

精卫为什么要填海？

精卫是古代神话中的鸟名。精卫填海是在《山海经》中记载的一则神话故事：中国上古时期，有一种鸟名叫精卫鸟。它原本是炎帝宠爱的小女儿，名叫女娃。

炎帝不在家时，女娃只能一个人在家玩耍，她很想让父亲带她出去，到东海去看一看。但是由于父亲整天忙于公事：太阳升起时来到东海，直到太阳落下。几乎天天如此，总是没时间带她去。这一天，女娃没有告诉父亲，悄悄一个人驾着一只小船向东海太阳升起的地方划去。不幸的是，海上突然起了狂风大浪，像山一样的海浪将女娃的小船打翻了，女娃不幸落入大海，最终被无情的大海吞没，永远回不来了。炎帝非常思念自己的小女儿，但却不能让她死而复生，只有独自黯然神伤、唏嘘嗟叹。

女娃死后，她的魂魄化成了一只小鸟，花脑袋、白嘴壳、红色的爪子，发出"精卫、精卫"的悲鸣，因此，人们便把这种鸟叫做"精卫"。

精卫痛恨剥夺了自己年轻生命的大海，她要报仇雪恨。因此，她一刻不停地从她住的发鸠山上衔来小石子和树枝，展翅高飞，一直飞到东海。她在波涛汹涌的海面上不断地翱翔，悲鸣着，把石子和树枝投下去，想把大海填平。

精卫飞翔着、悲鸣着，她衔呀、扔呀，成年累月，往复飞翔、一刻也不停息。后来，一只海燕飞过东海时无意间看见了精卫，他为她的行为感到非常的困惑，但在了解了事情的真相之后，海燕被精卫大无畏的精神所感动，就与其结成了夫妻，然后生出很多小鸟，雌的像精卫，雄的像海燕。小精卫和她们的妈妈一样，也去衔石填海。直到今天，它们还在做着这种工作。精卫锲而不舍的精神，宏伟的愿望和坚定的志向，受到后人的尊敬。

相传以鸟作为文武百官的氏族首领是谁？

少昊，中国五帝之一，是远古时羲和部落的后裔，华夏部落联盟的首领，同时也是东夷族的首领，还是中国嬴姓及其秦、徐、黄、江、李等数百个姓氏的始祖。

相传，在少昊诞生的那天，天上出现了五只颜色各异的凤凰，是按五方的颜色红、黄、青、白、玄生成的，这些凤凰飞落在少昊氏的院子里，少昊就诞生了，因此少昊又被称为凤鸟氏。

少昊从小便具有神奇的禀赋和超凡的本领，他长大后，成为了整个东夷部落的首领，他把自己的国家建立在东海之滨，并且建立了一套奇异的制度，就是用各种各样的鸟儿作为文武百官。

少昊根据不同鸟类的特点，来安排它们的分工：凤凰总管百鸟，燕子掌管春天，伯劳掌管夏天，鹦雀掌管秋天，锦鸡掌管冬天……不仅如此，他还派了5种鸟来管理日常事务：公平的布谷掌管建筑，孝顺的鹁鸪掌管教育，威严的雄鹰掌管法律，凶猛的鸷鸟掌管军事，善辩的斑鸠掌管言论。

另外，少昊还用5种野鸡分别掌管木工、漆工、陶工、染工、皮工等5个工种，用9种扈鸟掌管农业。在少昊的管理下，各种各样的鸟儿都各尽其材，各司其职，而少昊就根据诸鸟的汇报，来论功行赏，论过行罚，把国家治理得井井有条，百鸟们都十分感激少昊的慈爱和德政，佩服少昊的智能和才华。少昊见百鸟之国到处呈现繁荣向上的景象，十分欣慰。

此外少昊还把凤鸟敬为族神，崇拜凤鸟图腾，并把所辖部族用鸟来命名，有凤鸟氏、玄鸟氏、青鸟氏等，共24个氏族，形成一个庞大的以凤鸟为图腾的完整的氏族部落社会。

黄帝死后谁继承了帝位？

颛顼，中国历史中的一位传说人物，为五帝之一，相传他是黄帝之孙，是九黎族的首领，黄帝死后，因颛顼有圣德，立为帝，时年20岁。

颛顼性格深沉而有谋略，15岁时就辅佐少昊，治理九黎地区。颛顼干得很出色，深得少昊的赏识，为了感激颛顼，少昊还亲自教颛顼弹琴。

颛顼一离开，少昊便觉得空荡荡的，每当看到那琴，就觉得离愁难消，于是，他便拿起琴扔进了东海。从此，每当更深夜静的时候，那平静的海面便飘荡着婉转悠扬、凄凄切切的琴声，让人流连忘返。

颛顼回到自己的部落继承了首领之位，他以帝丘（今河南省濮阳市）为都城，用5个官员专门掌管金、木、水、火、土，以句芒为木正，蓐为金正，祝融为火正，玄冥为水正，句龙为土正，合称五官。他严格遵循黄帝的政策行事，使社会十分安定太平。

传说在黄帝晚年，九黎族崇尚鬼神，信奉巫教，废弃劳动生产，百姓家家都有人当巫师搞占卜，一切都靠占卜来决定，人们不再诚敬地祭祀上天，也不安心于农业生产。为解决这问题，颛顼决定改革宗教，亲自净心诚敬地祭祀天地祖宗，为万民作出榜样。

之后颛顼又命人专门负责祭天，以和洽神灵，禁断民间以占卜通人神的活动，还任命部下北正黎负责民政，鼓励人们开垦田地，劝导百姓遵循自然的规律从事农业生产，使社会恢复正常秩序。

我国历史上第一个大法官是谁？

皋陶，名庭坚，字聩，山西省洪洞县人，相传是颛顼帝与邹屠皇后的第七个儿子。据《旧志》、《左传》中记载，皋陶是舜、禹时期的司法长官，他是我国历史上第一个大法官。

在舜当政期间，皋陶就做了舜帝的理官，负责氏族政权的刑罚、监狱和法治。传说皋陶的长相青绿色，就像一个削皮的瓜；他的嘴唇像鸟喙，成为了真诚的标志，能明辨是非，能洞察人情。在任舜的理官时，皋陶制定了五刑之法。

相传皋陶有一只獬豸，獬豸又称直辨兽或独角兽，当人们发生冲突或纠纷时，它就用角指向无理的一方，甚至会将罪该万死的人用角撞死，令犯法者不寒而栗。皋陶审理案件，倘若遇到疑难，就会牵来獬豸。如果那人有罪，獬豸就会用角顶触他，无罪则不会。这种办法果然神效，史书上说皋陶为大理，天下无虐刑、无冤狱，那些卑鄙小人都非常害怕，因此天下非常太平。

皋陶在掌管司法时，曾经"画地为牢"，成为最初监管犯人的监禁场所，我国从此有了监狱。从此，"皋陶造狱，画地为牢"一直流传下来，而造狱先驱皋陶也因此被尊封为狱神。

传说我国第一部《狱典》就是皋陶制定的，他把《狱典》雕刻在树皮上，献给大禹，禹看后觉得非常好，就让皋陶付诸实施。《狱典》总结了偷窃、抢劫、奸淫、杀人等多项犯罪的行为，并且根据犯罪的轻重给予不同的惩罚。

皋陶凭借其卓越的才干辅佐了尧、舜、禹三代君主，成为我国先秦史中一位有深远影响的人物。他创刑、造狱，提倡明刑弼教，以化万民，这些思想为我国各个时期制定、完善、充实各项法律制度奠定了坚实的基础，因此被世人誉为"圣臣"。皋陶去世后，葬在六地，即今天的安徽省六安市。

皋陶以执法如山、为人正直闻名天下，被奉为中国司法的鼻祖。除此之外，皋陶也是上古时期一位伟大的政治家、思想家和教育家，他的"法治"、"德治"思想，与今天的"依法治国"和"以德治国"存在着密切的渊源关系，皋陶文化中的司法活动与法律思想对中国古代法律文化产生了重要影响。

五帝中生下来就知道自己名字的人是谁？

帝喾，中国古代的传奇人物，五帝之一，相传他生下来后，便能说出自己的名字叫"岌"，故帝喾也称帝岌。

相传，帝喾从小就聪明好学，12岁便有了盛名，15岁开始辅佐颛顼，30岁就继承了帝位。他在位70年，享寿百岁，死后葬于河南濮阳顿丘城南台阴野之秋山。

帝喾在人民群众中尤以诚信而著称，相传犬戎房王作乱，帝喾征而不胜，便告文天下，凡取房王人头者，可赐帝女为妻。后来，一个头状如狗头的盘瓠，以自己的勇猛和智慧取房王首级，帝喾当场履行诺言，把帝女嫁给了盘瓠。

帝喾作为一代帝王，倡导诚信，明察善恶，为天下人所景仰，为历代帝王所推崇，时至今日，仍有积极意义。

帝喾的4个妃子各有何特点？

据说帝喾有4个妃子，长妃叫姜嫄，相传姜嫄在娘家时，因外出踏上巨人的脚印而怀孕，由于无夫生子，所以就三次把生下的孩子弃于深巷、荒林与寒冰上，但是由于这个孩子得到牛羊虎豹百鸟的保护，三次都没有死，所以起名叫"弃"，弃长大后，喜欢农艺，教人种五谷，被尊为后稷，成为周民族的祖先。

帝喾的次妃简狄，是有松国（今甘肃省高台县）君的女儿。相传简狄在娘家与自己的妹子建疵到玄池温泉洗浴，有一只燕子飞过，留下一卵，简狄吞吃后，便怀孕生下了契，这便是商族的祖先。

相传帝喾的三妃庆都，是大帝的女儿，生于斗维之野（大概在今河北省蓟县），被陈锋氏妇人收养，陈锋氏死后又被尹长孺收养，因庆都头上始终覆盖一朵黄云，被认为是奇女，帝喾的母亲知道后，就劝帝喾纳庆都为妃，庆都后来生尧。

帝喾的四妃常仪，发长垂足，聪明美丽，先生一女叫帝女，后生一子叫挚，后来挚与尧都继承了王位，作了帝王。

尧帝对人类社会的进步作出了哪些贡献？

尧，姓伊祁，名放勋，史称唐尧。尧在唐地伊祁山诞生，跟随他的母亲在庆都山一带度过童年生活。

15岁时，尧在唐县封山下受封为唐侯。20岁时，其兄长为形势所逼让位于他，尧因此成为我国原始社会末期的部落联盟首长。尧践（特指皇帝登临皇位）帝位后，复封其兄挚于唐地为唐侯。

唐尧在帝位共70年，90岁禅让于舜，118岁时去世。

尧的品质和才智无人能比，因此他即位以后，局面大变：推举本族德才兼备的贤者，首先使族人能紧密团结，做到了九族和睦；考察百官的政绩，区分高低，奖善罚恶，使政务井然有序；同时注意协调各个部族间的关系，教育百姓和睦相处，因而百姓安居，天下安宁，政治清明，世风和谐。传说在尧统治时期，首次制定了历法，这样一来，劳动人民就可以依时节从事生产活动，不致耽误农时。

尧在位期间，洪水泛滥，危害百姓，民不安生。尧征询四岳（四方诸侯之长）的意见，寻找可以治理水患的最佳人选，四岳推荐了鲧。尧觉得鲧这个人很离谱，经常违抗命令，而且危害本部族的利益，不适合承担这项重要的工作。但是四岳坚持要让鲧试一试。于是尧任命鲧去治理水患。鲧治水9年，毫无成绩。后尧又启用禹，使洪水得以治理。尧设置谏言之鼓，让天下百姓尽其言；立诽谤之木，让天下百姓攻击他的过错。

总而言之，尧帝对于远古时代人类社会文明的发展和进步作出了重要的贡献。

丹朱为什么没有世袭尧帝的王位？

帝尧生有10个儿子，丹朱是他的嫡长子，因为出生时全身红彤彤的，所以取名为"丹朱"。丹朱自幼聪明，非常有智慧，被传为历史上的第一围棋高手和围棋界的始祖。他从小极受尧的宠爱，但由于他个性刚烈，做事坚决有主见，缺乏政治智慧，因此被尧视为粗野，不学无术的"不肖乃翁"。

另有传说称，当时正值帝尧的中原华夏族发生危机、统治处于将瓦解之际，以舜为首的东夷与其他氏族部落，蠢蠢欲动，打算篡夺尧的帝位。于是，东夷族的舜便在尧的面前诽谤诬告丹朱，挑拨他们父子之间的关系。后来舜想方设法说服帝尧，将丹朱派到离尧较远的南边丹水流域做诸侯。因此《竹书》中有"后稷放帝朱于丹水"的说法。

舜继尧执政以后，将尧囚禁了起来，为了不让丹朱知道事情真相，所以阻止丹朱看望父亲尧，丹朱知道以后，率领三苗之兵攻伐舜，双方在丹浦展开决战。由于丹朱的得力大将、巨人部落首领夸父因"逐日"误入大泽而死，所以他失去了最重要的得力助手，而帝舜有以射箭闻名的后羿部落相助，所以丹朱最后战败。

尧死之后，丹朱回到华夏部落去奔丧，由于舜的"谦让"，丹朱曾经称帝3年。然而大臣们全部跑到南河之南朝觐舜而不朝觐丹朱。于是，舜顺水推舟说"这是天意"，随即顺应天意和人民的呼声重新登上了帝位。由于丹朱为三苗首领，并且曾经称帝3年，所以在南方的少数民族聚居地区地位崇高，被湖南、广东等地奉为衡山皇、丹朱皇。后来，舜把丹朱封到房地做诸侯。

丹朱死后，其子陵袭封，并以封地为姓，后世称"尧帝世孙，得邑为姓"。

夸父最终追上太阳没有？

"夸父逐日"的故事出自于《山海经·海外北经》，讲的是夸父奋力追赶太阳、长眠虞渊的神话。

远古时期，在北方荒野中，有一座威武雄壮、高耸入云的高山。在山林深处，生活着一群力大无穷的巨人。他们的首领，是幽冥之神"后土"的孙子，"信"的儿子，名字叫做夸父。因此这群人也被称作夸父族。他们不仅身强力壮、高大魁梧、意志坚强、气魄非凡，而且心地善良、勤劳勇敢、过着与世无争，逍遥自在的生活。

当时大地荒凉，毒蛇猛兽肆意妄为，人们生活凄苦。夸父为了让本部落的人们能够更好地活下去，每天都率领众人跟洪水猛兽搏斗。夸父常常将捉到的黄蛇挂在自己的两只耳朵上作为装饰品，或抓在手上挥舞，引以为荣。

有一年，天气非常炎热，毒辣辣的太阳照在大地上，烤死了庄稼，晒焦了树木，干涸了河流。人们难以忍受，夸父族的人也纷纷死去。

夸父看到这种情景非常伤心，他仰头望着太阳，告诉族人："太阳实在是可恶，我要追上太阳，捉住它，让它听命于我。"族人听后纷纷劝阻。然而夸父心意已决，发誓要捉住太阳，让它听从人们的指挥，为大家服务。他看着愁苦不堪的族人，坚决地说："为了大家的幸福，我一定要去！"经过九天九夜，在太阳落山的地方，夸父终于追上了太阳。

热辣辣的火球，就在夸父眼前，万道金光，沐浴在他身上。夸父欢喜地张开双臂，想把太阳

中国历史常识与趣闻随问随查

抱住。可是太阳炽热无比,夸父感到又渴又累。于是他奔到黄河边,一口气将黄河之水喝干了;他又跑到渭河边,把渭河之水也喝光了,可是仍不解渴;他又向北跑去,那里有纵横千里的大泽,大泽里的水足够夸父解渴,但是,夸父还没等跑到大泽,就在半路上渴死了。

夸父虽然倒下了,但他那追求理想的精神,在世人的心目中,却永远不会倒下。这种顽强拼搏的精神,不管对古人,还是对今人,都是一种光明的引领,都是一种理想追求的化身。倒下的夸父变成了一座大山,他的手杖化成了一大片桃林,目的是给追求光明的人解渴,使他们精神百倍,奋勇前行。

"嫦娥奔月"一词是怎么来的?

嫦娥是中国神话人物、大羿的妻子。神话中嫦娥因偷食大羿自西王母处所盗得的不死药而奔月。

很久很久以前,大羿到山中狩猎的时候,在一棵月桂树下邂逅嫦娥,二人便以月桂树为媒,结为夫妻。

到了帝尧时代,天上出现了十个太阳,烤死了庄稼,烤死了草木,百姓们没有水喝,没有食物吃。而且,猰貐、凿齿、九婴、大风、封豕希、修蛇等妖魔鬼怪也开始出来残害百姓。于是帝尧命令大羿将凿齿处死在畴华之野,将九婴诛杀于凶水之上,将大风战败于青邱之泽,射掉天上多余的太阳,杀死猰貐,将修蛇斩杀于洞庭,在桑林抓获封豕希。万民欢喜,拥立尧为天子。

后来,大羿从西王母那里得到了长生药,并交由妻子嫦娥保管。逢蒙听说后前去偷窃,盗窃失败后,逢蒙想要加害嫦娥。情急之下,嫦娥吞下不死药飞到了天上。但由于不忍心离开大羿,嫦娥便滞留在月亮广寒宫。广寒宫里寂寞难忍,于是嫦娥便催促吴刚砍伐桂树,让玉兔捣药,想配成飞升之药,好早日飞到人间与大羿团聚。

大羿听说嫦娥奔月之后,悲痛不已。后来月母为二人的真诚所感动,于是允许嫦娥每年在月圆之日下界与大羿在月桂树下见面。

传说大羿和嫦娥开创了一夫一妻制的先河,后人为了纪念他们,所以演绎出了嫦娥飞天的故事。

大禹是为了治水三过家门而不入吗?

大禹公而忘私,为了治水曾三过家门而不入,被后人视为勤政爱民的典范。

大禹姓姒,名文命,因治水有功,后人俗称他为大禹,即"伟大的禹"的意思。从大禹的父亲鲧开始,就开始治理水患。我国人民同洪水搏斗的古老故事,就是从鲧开始的。

鲧治水失败后,舜就命令鲧的儿子禹继续治水,还派商族的始祖契、周族的始祖弃、东克族的首领伯益和皋陶等人前去协助。

大禹领命以后,首先寻找了以前治水失败的教训,接着就带领契、弃等人和一些徒众助手一起跋山涉水,把水流的源头、上游、下游全部考察了一遍,并在重要的地方堆积一些石块或砍伐树木作为标记,以便于治水时作参考。

考察完毕,大禹最后决定用疏导的方法来治理水患。大禹亲自率领徒众和百姓,带着简陋的石斧、石刀、石铲、木耒等工具,开始治水。他们一心扑在治水上,风餐露宿,风里来雨里去,勤劳而扎实地劳动着。特别是大禹,起早贪黑,兢兢业业,腰累疼了,腿累肿了,依然不倦不怠。

大禹用疏导的方法治水获得了成功。原来,黄河水有主流、支流之分,如果把主流加深加宽,把支流疏通,与主流相接,这样就可以使所有支流的水,都归于主流。同时,他们把原来的高处修建的更高,把原来的低地疏浚得更深,便自然形成了陆地和湖泽。他们把这些大小湖泽与大小支流连结起来,洪水就能畅通无阻地流向大海了。

大禹治水花了十年左右的功夫,开凿了一座又一座大山,开辟了一条又一条河渠。他公而忘私,据说大禹三次路过家门,都没有进去。他把整个身心都放到开山挖河的事业当中了。

大禹治水,为民造福,永远受到华夏子孙的敬仰和称颂。

中国原始社会末期是怎样推选部落首领的？

禅让制是中国原始社会末期推选部落首领的一种制度，这种经过民主方式推选首领的方法，反映了中国原始社会末期的军事民主制传统。

所谓"禅让"，是指远古帝王让位给不同姓的人，如伊祁姓的尧让位给姚姓的舜，舜让位给姒姓的禹。这是一种"拟父子相继、兄终弟及"的王位继承制度，是对正统王位继承制的模拟，是远古时代政治舞台上部族激烈角力的结果，目的是让各部落的代表人物有机会分享最高权力。

在实行"禅让"制度之前，即在三皇时代，实行的是"父死子继、兄终弟及"的血统继位制，最高帝王在同姓家族中产生。该制度于公元前2338年被废除。五帝时代是所谓"公天下"时代，实行的是"拟父死子继、兄终弟及"的王位继承制度，这是一种非血统关系或称"拟血统"的王位继承制。从黄帝开始，王位基本上不传于嫡系长子。黄帝姬姓，禅位于嬴姓少昊；少昊禅位于姬姓养子颛顼；颛顼先传位于嫡长子（称"孺帝"）；孺帝早夭；帝位由颛顼族子喾继承；帝喾传位于帝挚；帝挚禅位于伊祁姓的尧；帝尧禅位于姚姓的舜；帝舜禅位于姒姓的禹。

相传尧年老的时候，举行氏族部落联盟议事会，各部落领袖一致推举舜为继承人。尧便对舜进行了三年考察，认为他可以胜任，就命令舜摄政。舜的政绩得到部族的肯定，于是帝尧进行禅让仪式，在祖庙里的祖宗牌位前大力推荐舜来做自己的帝位继承人。尧死后，便由舜继任为帝王。舜继位后，也用同样的方法选拔继承人。经过治水考验，大禹得到了各部落的认可，于是帝舜举行禅让仪式，在祖庙里的祖宗牌位前大力推荐大禹做自己的接班人。禹在舜死后便成为最高统治者。这种经过各方诸侯以民主协商的方式推举首领的办法，反映了中国五帝时代复杂的部族政治现状。

禹死后，他的儿子启以父传子的方式继承了王位，并为以后历代所沿用，从此"家天下"世袭制取代"禅让制"。

夏朝时期

夏朝是中国有史记载的第一个奴隶制世袭王朝。

禹是夏部落的首领，因治水有功，得到了舜的重用并最终将部落联盟首领之位禅让与他。大禹死后，其子启即位，这也表明了部落联盟"禅让制"的结束和世袭制的开始。也就是从这时候开始，中国形成了历史上所讲的"家天下"世袭制。

夏的统治并不巩固，启在位时发生了伯益叛乱；在启之子太康当政期间，夏朝更是战乱纷纷，最后被东夷的后羿夺取了统治权，这也就是夏朝史上著名的"太康失国"事件。但夺权的后羿也没有改变纷乱的政局，他终日沉溺于游猎之中，将政事完全交与寒浞，最后死于寒浞手中，寒浞自立为王。

之后，太康的弟弟少康起兵打败寒浞，恢复了夏朝的统治地位，夏朝的统治这才得以巩固，国势稳步向上发展。此后的杼、槐、芒、泄、不降、扃、廑等7代统治期间，也是政治稳定，经济繁荣。可是，到夏代的第14个国王孔甲执政时，夏朝开始走向了衰亡，只过了4代便导致了亡国之祸。

夏朝的最后一个国王夏桀，是历史上一个有名的暴君。他在位期间，大量驱使百姓为其建造了无数的宫室台榭，又大肆兴兵对外征伐，使得诸侯纷纷离之而去。而这时，黄河下游的商部落在首领成汤的领导下兴盛起来，并以讨伐暴君夏桀为名，发动了灭夏的战争。夏桀兵败后身死，夏朝宣告灭亡。

夏王朝是一个古老的王朝，共传14代17王（一说13代16王，主要争议在大禹是君主还是部落联盟首领），前后约471年。作为上古三代的开始，夏朝为华夏文明的发展打下了良好的基础，可以说，没有夏朝就没有此后中华民族三千多年光辉灿烂的文明历史。

我国第一个奴隶制王朝是谁建立的？

约公元前2070年，禹建立了中国历史上第一个奴隶制王朝。禹死后，他的儿子夏启继位。夏启废除了原始部落联盟的禅让制变成了世袭制。

当年启的父亲禹在世时，便决定让启参与治理国事。数年之后，启把国事处理得井井有条，在人们心目中的地位也逐渐提高，而根据禅让制成为继承人的伯益，却没有什么政绩。禹死后，启就继承了王位，掌握了行政大权。同时大部分部族的首领，都表示愿意效忠于启。

这时伯益忍不住了。于是他召集东夷部族率军向启进攻。而启对此早有准备，经过一场激战，他打败了伯益的军队。尽管启击败了伯益，但很多部族对他的做法表示强烈的不满。有一个部族首领叫做有扈氏，他率先反对夏启的做法，并要求启还位于伯益。夏启为了维护尊严，发兵攻伐有扈氏，最终在甘泽（今陕西省户县一带）地方，两军发生了战斗。经过一场激战，有扈氏终于被打败。

夏朝建立以后，确立了一系列的政治制度。夏王朝的最高首领称为"王"或"后"，父子或者兄弟相传，夏朝是中国古代"家天下"制度的开端。从古代文献资料记载来看，夏朝的政治机构非常庞大。

夏王朝九州岛的划分和五服的存在，说明了夏朝对地方的管理，主要是通过任命各部族首领为诸侯，诸侯又称为"伯"或"牧"。诸侯必须服从夏王的政令，定时对王朝承担贡纳、朝见、服役和随从征伐的义务。诸侯之下，还设有大夫，即各大家族的族长。因此，古人说，夏王有天下，诸侯有国，大夫有家。

夏朝的建立代表着生产力水平的提高，是人类社会的进步，是中国奴隶社会的开端。

太康失国是因为贪图玩乐吗?

太康,是夏启的长子。启病逝后太康继承了王位。他在位29年,但实际上掌握政权的时间只有2年。由于太康不理朝事,在去洛水北岸游玩时,被后羿夺去国政,这就是历史上"太康失国"事件。

太康从小就跟着父亲学会享受,即位后生活更加奢侈腐化,只顾饮酒作乐,将政事完全抛之脑后。有一次,太康带着家属、亲信去洛水北岸游猎。一去就是三个多月,弄得政事废弛,民怨沸腾。东夷族的一支有穷氏(在今山东省德州市北)部落首领后羿乘机反叛,夺取了夏的都城安邑。太康带着猎物,兴致勃勃地返回都城,走到洛水岸边的时候,看到对岸有重兵把守,便急忙派人过河打探,这才知道是后羿占取了都城。其余各部落首领对太康不满,而且又惧怕后羿的实力,所以谁也不愿帮助太康。太康后悔不已,只好在阳夏筑了一座土城居住下来。

太康的5个弟弟见兄长一直都没有回到都城,就陪着母亲来到洛水南岸苦苦等候,然而始终没能等到。为此,五兄弟作了一首歌来追颂他们的祖父禹的功绩和品德,倾诉眼前的凄惨之情。这首歌就是《尚书》中著名的《五子之歌》。

歌词的大意是:我们的祖先大禹曾经教导子孙说,百姓是国家之本,只有本源稳固了,国家才能安宁。君王应该勤于政事,用心治理好国家,倘若贪恋酒色、好游猎,大兴土木地 建造亭台宫室,那么迟早会失去民心,导致亡国。想想我们的祖先大禹在世时,他身为万邦之君,将天下治理得井然有序,百姓们都能安居乐业,他是一位多么圣贤的君主啊!今天,太康不遵祖训,荒废政事,弄得百姓们都仇恨我们,使祖先创建的朝野被人颠覆,让我们陷于凄苦的境地。太康啊!你造成了大错,我们心中是多么伤痛!

27年之后,太康病死,葬于阳夏(今河南省太康县西)。

为什么说寒浞是个心肠毒辣的人?

寒浞出生在夏王仲康七年。他是伯明氏的后代,因为他的先祖在黄帝时,曾经掌管过车服一职,所以他有功于黄帝,黄帝将他封于寒(在今山东省潍坊市一带),其属地称为伯明国(也称寒国),其族人便以寒为姓。

寒浞的父母从小就非常娇惯他,任由他胡作非为。十几岁时他就搅得四邻不得安宁。族人为此纷纷谴责他的父母,他的父母见他闹得实在是有些离谱,就批评他几句,没想到他竟然把父母捆绑起来,照样出去胡作非为。邻居们只好告到族长(诸侯国君)那里,请求族长做主。族长大怒,下令将寒浞驱逐出境,永远不许再回寒国。

他被驱逐之后并没有丝毫的悔意。押送他的士兵问他是否需要回家与父母告别,他竟说不用了,然后毫不犹豫地与士兵上了路,头也不回地离开了寒国。

离开故土后,寒浞一路谋划着自己下一步该怎么走。这时,他听说有穷国的国君后羿攻占了夏朝的国都,自立为王,号称天子。他觉得后羿真是个了不起的大英雄,于是决定前去归服他。在途中,寒浞在山中一户人家借宿,遇见了一位奇人,这位奇人很喜欢寒浞的聪明伶俐,便收他做徒弟。经过一年多的摔跤练习,寒浞从师父那里学到了一身高超的武艺。寒浞害怕师父再收其他人做徒弟,于是用毒药把师父毒死,然后搜刮了师父的所有财物,随后一把火将师父全家和房子一起烧毁。

后羿十三年秋天,寒浞辗转来到夏都斟寻。在城里住了十几天之后,寒浞终于找到机会见到后羿,他凭借自己的聪明才智和伶牙俐齿,赢得了后羿的垂青,最后,寒浞与后羿的妃子纯狐私通密谋害死了后羿,成为了有穷国的首领。

可以说他是一个不忠不孝、不仁不义的人,在他夺取了有穷国的半壁江山后又继续穷兵黩武,夺去了夏王朝的政权,使夏王朝易主40年之久。

少康复国成功了吗?

夏王相统治末期,后羿发动政变,废相篡夺王位。7年后,寒浞杀死后羿篡位,并追杀相,相死时,妻子后缗氏正好怀有身孕，她当时顾不得失去丈夫的痛苦和王后的尊严，紧急之下随宫女从狗洞中爬出，逃回娘家有仍氏，并在第二年生下少康。

少康从小就很聪明，他初懂人事后，母亲就告诉他祖上失国的惨痛经历，并叮嘱他日后一定要报仇雪耻，复兴夏朝。从此，少康发奋图强，立志要夺回夏朝天下。他先在外祖父手下担任管理畜牧的小官职，平时一有机会就学习带兵作战的本领，并且时时警惕，防止寒浞来杀害他。不久，寒浞的儿子浇果然派兵来抓捕少康，于是少康逃奔到一个名为有虞氏的部落（今河南省商丘市虞城县）。有虞氏首领虞思让少康担任管理膳食的官，让他学习理财的本领，并把自己的女儿嫁给他，还赠给他一块方圆10里的名叫纶的肥沃土地和500名兵士，这就使得少康有了土地和军队。少康非常注重体察百姓疾苦，宣传祖先大禹的功德，努力争取人民支持他复兴夏国，并召集夏朝的旧臣前来与他会合。

当时，有个名叫靡的人，原是相的臣下，寒浞夺取王位之后，他逃到名为有鬲氏的部落（今山东省德州市临邑县德平镇），招集流亡之士，积蓄实力，以伺机复兴夏朝。他得知少康的消息后，率先响应少康的号召，带领有鬲氏的军队，会合斟寻、斟灌两地的复仇之师，前去与少康会合，拥戴少康为夏王。

少康先派儿子季杼灭掉了寒浞的第二个儿子戈意，以削弱敌方的实力，又派将军汝艾去侦察寒浞长子过浇的虚实。等到一切准备就绪之后，他从纶出兵，一路下来势如破竹，节节胜利，最后终于攻克了旧都，诛杀了寒浞，夺回了王位，建都阳夏。

少康是位有作为的君主吗？

从少康的所作所为来看，他是一位很有作为的君主。

少康，姓姒，名少康，又名杜康，是夏王朝第四代国王相的儿子，他的母亲是有仍氏（今山东省济宁东南）人。他复国成功之后，开设祭坛，叩谢天地。并如他之前立誓所言，封赏功臣，铲除奸佞，重振朝纲，免去诸侯们的贡赋，同时赦免了许多苛捐杂税。他吸取了太康、后羿和寒浞的亡国教训，摒弃王宫陋习。由于少康自幼受尽苦难，深知百姓疾苦，所以复国后他能勤于政事，体恤民情，大力发展农耕，在他的治理之下，国家安定，经济发展，文化繁荣，各部落都拥戴他，夏朝出现了一片繁荣景象。这段历史后来被人们称颂为"少康中兴"，成为千古流传的佳话。

从"太康失国"到"少康中兴"，前后将近百年。如果说，夏朝的建立是中国历代王朝最早的"兴盛时代"。这样算来，夏启便是依靠权谋开国的第一代枭雄，太康算得上是历史上最早的"昏君"了。只有到了少康还都，夏朝才开始进入了由"治"及"盛"的局面，出现了中兴的局势。因此，在历史上少康是一位明君。

汝艾是少康的智囊吗？

汝艾是少康的主要智囊之一，他也是少康复国的重要功臣。

汝艾是辅佐少康复国的著名臣子，在帮助少康攻打一个叫过的方国时立下了汗马功劳。少康要光复夏朝大业，就需要人才，而汝艾正好是一个不可多得的智囊。当时，戈国、过国这两个实力强大的方国对少康威胁最大，于是少康把攻打过国的艰巨任务交给了汝艾。

过国的诸侯王叫过浇，他魁梧高大，能弓善射。因此，在攻打过国时，汝艾并没有直接采取正面攻击、强打硬拼的方法，而是潜入该国，秘密进行军事行动。汝艾在过国勘察地形、掌握情报的同时，用重金收买了一个过国的重臣，打听到了不少重要线索，这其中就包括过浇和他嫂子女岐之间的奸情。

汝艾在掌握这一情报之后，开始密切关注过浇的行动，以把握时机。在过浇又一次前往他的情人女岐住处通奸时，汝艾派人入室偷袭。黑暗当中，汝艾派去的人误将女岐杀死，过浇因为害怕而逃往荒野。由于过浇臂力惊人，奔跑速度又特别快，因此汝艾等人无法追上他。情急之下，汝艾把猎犬放出来追他，过浇在慌乱之中一不小心跌崖身亡。过浇死后，失去头领的过国大乱，汝艾趁此机会，很快地攻占了过国。随后，少康派他的儿子杼攻灭了戈国，由此结束了夏初长达数十年的动乱，少康称王复国，使中断40年的夏朝复国成功。

尽管史书关于汝艾的记载非常少，但通过攻灭过国时对战争策略的成功运用，汝艾机智勇敢、有勇有谋的优点还是生动地体现了出来。汝艾的英雄行径，使他的后辈引以为荣，他们就以祖字为姓，成为艾姓，而汝艾也因此被尊为艾姓的始祖。

为什么季杼被称为夏朝的一代明君？

杼，他的名字又为季杼，是少康的儿子。少康病逝后，发布遗诏，由他的儿子季杼继位。

季杼从小就聪明能干，曾经跟随着父亲少康南征北战，并且亲自领导了恢复夏国的战争，为恢复夏朝立下了赫赫战功。其中最重要的一次贡献就是协助他父亲消灭寒浞的势力，光复了夏朝。

季杼在位期间，知人善用，任用贤臣，朝中事务处理得井井有条。他爱民如子，百姓安居乐业，农业生产有了一定程度的发展。他战争经验非常丰富并且还发明了用兽皮制作的战甲和长矛，兵士穿上战甲以后，可以遮挡敌人的石刀、石箭，从而使夏朝军队的作战能力大大增强，这样更有利于保卫夏朝的国防安全。

在他统治期间，东夷族偶尔会侵犯夏朝边境。而季杼在同东夷族各部落进行战斗时，节节胜利，士兵们斗志昂扬，一直将东夷各部落攻打到东海沿岸，最终收服了东夷族，从而进一步扩大了夏王朝的统治区域。

夏朝在少康的带领下进入了中兴时代，而在季杼统治时期，夏王朝则达到了鼎盛时期。因此，季杼被夏朝人看成是能够继承大禹事业的又一位有所作为的君王。

季杼先后把都城迁到原（今河南省济源市）和老邱（今河南省开封市陈留镇）。他在位总共17年，病逝后将王位传给了槐，葬于安邑附近。

夏芒喜欢用哪种方式来表达对神灵的敬畏？

夏芒，姓姒，名芒，又名荒，他是槐的儿子。槐死后夏芒继位。他在位期间，开始了延续千年的"沉祭"。

夏王朝在有穷国统治的几十年间，由于连年混战，水利失修，黄河泛滥成灾。少康中兴时，任命商侯冥为水正，负责治理黄河水患。杼、槐二王也很重视水利，经过几十年的治理，黄河水患得到控制。这本来是广大奴隶通过艰苦劳动而控制了水患、战胜自然的结果，但是，以芒为主的奴隶主贵族却认为是河神的恩赐，因而举行规模盛大的祭祀河神仪式。

夏王芒率领文武百官和各地诸侯、方伯等，聚集在黄河的下游水畔，让僵工吹敲击奏，鼓乐喧天，然后宣读祭文，将猪牛羊等祭品沉入河中。《史记》中说过，当年大禹治水成功，舜帝赐给大禹一块黑色的玉圭。夏王芒在祭祀河神时，也仿制了一支"玄圭"沉于河中，认为这样可以得到河神的恩惠庇佑。

这种将祭品沉于水中的祭祀方法，被称为"沉祭"，后来在我国历史上传袭下来。

谁击败了有易氏首领绵臣？

上甲微，商民族的第九任首领，他姓子，名微，一名昏微，字上甲。他是商族首领王亥的侄子，王恒（王亥的兄弟）的儿子；还有一种说法说他是王亥的儿子。上甲微击败了有易氏首领绵臣。

上甲微是商族历史上一位极其重要的领导人物，与夏朝帝泄是同一时代的人，从商族始祖契到汤建立商朝前共14代，微是第8代。据史书记载：上甲微为商族的事业做出了重大贡献，故而商的后人给以他隆重的祭祀。商王祭祀上甲微时非常隆重，供品牺牲较多，这充分反映了上甲微在商族发展史上的重要地位。

据《山海经》记载，夏朝帝泄十二年，在华北发生了一件令人震惊的大事：商族首领王亥与他的兄弟王恒赶着牛群，驮运着货物，向北跨过黄河，到易水流域的有易氏（今河北省易县、徐水一带）进行贸易，有易氏首领绵臣摆好酒宴来欢迎他。宴饮时，王亥兄弟有失检点，激怒了绵臣，王亥被杀，牛羊和全部财物被扣，而王恒等人也被有易氏驱逐出境。

上甲微即位之后，下定决心要杀死绵臣，替王亥报仇。但他当时的武装力量并不是特别强，缺乏战胜有易部落的武力。于是，上甲微一方面积极准备扩充自己的军事力量，另一方面设法与邻国联合。当时黄河边有个方国的首领名叫河伯，与商族关系不错，上甲微的先辈冥在治理黄河水患时，曾帮过河伯许多，因此两族一直保持着友好往来。上甲微求河伯出兵帮他讨伐有易氏，由于绵臣一贯骄横霸道，河伯对绵臣也是颇有意见，而且上甲微又是个贤能的君王，所以河伯就答应了上甲微的请求，出兵助他一臂之力。上甲微和河伯发兵讨伐有易氏，等绵臣得知后，立即组织兵力抵抗。双方在易水岸边展开激战。商族军队要为先君王亥报仇，河伯要来讨伐暴君，因此军士们个个士气高涨、斗志昂扬、同仇敌忾。而有易氏的士兵们大都不愿为绵臣卖命，纷纷溃退逃跑。上甲微和河伯乘势率军队一路追杀，绵臣在混战中被杀死。

战争结束后，上甲微从有易氏部落那里获得了大量俘虏和财物，这使得商族在农业、畜牧业方面获得了更大的发展，商族开始发展强壮起来。

孔甲是怎么乱夏的？

夏王孔甲，是夏朝国王不降的儿子。孔甲在位31年，后病死，葬于今北京市延庆县东北三崤山。

司马迁曾经说："帝孔甲立，好方鬼神，事淫乱。"由此可见，孔甲是一个胡作非为的庸君。孔甲自幼性情乖僻，他的父亲不降担心他乱夏，所以就没有传位给他，而是内禅给弟弟扃，扃死后传位于子廑，廑死之后，才又由孔甲继位。

据《史记·夏本纪》和《列仙传》中记载，孔甲非常喜欢养龙。某日，有雄雌两条龙飞翔于黄河与汉水之上，孔甲视其为天赐神物，高兴不已，于是他派人去将两条龙捕捉回来。但是捕回来之后却没有人可以饲养。孔甲听说帝尧后裔刘累曾经跟随"御龙氏"学过养龙，于是他就把刘累召来为他养龙。雌龙在捕捉时受过伤，养了不久便死去了，刘累因为害怕获罪，所以隐瞒实情，并暗中把龙剁成肉酱献给孔甲，孔甲吃了之后感觉味道无比鲜美，于是命令刘累再做一些，刘累无计可施，在无奈和恐惧之下逃往鲁阳（今河南省鲁山县）。孔甲无奈，又找到一个名叫师门的养龙高手。师门将那条雄龙养得精神抖擞，神采焕发，孔甲看了非常开心。但是，师门生性刚直，经常批驳孔甲对养龙不懂装懂，最后惹得孔甲非常恼怒，于是孔甲命人将师门杀了，尸体埋在城外远郊旷野。

不久，天降大雨，又刮起大风。等到风停雨息，城外的山林又燃烧起来。孔甲本来就信奉鬼神，他认定这是师门的冤魂在作怪，所以乘上马车，赶到郊外去祈祷。祈祷完毕，孔甲登车回城，走到半路，死在了车中。

孔甲在位期间，肆意妄为，挥霍无度，整日沉湎于美酒歌舞之中，他的所作所为使得各部落首领纷纷叛离，夏朝国势因此一落千丈，逐步走向崩溃的边缘。

16

商朝时期

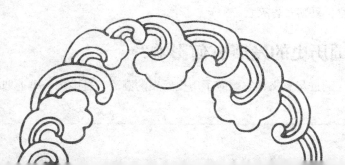

商朝是中国历史上继夏朝之后的第二个奴隶制王朝，也是奴隶制社会的鼎盛时期。因为商朝最后一个都城迁到殷（今河南省安阳市），所以又称为殷商或殷。它的起止时间大约从公元前1600年到公元前1046年，前后经历了先商、早商、晚商三个大的阶段。

商王室是黄帝曾孙帝喾之子契的后裔，因当初契助禹治水有功，被舜封为商侯。到成汤时候，在伊尹的辅佐下，汤打败了夏桀，建立商朝。商汤死后由外丙即位。自外丙经仲壬至太甲几代的执政时间都非常短暂，商朝的执政大权实际上掌握在伊尹手中。太甲即位以后，不遵循祖宗先法，刚愎自用，被伊尹流放到桐宫，直到彻底悔悟以后，伊尹才亲自将他迎接回朝，自此，商朝的统治又呈现出一派繁荣气象。

此后历经几代，商朝统治曾经一度衰落，直到太戊执政期间，才再度兴盛起来，出现了继商汤之后比较清明的政治局面，因此商人称太戊为"中宗"。到武丁时期，商朝的政治、经济、文化都有了空前的大发展，达到了商朝后期的鼎盛时期，史称"武丁中兴"。

武丁死后，商朝国威再度衰微，到帝辛（商纣王）时，商王朝终于走到了灭亡的边缘。商纣王是中国历史上有名的暴君，他宠幸妲己，任用奸佞，残害忠臣，压榨百姓。为此，不仅朝中大臣们，还有贵族纷纷反对商纣王，而且各路诸侯和周边各方国也纷纷离心离德，弃商从周。

后来周武王姬发率军在牧野大举进攻，击溃商军，从而结束了商王朝的历史。

灭夏的是商汤吗？

夏朝是被商汤所灭。

商汤，姓子，名汤，商的祖先契助大禹治水有功封于商地，商汤时建都于亳（今河南省商丘市）。

大约在公元前1600年，当时夏朝的末代国王夏桀残忍无道，社会矛盾重重，当时民众愤慨地诅咒他"时日曷丧，予偕女皆亡"，四方的诸侯也纷纷背叛离去，而夏的属国商渐渐地演变为与之抗衡的对手。

商汤在贤臣伊尹、仲元的辅助下，谋划策略，逐一剪除夏桀的羽翼，孤立了夏桀，一举攻灭了夏邑。首先他派遣伊尹多次打入夏桀内部，让伊尹充当间谍，掌握了夏王朝"上下相疾，民心积怨"的混乱状况；然后他采取先弱后强、绝其羽翼的战技，第一个打击目标指向夏的属国葛，以为童子复仇的名义起兵灭葛，继而集中兵力逐步灭韦部落和顾部落，并攻灭夏桀最后一个堡垒——昆吾，打通了最后灭桀的道路；最后他把握时机，当商汤停止向夏桀纳贡赋税时，桀即刻调动九夷蛮师，准备伐商，汤则视情马上"谢罪请服，复入职贡"以稳住桀，积蓄力量等待时机；不久又传来桀诛杀重臣、众叛亲离的消息；汤乃再次停止向夏桀的贡奉；此时桀的指挥完全失灵，九夷蛮师不服，有缗氏也公开反抗；此时伐桀时机成熟，商汤果断下令起兵。

在商汤兴兵伐夏前，他隆重地举行了誓师仪式，向士兵们发表了征伐夏桀的誓师辞。之后汤选良车70乘，6000多士兵，还有各"方国"军队，采取战略迂回术，绕道至夏都以西突袭夏都，桀仓促应战，同汤军队在鸣条展开战略决战；在决战中汤军奋勇作战，一举击败了夏桀的主力部队，桀败退后，归依于属国三朡；随之汤乘胜攻灭了三朡，桀率少数残兵逃往南巢（今安徽省巢湖市），不久便病死。

商汤班师回国，在西亳召开了众多诸侯参加的"景亳之命"大会，得到了很多诸侯的拥护，取得了天下之主的地位，夏朝宣告灭亡。

商汤代夏对中国历史的发展有何影响？

商汤代夏具有一定的进步意义，它顺应了历史发展的潮流，是中国历史上划时代的转折点。

夏朝末年，社会矛盾十分尖锐。国王孔甲"好方鬼神，事淫乱"，夏朝开始走直线下坡路。到夏桀即位后，他更加暴虐无道，荒淫无耻，"赋敛无度，万民甚苦"。各个部落对他离心离德，都不愿接受他的残暴统治。这就给商汤灭夏造成了有利的时机。

商汤以武力夺得天下的先例，让中华帝国以后的历史变得多彩多姿，打破了天子是不可变的定律，是中国政治史上的第一次改革。

他领导商部族和其他部落，一起来反抗夏王朝的残暴统治，运用战争的暴力手段，一举推翻了垂死腐朽的夏王朝，建立起新的统治秩序。他的所作所为，客观上推动了历史的发展，符合时代发展的潮流，符合广大劳动人民的意愿，因此得到后人极大的肯定和赞扬。

商汤代夏是政治上的进步之举，鸣条之战则是我国军事历史上一篇辉煌的杰作。它是中国古代"伐谋"、"伐交"、"伐兵"、"用间"战略的全面运用，最终达到战争胜利的目的，速战速决，对于后世战争的发展，军事理论的构建，都产生过相当深远的影响。

商汤为什么被囚禁，又是谁救了他？

商汤的发展遭到了夏桀的猜忌，被夏桀囚禁起来，是仲虺以美女、珠宝贿赂夏桀，才使商汤得以回归部落。

仲虺是奚仲的后代，居住在薛国（今山东省滕州市南40里）。他是商汤的左相，是商代初年的一大功臣。

商汤是个仁慈的君王，他很善于用人。他了解到仲虺是一个举世难得的人才，并知道薛国国富民强，军备优良，于是他亲自前往薛国，请求仲虺帮助自己完成建国的大业。仲虺昔日里早已久闻成汤的大名，深知汤是个宽厚仁慈、雄心壮志的人。而且当时薛国也已经遭到了夏桀的暴虐统治，仲虺高瞻远瞩，决定亲自去辅佐商汤。

仲虺做了商汤的谋臣，他首先为商汤提出了建议，献出"以宽治民"的策略，然后与商汤一起吊死问疾，赈济救灾，并协助汤修筑城垣，建立地方割据的优势。

此时的商汤显然成了夏桀的一块心病。夏桀发觉到成汤这些举动后，惶惶不可终日，决定先发制人，以使自己处于优势地位。夏桀以天子号令召商汤入朝。商汤思考、犹豫再三后，还是选择了去朝见夏桀。他千里迢迢来到巩义的时候，却被夏桀直接拘留，桀让人用"桎梏"夹住他的双手，囚禁在夏的监狱里。

仲虺得知消息以后，非常的着急，他和伊尹商议着如何前去营救成汤。最后，他决定带大量的奇珍异宝，呈献给夏王，并向夏桀赔礼道歉，表示自己愿意称臣纳贡，从而打消了夏桀的猜疑。为了试探内情和蛊惑夏桀，仲虺又为他送上了最漂亮的美女。夏桀一看到珠光闪闪的珍珠和倩丽的美女，立刻动了心，所以他不顾谏臣的劝说，最后释放了商汤。

这时的商汤就像猛虎归山一样，在谋臣仲虺和伊尹的帮助下加紧了灭夏的步伐。仲虺又为商汤制订了灭夏的方略：先灭掉夏桀的羽翼，使夏桀孤立，然后再进军夏都。他进谏说："我们的第一个目标就是葛国，葛国是我们西边通往夏的咽喉要塞，也是夏的忠实傀儡之一，我们必须用策略让葛国归服我们。"为此仲虺多次去游说葛国，但都无济于事，最后，在商汤和仲虺的指挥下，成汤很快消灭了葛国。

之后夏商两军在鸣条展开大战，夏桀的军队毫无斗志，而商军越战越勇，加上各部族多方归服，最后夏桀大败而逃。

夏桀逃跑之后，仲虺乘胜率军去攻打忠于夏桀的部族三朡，并及时的缴获了他们的镇国之玺。仲虺和伊尹向部族通报了全国的情况，四方部族都纷纷臣服于商，仲虺和伊尹辅佐商汤登上了天子的宝座，平定了天下。

为什么说伊尹是我国历史上第一位有名的贤相？

伊尹，今河南洛阳人，是商初很有名的大臣。他是奴隶出身，因为他的母亲在伊水居住，故以伊为氏。伊尹做了商朝几任宰相，为商王朝的发展做出了很大的贡献，成为我国历史上第一位有名的贤相。

伊尹历经外丙、仲壬两位君主，直到太甲时，太甲不遵守商汤的先例，非常的叛逆，为了能够更好地教育太甲，伊尹把太甲放逐于特殊的环境中——成汤墓之地桐宫，不断地给太甲讲述祖先们的战功、遗训等，以及如何继承成汤的伟业等一系列问题。

在伊尹的帮助指导下，太甲守桐宫3年，追忆成汤的功业，经过深刻反省，他终于认识到了自己所犯的错误，后悔莫及。太甲悔悟之后，决定今后要做个明君，伊尹便亲自到桐宫去迎接他，并将王权还给他，自己仍然辅助太甲，做天子的左右手。在伊尹的极力辅佐下，太甲复位后，"勤政修德"，商朝的面貌焕然一新。

在政治上，伊尹主张，天子要有明智之举，而臣子要效忠。做君王的要不断地加强自身的道德修养，不断地提高自己的道德意识，让自己处于不断追求的状态中，并不断地顺应时代发展的潮流。他提出了做臣子的要上对天子负责，下对黎民百姓负责，并视此为大臣最重要的职责。

在教育上，伊尹则认为每个人的性格是在平时生活点点滴滴的习惯中形成的。从他流放太甲于桐宫之事，并写训词，以促使太甲觉醒的教育实践来看，他已经懂得并自觉地创设特殊环境去教育太甲。太甲的觉悟，伊尹到桐宫迎太甲还朝当政，并著书加以褒扬的事实，无不说明了他的先进的思想教育观念。

据说伊尹活到100多岁，到了太甲之子沃丁在位时去世，死后葬在了西亳。

沃丁是个知人善用的帝王吗？

商昭王沃丁是个懂得感恩，能够知人善用的帝王。

商昭王沃丁，也称为羌丁，姓子，名绚。他是太甲的儿子，太丁的孙子。沃丁去世后，由他的弟弟太庚继承王位。

沃丁刚继位时，仍然以伊尹为宰相，但这个时候，伊尹已年老告退，不再参与朝政，在沃丁即位的第八年，他便病死了。根据皇甫谧的《帝王世纪》所记载："沃丁八年，伊尹卒……沃丁葬以天子之礼，祀以大牢，亲自临丧三年，以报大德焉。"从史书上记载的，可以看出，在历史上沃丁是一位很懂得感恩的帝王，他通过祭祀，来表达对伊尹这位五朝右相的敬重。并且用天子之礼来隆重安葬他，用牛羊豕三种牲畜来祭祀伊尹，还亲自临丧三年，来报答伊尹的大恩大德。

在伊尹死后，沃丁以咎单为卿士，咎单也是商汤时的元老，后来又历经外丙、仲壬、太甲三朝，勤勉于王室，德高望重。沃丁依靠他来治理朝政，仍然沿袭伊尹勤俭节约，宽厚待民的政策，遵守成汤为人处世的法则，发扬先辈们的光荣传统，以德治国，爱惜众生。

沃丁执政期间，知人善用，勤于政事，爱民如子，治国抚民，很有一番作为。百姓们安居乐业，农业生产得到了很快的发展，工商业方面也很有成就，百姓劳有所得，沃丁为商朝以后的发展奠定了很好的基础。

商中宗太戊是如何由昏君变成圣君的？

太戊，姓子，生年不详，商朝的第九位国王，前任帝王雍己的弟弟。据说他在位75年（前1486~前1411年），是商王朝在位最长久的帝王。"桑谷共生于朝"的故事就发生在他的身上。

太戊继位时还是个少年，不勤于国政，整天只知玩乐享受。在他继位第七年时，王宫的庭院里长出了一棵桑树，这棵桑树没什么与众不同的，奇怪的是这棵桑树下又长出了一棵楮树，七天的时间里，这两棵树就疯长了，长得很大。这本来是植物生长过程中的偶然现象，换做现在也不足以怪，但在商代的时候，因为古人还没有植物学知识，人们就把它们看作是妖魔鬼怪。这个时候太戊很害怕。他的大臣伊陟就说："臣听说妖怪胜不过德，大概大王您在治理朝政上有什么失德之处，所以才会出现这种妖怪。如果从今以后，您善政修道，以德治国，自然会免除灾害。"太戊一听，很有道理，果然痛改前非，勤于朝政，以德修明。而这种不是正常生长的共生树木，长到一定时候便会自然枯死。太戊却以为是自己修德治国以德压妖的结果，就更相信了。

从那以后，太戊勤政修德，治国抚民，颇有振作。任用伊陟、巫咸掌握国政。国政大修，各小国又纷纷归顺，商朝中兴，《史记》故称，"太戊在位时，举贤人伊陟、巫咸为丞相，天下大治，诸侯归附"。

太戊在位期间，政治清明，人们安康，诸侯归附，故后代尊称他为中宗。

"九世之乱"破坏了正统的王位继承制吗?

公元前1411年至公元前1321年间,商朝自商王中丁以后,连续发生了多次王位纷争和迁都事件,这一系列的事件使商王朝逐渐地衰落,诸侯们纷纷叛离。这一动乱历经中丁、外壬、河亶甲、祖乙、祖辛、沃甲、祖丁、南庚、阳甲九王,故称"九世之乱"。

中丁是商王太戊的儿子,他在位时,将商朝的首都自西亳(今河南省偃师市)迁到了嚣(今河南省郑州市附近,一说在今河南省荥阳市东北),此时东南方的少数民族兴起。蓝夷进攻商朝,仲丁出兵击溃了蓝夷,但中丁自身的势力遭到了创伤。中丁死后,他的兄弟们凭借个人的势力争夺王位。中丁的弟弟外壬在中丁死后继位,开创了"谁的势力大谁就继位"的先例,造成了商王朝100多年王位继承的混乱。

外壬死后,由他的弟弟河亶甲继位。河亶甲是商王太戊的儿子,商王中丁、外壬的弟弟。河亶甲曾迁都于相(今河南省安阳市),并出兵征伐东南方的蓝夷和班方。战争期间河亶甲病死,他的儿子祖乙继位。祖乙又将国都由相迁到耿(今河南焦作市),后又将国都迁于庇(今山东省菏泽市),并成功地平服了兰夷、班方等国,使商朝国运再度中兴。祖乙死后,他的儿子祖辛继位。祖辛病逝后,由他的弟弟沃甲继位。沃甲病逝后,由他的侄子、祖辛的儿子祖丁继位。祖丁去世后,由他的堂弟、商王沃甲的儿子南庚继任王位。南庚迁都于奄(今山东省曲阜市),商朝国运再度衰落。南庚死后,由祖丁的儿子阳甲继位。阳甲在位时,商朝内乱不止,奴隶主贵族之间相互残杀,阳甲已无法控制局面,商朝衰落,诸侯不朝。

"九世之乱"使商朝"兄终弟及"与"父死子继"相结合的王位继承制度遭到破坏,商朝统治力量遭到严重的削弱,无力再顾及四方诸侯、方国。北方及西北方的土方、鬼方、羌方等趁机发展实力,日益威胁着商朝的统治。

河亶甲曾为解救商朝的衰落做了些什么?

河亶甲,姓子,名整,其生卒年不详,商中宗太戊的儿子,商王仲丁、外壬的弟弟,他在外壬死后继位,在位9年,后病死,葬于相。

河亶甲在位时,殷朝国势再度衰弱,社会矛盾重重,内外忧患。所以他不得不以迁都来扭转这种不利的局势。他北上200千米迁都河南省内黄县,以缓解内外交困的局面。据《古本竹书纪年》中记载说:"河亶甲整即位,自嚣迁于相。"司马迁也说:"河亶甲居相。"据说相在今河南内黄东南。这次迁都,在一定程度上缓和了王族内部的矛盾。迁都稳定下来之后,河亶甲很想完成他哥哥仲丁的遗愿,于是便发动了"征兰夷,再征班方"的战争。当时,商有姺、邳不服,在方国大彭的帮助下,邳归顺了商朝。河亶甲在征伐兰夷时,兰夷逃到班方,于是,河亶甲下令彭伯、韦伯率大军征讨班方,班方大败,臣服了商朝。这样一来,姺就被孤立起来,之后也很快归顺了商王朝,纳贡称臣。应该说,河亶甲在位时,对商朝的稳定是有贡献的,他为解救商朝的衰落做出了很大的牺牲,是历史上的一代明君,并为其后祖乙复兴打下了比较坚实的基础。河亶甲逝世后,他的儿子祖乙即位。祖乙帝即位后,商朝又兴盛起来。

商王祖乙在商王朝的历史上有哪些功劳?

祖乙,姓子,名祖乙,又名滕,商王河亶甲的儿子,在位共19年。

河亶甲病死后,祖乙继位,祖乙在历史上是一位很有作为的君主,孟子把他放入了商朝"贤圣之君"的行列。《孟子·公孙丑上》说:"由汤至于武丁,圣贤之君六、七作。"其中包括商汤、太甲、太戊、祖乙以及后来的盘庚和武丁。《晏子春秋·内篇谏上》中也说:"汤、太甲、祖乙、武丁,天下之盛君也。"

祖乙即位后,迁都于耿,在今山西省河津市。祖乙迁耿不久,黄河发生大涝,结果洪水冲毁了都城。当时,辅佐朝政的是巫咸(太戊时的名臣)的儿子巫贤,他是祖乙在位时的名臣,在复兴商王室的过程中功劳很大。当耿都被大水冲毁后,巫贤建议迁都于邢(今河北省邢台市),祖乙采纳了他的建议。后来邢又发大水,最后将都城迁到了庇。

庇都的地理位置非常的好，它靠近大彭国，而彭伯又忠心于商王室，是商王朝很好的屏障，可以说是商王朝的左肩右膀。同时，庇都的自然条件优越，物产丰富，有利于农业和畜牧业的发展。所以，迁都后商朝的社会经济得到了恢复和发展，商王室又兴盛起来。此外祖乙还几次出兵平服了兰夷、班方等国的叛乱，解除了东南方少数民族对商朝的威胁，使商朝国运再度中兴。

谁完成了商都最重要的一次迁徙？

盘庚，是祖丁的儿子，阳甲的弟弟，商汤的第九代孙。阳甲死后，盘庚继位。他在位时间为公元前1300年到前1277年。盘庚在历史上是一位很有作为的国王，完成了商都最重要的一次迁徙。

盘庚刚即位时，商朝经过几代内乱（即九世之乱），政治比较腐败，贵族们都很奢侈，王室内部斗争仍然很激烈，阶级矛盾尖锐，再加上天灾连绵，因此商王朝面临着严重的统治危机。为了能够缓和奴隶主贵族和帝王之间的矛盾，摆脱政治困境，盘庚不顾奴隶主旧贵族的反对，决心选择一个有长远发展前途的地方重整朝纲。当他了解到殷（今河南市安阳市）是一片人杰地灵，物美丰饶的宝地时，就决心迁徙到那里，以求发展。但是贵族们竭力反对迁都，于是盘庚发布文告，严厉命令奴隶主们服从。最后盘庚终于率众西渡黄河，来到了殷，这次迁都，历史上称为"盘庚迁殷"。

盘庚迁都之后，又靠强硬手段，制止贵族们搬回旧都。并且执行了比较开明的政策，人民安居乐业，文化发展，社会呈现出了一片繁荣的景象，商王期从此中兴。他还大力提倡节俭，改良风气，减轻剥削压迫，终于安定了局面，稳定了局势，在此后的270多年里，商朝的都城一直都在这里，商朝因此也被称为殷朝或殷商。

盘庚恰恰遇到了商朝的"乱世"，当时处在这么一个社会背景下，盘庚充分利用了自己的聪明才智，整治王朝。所以，在历史上，他是一位富有忧患意识的国君。他敏锐地看到了朝政的弊端，并想方设法地加以改善。

为什么说小辛是个没有作为的帝王？

小辛，姓子，名颂，商王盘庚的弟弟，他是商王祖丁的儿子。盘庚死后，由小辛来继承王位。小辛继位后，没有继承发扬盘庚的治国政策，从而导致商朝的命运又再次坎坷，商朝又陷入了困境之中，被后世称作为是一个没有作为的帝王。

盘庚把都城迁到殷后，为了减轻百姓的负担，提倡节俭，所以对新都城的营建都比较简陋。一些奴隶主贵族们非常的奢侈，对商王盘庚的这种做法很是不满，于是他们怨恨在心。但盘庚凭借权威，还可以震慑住奴隶主贵族们。等到小辛继承王位后，由于他的威力远远不如盘庚，因此无法控制从旧都迁来的贵族们的不满情绪，这样一来，以小辛为首的商王室的中央集权又开始衰落了。

在商朝的历史上，小辛是一位碌碌无为的君王，他在商朝的政治方面没有太大的建树，仅仅是维持在盘庚迁都时的状态。

小辛在位共21年，他死后，传位于小乙。

小乙对继承人的培养是否成功？

小乙，姓子，名敛，是商王朝的第22任国王。他是祖丁的儿子，小辛的弟弟，是一位很出色的教育家。

小乙即位时，年龄已经很大了，此时，他的儿子武丁也已经20多岁。小乙在位期间，虽然没有像盘庚那样的丰功伟绩，但是他看到小辛继承王位后碌碌无为，因此很注重培养王位的继承人。他的儿子武丁从小就聪明好学，非常的敏锐，有智慧，而且有远大的政治抱负，深得父亲小乙的喜爱。

小乙认为作为一国之主，最忌讳的就是贪图享乐和浮华奢侈，于是他就把儿子武丁放逐到一个很偏远的地方，让他在民间更多地亲身体验民生。武丁利用在民间生活的机会，经常考察黄河两岸的老百姓，对平民和奴隶的生产和生活非常的了解，从而为以后的仁政打下了很好的基础。

后来武丁在虞地拜甘盘为师。甘盘给武丁讲述了自商汤以来，商王室的兴衰史以及君王的治国之道，武丁受益匪浅，并且铭记在心。直到小乙晚年，才将武丁召回殷都。小乙去世后，传位于儿子武丁。

小乙通过放逐的方式，培养出了有成就的武丁，从而造就了殷商颇有作为的一代明君，因此，在历史上，小乙不仅是一位很称职的父亲，还是一位很出色的教育家。

武丁是怎样创造了商朝中兴的局面？

武丁，姓子，名昭，是商王小乙的儿子。他在位59年，谥号高宗。武丁是一位颇有作为的君主和军事统帅，他确立了父死子继的制度。

武丁在傅说、甘盘等贤臣的辅助下，励精图治，增强国力，使得商朝政治、经济、军事、文化得到了空前的发展。商朝经过盘庚、小辛、小乙三代的短暂统治之后，进入了它发展的顶峰——武丁时代，历史上称之为"武丁中兴"。

内政巩固之后，武丁就开始了大规模的征服扩张活动。首先是迫使周边时叛时服的小邦完全臣服，接着攻打今山西南部、河南西部一带的小邦甫、衔、让等，进一步扩展了统治版图。武丁还开拓南疆，征服了荆楚地区的夷方、巴方、虎方等方国。到了武丁末年，商朝已经成为一个泱泱大国，版图广阔，地域宽阔。

为了更好地控制广大被征服的地区，武丁把自己的妻、子、功臣以及臣服的少数民族首领分别分封在外地，被分封者为侯或伯，这一举动开创了周代分封制的先河。其中周人的祖先就是在武丁时期因被征服而接受了商的封号。

公元前1192年，武丁去世，去世后，其子祖庚继位。在武丁之前，商朝的王位继承是以兄死弟继为主，从武丁开始，逐渐确立了父死子继的制度。

中国历史上第一位女性政治家、军事家是谁？

妇好是商王武丁的皇后，是祖己的生母。她死后，庙号为"辛"，她是中国历史上第一位女英雄，也是我国历史上最早的女政治家和军事家。

商朝武丁时代是一个比较强盛的时代，武丁通过发动很多战争，将商朝的版图扩大了数十倍。而为武丁打仗出征的大将就是他的皇后妇好。

某一年夏天，北方边境发生战乱，双方相持不下，妇好自告奋勇，要求出兵作战，但武丁犹豫不决，经过一番占卜后，武丁才决定派妇好前去打仗，结果妇好大胜。此后，武丁又让她出任统帅。她打败了周围20多个方国。那时作战，兵源并不多，一般也就上千人，但妇好凭借着她多年的作战经验，英勇杀敌，终于打败了所有的对手。

妇好不但能出兵打仗，而且她还是国家的主要祭司，她经常接受命令去主持祭拜先祖、祭拜神泉等各种祭典，又上任占卜之官。在远古时代，国家的一切大事都是由神明的意志来决定，妇好很会打仗，又掌握着传达神明的权力。

武丁对妇好非常的宠爱，不仅让她有自己的封地，还不时地向神明祈祷，祈求妇好能够安康长寿。然而，妇好终究躲不过一死，先于武丁去世。

傅说被武丁重用经过了哪些曲折？

傅说（约前1335~前1246年）是中华汉族傅氏家族的始祖，也是殷商王武丁的至高权臣之一。他辅佐商高宗武丁治国有道，开创了历史上有名的"武丁中兴"的辉煌时期。

商王武丁是一位胸怀远大，懂得励精图治的君王。他即位之前，曾经生活在民间，比较了解社会底层人们的疾苦生活。即位以后，三年没有执政，国事全由冢宰代他管理，而他则体恤民情，思考着怎样才能使殷商强盛起来。但是在奴隶主贵族中武丁找不到理想的助手。

其实，他心目中理想的助手就是他在民间生活时结识的仁者傅说。他相信傅说能够辅助自己成就大业，但他深深地感到，在那个贵贱等级分明的政权环境中，不拘一格选拔人才，必然会遭到王公权贵们的坚决反对。武丁就利用了商代人十分相信鬼神的观念，巧妙地编造了个故事：上苍托梦给他引见一个可以辅政的圣人，而且这位圣人就在王国之境中。之后武丁叫人按其梦中所见"圣人"面貌神态画成了画像。先对照王朝官员着手寻找"圣人"，没有一个人对得上号，便派郑达等大臣们到处去寻找。结果，在傅险（也叫傅岩，今山西省运城市平陆县以东的圣人涧），找到一个相貌完全对号入座的人，此人就是傅说。傅说从此开始了其辅佐商王武丁的生涯。

傅说是我国殷商时期卓越的政治家、军事家、思想家及建筑家。他的治国方略，改善了商朝持久的衰落，他隐居时创造了"版筑"（俗称打墙）的营造技术，是我国建筑科学史上的巨大成就，是人类建筑史上的巨大进步。

商朝对西方的一些方国发动了哪些战争？

商王廪辛在位时，西方的一些方国部落不断地攻扰商朝，廪辛曾发兵多次征伐，还征调卫、虎、受等几个部落出兵攻打。但是，他最终没有将方国部落征服。

商王廪辛还曾对活动在今山西、河南、陕西之间的少数民族羌方进行过一些小规模的战争。羌方受到打击后，有部分降服，剩下的一部分向西退去。历经祖庚、祖甲二王至廪辛、康丁时，羌方又在今陕西、甘肃一带重新崛起，屡犯商王朝，经常使商戍军遭到很大的损失，成为商王朝用兵的一个重点。

商王廪辛针对羌方武装用兵强悍等特点，战前进行了全面的规划和布署：一方面命令戍军暂避敌锋，伺机而动；另一方面组织精锐部队，适时增援兵力，以抗击羌方进犯。

由于采取积极防御策略和防范措施，廪辛、康丁时抗击羌方的战争取得了最后胜利，擒杀羌方伯，占领羌方一部分土地，并派出了与商王族关系密切的逐、何等五族戍守。

但羌方并没有被攻灭，武乙及其后的诸侯王在位时，仍然经常与羌方发生小规模的冲突。周武王攻纣时，羌方更是参加了灭商战争。

商王庚丁在位期间，又继续对西方的祇方、系方等方国部落进行征伐，也未能将他们降服。庚丁晚年沉迷于巫教，使巫教势力与日俱增，甚至已经危及到王权。

商朝所发动的这些战争，有利于民族团结和融合，在一定程度上也促进了经济文化的交流。

商朝敢于向神权挑战的君王是谁？

武乙，姓子，名瞿。他是商王康丁的儿子，在公元前1147年继位，在位共35年，卒于公元前1113年。帝王武乙是商王朝第28个君主。

武乙在位时，巫教一手遮天，他们经常假借天意来遏制商王的活动，于是武乙便想尽一切办法去销毁他们的势力。

有一次，他命工匠雕刻了一个木偶，这个木偶相貌严肃，冠服齐整，称为天神。他让天神跟他博弈，又让一个臣子去代替木偶，作为天神去与他赌博。臣子因为害怕冒犯君王，所以步步退让，最后这位臣子以失败而告终。于是武乙就嘲笑木偶说："你怎么当的天神，如此的不灵验。"说完还命令其属下痛打了木偶一顿。在当时，人类坚信世界是有神灵存在的，所以武乙打败了木偶之后，他的理解就是这些天神们没有法力，只是徒有外壳。

他的下臣对武乙说，天神们都在天上，于是武乙又想和天搏斗一下。不久，他的一个属下给武乙出了一个馊主意，他说："大王想和天神决一胜负，老臣有个办法，不知当讲不当讲？"武乙急忙说："快快说来！"臣子便说："以兽皮为袋，里面装满血，让人举在高处。大王向它射击。大王如果射中，就代表着可以将天神射中了。"武乙听了，觉得很有道理，接着就命令部下制作了个皮袋，袋里盛满鲜血，他亲自弯弓射袋，结果给射中，鲜血喷出。武乙掷弓大笑说："今天，天神被我射中了，他输了，愿意服输。"武乙自认为，自己竟然把天神给射破了，天神制止不了他！真是太没有灵性了！

经过武乙的各种荒唐的斗争，巫权最终衰落，王权上升，武乙的统治得到了强化。后来，武乙到黄河去打猎，传说被天雷给劈死了！他被雷劈死，这只是传闻。一些学者认为，这种说法，很可能是憎恨武乙的巫师们所编造出来的流言。

从历史资料来分析，武乙很可能是死于征战中。不管此种说法是否属实，从武乙与所谓的"天神"决斗来看，我们可以说，武乙的所作所为，虽然有些荒谬，但他敢于向神权挑战，又不失为一个有勇气的君主!

武丁为什么要杀周文王的父亲季历?

季历,又作王季、公季,是周太王古公亶父的第三个儿子,周文王姬昌的父亲。季历继承王位后,传承先辈们遗留的风俗,与商朝奴隶主贵族任氏通婚,并积极加强与商朝的政治联系,不断地吸收商朝的先进文化。到商王武丁时,季历被册封为"牧师"(地方伯长的意思),成为西方诸侯的最高首领,享有征伐西部诸侯的特权。后来由于季历的权势过大,遭到商王武丁的猜忌,并被武丁杀死。

武丁继位之后,因为要忙于处理朝廷上的各种事情,所以对于西方的周部落,继续采用怀柔和安抚政策。周侯季历看到形势非常有利于自己,于是乘机出兵征伐余吾戎(今山西省长治市),余吾戎战败,向周部落投降。此时,季历向武丁报捷,武丁听到以后,非常高兴,嘉封季历为"牧师",牧师拥有征伐的权力。随后季历又率军征伐始呼戎,打败了始呼戎。没过几年,季历又打败了翳徒戎,把翳徒戎三大头目押往朝歌,打算向武丁进献。这个时候,武丁看到季历越来越强大,唯恐周部落的发展壮大会威胁到自己的统治,于是将季历囚禁起来,后派人将季历杀死。

武丁杀死季历,只是因为不能容忍周部落的扩张速度,而所谓"季历弑杀武丁",只是一个冠冕堂皇的借口而已。由于武丁的手段太过残忍,而且季历又含冤而死,因此大大加深了周部落与商王朝之间的矛盾。

季历死后,他的儿子姬昌继位,姬昌为了替父亲报仇,积极地扩张势力,准备向商王朝进攻。而商王朝在此后天灾频繁,再加上长期与东方的少数民族部落交战,大大消耗了实力,又因为商朝末代君王商纣的暴虐无道,周武王最终将商纣王给灭掉。

商王帝乙与周王姬昌是姻亲吗?

商王帝乙将自己的胞妹嫁给了周族首领也就是后来的周文王姬昌。

商王武丁杀了周族首领季历以后,商周关系变得恶化。季历的儿子姬昌继位以后,积极地蓄聚兵力,准备为父报仇。此时,位于商王朝东南的夷方也先后同孟方、林方等部落叛乱,反对商朝的残暴统治。

帝乙为了避免与周族、夷方两方为敌,也为了修好,于是决定将胞妹嫁给姬昌,采用和亲的办法来缓解商周矛盾,稳定大局,希望唇齿相依的商周两大国之间彼此能够不计前嫌,亲善相处,和谐发展。

姬昌审时度势,认为灭商的时机还未成熟,为了能够更好地稳住商王,同时争取到更加充足的时间,就同意了与商联姻。

帝乙亲自选择了婚期,为胞妹置办嫁礼,并任命姬昌继其父为西伯。到成婚之日,西伯亲自去滑水相迎,来迎接这隆重的日子,以示对商朝君王的尊敬。

自古以来,周人自称"小邦周",称商为"大邑商",而今周族能够与商王之妹联姻,他们觉得是"天作之合"。

历史上称此事为"帝乙归妹",这件事在当时传为美谈,商周两方重归于好,皆大欢喜。

商纣王真的是自焚而死的吗?

帝辛,本名受德,后世称商纣王。他在位共30年,是商朝的亡国之君,最后在鹿台自焚而死。

帝乙病死后,本该册立长子启为国君,但因为启的母亲身份比较卑微,故没有实现,而是册立他的次子辛为君。帝辛即位后,建都城于沫,改沫邑为朝歌(今河南省鹤壁市淇县)。

帝辛继承王位之后,前期比较重视农业生产,社会生产力有所发展,经济得到了恢复。他继续攻打东夷各部,打败了东夷的势力,并把自己的势力进一步扩张,曾把商朝势力推进到了江淮一带。商朝讨伐徐夷的胜利,使商朝的国土也得到了很大的扩张,其领域到达今天的山东、安徽、江苏、浙江、福建沿海一带。帝辛对东夷部落的战争,保证了商朝暂时性的安全。帝辛一统东南各部落以后,客观上使东南各部落受到了先进文明的熏陶,推动了经济发展和社会进步,促进了民族融合。

帝辛敢于革除旧的弊端，每一次出征时，对被俘虏的战俘和奴隶，帝辛做出了这样的决定，不再将其杀死，而是让他们参军作战、参加劳动，这样不但可以补充兵源，还可以为商朝君王服务。他不再祭祀鬼神，而是蔑视神权，不断地革除憋端，选贤任能，挑选人才，在立后选妃上，不论身份贫贱还是高贵，都一视同仁，并立苏护之女苏妲己为后，对她宠爱有加。

但是，帝辛在位后期，居功自傲，奢侈浪费，他造酒为池，悬肉为林，暴殄天物，害虐臣民，过着穷奢极欲的生活，使国库日益空虚。他刚愎自用，根本听不进谏臣们的意见，后又杀大臣比干，囚箕子，做出了许多昏庸之事。

约公元前1046年，商朝属国首领周武王联合西方小国对商朝发起了进攻，史称"牧野之战"，结果商兵不战而倒，周朝获得了大批的俘虏，商纣王登上了鹿台，"蒙衣其珠玉，自焚于火而死"，商朝灭亡。

妲己为什么被后人称为一代妖妃?

妲己，是冀州侯苏护的女儿，商纣王子辛的爱妃，她相貌倾国倾城，又能歌善舞，深受纣王喜爱。

据说，商纣王征服有苏氏（今河南省焦作市）后。有苏氏呈献出美女妲己。纣王沉迷于妲己的美色，对她言听计从。妲己又喜欢歌舞，于是，纣王便令乐师师延创作靡靡的音乐和舞蹈，妲己伴着靡靡之音起舞，妖艳迷人，于是纣王便荒理朝政，在宫中与妲己朝夕欢歌，日夜歌舞。

妲己虽然美丽但十分残暴，有一年严冬，妲己看见有人赤脚走在冰上，认为其和常人不同，叫纣王命人将他双脚砍下来，研究那两只脚不怕寒冻的原因。还有一回妲己与纣王打赌，说自己能看清孕妇腹中胎儿的性别，于是纣王命人找来十多个快临盆的孕妇让妲己辨别，而后剖开每个孕妇的肚子验证。

不仅如此，妲己还喜欢观赏"炮烙之刑"，纣王为了博得妲己更多的笑声，滥用重刑，他将铜柱涂油，燃以火炭，令犯人行其上，跌落火红的炭中，脚板被烧伤，不时发出惨叫声。每次妲己听到犯人的惨叫，就像听到刺激感官的音乐一样，感觉到浑身舒畅。

正因为妲己的这些暴行，她被人们称为一代妖妃，牧野之战后，纣王逃到鹿台自焚，妲己也被斩首示众。

谁被称为"亘古第一忠臣"?

比干是商朝贵族商王太丁之子，也是中国古代著名的忠臣，被誉为"亘古第一忠臣"。

比干幼年时聪明博学、勤奋，20岁就以太师的身份辅佐帝乙，后又受到君主的嘱托，继续去辅助帝辛（即后来的纣王）。

比干是商纣王的叔父，但同时也是纣王王位的积极争取者。《尚书·微子篇》载：帝乙在位时间很短，病重期间，曾宣比干、箕子等进宫商议继承王位之事。箕子劝帝乙立长子微子为王位继承人，比干却力荐次子帝辛。因微子不是帝乙的正妻所生，所以比干不同意箕子的建议。最后，帝乙采纳了比干的建议立辛为王位继承人。帝乙病重期间，比干曾向鬼神祈祷，保佑哥哥身体健康，并许愿只要哥哥能够恢复健康，自己情愿代之以死。

帝乙死后，纣王即位，比干全力辅佐纣王治理国家。他主张轻徭薄赋，大力发展农牧业生产，提倡冶炼铸造，富国强兵。他和箕子、微子尽心尽力辅佐纣王更是有口皆碑，彪炳青史，三人并称为商末三贤，孔子则尊其为"殷三仁"。

商末帝辛末年，纣王暴虐荒淫，横征暴敛，比干非常的愤怒，于是比干就到了摘星楼，在那里呆了3天，向商纣王强烈进谏。但纣王却告诉比干，让他不要自以为是，竟敢斥责君王的不足。后来商纣王杀比干剖视其心，比干死后，葬于朝歌城南17千米的王畿上。今卫辉市城北约7.5千米的顿坊店乡，有一座小山一样的大土冢，就是比干墓。该村也因存有比干庙（墓）而命名为比干庙村。

周武王灭商后，认为比干是一位了不起的大臣，应予以褒奖，就在比干葬地汲县为比干封了墓，《尚书·武成篇》中曾记载"武王克殷、封比干墓"，对这一历史事实进行了真实的记录。

周代宋国的始祖是谁？

微子，因其封国名微，爵位为子，故称微子。他是周代宋国的始祖，又名启（汉代因避景帝刘启之讳，改启为开），他是殷商的贵族，殷商帝乙的哥哥，殷商最后一个王纣的庶叔。初封于微地（今山东省泰安市），后世把他称为微子启（或微子开）。

商纣王昏庸无耻，商朝即将崩溃，而微子启又多次向纣王进谏，但商纣王置之不理，继续实行他的残暴统治，无奈之下，微子便远离朝歌纣王所在之地，逃到微。

"微"是微子的封国，原在今山西省潞城县的东北方向，后来微子又迁到了山东梁山西北，所以那里也称为"微"。周武王灭商以后，微子持祭器造于武王军门，肉袒面缚，左手牵羊，右手把矛，用膝盖前进，并向武王说明了自己远离纣王的情况。周武王听后，很是感动，于是将他松绑，恢复其卿士的身份。约公元前1063年，周公以成王之命封微子国于宋，即为今商丘一带，微子成为宋国的国君、始祖。

微子寿终后，葬于今山东微山湖微山岛西北部高岗上。

为什么说飞廉是历史上的一个佞臣？

飞廉，姓嬴，也称蜚廉，商朝人。他是商纣王的大臣，恶来的父亲，也是历史上的一个佞臣。

飞廉是个飞毛腿，走起路来特别的神速，而恶来又非常的强壮，一个人可以抵挡住多人的攻击。在当时，飞廉出任了商纣王的通讯员，恶来做了商纣王的贴身保镖，经常在纣的身边出入，以保护纣的安全。恶来生性喜欢说别人的坏话，当时有不少的诸侯和大臣因为恶来的诋毁而受到商纣的惩罚，因此这些诸侯和大臣们积怨很多，对恶来非常的不满。

周武王攻打商朝时，恶来狂妄不服，宁愿做商纣王的傀儡，也不愿意向周军降服，周军很快把他杀死。在那个时候，他的父亲飞廉正在北方为纣王置办石棺，好让纣王死后躺在坚固的石棺中。飞廉已选好了石棺，完成了差事，打算回去报告纣王，不料，商纣王已自杀，飞廉只好到霍太山（即今山西省霍州市）建了一个祭坛，向商纣王报告办事经过。

后来，飞廉得知儿子恶来在战争中被处死，自己又不能再回到朝歌，十分伤心，不久就病死了，死后便葬在了霍太山上。

周文王为灭商作了哪些准备？

周文王（前1152~前1056年），即殷商西伯，又称周侯，姓姬，名昌，谥号周文王。

周文王即位初期，一方面集中精力治理内政，另一方面对周边境的敌国犬戎暂时采取忍让态度。为了能够使大周长期稳定地发展，周文王晚年发动了征伐犬戎的战争，取得了辉煌的战绩。

打败犬戎之后，周文王又灭掉了密须。在犬戎、密须等周邻近的敌对势力被肃清后，周文王的兵锋又指向了东方和西南方。为了更好地发展周朝，周文王姬昌采取了以宽和为主的政策，提倡以文治国。在政治、经济等方面都有很多体现。之后整个社会秩序得以稳定，社会经济及文化事业得到较快的发展。

在经济上，周文王实行德治。在农业方面主要进行了土地改革，井田制是周文王在土地和税收制度方面采取的政策，即把土地划分成很多井字形的方块田，井字形中间的100亩土地为"公田"，周围8块土地分给8家农民耕种，称为"私田"。农民在私田上的收获归自己，但各家必须抽出人力来共同经营好公田，而公田上的收获必须上交给公家。

在政治上，周文王提倡以文治国，但并不说明他不讲究以武安邦。从史籍记载来看，周文王使用武力进行征讨，都是在他称王以后。从周文王受命到他去世仅有7年，而在这7年里文王为剿灭殷商做足了准备，首先为了巩固自己的后方，征伐那些不听命于周和与周长期敌对的小国。然后，周文王不断地向外扩充自己的实力，歼灭依旧与商绑在一起的党羽，以此来巩固自己的统治。

周文王为了发展本国，还提出了"天命观"，这一思想比商代的统治思想要进步得多。它把听天命与尽人事两者结合起来，而且要求统治者把主要精力放在改善与人民的关系上，也就是"民之所欲，天必从之"，一方面起到了约束统治者的作用，另一方面也拥有了一定的群众基础。

为了稳定国家，周文王对崇国发动了战争，扫清了东边的威胁。随后周文王为了向东扩张领土，将国都由岐邑迁到丰（今陕西省西安市）。通过这一系列的政策与疆土扩张，周文王奠定了歼灭殷商的基础，也为整个华夏民族的发展做出了重要的贡献。

西周时期

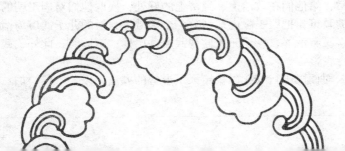

周朝是由周武王打败商纣之后建立的奴隶制国家，也是中国古代历史上最后一个奴隶制国家，其存在的时间约为公元前1046到公元前256年。周朝又被分为两个历史时期，即西周和东周。西周是从公元前1046年周武王灭商朝起至公元前771年周幽王被申侯和犬戎所杀为止，共经历11代12王，大约历经275年。

周族有着悠久的历史，他们长期在陕甘一带活动，后以岐山之南的周原为主要的根据地。至公元前11世纪初，周族的力量日益强大。它征伐附近小国，扩充实力，不断向东进逼，这种势态加剧了与商朝的矛盾。商纣王一度将西伯昌（周文王）囚禁，全靠周臣用美女、珍宝进献商纣王，才放回了西伯昌。此时，商王朝政治腐败，内外矛盾空前尖锐。文王认为伐商条件已成熟，临终前嘱继承人姬发（武王）积极准备伐商。

武王即位以后，趁商朝主力征战在外之际，发兵朝歌，庸、蜀、羌、髳、微、卢、彭、濮等许多小国也率兵配合。周武王在牧野誓师，历数商纣之罪。商纣王临时组织奴隶17万与周军对阵，但军士们无心战斗，阵前倒戈，令商纣王仓惶逃遁，在鹿台自焚而死，商朝遂亡。从此，中国历史进入了周王朝时代。

武王克商以后，基本上控制了商朝原来的统治地区，又征服了四周的许多小国。他采用"分封亲戚、以藩屏周"的政策，把他的同姓宗亲和功臣谋士分封各地，建立诸侯国，让它们对周王室起到拱卫的作用。

周朝初期经济发展迅速，经过周武王、周成王和周康王三代君主的励精图治，周王朝的经济发展到了鼎盛时期，出现了"成康之治"的盛世景象。民间开始出现商业活动，百姓安居乐业丰衣足食，全国出现了一幅政治清明的景象。

但是，到了周厉王时期，连年战乱，给民间带来深重的疾苦。君主为了增加财政收入不断地聚敛民间财富，全国上下民不聊生，为压制国人的不满，厉王命卫巫监视，有谤王者即加杀戮。结果人人自危，终于酿成国人起义。从此之后周朝就一蹶不振，走向了衰败的道路。

厉王死后，周宣王继位。宣王在位共46年，励精图治，使朝政有明显起色。但到了宣王晚年，周王朝重新出现了衰象。公元前781年，周幽王继位，他任用好利的虢石父执政，致使朝政腐败，更激起国人怨恨，再加上伐六济之戎一战失败，同时天灾频发，周朝统治内外交困。最后大臣申侯联合缯国和西方的犬戎进攻幽王。公元前771年，幽王被犬戎杀死，自此，西周覆亡。

周王朝的开国君主是谁？

西周王朝开国君主是周武王姬发，他是周文王姬昌的次子，因其兄伯邑考被商纣王所杀，故得以继位。他继承父亲遗志，于公元前11世纪消灭商朝，夺取全国政权，建立了西周王朝，表现出卓越的军事、政治才能，成为了中国历史上的一代明君。

周武王姬发继承父亲遗志，通过牧野大战一举推翻商纣腐朽统治，成为西周王朝的开国之君，建都镐京。周朝是我国历史上继夏商之后的第三个奴隶制王朝。为了完成西周的统一，巩固新建的政权，武王在经济和政治上采取了很多政策与措施。

周武王姬发委贤任能，因才录用。命周公为太宰，康叔为司寇，丹季为司空。其他召公、太公、毕公等贤臣良将各当其位，专司其职，共同治理国政。还对在灭商大业中做出贡献的姬姓宗族与有功之臣论功行赏，给他们在政治上、经济上的好处，换取他们对周王朝的支持。最后他对殷遗民实行分而治之的政策，把殷王畿内地划分三个区域，封纣的儿子武庚为诸侯，派自己弟弟管叔治鄘，蔡叔治卫，霍叔治邶，令他三人监视武庚，史称"三监"。此外，武王还到商容的故宅对这位殷朝贤臣进行表彰。

周武王采纳了周公对商民进行安抚以稳定天下形势的办法，以公、侯、伯、子、男五等爵位分封亲属和功臣，让他们建立诸侯国，如封姜尚于营丘为齐国，封周公于曲阜为鲁国。他还让纣王的儿子武庚留在商都，封为殷侯，这大大安定了商的遗民，减少了他们的敌对情绪。与此同时，他又大赦天下，赈济贫民，发展生产，从而促进了西周初年政治经济的稳定与发展，推动了社会的前进。

武王夺取全国政权之后在位不久，因病而逝。他一生严谨稳重，具有卓越的政治、军事才能，是历史上少有的名王之一，受后人称颂。

什么是封邦建国策略？

周武王吸取殷商灭亡的教训，将许多大臣召集起来商议国策。最终，采取了箕子、姜尚和周公旦的建议，实施了封邦建国的方略，实行对全国的统治。

封邦建国的方略主要内容是：周天子分封在灭商大业中做出了贡献的姬姓亲族和有功之臣；各诸侯可以拥有自己的兵马，但必须随时听从周天子调遣，定期向周天子纳贡、朝贺；允许封侯世代承袭，并可以在封国内分封卿、大夫；周天子对诸侯有赏罚予夺之权，对封国中分封卿、大夫也有权过问。

毫无疑问，武王在建立周初期实行的封邦建国政策，相对于商朝那种原始小邦林立的现象来说，显然是一个很大的进步。更为重要的是各封国与中央（王室）形成了臣属关系，而且各封国与王室通过血缘关系保证了政治隶属关系的有效性。这个方略相对局限的是西周不可能打破所有的部族组织，控制整个国家各方面的政治、经济。但是由此可以看出，西周的封邦建国制与宗法制较之夏、商更为成熟。

封邦建国制完善了奴隶制国家的政治制度和经济制度，起到维系、调整奴隶主阶级内部关系，保证奴隶制国家对奴隶和平民进行统治的作用，是西周奴隶制国家强盛的政治保证。

封邦建国制对于周朝前期来说，成就了政权集中，稳固了地方政治，加强了中央与地方的联系。而到了后期由于地方政权独立、经济独立，导致了尾大不掉的现象，到了最后很多小国家的实力不但有所增强，而且还开始远离周朝中央政权，以至于导致了春秋战国时代的混战局面，加速了周朝灭亡的速度。

姜子牙的治国方略是什么？

姜子牙是武王建立周朝的第一功臣。在治理国家方面，姜子牙一直把"爱民"作为治理自己的封地齐国的基本思想。

所谓爱民之说，就是以仁义之道，修德惠民，使民和服。就像太公所言："敬其众，合其亲。敬其众则合，合其亲则喜，是谓仁义之纪。无使人夺汝威，因其明，顺其常。顺者任之以德，逆者绝之以力。敬之无疑，天下和服。"就是说，作为君主一定要尊重民意，尊敬爱戴自己的民众，聚合宗亲，施行仁义的德政，这样才能使天下人信服，就可以守土、固国，使自己成为天下的王者。因此，威服天下者，没有必要只执持武力，不仁道地对待百姓，而要以仁义为本，修德禁暴。

虽然说姜太公非常重视文治，但也不放弃武略，把以仁义治理国家与治军相结合起来就是他的高明之处。他的治国安民实行仁政爱民的政策，重视对子民的教化，因民俗，顺民情。姜子牙曾经说："利而无害，成而无败，生而无杀，与而无夺，反而无苦，喜而无怒。"从这段话我们不难看出，他的"爱民"思想之深，在先秦军事、政治和诸侯君中，也只有姜太公的"爱民"思想才如此深刻。

正因为姜子牙实行了仁政，也使得他在齐国成立之后，真正将"爱民"思想贯彻到建设国家实践当中去，并成为齐国的一个基本政策。

作为周朝重臣，姜子牙深知农工商对国家的发展有多么重要，所以他采取了"三宝并重"的政策，建立了周朝广开财源的基础。

姜子牙的理财富国、富民足民、发展经济的思想非常独到，而且他还对此进行了全面而周到、精辟而深刻的解释。姜子牙说："人君有六守三宝。"六守：就是人们经常提起的仁、义、忠、信、勇、谋。三宝：是指大农、大工、大商。农业是能够满足人民的日常生活需要的东西；工业是指日常生活中用的器具等东西；商就是根据各自的需要进行交换的活动。三宝各安其处，民乃不虑。

无乱其乡，无乱其族。作为臣子不能富于君，就不利于国家的发展。六守长则群昌；三宝完则国安。

在农工商全面发展的同时，姜子牙重点发展的是工商业，这也为周朝的经济发展奠定了基础。姜子牙在"三宝并重"、"本末并利"、"上下俱足"、广开财源的基础上，还提出了确保财贸正常流通、赋税正常缴纳、促进经济发展、市场繁荣，这种不断发展新项目的经济、货币政策，实为国家经济发展的上策。

姜子牙深知，只有发展好了农、工、商三业才能有利于国计民生。国无农无食不稳，国无工无器不富，国无商无货不活，所以要将农、工、商共同发展。姜子牙的"三宝"思想，不仅是周朝经济发展的基本方针政策，而且已经成为了周朝强大起来的政治、物质基础。

"覆水难收"这个成语与姜子牙夫妻有什么关系？

商朝末年的姜尚，姜子牙，人称姜太公。他曾先后辅佐周文王、周武王攻灭商朝，建立周朝，为周朝立了大功。后来被封在齐国，他是春秋时齐国的始祖。"覆水难收"这个成语就是出自他和他妻子相处的一个故事：

姜太公曾在商朝做过官，因不满纣王的残暴统治，弃官而逃，隐居在陕西渭水河边一个比较偏僻的村庄。为了博得周族的领袖姬昌（即周文王）的重用，他经常在小河边用不挂鱼饵的鱼钩，装模作样地钓鱼。姜太公整天钓鱼，家里的生计都难以维持，他的妻子马氏嫌他太穷，没有出息，不愿意再和他共同生活，决定要离开他。姜太公一再劝说她，让她别这样做，并说有朝一日，他定会得到富贵和权势。但马氏认为他在说谎，在欺骗她，无论如何都不相信。姜太公没有办法，只好让她离去。

后来，姜太公终于取得周文王的信任和任用，又帮助周武王联合各诸侯打败商朝，建立西周王朝。马氏看见他又富贵又有地位，懊悔当初为什么要离开他。她后悔了，便找到姜太公，请求与他恢复夫妻关系。

姜太公已看透了马氏的为人处世，不想再和她在一起，便把一壶水洒在地上，叫马氏把水收集起来。马氏赶紧趴在地上去收水，但只能收到一些泥土。于是姜太公就冷冷地对她说："你已离我而去，就不能再结合在一块儿。这好比倒在地上的水一样，再也难以收回来了！"

自此，"覆水难收"这个成语被广泛流传。

周成王是在谁的辅佐下成为一代明君的？

周成王（前1055~前1021年），姓姬，名诵，是西周第二代帝王。他在王叔周公的辅佐下成为一个很有作为的帝王。

周成王是周武王的儿子，武王克商后在位4年病逝，成王年幼即位，不能执掌政事，其叔父周公旦（武王弟）为避免各诸侯反叛，便自己摄政当国，安定大局。为了使周成王尽快成长为一名有为的君主，周公十分注重对成王的教育。

毕竟周成王是王位的合法继承人，虽然周公是他的叔叔，但在封建社会里，王权大于一切，有许多地方周公不便直接教训、责罚成王，于是便让自己的儿子伯禽做周成王的陪读，每当周成王做得不对的时候，他就把对周成王的教训，责罚转到儿子身上，使周成王受到潜移默化的教育。在他的教育下，周成王终于明白了许多为君之道，为以后治理国家打下了坚实的基础。

周武王的另外几个弟弟管叔、蔡叔、霍叔心怀不轨，到处散布周公要篡权的谣言，纣王的儿子武庚乘机进行复辟行动。管叔三人本来是周武王派往监视武庚的，却适得其反，这三个重量级人物很快就被武庚拉拢进去，成为武庚复辟集团的成员。之后他们又联合一些不安分的诸侯，举行大规模武装叛乱。

在此内外交困的紧要关头，周公保持着冷静的头脑，营造了一个安定团结的政治局面，争取到了多数的力量来共同对付叛乱。之后，周公授权太公望全权处理东部诸侯事务，以解除后顾之忧，然后亲自率领大军彻底平定武庚的叛乱，解决了一次重大的政治危机。

成王亲自执掌政权后，大封诸侯，加强宗法统治权力，命召公营建洛邑（今河南省洛阳市）。周成王还命令周公制礼作乐，规划各项规章制度，奠定了西周王朝的基础。之后周公、召公率师征服淮夷及淮夷之北的奄国，使西周的统治范围进一步扩大。

成王与其子康王统治时期，合称成康之治，是周代的兴盛时期。后世以"成康之治"评价成王与其子康王的政绩，当时天下安宁，社会安定，人民和睦，歌颂太平盛世之声不绝于耳。

周公旦是孔子最崇敬的古代圣人吗？

古代周公，说的是周代的爵位，得爵者辅佐周王治理天下。历史上的第一代周公，姓姬名旦（约前1100年），也称叔旦，周文王姬昌第四子。因封地在周（今陕西省宝鸡市），故称周公或周公旦，谥号文公，是西周初期杰出的政治家、军事家和思想家，他被尊为儒学的奠基人，是孔子一生最崇敬的古代圣人之一。

周公的政绩，《尚书大传》概括为："一年救乱，二年克殷，三年践奄，四年建侯卫，五年营成周，六年制礼乐，七年致政成王。"在武装镇压商纣王子武庚和周武王兄弟管叔、蔡叔、霍叔及东方各国武装反叛以后，制定和完善宗法、分封等各种制度，使西周奴隶制获得进一步的巩固。

周公以商代灭亡和"三叔"等武装反叛活动为鉴，特别重视奴隶主贵族及其子弟的政治道德教育、治术教育和勤政教育，要求"敬德保民"、"明德配天"、"明德慎刑"、"有孝有德"、"力农无逸"等，主张充分发挥"颂""诰"对奴隶主及平民的教育影响作用，并提出以治绩考察、选任官吏的原则，注重礼贤下士，尊重贤能之士，善待来者。

周公是中国古代史上一位伟大的政治家，同时又是中国古代教育开创时期的杰出代表。孔子和周公在教育思想上存在着渊源关系，在教育实践上也存在着继承关系，周公对中国古代教育的发展起到了巨大的推动作用。

燕国的始祖是谁？

召公姬奭与周公姬旦、武王姬发属于同辈（一说是周文王的第五个儿子）。殷商灭亡之前姬奭的始封地在召（今陕西省岐山县城西南），辅助周武王灭商之后，被封于郾（今河南省漯河市郾城区）。随后，召公又被改封于北燕，都城在蓟（今北京），成为后来燕国的始祖。

周成王时期，召公奭出任太保，与周公旦分陕（今河南省陕县）而治，陕以东的地方归周公旦治理，陕以西的地方归召公治理。武王去世之后，召公支持周公旦摄政当国，并支持他平定叛乱。

在召公当政期间，他的辖区内政治一片祥和，百姓和贵族之间相处融洽，贵族和平民都各得其所，因此召公深得辖区及周境内百姓的拥护和爱戴。

召公历经武王、成王、康王三世，称得上三朝元老。他为西周王朝的建立、巩固起到了重大作用，为以后的发展奠定了基础，可以说召公奭为整个西周做出了重大贡献。

毕公为西周的发展作出了哪些贡献？

毕公，名高，周文王第十五子，周武王灭商朝以后，封他于毕地（今陕西省咸阳市东北，一说在今西安市西南），故称毕公。

殷商时期，毕公高受封的毕国位于今陕西咸阳西北的毕原，这里原本是商族人毕方建立的方国。毕原是关中平原富庶的风水宝地，地势平坦，土地肥沃。周文王、周武王、周公旦等，以及汉朝各代帝、后的陵墓都建在这里。

在周武王灭商的过程中，毕公高做出了很多贡献。武王攻入商朝的都城之后，毕公高在武王的指挥下打开商朝的监狱，释放出关押在牢里面的平民百姓。接着，毕公高接管了商朝掌管音乐礼仪的机构。

周王朝建立之后，毕公高作为皇室宗族，成为了周武王手下比较重要的辅国之臣。据《史记》记载："武王即位，太公望为师，周公旦为辅，召公、毕公之徒左右王，师修文王绪业。"由此可见，毕公在周朝的地位和作用虽然不及姜子牙、周公旦，但也是一个举足轻重的人物，为周朝政权的巩固发挥了重要作用。

周成王时期，毕公高被委以重任成为周王朝地位最高的辅政大臣之一。后来周成王临终之际，担心朝中事情，而且也担心太子不能胜任国家大事，又让毕公高和召公一起辅佐太子登位。毕公高经常用文王、武王开创周朝王业的艰辛反复告诫太子，请他一定力行节俭，戒除贪欲，专心治理国政。他还写下《顾命》诏告天下，要求诸侯关照太子。

在毕公高等人的苦心辅佐下，西周进入了鼎盛时期。这一期间天下安定，百姓安居乐业，政治经济文化等方面都有了较大的发展，史称"成康之治"。

周代鲁国的第一任国君是谁？

伯禽是周公旦的长子，也是周代鲁国的第一任国君。周成王七年，为了有效控制东征后新占领的东部地区，成王将原本封在河南鲁山的周公迁封到山东曲阜。伯禽在此建立了鲁国，之后，鲁国担负起了稳定东部地区局势、充当周朝政权藩屏的任务。

伯禽就封时，周公鼓励自己的儿子奋发图强，要求他到鲁国去之后，千万不能因为自己是国君就生骄傲轻浮之心。伯禽也向周公询问了很多关于治理国家的办法，伯禽牢牢记住了周公的教诲，到鲁国后努力发展生产，教育百姓遵守礼仪规范，寻访天下贤士，把鲁国治理得井井有条。

不过，在伯禽治理鲁国的初期，东方的局势仍然很不稳定。虽然周公东征践奄、迁蒲姑，攻灭了东夷最大的两个国家，但是仍有一些少数民族，比如：夷人、戎人等，对新建立的周朝政权怀有敌意。

有一次，鲁国南部的淮夷、徐戎两个少数民族集团发生叛乱。他们把攻击的矛头直接指向新建的鲁国。伯禽亲自率领鲁国军队，在全体将士同心协力的努力奋战下，击退了淮夷、徐戎的侵犯，很快平定了叛乱，保卫了鲁国的安全。

伯禽在鲁国苦心经营了3年，才去西周的都城镐京（今陕西省西安市附近）向周公汇报国政。周公问道："为什么报政这么晚呢？"伯禽回答说："我改造了当地的风俗，变革了当地的礼仪。普通百姓父母死后也要服丧3年，所以到这时候才来报政。"

伯禽在位时间长达46年，通过励精图治使鲁国的政治和经济都出现了繁荣昌盛的局面。鲁国的辖区已北至泰山，南达徐淮，东至黄海，西抵阳谷一带，成为周王朝控制东方的一个重要邦国，并享有"礼仪之邦"的美称。

周昭王是被淹死的吗？

周昭王，是中国周朝第四代王，姓姬，名瑕，是周王朝第三代王周康王之子。昭王继承王位后欲继承成康事业，继续扩大周的疆域，从昭王十六年开始，他亲率大军南征荆楚，经由唐（今湖北省随州市）、厉（今湖北省随州市北）、曾（今湖北省随州）、夔（今湖北省秭归县东），直至江汉地区，大获财宝，铸器铭功。昭王十九年，他亲自统帅六师军队南攻楚国，全军覆没，死于汉水之滨。

周昭王姬瑕自幼养尊处优，即位后身边又没有贤能的大臣给予劝谏与辅佐，所以他的朝政很快就出现了混乱。而就在这时候，不少佞臣又投其所好，每天奉献珍禽异兽，以此博得周昭王的欢心、赏赐或者提拔。

尽管昭王在生活上奢侈荒唐，放纵佞臣，但他继位之后，并没有放弃扩大周朝疆域的愿望。当时的楚国是西周统治下的"南国"之一。昭王时期，楚国不断强盛起来，触犯了周昭王的禁忌，因此为了遏制楚国的发展，昭王率军亲征。

昭王十九年，昭王亲自统率六师军队南攻楚国。周军大批军队到达汉水边准备渡江的时候，碰到了异常恶劣的天气。居住在汉水边的土人非常痛恨周人的骚扰，于是暗中进行破坏。周军征集的渡江船大部分是用胶粘接船板而制成的劣质船，由于渡船在汉水中行驶的时候，渡江船胶溶板散，昭王和随从贵族祭公等人全部葬身鱼腹。

楚军乘势反击，周军全军覆没。南征的失败，不仅是周王朝由盛到衰的转折点，也是直接致使周昭王死亡的直接原因，同时是楚国强大到足以与周王朝抗衡的一个标志，这就为后来楚国成为春秋五霸之一奠定了基础。

周昭王死后葬在少室山（今河南省登封市嵩山中的少室山）。

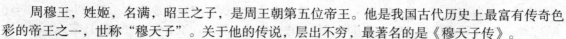

为什么说周穆王是我国古代历史上最富有传奇色彩的帝王之一？

周穆王，姓姬，名满，昭王之子，是周王朝第五位帝王。他是我国古代历史上最富有传奇色彩的帝王之一，世称"穆天子"。关于他的传说，层出不穷，最著名的是《穆天子传》。

周穆王即位后，对昭王南征的事情非常向往，他继承了父亲和前人扩充疆域的凌云壮志，继位后便开始东征西讨。他达到的疆域让人叹为观止，东至九江，西抵昆仑，北达流沙，南伐荆楚。

传说穆天子巡游，"穆王西征，还里天下，亿有九万里"。"穆王东征天下，二亿二千五百里，西征亿有九万里，南征亿有七百三里，北征二亿七里"。范围之广，恐怕前无古人，而且后无来者。若要拿个能与之抗衡的，恐怕唯有成吉思汗的西征了。而且，成吉思汗并非自己亲自征伐到最西处，穆天子却是自己率兵抵达这些地方，可谓独一无二。

经过专家考证，周穆王曾先后两次率军西征，大败西戎各部落，俘虏过5个部落首领，打通了通往西域的道路，开始了向西征讨的道路，继而打到了今甘肃新疆一带。

周穆王西征成功之后，又开始向东南发动战争。东方诸侯的徐国率领东夷侵扰周朝国境，周穆王一举平定乱事，继而东进，抵达九江，稳定了周朝在东方的统治。随后，周穆王开始南征。

通过周穆王的征伐，周王朝进一步扩大了疆土，加强了对四方少数民族的统治力度，巩固了周王朝的统治。也就是因为这样，使得周朝内部矛盾显露了出来。

随着周穆王频繁对外征讨，天子常年不在朝堂，无人处理朝政，导致了朝政的松弛和混乱，自穆王之后，周王朝开始由盛转衰。在经历了周厉王、周宣王、周幽王这些失德的君王之后，周王朝开始走向衰落。

周王朝实施暴政的君王是谁？

周厉王是西周第十位君王，姓姬，名胡，是周夷王的儿子。他暴虐无道，放纵骄傲，导致了"国人暴动"。

西周几经波折，国力日渐衰弱，四周各国部落交相发动对周的进攻和侵扰。厉王在位时，原来臣属于周的噩国，看到周的势力衰弱，就乘机叛周，并企图侵占周的疆土。噩侯联络南淮夷和东夷部落，出兵进攻周的东部疆域和南部国土，声势浩大，气势凶猛，一直打到东都成周（今河南省洛阳市东白马寺一带）附近，严重影响京畿的安危。

周厉王为了保卫京都和周的社稷，从宗周调来了西六师的部队，又从北部调来殷八师的大军，从西、北两个方向向河洛地区聚集，企图形成夹击之势，一举歼灭噩国的军队。周将禹率大臣武公的私家兵车百乘，厮御200人，徒兵千人参战，经过激烈的战斗，周厉王终于击败了噩侯，保卫了西周的安全。

周厉王攻噩之战之后，噩侯又发兵向周进攻。厉王亲自指挥反击战，命令周将率精兵反击。他所率的周兵自洛水上游连续发动多次反攻，使淮夷无法招架，纷纷逃窜。周军乘胜追击，最后彻底击败了淮夷，斩俘140余人，夺回被淮夷掳去的周民400人。由于周厉王攻噩和平定淮夷的胜利，军威大振，西周王朝的国威也有所振作。

但是周厉王在国内向百姓横征暴敛，加重了对劳动人民的剥削，不仅这样，厉王同时还剥夺了一些贵族的权利。在政治上他任用荣夷为卿士，实行"专利"，将社会财富和资源垄断起来，因此招致了贵族和平民的强烈不满。为压制国人的不满，厉王任用卫巫监视口出怨言的人，发现有谁不满就立即杀死，因此使得国内各种矛盾愈演愈烈。

公元前841年，厉王的暴虐终于导致了"国人暴动"。国人包围了王宫，不断地袭击厉王。混乱中，厉王舍弃镐京仓皇逃出，越过黄河，逃到周朝边境彘（今山西省霍州市）。

"国人暴动"不仅体现了西周末年政策上的残酷，也体现了奴隶制度已经走到了尾声。

周王朝的哪个君王从政初期励精图治，但晚年昏庸呢？

周宣王，姓姬，名静（一作靖），周厉王之子，是周朝第十一位王，共在位46年。厉王时国人暴动，大臣召穆公虎将姬静隐藏在自己家中，被国人包围。召公以自己的儿子代替姬静，使姬静得以脱身。共和十四年（前828年），厉王死于流放地彘（今山西省霍县），大臣拥立姬静为王，即宣王。

宣王即位后，整顿朝政，使已衰落的周朝一时复兴。宣王的主要功业是讨伐侵扰周朝的戎、狄和淮夷。周宣王四年（前824年），宣王任命秦仲为大夫，率兵进攻西戎，不幸失败。之后宣王又命秦仲的儿子秦庄公兄弟5人共同征伐西戎，大获全胜。宣王五年，宣王亲自带兵与尹吉甫一起攻伐猃狁（即西戎）于彭衙（今陕西省澄城县西北）。

尹吉甫在征伐猃狁的战争中率师一直攻打到太原（今甘肃省镇原县一带），迫使猃狁向西北退走。与此同时淮夷经常侵犯江汉地区，周宣王便命召穆公及卿士南仲、大师皇父、大司马程伯休父等率军讨伐。周军沿淮水东行，经过不断地打击地方国家的反抗，最终使得地方国中最强大的徐国臣服。

宣王十八年，宣王又派南仲派驹父、高父前往淮夷，使当地各国全部臣服周朝，各地方国都愿接受王命，并向周朝进献贡物。与此同时，宣王还命方叔率师征伐荆蛮（即楚国），平定了南方。

为了巩固对南土的统治，宣王将他的舅舅申伯徙封于谢（今河南省南阳市）。宣王二十二年，宣王继续西周早年的分封，同时分封了诸多功臣。宣王经过不断的努力终于将四周来犯的少数民族武装平息，经济也得到了发展，西周在宣王的统治下，出现了中兴的局面。

宣王在晚年没能保持自己励精图治的想法，渐渐固执己见，听不进去不同政见。为了显示自己的威风，在鲁国选立继承人的时候，他根据自己的喜好，硬逼着鲁国废长立幼，引起了同姓诸侯间的不睦，使得诸侯们对宣王更加不满。

宣王对诸侯尚且如此，对在朝为官的臣下就更加放肆，更加蛮横无理。他的这些行径严重影响了周朝的政治局面。宣王自己费尽心机建立起的中兴局面，因为他自己的原因而开始衰落。

春秋战国时期

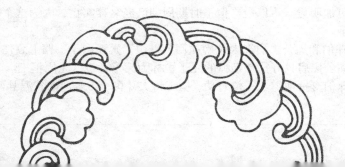

春秋战国时期（前770~前256年），即周朝的后半段——东周（称呼它为东周是为了区别在这以前国都在镐京时期的西周），是指周王室东迁洛邑以后到灭亡这段时间。

东周首位君王为周平王（宜臼），共传25王，历时515年，最后为秦所灭。东周前半期的200多年里，诸侯争相称霸，被称为"春秋时代"；后半期，剩下的诸侯大国继续互相征战，被称为"战国时代"。这一时期是中国的社会制度转变的时期，中国也开始从奴隶社会渐渐向封建社会过渡。

西周末年，周幽王死后，太子宜臼即位为周平王。鉴于镐京残破，又处于犬戎威胁之下，周平王于公元前770年，在郑、秦、晋等诸侯的卫护下，迁都洛邑，建立了东周王朝。据《左传》记载，春秋时共有140多个诸侯国。其中比较重要的有齐、晋、楚、秦、鲁、宋、郑、卫、邢、陈、蔡、吴及越等国。这时候，周朝对各地诸侯的控制力不断减弱，众诸侯不再向周王觐见纳贡，并且开始自己争夺地盘。实力强大的诸侯国纷纷涌现，先后出现了"春秋五霸""战国七雄"，他们为了争夺土地和人民，不断发动战争。这时候的周王形同虚设，就像傀儡一样，只是一个名义上的象征，周朝国土面积也开始急剧缩小。

到了周赧王时期，秦国开始强大起来，周朝分封下来的各个小国家逐渐被秦国消灭。这个时期是周朝最乱的时期，各国之间的吞并战争不断发生。到了公元前256年，武力强大的秦国将各诸侯国全部灭掉，周朝也就此正式灭亡了。

周平王继位后面临的是怎样的局面？

周平王生活在西周末年，当时的西周因为周幽王的暴政和外族入侵，已经败落不堪。周平王为了躲避戎的追杀，在封赏功臣的时候使得晋文侯、秦襄公、申侯、许国、郑国和鲁国等地方诸侯国得到很多好处，而周朝的国土面积却在很大程度上被压缩。

公元前771年，犬戎攻入镐京，周幽王被杀，西周自此结束。不久，周平王宜臼在申、鲁、许等诸侯国的拥立下继位。为了躲避犬戎，周平王在秦襄公的护送下，将都城东迁到洛邑，东迁后的周朝被称为东周。周平王倚仗晋、郑、虢等诸侯的力量，勉强支持残局。然而此时的周王室已经日渐衰微，周天子再也没有了天下共主的地位，诸侯国间的争斗兼并日益严重，中国历史从此进入春秋时期。东周的建立，也拉开了春秋的序幕。

在平王即位称帝的同时，诸侯虢公翰拥立幽王的另一个儿子余臣为天子，称携王，从这时候开始周朝出现了两周并列的局面。直到平王东迁时，由于秦襄公护送有功，为了奖励秦襄公，周平王允许秦襄公攻打犬戎，并且可以占有战利品。很快，岐山以西地区全部被秦所攻占，秦国从此开始发展壮大起来，周王朝也因此失去了大片国土。周王室的衰微直接促使各诸侯国伺机扩张势力，郑、晋、齐、鲁、燕、宋、楚等大国开始为了争夺利益不断地兼并小诸侯国，同时七大诸侯国之间也经常出现争霸的现象。

周桓王时期周朝的国土已经缩小很多了吗？

周桓王，东周的第二代君王，是周平王的儿子。周平王时期诸侯国不断地强大起来，到了周桓王时期，这一现象更加明显。可以说周桓王时期周朝已经名存实亡，因为这个时期周朝的实际拥有的国土已经很小了。

周平王病死后，郑伯和周公黑肩迎太子姬狐回朝继位。姬狐由于一路上哀伤过度，回朝后不久就病死了。郑伯和周公黑肩只好扶持姬狐的儿子姬林为天子，也就是周桓王。

周桓王时期，因郑伯支持他继承王位有功，桓王将大片国土（今河南省温县西南）赐给郑伯，周王朝的疆域再次缩小。

西周时期，各个诸侯为了继承诸侯职位，都必须赶往都城去接受周天子的册封，才能成为真正合法的诸侯继承人。但是，西周之后，这种继承制发生了变化。公元前712年，鲁桓公杀死哥哥隐公做了国君，并没有得到周桓王的册封。从这件事情之后，诸侯的继任就不再由天子册封了，周王室和周天子的威严也因此一落千丈。

公元前706年，楚国提出提高楚国等级的建议，被周桓王拒绝了。楚国国君熊通在大骂了桓王一通之后，自称为楚武王。桓王知道这件事情之后，又气恼又羞愧，却依旧没有办法控制这种情况的发生。

此外，桓王继位后，不能忍受郑庄公的压制，将其赶走。郑庄公离开后不断地制造事端，扰乱周境的安宁，致使双方关系越来越紧张。很快，郑庄公又假借桓王之命，出兵攻伐其他的国家。桓王闻讯大怒，亲自带兵攻打郑国，结果却被郑庄公打败。在撤退的过程中，郑国将军祝聃搭弓向桓王射去一箭，射中桓王的左肩，幸亏铠甲坚厚，桓王的伤势还不算严重。

这次战役之后，周天子就被打掉了"受命于天、辅有四方"的"金招牌"。从此，诸侯越来越不把周天子放在眼里，而周桓王也没有采取任何有效的措施来提升朝廷的威严。

周桓王时期所发生的一切都表明周朝已经不再是文王、武王，或者成康之治时代那么强大了，那些有实力的诸侯国已经不再将周桓王放在眼里，周朝也因此即将走向灭亡。

周庄王时期发生了哪些重大事件？

周庄王姬佗，周桓王的长子，是东周第三代王。在周桓王的时候周朝已经是名存实亡了，而在周庄王时期，周朝依旧发生了几件大事：一是子克之乱；二是周庄王将自己的女儿嫁给了齐国国君；三是齐鲁长勺之战；四是庄王因选了继承人引发子颓之乱。

姬佗继位后的第三年（前694年），作为朝中大臣的周公黑肩并没有遵照桓王临终时的遗嘱辅佐新君，而是在暗中谋划杀掉周庄王姬佗，让姬克成为国君。有人劝阻他说："嫡庶有别，废嫡立庶，这是内乱的根源。"这时的周公黑肩根本听不进去，一心想让姬克做国君。姬佗知道这件事情之后，立即捕杀了周公黑肩。姬克见事情败露，自己没有了保护伞，便慌忙逃奔燕国。这次这件被后人称为"子克之乱"。

39

公元前693年，周庄王为了笼络齐国保护周朝，打算将女儿嫁给齐国国君。他让鲁桓公做媒，为了表示自己的诚心，周庄王派卿单伯先将女儿送到鲁国。为了争取到鲁桓公的帮助，周庄王又派臣荣叔赶赴鲁国，正式册封鲁桓公为国君。鲁桓公得到了正式爵位之后，派人将姬佗的女儿嫁到了齐国。

周庄王在位期间，齐国因王族争夺爵位，经历了多年内乱后，公子小白成为了齐国国君，也就是齐桓公。齐桓公不计前嫌，将争夺王位时，曾经几乎射死自己的名臣管仲从鲁国接回，任命为相加以重用。管仲也放弃前嫌尽心竭力地辅佐齐桓公。之后齐国为了发展经济军事实力，进行了一系列改革，逐渐强大起来。因为鲁国曾经阻止齐桓公继承王位，齐桓公继位后并没有忘记仇恨，发兵讨伐鲁国，鲁军迎战齐军于长勺。结果齐国大败，这就是被历史上称为齐鲁长勺之战的著名战役。

周庄王晚年很想让他的小儿子姬颓继承王位，但是没有成功，这件事后来成了内乱的根本原因，直接导致了他死后的"子颓之乱"。

周惠王时期"子颓之乱"是怎么发生的？

周惠王，名姬阆，是周庄王的孙子，周釐王（僖王）的儿子，也是东周第五代王。周惠王性情贪婪，做了周王后，占取芮国的园圃饲养野兽，抢占官员房产，夺取周大夫詹父和子禽、祝跪的土地田产，减少膳夫石速俸禄，引起芮国五大夫及石速的强烈不满。

周惠王继位第二年秋天，为国、边伯、詹父、子禽、祝跪等5个大夫，因为庄王生前想让子颓做国君，对釐王病死后由姬阆即位很不满意，就联合贵族苏氏，拥立王子子颓，发动叛乱，攻打周惠王，最后失败被迫出逃。

子颓逃到温（今河南省温县西南）地，最后在苏氏的保护下跑到了卫国。卫惠公由于怨恨周王收留了自己的政敌公子黔牟，就开始支持子颓。这一年冬，卫国和南燕出兵攻入周朝都城，赶走周惠王，立子颓为天子。郑厉公出面调解周王室内部政变，没能成功，准备在第二年发兵征讨南燕国君仲父，并且准备迎接周惠王。他先将周惠王安排在郑国的别都栎（今河南省禹州市）。

公元前673年春，郑厉公和虢公在弭（今河南省密县内）出兵讨伐子颓，郑、虢联军很快攻入都城。子颓和边伯等5个大夫没有任何准备，被联军杀死，郑厉公和虢公迎周惠王回到都城。史称这场内乱为"子颓之乱"。周惠王为了感谢郑厉公等人，赏给了他们很多土地。

这件事充分体现了当时周王朝政治腐败的状况，而且这些腐败的根源就出在周天子身上，这也是周王朝必然走向灭亡的原因之一。

周襄王时期兄弟争位再度导致周朝版图缩小了吗？

周襄王，姬郑，是东周第六代王。周惠王姬阆死后，周襄王姬郑为了继承王位，将很多土地封给了齐桓公，这使得周王朝的领土进一步缩小，加之随后又发生了"子带之乱"，周王朝势力再次被削减，从而导致了齐桓公、宋襄公、晋文公和秦穆公相继成为诸侯中的霸主。

周惠王病死后，太子姬郑害怕周惠王的另一个爱子子带发难，于是为了能够继承王位，姬郑秘不发丧，同时派人向齐桓公求援。齐桓公立即召集诸侯在洮（今山东省鄄城县西）召开会议，所有的诸侯国一致拥立姬郑为天子。姬郑继承王位之后，才公布出周惠王的死讯。

失去继承王位机会的子带，不顾国家利益，数次引导西戎兵攻周，每次都以失败告终。后来在得知自己的同党周襄王的皇后隗后被废之后，子带再次引导西戎兵攻周，并且攻占了都城。周襄王仓皇出逃，避居于郑国的氾（今河南省襄城县），并在那里向各国诸侯求援。于是晋文公打着勤王的旗号，活捉了子带，然后迎接周襄王回到都城，最后处死子带，平定了内乱。这件事被称为"子带之乱"。

经历了"子带之乱"之后，周襄王答应将阳樊、温、原和攒茅四个邑（在今河南省济源市、温县和修武县内）送给晋文公作为报答。此外通过帮助周襄王即位，晋文公还得到了见天子不用行谢恩的下拜礼的待遇。

在此之前，秦、晋两国已经将戎族中的一支迁移到了周王朝境内的伊川（今河南省洛阳市南伊河）一带，占据了这块地方。此时的周朝所剩下的国土只有百里。

不仅如此，之后齐桓公又在葵丘（今河南省兰考县东北）召集鲁僖公、宋襄公、卫文公、郑文公、许僖公、曹共公等国进行会盟，让各诸侯国拥戴他为盟主，这就是"葵丘之盟"，周襄王并没有反对，这就意味着周天子已经承认了齐桓公的霸主地位。

秦穆公在晋文公称霸之后，也走上了称霸的道路。他任用贤能增强国力，在攻伐晋国取胜之后，又连续使西戎20多个小国和部落闻风归附，秦国土地扩展到1000多里。得到周襄王的12面铜鼓之后，秦穆公正式确立了秦国的霸主地位，对东周王权形成很大的威胁。

周灵王是怎么死的？

周灵王，姬姓，名泄心，是周简王之子，东周第十一代王，在位27年。灵王有两个儿子，太子晋和次子王子贵。

周灵王姬泄心非常喜爱长子姬晋。姬晋天性聪颖，而且爱好广泛，尤其喜欢吹笙，能吹奏出如同凤凰欢鸣一般的乐曲，让人不知不觉地沉醉在里面。周灵王对他十分钟爱，便立他为太子。

可是姬晋的运气不好，在17岁时突然得病，不治身亡。姬晋死后周灵王悲痛欲绝。大臣为了劝说周灵王，就利用迷信编造了一段情节劝慰他说，太子在大山里，坐着白鹤，吹着笛子，让人转告灵王，暂时不必挂念他，他现在跟随仙人浮丘公居住在嵩山，十分快乐。

不听这些还好，听到这些之后，周灵王更加伤心，更加怀念太子。为此，周灵王日夜不宁，精神恍惚。没过多久，周灵王在梦境中，看到太子骑着白鹤来迎接他。醒来之后他就对人说要去见太子，不久就病死了。

东周的末代君主是谁?

周赧王（前 314~前 256 年）也被称为王赧，姬姓，名延，是周慎靓王之子。他是东周的第二十五位国王，也是东周最后一任国王。周赧王是两周在位最长的君主，他在位时期周朝已经衰落到了低谷。

赧王在位期间，他所统治的地盘只有 34 座城池，3 万多人口。当时秦朝已经占了韩、魏、赵 3 国的很多地方，眼看下一步就要进攻周朝。赧王每天在心情恍惚中度过。这时，楚国为抑制秦国势力的扩展，想利用周赧王的名义，号令各国协力攻秦。赧王很高兴，凑齐了一支五六千人的军队，但缺少粮食，赧王只好向境内的富户筹借军资，并给他们写下了借券，答应周军胜利后把战利品分给他们。

公元前 256 年，周军开始出兵讨伐秦国，并且联合 6 国诸侯到伊阙（今河南省洛阳市南）会合，一起出击。不料，除了楚、燕两国派了一些兵士外，其他 4 国都没有发兵，周朝在伊阙的总兵力不过几万，根本就不是秦军的对手，周赧王无力对抗，只能撤兵。秦军一直打到了周国的都城。

赧王五十九年（前 256 年），赧王听从大臣的意见，投降了秦国。东周自此灭亡。

齐桓公通过哪次会盟达到了称霸中原的目的的?

"葵丘之盟"是发生在周襄王在位期间，这次会盟代表着齐桓公已经达到了称霸中原的目的。

周惠王想废掉太子郑，立另外一个儿子子带做太子。太子郑向齐桓公求救，齐桓公为了保全太子的地位，以诸侯要拜见太子为借口，联合 8 国诸侯在首止开大会，太子郑在首止约见了各国诸侯。

在周惠王的唆使下郑国离开了首止，剩下的 7 个诸侯共同缔结了共辅太子的盟约。不久，齐国攻打郑国，迫使郑国也参加了盟约。

没过多久，周惠王死了，太子郑即位，为周襄王。周襄王非常感激齐桓公，为了表示感谢，派人给他送了祭肉、珍贵的弓箭和车子。齐桓公抓住这个有利的机会，再次召集各国诸侯在葵丘举行会晤。

齐桓公代表诸侯将早已经准备好的同盟条约，在各国诸侯面前宣读，并且约定共同遵守盟约。

其主要内容是，不准把水祸引向别国，导致其他国家内部混乱；不准因别国灾荒而见死不救，不卖给粮食；不准更换太子；不准以妾代妻；不准让妇女参与国家大事，以免发生后宫乱政的情况。

这些内容，有的是各国在经济上互相协作的要求，有的是维护宗法统治秩序的需要。条约规定，"只要是我们联盟的人，加入联盟之后，无论之前有过怎样的矛盾，都要言归于好。"只是通过葵丘盛会，齐桓公终于达到了联合诸侯，称霸中原的目的。同时标志着周天子对齐桓公霸主地位已经默认。"葵丘之盟"标志着齐桓公的声望达到了最高峰。

齐桓公是怎样成为五霸之首的?

齐桓公之所以能够成为五霸之首，主要因为他本人对国家事务专注，兢兢业业地治理朝纲；同时任用管仲、鲍叔牙等人才；对内政外交方面也进行了一系列的改革。

齐桓公时期，他不计前嫌任用管仲为相，实行了对内整顿朝政、厉行改革，对外尊王攘夷、存亡续绝等一系列政策。这一时期，出现了一批各有所长、尽忠职守的人才，最有名的就是"桓管五杰"。

在经济方面，齐国不断地开荒建城、垦地蓄粮、增加人口，不断地增加财政收入；在军事上，推行战车不乱、兵士不退的治军政策，擂鼓指挥将士奋勇杀敌；在法治上，司法刑律合理公道，不杀无辜者，不诬无罪者；在朝政上，群臣在齐桓公时期敢于犯颜直谏，不避死亡、不图富贵，政治清明，很少出现国君独断专行的事情。

齐桓公经过以上一系列政治、外交准备，开始了对蔡国的讨伐，结果蔡国一触即溃。这一件事是齐桓公称霸的开始。

随后齐桓公带领各国联军侵入楚境，并到达楚国的陉邑（今河南偃师市南）。楚成王率军北进，抵抗齐桓公的入侵。齐、楚两国军队势均力敌，楚为新兴大国，齐国成为中原盟主。齐楚都不敢轻易出兵，桓公忧虑劳师远征，难以深入取胜。楚见齐为诸侯霸主，联军阵容强大，也担心齐会凭借着兵多将广来攻打自己的城池。于是，齐、楚双方在召陵缔结了盟约。

召陵之盟虽未在军事上给楚造成什么损失，但已经威慑到了楚国，这也是齐国在政治上取得的重大胜利。之后齐国不断地攻打侵占其他国家，最后无论是兵力还是经济实力都已经成为诸侯国中最强大的国家。

管仲为什么能成为齐国丞相？

管仲名叫夷吾，他的祖先是姬姓的后代。他是齐桓公时期齐国的宰相，为齐国建立了很大功绩。

管仲的父亲管庄是齐国的大夫，后来家道中衰，到管仲这一代时已经很穷苦了。为了能生存下去，管仲做过当时认为是低下没有地位的商人。他到过许多地方，接触过各式各样的人，见过许多其他人没有见过的事情，积累了丰富的社会经验。

管仲几次想当官，却没得到好的机会，在帮助齐国太子失败之后，被齐桓公弄回了齐国。只是齐桓公并没有杀死他，而是让他做了丞相。

管仲之所以能够成为齐国丞相主要有4个原因：

其一，管仲有才，而且是匡世大才。当时鲁国的大谋士施伯非常看重管仲，他评价管仲说："管仲者，天下之贤人也，大器也。他到哪个国家，哪个国家就能够得到天下。"

其二，齐桓公欲作中兴之主，一心想着发展齐国，最终打败所有诸侯国，称霸诸侯，所以只有管仲这样的大才才能帮助他实现愿望。

其三，鲍叔牙的力荐。鲍叔牙既是桓公的心腹重臣，又和管仲是好朋友。作为管仲的好朋友，鲍叔牙说："君且欲霸王，非管夷吾可。夷吾所居国国重，不可失也。有这样一个特殊身份的人从中斡旋，事情才发生了戏剧性的变化。

其四，桓公其人，性急，且有远虑。这种性格也是造成管仲命运的有利因素。多种因素综合作用的结果，改变了桓公诛杀管仲的初衷，坚定了他委之以重任的决心。

就这样，管仲在众多人的期望下，被齐桓公任命为了丞相。

立场对立的管仲和鲍叔牙是好朋友吗？

管仲和鲍叔牙虽然立场对立，但却是非常要好的朋友，有"管鲍之交"来形容他们的友谊，这个成语讲的就是管仲和鲍叔牙之间的友谊。

管仲和鲍叔牙都是春秋时期的政治家，他们俩从小便是非常要好的朋友。管仲家里比较穷，而鲍叔牙家里的条件相对来说就比较好，这些外部的差距并没有影响两人的友情。

管仲和鲍叔牙年轻的时候经常合作，他们合伙做小生意时，鲍叔牙毫不介意管仲出的资本少，却拿得多。因为他很了解管仲的家里情况。

管仲曾经做过3次官，每次都被罢免。鲍叔牙认为这不是因为管仲没有才能，而是因为管仲没有碰到一个真正的伯乐。管仲在军事作战中临阵脱逃了，鲍叔牙并没有因此嘲笑管仲怕死，而是很理解地指出管仲是因为担心自己的老母亲无人奉养，才选择了逃跑。

管仲和鲍叔牙进入齐国从政的时候，齐国的政治局面非常混乱。王子们都逃到了其他国家，管仲跟随着王子纠，而鲍叔牙则在莒国侍奉另一个齐国王子小白。后来，齐襄公被杀，王子纠和小白同时动身赶往齐国，争夺王位。最后小白抢先一步回到齐国，当上了国王，是为齐桓公。

齐桓公继承王位之后，毫不犹豫地杀死了王子纠，同时管仲被囚禁在鲁国。齐桓公让鲍叔牙当丞相，但是鲍叔牙认为管仲才是当丞相的最佳人选，所以大力举荐被囚禁在鲁国的管仲。开始齐桓公不同意，因为在争夺王位时，管仲曾为王子纠射过他一箭。鲍叔牙替管仲开脱说："明君是不会记仇的，一个人能够衷心地为主人办事，也一定能忠于君王。"齐桓公最终被鲍叔牙说服，将管仲接回了齐国并封为了丞相。鲍叔牙甘心做管仲的副手，在两个人通力的合作下，齐桓公很快成了"春秋五霸"之首。

鲍叔牙去世后，管仲悲痛不已，想起鲍叔牙对他的理解和支持，就想起了鲍叔牙对他的帮助，他感慨地说："生养我的是父母，但是真正了解我的人只有鲍叔牙啊！"后来管仲和鲍叔牙两个人的友谊成为了千古流传的佳话。

晋文公是如何为自己称霸创造条件的？

晋文公之所以能够称霸，主要是因为他大力改革朝政，奖励生产，鼓励贸易，不断地发展军事力量，这才使晋国有了对外扩张的实力。

晋文公即位后首先进行的是改革朝政。晋文公重用晋国国卿狐偃与大夫赵衰制定国策，建立制度，并将备案交由文公。文公以狐偃全权改革，并由赵衰辅助。同时，晋文公更加注重兵力的提升，他认为晋惠公时代招募州兵及开垦私田有利于国家的发展，就将其保留。在之后的两三年里晋国兵力有了质的飞跃。

在生产上，晋文公不断地奖励改进工具和垦殖；在贸易方面，降低税收，争取让其他国家的商队进入晋国，互通有无，使晋国的经济获得了发展。同时，他还改变了选官制度，拨乱反正，大量使用惠公、怀公时代受到迫害的旧族，同时提拔一些有能力的新贵，使统治集团内部日趋和谐。

这一系列改革不但使晋国强大起来，而且还使中原一带保持了一段时间的相对安定，从而促进了社会生产的发展。

此外，晋文公在一次攻打其他国家的回军途中，路过雍丘，帮助周天子修筑宫室，博得周襄王的好感。而且晋文公还亲自到周都，告捷献俘，得到了周襄王的认可。这也为晋文公称霸打下了基础。

最后周襄王命大臣王子虎等册命晋文公为齐桓公之后的又一位侯伯，从此晋文公成为继齐桓公之后的又一位霸主。

晋文公重耳继位之后为何要寻找臣子介子推？

介子推作为晋文公的臣子，在晋文公重耳继承王位之前为重耳做了很多事情，也为晋文公继承王位做出了重大贡献，所以在晋文公重耳做了国君之后，便开始大力寻找归隐的介子推。

由于宫廷内乱，晋文公曾被迫流亡在外，在逃亡卫国的时候，所带的粮食被别人偷了，没有了粮食充饥，他只好放下身份向田夫乞讨，结果不但没要来饭，反倒成了农夫们戏弄的对象。没有粮食充饥重耳快饿晕了，介子推看到这些，为了能够让重耳活命，他找了一个没人的地方，在自己的腿上割了一块肉，与采摘来的野菜混在一起煮成汤给重耳吃。最后重耳知道了介子推为他所做的事情之后，感动得无以言表，他发誓说如果有朝一日做了君王，一定会让介子推过上富有的生活。

结果晋文公在十几年之后，终于继承了王位，他得知介子推已经到山里做了隐士。他赶紧带人到山里去请介子推，希望能够报答介子推的恩情。可是没想到那绵山蜿蜒数十里，很难寻找到介子推的下落。晋文公为了能够尽快的找到介子推，就让人在山的三面放火烧山，希望能够将介子推逼出来。让晋文公没想到的是，直到大火熄灭了，也没有寻找到介子推。后来有人在一棵枯柳树下发现了介子推母子的尸骨。

晋文公为了纪念介子推，用那棵柳树做了一双木屐，每天见到木屐就会悲痛地想起介子推。晋文公还把一山岗定为介子推名义上的封地——介公岭，又为他建了介子推公祠和"介庙"。

"退避三舍"讲的是什么事情？

"退避三舍"是发生在春秋时期晋文公重耳和楚王身上的事情，主要讲的是晋文公为了报答楚王，在交战的时候退让90里的故事。

晋献公时期，太子申生受人诬陷被杀，作为晋献公仍然活着的两个儿子之一，重耳也备感危机，于是就逃出了晋国，在外流亡十几年。

经过几番周折，重耳到了楚国，楚王设宴款待重耳，两人饮酒叙话，气氛非常融洽。为了楚国以后考虑，楚王问重耳："如果有一天你回到晋国当上国君，你会怎样报答我呢？"重耳略加思索说："美女和侍从、金银珠宝，大王您已经应有尽有，楚国更是盛产珍禽羽毛，象牙兽皮，晋国也没有什么珍奇异宝献给大王。"听了重耳的话，楚王并没有放弃，接着说："公子太谦虚了。东西虽然没有，但你也应该有所表示吧？"重耳笑笑回答道："我要真的能像大王所说的那样，有一天能够回去继承王位，我愿与贵国友好。如果晋国与楚国之间发生战争的话，我会让军队退出 90 里。如果还不能得到您的原谅，我再与您交战。"

之后，重耳真的回到晋国做了国君，就是历史上赫赫有名的晋文公。晋国在他的勤恳治理下强大了起来。

公元前 633 年，楚国军队与晋国军队在战场上终于碰到了一起。晋文公向楚国兑现了他许下的诺言，命令军队退后 90 里，也就是三舍（古时行军计程以 30 里为一舍）。可是楚军见晋军后退，不但没有停战，而且还步步紧逼，结果进入了晋军设下的圈套，被晋军打败。

执政大臣赵盾为什么要逃出晋国？

周匡王在位时期，晋国的国君是晋灵公。晋灵公是一个只顾享乐，不理政事的国君。他根本没有严格要求自己的想法，并且非常喜欢恶作剧，经常从宫台上用弹弓把别人打得头破血流，让人家难看，每当他看着人们东躲西藏，就开心得不得了。

有一次，因为厨师没有将熊掌煮熟，晋灵公非常生气，一怒之下将那厨师杀了，用草席裹着，叫宫女拖出去丢掉。执政大臣赵盾看不过去了，就进宫劝谏，晋灵公不但不听，为了能让自己的耳朵清静，反而派武士鉏麑去谋刺赵盾。

鉏麑一大早就到了赵盾家，见赵盾大开着卧室门，穿着朝服，正襟危坐地在等待天明上朝，见到赵盾这样专心为国家办事，根本没有一点松懈的样子。赵盾的行为深深感动了鉏麑，鉏麑很感动地说："对国君不忘恭敬，真是个替百姓办事的好人。我杀了他，一定会受到百姓的唾弃，所以还是放过他好了，让我去死好了。"说罢，鉏麑就一头撞向庭院中的槐树，然后倒地身亡。

晋灵公刺杀赵盾没有成功，装做什么事都没发生的样子，热情地请赵盾赴宴，并暗中埋伏好了武士，想暗地里杀死赵盾，可是没想到，赵盾再次被人救了出去，逃到了其他国家。

多年之后，赵盾的族弟赵穿将晋灵公杀死，赵盾才得以重返都城。

春秋第一权臣是谁？

春秋时期，第一权臣当数晋国赵盾。

晋灵公死后，赵盾回到晋国都城，拥立晋成公，在朝中驱除了灵公的近臣。之后，赵盾又以晋国没有自己的公族为由，让自己的异母弟赵括为首席公族大夫，统帅赵氏的旧部，监视老臣。

之后，经过短暂的准备之后，赵盾陪同晋成公发兵南下，与楚国联盟攻打郑国。郑国君臣大惊，急忙向晋国求和。晋成公在赵盾的指示下答应了求和，派遣随从到郑国与郑穆公缔结同盟。之后，赵盾以霸主的名义，召集诸侯。晋成公与其他几个国家在晋国黑壤结盟。

之后赵盾又利用手中的权力，就像国君一样发号施令。也正是因为他的存在使得晋国的一切资源都被投入于争霸。

赵盾治理晋国的时候，楚军与晋军没有发生军事冲突，强势的赵盾辅佐晋成公几乎复兴了国家霸权。赵盾虽然霸道，所做的事情都是为了巩固晋国的实力，他并没有废掉晋成公自己做国王。

封建社会确立的标志是什么？

三家分晋，指的是晋国的势力最终被晋国的韩氏家族、赵氏家族和魏氏家族瓜分的事件，三家分晋标志着中国奴隶制社会开始瓦解，封建制社会开始形成。

一向被称为中原霸主的晋国，到了春秋末期，由于国家再也没有出现过像晋文公那样的君主，所以国君的权力逐渐衰落，国家内部出现了很大的变动，大部分的权力已经到了智家、赵家、韩家、魏家等人手里。这 4 家中，又以智家的势力最大。

智伯瑶居心不良，想以公家的名义来逼迫其他 3 家交出土地。而这 3 家并不一心。在智家的逼迫下，韩家和魏家都将自己的一部分利益让了出去。赵襄子却不答应让出土地，他说："土地是上代留下来的产业，说什么也不能送人。"智伯瑶听后非常的生气，立即命令韩、魏两家一起发兵攻打赵家。

赵襄子自知寡不敌众，并没有硬碰硬，而是带着赵家兵马退守晋阳（今山西省太原市）。很快，智伯瑶率领的 3 家人马便把晋阳城团团围住。赵襄子只是坚守城池，根本不给智伯瑶正面对抗的机会。每当 3 家兵士攻城的时候，城头上的箭便像飞蝗似的射下来，使得 3 家人马没法前进一步。就这样赵襄子凭着弓箭死守了晋阳城两年多，最终也没有让智伯瑶得逞。

之后，智伯瑶又用水攻，将整个晋阳城泡在了水里，使百姓吃尽了苦头。百姓十分痛恨智伯瑶，誓死不降。韩康子和魏桓子虽然表面上附和智伯瑶，但心里却担忧他会用同样的方法来对付自己，因为魏家的封邑安邑（今山西省夏县西北）、韩家的封邑平阳（今山西省临汾市）旁边也各有一条河道，他们在暗地里期盼这样的事情不要发生在自己身上。

最后赵襄子联合韩、魏两家，一起设计将智伯瑶杀死，不但把智伯瑶侵占的两家的土地收了回来，连智家的土地也由 3 家平分了。接着，他们 3 家又废除晋国国君，将晋国留下的其他土地也瓜分了。

这样一来，晋国就从历史上消失了，取而代之的就是赵、韩、魏 3 个国家。

以五张羊皮换五贤的是哪位君主？

秦穆公，姓嬴，名任好，春秋时代秦国国君，春秋五霸之一。他在位 39 年（前 659~ 前 621 年），曾协助晋文公回到晋国夺取君位，还曾出兵攻打蜀国和其他位于函谷关以西的国家，开地千里，成为春秋时期的西方诸侯，称霸西戎。秦穆公很重视人才，并得到了百里奚、蹇叔、丕豹、公孙支等贤臣的辅佐，而其羊皮换贤的故事成为千古佳话。

秦穆公五年（前 655 年），秦穆公与晋国联姻，在晋国陪嫁的奴仆中，有一个是已亡国的虞国大夫百里奚，百里奚才能超卓，但不愿为晋国所用，因此被当成奴仆陪嫁到秦国。但百里奚在途中潜逃，后来，有个从晋国投奔过来的武士提起他，使秦穆公心慕百里奚之能，一心想找到他。百里奚逃亡到楚国，仍为奴仆，秦穆公得知后想以厚礼将他换回来，但有大臣认为，楚国是因不知百里奚之能才会让他为奴。于是，秦穆公就按照一般奴仆的价钱，花五张羊皮把他赎回来。百里奚到秦国后，又推荐了好友蹇叔，二人成为秦国的左右二相，蹇叔之子西乞术、白乙丙以及百里奚之子孟明视后来也在秦国得到重用。秦穆公以 5 张羊皮换 5 贤的典故一时传为佳话。

哪次变法最早确立了我国的封建制度？

商鞅变法，发生在公元前 356 年（秦孝公在位期间），这次变法最早确立了我国的封建制度，为秦始皇建立大一统的封建国家奠定了坚实的基础。

奴隶制度发展到战国时期已经到了崩溃的边缘，随着新兴的地主阶级的经济实力的不断增长，他们越来越不满足自己的既得利益，纷纷要求在政治上进行改革，以获得相应的政治权利，商鞅变法在这种社会背景下应运而生。

商鞅变法主要包括以下三个方面：

在政治上，商鞅变法彻底废除了奴隶时期的世袭制度，建立了新的封建专制主义中央集权制度，并在地方上实行郡县制，削弱了豪门贵族在地方的权力，进一步巩固了中央集权的封建统治。

在经济上，商鞅变法先是废除了井田制，实行了土地私有制，接着又实行了重农抑商的政策，并且在全国范围内统一了度量标准，这些措施的实行，有利于发展人口、增加国家的财政收入，在一定程度上有利于发展封建经济。

在军事上，商鞅变法奖励军功，实行了二十等爵制度，规定爵位依照军功才能授予，贵族没有军功，也不能做官。这就意味着世袭制度被彻底取消，国家开始根据军功的大小来授予大臣爵位，官吏的选拔也开始从有军功的人群中挑选。

商鞅变法得到了当时统治者的支持，第一次以法律的形式确立了我国的封建制度，这一事件顺应了历史的发展潮流，对后世封建制度的发展和完善有着深远的影响。

"鸡鸣狗盗"讲的是什么样的历史故事?

孟尝君为战国时期齐国的宗室大臣,门下有食客3000人。有一次,孟尝君带着自己所有的宾客出使秦国。秦昭王想把孟尝君留下为自己服务。当时的孟尝君根本没有实力和秦王对抗,不敢得罪秦昭王,只好留下来。

之后,大臣们劝秦昭王说:"将孟尝君留下来对秦国并没有什么好处,他出身王族,在齐国有封地,有家人,为什么要为秦国办事呢?"秦昭王觉得很有道理,便改变了主意,把孟尝君和他的手下人软禁了起来,想找个借口杀掉他们。

秦昭王有个非常宠爱的妃子,秦昭王对她是言听计从,只要妃子说一,昭王绝不说二。为了能够离开秦国,孟尝君派人去向秦昭王的妃子求助。妃子答应了孟尝君的求助,条件是齐国要以一件天下无双的狐白裘(用狐腋白毛部分制成的皮衣)做报酬。这个问题难住了孟尝君,因为刚到秦国,他就将那件狐白裘献给了秦昭王,现在让他到哪里去再找一件呢?

这时候一个善于钻狗洞偷东西的门客说他可以拿到那件狐白裘。他先摸清了情况:秦昭王特别喜欢那件狐裘,一时舍不得穿,就将狐白裘严密地收藏了起来。之后这位门客想尽办法逃过巡逻卫士的眼睛,很快将狐裘偷了出来。秦昭王的妃子见到狐白裘高兴极了,于是想方设法让秦王不再杀孟尝君,并准备过两天为他饯行,送他返回齐国。

当时孟尝君根本不敢再留在秦国,他率领手下人连夜偷偷骑马向东疾行。到函谷关(今河南省灵宝县境内,当时是秦国的东大门)时正是半夜。而按照秦国的法规,函谷关必须在鸡叫了之后才开门。三更半夜,鸡怎么会叫呢?大家正在无计可施的时候,只听见几声"喔!喔!喔!"的鸡叫,很快,城关周围所有的公鸡都打起鸣来。这是因为在孟尝君门客中有一个会学鸡叫的人,而鸡只要听到第一声啼叫就会马上跟着叫起来,根本不管是不是半夜。守关的士兵听到了鸡叫,于是就打开了城门,孟尝君一行人得以迅速出城,逃回了齐国。

孟尝君离开之后,秦昭王非常后悔,于是立即派人前去追赶。追到函谷关,孟尝君等人早已出关多时了。

吕不韦是个厉害的风险投资家吗?

吕不韦,商贾出身,春秋战国时期,商人是很没有地位的,但吕不韦却凭借自己的投资,最终成为一人之下万人之上的相国,他的一生很具有传奇色彩。

公元前258年,吕不韦到邯郸去做生意,当时,秦王庶出的孙子子楚在赵国当人质,生活困窘。吕不韦见到子楚后非常喜欢,运用了他在商业上特有的精明,想到子楚就像一件奇货,可以囤积居奇,等待高价时售出。

他前去拜访子楚,并为子楚出谋划策,还拿出500金购买珍奇玩物,带着东西去秦国替子楚游说。他把带来的东西统统献给华阳夫人,顺便谈及子楚如何聪明贤能,结交的诸侯宾客,遍布天下。华阳夫人听了,便找了个机会向太子安国君委婉地谈到在赵国做人质的子楚,夸他如何有才能,人们都怎样称赞他,并哭着说自己非常遗憾没能有个儿子,希望能立子楚为继承人,日后便有个依靠。安国君听后答应了华阳夫人,并刻下玉符,决定立子楚为继承人,同时请吕不韦当他的老师。不久安国君去世,子楚继位,为庄襄王。他任命吕不韦为丞相,封为文信侯。

另外,吕不韦有一个非常宠爱的姬妾,不料这女子也被子楚看上。于是,吕不韦就献出了这个女子,这位女子就是秦始皇的生母。

庄襄王即位3年之后死去,太子嬴政继立为王,立自己的生母为太后,尊奉吕不韦为相邦,称他为"仲父"。一时,吕不韦权倾朝野,府中食客三千。为了扩大自己的影响力,他还让府中食客编著了一本《吕氏春秋》,并刊布在咸阳的城门,上面悬挂着1000金的赏金,遍请诸侯各国的游士宾客,若有人能增删一字,就给予1000金的奖励。

吕不韦一心一意辅佐秦始皇,由于他与秦始皇母亲的特殊关系,秦始皇登基时各地风言四起,说秦始皇是吕不韦的儿子。后来,秦始皇给吕不韦写了一封信,吕不韦看信后,饮鸩酒自杀而死,终结了他传奇的一生。

荆轲刺秦王成功了吗?

公元前230年,秦国灭了韩国,又过了两年,秦国大将王翦占领了赵国都城邯郸,一直向北进军,逼近燕国。

燕国的太子丹曾被留在秦国当人质,他见秦王嬴政决心兼并列国,又夺去了燕国的土地,于是想出刺杀秦王的主意,他把荆轲收在门下当上宾,自己的饭食、衣服让荆轲一起享用,把自己的车马也给荆轲坐。荆轲很感激太子丹,太子丹对荆轲说:"联合各国合纵抗秦,现在看来也办不到了,如拿兵力去对付秦国,简直像拿鸡蛋去砸石头。我想,派一位勇士,打扮成使者去见秦王,挨近秦王身边,逼他退还诸侯的土地。秦王要是答应了最好,要是不答应,就把他刺死,您看此计如何?"

荆轲说:"即使太子不说,我也要请求行动,但我要拿着秦朝降将樊於期将军的头和督亢的地图去献给秦王,他才会接见我,这样我才能对他下手。"太子丹不忍心伤害樊将军,感到为难,樊将军知道后,自刎而死。

于是荆轲带着樊将军的人头,前往秦国,太子和他的宾客中知道这件事的人,都穿着白衣,戴着白帽送他到易水上。当地著名的乐师高渐离敲着筑,荆轲和着节拍上前作歌唱道:"风萧萧兮,易水寒,壮士一去兮,不复返。"听到这么悲壮激昂的声音,众宾客无不瞪大了眼睛,流着眼泪,荆轲始终都不曾回头看一眼,扬马而去。

到达秦国后,荆轲捧着装有樊於期将军头颅的盒子,秦武阳捧着地图匣子,按顺序进宫,荆轲拿着地图捧送给秦王,地图全部打开的时候,匕首也随之露了出来。于是荆轲左手抓住秦王的衣袖,右手拿着匕首刺向秦王。事情发生的突然,殿上的群臣看到这种情形也都束手无策。

这时,秦王的随从医官夏无且用他手里捧着的药袋投向荆轲,秦王趁机拔出剑反击。荆轲刺秦王最终以失败告终,荆轲也被乱剑砍死。

荆轲刺秦王是秦灭燕之前,燕国最后的挣扎,勇士荆轲的名字也因此事件至今为人们传颂。

吴起变法促成了楚国的崛起吗?

吴起变法,有力地打击了楚国的旧势力,使楚国迅速强大了起来,成为春秋战国时期的一个强大霸主。

吴起从小喜好用兵,一心梦想着能够成为像孙子那样的大军事家。吴起先是到魏国拜子夏为师。之后吴起又到了鲁国,得到了鲁国国君的重用,最后鲁国国君知道了吴起的妻子是齐国人,所以就想放弃了他。由于吴起渴望成就功名,就毅然杀了自己的妻子,表示不倾向齐国,史称杀妻求将。

经过这件事之后,鲁王终于信任了吴起,吴起治军严于己而宽于人,与士卒同甘共苦,因而军士皆能效死从命。最后因为各种原因,吴起离开了鲁国,先后到了齐国、魏国和楚国。最终得到了楚国国王的重用。

当时楚国的国君是悼王。楚悼王早已经知道吴起是一个杰出的军事家、政治家,就启用吴起进行政治变革。吴起首先整顿吏治,加强中央集权,改善财政,增加军事力量。经过一系列的变法措施,他不仅提拔了一批有能力、有作为的新晋贵族,有力地打击了旧贵族,使楚国在政治上强大了起来,同时经过对财政的改革使楚国经济实力迅速强大起来。

吴起变法为楚国兴兵南平百越,北灭陈、蔡等国,接着大败魏国,奠定了基础,也使楚国有了成为一方霸主、问鼎中原的机会。

"一鸣惊人"的国王是谁?

楚庄王继承王位3年,但从来不发号令,也不管国家大事,每天就带着臣子们郊游围猎,沉溺在无尽的享乐之中。鉴于此,大夫伍举巧妙进谏,他先给楚庄王出了一个谜语:"有鸟止于阜,三年不飞不鸣,是何鸟也?"楚庄王想了想回答说:"三年不飞的鸟,如果真的到天空中就会一飞冲天;三年不叫的鸟,如果叫了那将是一鸣惊人!"

又过了数月之后，庄王依然没有任何要振奋朝纲、整顿吏治的迹象。大夫苏从实在看不下去了，再次进谏。苏从的进谏惹怒了庄王，以至于庄王要抽出宝剑杀死苏从。苏从并没有因此退缩，他毫无惧色，坚持自己的观点，竭力劝谏。从此之后，庄王开始有所收敛，戒除淫乐，亲自打理朝政，同时任命伍举、苏从担任朝中的要职。

后来庄王严格要求自己，命令孙叔敖为令尹，很快稳定了楚国政局，各个方面的生产也得到了发展，为楚国的霸业奠定了坚实的基础。

庄王三年，楚国内部发生灾荒，外部受戎人骚扰，附属的庸国、麋国两国也图谋叛楚。庄王集中力量伐灭威胁最大的庸国，之后又吞并了麋国，控制局面，增强了国力。

此后，庄王又极力整顿内政，任用贤才，厉行法治，加强兵备，使楚国出现一派国富兵强的景象。公元前606年，楚庄王率军北上，问鼎王权。公元前597年，楚军围郑，连攻3个月，之后攻破郑都。晋遣兵来救，结果大败。

战后3年，楚又借故围攻宋国，迫使其屈服。之后中原诸小国又相继依附楚国，楚庄王成为了中原盟主。公元前594年冬，楚、鲁、蔡、许、秦、宋、陈、卫、郑、齐、曹、邾、薛、鄫等14国在蜀（今山东省泰安市西）开会结盟，正式推举楚国主盟，楚庄王遂成为称雄中原的霸主。

楚庄王从刚继位之时不问政事，到后来称雄中原，成为霸主，正体现了他一鸣惊人的魄力和成就，也正因为此"一鸣惊人"的故事从此和楚庄王挂上了钩。

楚庄王以大夫之礼葬马的想法最终实现了吗？

楚庄王有一匹心爱的马，庄王给它的待遇已经到了很多人难以想像的地步。庄王给它穿刺绣的衣服，吃有钱人家才吃得起的枣脯，住富丽堂皇的房子，这样的待遇已经远远超过了平常人家生活的标准。

后来，楚庄王对这批马宠爱过度，使马得了肥胖症，并且因此引起了很多疾病，最后不治而死。楚庄王非常伤心，于是就让群臣给马发丧，并要以大夫之礼为之安葬（内棺外椁）。大臣们并不赞同楚庄王的做法，认为庄王在侮辱大家。因此，众大臣就产生了对庄王不满的心思，还有人上书反对这一做法，于是庄王下令说再有议论葬马者，将被处死。

一个名叫优孟的大臣听说楚庄王要葬马的事后，不顾侍卫的阻拦跑进大殿，仰天痛哭。庄王不明白这个人的举动，所以很吃惊，问他为什么要这样。优孟说，死掉的马是大王的心爱之物，堂堂楚国，地大物博，无所不有，现在只是让它按照大夫的礼数进行安葬，大王也实在是太吝啬了。大王为了表示对马的喜爱，应该以君王之礼为之安葬。庄王听后，无言以对，只好默默地取消以大夫之礼葬马的打算。

"弭兵会盟"是怎么一回事？

晋楚两国素来关系不和，两国通常都会在形势不利于己时，希望靠着暂时的休战得以调整；当形势好转时，就向对方发起新的攻击。这样一来双方都得不到长时间的安宁和和平。

在晋国、楚国两大国之间，有一个中立的力量——宋国。宋国大夫华元，不但与晋国执政卿栾武子是好朋友，和楚国令尹子也是好友。华元知道了两国和平共处的意愿后就积极奔走于晋、楚之间，以调解两国的关系，促成晋楚和平相处。

鲁成公十二年（前579年），在华元的安排下，晋国的卿士燮与楚国公子罢、许偃在宋国的西门外会盟，签订和平条约。这也就是第一次弭兵之盟。

晋国、楚国第一次弭兵之盟之后，两国长达半个世纪所积的仇隙并没有得到化解，在签订合约后不久，双方又爆发了鄢陵之战，结果楚国被打败。

鄢陵之战后，战败国楚国陷入了非常困难的境地，胜利的晋国也陷入了危机。晋厉公本想乘胜消灭晋国一些有权势的贵族，不幸的是，晋厉公杀掉却氏后，反被栾书、中行偃所杀，晋国大乱。此时，秦国又趁晋国内乱，经常袭击晋国。晋国陷入了内忧外患的境地。鉴于此，在宋国的斡旋下，两国再次弭兵。

鲁襄公二十七年，晋国、楚国、齐国、秦国、鲁国、卫国、陈国、蔡国、郑国、许国、宋国、邾国、滕国等14国在宋国的西门之外结盟。弭兵会上，虽然杀气腾腾，各国谁都不服谁，但是，在这次会盟之后，诸侯国之间的斗争暂时停止，转入了内部斗争。

而各国内部贵族之间为斗争需要，在政治、经济上都采取一些适应历史潮流的新措施，这就推动了春秋时期的历史进程。

孙武在吴国是怎样增强吴国军力的？

为了能够得到吴王的重用，孙武严格地实行军法。他在用兵方面赏罚分明，在不断地吞并其他国家的领土中，让吴国军队得到了丰富的实战经验。

孙武到了吴国以后，很快就在吴国都城郊外结识了从楚国逃难而来的伍子胥。孙武和伍子胥谈得十分投机，很快就成了无话不谈的好朋友。吴王阖闾即位3年，吴国社会安定，仓廪充实，军队精悍。吴王认为已经到了用兵的时机，于是他打算向楚国开战。这时伍子胥向阖闾推荐了孙武。

吴王见识了孙武的兵法之后，称赞不已。吴王要求孙武用宫女来演练队伍。孙武把180名宫女分成左右两队，指定吴王最宠爱的两名美姬为左右队长，让她们听从安排，带领宫女进行操练，同时为了能够严肃军纪，吴王还指派自己的驾车人和陪乘担任军吏，负责执行军法。

这些宫女们仗着自己是吴王的人根本不听号令，捧腹大笑，队形混乱不堪。孙武毫不客气地召集军吏，依据兵法处置，对两位队长处以斩刑。吴王见孙武要杀掉自己的爱姬，急忙派人传命说："我已经知道你有用兵的才能了，寡人可不能失去这两个美人。请将军赦免她们吧！"孙武毫不留情地说："我既然为大王办事，那就要尽到自己的职责，将军在军队中，君命有所受，有所不受！"然后毫不犹豫地杀掉了两位队长，任命两队的排头充当队长，继续操练。

当孙武再次击鼓发令时，宫女们再也不敢有所放肆了，前后左右，进退回旋，跪爬滚起，全部合乎规矩，阵形十分齐整。见吴王还在生气，孙武亲自过去，向吴王解释说："令行禁止，赏罚分明，这是兵家的常法，也是作为一个将军应当遵守的准则。对待士兵一定要严厉，只有这样，他们才会听从号令，打仗的时候才能克敌制胜。"听了孙武的一番话，阖闾怒气顿消，并拜他为将军。

孙武在实际行军打仗的时候，也是按照这一准则进行的，所以吴国的军队向来训练有素，严格服从领导的指挥，这就为吴国征讨其他国家奠定了军事基础。

楚国人伍子胥为什么要辅佐吴王？

伍子胥是春秋末期吴国大夫，著名军事家和谋略家。伍子胥祖籍原本在楚国，他的父亲叫伍奢，因为伍奢是太子建的老师，而平王的爱姬却要极力打击太子建，于是平王召来太子的太傅伍奢询问。伍奢趁这次机会帮太子建说了几句好话，因此被那些奸佞小人当成了诽谤他的理由，极力要求平王杀掉他。最后伍奢被平王抓了起来。

即使这样，佞臣费无忌依旧对平王说："伍奢有两个儿子，都是本领高强的人，如果不把他们杀掉，日后一定成为楚国的祸害。可以将伍奢作为要挟他们的人质，把他们召来，一起抓起来。"于是平王派人去召伍尚和伍子胥。

伍尚没有办法，只好准备去见平王，伍子胥说："楚王之所以要召我们兄弟前去，他的目的并不是想放过我们的父亲，只不过是怕我们逃脱了，以后威胁到他的安全罢了，因此他用父亲做人质，将我们兄弟两个骗去。我们两个一到，也就到了我们父子三人死的时候了。这对父亲又有什么好处呢？不如我们去投奔别的国家，凭借其他国家的力量来为父亲报仇吧！"伍尚说："你说的这些我也知道，我们即使去了也不能保全父亲的性命。我如果不去，肯定会被天下人耻笑，这是我无法忍受的事情。"接着他对伍子胥说："你就逃走吧！以后你可以凭借你的能力，为我和父亲报仇，就让我去赴死吧！"

伍子胥只好拜别哥哥，趁着楚平王不注意逃走了。他先到了宋国，找到了躲在那里的太子建。伍子胥的哥哥伍尚到了国都，平王便把他和伍奢一起杀掉了。

伍子胥到宋国时，正是宋国内乱的时候，他又和太子建到了郑国。不巧的是，在郑国又碰上一场内乱，太子建被别人杀了。伍子胥只好只身逃往吴国，并最终稳定了下来，受到吴王的重用，为以后替父兄报仇打下了基础。

楚昭王复国是否多亏了大臣申包胥?

吴楚郢都之战讲的是发生在周敬王十四年,吴国大举进攻楚国,最后占领了楚国都城郢都,楚昭王逃亡他国,后在秦国的帮助下再次复国的一场战争。

周敬王在位期间,吴国开始强盛起来,并开始学习其他国家的长处,积极参加争霸战争。阖闾成为吴王之后,精心治理国家,励精图治,希望能够使吴国强大起来,他重用孙武和伍子胥,不断地增强吴国的军事力量。后来开始向楚国开战,阖闾任用大军事家孙武为将军,采用伍子胥的计策,用几支军队轮番骚扰、攻掠楚国,搞得楚军手忙脚乱,应接不暇,使楚国士兵疲惫不堪,根本没有精力应付吴军。阖闾又以伍子胥为谋主,统率数万大军进攻楚国,五战五捷。最后听从孙武的计策,放弃已经准备好了的攻击楚国防线,直接去攻打楚国都城。在楚国没有准备的情况下,吴国很快攻下了郢城。楚昭王为了保命,放弃了都城仓皇逃往国外。

为了能够复国,楚国大臣申包胥急忙赶往秦国乞求救兵。秦哀公犹豫不决,申包胥便在宫门外不停地哭泣哀求了七天七夜,水米不进。秦哀公颇受感动,才答应了申包胥的请求,于是下令发兵。经过几个月的鏖战,加上吴国国内发生了内讧,秦楚联军终于打败了吴军。楚昭王回到都城郢之后,迁都到若(今湖北省宜城市)。

这场大战,延续了将近一年的时间,历史上称之为"吴楚郢都之战"。

吴国阖闾争霸的结果如何?

吴王阖闾在孙武和伍子胥的帮助下,攻打了钟吾国、舒国和楚国等国家,意图取得霸主地位。

在孙武的严格训练下,吴军的军事素质已经有了质的飞跃。接着,阖闾、伍子胥和孙武指挥吴军打败了依附楚国的属国钟吾国(今江苏省宿迁市)和舒国(今安徽省庐江县西)。这两次胜利,使阖闾丧失了清醒的头脑,他想乘胜长驱直入,一举攻克楚都郢。孙武认为这样做不妥,便进言说:"楚军军队不容小窥,楚军与舒国、钟吾这样的小国根本不是一个级别。我军连灭二国,已经是人疲马乏,军资消耗,如果再继续下去,会有很大的损失。"伍子胥和孙武认为让对方人困马乏,才是最好的办法。之后,伍子胥与孙武共同商定了一套扰楚、疲楚的计策,随即组成3支劲旅,轮番袭扰楚国。经过了一系列的骚扰之后,终于使得楚国为了连年应付吴军,人力、物力和财力被大量耗费,国内十分空虚,楚国的属国也开始远离它,吴国却从中抢掠甚多,得到了不少好处。

多年之后,楚国为了报当年之仇攻打依附于吴国的蔡国。阖闾与伍子胥、孙武指挥训练有素的3万精兵,乘坐战船,沿淮河而上,支援蔡国与楚国的交战。楚军见吴军实力强大,来势凶猛,只得放弃了蔡国,撤回楚国,调集主力,以汉水强有力的地形,防御吴国的进攻。结果孙武放弃了水路,由陆地进攻,直插楚国深处。

之后,孙武从3万精兵中挑选了部分精锐作为前锋,身穿坚甲,手执利器,在楚国没有任何准备的情况下,大败楚军。很快,吴国大军攻入楚国国都郢,用3万军队打败了楚国20万军队,创造了以少胜多的光辉战例。

在这之后孙武又帮助吴王阖闾攻打越国,结果被越国打败,吴王阖闾也死在了这场战争中,争霸之战以失败告终。

吴王夫差参与春秋时期争霸的凭借是什么?

夫差之所以能够参与争霸,主要是因为吴国在阖闾时期,打下了很坚实的政治、经济和军事基础。

早年,阖闾得到伍子胥的帮助当上了吴王。之后,伍子胥又向阖闾推荐大军事家孙武,他和孙武共同帮助阖闾治理国家,不断地提高国家实力,随后又帮助阖闾治理国家,加紧训练士兵。

之后吴王阖闾先联合自己的依附国唐、蔡两国,大举进攻楚国。通过艰苦的几场战斗,吴国大军兵临郢都,楚昭王丧失了抵抗的能力,只能仓皇逃离郢都。吴王阖闾进入郢都,成功打败楚国。这次征伐战争为吴国以后的发展奠定了牢不可破的基础。

打败楚国的5年后,吴国又进攻越国,发动了对越国的战争。越王勾践迎战吴军,在姑苏打败了吴军，阖闾在战斗中身负重伤，最后不治身亡。

为了给自己的父亲报仇，夫差很快将越国打败，并且俘虏到了越国大王勾践。在之后的 4 年里，经过不断地对越国的掠夺，吴国的实力到达了一个顶峰。

公元前 482 年，夫差亲自带领大军北上，开始与晋国争夺诸侯盟主，复国后的越王勾践乘机对吴国用兵，吴国腹背受敌，以失败告终。

吴王夫差虽然有一个很高的起点参与整个争霸，但是他却没有继承先祖的意志，最终使吴国毁灭在了自己手里。

卧薪尝胆的霸主是谁?

勾践，大禹后裔，春秋末期越国的君主，因"卧薪尝胆"而名垂千古。

公元前 496 年，吴王阖闾派兵攻打越国，结果被越国击败，阖闾也因此伤重身亡。阖闾的儿子夫差为了给父亲报仇，励精图治，最后击败了越国，而越王勾践则被押送到了吴国做奴隶。勾践忍辱负重服侍吴王夫差 3 年，夫差才消除了对他的戒心，把他送回越国。

勾践回国后，经过深思熟虑，决定重振越国，他把苦胆挂到座位上，坐卧都会仰头尝尝苦胆，饮食也尝尝苦胆，他还不断的对自己说："你忘记会稽的耻辱了吗?"不仅如此，他还亲身耕作，对贤人彬彬有礼，与百姓共同劳作。他的夫人也亲手织布，从不穿有两层华丽的衣服。

此外，他对内休养生息，富国强兵，鼓励增加人口，以增强国力，还继续讨好吴王，不断送礼，给吴王送去西施等美女和大量的木材，这些木材都堆积在灵岩山下的河道里，因此这个地方现在还叫木渎。

在勾践的强政励治下，越国逐渐强大，并开始等待时机反击吴国，几年之后，勾践派出熟悉水战的士兵 2000 人，训练有素的士兵 4 万人，受过良好教育的地位较高的近卫军 6000 人，各类管理技术军官 1000 人，攻打吴国。吴军大败，越军还杀死吴国的太子。

文种是怎么死的?

文种，也作文仲，字会、少禽，春秋末期楚之郢人，后定居越国，他是春秋末期著名的谋略家。

夫差打败吴国后，越王勾践被困在会稽时，叹息说："我将在此了结一生吗?"文种说："商汤被囚禁在夏台，晋国重耳逃到翟，齐国小白逃到莒，但他们都最终能称霸天下。可见我们今日的处境何尝不可能成为福分呢?"越王勾践听后，决定奋发图强。

在文种和范蠡的辅佐之下，勾践最终打败吴王夫差立下赫赫功劳。灭吴后，范蠡功成身退，并留下信给文种说，"狡兔死，走狗烹，飞鸟尽，良弓藏"，现在越王勾践已经不需要我们了，留在这里不会有好的结局，劝文种逃跑，但文种依旧执迷不悟，留在了越国。

不久文种与勾践在要和平还是要称霸的战略方针上，发生了强烈的冲突，有人乘机进谗言说文种要造反作乱，勾践听信谗言，赐给文种一把名为属缕的剑，说："你当初给我出了 9 条对付吴国的策略，我只用 3 条便打败了吴国，剩下 6 条在你那里，你用这 6 条去地下为寡人的先王去打败吴国的先王吧!"于是文种自杀。

范蠡是我国儒商的鼻祖吗?

范蠡，字少伯，春秋楚国宛（今河南省南阳市）人。春秋末著名的政治家、军事家和实业家。后人尊称"商圣"，他是我国儒商的鼻祖。

范蠡出身贫贱，但博学多才，与文种相识、相交甚深，范蠡在勾践穷途末路之际投奔越国，他向勾践慨述"越必兴、吴必败"的断言，进谏："屈身以事吴王，徐图转机。"被拜为上大夫后，他陪同勾践夫妇在吴国为奴 3 年。

3 年后归国，他与文种拟定兴越灭吴九术，为了实施灭吴战略，也是九术之一的"美人计"，范蠡亲自跋山涉水，终于访到德才貌兼备的巾帼奇女——西施，谱写了西施深明大义献身吴王，里应外合兴越灭吴的传奇篇章。范蠡事越王勾践 20 余年，苦身戮力，终于灭吴，成就越王霸业，被尊为上将军。

功成名就之后，范蠡深知勾践为人"长颈鸟喙"，可与共患难，难与同安乐，因此化名姓为鸱夷子皮，带领儿子和门徒在海边结庐而居，戮力垦荒耕作，兼营副业并经商，没有几年，就积累了数千万家产，但他仗义疏财，很快就把钱财散尽了。

范蠡的贤明能干被齐人赏识，拜为主持政务的相国，他喟然感叹："居官致于卿相，治家能致千金，对于一个白手起家的布衣来讲，已经到了极点。久受尊名，恐怕不是吉祥的征兆。"于是，他再次散尽家财，急流勇退。

范蠡第三次迁徙至陶（今山东省肥城市），在这个居于"天下之中"的最佳经商之地，没出几年，他再次经商积资成为巨富，遂自号陶朱公，当地民众皆尊陶朱公为财神，他是我国道德经商——儒商的鼻祖。

中国四大美女之首是谁？

西施原名施夷光，春秋末期出生于浙江诸暨苎萝村，她天生丽质，是中国古代四大美女之首，也是美的化身和代名词。

"闭月羞花之貌，沉鱼落雁之容"中的"沉鱼"，讲的是西施浣沙的经典传说。相传连皱眉抚胸的病态，也为邻女所仿，故有"东施效颦"的典故。

越王勾践退守会稽山（今浙江省绍兴市），被迫向吴国求和，勾践针对"吴王淫而好色"的弱点，与范蠡设计策，"得临浦苎萝山卖薪女西施、郑旦"，准备送给吴王，但越王宠爱的一个宫女认为："真正的美人必须具备三个条件，一是美貌，二是善歌舞，三是体态。"西施只具备了第一个条件，还缺乏其他两个条件。

于是，勾践请人教西施歌舞、步履、礼仪等，西施发愤苦练，一位浣纱女成为修养有素的宫女，一举手，一投足，均显出体态美，然后，勾践又命人特地给她制作华丽适体的宫装，方进献吴王。

吴王夫差大喜，为了讨好西施，吴王在姑苏建造了春宵宫，修建了一个大水池，池中设青龙舟，整日与西施戏水玩耍。西施擅长跳"响屐舞"，夫差又专门为她筑"响屐廊"，用数以百计的大缸，上铺木板，西施穿木屐起舞，裙系小铃，铃声和大缸的回响声，"铮铮嗒嗒"交织在一起，夫差如醉如痴，不理朝政，终于走向亡国丧身的道路。

吴国灭亡后，西施就失去了音信，关于她的结局有很多种说法，有人说她被越王装进袋子里抛入水中溺死，也有人说吴国灭亡，西施同范蠡泛舟五湖而去。但事实如何，仍需进一步的考证。

战国时期魏国势力是如何由盛变衰的？

战国时期，魏国通过不断地侵略周边的小国家，逐渐发展壮大起来了。

在公元前354年的时候，魏国为了得到更多的利益，开始围攻赵国都城邯郸，这时候赵国的实力根本不能抵挡魏国，所以向齐国求救。齐王命令田忌和孙膑率齐军援救赵国，孙膑认为这时候魏国的精锐都在攻打赵国，而魏国国内势力一定会出现空虚，所以他并没有带兵去赵国，而是引兵进攻魏都大梁（今河南省开封市）。庞涓为了保护魏国的都城，不得不将军队带回大梁。而此时孙膑早已经在桂陵（今河南省长垣市）设下埋伏。魏国军队大败，庞涓被擒。

庞涓被擒，孙膑并没有伤害他，而是念同门之谊放了庞涓返回了魏国。经历了桂陵之战以后，庞涓和魏王并没有放弃向外扩张领土的想法，而是在公元前342年，再次进攻邻近魏国的弱国——韩国。

韩国在抵挡魏国的同时，想起了齐国曾经救过赵国的事情，也向齐国求救，这次孙膑并没有急于出兵，而是向齐宣王提出暂时两不相帮的建议，等到魏国和韩国拼得所剩无几的时候再出兵救援，这样一来，不但可以得到了救助韩国的名声，也可以得到最大的利益。韩国很快就战败了，这时齐王派田忌和孙膑统兵去救韩国。孙膑统兵以减灶之计成功引诱庞涓进入预定埋伏地点，然后突然出现围攻他们，从而打败了魏国军。

从此以后魏国国势日益衰败，再也无力争霸。

背着荆条到了蔺相如的家门前。蔺相如闻讯后连忙出来迎接，廉颇对着蔺相如跪了下来，双手捧着荆条，而且还让蔺相如鞭打自己。

蔺相如非但没有鞭打廉颇，还亲自给他穿好衣服，把他请到屋里坐下。经过这件事情之后，蔺相如和廉颇就成了好朋友，之后二人同心协力为国家办事，秦国因此更不敢欺侮赵国了。"负荆请罪"的故事也因此成了美谈。

毛遂是怎么实现自我推荐的？

战国末期，秦军在长平一战，赢得了胜利，大败赵军。秦军主将白起，带领激情饱满的军队乘胜追击，包围了赵国都城邯郸。赵国到了快要灭国的时候，平原君赵胜奉赵王的命令，去楚国求救兵解围。

于是，平原君就将自己的门客们召集起来，想从中挑选一些文武双全的人一起去。他挑了又挑，选了又选，最后还是没能将人凑够，少了一个人。这时，门客中一个叫毛遂的人自我推荐说："我算一个吧！"平原君见毛遂对自己很有信心，就勉强同意了。

到了楚国，楚王早上接见了平原君，但是只接见他一个人，让其他人退下。两人坐在殿上，谈论了很久，一直到了中午，仍然没有结果。毛遂知道平原君遇到了难题，大步跨上台阶，远远地大叫起来："出兵的事情，除了有害处，就是有利了，这样简单而又明白的事情，为什么到现在还不能决定呢？"楚王听了之后非常生气，问平原君："他是什么人？"平原君答道："这个人名叫毛遂，只是我众多门客中的一个！"楚王喝道："还不赶快滚下去！我和你主人说话，你来干什么？"毛遂见楚王发怒，不但没有退下，反而又走上几个台阶，将手放在了自己的宝剑上，说："现在我和大王只有十步之遥，大王的性命已经掌握在我的手中了！"楚王见毛遂如此勇敢，没有再呵斥他，而是让他继续讲话。毛遂精细地分析了一下楚国出兵救赵的道理，使得楚王明白了其中的利害关系。

毛遂这一番话，说得楚王心悦诚服，楚王因此答应立即出兵援救赵国。很快楚、魏等国联合出兵救援赵国，最后击退秦军。平原君回到赵国以后，为毛遂的机智和胆量所折服，开始重视毛遂，并将他视为上宾。

信陵君是如何"窃符救赵"的？

战国末期，秦昭王击破了赵国的长平军，为了能够尽快歼灭赵国，秦军乘胜进兵包围赵国首都邯郸，赵国告急。

因为赵国平原君的夫人是魏国信陵君的姐姐，于是赵国向魏国求救，魏王派大将军晋鄙领兵10万救援赵国。秦王派使者威胁魏王，让其放弃救援赵国的想法。迫于秦国的压力，魏王急忙令晋鄙大军留邺筑壁垒，声称是为了救赵，实际上只是坐山观虎斗，根本没有营救的意思。

鉴于此，平原君不断地向魏国派出求救使者，并且还责怪信陵君说："我以为你有救别人于困危的崇高义气，现在邯郸已经到了生死存亡的关头，魏军依旧还没有来。公子可以轻易地抛弃我，难道也不怜惜你的姐姐吗？"

信陵君闻讯，用尽了各种办法去说服魏王，结果都以失败告终。于是信陵君决定带兵亲自去营救赵国。可是魏国的兵符在主帅晋鄙手中，只有得到兵符才能调动军队。经过打探，信陵君得知兵符在魏王的卧室内，只要买通了魏王的爱妃如姬，就可以得到兵符了。如姬因为父亲被人所杀，想要报仇，3年都没有找到仇人。只要能够杀掉如姬的仇人，她就会答应帮忙，于是信陵君就派人帮如姬报了仇，然后拿到了兵符。

信陵君拿到兵符后杀死了晋鄙，并掌管了晋鄙的军队。之后他挑选精兵8万，率兵攻击秦军。最后秦军因经受不起魏军、楚军和赵军的合力打击，大败而去，邯郸之围得以解救。赵王和平原君非常感谢信陵君，并且亲自出邯郸城，到城郊迎接信陵君。

赵氏孤儿是怎么存活下来的？

晋灵公昏庸残暴，被权臣赵盾所杀。屠岸贾是晋灵公时期的宠臣，屠岸贾要作乱，追究晋灵公被弑一案。于是他鼓动武将们说："赵盾是杀害晋公的凶手，所以他的儿子赵朔不能再在朝中做重臣。"随后他带着军队围攻赵朔居住的下宫，杀死了赵朔和他的全家。

赵朔的夫人庄姬当时躲在晋景公的宫中，所以逃过了劫难。不久，她生下了一个男婴，屠岸贾便守住宫门索要男婴。庄姬将男婴藏在胯下，向上天祈祷，希望男婴不要再哭了。男婴竟然没有哭，因此，庄姬母子得以脱身。

赵朔的另一个门客叫公孙杵臼，他带着自己的孩子躲进山里，然后让程婴假装去向屠岸贾告密，说："公孙杵臼已经带着男婴进了大山里。"屠岸贾闻讯大喜，立即派兵跟随程婴进山搜捕，杀死了公孙杵臼和他的儿子。这样一来，赵氏孤儿就被保全了下来。程婴也就有机会抱着孤儿躲进山中，自己一个人独自将赵家的男婴养大。这件事也被称为"搜孤救孤"事件。

赵括"纸上谈兵"的结果怎样？

战国时期，赵国大将赵奢曾经以少胜多，成功地抵御住了秦国的入侵，使秦军不能对赵国造成伤害，非常受赵惠文王的重视。赵惠文王还因此提拔他为上卿。

赵奢有一个儿子叫赵括，从小跟随赵奢学习兵法，并能够熟读兵书，每次谈论兵法的时候，都能够出口成章地谈论军事兵法，大多数人都争论不过他，就连他父亲也难不倒他。也就是因为这些，赵括养成了骄傲、自大的性格。

公元前259年，强大的秦军再次发兵侵犯赵国，赵军在长平（今山西省高平市）坚持不懈地抵抗。此时赵奢已经去世，廉颇负责指挥全军，虽然他年纪已经很大了，但在打仗方面依旧很有经验，使得秦军一时无法取胜，两方展开了持久战。

秦国知道拖延下去于己不利，于是对廉颇实行了反间计，派人到赵国散布"秦军最害怕的并不是廉颇，而是赵括将军"的消息。结果赵王上当，毫不犹豫地让赵括替代了廉颇。赵括自认很能打仗，但是他只会生搬硬套兵书上的条文，并没有实际的作战经验。

到长平后，赵括完全改变了廉颇的作战方案，打乱了作战计划，使得赵国军队40多万全部被秦军歼灭，他自己也被秦军乱箭射死。

建立韩国的是谁？

韩万，姬姓，韩氏，名万，谥武，故称韩武子。他是曲沃桓叔的庶子，曲沃庄伯的异母弟，春秋初期晋国的著名的政治家，也是战国七雄的韩国的建立者。

约公元前11世纪，武王灭商后，周朝实行分封制，周成王时，周公旦摄政，平息了商纣王子武庚和管叔、蔡叔的叛乱，再次分封，封其弟为唐，号唐叔，国在燕国之西，即今山西河津县东北，因在晋水，后改称晋，而韩国的先人春秋时为晋国大夫，受封于韩原（今山西省河津市）。

公元前433年，晋国大夫赵襄子、魏献子和韩宣子将晋的领地瓜分，建立了韩、赵、魏3个诸侯国。

公元前403年，韩、赵、魏3家得到周威烈王的承认，正式位列于诸侯，韩国建立，开国君主就是晋国大夫韩武子的后代韩万。

韩昭侯为什么要惩罚为自己盖被子的人？

韩昭侯，战国时代韩国国君。战国七雄之中，以韩国最为弱小，韩昭侯在位期间，选用贤能，礼贤下士，使韩国国势达到最大，诸侯不敢侵韩。

韩昭侯不仅礼贤下士，而且严明职责、严格执法、不以情侵法。有一次，韩昭侯因饮酒过量，便醉卧在床上，酣睡半晌都不曾清醒。他手下的官吏典冠担心韩昭侯着凉，便找掌管衣物的典衣要了一件衣服，盖在韩昭侯身上。

几个时辰后，韩昭侯睡醒了，他感到睡得很舒服，不知是谁还给他盖了一件衣服，他觉得很高兴，于是决定表扬一下给他盖衣服的人。他问身边的侍从说："是谁替我盖的衣服？"侍从回答说："是典冠。"韩昭侯一听，脸立即沉了下来。

韩昭侯把典冠找来，问道："是你给我盖的衣服吗？"典冠说："是的。"韩昭侯又问："衣服是从哪儿拿来的？"典冠回答说："从典衣那里取来的。"韩昭侯又派人把典衣找来，问道："衣服是你给他的吗？"典衣回答说："是的。"韩昭侯对典衣和典冠说："你们两人都犯了大错，知道吗？"典冠、典衣两个人面面相觑，还没完全明白是怎么回事。

韩昭侯指着他们说："典衣你作为掌管衣物的官员，怎么能随便利用职权将衣服给别人呢？你这种行为是明显的失职。而典冠你不是寡人身边的侍从，你为何擅自离开岗位来干自己职权范围以外的事呢？你们一个越权，一个失职，如果大家都像你们这样随心所欲，各行其是，整个朝廷不是乱了套吗？因此，必须重罚你们！也好让大家都引以为戒。"于是韩昭侯把典冠、典衣二人一起降了职。

韩非子是被李斯害死的吗？

韩非子，是韩国最著名的人物，他是法家的代表人物，韩非子虽然是韩国的贵族，但他的思想却为秦国所用。

韩非师从荀卿，但思想观念却与荀卿大不相同，他没有承袭儒家的思想，却继承并发展了法家思想，成为战国末年法家之集大成者。

韩国是战国七雄中最弱小的国家，韩非子身为韩国公子，曾多次向韩王上书进谏，希望韩王安变法图强，但韩王置若罔闻，始终都未采纳。韩非子为此感到非常悲愤和失望。他从"观往者得失之变"之中探索变弱为强的道路，写了《孤愤》、《内外储》、《说难》等10余万言的著作，全面、系统地阐述了他的法治思想。

后来这些著作流传到秦国，秦王政读了之后，发出"嗟乎！寡人得见此人与之游，死不恨矣"的感叹。秦王政不知这两篇文章是谁所写，于是便问大臣李斯，李斯告诉他是韩非的著作。秦王政为了见到韩非，便马上下令攻打韩国，韩王安见此时形势紧迫，于是便派韩非子出使秦国。秦王政见到韩非，非常高兴，但由于很多原因，韩非子一直没有受到秦王政的的信任和重用。

韩非子劝秦王政先伐赵缓伐韩，遭到李斯和姚贾的谗害，他们二人诋毁说："韩非子是韩国的公子，现在大王攻打韩国，韩非子一定不会为秦国效忠，大王不用他，放他归国后，就会成为秦国的祸患。"秦王政认可了他们的说法，下令将韩非入狱审讯。

李斯嫉妒韩非子，怕他的才能比自己强，就派人给韩非子送去毒药，让他自杀。秦王政在韩非入狱之后后悔了，便下令赦免韩非，然而为时已晚。

燕哙让国是怎么回事？

燕国，战国七雄之一，公元前323年，燕国参加了公孙衍发起的韩、魏、赵、燕、中山"五国相王"活动，燕国在此年称王。

两年后，燕王易去世，儿子燕哙继位，燕王哙在他即位的第三年，作出了一个重大的决定，他决定将自己的君位"禅让"给相邦子之，并把三百石以上高官的玺印全部收回，交由子之任命。

燕王哙的这个举动引起了太子平等旧贵族的不服，公元前314年，太子平等旧贵族起兵攻击子之，但失败了，太子平也死在了乱军之中。这场内乱，造成了人心的涣散和国力的严重削弱。

齐国趁机伐燕，在出兵50天内，燕国大败，齐将军匡章率军占领了燕都，燕王哙和子之被杀。同时中山国也趁机出兵攻占了燕国部分领土。燕国对外求援，在赵、韩、秦、楚等国的帮助下，燕国军民奋力抵抗，齐国退兵，赵国拥立在韩为人质的公子职，并以兵护送至燕国，是为燕昭王。

燕国在哪个君王统治期间最为强盛？

燕昭王即位后，与百姓同甘苦，又以乐毅为亚卿主持国政，经过28年励精图治，原本弱小的燕国进入了最强盛的时期。

燕昭王为了兴复燕国，报灭国之仇，决心励精图治，他拜郭隗为师，给以优厚待遇，还采纳了郭隗的建议，招贤纳士，结果各国士人"争趋燕"，燕国很快集中了一大批各方面的人才。其中最著名的有三个：苏秦、乐毅、邹衍。

之后燕昭王积极实行复仇计划，他先派苏秦出使齐国，鼓动齐国攻打宋国，离间齐、赵两国

57

的关系，并在赵武灵王、魏襄王、楚怀王、韩襄王这些大国王侯之间进行外交游说。齐国灭宋国，引起各国震动，各国频繁相会，推动了反齐联盟的建立。

公元前 284 年，昭王拜乐毅为上将军，集中燕国全部的兵力联合秦、韩、赵、魏 5 国讨伐齐国，燕国获得大胜，5 年内连下齐国 70 余城，并杀死齐闵王，报了当年齐国入侵燕国之仇。

这次战役后，齐国疆土只剩下了莒（今山东省日照市莒县）、即墨二都。

不用一兵一卒为燕国要回了 10 座城池的是谁？

苏秦，字季子，战国时期的韩国人，是与张仪齐名的纵横家。

燕王晚年，让位给大臣子之，引起太子平和将军市被的叛乱，齐国趁机派兵攻燕，占领燕国全境。赵武灵王护送燕公子职回国，立为燕昭王。

燕昭王积极准备对齐国进行大规模的军事报复行动，广纳贤士，苏秦在这时来到燕国，取得了燕王的信任。昭王派他到齐国交涉仍被齐占领的燕国土地，苏秦到了齐国，见了齐宣王，先表示祝贺，接着又念悼辞。齐王问道："你这是怎么回事，先贺喜接着就念悼辞？"苏秦答道："人饿的时候，之所以不吃乌头（一种毒药），是认为即使能填满肚子，可是不久就会死去。现在燕国虽然比较弱小，但也是强秦的翁婿之邦。大王贪图十个城邑的便宜却和强大的秦国结下了深仇。现在如果让弱小的燕国做先锋，而强大的秦国做后盾，从而用天下的精兵攻击您，这与吃乌头充饥一样危险。"

齐宣王听后十分惊慌，忙问苏秦："既然如此，该如何办呢？"苏秦回答说："圣人做事，能够转祸为福，因败取胜。因此韩献子虽然因杀人而获罪，但自己的地位却越发稳固。大王可以听从我的意见，归还燕国的十座城邑，并用谦恭的言辞向秦国道歉。当秦王知道大王是因为他的缘故而归还了燕国的十座城邑，一定感激大王。燕国平白无故收回城邑，也会感激大王，如此，大王不就避开了强敌，反而和他们建立了深厚的友谊，这不正是所谓的转祸为福吗？"

齐宣王听后非常高兴，于是把燕国的十城送回，随后又送千金表示致歉，并在一路上叩头，希望结为兄弟之邦，恳请秦国赦罪。就这样，苏秦靠自己的三寸之舌，不费一兵一卒，要回了燕国的 10 座城池。

"庆父不死，鲁难未已"说的是什么事情？

"庆父不死，鲁难未已"是发生在鲁国庆父身上的事情，鲁庄公死后庆父设计阴谋害死了两任国君，而且手握大权在人民头上作威作福，不但造成了社会政治和经济的极大的混乱，也给鲁国人带来了难以磨灭的灾难。

庆父、叔牙和季友是三兄弟，其中庆父最为专横，而且拉拢叔牙结党，他一直暗地里蓄谋夺取君位，不仅这样他还与嫂子，鲁庄公姬同的夫人私通。鲁庄公病重时因为没有嫡子，只能从庶子中找出一位继承王位。被收买了的叔牙主张立庆父为继承人，而季友则主张立鲁庄公之子姬斑为继承人，最后鲁庄公逼迫叔牙拥立姬斑。

姬斑继位后，庆父并不甘心失去王位，于是设计阴谋害死了姬斑，改立了叔姜的儿子姬开为王，是为鲁闵公。之后，庆父更加猖狂，野心也越来越大。后来庆父又杀了鲁闵公，计划自己继承王位。

季友趁乱带着鲁庄公的儿子姬申逃走，同时还发出告文讨伐庆父，要求国人诛杀庆父，拥立姬申。知道实情的鲁国人非常痛恨庆父，于是鲁国人民纷纷响应季友的号召群起反对庆父。看到形势已经很不利于自己，庆父便逃到了邾国。

庆父逃亡之后，姬申继承王位，季友想尽办法将庆父押回鲁国治罪，庆父知道自己罪大恶极，根本没有活命的机会，所以在半途中畏罪自缢。至此，鲁国的一大祸害庆父终于死了，鲁国因此迎来了短暂的安定。

因此才会有"庆父不死，鲁难未已"的说法。

孔子为什么要周游列国？

孔丘，字仲尼，排行老二，春秋时期鲁国人。孔丘为了实行自己的政治主张，曾经周游列国。

孔子 3 岁的时候，父亲叔梁纥病逝，因此自小家境贫寒，但孔子十分聪明好学，孔子长大后，曾经治理鲁国 3 个月，在这期间，强大的齐国也畏惧孔子的才能，不敢侵犯鲁国。由于身处乱世，孔子所主张的仁政没有施展的空间。

孔子的学生对他说："鲁君不办正事，咱们走吧！"于是孔子带着一批学生离开了鲁国，开始周游列国，希望找个机会实行他的政治主张。孔子周游列国从鲁国出发，大致走了卫国、宋国、齐国、郑国、晋国、陈国、蔡国、楚国等地。由于孔子主张仁政，与当时诸侯争霸不相符，因此常常受到冷遇。

孔子和自己的学生走到郑国时，孔子与弟子走散，孔子呆在东门旁发呆，孔子的弟子子贡问郑国人打听孔子在何处，郑国人说东门边有个老头子像一只丧家之犬在发呆。孔子离开郑国后，到了陈国。

孔子在陈国住了 3 年，吴国攻打陈国，陈国兵荒马乱，孔子便带弟子离开，楚国人听说孔子到了陈、蔡交界处，便派人去迎接孔子。陈国、蔡国的大夫们怕孔子到了楚国被重用，对他们不利，于是派服劳役的人将孔子师徒围困在半道，孔子和弟子们所带的粮食都吃完了，服劳役的人仍不放他们离开，最后还是子贡找到楚国人，楚国派兵来迎接孔子，孔子师徒才免于一死。

孔子 64 岁时又回到卫国，68 岁时在其弟子冉求的努力下，被迎回鲁国，但仍是被敬而不用。政治上的不得意，使孔子将很大一部分精力用在教育事业上。孔子打破了教育垄断，开创了私学先驱，弟子多达 3000 人，其中贤人 72 位，便是著名的七十二贤。

谁被称为"春秋第一人"？

子产全名叫公孙子产，是春秋时期郑国的政治家和思想家，在郑国为相数十年。他采取了一系列有利于发展民生的改革措施。他仁厚慈爱、视钱财为粪土、重视品德、爱民重民，执政期间在政治上颇多建树，被清朝的王源推许为"春秋第一人"。

周景王在位期间，郑国为了发展本国实力，任命执政大臣子产实行了一系列改革：整顿贵族田地和农户编制，使土地得到更科学的分配；承认土地私有，按田亩征税等等。通过这些改革郑国增加了财政收入。接着，为了确保改革顺利进行，子产又用 200 多斤的铁铸造了一只鼎，把新制定的刑书铸在鼎上，为了能够让所有的人都知道，他把巨鼎放置在王宫门口，让百姓随时都可以查看新刑法。这就是历史上有名的"刑鼎"。

不过，由于新刑法限制了旧贵族的利益，阻止了他们的胡作非为，因此导致了贵族们对子产的强烈不满，他们用歌谣诅咒子产说："硬逼我将好衣服藏在家，浪费了资源，还将我的田产左盘右查。谁去杀子产啊，我一定参加！"

子产听了之后，丝毫没有动摇，也没有生气，他说："只要是有利于国家的事情，我死也要坚持，改革可不能中途而废。"几年后，子产的改革已经有了很大的成效，郑国的百姓们都说子产给了他们土地，帮他们提高了产量，如果子产死了，谁还能像他那样对待我们呢？

子产在郑国采取了这些措施，促进了郑国经济的快速发展，同时，也带动了其他变革，促进了社会的发展。

"战国四公子"是哪几个人？

战国末期，很多诸侯国已经开始没落，部分贵族为了挽救国家危亡，同时扩大自己的实力，不断地招贤纳士，其中以养"士"著称的诸侯国贵族有赵国的平原君、楚国的春申君、魏国的信陵君、齐国的孟尝君，这四个人被人称为"战国四公子"。

平原君是赵国大臣，赵武灵王的儿子，平原君的贤能之处在于他能够不据身份，礼贤下士，并收揽了很多宾客。秦军攻打赵国时，赵国派平原君向魏告急同时也向楚国求援。平原君的门客毛遂自告奋勇向楚国求援，并且说服了楚王发兵救援赵国。在赵国危机的时候平原君散尽家产，发动士兵守住城池，直到楚魏的援军到来。

春申君以忠君爱国、宽厚仁爱、招致宾客、辅佐楚王治国而留名于历史。秦昭王派白起联合韩、魏共同讨伐楚国的时候，春申君正在出使秦国，他成功说服秦昭王退兵。楚国顷襄王病逝之后，春申君想尽办法使留在秦国的楚国太子安然无恙地逃回楚国即位，也就是考烈王。之后春申君还带兵营救赵国，灭了鲁国。

信陵君是战国时期有名的贵族，信陵君不仅重视人才，而且还广泛地招纳门客。秦国围攻赵国邯郸的时候，前来营救赵国的魏国害怕秦国，所以魏国国君下令让主帅晋鄙撤军。晋鄙只率兵到了邺（今河北省临漳县），就停了下来。之后信陵君派人盗出虎符，杀死晋鄙，亲自率领魏军救援赵国赢得了胜利。秦国攻打魏国时，信陵君任上将军，亲自联合5国军队击退秦军。随后魏王听信谗言，疏远了信陵君。从此以后信陵君闭门不出，整天吃喝玩乐。

孟尝君是齐国宗室大臣靖郭君田婴的儿子。孟尝君承袭父亲田婴的封爵，被封于薛（今山东省滕州市东南），称薛公，号孟尝君。孟尝君很重视培养门客，不断地招纳新的宾客充实自己的实力。秦昭王正是看到了孟尝君的这一点，于是拉拢他加入秦国，并授予他丞相的官位。最后秦昭王听信谗言，将孟尝君囚禁起来。孟尝君在门客的协助下回到齐国，并得到了齐国的重用。孟尝君始终坚持合纵的政策与秦国对抗。后来孟尝君被人陷害，为了躲避谗言隐居了起来。

秦朝时期

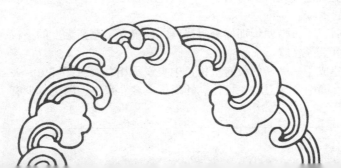

战国时代后期，秦王嬴政先后灭掉韩、赵、魏、燕、楚、齐六国，结束了自春秋起500年来分裂割据的局面，建立了中国历史上第一个统一的、多民族的中央集权制国家——秦。

秦朝是个短命的王朝，从公元前221年秦王政到公元前206年秦朝被灭，总共只有15年。

秦朝虽然在历史上存在的时间极为短暂，却留下了众多的传奇和故事，在华夏历史长河中留下了精彩的一笔。

从秦始皇统一六国，到北抗匈奴；从统一度量衡，到统一货币、文字；从修阿房宫，到修筑世界八大奇迹之一的长城，秦朝的辉煌不言而喻。同时，秦朝法律严苛，苛捐杂税繁重，再加上焚书坑儒，对当时的知识分子造成非常严重的迫害，引起民众的不满。

公元前210年，秦始皇在巡游时病死，赵高勾结胡亥和李斯，伪造遗诏立始皇少子胡亥为太子，并赐死长子扶苏。秦二世胡亥即位之后，进一步加重了对农民的剥削和压迫，农民的困苦程度达到了极点。

公元前209年，中国历史上的第一次农民起义爆发。群雄纷涌，西楚霸王项羽和沛公刘邦都是其中翘楚。不久，刘邦率军攻占咸阳，秦王子婴向刘邦投降，秦朝灭亡。

中国历史上第一个皇帝是谁？

秦始皇，姓嬴，名政，是秦庄襄王的儿子。他不仅是中国第一个大一统王朝秦朝的开国之人，还是中国历史上第一个皇帝。

公元前247年，秦庄襄王病死，13岁的秦王嬴政继承王位。因秦王年幼，朝政由太后和相邦吕不韦及嫪毐掌管，秦始皇22岁时，除掉了吕不韦、嫪毐等人，重用李斯、尉缭，自己开始亲理朝政。从公元前230年到公元前221年，秦王嬴政先后灭韩、赵、魏、楚、燕、齐六国，完成了统一中国大业，建立起一个以汉族为主体、多民族统一的中央集权制度的强大国家——秦，定都咸阳。

天下初定，秦王政第一件着急做的事，就是要重新给自己确定一个称号，根据"古有天皇，有地皇，有泰皇，泰皇最贵"以及"三皇五帝"的说法，秦王政创造出了"皇帝"这个新头衔授予自己。秦王因此成为了中国历史上第一个皇帝，自称"始皇帝"。他又规定：自己去世皇位传给子孙时，后继者沿称二世皇帝、三世皇帝，以至万世。

秦始皇自称帝后，独裁专制、横征暴敛，他还征发70多万人修造阿房宫，动用大量人力、财力修造骊山陵。他先后进行了5次大规模的巡游，在名山胜地刻石纪功，炫耀声威。

为求长生不老之药，秦始皇又派方士徐福率童男童女数千人至东海求神仙，耗费了巨大的财力和人力，加深了人民的苦难。

公元前218年，秦始皇东巡时，遭到敌人的行刺，其身后的一辆副车被刺客用重锤砸得粉碎，经此一吓，秦始皇便重病不起，不久驾崩于沙丘。

秦始皇是怎样加强中央集权的？

秦朝是中国历史上第一个大一统的国家，为了加强中央集权，不再重蹈周王朝分封制的覆辙，秦始皇采取了一系列的措施。

秦始皇创立秦朝后，不再像西周那样分封诸侯，他确立了至高无上的皇权，凡行政、军事、经济等一切大权，均由皇帝总揽。

在中央，秦始皇建成了一套新的政府机构：中央设丞相、太尉、御史大夫，称为三公。三公的下面是九卿：奉常、郎中令、卫尉、太仆、廷尉、典客、宗正、内史、少府。除此之外，秦朝还有一些比较重要的官职，比如典属国，主要负责已投降秦朝的少数民族事务。詹事，管理皇后和太子的事务。

在地方，秦始皇采纳李斯的建议，废除分封制，改行郡县制，由皇帝亲自任命官吏进行治理，这是地方政治体制的历史性变化。秦始皇在全国设立了36郡，以后又陆续增设至40多郡，郡的长官是郡守。这些郡完全由中央和皇帝控制，是中央政府辖下的地方行政单位。郡下设县，县的长官有两个名称，一是县令（万户以上），一是县长（万户以下）。县以下依次是乡、亭、里、什、伍。基层百姓五家为一个单位，由伍长负责。什则由10家组成，由什长负责。

秦朝对于官吏的管理十分严格，官吏必须通晓法律，法律的学习也向官吏请教，即"以吏为师"。而官吏犯法，也不再像西周那样享有特权，而是加重处罚。这使得秦朝政府的办事效率极高，吏治非常清明。

秦朝创下的这一套中央集权的政治制度，为以后中国封建社会的政治制度提供了一个基本的框架，后世王朝的政治制度多效仿秦制。

秦始皇为什么要焚书坑儒？

焚书坑儒指的是秦始皇于公元前213年和公元前212年焚毁书籍，坑杀术士、儒士的事件。焚书坑儒事件是秦始皇为统治思想文化而采取的重大措施。

公元前221年，秦始皇消灭了六国，为了统一原六国民众的思想，秦始皇发动了焚书坑儒事件。

公元前213年，秦始皇在咸阳宫大宴群臣，丞相李斯建议："凡《秦纪》以外列国史书都得焚毁；除博士官外，私藏《诗》、《书》、百家语的人，限期交官府烧毁；偶然有说《诗》、《书》里面内容的人都弃他于市；以古非今的人灭族；官吏知情不举的人同罪；令下三十日不烧，黥面，罚四年筑城劳役；仅医学、卜筮、种树（农业）这类书不烧。欲学法令者以吏为师。"秦始皇批准了李斯的建议，下令施行。这就是著名的焚书事件。

坑儒事件其实杀的并不是儒生，它是由于两个名叫侯生和卢生的术士（修炼功法炼丹的人）暗地里用儒家口吻批评偏重法家的秦始皇而引起的。秦始皇得知此事后，十分生气，他派御史调查整个事件，审理下来，有60多犯禁的人，为了禁止这些人的思想，秦始皇将这些人全部坑杀。

从性质上讲，坑儒是焚书的继续，两件事合成"焚书坑儒"。焚书坑儒毁灭了古代许多典籍，造成文化史上难以弥补的损失。

"焚书坑儒"原本是一个统一思想的运动，但由于手法残暴，它一直作为秦始皇残酷暴戾的证据，被后世天下学人唾骂了2000多年。

为什么秦始皇要修建长城？

秦统一六国后，北方的匈奴对中原财富虎视眈眈，为了抵御北方匈奴的入侵，秦始皇命令蒙恬修筑长城。

秦始皇统一六国后，匈奴把黄河河套地区大片的土地夺了过去，给人民带来了莫大的痛苦。秦王嬴政三十二年（前215年），始皇派大将蒙恬率兵30万讨伐匈奴，夺回失地，重新设置九原郡。为防备匈奴人再次进攻，秦始皇命令大将蒙恬率士卒修筑起了一条新的长城。

蒙恬在原来为防御匈奴而修筑的旧长城的基础上，修葺、增补，同时又建造不少新的城墙，将它们连接起来，修建了西起临洮，东至辽东的长城。新修的长城沿广阔的黄河流域，依峻峭的阴山山脉，行经内蒙古草原，蜿蜒曲折，全长1万里，被后世称为万里长城。

秦朝为修建长城，每年征发民夫达40多万，仅次于修建阿房宫的人数。数以百万计的劳动者顶风冒雨，经受着烈日和严寒，日夜不停地劳动，建造出了举世闻名的宏伟工程。

万里长城的修筑给当时的劳动群众带来了沉重的灾难。但是万里长城的修筑对阻挡游牧民族的骚扰，保障内地的生产也起到一定的作用，它的修筑有利于以汉族为主体的统一的多民族国家的巩固和发展。

万里长城是世界上最长最古老和最雄伟的长城，它是人类建筑史上的奇迹，更是中华民族的骄傲。

秦为统一岭南发动了几次大的战争？

大秦帝国消灭了东方六国后，秦始皇又把统一的目光放到了南边的百越之地，为了统一岭南，秦朝一共发动了两次大的战争。

公元前219年，秦发动了统一岭南的第一次战争，由于百越土著部队的最初主力军是西瓯国（今广西省）的西瓯军，历史上把这次战争也叫做"秦瓯战争"。秦军调动50万大军在屠睢的率领下分五路进攻百越，很快攻占闽越，但之后在攻取南越和西瓯的过程中遇到了顽强的抵抗。秦军在兵力上占绝对优势，在装备上更是远远超过了百越部落的军队，但是在战争的过程中秦军却迟迟无法取胜。

在战争中，百越军利用当地山青林密、河谷纵横的地形，不断袭击秦军，切断秦军粮道，使秦军遭到重大挫折，他们甚至不惜与野兽为伍，至死不降。

公元前218年左右，百越军对秦军发起了反击，秦军统帅屠睢被百越军夜袭击毙，秦兵"伏尸流血数十万"，进退两难，最后秦军大败。百越军的伤亡同样十分惨重，也没有力量继续发动进攻，双方形成了对峙局面，而且一对峙就是三四年的时间。

直到公元前214年，秦始皇在灵渠粮道全面开通后，征集商人和囚犯等近10万，加上原先剩下的20万秦军部队，共30万大军第二次进攻岭南。这时的百越军只有数千人。最后秦军轻而易举就占领了岭南，并设置了南海、桂林、象郡等三郡，此后，两广纳入中国的版图。

秦朝修建的最大规模的宫殿是什么？

秦朝修建的最大规模的宫殿是阿房宫。阿房宫从秦始皇称帝时开始建造，直到秦朝灭亡还没有建成。

秦始皇在统一六国的期间，大兴土木，每灭一国，便要将该国的宫殿建筑在咸阳附近仿造一遍，如此一来，秦国的宫殿总面积达到了惊人的程度，整个关中地区，从渭河以北，雍门以东，直到泾河一带全部都是宫殿群。

公元前212年，秦始皇认为先王的皇宫太小，下令在故周都城丰、镐之间渭南的皇家园林上林苑中，仿集天下精英灵秀的建筑，营造一座新朝宫。这座新朝宫便是阿房宫。

阿房宫前殿东西五百步，南北五十丈，占地面积8万平方米，可以容纳万人。传说阿房宫大小殿堂700多所，仅一个前殿的面积就达到了东西长693米，南北宽116米，台基高达11.65米。四周修有阁道，向南直抵终南山，向北跨过渭水，与咸阳相接。

更令人惊奇的是，在阿房宫里，一天之中，各殿的气候都不尽相同，在里面运送酒菜也要用车和马才行。秦始皇巡回各宫室，一天住一处，至死时也未把宫室住遍。

这座千古留名的著名宫殿当时究竟为何取名阿房，阿房的真正含义又是什么，至今都是个解不开的谜。相传，阿房原来只是朝宫前殿的名字，秦始皇本打算在整座朝宫建成之后"更择名命名之"。但由于宫殿规模实在太大，虽然每天都有十几万苦役参加营建工作，但一直到秦朝灭亡时，此宫仍然没有竣工，人们只好把这座著名的宫殿称为阿房宫。

秦始皇在位时只建成了阿房宫的前殿，二世胡亥继续了这项劳民伤财的巨大工程，直至秦亡，这座工程都没有全部竣工。秦亡后，楚霸王项羽入关，项羽认为阿房宫劳民伤财，放火烧了这座宫殿。

秦始皇巡游的时间有哪些特征？

秦统一六国后的第二年（前220年），始皇为了"示疆威，服海内"，先后5次巡视全国。秦始皇巡游活动从时间上来分析有着一定的特征和规律。

首先，秦始皇出巡的季节安排多遵循古制，并且频率较高。秦始皇巡游的出行季节一般以仲春二月居多，这和古制相符，秦始皇称帝后的11年间，共有5次出巡，按年头来记，占了他称帝年份的近一半，也就是说秦始皇称帝后，一半的时间都是在外出巡。

秦始皇为了顺利出巡，一方面下令"车同轨"；另一方面下令"治驰道"，整治旧的交通道路，把战国时各国分散的交通线连接统一起来，保证了秦始皇长距离，高频率，面向全国并以东海之滨和吴楚之地为主要目的的巡游。

其次，秦始皇出游历时都较长，并且在海滨逗留时间也很长。秦始皇5次外出巡游的平均历时约为5到6个月，短为2到3个月，长则近1年。在第四次东巡中，濒海出游的时间几乎占总出游时间的一半。其中秦始皇二十八年出巡，仅在琅邪一地，就停留了3个月。

这主要的原因是秦始皇求仙长生的愿望，由于燕齐濒临渤海，常有海市蜃楼出现，当地的人便结合传说中的海外国度，组合成了一个令人向往的神境仙界，所以方术文化传统悠久。至秦始皇时，芝罘、琅邪、成山等地，成为方士们活动的中心。后来，秦始皇与徐福等一帮方士们结下了不解之缘，秦始皇时代狂热的求仙活动由此而始。

秦始皇巡游四方的壮举，深深地影响着秦以后历代封建帝王的巡游行为，并且至今仍对中华民族的多元文化产生着广泛而深远的影响。

谁被誉为"中华第一勇士"？

蒙恬，秦始皇时期的著名将领，被誉为"中华第一勇士"。他还是古代开发宁夏的第一人，是中国西北最早的开发者。

公元前221年，秦国北部边境传来了匈奴频繁骚扰并大举南侵的消息，蒙恬奉命率30万大军北击匈奴，在随后的河套战场上，蒙恬出奇制胜、击败匈奴，让匈奴尝尽屡战屡败的滋味。

经过这几次的战斗，蒙恬收复了河南地（今内蒙古自治区河套南伊克昭盟一带），并在榆中（今内蒙古自治区伊金霍洛旗以北）到阴山之间，设立了34县。之后，他又率军渡过黄河，占据阳山，迁徙人民充实边县，这给北方带来了十几年安定，并为河套地区的开发创造了条件。

其后，他又派人修筑了西起陇西的临洮（今甘肃省岷县），东至辽东（今辽宁省境内）的万里长城，把原燕、赵、秦长城连为一体。后受遣为秦始皇巡游天下开直道，从九原郡（今内蒙古自治区包头市西南）直达甘泉宫，截断山脉，填塞深谷，全长1800里。

蒙氏家族世代为将，战功显赫，到了蒙恬这一代更是达到了事业的顶峰，他征战北疆10多年，威震匈奴，受到秦始皇的推崇和信任，被封为内史（秦朝京城的最高行政长官），其弟蒙毅也位至上卿，蒙氏兄弟一个负责对外军事，一个谋划国内政事，有忠信为国的美名。

张良刺杀秦始皇成功了吗？

张良，本是韩国的贵族，他的祖父开地，连任战国时韩国三朝的宰相，父亲张平，也继任韩国二朝的宰相，到张良时，韩国逐渐衰落，被秦朝所灭。

韩国的灭亡，使张良失去了继承父亲事业的机会，丧失了显赫荣耀的地位，因此张良心存亡国亡家之恨。为了报仇，张良到东方拜见仓海君，共同制定了谋杀秦始皇的行动。为了报仇，张良散尽家资，找到一个大力士，并为他打制了一只重达120斤的大铁锤（约合现在50斤），然后差人打探秦始皇东巡行踪。

公元前218年，秦始皇开始东巡，张良知道后，积极实行刺杀行动，当秦始皇的巡游车队即将到达阳武县（今河南省原阳县的东半部）时，张良指挥大力士埋伏在到阳武县的必经之地——博浪沙。按照君臣车辇规定，天子六驾，即秦始皇所乘车辇由6匹马拉车，其他大臣4匹马拉车，刺杀目标是六驾马车。

不多时，张良与大力士远远看到36辆车组成的车队由西边向博浪沙处行来，前面鸣锣开道，黑色旌旗仪仗队走在最前面，车队两边，大小官员前呼后拥。但所有车辇全为四驾，分不清哪一辆是秦始皇的座驾，只看到车队最中间的那辆车最豪华。张良指挥大力士向该车击去，乘车者被当场击毙。张良趁乱钻入芦苇丛中，逃离了现场。

但被大力士击毙命的人并不是秦始皇，秦始皇因多次遇刺，早有预防准备，所有车辇全部四驾，时常换乘座驾，张良自然很难判断哪辆车中是秦始皇。秦始皇幸免于难，下令在全国大肆搜捕凶手。

为秦始皇寻找"仙药"的徐福回来了吗？

徐福，是秦朝著名的方士，后来被秦始皇派遣出海采仙药一去不返。乡亲们为了纪念他，把他出生的村庄改为"徐福村"，并在村北建了一座"徐福庙"。

徐福博学多才，通晓医学、天文、航海等知识，在沿海一带民众中名望颇高。秦始皇第二次出巡，大队人马在泰山封禅刻石，又浩浩荡荡前往渤海。抵达海边后，秦始皇登上芝罘岛，只见云海之间，山川人物时隐时现，蔚为壮观，尤令秦始皇心驰神往。

徐福乘机给秦始皇上书，说海中有蓬莱、方丈、瀛洲3座仙山，有仙人居住，可以得到长生仙药。秦始皇大为高兴，随后根据徐福的要求，派童男、童女数千人随他一起出海求取仙药。他本人也在此流连忘返，等候徐福佳音。然而，等来的只是徐福空手而归。

徐福自称见到海神，海神以礼物太薄，拒绝给予仙药。对此，秦始皇深信不疑，增派童男童女3000人及工匠、技师、谷物种子，令徐福再度出海。秦始皇一直等候3个月，不见徐福消息，才怅然而回。

秦始皇第五次出巡，再次来琅琊，这时与徐福入海寻找仙药，已经时隔9年，一直没有回报。始皇派人传召徐福，徐福连年航海，耗费很大，担心遭到重责，便奏告秦始皇："蓬莱仙山确实有仙药，出海时常遇大蛟鱼阻拦，所以不能到达。请派弓箭手一同前往，见到大蛟鱼用连弩射击。"

秦始皇下令入海时带足渔具，自己也准备了连弩。海船由琅琊启程，航行数十里，经过荣成山，再前行到芝罘时，果然见到大蛟鱼，当即连弩齐射，大蛟鱼中箭而死，沉入海底。秦始皇认为此后当可无虞，又命徐福入海求仙药。

自此之后，秦王再也没等到徐福的音讯，后来秦始皇病死于沙丘（今河北省广宗县东南），徐福最后也没有返回中原。

公子扶苏是怎么死的？

公子扶苏是秦始皇的长子，品性忠厚善良。秦始皇死后，中车府令赵高和丞相李斯等人假传秦始皇遗旨，让扶苏自尽，扶苏接旨后拔剑自刎。

公子扶苏的母亲来自郑国，她特别喜欢吟唱当地流行的情歌《山有扶苏》，秦始皇便将其生的长子取名扶苏。"扶苏"这个词出自诗经，为香草佳木之意，是古人对树木枝叶茂盛的形容。秦始皇以此来为自己的儿子命名，可见他对这个儿子寄托着无限期望。

扶苏年少时就机智聪颖，生来就有一副悲天悯人的慈悲心肠。秦始皇统一全国后，扶苏曾多次与自己暴虐的父亲在政见上背道而驰。扶苏对于治国、安定天下有着与秦始皇不同的看法，他认为天下尚未平定，百姓也尚未得到安定，实行严重的律法来统治臣民，会加重人们的负担。他还多次劝谏自己的父亲停止严重的苛政。但是扶苏的劝谏触怒了秦始皇，秦始皇认为扶苏之所以如此劝谏，是因为他的性格太过懦弱。

为了改变自己这个懦弱的儿子，秦始皇决定让他跟随秦朝的"第一勇士"蒙恬去修筑万里长城。也正是这个决定改变了公子扶苏一生的命运，也改变了整个秦朝的命运。

公元前210年，秦始皇行至沙丘，自知将不久于人世，他立下遗书，让公子扶苏立刻回咸阳继位。但是奸诈的中车府令赵高与秦始皇的小儿子胡亥相互勾结，他们先是私自篡改了秦始皇的遗诏，又怕在人们心中威望更高的扶苏威胁他们的统治，于是弄了一个假诏书送到边关的扶苏和大将军蒙恬那里，在诏书上赵高以扶苏没立下战功和非议朝政为由令他自杀。

蒙恬大将军看到诏书后，觉得诏书言不符实，有很多的破绽，他决定要面见皇上，于是力劝公子扶苏。但扶苏为人宽厚仁义，不愿违背大礼，就对蒙恬说："父赐儿子死，还需要复请吗？"扶苏旋即自杀于上郡军中。

秦二世是被自己的宠臣害死的吗？

秦二世，名胡亥，在赵高与李斯的帮助下，当上秦朝的第二世皇帝，他在位仅仅3年就被自己最宠信的大臣赵高害死了。

赵高本是宫中的一个宦官，精通刑法，深得秦始皇的宠信，而胡亥是秦始皇的儿子中出名的纨绔子弟，赵高经常投胡亥所好，深得胡亥的喜爱。秦始皇死后，胡亥受到赵高的蛊惑，在李斯的帮助下，胡亥逼死了哥哥扶苏，自己当上了皇帝。

胡亥即位后，对赵高更是器重有加，几乎对他言听计从，赵高向胡亥献计说："陛下唯有严刑峻法，将有罪之人连坐诛族，对心怀不满的大臣及诸公子逐一打击，同时提拔陛下的心腹，安排要职，这样一来，您才可以高枕无忧，肆志宠乐！"胡亥不仅采纳了他的意见，还将生杀大权一并交付给了他。

赵高为了扩张自己的权势，以危害社稷的罪名，迫使蒙毅、蒙恬自杀。接着赵高对其他的大臣也大开杀戒。为了堵塞群议，防止二世与其他人接触，进一步把他控制在股掌间，赵高又编造谎言说："天子之所以尊贵，就在于要随时保持自己的威仪，使人只闻其声，不见其形。陛下年纪还轻，如果在众臣面前不经意地暴露了弱点，恐为天下人耻笑。故陛下不如居内朝处理政事，由微臣等人一旁辅佐，这样，人人都会称颂皇上的圣明。"昏庸无知的胡亥乐得把朝野大事交给赵高，自此赵高的权力更大了。之后赵高又借胡亥之手除掉了李斯，从此，朝中决断权落到了赵高的手中。

直到陈胜吴广的军队逼近了咸阳，胡亥才猛然醒悟过来，原来赵高说的话都是谎言，于是胡亥开始表现出对赵高的不满。赵高早就有了篡位之心，见到胡亥这样，干脆自己先动手了。赵高派人假称抓捕盗贼，直闯胡亥的行宫，被逼无奈的胡亥只好抽剑自刎，死在了最宠信的奸臣赵高手上。

为什么说丞相李斯功过参半？

李斯是秦代著名的政治家、文学家和书法家，也是秦国的丞相，他的一生功过参半。

李斯原是楚国上蔡（今河南省上蔡县西南）人，早年做过掌管文书的小吏。李斯想干出一番事业来，于是到齐国求学，拜荀卿为师，学习帝王之术，学成之后就去了当时最强大的秦国。

李斯在秦国得到了秦相吕不韦的器重，当上了秦国的小官，有了接近秦王的机会。李斯劝秦王派人持金玉去各国收买、贿赂、离间六国的君臣，收到了很好的效果，他很快被封为客卿。东方各国的人纷纷来秦国效力，秦国的一些贵族、大臣请秦王把客卿统统撵出秦国，秦王怕有别国间谍，就下了逐客令，李斯也在被逐之列。于是李斯给秦王写了一封信，力劝秦王不要逐客，这就是历史上著名的《谏逐客书》。李斯的《谏逐客书》对秦国网罗天下人才，以及经济、政治、军事、文化的迅速发展，都做出了积极的贡献。

在统一六国的过程中，李斯为秦始皇献计献策，到秦王政二十六年（前221年），秦王结束了长期分裂的割据局面，统一了中国。秦始皇死后，李斯为了一己私利，同赵高合谋伪造了秦始皇的遗诏，迫令始皇长子扶苏自杀，立少子胡亥当了皇帝。

秦二世即位后，李斯敏锐地看到了秦王朝的危机，但是为了保存自己的既得利益，他不敢规劝胡亥，最后被赵高以谋反之罪处以极刑。

这位功过参半的丞相，临死前已经敏锐地嗅到了秦必亡的气息，但是为时已晚。李斯本是难得的治国人才，最后却因为一己私利为自己的一生留下了最大的污点。

上演"指鹿为马"的大宦官是谁？

赵高，秦朝时期著名宦官，他依仗着秦二世胡亥对他的宠信，在秦王朝最后的几年统治中翻云覆雨，上演了"指鹿为马"的闹剧。

赵高本是秦国一位国君之后，因为犯罪被施刑，但他身强力大，又精通法律，秦始皇便提拔他为中车府令掌管皇帝车舆，还让他教自己的少子胡亥判案断狱。赵高善于察言观色、逢迎献媚，因而很快就博得了秦始皇和公子胡亥的赏识和信任。

秦始皇死后，赵高帮助公子胡亥害死了公子扶苏，胡亥成为皇帝，即秦二世。

李斯死后，赵高名正言顺地当上了丞相，国家大事完全由他决断，他也渐渐不把胡亥放在眼中。为了铲除异己，赵高趁群臣朝贺之时，命人牵来一头鹿献给胡亥，说："臣进献一马供陛下赏玩。"胡亥虽然糊涂，但是鹿是马还是分得清。他失声笑道："丞相错了，这明明是头鹿，怎么说是马呢？"赵高板起脸，一本正经地问左右大臣："你们说这是鹿还是马？"围观的人，有的慑于赵高的淫威，缄默不语；有的惯于奉承，忙说是马；有的弄不清赵高的意图，说了真话。

胡亥见众口不一，以为自己是冲撞了神灵，才会认马为鹿，于是召太卜算卦，太卜道："陛下祭祀时没有斋戒沐浴，故至于此。"胡亥信以为真，便在赵高的安排下，打着斋戒的幌子，躲进上林苑游猎去了。二世一走，赵高便将那些敢于说"鹿"的人纷纷正法。

赵高导演这场"指鹿为马"的丑剧有着其险恶用心，他借此来检验人心向背，进一步清除异己分子，巩固自己的势力，为篡位扫清道路；此外，他还从中了解测试一下胡亥对自己的信任程度，以便伺机行动。

"指鹿为马"的闹剧上演后，朝中上下莫不噤声，都看赵高的眼色行事，任其为所欲为。赵高的进一步专权在一定程度上加速了秦朝的灭亡。

中国第一次大规模的农民起义是谁发动的？

陈胜吴广起义，是中国历史上第一次大规模的农民起义。这次起义建立了"张楚政权"，从根本上动摇了秦王朝的统治，自此农民阶级作为一股强大的力量开始登上历史的舞台。

秦二世元年（前209年）七月初，官府征集阳城（今河南省方城县）一带的数百名贫苦农民到渔阳（今北京市密云县）戍边驻守。陈胜、吴广在队伍中被指派为屯长，与被征集后的900名农民在两个校尉的押送下向目的地昼夜兼程地赶路。队伍走到大泽乡（今安徽省宿州市）时，下起了滂沱大雨，大雨淹没了道路，冲坏了桥梁，队伍无法再继续前进。

按照秦朝的法律，戍卒如果不能按时报到，就会被斩首，被指派的屯长陈胜虽然出身苦寒，却胸怀大志，他看到天下的百姓已经吃够了秦朝统治的苦头，现在赶到渔阳必死无疑，便开始与吴广商议发动起义。

陈胜和吴广经过密议，用朱砂在帛条上写下"陈胜王"三个字，然后把帛条藏入一条鱼的肚子里。戍卒买鱼烹食，剖开鱼腹时看到了帛条和上面的红字，大为惊讶。到了晚上，吴广躲进附近的草丛中，点起灯笼，装作狐狸的叫声："大楚兴，陈胜王。"这个信息传开之后，人们都觉得陈胜不是个凡人。

之后，吴广和众人杀死了两个校尉，他们率领戍卒，用公子扶苏和已故楚将项燕的名义，号召农民反秦，附近农民深受秦暴政之苦，纷纷斩木揭竿参加起义。起义军以"大楚"为号，推举陈胜为将军，吴广为都尉，中国历史上第一次大规模的农民起义的烈火，在大泽乡燃烧了。

很快，起义军攻占了大泽乡和蕲县，并继续挺进，连攻数城。许多穷苦的老百姓纷纷加入进来，队伍发展迅猛，很快成为一支兵车六七百乘，人数万余的强大队伍。占领了陈县以后，陈胜自立为王，国号"张楚"，从此陈县便成为起义军的根据地。分散在各地的起义军与陈胜、吴广遥相呼应，革命的烽火迅速蔓延了全中国的大部分地区，形成了一个巨大的反秦洪流，对秦王朝首都咸阳形成了包围之势。

陈胜、吴广起义是中国封建社会历史上第一次全国性的农民战争，它充分反映了人民反抗残暴的勇气和能力，反秦的浪潮也由此激起，不断地冲击秦朝的统治。

是谁镇压了陈胜吴广起义？

章邯，字少荣，是秦末的大将，秦朝的军事支柱，他带兵镇压了陈胜吴广起义。

胡亥即位后，听信奸臣赵高的逸言，一路杀戮大臣，假借罪名互相株连，凡是进谏的人都被认为是诽谤朝廷，此时的朝廷个个都恐惧不安，大臣从此也都谄媚讨好，百姓更是身处水火之中。

陈胜吴广起义后，陈胜派遣周章等将领几十万人到达戏水，二世胡亥大为震掉，赶忙和群臣商量对策。蒙氏兄弟死后，秦朝的军事实力已大不如从前，少府章邯成为当时秦朝最重要的将领，章邯分析当时的形势说："盗贼已经来到这里，兵众势强，现在调发近处县城的军队为时已晚，郦山刑徒很多，希望赦免他们，发给他们兵器，让他们出击盗贼。"

二世接受了章邯的建议，派他为主将，率骊山（今陕西省西安市临潼区）刑徒及奴隶70万，一举打垮了周章的军队。周章出关，逃到曹阳，章邯随后又击破了曹阳，周章再次败走渑池。十多天后，章邯大破渑池，周章自刎。

打败了周章，章邯又向荥阳（今河南省荥阳东北）进发，在敖仓与荥阳将军田臧发生激战，田臧战死，章邯攻破荥阳城。

接着章邯连续破邓说、败伍徐，迫使陈胜败逃下城父（今安徽省涡阳县）。陈胜命张贺出城西迎战章邯，自己亲自在城楼监战。章邯英勇善战，张贺很快战死。自此陈胜不敢再战，闭关死守。在章邯围城的强大攻势下，陈胜被自己贴身的侍卫庄贾杀死，庄贾开城降秦。中国历史上第一次大规模的农民起义被章邯镇压，以失败而告终。

"破釜沉舟"说的是哪次战役？

"破釜沉舟"说的是秦朝末年的巨鹿之战，它是中国战争史上著名的以少胜多的战例。

秦朝末年，天下大乱，诸侯割据，秦将章邯先是镇压了大泽乡起义，接着击杀了楚地反秦武装首领项梁，并率兵20万渡过黄河，配合由上郡（今陕西省榆林东南市）急调至河北的秦将王离攻击赵国，最后攻破邯郸，将赵地反秦武装首领赵王歇及张耳围困在巨鹿（今河北省平乡县西南）。

章邯屯军巨鹿南棘原，筑甬道（两侧有土墙的道路）到河边，供应王离军粮秣。赵将陈余收集了常山（今河北省石家庄市东）的1万多人准备解赵地之围，但他认为自己兵少，不敢出战，遣使向楚、齐、魏、燕等反秦武装求救。

楚怀王任命宋义为上将，项羽为副将，范增为末将，率楚军主力5万人前去援救赵将陈余，但宋义胆小怕事，畏缩不前，屯兵46日，当时，阴雨连绵，起义军缺衣少粮，很快就陷入了困境之中。

副将项羽当机立断，一剑杀了上将宋义。之后，张耳多次派人催促，陈余不得已才派遣5000人出战，结果全部阵亡，其余救赵诸军都驻扎在陈余军垒旁，不敢再战。只有项羽派遣部将英布、蒲将军率领两万人为先锋，渡过漳河，切断了秦军运粮通道，但由于寡不敌众，楚军士气低落。

项羽看到这种情况，命令军士凿沉渡江用的船只，打破吃饭用的铁锅，只留三天干粮，对将士们说："我们这次出兵巨鹿，有进无退，三天之内，一定要打败秦军。"军士们士气大振，以一当十，个个以命相抵，呼声动地，奋勇死战，连续数次击败章邯军，诸路救赵军将领在壁垒上观战，直到章邯退保棘原，诸侯才敢助战，与楚军聚歼围城的秦军，杀了秦军副将，俘虏了秦将王离，解了巨鹿之围。"破釜沉舟"讲的就是这次战役。

秦朝的末代皇帝是谁？

秦王子婴，即秦三世，他是秦朝的最后一位统治者，在位仅46日。关于子婴的身份，历史上并没有定论，大多数人认为他是公子扶苏的儿子，子婴为人仁爱且节制，颇有公子扶苏的遗风。

秦二世胡亥被赵高害死后，赵高欣喜若狂，想实现自己当皇帝的梦想，但发现群臣并不支持，而且进行了无声的抗议，赵高无奈只好迎立子婴即位。

公元前207年九月，赵高命令子婴实行斋戒，然后到宗庙行礼，接受传国的玉玺。但子婴早就看出赵高的狼子野心，于是同自己的两个儿子及宦者韩谈谋议说："丞相赵高在望夷宫杀了秦二世胡亥，害怕群臣们诛杀他，便假作行德义立我为王。我听说赵高早与楚国约定好了，等消灭了我国的宗族后就瓜分秦国的土地在关中称王。现在他要我去斋戒，到宗庙敬祀祖先，这是想趁机在宗庙中杀死我们。"经过商议，他们定下计策，准备杀死赵高。

到了斋戒的时候，子婴推托说自己有病不能去，赵高又派人请了好几次，但子婴都不去祭祀，赵高只好自己亲自来请，子婴早就设好了埋伏，他刚到子婴住的地方，子婴便下令刺死了赵高，并随即把他的家人全部处死了。

之后，刘邦率领秦末其中一支起义军进入关中。子婴见大势已去，就将自己和妻子用绳子绑了起来，坐上白色马车，身着死者葬礼所穿的白色装束，携带皇帝御用物品（包括玉玺和兵符），亲自到刘邦的军前投降。

子婴投降后，秦朝正式灭亡。

李斯之子李由是死于项羽之手吗?

李由，河南上蔡人，秦国大将，秦相李斯之子，在雍丘之战中，死于楚霸王项羽之手。

李由儿时便与秦始皇的长子公子扶苏相交甚好，一同拜在大将军蒙恬门下学习兵法，他性格冷峻，沉默少言，心思缜密有城府，行为举止颇有其父李斯之风。

公元前211年，李由就任三川郡守，驻守三川郡，李由回到咸阳时，李斯在家里设宴迎接，文武百官都来庆贺，门前的车队数以千计。

公元前209年，陈胜吴广起义，一举攻下大泽乡，当义军攻下淮阳，接着围攻荥阳，李由亲自带兵防守。为稳定城内秩序，李由命令掌管治安的人加强检查，并组织百姓协助守城，防止奸细混入城内。第二天，义军潮水般涌到荥阳城下，并强渡城河，架云梯攻城，李由指挥守城将士勇猛还击。一连几天激战，双方伤亡惨重，义军只得撤回淮阳。

公元前208年，李由率3万秦军至雍丘（今河南省杞县），与章邯合力解了荥阳之围，之后又在许城击败了义军将领伍余，直抵义军都邑淮阳，李由、章邯亲自指挥，义军首领上柱国蔡赐战死，陈胜东逃到下城父。

李由到雍丘不久，项羽、刘邦就开始围攻城阳，直扑雍丘攻城。李由一面派人到濮阳向章邯求援，一面组织军民固守。而当时，项羽有10万大军，兵精粮足，士气旺盛。面对强敌，李由身先士卒，拼命死守，激战到第四天中午，左臂中箭，他拔出箭头，包扎好伤口，继续指挥作战。

当天下午，项羽攻破雍丘，李由率秦军杀到城西门，身边只剩下十几个贴身护卫，但他仍以一当十，拼死奋战，项羽目睹李由惨烈之状，深为感动。李由战死后，项羽令人把李由尸体送老家上蔡安葬。

吕公为什么会挑一无是处的刘邦做女婿?

吕公，名文，字叔平，汉高祖刘邦原配夫人吕雉的父亲，被人们称之为"吕公"，据说吕公有相人之术。

秦朝末年，吕公因为躲避仇人曾暂住在至交好友沛县（在今江苏省西北部）县令家里，吕公刚刚到沛县时，人们便听说了他和县令的关系，于是，都上门来拜访，刘邦听说了也去凑热闹，当时主持接待客人的是在沛县担任县主簿的萧何，他宣布了一条规定：凡是贺礼钱不到1千钱的人，一律到堂下就坐。

刘邦虽然没有带一个钱去，却对负责传信的人说："我出贺钱一万！"吕公听说了，赶忙出来亲自迎接他，吕公见刘邦器宇轩昂，与众不同，非常喜欢，请入上席就坐。在客人都散去之后，吕公对刘邦说："我从年少的时候，就好给人相面。我相过的人太多了，但是没有一位像你的相貌这样高贵的，愿你多多自爱！"

刘邦酒足饭饱之后，吕公又将他盛情留下，提出将自己的女儿嫁给他为妻，刘邦征得父母同意之后，便和吕氏结了婚。吕公妻吕媪对吕公将女儿嫁与刘邦之事非常生气，怒冲冲地说："你平素总是说我这个女儿不寻常，应该嫁与贵人，而今为何轻易把女儿打发了？"吕公并不生气，笑着说："妇道人家懂得什么？"

结果，果然不出吕公所料，后来刘邦称帝，吕公的女儿成为了皇后，这就是历史上有名的吕后，吕公也因此被刘邦封为临泗侯。

沐猴而冠最初是讽刺项羽的话吗?

沐猴而冠，亦作"沐猴冠冕"。比喻虚有其表，形同傀儡。常用来讽刺投靠恶势力觊觎权位的人。

据说，秦末，刘邦、项羽起兵反秦，二人约定谁先攻破咸阳（今陕西省西安市东渭城故城），就可关中称王，刘邦首先攻破了秦都咸阳，项羽因此很不高兴，刘邦惧怕项羽的大军，于是退守霸上，把咸阳让给了项羽，项羽到达咸阳后，带领人马，冲入城内大肆屠杀，杀了秦降王子婴，还放火焚烧了秦宫，大火一连烧了几个月都没有熄灭。项羽还趁机搜刮了许多金银财物，准备回到东方去。

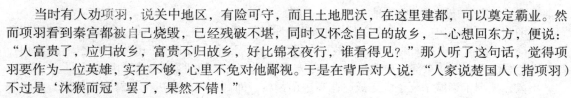

当时有人劝项羽，说关中地区，有险可守，而且土地肥沃，在这里建都，可以奠定霸业。然而项羽看到秦宫都被自己烧毁，已经残破不堪，同时又怀念自己的故乡，一心想回东方，便说："人富贵了，应归故乡，富贵不归故乡，好比锦衣夜行，谁看得见？"那人听了这句话，觉得项羽要作为一位英雄，实在不够，心里不免对他鄙视。于是在背后对人说："人家说楚国人（指项羽）不过是'沐猴而冠'罢了，果然不错！"

不料这些话，传到了项羽的耳里，项羽大怒，立刻把说这些话的人抓了起来，当场杀死了。

刘邦比项羽早一步入关与张良有关吗？

刘邦奉楚怀王之命西进，比项羽抢先一步进入关中，迫使子婴投降，历时仅1年，这很大程度上跟张良有莫大的关系。

公元前209年，陈胜、吴广大泽乡起义后，各地反秦武装风起云涌。张良也聚集了100多人，扯起了反秦的大旗，因身单势孤，难以立足，只好率众投奔刘邦。公元前208年，楚怀王命刘邦、项羽分兵伐秦，并约定：谁先入关进咸阳，谁便可以立而为王。

公元前207年，刘邦率兵攻占颍川，张良随军南下，抵达南阳郡（今河南省阳市）。南阳郡守退入宛城（今河南省南阳市）固守。刘邦灭秦心切，见宛城一时难以攻取，打算绕过宛城继续西进。张良劝道："您虽然急于进关，但秦兵还很多，而且都扼据着险要的地势。现在不拿下宛城，一旦宛城的秦兵从后面追杀过来，那时，强秦在前，追兵在后，就很危险了。"刘邦采纳了他的建议，把宛城重重围住。接着，刘邦又招抚南阳太守，赦免全城吏民，兵不血刃地轻取了宛城。此后，刘邦兵威大振，南阳郡的其它城池见太守已降，纷纷起而效之，望风而降。

同年十二月，刘邦率军抵达蛲关（今陕西省宜兰市）。刘邦惟恐项羽大军先入关中，因而心急如焚，想要亲率所部两万余众，强行攻取。张良劝谏道："目前秦守关的兵力还很强大，不可轻举妄动。我听说蛲关的守将是个屠夫的儿子，只要用点财币就可以打动他的心了。您可以派先遣部队，在四周山间上增设大量军队的旗号，虚张声势，作为疑兵。然后再派郦食其多带珍宝财物去劝诱秦将，事情就可能成功了。"刘邦依计而行，蛲关守将果然献关投降，并表示愿意和刘邦联合进攻咸阳。

张良冷静地分析当时的情况，知道只不过是蛲关的守将想叛秦，他部下的士卒未必服从。如果士卒不从，后果将不堪设想。于是献计让刘邦率兵向蛲关突然发起攻击，结果秦军大败，弃关退守蓝田（今陕西省蓝田县西）。刘邦乘胜追击，引兵绕过蛲关，穿越黄山，大败秦军于蓝田。

正是由于张良的运筹帷幄，才使得刘邦战无不利，从而赢得了时间，终于比项羽抢先一步进入关中。

汉王刘邦是怎样暗渡陈仓的？

项羽自封为西楚霸王后，把巴、蜀、汉中三郡分封给了刘邦，立刘邦为汉王，并把实际的关中之地一分为三，封给了秦的三个降将，用以遏制刘邦北上。

天下分封已定，刘邦手下的大将张良打算离开刘邦，去辅佐韩王成，刘邦赐金百镒，珠二斗给张良，张良为了感谢刘邦，把金珠悉数转赠给项羽的叔父项伯，使他再为汉王请求加封汉中地区，项伯立即前去说服项羽。这样，刘邦占据了秦岭以南巴、蜀、汉中三郡之地。

张良观察褒中（今陕西省汉中市褒城地区）地形，发现此处群山环抱，沿途都是悬崖峭壁，只有栈道凌空高架，别无他途。于是建议刘邦待汉军过后，全部烧毁入蜀的栈道，表示无东行的意思，用来消除项羽的猜忌，这样，就可以乘机养精蓄锐，等待时机，刘邦听从了张良的意见，烧掉了沿途的栈道。

而陈仓是刘邦进入关中的必经之地，这里不仅有险山峻岭阻隔，又有雍王章邯的重兵把守。刘邦为了迷惑章邯，按韩信的计策派了最信任的大将樊哙带领1万人去被烧毁的栈道，并以军令限1月内修好。当然，这样浩大的工程即使3年也不可能完成。

雍王章邯果然中计，放松了对刘邦的警惕，刘邦趁此机会，率领自己的精锐部队摸着无人知晓的小道翻山越岭偷袭了陈仓，出其不意地打败了雍王章邯、塞王司马欣和翟王董翳的三路大军，一举平定了三秦，夺取了关中宝地。

项羽闻知刘邦平定三秦，决定率兵反击。张良早已料到这一点，于是寄书蒙蔽项羽，声称："汉王名不符实，欲得关中；如约既止，不敢再东进。"同时，张良还把齐王田荣谋叛之事转告项羽，意在将楚军注意力引向东部。项羽果然中计，转而北击三齐诸地的毫无生气的腐朽力量。

不久，项羽于彭城杀死了韩王成，张良逃出彭城，回到刘邦的身边，受封为成信侯，此后便朝夕相随汉王左右，成为画策之臣。

项羽设鸿门宴是为了杀刘邦吗？

鸿门宴，指在公元前206年于秦朝都城咸阳郊外的鸿门（今陕西省西安市临潼区新丰镇鸿门堡村）举行的一次宴会，参与者包括当时两支抗秦军的领袖项羽及刘邦。这是项羽想杀刘邦设的一个圈套。

秦末，刘邦与项羽各自带兵攻打秦朝的部队，刘邦兵力虽然弱于项羽，但却首先攻破了咸阳，项羽勃然大怒，派英布攻打函谷关，项羽入咸阳后，到达戏西，而刘邦则在霸上驻军。刘邦的左司马曹无伤派人在项羽面前说刘邦打算在关中称王，项羽听后更加气愤，下令次日一早让兵士饱餐一顿，击败刘邦的军队，一场恶战即将展开。刘邦从项羽的叔父项伯口中得知了事情的经过，说服项伯，答应为他在项羽面前说情。

鸿门宴上，虽然有很多美酒佳肴，但却暗藏杀机。项羽的亚父范增，一直主张杀掉刘邦，在酒宴上，一再示意项羽发令，但项羽却犹豫不决，下不了决心，默然不应。范增召项庄舞剑为酒宴助兴，想趁这个机会杀掉刘邦，项伯为保护刘邦，也拔剑起舞，为刘邦做起了掩护，在危急关头，刘邦部下樊哙带剑拥盾闯入军门，对项羽怒目相视，这才总算解除了刘邦当时的危局。

鸿门宴对秦末农民战争及楚汉战争皆发生重要影响，被认为是间接促使项羽灭亡的原因，后人也常用"鸿门宴"一词比喻宴无好宴。

项羽以少胜多战胜过刘邦吗？

秦朝末年，楚霸王项羽和汉王刘邦之间进行的彭城之战，是我国战争史上一次以少胜多的典型战例，项羽在此次战役中从极险恶的劣势中反败为胜，消灭了刘邦的主力，这也是我国战争史上空前绝后的奇迹。

秦朝末年，群雄并起，楚霸王项羽凭借灭秦大功，称霸诸侯，分封天下。同样立下赫赫战功的刘邦却被封在了偏远的汉中巴蜀之地，刘邦经过励精图治，势力逐渐强盛，他不满汉中之地的偏远，毅然出兵东向伐楚。而此时，项羽率大部分的楚军正在平定齐国之乱，刘邦抓住这个机会大举东进，兵锋直指项羽的都城彭城。

面对刘邦的强大攻势，项羽先派手下郑昌为韩王，前往韩地抵抗刘邦东进，接着又派手下龙且抵挡北路的汉军，而后又派兵阻拦南路汉军，但汉军气势强盛，各路大军几乎都告失败，而项羽寄以厚望的援兵英布却按兵不动，趁此坐山观虎斗。刘邦军浩浩荡荡，56万大军数月就尽占楚地，项羽陷入前所未有的危机中。

面对如此险恶的战争环境，项羽采取了一个十分大胆的作战策略，他一方面让自己手下的将领率领大军继续平定齐国，作为迷惑刘邦的手段，另一方面，项羽自己亲自带领了3万精兵绕到彭城后方，以彭城为钓饵，引刘邦上钩，然后偷袭刘邦后方，经过激战，项羽击败了刘邦56万大军，解了彭城之围。

在彭城之战中，项羽不但歼灭了刘邦主力，使刘邦陷入危机，更扭转了楚军孤立无援的局面，重新占据了楚汉战争的主动权。彭城之战后，刘邦率余部逃往西边，占据荥阳成皋之地，依靠汉中资源，与项羽展开了4年之久的楚汉角逐战。

彭城之战是项羽在危机和劣势的情况下创造的一个空前绝后的奇迹，从军事上来说，只有项羽前次经典战例巨鹿之战可以与之相媲美！

下邑奇谋出自何人之手？

下邑奇谋，是楚汉彭城大战之后，刘邦大败，逃到下邑，谋臣张良为他献的一个以弱制强的妙计。

公元前205年，刘邦接连收降常山王张耳、河南王申阳、韩王昌、魏王豹和殷王印5个诸侯，得兵56万，他乘项羽集中力量攻打齐国之机，率兵攻占彭城，成功之后，刘邦被这轻而易举得到的胜利冲昏了头脑，结果给项羽回军解救赢得了时机，项羽亲率3万精兵，从小路火速赶回，急救彭城。刘邦难以协调指挥，遭到惨败，他只好丢下老父、妻子、儿女，只带张良等数十骑兵马狼狈出逃。

刘邦狼狈逃至下邑，心灰意冷，他沮丧地对群臣说："关东地区我不要了，谁能立功破楚，我就把关东平分给他。"张良说："九江王英布，是楚国的猛将，彭城之战，项羽令其相助，他却按兵不动。项羽对他颇为怨恨，再加上楚军大将彭越因项羽分封诸侯时，没有受封，早对项羽怀有不满，而且齐国的田荣反叛时曾联络彭越造反，为此项羽曾令肖公角攻伐他。另外，汉王手下的将领，韩信可以委托大事，大王如果能用好这三个人，那么破楚便指日可待。"

刘邦听后，认为这虽然不是全面的战略计划，但确是一个以弱制强的妙计，于是派舌辩名臣隋何前往九江，策反九江王英布，接着又遣使联络彭越。同时，又委派韩信率兵北击燕、赵等地，迂回包抄楚军。

下邑奇谋是构成楚汉战场计划的重要内容。在张良的谋划下，形成了一个内外联合共击项羽的军事联盟，扭转了楚汉战争的局势，使刘邦由战略防御转为战略进攻，最后兵围垓下打败了项羽。

萧何为什么要月下追韩信？

萧何早年任秦沛县狱吏，秦末辅佐刘邦起义，他慧眼识英雄，为刘邦举荐了大将军韩信，为刘邦统一天下，奠定了一定的基础。

韩信原是项羽的部下，他有勇有谋，但在项羽手下却得不到重用，于是就投到刘邦麾下。起初，刘邦只让他当了一个管理粮草的小官，韩信非常失望。后来，萧何结识了韩信，他发现韩信有胆有识，是个不可多得的人才，于是多次向刘邦推荐，但并没有引起刘邦的重视。

韩信见在汉营仍不受重用，一气之下就离开了，萧何得知后，马上放下尚没处理完的紧急公务，策马追赶韩信，刘邦正为军务焦急，忽然有军吏来报告说："萧丞相跑了。"刘邦大惊失色，当下派人去找萧何，一连两天也不见萧何的影子，刘邦急得坐立不安。

萧何为追韩信，不辞辛苦，但直到天黑了，还没追到韩信。正想下马休息一下，远远望见有个人在河边徘徊。萧何认出就是自己要找的韩信，快马加鞭赶到河边，说："韩将军，咱们总算一见如故，你怎么不说一声，就这么走了？"韩信不吭声。这时候，滕公夏侯婴也策马赶到，两个人苦苦地相求，不让韩信离开，韩信只好跟着他们回去。

萧何回到军营后，去见刘邦，刘邦问萧何为什么逃跑，萧何说："我不敢逃跑，我是去追逃跑的人去了。"刘邦问他你追的是谁，萧何答道："韩信。"刘邦听后，很不以为然。于是萧何就对刘邦说："大王如果只想当个汉中王，没有韩信也就算了，如果要准备打天下，那就非用韩信不可。"刘邦听后下决心说："就依着丞相，让他做个将军。"萧何说："叫他做将军，他还得走。"刘邦只好说："那拜他为大将军。"萧何说："很好。"

几天以后，萧何命人筑了拜将坛，汉王刘邦择了吉日，带领文武百官，来至坛前，萧何将符印斧钺，呈与汉王刘邦。刘邦亲自交给韩信，拜为大将军。刘邦得了韩信这员猛将，如虎添翼，在张良和萧何的辅佐之下，最终打败了项羽，赢得了天下。

韩信是怎样分油的？

韩信是汉王刘邦手下的大将，非常善于用兵，在韩信的辅佐下，汉王刘邦最后赢得了天下。韩信的善于用兵在小事上也表现的十分明显。

据说，有一天，韩信骑马走在路上，看见两个人守着一篓油，正在路边为分油发愁。原来这两个人有一只容量10斤装满了油的篓子，还有一只空的可装7斤油的罐和一只空的可装3斤油的葫芦，要把这10斤油平分，每人5斤。但是谁也没有带秤，只能拿手头的三个容器倒来倒去。

韩信了解情况以后，说："葫芦归罐罐归篓，二人分油回家走。"说完了，就打马离开了。韩信所说的"葫芦归罐"，是指把葫芦里的油往罐里倒，"罐归篓"是指把罐里的油往篓里倒。两个人按照韩信的办法倒来倒去，果然把油平均分成两半，每人5斤，于是都高高兴兴，各自回家了。

其实这个原理很简单，我们通常分油要把油从大容器往小容器里倒，现在只是要把小容器里的油往大容器里"归"。往油葫芦里倒油，只能得到3斤的油量，把葫芦里的油往罐里"归"，第一次罐里的油有3斤，第二次罐里有6斤油，第三次灌满了，有7斤油，葫芦里有2斤油，再把满满一罐油"归"到篓里，腾出空来，把葫芦里的2斤油"归"到空罐里，最后再倒一葫芦3斤油，"归"到罐里，这样就完成分油任务了。

背水一战指挥官是谁？

韩信，是中国军事思想"谋战"派代表人物，被后人奉为"战神"。"功高无二，略不世出"是楚汉之时，人们对他的评价。

公元前205年，项羽在彭城大败刘邦，刘邦采纳了张良等人的建议，命大将韩信率军开辟北方战场，韩信首先率军击灭了魏王豹，平定魏地，针对这些割据势力只图据地自保、互不救援的弱点，韩信又消灭了代地。战斗刚刚结束，刘邦就把韩信的精兵调往荥阳正面抗击项羽的进攻，韩信只好统率3万名新近招募的部队，越过太行山，向东挺进，对赵国发起攻击。赵军闻讯后，以号称20万的大军集结于井陉口防守。

当时赵军主帅陈余手下的广武君李左车，向陈余认真地分析了敌情，建议：带领奇兵3万人马从小道出击，去夺取汉军的辎重，切断韩信的粮道。然而，刚愎自用的陈余却认为韩信兵少且疲，不应避而不击，断然拒绝了李左车的正确作战方案。

韩信探知李左车的计策没有被采纳，当即制定了出奇制胜良策，他一面挑选2000名轻骑，让他们每人手持一面汉军的红色战旗，由偏僻小路迂回到赵军大营侧翼的抱犊寨山（今河北省井陉县北）潜伏下来；一面又派出1万人为前锋，越过井陉口，到绵蔓水（今河北省井陉县境内）东岸背靠河水布列阵势，以迷惑赵军。

赵军对潜伏的汉军毫无觉察，韩信亲自率领汉军，携带大将的仪仗鼓号，向井陉口东边的赵军进逼过去。赵军见状，马上离营迎战。两军厮杀了一阵子后，韩信就佯装战败，向绵蔓水方向后撤，与事先在那里背水列阵的部队迅速会合，赵王歇和陈余误以为汉军真的打了败仗，于是就挥军追击，企图一举全歼汉军。汉军士兵看到前有强敌，后有水阻，无路可退，所以人人死战，这时，埋伏在赵军营垒翼侧的汉军2000轻骑，乘着赵军大营空虚，突然出击，袭占了赵营。

赵军见赵营已失，全军上下顿时惊恐大乱，仓皇向泜水（今河北省获鹿县南2.5千米，现在已被湮塞）方向败退，被汉军追上，结果陈余被杀，赵王歇和李左车束手就擒。

背水之战以韩信大获全胜而告终，它是韩信众多战役里的一个以少胜多的范例，更加坐实了韩信"战神"之名。

刘邦封韩信为齐王是心甘情愿的吗？

刘邦封韩信为王的时候并不情愿。刘邦被项羽围困在荥阳的时候，韩信在北路战线上顺利进军，且节节胜利，势如破竹。韩信首先平定了魏、代、赵、燕等地，接着又将齐国的故地占据，因此想自立为齐王，于是派人请求刘邦册封说："齐人狡诈多变，反复无常，南边又与楚相邻，如果不设王，就难以镇抚齐地。望能允许我为假（代理）齐王。"

刘邦一听，愤怒不已，当着使者的面，破口大骂道："我被困在这里这么长时间，日夜都盼望着他能赶来帮我，没想到他竟然要自立为王！"当时，张良正坐在刘邦的旁边，张良非常清醒地认识到，韩信的向背对楚汉战争的胜负有着举足轻重的作用。况且，韩信远在齐地自立为王，刘邦鞭长莫及，根本没有办法阻止。于是，连忙在案下轻轻踩了他一脚，刘邦如此精明的人，反应相当快，立即感觉之前的失言，于是改口骂道："大丈夫既定诸侯，就要做个真王，何必做个代理的王！"刘邦本来就很爱骂人，因此他之前这一骂也并没人觉得奇怪，况且先后衔接自然，天衣无缝，竟然没露出什么破绽。

于是在同年的二月，刘邦派张良拿着印绶去齐地封韩信为王，并征调韩信的军队去进攻楚。将韩信封为齐王，虽然是刘邦对韩信的暂时妥协，但这个顺水人情和权宜之计，却成功地拉拢住了韩信，解决了汉内部的权位矛盾，赢得了楚汉天平上关键的一个筹码。

潍水之战是楚汉时期最重要的一场转折性战役吗？

潍水之战，汉王刘邦的大将军韩信不但消灭了齐楚仅余的一支有生力量，而且占领了三齐之地，实现了迂回到西楚后方并对其战略包围的有利局势，它是楚汉时期最重要的一场转折性战役。

韩信消灭了代、赵两地之后，接着又占领了燕地，准备东击齐地，公元前204年，韩信率军东击齐王田广。第二年，田广逃亡，遣人向楚霸王项羽求救，项羽遣大将龙且率军救齐，齐、楚联军和汉军对峙于潍水（今山东省安丘市东之潍河）两岸。

楚将中有人劝龙且让齐王派遣心腹大臣去招抚已经丢失的城邑，已丧汉军之手的城邑知道楚军前来救援时，必定都会反叛汉军，如果齐国的城邑全起来反叛汉军，汉军势必无处取得粮草，这样就可以不战而胜了。但龙且却认为韩信很容易对付，况且现在自己来援救齐国，不打一仗使汉军主动投降，不能显出自己的本事，于是断然拒绝了这个建议。

韩信知道龙且狂妄自大，因此作战之前，命人连夜赶做了1万多个装满沙土的袋子，投堵在潍水的上游，然后率领一半的部队渡河去袭击龙且。韩信作战没几个回合，便假装战败，往回奔逃。龙且大喜，认为韩信果然胆小如鼠，于是渡潍水追击韩信。

龙且大军刚渡潍水，韩信就立刻派人挖开了堵塞在潍水上游的沙袋，大水立刻奔泻而下，龙且的军队大部分没能过河，只有龙且自己带领的一部分将领渡过了潍水。韩信马上组织反击，杀了龙且，之后，阻留在潍水东岸的楚军，便开始四散奔逃，齐王田广也开始逃跑，最终在城阳俘获了田广。

潍水之战扭转了楚汉之间的根本局势，此战后，项羽再没有能力灭汉，已经到了完全被动的防御状态，而刘邦则进入全面战略大反攻的时刻。

哪次战役使西楚霸王陷入四面楚歌的境地？

垓下之战，是楚汉双方进行的最后一次大规模的战争，这次战役后，西楚霸王项羽完全陷入了四面楚歌的境地。

公元前202年，在广武与汉军对垒的楚军粮尽，而刘邦也没能调来韩信、彭越等人的军队，无法对楚军进行最后的合围。于是，双方进行了历史上著名的"鸿沟和议"，不久刘邦背弃盟约，约集韩信、彭越南下，共同合围楚军。

汉军五路大军，合计近70万人，从西、北、西南、东北四面形成了合围楚军之势，项羽被迫率10万楚军向垓下后撤。刘邦立刻任命大将军韩信为统帅，指挥大军作战，韩信亲率30万大军居中，为前锋主力；陈贺率军数万为右翼；将军孔熙率军数万为左翼；刘邦率本部主力尾随韩信军跟进，将军周勃率军断后，向困守垓下的10万楚军发起总进攻。

此时的楚军缺粮已经几个月了，士兵饥饿，军队根本没有半点补给，加上决战之时已是十二月的大冬天，而楚军刚从广武前线上撤下来，多为夏秋季的装备，饱受饥寒之苦，而楚军离江东五郡距离遥远，即使冲破包围圈，也很难在汉军的追击下及时回到己方领土，既不能守、也不能退。

到两军对垒之时，楚军队形又越来越散、越拉越长，渐渐失去了紧密的队形和互相之间的配合。而汉军一退再退，左右两军迂回急进，终于完成了前后夹击楚军之势。

此战中，楚军阵亡4万余人，被俘两万余人，被打散两万余人，仅剩不到两万伤兵随项羽退回阵中。随后，韩信率领全军收拢此前被楚军冲散的部队全数压上，彻底包围了楚军大营，使项羽陷入四面楚歌的境地。

项羽与刘邦决战失败后从大军包围中突围出来了吗?

垓下之战后,项羽大败,夜里四面都传来低沉的楚歌,项羽告别自己最爱的妃子虞姬后,骑上自己的马,选了800人,趁着夜晚突围向南。

天亮后,汉军发现楚霸王项羽已经突围走了,于是赶紧派灌婴率5000骑兵追击。但这时项羽已经渡过了淮河,而此时随从的骑兵只剩下了100多人了,他们走到阴陵时,迷了路,项羽就去向一个老农问路,老农让他们往左去,结果陷入了一片沼泽,耽误了很多时间,汉军趁此追了上来。

项羽只好带领部队又往东去,到达东城的一座山上,就只剩下了28骑,项羽想自己大概难以脱身了,于是就对自己的骑兵们说:"从我起兵到现在已经整整8年了,我大大小小的战役一共经历了70余战,抵挡我的人都被我攻破了,我打击的人也都表示臣服了,我打仗从未输过,这样才称霸了天下,现在我困在这里,不是我不会打仗,而是天要亡我啊!今日就是决定我生死的一战,我要为诸君痛快地一战,这次我必定要胜利三次,为诸君击溃包围、斩将、砍旗,让诸君知道,是天要亡我,不是我不会打仗。"

项羽说完后,就把剩下的骑兵分为4队,这时候,汉军已经把他们紧紧围住了,项羽对他的骑兵们说:"我为你们杀掉对方一将!"于是他命令骑兵们分四面向山下冲,约在山东面会合。项羽大呼驰下,斩杀一汉将。赤泉侯杨喜追项羽,项羽大喝一声,杨喜的人马退后数里!

之后项羽又把骑兵分为了3队,汉军不知项羽在哪队,只好也分3队包围。项羽飞驰而出,又斩杀一汉将,同时杀近百人,再会合骑兵,仅损失两骑,项羽问:"怎么样?"骑兵们跪倒回答:"和大王说的一样。"

楚霸王项羽真的是自刎死的吗?

项羽在东城的战斗,重新鼓起他生存的希望,他退到乌江(今安徽省和县乌江镇),乌江的亭长马上将船停在岸边,对项羽说:"江东虽然很小,但方圆也有几千里,江东的百姓也有数十万,足以称王,希望大王赶快渡江,现在只有臣有船,汉军到了,也无法渡过。"

项羽听后,才知道西楚并没有失陷,十分后悔,他觉得自己无颜回去面对江东父老,于是对接他的亭长说:"我为什么要渡江呢?这是苍天要亡我啊,想当年我与江东子弟8000人渡江向西,今天除了我自己外,无一人生还,纵然江东父老可怜我而尊我为王,难道我就不觉得愧疚么?"之后,他指着自己的宝马对亭长说:"我知道您是长者,我骑这马五年了,这匹宝马所向无敌,可以一日行千里,我实在不忍心让它和我一起死,现在就把这匹宝马赐给您吧。"

项羽把自己的宝马送给亭长之后,就命令骑兵都下马拿剑战斗,项羽身先士卒,一个人杀了数百人,自己身上也负伤十余处。这时,他在汉军的人马中看到自己过去的部下吕马童,就对他说:"你不是我的故人么?"吕马童一看是项王,就对另外一个汉将王翳说:"这就是项王!"项羽知道自己已经没有退路了,就对吕马童说:"我听说汉王刘邦悬赏千金,封邑万户要取我的人头,你我也算相识一场,我就为你做件好事吧!"说完项羽就自刎而死,时年30岁。

项羽死后,汉将王翳取了他的人头,其他的五个汉将分了项羽的遗体,这些人因为杀了项羽,最后都被封侯,楚汉之争就此结束。

汉朝时期

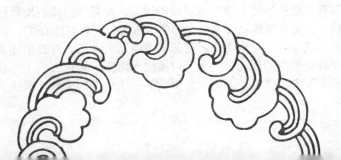

秦朝灭亡以后，楚霸王项羽和汉高祖刘邦展开了长达4年的楚汉之争，刘邦在手下萧何、韩信、张良等人的辅助下，在垓下一役中打败了项羽，于公元前202年正式称帝，定国号汉，汉朝就此开始。

汉朝是继秦朝之后出现的第二个封建王朝，分为"西汉"（前206年~9年）与"东汉"（25~220年）两个历史时期。其间曾有王莽篡汉自立的短暂新朝（9~23年）。

西汉是我国封建社会初期的一个强盛、富饶的王朝，它继承和巩固了秦朝开始的统一国家，经济繁荣，国力强盛，出现了我国历史上的第一个治世——文景之治。之后，汉朝的经济实力上升，成为东方第一大帝国，到汉武帝时期，汉朝成为世界上最强大的帝国之一，这期间张骞出西域，首次开辟了著名的"丝绸之路"，开通了东西方贸易的通道，中国从此成为世界贸易体系的中心。正是因为汉朝的声威远播，外族开始称呼中国人为"汉人"，"汉"从此成为了华夏民族的代名词。

东汉，是西汉之后的又一个大一统王朝，又称后汉，由光武帝刘秀建立。光武帝废除王莽时的弊政，社会安定，加强中央集权，对外戚严加限制，史称"光武中兴"。东汉发生了许多影响世界历史的重大事件，这期间，匈奴在东汉大军的打击下西迁进入欧洲，同时，以"永平求法"为代表的佛教开始传入中国。

汉明帝和汉章帝在位期间，东汉进入全盛时期，此间，车骑将军窦宪领军出塞，击破北匈奴，登燕然山，在山上刻石作铭，从此，汉朝基本扫除了数百年来匈奴在北方边境的威胁。但是，在章帝后期，外戚窦氏日益跋扈，为东汉的衰落埋下伏笔。

到汉灵帝即位，以窦太后、窦武为首的外戚势力和以曹节、王甫为首的宦官势力进行了激烈的权力斗争。同时，由于灵帝本人骄奢淫逸，为填补财政，竟然公开卖官职，致使朝政腐败到了极点，终致在公元184年爆发了由张角所带领的黄巾之乱。汉朝政府为了顺利平叛，又将军政权力下放给各地州官。各地豪强大族从此开始慢慢拥兵自重，最终演变成东汉末年董卓、袁绍、袁术、曹操、孙坚等众豪强军阀割据一方、群雄逐鹿的局面。其中曹操"挟天子以令诸侯"，以汉朝丞相的名义讨伐各路军阀，在官渡之战中以少胜多，消灭了最大的敌人袁绍军的主力，但同时汉室权力也被他架空，使汉朝皇帝空有名分而无实际了。

公元220年，魏王曹丕逼迫汉献帝让位，在洛阳称帝，国号"大魏"，东汉到此灭亡。

刘邦灭秦后的哪两个决定成为他当上皇帝的重要原因？

刘邦攻破咸阳之后，先是与关中父老"约法三章"，即杀人者要处死，伤人者要抵罪，盗窃者也要判罪。后来听取韩信的建议，采用"明修栈道，暗渡陈仓"的计策，最后重新夺得咸阳。这两个是他成为皇帝的重要原因。

公元前206年，刘邦带领自己的大军攻破了函谷关，进入了关中，到达了距离咸阳很近的霸上。秦王投降，刘邦进入咸阳，为了笼络人心，在心腹樊哙和张良的劝诫下放弃了住进皇宫的念头。刘邦为了表示诚意，下令封闭秦朝的皇宫，下命令让士兵将王宫和藏有大量财宝的库房保护起来，最后又退到了霸上。与此同时，刘邦把关中各县父老、豪杰召集起来，与关中父老、豪杰们订立了三条规章，即"约法三章"，得到了关中父老和豪杰们的支持。

取得关中之后，刘邦并没有当上关中王，而是到了汉中做了汉王。在这里刘邦听取了韩信的建议，也就是三十六计之一的"明修栈道，暗渡陈仓（今陕西省宝鸡市东）"，刘邦决定在汉中出兵攻打项羽，他并没有偷偷摸摸地去修复被烧掉的栈道，而是明目张胆地修理悬崖上的木材架起的通道，用来迷惑对方，而在暗地里，已经派韩信带着士兵去攻打陈仓了。

韩信的目的很简单，就是带兵夺取关中，打开向东进军的大门，在这里建立兴汉灭楚的根据地。守在关中的章邯没有意识到刘邦的目的，所以也没有防备，导致失去了陈仓。等章邯得到陈仓失守的消息，刘邦的大军已经进入了关中，并得到了关中父老的支持，很快就占领了关中，而关中也成为了他开始称霸的基地。

刘邦采取的这两个措施，一直被人们认为是他称帝道路上绝对不可却少的事情。所以这两件事情也成为了称帝的重要因素。

刘邦是怎样解决白登之围的？

汉朝初期，匈奴再一次进犯汉朝边境，汉高祖刘邦在白登被匈奴围困，为了让自己摆脱困境，就想到了与匈奴的冒顿单于进行和亲，于是刘邦将一名宫女作为公主嫁给了冒顿单于，因此解决了白登之围。

匈奴的冒顿单于（冒顿是人名，单于是匈奴王）率领40万人马包围了韩王信（原韩国贵族）的封地马邑（今山西省朔县）。韩王信根本无法抵挡，就和冒顿讲和。汉高祖知道这个消息之后，派人责备韩王信。为了不被杀死，韩王信投降了匈奴。

冒顿单于也因为这样占领了马邑，并且又围攻晋阳。汉高祖亲自赶到晋阳，和匈奴对抗。当时汉朝的军事实力明显不能和匈奴相比，汉朝的主力军只有32万，而匈奴的主力军有40万之多。公元前200年冬天，战场上开始下起了大雪，天气异常寒冷，中原的兵士忍受不了这样冷的天气，因此冻坏了不少人。即使这样，汉朝的军队也将匈奴冒顿单于赶到了代谷（今山西省代县西北）地区。

汉高祖带兵进了晋阳，派出兵士去侦察，并没有侦查到真实的情况，致使汉高祖率领一队人马刚刚行至平城（今山西省大同市东北），就被埋伏在四周的匈奴兵给包围了，汉高祖用尽全力冲了出去，不得已退到了白登山。

冒顿单于带40万精兵，将白登山团团围住。因为周围的汉军无法救援，因此汉高祖和他率领的这部分人马在白登被围困了7天。

陈平派出一个使者，带着黄金、珠宝去见冒顿单于的阏氏（匈奴的王后），请她说情。阏氏在冒顿单于面前极力的为刘邦说好话，冒顿单于才放出了一条道路，放汉兵出去。

第二天早上，就起了很大的雾，汉高祖悄悄地撤离了白登。经过白登之围后，汉高祖知道自己没有力量对抗匈奴，只好撤兵。从此以后，匈奴一直侵犯汉朝的北方地区，最后汉高祖采取了"和亲"的办法，和匈奴人结为亲戚，彼此就可以安定地生活了

汉高祖派使者去和冒顿单于讲和，得到冒顿单于的同意后，汉高祖在后宫挑了一个宫女，封为了大公主，送到匈奴去，冒顿单于将她立为阏氏。

吕后是刘邦的原配夫人吗？

汉朝开国皇帝、汉高祖刘邦的原配夫人是吕雉，也就是后来有名的吕后。吕雉，字娥姁，单父（今山东省单县）人。

吕雉和刘邦是在一次宴会上认识的，嫁给刘邦后，吕雉下田劳作、持家，生了一子一女。公元前205年，楚汉战争开始不久，刘邦为项羽所败，吕雉和刘邦的父母被擒，做了两年的人质。汉王四年（前203年），项羽因形势失利，无奈之下与刘邦讲和，吕雉和刘邦父母被放回。

公元前203年秋，吕雉归汉后，留守关中。刘邦称帝后，她被立为皇后。吕雉虽有治国谋略，但手段十分残忍。刘邦在位时期，杀害了很多忠臣。高祖十年（前197年），列侯陈豨谋反，刘邦率兵亲往平定，吕雉留守长安，她听说韩信阴谋策划发兵支持陈豨，所以就和萧何商议，合谋骗韩信入宫，并将其杀死，且灭了韩信的三族。刘邦攻打陈豨，到了邯郸，向梁王彭越征兵。彭越称病没有去，被刘邦废为庶人，让他居住在蜀地。吕后认为不可遗留后患，又指使人诬告彭越谋反，灭了他的宗族。

吕后生有汉惠帝刘盈和鲁元公主。刘邦认为刘盈懦弱无能，曾打算另立宠姬戚夫人的儿子赵王如意为太子，遭到吕后的阻扰。戚夫人也惨死在吕后手中。

吕后是中国历史上有记载的第一位皇后和皇太后。同时也是封建王朝第一个临朝称制的女子，掌握汉朝政权长达16年。在此期间，她继续执行汉高祖以来与民休息的政策，奖励农耕，废除夷三族罪及妖言令等苛法。因此当时社会生活比较安定，残破的经济也得以恢复。

张良是自然死亡的吗？

张良（约前 250~ 前 186 年），字子房，汉初三杰（张良、韩信、萧何）之一，是著名的谋略家、政治家。因为他有过人的才能，得到了汉高祖刘邦的重用，成为了汉朝的开国重臣。他是汉朝开国功臣中，少数得到善终的人之一，张良在公元前 186 年病逝，享年 84 岁。

刘邦登上皇位后在洛阳南宫举行庆功大典，大宴群臣。席间，刘邦夸赞张良说："一切掌握在手中，决胜于千里之外，我没有张子房厉害。"

刘邦即位后开始大封功臣，刘邦决定把齐国的二三万户赏给张良，但张良没有要，只是请刘邦将留地（今江苏沛县）作为自己的封地，因此张良又被称为留侯。张良拒绝刘邦是有理由的：韩国被灭亡之后，他成为了百姓，百姓能够得到万户、位列侯爵，已经很满足了，而且他已经达到了自己的目标，完成了一生的愿望。

自从汉高祖进入关中后，天下初定，他就开始称病不出门了。随着刘邦皇权的日益稳固，张良逐步从"帝者师"退到了"帝者宾"的地位。在汉初刘邦消灭异姓王的斗争中，张良也不参与。在西汉皇室的明争暗斗中，张良也是本着尽量少参与的原则。

张良看到彭越、韩信等有功之臣的悲惨结局，深知"狡兔死，走狗烹；飞鸟尽，良弓藏；敌国破，谋臣亡"的道理，再加上疾病缠身，他害怕自己也会像韩信等人那样死去，于是张良就主动辞了官，开始信奉黄老思想，潜心修道。

张良是因病逝世的，他也是汉朝功臣中很少得到好报的人。

萧何为汉朝做了那些贡献？

萧何，是西汉的开国功臣，沛县（今江苏省沛县）人。秦二世元年（前 209 年）跟着刘邦起兵反抗秦朝统治，为汉朝的复兴起到了决定性作用。

攻下咸阳后，萧何开始接收秦丞相、御史府所藏的律令、图书，使刘邦可以掌握全国各地各方面的情况，对日后制定政策和取得楚汉战争的胜利起了重要作用。

楚汉之争开始后，萧何留守关中，他不断地输送士卒粮饷支援作战，给予刘邦充分的支持，打败了项羽，为建立汉朝起了重要作用。萧何熟悉了秦朝法令，重新制定适合汉朝的律令制度，作《九章律》。萧何主张"清静无为"的"黄老之术"，这样也影响了汉高祖刘邦的治国方针，使得汉朝初期可以平稳地发展。公元前 196 年，萧何帮助刘邦消灭了韩信、英布等异姓诸侯王。

公元前 195 年，汉高祖刘邦因病死在了长乐宫。同年，太子刘盈即位，也就是汉惠帝。萧何开始担任丞相。但这时候的萧何年纪已经很大了。这期间，萧何在"约法三章"的基础上，参照秦法，摘取其中合乎当时社会情况的内容，制定了汉朝的律法，一共 9 章。这部法令是汉朝制定律令的开端。萧何制定的汉律九章，将秦朝有利的法令修下，将秦法的苛繁、严酷的大部分删除，使法令更为明简。

公元前 193 年，萧何因为操劳过度卧病不起。在弥留之际，汉惠帝亲自前往探视，萧何挣扎起病体，向惠帝叩头。

萧何死后，汉惠帝接受了萧何的建议，任命曹参担任丞相。曹参做了 3 年的丞相，极力主张清静无为，安民恤民，遵照萧何制定好的法规治理国家，为西汉的政治稳定、经济发展打下了基础，人民的生活也得到了改善。

"成也萧何，败也萧何"讲的是什么？

"成也萧何，败也萧何"，是指事情的成功和事情的失败都是因为一个人造成的。这个典故所指为汉初开国皇帝刘邦手下的开国功臣萧何和大将军韩信的故事。

韩信年轻时候投奔项羽，但是没有得到项羽的重用。在刘邦入蜀的时候，韩信认识了萧何，萧何发现韩信是个奇才，于是推荐韩信到了刘邦的手下，可是依然没有受到重用。时间长了，韩信感觉没有出头之日，就跑了。萧何来不及请示刘邦，就夜追韩信。

有人认为萧何也逃亡了，刘邦很生气。没过多久萧何带着韩信回来了，刘邦既开心又生气说：

"你为什么也逃跑了？"萧何说："我是去追逃跑的人了。"刘邦见到韩信之后，非常生气地说："将领们跑了你不去追，却追韩信，你在骗我。"萧何背着韩信说："大王要是只想汉中称王，就用不着韩信了；要实现做皇帝，必须用韩信，除了他之外，就没有第二个人了！"因为萧何的强烈推荐，很快，韩信就得到了重用，刘邦任命他为大将军，这就是"成也萧何"。

后来，韩信运筹帷幄，逐鹿中原，协助刘邦打下半壁江山，汉朝建立后韩信被封为楚王。晚年的刘邦，为了保住汉朝，开始诛杀当年的有功之臣。刘邦先是用计生擒了韩信。这时候韩信才明白过来，伤感地说："狡兔死，走狗烹；飞鸟尽，良弓藏；敌国破，谋臣亡。天下太平了，我也就该死了。"刘邦将韩信押回京城后，并没有杀死他，而是把他改封为淮阴侯。韩信开始秘密与被任命为赵国相的陈豨暗中勾结，陈豨在北方起兵，韩信在长安响应。

公元前215年，陈豨开始造反了。吕后想杀了韩信，于是就和萧何商议。萧何老谋深算，他派人将韩信带到宫里，声称陈豨已经被捉拿斩首了，列侯、群臣都要进宫朝贺。萧何欺骗韩信说："你是重要人物，也应该进宫朝贺，免得皇上生疑。"

韩信没想到这个曾经帮助过自己的萧何将是杀害自己的主谋，他一踏进宫门，就被吕后派来的人抓了起来，被关在长乐宫悬钟室，被残忍地杀害了。这就是"败也萧何"。

韩信的成功是由于萧何的大力推荐，但他的败亡，也是出于萧何的计谋。所以民间就由这个故事概括出"成也萧何，败也萧何"一句俚语。

"四面楚歌"是哪位将军的杰作？

四面楚歌是汉朝大将韩信指挥的对西楚的垓下之战中最经典的一环。

韩信是古代淮阴（今江苏省淮安市楚州区）人，西汉开国功臣，是中国历史上伟大的军事家、战略家、战术家、统帅和军事理论家。他先后被封为齐王、楚王、上大将军，最后成为了淮阴侯。他在关键的时刻制造了四面楚歌的局势，帮助刘邦建立了大业。

公元前206年五月，为了能够帮助刘邦打下天下，韩信派人修复刘邦进入汉中时烧毁的栈道，用这个办法迷惑雍王章邯，而他自己却率军悄悄出了汉中，打败了章邯军，一举拿下了关中地区，使刘邦可以回归三秦。

公元前205年二月，韩信带兵出函谷关，开始进攻洛阳，韩王郑昌、殷王司马邛等项羽所属的封国，纷纷投降。随后，韩信便与齐赵联合共谋击楚。刘邦在彭城打了败仗，齐、赵、魏等重新倒戈向楚。同年八月，刘邦任命韩信为左丞相，攻打魏国，最后俘获魏王豹。

公元前204年九月，韩信又开始攻打阏与，活捉代相夏说，收复了代郡。接着，韩信又先后打败了燕和齐国。

公元前202年十二月，楚国军队和刘邦的军在垓下（今安徽省灵璧南）展开决战。刘邦任命韩信为主将，统一指挥汉朝的各路大军。项羽指挥10万楚军，楚汉两军开始正面的发动了战争。韩信采用侧翼攻击战法，命令汉军中军稍稍退后，避开楚军锐锋，保存实力，而将两翼展开，实行侧击，然后再令中军推进，简单的一个战略部署就形成了合围。但韩信并没有急于进攻。

到了晚上，韩信令汉军在四面八方唱起楚歌，最终使楚军丧失斗志，汉军一举将他们歼灭在垓下。

正是由于韩信所造成的"四面楚歌"的局势令楚军及他们的主帅都失去了再战的勇气，因此汉军才一举将楚军打败，为汉朝的建立做出了巨大的功绩。

樊哙逃过功臣被诛之祸了吗？

樊哙是沛县（今江苏省沛县）人，西汉开国元勋，著名军事统帅。汉朝建立之后，他得到了汉高祖刘邦的信任，担任了很多官职，同时樊哙也是吕后的妹夫，因此樊哙最后才能逃过灭族之祸。

汉高祖时期，樊哙以相国的身份率军讨伐叛乱的燕王卢绾的时候，有人在汉高祖面前说樊哙的坏话，并且称他和吕后相互串通。当时高祖对吕后干预朝政，已经感到非常不满，现在听说吕后又跟她妹夫樊哙串通一气，马上感觉到了事情的严重性，因此他决定临阵换将。高祖与陈平商议此事，最后，汉高祖决定先用计将樊哙抓起来，然后由周勃担任大将军，刘邦要求陈平尽快将樊哙的头取来，让他检验。周勃和陈平两个人在路上合计，陈平说："樊哙是皇帝的老部下，劳

81

苦功高。而且他还是吕后的妹夫，是皇亲国戚，位高权重。现在皇上想杀他，如果皇帝后悔了，我们怎么办？再说樊哙是吕后的妹夫，吕后姐妹二人必然会在皇上身旁搬弄是非，到时候我们也就活不成了。"周勃没有什么主意。陈平说："放是不能放的，咱们不如把他绑上囚车，到时候回去之后，由皇上决定。"周勃也认为这个主意不错。到了樊哙的军营前，陈平命人筑起一座高台，作为传旨的地方，随后派人持节（一种信符）去叫樊哙。樊哙并没有多想什么，认为只是传达平常的敕令，所以立即只身赶来接诏。没想到，台后忽然转出武将周勃，当即将樊哙拿下，打入了囚车。

周勃又立即代替了樊哙的职务，由陈平押解囚车返回长安。还没到长安，刘邦死去的消息传来，陈平暗自庆幸，幸亏先前没杀樊哙，否则无法向吕后交代。回到长安之后，陈平跌跌撞撞地跑入宫中，跪倒在汉高祖的灵前，放声痛哭，说着他内心的诸多顾虑。其实他是说给吕后姐妹听的，是在向吕后表功。吕后姐妹在得知樊哙没死之后，才松了一口气。立即释放了樊哙，而且让他官复原职。

樊哙也因为他的皇亲身份逃过他生命中的一场大劫。

在乱军中几次救起刘邦的孩子的是哪个将军？

夏侯婴，沛县（今江苏省沛县）人，是西汉王朝的开国功臣之一。他曾在乱军中几次救起刘邦的一双儿女。

夏侯婴和刘邦从小就是朋友，随后跟着刘邦起义，立下战功，后封为汝阴侯。刘邦带领他的士兵准备攻打沛县的时候，夏侯婴响应刘邦的号召。就在降服沛县的当天，刘邦被立为沛公，他赐给夏侯婴七大夫的爵位，同时夏侯婴成了仆射。随后又跟着刘邦进行了一系列的战斗，他在战斗中驾兵车快速进攻，作战勇猛。

刘邦平定了三秦之后，夏侯婴开始指挥兵车攻打项羽的军队，进军彭城时，汉军大败，刘邦为了活命，只好乘车马在夏侯婴的掩护下，急速逃去。在半路上，夏侯婴遇到了刘邦的两个孩子刘盈（后来的汉惠帝）和刘乐（后来的鲁元公主），赶紧将他们救了起来，安置在刘邦逃命的马车上。

项羽的追兵紧追在后，刘邦为了减轻马车的重量，好几次用脚把两个孩子踢下车去，以加快马车的速度，但每次夏侯婴都会下车把两个孩子救上来，把他们带在车上。夏侯婴赶着车子，先是慢慢行走，等两个吓坏了的孩子清醒过来之后，才驾车奔驰，最终逃出了危险的境地，把刘盈和刘乐安然送到了丰邑。

刘邦建立汉朝，登基称帝以后，夏侯婴又配合汉高祖消灭了燕王臧荼、楚王韩信、九江王黥布等人发动的叛乱，成为了汉朝开国功臣之一。

汉惠帝在位时做出了哪些成就？

汉惠帝（前194~前187年），刘邦与吕后之子刘盈，西汉第二位皇帝。他在位7年，死时年仅24岁，葬于安陵。

惠帝在位期间对长安城进行了整修，整修后的长安城在当时的世界上是很有名的，除了罗马城外，再没有能和长安相媲美的城市了。此外，他还在经济和文化两方面采取了一些改革措施。

经济方面，汉惠帝继续推行刘邦时的"与民休息"政策。刘邦在位时期政局还不稳定，为了对内平定叛乱，对外迎击匈奴，增加了一些赋税。惠帝时期，内乱已经平定，匈奴也因为和亲政策不再骚扰边境，所以，惠帝便取消了增加的赋税，重新恢复了十五税一。同时，惠帝还积极鼓励农民耕作，对有成绩的农民还免除其徭役。

惠帝还采取了增加人口的措施，督促民间女子及早出嫁。此外，惠帝还放宽了原来限制商人的政策，以促进商业的发展，从而增加了国家的财政收入。惠帝的这些措施促使西汉初年的经济继续健康地向前发展。

文化方面，惠帝也进行了有益的改革。他在公元前191年，废除了秦朝禁止个人藏书的"挟书律"。"挟书律"是秦始皇在进行焚书时实行的一项法令，除了允许官府有关部门可以藏书外，个人根本不允许私自藏书。刘邦在位期间，继承秦朝的大部分制度，"挟书律"也不例外。惠帝大胆地废除了这一法令，这重新使得长期受压抑的儒家思想和其他思想都活跃起来，为儒家被确定为国家统治思想奠定了基础。

汉惠帝在位期间，虽然没有掌握朝中政治实权，但他为汉朝的发展也做出了一定的贡献，为汉朝之后的改革奠定了基础。

汉惠帝是受刺激死的吗？

汉惠帝继位之后，朝政由吕后把持。刘邦在位期间，吕后遭到了很多冷落，所以在刘邦死后，吕后开始疯狂地报复。惠帝因为承受不了吕后的所作所为，受到了极大的刺激，最后抑郁而死。

惠帝早死的原因之一是皇后的选定。惠帝在做太子时因为年纪太小，并没有娶太子妃。他做了皇帝之后，就娶了吕后为他选的张氏为皇后，但张氏是惠帝的亲外甥女，按照现在的观念和法律，是典型的近亲结婚，但当时非常流行这种亲上加亲式的婚姻。后来，因为张氏进宫很长时间没有生育，吕后便又自作主张，叫张氏对外说自己已经怀孕，然后将一个宫中美人生的儿子说是自己的儿子，并立为太子，其生身母亲却被吕后杀死了。

另一个原因是母亲吕后的残忍。在刘邦活着的时候，戚夫人经常在刘邦面前说当时还是太子的惠帝刘盈的坏话，并且让刘邦废掉刘盈的太子之位，改立自己的儿子刘如意为太子，手段极为恶劣，无所不用其极。这使得吕后十分痛恨戚夫人及刘如意。

刘邦死后，对于原来曾威胁惠帝太子地位的戚夫人，吕后开始了她的报复：先是让她舂米，并无杀意，但由于戚夫人的歌声（子为王，母为虏，终日舂薄暮，常与死为伍！相离三千里，当谁使告女？）中流露出怨念和谋逆之心，触犯了吕后，她便将戚夫人的儿子赵王如意骗到长安将他毒死，并且将戚夫人的四肢砍断，挖去眼睛，熏聋双耳，灌药使她变成了哑巴，最后将她扔进了茅房，叫做"人彘"。生性仁慈、心地善良的惠帝，在看到那个"人彘"并知道是戚夫人后，心里对母亲产生了极大的恐惧，他很难承受吕后这样大的变化，受到极大刺激，痛哭不止，从此以后便生病了，长达一年之久。

惠帝开始不理朝政，每天就是饮酒作乐，让自己处在麻木的感觉之中，因此年纪轻轻地就去世了。

"萧规曹随"是讲的曹参和萧何的故事吗？

西汉初期萧何死后，汉惠帝让曹参做了丞相。曹参上任之后，一切按照萧何做丞相时制定的法律办事，因此有了"萧规曹随"的故事。

公元前193年夏，西汉丞相萧何得了重病，汉惠帝亲自到他家里去看他，并询问萧何，谁最适合作丞相的继承人，这时候萧何就向惠帝推荐了曹参。

萧何死后，汉惠帝任命曹参为丞相，但是曹参所有的事情都按照萧何指定的法规办事，他自己并没有制定什么新的法规。

汉惠帝开始责怪曹参不管理朝政，就让曹参的儿子、中大夫曹窋私下里将自己的意思转告给曹参。曹窋劝告曹参去治理朝政。曹参听了非常生气，还打了曹窋200鞭子。

汉惠帝知道后就问曹参说："你为什么要打曹窋呢？是朕派他去劝你的。"曹参非常恭敬地说："皇上自己想想，皇上和高祖皇帝相比谁更圣明英武？"汉惠帝说："我怎么能和高皇帝相比呢？"曹参又说："皇上看臣和萧何相比谁更强？"汉惠帝说："你好像比不上萧何。"曹参说："皇上说得很对，高祖皇帝与萧何平定了全国，法令已经订得很清楚了，陛下什么事都不用管就可以治理了，大臣都各司其职，遵循着定好的法令办事，不是很好嘛？"汉惠帝听这些话之后，终于明白了曹参的心意。

曹参担任了3年的丞相，极力主张无为而治，一切按照萧何制定好的法律法规治理国家，使西汉政治环境稳定、经济得到了发展、人民生活水平也有了很大的提高，得到当时百姓的拥戴，使曹参成为了一代名相。

谁开创了中国封建社会的第一个"治世"？

汉文帝刘恒（前202~前157年）是汉高祖刘邦第四个儿子，汉朝的第三个皇帝。吕后死后，当时身为代王的刘恒联合刘璋铲除了吕产、吕禄等窃国者，登上了皇帝宝座，开创了中国封建社会的第一个"治世"。

汉文帝在位期间，励精图治。他采取了一系列促进经济发展和社会稳定的措施，使汉朝从国家初定走向繁荣昌盛。

首先，汉文帝总结了秦朝灭亡的教训，制定了"安民"方针。通过采用减轻田租税率的办法，改变背本趋末的社会风气，用来提高农民的生产积极性，汉文帝二年（前178年）和文帝十二年（前168年），曾经两次"除田租税之半"。汉文帝为了解放生产力，开始减轻徭役，使成年男子的徭役减为每3年服役1次。

其次，在发展汉朝经济的同时，汉文帝还废除了过关用传制度。汉代在军事重镇或边地要塞，都设关卡以达到控制人口流动的目的。出入关隘时，要持有"传"，也就是通过关卡的凭证，才可以放行。文帝废除这一制度后，有力地促进了商品的流通和各地区间的经济联系，同时也促进了农业生产的发展。

正是由于汉文帝采取的上述方针和措施，使得汉朝社会经济获得了显著的发展，统治秩序日臻巩固，为"文景之治"的盛世开创打下了坚实的基础。

汉朝窦太后推崇什么样的统治思想？

窦太后名叫漪房，是汉文帝的皇后，清河郡（今河北省邢台市清河县）人。窦太后推崇用"黄老思想"治国。正是在这一思想影响下，西汉政权继续沿用由汉高祖刘邦时期定下的"与民休息"、"无为而治"的治国方针。

窦漪房原本出自贫寒，吕后统治时期被选进宫做宫女。吕后为了控制地方诸侯王，便挑选一些宫女赏赐给诸侯王，窦漪房也被选入了其中。因为赵国距离清河比较近，所以她向主持派遣宫女的宦官请求，一定要把她的名字放到去赵国的花名册里。由于宦官的疏忽，把她的名字误放到去代国的花名册里了，就这样她去了代国。尽管她很不愿意，但到了代国，代王刘恒却非常宠爱她。之后，代王做了皇帝，窦漪房被封为了皇后。

汉文帝去世，汉景帝继位，窦皇后被尊称为窦太后。因为窦太后信奉黄老之学，所以汉景帝和窦姓宗族都读《老子》，并推尊其学说。

汉景帝去世，汉武帝即位后，窦太后知道他喜欢儒家思想，常出面干预朝政。汉武帝也不敢违抗祖母，所有朝廷政事，都要向窦太后请示。当时御史大夫赵绾和郎中令王臧，将鲁诗儒申公接到朝中，按照儒家思想建立各种制度。窦太后听说之后，让汉武帝下令革去赵绾、王臧官职。至她去世前，武帝不再重用儒生。

窦太后推崇黄老思想，在一定程度上阻碍了社会的发展，但是在汉武帝继位初期稳固了政治局面。

残酷的肉刑是因为一个孝女而被废除的吗？

淳于缇萦是汉文帝时期的人，她为了能够让父亲淳于意免受酷刑的折磨，亲自到长安向汉文帝请命，最后感动了汉文帝，为此汉文帝还将酷刑废除了。

淳于意是山东临淄人，曾经向名医公孙光和公乘阳庆学习医术，他精通望闻问切，尤其是望诊、切诊最为有名。但他因为没有医好贵族家人的病，所以被人告到官府，被诬陷是假医生，把病人医治死了。官府也没有详细查案，就把淳于意抓进了监狱，并且判了"肉刑"。当时的"肉刑"包括黥（刺面涂墨）、劓（割鼻）、刖（斩足）、宫（割生殖器）、大辟（死刑）等5种刑罚。因为淳于意做过县令，比较有地位，所以官府没敢擅自用刑，就把他送到都城长安去受刑。

淳于意的女儿淳于缇萦为了救出父亲，就跟在押送父亲的官差后面，到了长安。淳于意被关在牢里，缇萦拼命要上宫殿去面见汉文帝。皇宫禁地，门吏根本不让她进去，于是她就给汉文帝写了一封书信让门吏转交给汉文帝。

当时汉文帝刘恒正在皇宫与大臣们处理朝政，读完淳于缇萦的上书以后，也被缇萦的孝心感动了，而且他自己也觉得肉刑太不合理。

于是，在公元前 167 年，汉文帝下令废除了肉刑，把黥面改成做苦役，把割鼻子改成 300 板子，把砍足刑改成为打 500 板子。汉文帝废除肉刑的举措，在很大程度上减轻了刑法的残酷性。

不仅这样，在经过和大臣们商议之后，按照汉文帝的意见，废除了连坐的制度，使朝廷的刑法更加人性化了。

汉景帝是怎样使汉朝达到了"文景之治"巅峰的？

汉景帝刘启在位 16 年间，采取了重农抑商、轻徭薄赋、减轻刑罚、发扬教育和打击各方豪强等措施，促进了社会的发展。

景帝采取重农抑商政策，多次下令郡国官员将劝勉农桑作为首要政务，允许农民从土地贫瘠之处迁徙到土地肥沃、水源丰富的地方，从事垦殖活动，并将土地分给无地少地的农民。

其次，景帝还主张轻徭薄赋，减轻对农民的赋役。他下令推迟男子开始服徭役的年龄，将年龄延迟了 3 年，并缩短服役的时间。这一规定一直沿用至西汉昭帝时代。

再次，景帝在法律上实行轻刑慎罚的政策：其一，继续减轻刑罚；其二，强调用法谨慎，增强司法过程中的公平性；其三，对特殊罪犯给予某些照顾。这在当时的封建制度下，是一种非常先进的富有人性的做法。

最后，景帝一面弘扬文教礼仪，一面打击豪强的残暴作为。为了能够令行禁止，景帝果断地采取了多项措施，主要有两项：一是消弱豪强势力，以达到强干弱枝的目的；二是任用酷吏，使那些不法豪强、官僚、外戚等人人恐惧，其不法行为开始得到收敛。

因为推行了上述措施，汉景帝时期进一步促进了社会经济的稳定和发展。人口翻番，国内殷富，府库充实，使汉朝达到了"文景之治"的巅峰。

谁是中国历史上第一位被废黜的皇后？

薄氏，汉景帝刘启的表亲兼元配妻子，公元前 157 年被立为皇后，她也是中国历史上第一位被废黜的皇后。

薄氏与汉景帝刘启的婚姻是由薄太后主婚的，薄太后是汉文帝的母亲，汉景帝刘启的祖母。当时汉文帝在位，刘启还是太子。薄氏是薄太后的族人，薄太后希望通过这次联姻能巩固自己娘家"薄氏家族"的地位。而刘启则希望通过这桩婚事可以得到祖母的支持从而保障自己的太子宝座。于是这桩婚事就在各自的目的下完成了。

但是薄氏的婚姻很不幸，她从太子妃到皇后，始终无法得到丈夫的宠爱。汉景帝有 14 个儿子，出自 6 个妃嫔，唯独这个正牌的皇后没有儿子。后宫里那些有子嗣的妃嫔们，对太子位和皇后位子虎视眈眈。在薄皇后做皇后的第六年，薄太后病逝，汉景帝立庶长子栗姬之子刘荣为太子，在"母以子贵"的汉代，皇后之位往往是太子之母的专座，没有子嗣的皇后是没办法坐稳一国之母的位置的，加上景帝对薄氏并没有什么深厚的感情，薄氏便被废黜。薄皇后在被废后第四年过世，葬于长安城东平望亭南。

"七国之乱"发生在哪个皇帝在位期间？

"七国之乱"发生于公元前 154 年，汉景帝在位期间，这是一场以刘邦之侄吴王刘濞为首的一次同姓王联合大叛乱，参与叛乱的 7 国国王有吴王刘濞、楚王刘戊、赵王刘遂、济南王刘辟光、菑川王刘贤、胶西王刘昂和胶东王刘雄渠。

吴王刘濞很久以前就已蓄谋叛乱。景帝三年，汉景帝和晁错认为吴王刘濞犯了谋反罪，想趁机削了他的会稽和豫章两郡。刘濞就利用这次机会，联合了胶西、菑川、楚、胶东、赵、济南 6 国的诸侯王，发动了联合叛乱。

刘濞发兵 20 万，号称 50 万，作为主力。同时又派人与匈奴、东越、闽越贵族连手，用"清君侧，诛晁错"作为起义的口号，举兵反抗朝廷。叛军顺利地打到河南东部，景帝听从袁盎的建议将晁错杀了，希望能够满足他们"清君侧"的要求，最终换取叛军退兵，但晁错死后，叛军并没有退去，反而公开扬言要夺皇位。

七国叛军到达梁国（今河南省商丘市），梁王刘武首先发兵阻挡住了叛军的进军。之后景帝命太尉条侯周亚夫与大将军窦婴率36个将军，出奇兵断绝了叛军的粮道，最后只用了几个月的时间，就将叛军打败。刘濞逃到东瓯，最后被东瓯王所杀。其余六王皆畏罪自杀，"七国之乱"被平息。

汉景帝平定了七国叛乱，为后来汉武帝继续清除地方势力奠定了很好的基础。

汉武帝有哪些历史性的首创？

在中华民族的发展史上，汉武帝开创了很多历史性的首创。

一是独尊儒术，汉武帝因为听取了董仲舒的建议"罢黜百家，独尊儒术"，他开创尊儒的中国。主流文化的正统，这在中华传统文化舞台上独领风骚两千余年，被历代统治者所推崇。这里需要说明的是"独尊儒术"并不是说汉武帝限制其他各家的发展，而是大力提倡儒家的发展和儒法结合，这就是所说的"儒表法里"。例如夏侯始昌既研习儒家又通晓阴阳五行家；宰相公孙弘兼治儒法两家。

二是设立中朝，抑制外朝。在惠文帝期间，因为丞相大多是跟随着刘邦打天下的功臣，因此备受礼遇。但是汉武帝时与丞相有很多不和之处，也因此会经常找借口打压杀死这些丞相，这就导致很多朝中的大臣都不愿意接任丞相之职。为贯彻自己的命令，他便设立中朝，尚书台也是这一时期出现的。

三是建立年号。汉武帝是中国历史上第一位使用年号的皇帝，公元前113年，武帝以当年为元鼎四年，并追改以前为建元、元光、元朔、元狩，每一年号六年。

四是太初改历。太初元年（前104年）改太初历，正月是其岁首，颜色是黄色。

五是盐铁官营。从汉代开始一直延续至今的就是盐铁官营，今天盐铁茶主要仍由政府及国企控制。

六是通西域。中国向西域传出了冶铁术、凿井术、丝绸制造、漆器制造等技术，西域则向中国传入了黄瓜、胡豆、胡麻、石榴、胡萝卜、葡萄、汗血马、核桃、天马等。中原大量的丝织品和金属工具向西输送，铸铁技术、井渠法也传到西域，具有重要的历史意义。

汉武帝刘彻在位期间和匈奴展开了怎样的战争？

汉武帝对外采取软硬兼施的手段，从公元前133年马邑之战起，结束高祖以来对匈奴的和亲政策，开始对匈奴进行宣战，先后派卫青、霍去病征伐，解除了匈奴威胁，夺回河套和河西走廊地区，使西域版图得到扩张，将匈奴置于被动称臣的局面，使北方经济文化的发展得到了保障。

元光六年（前129年），又一次兴兵南下的匈奴，前锋直指上谷。汉武帝果断地任命卫青为车骑将军，迎击匈奴。这次用兵，汉武帝分派四路出击。车骑将军卫青直出上谷，骑将军公孙敖从代郡出兵，轻车将军公孙贺从云中出兵，骁骑将军李广从雁门出兵。四路将领分别率领10000骑兵。卫青首次出征，英勇善战，直捣龙城，将700人斩杀，取得胜利。另外三路，两路失败，一路无功而还。汉武帝看到只有卫青胜利凯旋，非常赏识，加封关内侯。

公元前128年的秋天，匈奴骑兵大举南下，首先将辽西攻破，把辽西太守杀死，又打败渔阳守将韩安国，劫掠百姓2000多人。汉武帝派李广镇守右北平，但是匈奴兵避开了李广，而从雁门关入塞，进攻汉朝北部边郡。汉武帝又派卫青出征，并派李息从代郡出兵，从背后袭击匈奴。卫青率30000骑兵，长驱而进，直赶前线。卫青本人身先士卒，将士们更是奋勇争先。斩杀、俘获敌人数千名，匈奴大败而逃。

元朔二年（前127年），匈奴集结了大量的兵力，对上谷、渔阳发起了进攻。汉武帝派卫青率大军进攻长期为匈奴盘踞的河南地。这是西汉对匈奴的第一次大战役。卫青率领40000大军从云中出发，采用"迂回侧击"的战术，从西面绕到匈奴军的后方，迅速攻占高阙，将驻守河南地的匈奴白羊王、楼烦王同单于王庭之间的联系切断了。然后，卫青又飞兵南下，进到陇县西，形

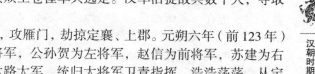

成了对白羊王、楼烦王的包围。匈奴白羊王、楼烦王仓惶率兵逃走。汉军活捉敌兵数千人，夺取牲畜一百多万头，完全控制了河套地区。

虽然经过几次打击，匈奴依然猖獗。入代地，攻雁门，劫掠定襄、上郡。元朔六年（前123年）二月，汉武帝又命卫青攻打匈奴。公孙敖为中将军，公孙贺为左将军，赵信为前将军，苏建为右将军，李广为后将军，李沮为强弩将军，分领六路大军，统归大将军卫青指挥，浩浩荡荡，从定襄出发，北进数百里，歼灭匈奴军数千名。这次战役中，卫青的外甥霍去病率800精骑首次参战，取得了歼敌2000余人的辉煌战果。战后全军返回定襄休整，过一个月后再次出塞，斩获匈奴军1万多名，取得了辉煌战果。

金屋藏娇"藏"的是谁？

金屋藏娇中的"娇"指得就是汉武帝刘彻的第一个皇后陈阿娇，即大汉孝武陈皇后。

她是西汉帝室贵胄：她外婆是汉孝文皇后窦氏，汉景帝是她舅舅，母亲是汉景帝刘启的唯一的同母姐姐馆陶长公主刘嫖，是当时朝廷中举足轻重的人物。陈阿娇自幼就深得外祖母汉景帝之母窦太后的宠爱，可以说是集万千宠爱于一身。

汉武帝刘彻和陈阿娇是青梅竹马一起长大的。一日长公主抱着刘彻问："彻儿长大了娶媳妇吗？"胶东王刘彻说："要啊。"长公主于是指着左右宫女侍女数百人问刘彻想要哪一个，刘彻都说不要。最后长公主指着自己的女儿陈阿娇问："那阿娇好不好呢？"刘彻开心地笑着回答说："好啊！如果可以娶阿娇做妻子，我会建造一个金屋子给她。"长公主听后十分开心，数次请求景帝，终于将这门亲事定下来。金屋藏娇也由此而来。

遗憾的是，陈阿娇并没有独得帝宠多久，她没有为他生下孩子。后来，平阳公主进献的女奴卫子夫得到帝宠，并为汉武帝生育三女一子。于是卫子夫更加受宠，这让从小出生显贵，骄纵至极的陈皇后难以忍受，数次寻死觅活，刘彻因此十分恼怒。发展到最后，陈皇后竟然和女巫楚服等人在宫内施行了巫蛊之术，这在宫中是犯了大忌讳的。元光五年，陈后行巫蛊的事情败露后，楚服被杀，诛连的有300余人。陈皇后被废，罢退居长门宫。

原为歌女的卫子夫是怎样当上皇后的？

卫子夫，西汉平阳（今山西省临汾市）人，汉武帝刘彻的第二任皇后。

卫子夫原本是袭封平阳侯曹时府中的歌女，服侍曹时的夫人平阳公主。汉武帝和皇后陈阿娇婚后11年一直无子，因此平阳公主就把附近大户家的女子收买来，养在家中，准备让汉武帝选妃。正巧武帝在灞上祭扫后来到平阳侯家中，平阳公主将这些美女打扮之后，让汉武帝选择，但是汉武帝看过之后，都觉得不满意。在武帝与平阳公主一起饮酒的时候，平阳公主又让歌女献歌助兴，汉武帝便在众女中一眼看中了卫子夫。随后，汉武帝起坐更衣，卫子夫便来服侍，两人一见倾心。这样，平阳公主送卫子夫入了宫。

但是入宫一年多后，因为陈皇后的嫉妒，以及强硬地打压使卫子夫被贬为宫女，再也没有得到汉武帝的宠幸。建元三年，汉武帝准备在后宫中选一些自己喜欢的女人，释放一些没有用的宫女。卫子夫这才又见到汉武帝，哭泣着求他放自己出宫。汉武帝十分怜爱她，并没有允许她出宫，而是再次宠幸她，不久卫子夫就怀有身孕。

卫家大姐卫君孺嫁给太仆公孙贺，二姐卫少儿嫁给开国功臣陈平曾孙陈掌。之后卫家开始逐渐显贵，卫子夫被封为夫人，卫青为建章监、太中大夫。

汉武帝元朔元年（前128年），卫子夫生下皇长子（刘据），于是被立为皇后。

卫皇后为何自杀而亡？

元狩元年（前122年），卫皇后卫子夫的儿子刘据被立为太子。因为他是汉武帝29岁才得来的皇长子，因此汉武帝十分宠爱。刘据刚刚出生武帝就命人为他做《皇太子赋》，这就等于提前昭告天下这个刚出生的婴儿就是太子，同时建立神祠感谢上苍赐他皇长子。皇太子的确立，使得卫子夫皇后的地位更加巩固，因此，卫皇后的荣宠也达到了极点。

但是随着容颜的衰老，卫皇后渐渐受宠的程度也逐渐在下降。在元朔元年后，王夫人逐渐代替了卫子夫在汉武帝面前的宠幸地位。之后又有李夫人、尹婕好、邢夫人、赵婕好，在她成为皇后的第38年，也就是汉武帝征和二年（前91年），因遭权臣江充发起的巫蛊之祸陷害，没办法证明自己的清白而自杀，18年后汉宣帝刘询以皇后礼重新厚葬她，追谥号曰"思"，建园置周卫，史称孝武卫思后。这就样，曾经令汉武帝一见钟情的香魂就这样不明不白的烟消云散了。

西汉的哪位大将打破了"匈奴不可战胜"的神话？

卫青，字仲卿，是河东平阳（今山西省临汾市西南）人。在与匈奴的战争中，打破了"匈奴不可战胜"的神话。

汉武帝之前，匈奴经常骚扰汉朝边疆，公元前129年，匈奴又一次打到了上谷（今河北省怀来县）。汉武帝任命卫青带兵迎击匈奴，最后取得了胜利，被称为"龙城大捷"。这一次战争，标志着卫青开始了他的戎马生涯。

元朔元年（前128年）的秋天，匈奴改变了战略方针，从雁门关进入汉朝境内，骚扰汉朝北部边郡。汉武帝命令卫青出兵，并派李息从代郡出兵，从背后袭击匈奴。卫青亲自带兵，跑在所有人前面，将士们更是勇猛杀敌。此次战役沉重地打击了匈奴人，匈奴大败而逃。这是卫青第二次攻打匈奴。

元朔二年（前127年），匈奴集结了大量兵力，进攻上谷、渔阳，开始报复汉朝的反抗。武帝派卫青率大军进攻匈奴盘踞的河南地（黄河河套地区）。卫青带领军队从云中出发，采用"迂回侧击"的战术，向西迅速攻占了匈奴后方的高阙（今内蒙古自治区杭锦后旗），切断了驻守黄河以南地的匈奴白羊王、楼烦王同单于王庭的联系。这次战役，汉朝完全控制了河套地区，同时解除了匈奴骑兵对长安的直接威胁，汉朝在这里建立起反击匈奴的前方基地。

元朔五年（前124年）春天，汉武帝派卫青带兵从高阙出击匈奴，卫青以最快的速度率军包围了右贤王的营帐，俘虏了右贤王，取得了胜利。这次战役被称为"奇袭高阙"。

为了完全打败匈奴，卫青带兵一直攻打到真颜山赵信城（今蒙古国乌兰巴托市西），打败了赵信的部队，洗劫了匈奴囤积的粮草，作为己用。

之后，又与匈奴左贤王的军队遭遇，进行了激烈的战斗，最后消灭匈奴7万多人，取得了战役的胜利。这次战役使匈奴元气大伤，再也不能侵扰汉朝边境。

卫青通过取得的一系列战役，巩固了汉朝边境的统治，废除了汉朝初期的和亲政策，同时也使卫青成为了历史上著名的军事家。

张骞经过几次出使西域沟通了丝绸之路？

张骞是中国汉代卓越的探险家、旅行家和外交家，他两次出使西域，为丝绸之路的开拓做出了重大贡献。

张骞，字子文，汉中郡城固（今陕西省城固县）人，建元三年（前138年），张骞第一次出使西域，但并没有完成汉武帝交给他的任务。

汉武帝时期国力开始强盛，所以开始计划消除匈奴贵族对北方的威胁。汉武帝听到有关大月氏的传言，就打算联合大月氏族共同对抗匈奴，但是要到大月氏必须经过河西走廊，而河西走廊还被匈奴控制着，所以汉武帝开始招募有能力的人，来担任这项重任。

张骞是一个非常有意志力、办事灵活、善于待人处事的人，此时奉命出使大月氏。但是他出使大月氏的途中被匈奴俘虏，被囚禁了十余年。张骞始终没有放弃自己的使命，一直想找机会逃出匈奴。

第一次出使西域虽然没有完成任务但张骞对于西域的地理、物产、风俗习惯有了比较详细的了解，同时，为汉朝开辟丝绸之路搜集了宝贵的资料。

元狩四年（前119年），张骞第二次接受命令出使西域，他带领300人的使团，并且带着无数的金帛货物，到达乌苏之后，并没有说服乌孙王回归东部。张骞又分遣其他使节到大宛、康居、月氏、大夏等国进行实地考察。元鼎二年（前115年）张骞从西域回来，乌孙派使者团跟随张骞一起到了长安。此后，汉朝派出的使者还到达过安息（波斯）、身毒（印度）、奄蔡（在咸海与

88

里海间）、条支（安息属国）、犁轩（附属大秦的埃及亚历山大城）等国。安息等国也派了使团来到汉朝，进行货物交易。

在张骞的努力下从西汉的敦煌出发，再出玉门关，进入新疆地区，再从新疆穿过中亚细亚的一条横贯东西的通道。这条通道，就是举世闻名的"丝绸之路"。"丝绸之路"把中国和中亚很多国家联系起来，促进了双方之间的经济与文化交流。

"匈奴未灭，无以家为也"是哪位著名的将军说的？

霍去病，河东郡平阳县（今山西省临汾市西南）人。他是汉武帝时期著名的将军，杰出的军事家。同时也是汉朝名将卫青的外甥，从小善于骑射，善于采用长途奔袭的策略。18岁的时候，霍去病被汉武帝召为侍中。很快，汉武帝就派他随卫青北击匈奴，其后被封为骠姚校尉。公元前117年，霍去病病逝，年仅24岁。"匈奴未灭，无以家为也！"就是他的名言。

霍去病非常注意学习锻炼，并且注重实践经验，很快成为了一名机智勇敢的将领。霍去病曾经凭着过人的胆识，只带了800骑兵，就攻打了在几百里之外的敌人，并且取得了胜利。汉武帝发现霍去病是个难得的将才，于是大胆放手让他领兵作战，霍去病也成为了仅次于卫青的青年统帅。

元狩二年（前121年）三月，汉武帝派霍去病带领1万骑兵，攻打了河西（今甘肃省武威、张掖、酒泉一带）的匈奴军，希望能够通过军事力量打通西域的道路，解除匈奴对长安侧翼的威胁。当时霍去病只有20岁，他迅速地率军穿过乌鞘岭，跨过狐奴河，一路猛冲猛打，越过焉耆山（又称焉支山，今甘肃省民乐县东）千余里，斩杀匈奴无数，俘虏浑邪王的儿子和许多高级将领。这是霍去病第一次单独率军进行的长途作战，这使他初步掌握了骑兵远距离作战的经验，为以后组织的全面反击匈奴的漠北之战打下了坚实的基础。

汉武帝为了进一步打击匈奴，再次派遣霍去病联合公孙敖，带领几万人从北地（今甘肃省环县东南）出发，向河西进攻；另外派张骞、李广率骑兵万余，配合霍去病，进攻匈奴左贤王。

霍去病和公孙敖分开作战，但是公孙敖没有完成任务。霍去病按预订计划继续前进。他根据匈奴军没有稳定战场的特点，放弃正面对敌，迅速地楔入西北，绕到敌军侧翼，经由居延泽（内蒙古自治区额济纳旗东）向东南突击，在祁连山麓开始与浑邪王、休屠王的军队开战，取得胜利，共歼敌约3万多人。这次战役，霍去病凭借过人的胆识，在缺少后方支援以及失去友军配合的情况下，充分发挥骑兵作战的特点，抓住了战机，深入匈奴军侧后1000多公里，在祁连山麓消灭了匈奴，最终取得了战役的重大胜利，也创造了我国古代骑兵作战的典型战例。

霍去病一生的目标就是消灭匈奴，他曾经说过："匈奴未灭，无以家为也！"

李广的"飞将军"之名因何而来？

李广，陇西成纪（今甘肃省静宁县西南）人，是西汉初期的名将。汉文帝十四年（前166年），李广对抗匈奴立了功被升为中郎。景帝时，他先后担任北部边域七郡太守。汉武帝即位后，李广担任中央宫卫尉。元光六年（前129年），李广被任命为骁骑将军，带兵出雁门（今山西省右玉县南）攻击匈奴，最终因寡不敌众而被俘虏。

公元前129年，匈奴再次进犯上谷（今河北省怀来县东南）。汉武帝派包括李广在内的4名将军带领人马分头出击。匈奴得知李广从雁门出发，同时了解了其他几路军队的情况，便将李广确定为他们的目标，就集中兵力在雁门沿路设下了埋伏，命令部下活捉李广。

匈奴派兵去引诱李广进入埋伏圈，李广带了一小部分人去追击匈奴，追了几十里地才追上。李广打死了几个匈奴，又活捉了3个人，正要回去的时候，就见到几千名匈奴骑兵赶了上来。

李广这才知道上当了。匈奴兵人多势众，一场拼命拼杀之后，李广的人马被打散，李广自己也受了重伤，被匈奴兵俘虏。匈奴兵见到李广受伤，就把他放在用绳子编成的吊床里，带回了大营。

李广躺在吊床上装死寻找逃跑的机会。大约走了十几里路，李广从吊床一跃而下夺走了一匹匈奴骑兵的战马，调转马头拼命朝汉朝方向跑去。匈奴派了几百名骑兵追赶，李广一面催马快跑，一面射死了几个追在后面的匈奴兵。匈奴兵知道李广箭法神奇，百发百中，只好让李广逃跑了，没有任何办法。

虽然李广从匈奴那里逃出来，但是由于他损兵折将，被汉武帝判了死罪。最后虽然缴纳了一笔钱赎了罪，却被贬为了平民。不久，匈奴又开始在汉朝边境进行骚扰，汉武帝重新启用李广，命他担任右北平（今辽宁省凌源市西南）太守。

李广一直防守着北方，使得那里的百姓安居乐业，保全了汉朝边境地区的安宁。匈奴慑服于李广的威名，称他为"飞将军"。

"巫蛊之祸"给汉朝皇室造成了怎样的伤害？

巫蛊之祸是汉武帝统治末年，汉朝内部发生的一件重大政治事件，在这场政治事件中，汉武帝死了6位至亲。

汉朝时期，京城巫蛊术非常流行。所谓巫蛊，就是制作一个木头人，在上面刻上仇人的姓名，然后将它埋在地下或者放在房子里，不停地诅咒。据说这样就可以让仇人遭遇祸事，自己得福。这种巫蛊术，也逐渐传进了皇宫。

汉武帝非常相信巫蛊之术。有一天，他正躺在床上睡觉，梦见几千个手拿着棍棒的木头人朝他打来，把他吓醒了。他认为有人在诅咒他，就派江充去追查这件事。

江充是个心狠手辣的人，他找了很多心腹，到处挖掘木头人，诬陷他人并且还用烧红了的铁器钳人、烙人，强行逼供。不管是谁，只要被江充打上"诅咒皇帝"的罪名，就没有活命的机会。

在这场巫蛊之祸中，江充害死了丞相公孙贺一家。卫皇后的女儿阳石公主、诸邑公主受到牵连也被汉武帝诛杀了。江充见汉武帝连自己的亲生女儿也杀，他的胆子就更大了。

江充和太子刘据之间有矛盾，为了陷害太子，江充将事先准备好的木头人拿出来，到处宣扬太子刘据诅咒皇上的言论。

刘据亲自去见汉武帝，希望汉武帝相信自己是被诬陷的。但江充担心刘据向汉武帝揭穿他的阴谋，让人拦住刘据的车马，怎么也不让刘据去见汉武帝。刘据无奈之下，只好让一个心腹装扮成汉武帝派来的使者，把江充关押了起来。

太子刘据向卫皇后求助，调集军队来保护皇宫。宦官苏文等人却在汉武帝面前说是太子刘据要造反了。汉武帝想都没想就下令抓太子刘据。

刘据知道要大祸临头了，他将京城里的囚犯武装起来，组建了军队。刘据还打算调集胡人军团与北军，结果胡人军团被汉武帝紧急征用了，北军监护使者任安受了太子的印后再也见不到人了。这样将长安城弄得非常混乱，太子逃出长安，卫皇后自杀身亡。

很快，新安（今河南省渑池县东）县令李寿找到了太子的下落，想要抓住他。刘据没有地方躲避，只好上吊自杀了。他的两个儿子也被杀死。至此，一场巫蛊之祸，算是告一段落，在这场事件中汉武帝因为用人不当，失去了自己最亲的人。

卓文君是用什么方法挽回丈夫司马相如的？

西汉大辞赋家司马相如与妻子卓文君曾留下"文君夜奔"的佳话。但是，司马相如被举荐做官后，长时间居住在京城，看见了各种风情的美女，再加上官场得意，于是就想抛弃彼此情深意切曾经和他共患难的妻子卓文君，纳茂陵女为妾。

在某一日，司马相如给妻子写了一封只有13个字的信，信的内容是：一二三四五六七八九十百千万。卓文君读完此信后，泪流满面。一行字中唯独缺少一个"亿"字，没有"亿"，也就带标志着夫君暗示自己已经没有过去的回忆了。她伤心欲绝，回了一封《怨郎诗》给丈夫司马相如。信中写道：一别之后，二地相思……噫，郎呀郎，恨不得下一世，你为女来我做男。司马相如看过信后，对妻子的才华十分感叹。回想起曾经和妻子之

间恩爱的感情，觉得十分羞愧，从此再也不提纳妾的事情。

这首诗也成为了卓文君一生之中的代表作。她用自己的聪明挽回了丈夫的背弃，用自己的聪明才智经营着自己的婚姻和爱情，终于苦尽甘来。她和司马相如最终没有背弃最初的爱恋。这也使得他们的故事千古流传，成为世俗中的爱情佳话。

苏武被放逐牧羊多少年?

苏武是汉朝出使匈奴的使者，但因特殊事件，他被匈奴扣留，放逐到塞外牧羊达19年之久。

自从卫青、霍去病打败匈奴之后，双方在几年之内都没有发生战争，匈奴在表面上要与汉朝和好，其实暗地里一直找机会进犯中原。匈奴的单于多次派使者来中原求和，但是当汉朝的使者去匈奴回访时，却被匈奴扣留了。长此以往，双方都扣有对方的使者。

公元前100年，汉武帝正准备出兵攻打匈奴，但是这时匈奴却派使者来求和，并且把之前扣押的使者都放回去。为了答复匈奴的善意，汉武帝派苏武拿着旌节，带着副手张胜和随员常惠，出使匈奴。

苏武到达匈奴，将扣留的使者送回，送上礼物。本来苏武等待单于回信就回去，但是却发生了意外。在苏武达到匈奴之前，有个叫卫律的汉人在出使匈奴后投降了匈奴。单于十分重用他，封他为王。卫律有一个部下叫做虞常，一直都对卫律心存不满。他跟苏武的副手张胜原本是朋友，于是暗地跟张胜商量，想杀了卫律，劫持单于的母亲，逃回中原去。张胜对虞常的事情十分同情，但是没想到虞常的计划没成功，并且还被匈奴人逮住了。这件事情惹怒了单于，于是叫卫律审问虞常，还要查问出同谋的人来。原本苏武并不知道这件事情，但是到了这个时候，张胜怕受到牵连，才告诉苏武。苏武认为这件事一定会将自己牵连其中，与其让人家审问后杀死，不如自己先死，这样还不会丢朝廷的脸。于是拿出刀准备自杀，幸好张胜和随员常惠眼快，夺去他手里的刀，把他劝住了。

虞常虽然受尽百般刑法，但是始终否认和张胜同谋。单于决定派卫律去逼迫苏武投降。苏武宁死不降，多方劝降后仍然没有结果，于是单于把苏武关在地窖里，不给他吃的喝的，想用长期折磨的办法，逼他屈服。这时候正是冬天，外面下着鹅毛大雪，苏武忍受着饥饿，渴了就吃口雪，饿了就用皮带和羊皮充饥。单于见这样他也不屈服，就发配他到北海（今贝加尔湖）边去放羊，并将他和部下常惠分隔开来，禁止他们通消息，还对苏武说："什么时候公羊生下小羊，就放你回去。"苏武到了北海，身边没有任何人，唯一陪伴他的就是那根代表朝廷的旌节。匈奴人不给他吃的，他就挖掘野鼠洞里的草根充饥。

一直到了公元前85年，匈奴的单于死了。发生内乱的匈奴，分成了3个国家。这时候的新单于没有能力和汉朝打仗，就派人求和。这时在位的是汉武帝的儿子汉昭帝。

汉昭帝要求释放苏武，但是匈奴人却说苏武已经死了，使者信以为真，就没再提。当使者第二次出使匈奴时，苏武的随从常惠买通匈奴人，私下和汉使者见面，把苏武在北海牧羊的情况告诉了使者。

使者见了单于，严厉责备他说："既然匈奴想和汉朝和好，就不应该欺骗我们。我们皇上在御花园射下一只大雁，雁脚上拴着一条绸子，上面写着苏武还活着，你怎么说他死了呢？"单于听了信以为真，他认为是苏武的忠义感动了飞鸟，连大雁也替他送消息呢，于是释放了苏武。

苏武出使匈奴的时候，年仅40岁，他在匈奴受了19年的折磨，胡须、头发全白了。当他回到长安时，长安的百姓都出来迎接他。他们瞧见白胡须、白头发的苏武手里拿着已经成为光杆子的旌节，没有一个不受感动的，人们都赞他真是个有气节的大丈夫。

霍光是怎样权倾朝野的?

霍光，字子孟，他出生在汉武帝元光年间，死在汉宣帝地节二年（前68年），是河东平阳（今山西省临汾市）人。霍光是汉昭帝时期的辅政大臣，执掌了汉室最高权力长达20年，最后拥立刘询做皇帝，即汉宣帝，他为汉室的安定和中兴做出了重大贡献。

霍光是霍去病的同父异母的兄弟。霍去病在攻打匈奴的过程中与霍光相认，并且将霍光一同带到了长安。也就是在跟随霍去病的这一段时间，霍光在错综复杂的宫廷斗争中得到锻炼，为他日后主持政务奠定了基础。

公元前87年，汉武帝病重，将只有8岁的刘弗陵立为太子，将霍光任命为大司马、大将军同时做辅政大臣，与上官桀、桑弘羊等人辅佐少主。

汉昭帝刘弗陵坐上皇位之后，霍光凭借大司马、大将军的职位开始主持朝政，没过多久霍光让自己的外孙女，也就是上官桀的孙女做了皇后。霍光凭借皇后外祖父的身份把持朝政，导致他与汉昭帝的姐姐盖长公主之间的矛盾开始激化，而且桑弘羊在公务上与霍光意见相左。

公元前80年，上官桀、桑弘羊联合想要谋取帝位的燕王刘旦、盖长公主等人谋划杀死霍光，废掉昭帝，拥立燕王刘旦做皇帝。但是事情泄露，上官桀、桑弘羊被诛，燕王和盖长公主被迫自杀。此后，霍光开始权倾朝野，他的亲人也纷纷担任要职，霍氏家族的势力达到巅峰。

公元前74年，汉昭帝病死，而且没有皇子，霍光拥立汉武帝的孙子刘贺做了皇帝。但刘贺即位后荒淫无道，后来被霍光废掉了，又改立汉武帝的重孙刘询做皇帝，也就是汉宣帝。宣帝即位后，霍光依然打理朝政，并得到宣帝很多赏赐。

汉宣帝在位期间，汉朝开始兴旺发达。

哪位皇帝在即位前受过牢狱之苦？

刘询（前73~前49年在位），即汉宣帝，本名刘病已，字次卿，即位后改名询，是西汉第十位皇帝。他是汉武帝刘彻的曾孙，在公元前74年被朝臣迎立为帝。他是中国历史上唯一一位即位之前受过牢狱之苦的皇帝。

襁褓中的刘询曾因巫蛊之祸被关进监狱，后被祖母史家收养，直到武帝下诏恢复了他的宗籍。在元平元年（前74年）昌邑王被废除了皇位，霍光等大臣将他从民间迎入宫中，先封为阳武侯，后来继位，时年18岁。第二年改年号为"本始"。

汉宣帝因为从小在民间长大，对百姓的疾苦和吏治得失有所了解，因此在位期间，励精图治，任用贤能，贤相循吏辈出。他注意减轻人民负担，恢复和发展农业生产，并提拔任用了一批有才能的官员，他认为治国之道应以"霸道"、"王道"杂治，反对专用儒术。

在外交方面，本始二年（前72年）汉宣帝曾联合乌孙大举进攻匈奴，后利用匈奴内部分裂的机会，与呼韩邪单于建立友好关系，平定边境。神爵元年（前61年）击败西羌，后任将军赵充国实行屯田，加强边防，强制羌人归顺汉朝。神爵二年（前60年），在乌垒城（今新疆维吾尔自治区轮台县东北），设立西域都护府，开始监视西域诸城郭国，完全控制了天山南北这一广袤地区。

汉宣帝刘询是一位很有能力的皇帝，他的文治武功彪炳史册。在他统治期间，政治清明、社会和谐，是汉朝武力最强盛、经济最繁荣的时期。社会呈现出了"吏称其职，民安其业"的景象，史称"宣帝中兴"。

黄龙元年（前49年）冬，宣帝刘询得病，后不治而死。

"故剑情深"讲述的是哪对皇帝夫妇的故事？

故剑情深的典故出自《汉书·外戚传上》，讲的是汉宣帝和他的发妻许平君的故事，比喻结发夫妻情意浓厚，有不喜新厌旧之意。

汉宣帝继位初期，他和大臣们商量册立皇后，所有的人都赞成立霍光的女儿做皇后。但是汉宣帝却册立了他的糟糠之妻许平君做了皇后，也就是后来的许皇后。后来汉宣帝为许皇后上演了"故剑情深"的一幕。

汉宣帝本名刘病已，是汉武帝的重孙子。他刚出生，一场巫蛊之祸夺去了他很多亲人的性命，刘病已是太子刘据唯一的血脉，能保住性命已经很不错了。即使这样，汉武帝也想杀了他，所幸的是正直的监狱长保护了刘病已。

刘病已在市井中长大，娶了许平君做妻子，许平君的父亲是监狱长的手下。结婚之后，在刘病已还不到18岁的时候，许平君就为他生下了一个儿子。

汉昭帝刘弗陵死后，并没有后代继位，重臣霍光带领群臣首先迎立昌邑王刘贺即位，可是昌邑王刘贺仅仅即位27天，就被罗列出无数罪状，然后被废了皇位。

随后，霍光等人又拥立刘病已坐上了皇位，即汉宣帝。刘病已即位后改名叫刘询，他很清楚霍光位高权重。作为汉武帝的托孤忠臣，霍光的确很负责任，可是他能够扶起昌邑王，又将他拉下皇位的能力也让刘询心里忌惮。因此刘询对霍光非常尊敬，什么事情都听他的话。

可是，在册立皇后的问题上，刘询坚持了自己的意见。当所有的大臣都认为霍光的女儿是皇后的最佳人选的时候，宣帝却下了一道诏书："我在贫困的时候曾经得到了一把旧剑，现在我非常想念它，希望众位爱卿能够帮我把它找回来。"宣帝这道诏书的主要意思是打算册立糟糠之妻许平君为后。能够很好揣摩皇帝心思的大臣们，当然也知道宣帝的意思了，他们开始一个个请求册立许氏做皇后。最终刘询如愿将发妻许平君立为皇后。

汉宣帝是怎样为结发妻子许平君报仇的?

许平君做了皇后的第三年，很幸运地怀上了宣帝的孩子，在她要生孩子的时候，霍光的夫人霍显买通女医淳于衍，用对产妇危害很大的虎狼药害死了许皇后。刘询将爱妻许平君葬在杜陵的南园。

在皇后许平君死后，汉宣帝就已经查出许平君之死是霍家所为，但是因为霍光位高权重，汉宣帝刘询也只能忍气吞声。

霍光听说妻子毒死许平君的事情之后十分惊恐，进宫谢罪，刘询虽然表面上不加以追究，但是却早已下定决心一定铲除霍家。许平君死后，霍光的女儿霍成君如愿以偿当上皇后，她飞扬跋扈，生活奢侈，完全违背许后提倡的节俭、贤德。刘询表面上对她千依百顺，但是直到最后霍成君也没有为刘询生下子嗣。

地节二年（前68年），霍光去世，刘询为他举行了声势浩大的葬礼。地节三年（前67年），汉宣帝将许平君的父亲许广汉封为平恩侯，并且立许平君在民间所生的孩子刘奭为太子。这让霍显十分生气，甚至绝食、呕吐鲜血，并且指使霍成君伺机毒杀刘奭，但因为太子的老师经常先试菜看是否有毒，因此均未能成功。

地节四年（前66年）七月，霍家发动政变，但是没有成功，却引来灭族之祸，霍光子霍禹、霍云、侄子霍山，妻子霍显都被杀或者自杀。同年八月，汉宣帝以阴谋毒害太子为理由，将霍成君废掉，并让她迁往上林苑的昭台宫；12年后的五凤四年（前54年）又让霍成君迁往云林馆，霍成君自杀，葬于蓝田县昆吾亭东。

汉宣帝废后诏书中写道：皇后荧惑失道，怀不德，挟毒与其母博陆宣城侯夫人霍显谋，欲危太子，无人母之恩，不宜奉宗庙衣服，不可以承天命。呜呼伤哉，其退避宫，上玺绶有司。至此，刘询终于为发妻许平君报仇。

在刘询落难之时，许平君对刘询不离不弃，当上皇后之后，细心打理后宫，而刘询能够排除众人的反对立许平君为皇后，还能为其报仇，不能不说汉宣帝是个有情有义的皇帝。

匈奴都分裂了，王昭君为什么还嫁给单于?

汉宣帝时匈奴贵族争夺权力，势渐衰落，5个单于分立，互相攻打不休。其中，呼韩邪单于被他的哥哥郅支单于打败。为了增加自己的实力，呼韩邪决心跟汉朝和好。

呼韩邪亲自朝见汉宣帝。西域各国听到匈奴和汉朝和好了，也都争先恐后地同汉朝打交道。汉宣帝死了后，他的儿子刘奭即位，就是汉元帝。颇有野心的郅支单于不满西域各国与汉交好，他不断侵犯西域各国，还杀了汉朝派去西域的使者。汉朝派兵打到康居，杀了郅支单于，这之后，呼韩邪单于的地位稳定了。

公元前33年，呼韩邪单于再一次到长安，要求和亲，元帝出于政治上的考虑，同意了这一请求，并将自愿前往和亲的王昭君许给呼韩邪单于。王昭君在汉朝和匈奴官员的护送下，离开了长安，千里迢迢地到了匈奴。呼韩邪单于封昭君为"宁胡阏氏"，希望她能为匈奴带来安宁和平。

呼韩邪单于去世后，昭君又从胡俗，再嫁给呼韩邪单于的大阏氏的长子，虽然这和中原的伦理观念相抵触，但她从大局出发，以汉与匈奴的友谊为重。王昭君在匈奴生一男二女。昭君的死年和死地，史书没有记载。但她的坟墓却有多处，世代受人供奉。她的到来，为匈奴和汉朝带来了近半个世纪的和平。

团扇是失宠人的象征吗?

团扇是西汉时期出现的，又被称为绢宫扇、合欢扇，它是当时妃嫔仕女的饰品。但是在历代，团扇几乎可以成为红颜薄命、佳人失宠的象征。例如唐代王建的词："团扇，团扇，美人病来遮面。玉颜憔悴三年，谁复商量管弦？弦管，弦管，春草昭阳路断。"团扇和红颜薄命、佳人失宠的关系，要从汉代的班婕妤说起。

班婕妤（前48~2年），汉成帝的妃子，西汉女辞赋家，她很擅长诗词歌赋，并且极具美德。班婕妤生得聪明伶俐，秀色可餐，被成帝选进宫时，因为她长相秀美，从不争宠，行事端正，所以十分受成帝的宠爱。成帝天天同班婕妤在一起，因为她还是有名的才女，十分熟悉历史事件，经常可以引经据典，很善于化解成帝内心的积郁。但是班婕妤过分的拘泥于法理，较为死板，这就使成帝渐渐对她失去了热情。

班婕妤逐渐被冷落，于是她缮成一本奏章，递呈成帝。成帝见她自请到长信宫供奉太后，于是予以批准。班婕妤移居长信宫内，过着隐居一样的生活。在闲暇之时班婕妤作诗感怀自己悲惨的境遇，以此来度过漫长的日子。她在诗中自比秋扇，感叹道："常恐秋节至，凉风夺炎热。弃捐箧笥中，恩情中道绝。"用洁白的细绢剪裁的团扇作比喻，天热时与主人形影相随。凉秋时节，则被弃置箱中。从此以后，"秋凉团扇"便成为女子失宠的象征，又称"班女扇"。

在汉成帝死后，班婕妤要求为成帝陵守墓，度过余生。她伴着冢形碑影，这样生活了5年，就离开了人世，时年约40余岁，后葬于延陵。

汉代被称为"红颜祸水"的皇后是谁？

赵飞燕，原名叫赵宜主，精通音乐，长安宫人，吴县（今江苏省苏州市）人，是汉成帝刘骜的皇后。因为她善于跳舞，并且舞姿轻盈，就像燕子飞舞一样，所以人们称她为"飞燕"。成帝非常宠爱她，几乎到了不理朝政的地步，所以她被认为是红颜祸水。

汉成帝喜欢游玩，有一次他在阳阿公主家见到赵飞燕后，一见倾心。于是成帝就召她入宫，封为婕妤，备受宠爱。

赵飞燕如花似玉的容貌，轻盈婀娜的身材和出色的舞技，使得她在后宫里的一枝独秀。她表演的一种舞步，手如拈花颤动，身似微风轻移，这种绝妙舞技，是非常少见的，这使成帝对她更加迷恋。

赵飞燕不仅容貌出众，而且心思细腻，为了和后宫争宠，她又把容貌更胜她一筹的妹妹赵合德推荐给成帝，赵合德进宫之后使成帝神魂颠倒，无时无刻不在想见这两姐妹。因此赵氏姐妹的话，成帝没有不听的。因此，赵氏姐妹掌握后宫生杀大权，不可一世。

不过，赵氏姐妹虽然得宠，但没有生下孩子，她们害怕别的嫔妃怀孕生子，威胁自己的地位，就开始伤害其他生过孩子的嫔妃。当时，民间就流传着"燕飞来，啄皇孙"的童谣。许美人生下一子，赵合德逼着成帝赐死许氏母子。色迷心窍的汉成帝已经不顾一切，竟然杀死自己的亲骨肉，置江山社稷于不顾。

赵氏姐妹为把成帝死死迷住，就开始让成帝大服补药满足淫乐。为了让成帝开心，方士们争献丹药。由于成帝长期服用不知名药物，并且不断增加剂量，后来竟连服10丸丹药淫乐，最后导致气血两亏而死。

成帝最后死在了赵氏姐妹床上，朝中群臣开始声讨赵氏姐妹红颜祸水。赵合德知道活不了多久了，就自杀了。赵飞燕因帮助成帝的侄儿刘欣坐上了皇位，就是汉哀帝。哀帝感恩赵飞燕，仍旧尊她为皇太后。

哀帝死后，大司马王莽以赵飞燕杀害皇子为罪名，判了赵飞燕死罪，并且逼着她自尽。权倾一时、美艳动人的赵飞燕就这样香消玉殒了。

想有所作为的汉哀帝为什么会沦为一位昏君？

汉哀帝刘欣，汉元帝的庶孙，成帝的侄子，他即位之初也想有一番作为，但经受打击后开始不问国事，此后汉朝天灾频频，民不聊生，他也成为中国历史上著名的昏君，到最后连他的陵寝都被烧毁。

汉哀帝刘欣出生在成帝河平四年（前25年），成帝死后，19岁的刘欣于绥和二年（前7年）四月继位称帝。汉哀帝年轻的时候并不喜欢美色，他熟读经书、文辞博敏。即位之初，汉哀帝渴望能够有所作为。他从整肃王氏家族的势力中，总结出很多前人的教训，认识到身为皇帝，一定要掌握大权，决不能像汉成帝那样大权旁落，听从他人的使唤。

汉哀帝初期，王莽为大司马辅政，他一上任就向汉哀帝提出限制田地和限制奴隶的建议，企图使汉室江山摆脱厄运。经过群臣讨论，丞相孔光、大司空何武等制定了具体规定贵族占有田地的数量和占有奴隶的数量。如果超过了规定的限量，田地和奴婢一律没收充公。这个方案尽管给了官僚地主极大的优势，但还是遭到了手握重权的官员的反对。所以，这一法令成了一纸空文。

汉哀帝没有见到改革的效果，便开始沉沦。汉哀帝的沉沦为以后王莽改制创造了机会，加速了西汉的灭亡。

"断袖之癖"的典故来自哪位皇帝的故事？

断袖之癖，指的是男子与男子之间的恋爱行为。"断袖之癖"的典故就来自于汉哀帝。

有一天，汉哀帝处理完朝政之后，就向宫里走去，他刚走到后宫大殿门口的时候，见到一个长得很漂亮的男人，这人就是董贤。

汉哀帝发现，董贤竟然长得比汉哀帝后宫里的三千佳丽还要漂亮，于是他就情不自禁地喜欢上了董贤，命令董贤跟在自己身边。从那以后，汉哀帝对董贤日益宠爱，和他坐同一辆车，睡在同一张床上。

董贤不仅长得像美女，说话做事情也很像一个女人，性情柔和、善于使用媚术。哀帝对董贤宠爱到不能自拔的地步。一次午睡，董贤枕着哀帝的袖子睡着了。哀帝想起身，但是又不想将董贤惊醒，于是他就用宝剑割断了自己的袖子。

这就是"断袖之癖"的由来。

王莽是怎样成为一代权臣的？

王莽，字巨君，西汉外戚王氏家族的成员，在朝野素有威名。西汉末年，社会矛盾空前激化，王莽则被朝野视为挽救危局的不二人选，被看作是"周公在世"。

王氏家族是当时权倾朝野的外戚家族，王家先后有9人封侯，5人担任大司马，族中之人多生活侈靡，声色犬马，唯独王莽生活简朴，对外结交贤士，对内侍奉诸位叔伯，十分周到。王莽对身居大司马之位的伯父王凤极为恭顺，深得王凤器重，王凤临死前嘱咐自己的妹妹太后王政君要好好照顾王莽。

永始元年（前16年）王莽封新都侯、骑都尉及光禄大夫侍中。虽然王莽这时已经是身居高位，却还是从不以自己为尊，他依旧清廉俭朴，常把自己的俸禄分给门客和平民，甚至卖掉马车接济穷人，朝野上下的名流都称赞王莽，他的名声甚至超越了他那些大权在握的叔伯。

王莽的表兄、王太后的外甥淳于长善于阿谀奉承，很快升为卫尉，掌管皇宫的禁卫，成为九卿之一，地位超过了王莽。这时大司马王根准备退休，很多人认为淳于长应继任大司马。王莽为了扳倒他仕途上的竞争对手，利用探望的机会告诉王根，淳于长与被废皇后许氏私通之事，王根大怒，要他赶快向太后汇报。王太后知道此事后，也气愤异常，她让成帝罢免了淳于长，并将他在狱中杀死。绥和元年（前8年），大司马王根请求退休，推荐王莽接替自己。王莽执政后，依旧保持勤俭节约的作风，招贤纳良，他自己所受的赏赐和邑钱都用来款待名士。有一次，百官公卿来探望他的母亲，见到王莽的夫人穿着十分简陋，还以为是他家的奴仆。

次年，汉成帝去世，汉哀帝继位，汉哀帝的祖母定陶国傅太后与丁皇后的外戚得势，王莽只得卸职隐居于新都封国。此时间王莽安分谨慎，得到世人好评，许多官吏和平民都为王莽被罢免鸣不平，要求他复出。汉哀帝只得重新征召王莽回京城侍奉王太后，但没有恢复其官职。

元寿二年（前1年），汉哀帝去世，太后王政君听说皇帝驾崩，当天就起驾到未央宫，收回了传国玉玺。由于汉哀帝并未留下子嗣，于是王太后下诏，要求朝中公卿推举大司马人选，群臣纷纷举荐王莽。王太后诏命王莽再任大司马，拥立9岁的汉平帝登基。王莽也成为汉朝的一代权臣，甚至最后取汉而代之。

汉平帝是被王莽害死的吗？

汉哀帝病死后，王莽为了方便把持朝政，不肯让年纪较大的皇子做皇帝，立了只有9岁的刘衎做上了皇帝，也就是汉平帝（前9~6年）。汉平帝继位短短几年后，便被王莽毒死。

元始三年（3年），王莽打算将自己的女儿嫁给汉平帝做皇后，企图利用裙带关系进一步巩固自己在朝廷中的权力。为此，他向太皇太后王政君上了一篇冠冕堂皇的奏章，说从前国家多灾多难、动荡不安大都是因为皇帝没有子嗣，于是太皇太后下令将贤良淑德的女孩子的名字呈上来，供她选择。

王莽因担心自己的女儿落选，便故意上书说自己无德，女儿没有才能，不能参与选妃。太皇太后被王莽这种"至诚"的心所打动，并下诏不要选王莽的女儿。没想到太后诏令下达之后，庶民、儒士、百官公卿纷纷上书，为王莽和他的女儿大唱赞歌，太皇太后没办法，决定让汉平帝迎娶王莽的女儿。

太皇太后派主管全国教化工作的司徒马宫和掌管全国水土的司空甄丰同时为汉平帝的这桩婚姻占卜吉凶。司徒马宫和司徒甄丰二人先到宗庙祭祀祷告一番，占卜结果是"大吉大利"。于是在次年春天，平帝娶了比自己小3岁的王莽的女儿做妻子，并封她为皇后。

随着年龄的增长，汉平帝对王莽的专权跋扈产生了不满，特别是对王莽不让他母亲卫姬入京一事，更是耿耿于怀。后来王莽也对此有了察觉，决定先下手除掉平帝。之后，平帝旧病复发。王莽对病中的平帝大献殷勤，装出一副极为关心的样子，而且还到泰峙进行祭拜，对天发誓愿意替代平帝生病。

与此同时，他暗中寻找机会，对平帝暗下毒手。元始五年腊月初八，王莽向平帝进贡椒酒，偷着将毒药放到了酒中，平帝喝了王莽送来的寿酒后，很快就死了。汉平帝当时只有14岁，葬于康陵，谥号"孝平皇帝"。

谁是中国历史上篡位为帝的第一人？

王莽，中国历史上新朝的建立者，公元8年至23年在位，他是我国历史上通过篡位做皇帝的第一人。

公元6年，汉平帝亡故（据说是王莽毒杀），王莽为了维护自己任意操纵政局的权力，拥立年仅两岁的刘婴（孺子婴）为皇太子，由于太子年幼，太后王政君就命王莽暂代天子的职务，治理朝政。自此东汉的朝政大权都落在了王莽手中，王莽在朝中的势力如日中天，几乎等同于皇帝。

但王莽的专权很快引来了以刘氏宗室为主的反对派的不满，首先发难的就是安众侯刘崇，公元6年，安众侯刘崇率领百余人进攻宛城，但连城门都没有攻破，就被王莽组织的军队打败。

第二年九月，东郡太守翟义拥立严乡侯刘信为皇帝，起兵造反，翟义通告各地，使得长安以西23个县的"盗贼"都开始纷纷起义。王莽得到消息后，十分恐惧，饭也吃不下，日夜抱着孺子婴在宗庙祷告，为了争取民心，王莽还模仿《大诰》写了一篇文章，发布天下。在这篇文章里王莽信誓旦旦地声称自己摄位是临时的，等将来太子孺子婴长大之后，自己一定会将皇位归还给孺子婴。

同时王莽为了尽快攻灭翟义的部队，还调动了大量的军队进行镇压，翟义的造反很快就以失败而告终。王莽扫清了这些障碍后，不断有人借各种名目劝王莽代孺子婴而自立为帝。

初始元年（8年），王莽在朝野广泛的支持下，逼迫王政君交出了传国玉玺，接受了孺子婴的禅让，登基为帝，改国号为"新"，改长安为常安，是为始建国元年（9年）。

是谁缔造了"光武中兴"的局面？

刘秀建立了东汉王朝之后，推行了"偃武修文"的国策，重点发展生产、重用儒学，奠定了东汉王朝近两百年的基业。

经过战乱之后，刘秀开始实行一系列的改革措施，在政治方面，刘秀鉴于西汉王朝权臣当政，外戚篡权的教训，不遗余力地加强皇权。他采取"退功臣而进文吏"的方针，对功臣、宗室和外戚进行严加管教，不许功臣过问政事，并严禁王子、诸王结交有才能的人，结党营私。

刘秀没有设丞相一职，从而削弱了三公权力，一切政令通过尚书台发布施行，将朝中所有的权力集中在皇帝一个人身上。对地方政府，他把从汉武帝以来设置的监察郡县的刺史，固定为地方长官，刺史处理地方政务，可直接上奏皇帝，这样一来就加强了中央对地方政权的控制。

经过战乱之后，汉朝的经济遭到了严重的打击，在经济方面进行的改革，刘秀采取了恢复生产，发展经济，创造稳定的社会秩序。刘秀先后6次颁布释放奴婢的诏令，3次颁布禁止虐待奴婢的诏令，大大缓和了阶级矛盾。在田赋方面，刘秀一度实行三十税一，减轻了农民的赋税负担。刘秀采取了精兵简政的政策，合并了400多个县，将多余的官吏剔除出朝廷。为增加政府的财政收入，刘秀还下令"度田"，在全国范围内丈量土地，并严惩了一批掠夺农民土地的贪官污吏。

刘秀在位期间，勤勤恳恳治理汉朝，实行仁政，加强皇权统治，发展经济文化，安抚边裔部族，使东汉出现了"光武中兴"的局面。

韭菜为什么会成为帝王御用之菜？

据说我们现在吃的韭菜原名叫做"救菜"，这个名字还是东汉的开国皇帝光武帝刘秀亲自命名的。

据说，在光武帝刘秀称帝之前，有一次同王莽大战，结果刘秀大败，刘秀手下的官兵死伤大半，四处逃亡。在逃跑中的刘秀慌不择路，只顾策马狂奔，跑了一天一夜，来到一处叫做亳州泥店村的村寨。

逃跑中的刘秀好长时间没有吃过东西，他饥渴难耐，寸步难行，便爬向一家茅庵，伸手叩门，向住在这里的人请求帮助。茅庵主人夏氏老汉闻声相迎，见刘秀银盔银甲，相貌堂堂，觉得此人非同一般，就把刘秀扶进庵中。可是夏老汉家中贫穷，少饭无菜，为了款待刘秀，他只好到庵外割野菜烹调让刘秀充饥。

没想到，饥不择食的刘秀居然一连吃了三大碗野菜，缓过神来后，他觉得这野菜非常好吃，于是便问老汉这是什么菜。夏老汉也不知道这是什么野菜，只好如实回答说是庵外的野菜，没有名字。刘秀听后便说既然是无名野菜，今天它救了我的命，就叫它"救菜"吧。随后刘秀问过老汉住址、姓名，谢过之后便告辞了。

后来经过多场混战，刘秀终于打败了王莽，赢得了天下，在他称帝后，天下太平。有一天，他忽然想起自己逃命时在泥店救过自己性命的"救菜"，便立即命人前去采割，还命御厨煎炸烹炒。刘秀吃过之后，觉得味道比以前更加可口，于是便封救过自己的夏氏老汉为"百户"，封地千亩，专门种植"救菜"，送皇宫食用。

后来御医经过反复研究，发现"泥店救菜"具有清热、解毒、滋阴、壮阳和增进食欲等多种功效。刘秀知道后，更加爱吃韭菜，但他觉得"救菜"的"救"作为菜名不合适，由于"救菜"是一种草本植物，于是刘秀便专门为"救菜"的"救"造一个字"韮"，于是"救菜"就更名为"韮菜"。

随着时间的发展，"韮"慢慢的被后人简化为"韭"，自刘秀开始"泥店韭菜"便成了帝王御用之菜，一直流传至今。

光武帝为什么发出"仕宦当作执金吾，娶妻当得阴丽华"的感慨？

刘秀，本是一个没落的皇族后裔，虽然名义上身为皇族，但到西汉末年，刘氏宗族的后裔已经遍布天下，有10余万人了。而刘秀这一支族人生活在南阳（今河南省南阳市），更是和皇室没有多大关联的布衣平民。

那时候，刘秀和自己的姐夫邓晨相交甚厚，邓晨家在南阳郡的新野，由于二人都在南阳，于是刘秀经常去新野姐夫家玩。

由于邓晨与新野的世家大族阴氏有亲缘关系，少年时代的刘秀有机会接触到了这个世家大族的千金小姐阴丽华。在我国的史料中，并没有详细的记载刘秀和阴丽华到底有多深的接触和情缘，但却清楚地交代了阴家小姐的美貌给刘秀留下极为深刻的印象。

后来，刘秀去长安游学，一次无意中看到了执金吾率众出行，盛大的场面深深的震撼了刘秀。

《后汉书志·二十七》是这样描述执金吾出行的场面的："执金吾缇骑二百人，持戟五百二十人，舆服导从，光满道路，群僚之中，斯最壮矣！""群僚"就是文武百官的意思，虽然执金吾的官职在百官中并非最大的，但是在声势与排场方面，执金吾则居于百官之首，也就是所说的"斯最壮矣"。一时间，刘秀思潮涌起，不禁说道："仕宦当作执金吾，娶妻当得阴丽华。"

由此可见，执金吾的声势与阴丽华的美貌对于当时还是一介布衣的刘秀有很大的冲击，以至于刘秀发出了"做官就要做执金吾这样盛大的排场的官，娶妻子的话就要娶像阴丽华这样美貌的女子"的感慨。

莎车王请置西域都护失败后给葱岭各国造成了怎样的混乱？

建武十七年（41年）莎车王齐贤遣使东汉，贡献珍物，请求东汉政府派遣西域都护，光武帝即任命莎车王齐贤为西域都护，将印章交给莎车使者带回。

莎车使者行至敦煌，敦煌太守裴遵扣留了莎车使者，上奏光武帝，认为不能任命莎车王齐贤为西域都护。光武帝采纳了裴遵的建议，改任莎车王齐贤为汉大将军。于是裴遵从莎车使者手中夺回并砸碎西域都护的金印，改授其汉大将军的银印。莎车使者归国报告，莎车王十分生气，从此改变态度，假借自己是东汉西域都护的名义，在西域独断专行，先后杀害了葱岭一带的西夜国王、子合国王，扫荡葱岭以西的大宛国、妫塞国、骊归国，给葱岭内外诸国造成了巨大的混乱和损失，莎车王齐贤也因此成了众人痛恨的霸主。

10多年后，于阗王广德举兵抗击，莎车王齐贤兵败，为广德俘虏并杀害。于阗国逐渐强盛，代替莎车成为西域的霸王。不久，北匈奴出兵进攻于阗，于阗王广德不敌，向北匈奴投降。于是，葱岭各国名义上归北匈奴所有。但因北匈奴鞭长莫及，葱岭各国处于分散的独立状态，之后，疏勒国则逐渐强大，对诸国的影响日益加深。

光武帝刘秀和阴丽华是历代帝后中幸福和谐的楷模吗？

东汉王朝开国皇帝刘秀的第二任皇后，名叫阴丽华，是刘秀的结发妻子。阴丽华是春秋时代著名齐相管仲的后人，在历史上以美貌著称。光武帝刘秀和阴丽华的关系十分融洽，是历代帝后中幸福和谐的楷模。

阴丽华嫁给刘秀的时候是冒很大的政治风险的，因为如果成了刘秀的夫人，很可能就会因为刘秀起兵造反而受到牵连被杀，甚至会被满门抄斩。但是阴丽华还是无怨无悔地选择了刘秀。

更始元年（23年）九月，刘秀与阴丽华成亲之后，仅仅相处了3个月，刘秀就被更始帝派往洛阳去了，刘秀不得已只好将阴丽华送回新野娘家，自己一个人去洛阳。两个人就此分开了一段时间，他们再见面的时候，刘秀已经成为了皇帝。

刘秀称帝的第二年，开始商议册封皇后。目标有两个人，一个是阴丽华，还有一个是郭氏。刘秀在册立皇后的问题上开始摇摆不定：一边是郭氏——与刘秀患难相随的红粉知己，在战乱纷飞的时候，郭氏一直追随左右，恩爱有加，并且已经怀孕了，这时只得了一个贵人的称号，显然地位很低；一边是阴丽华——刘秀梦寐以求的妻子，最后终于实现了心愿。刘秀一心一意打算把皇后的宝座留给阴丽华。没想到阴丽华却坚持不肯接受皇后的册封，光武帝只好立郭氏为皇后，封阴丽华为贵人。此后阴丽华也为光武帝生了5名子女。

建武十七年（41年），刘秀因为郭皇后没有母仪天下的美德就将她废了，册立阴丽华为皇后。先前刘秀对阴丽华很是歉疚，现在终于有了补偿的机会。尽管阴丽华没有当皇后的念头，但是也明白了刘秀对她的真情厚意，非常地欣慰和满足。但她依然保持恭俭仁厚、谦让自抑、不喜笑谑和事事谨慎柔顺的美德，对待后辈矜惜慈爱，因此天下都称她为贤后。

刘秀的宽仁厚德，顾念旧情，阴丽华自身具备的贤良淑德与安分守己，成就了一段幸福美满的婚姻。

三国时期

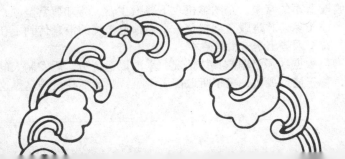

三国时期（220~280年）是中国历史上东汉与西晋之间的一段分裂对峙时期。期间，曹魏（魏国）、蜀汉（汉国）、东吴（吴国），三国鼎立，故而称之为三国时期。

三国时，中原各国之间征战不断，人们饱受战争之苦，但三国也是一个英雄辈出的年代，骁勇无敌的吕布，计谋高超的孔明，忠贞不二的关羽，一个个耳熟能详的名字，至今流传。

东汉末年，国势衰微，政治腐败，再加上外戚宦官干政、天灾不断，人民生活极为困苦，终于爆发了黄巾起义，此后，华夏进入了约百年的战乱时代。诸侯割据、群雄争霸，经过多次征战后，曹操、孙权、刘备三股势力各据一方。在混战中，曹操在官渡之战中击败了袁绍，最终统一了北方，刘备占据蜀中，而孙权割据东南。

公元208年，曹操率军南征宿敌刘备以及孙权，在刘备的谋士诸葛亮与孙权的谋士鲁肃的共同推动下，孙刘结成联盟，共同抵抗曹操。孙刘联军与曹操在赤壁爆发大战，使曹军大败，退守北方。此后刘备攻占汉中，之后自立为汉中王，而不久关羽大意失荆州，荆州落入东吴孙权之手，自此三足鼎立的局面正式形成。

公元249年，曹魏重臣司马懿发动高平陵之变，控制了曹魏的大权。公元263年，掌握了大权的司马昭下令伐蜀，当时的蜀汉皇帝刘禅出降，蜀汉灭亡。两年后，司马昭之子司马炎废黜了曹魏皇帝曹奂，自己称帝，建立晋朝，史称西晋。公元280年，晋武帝司马炎大举伐吴，孙皓出降，东吴灭亡，三国时代结束。

曹操与袁绍之间最著名的战役是哪场？

官渡之战是曹操由弱变强、袁绍由强变弱的开始，它是中国历史上一次著名的以少胜多的战役，也是曹操与袁绍之间最著名的战役。

东汉末年，在镇压黄巾起义的过程中，形成了大大小小的割据势力，进入争权夺利、互相兼并的长期征战，经过多年的混战，袁绍、曹操两大军阀集团逐步发展壮大起来。

建安元年（196年），曹操把汉献帝迎到许昌，形成"挟天子以令诸侯"的局面，取得了政治上的优势。建安三年（198年），袁绍击败公孙瓒，占有青、幽、冀、并四州之地，两大势力隔黄河对峙。次年六月，袁绍挑选精兵10万，战马万匹，企图南下进攻许昌，官渡之战的序幕由此拉开。

袁绍南下的消息传到许昌，曹操部下认为袁军太强大了，不能战胜。但曹操却认为袁绍刻薄寡恩，刚愎自用，兵多而指挥不明，于是决定集中全部兵力抗击袁绍的进攻。当曹操正部署对袁绍作战时，刘备占领下邳起兵，并与袁绍联系，打算合力攻曹，曹操为避免两面作战，在第二年亲自率精兵攻击刘备，刘备全军溃败，只身逃往河北投奔袁绍。

建安五年（200年），袁绍发布讨伐曹操的檄文并进军黎阳，欲渡河与曹军主力决战。他首先派颜良进攻白马，以掩护主力渡河。曹操为争取主动，亲自率兵北上解救白马之围。曹操解了白马之围后沿黄河向西撤退，袁绍派大将文丑与刘备继续率兵追击曹军。当时曹操兵少，而袁绍兵多。曹操故意将辎重丢弃道旁。袁军一见，纷纷争抢财物。曹操突然发起攻击，终于击败了袁军，杀了大将文丑，顺利退回了官渡。

同年十月，曹操奇袭乌巢，到达后立即围攻放火，袁绍听说曹操袭击乌巢，只派小部兵力救援乌巢，用主力猛攻官渡曹军的营垒，企图趁机攻下曹操主营。哪知曹营坚固，攻打不下。曹军在乌巢大破袁军，杀死淳于琼，并烧毁全部粮草。乌巢粮草被烧的消息传到了在前线作战的袁军军队，袁军军心动摇，曹军乘势出击，大败袁军。

在官渡之战中，曹操根据敌强己弱的具体情况，采取以逸待劳，后发制人的作战方针。在防御作战中，坚定沉着，善于捕捉战机，善于听取部属意见，紧紧抓住奇袭乌巢这一关键环节，终于取得胜利。

官渡之战就这样以曹胜袁败而告结束，不久后，袁绍病死，曹操继续进军消灭了袁氏残余势力。

郭嘉为什么能得到曹操的器重？

郭嘉，字奉孝，是曹操手下主要谋士之一，他有很强的洞察力，每每进言，无有不中，因此十分受曹操的器重。

曹操的心腹谋士荀彧向曹操推荐郭嘉，攀谈很久后，曹操赞叹说："使孤成大业者，必此人也。"郭嘉对曹操的印象也很好，也非常高兴地说："真吾主也。"

公元 198 元，吕布击败刘备和曹操的援军，收纳了泰山的黄巾军，势力不断的壮大，后来占据了徐州，对曹操形成了很大的威胁，曹操就对吕布展开了攻势，战役持续了大半年，也没能攻下来，曹操见士兵疲惫就准备放弃，但郭嘉却看出胜机，劝曹操急攻。曹操听取了他的建议，果然一鼓作气擒杀了吕布。

公元 200 年，在曹操与袁绍对峙官渡期间，刘备一直在后方骚扰，曹操很烦恼，但自己又拿不定主意，就问郭嘉。郭嘉说："袁绍性格迟缓多疑，就算要偷袭也不会很迅速。但刘备的势力刚刚聚集不久，众人的心还没有归附。如果速战速决，必然得胜。"于是曹操举师东征，果然大破刘备，抓住刘备的妻子，还擒住了关羽。

公元 207 年，袁尚逃入乌桓，众将都认为袁尚是丧家之犬，没必要再劳师远征，郭嘉却说："现在虽然是虚国远征，但是一劳永逸，以后就再没有边患啦。"曹操听从了郭嘉的建议，立刻进兵辽东。曹操听取郭嘉兵贵神速的意见，起用熟知辽东地理的田畴，走小路奇袭柳城，大破仓促应战的敌军。

从柳城回来的路上，郭嘉病逝了，曹操失声痛哭，对荀彧等人说："你们都和我差不多的年纪，只有孝奉最年轻。等到天下事竟，我还欲将后事托付给他，但他夭折在巅峰之年，难道这就是命运吗？"

公元 208 年，曹操兵败赤壁，又叹息说："如果奉孝还在，不会让我落到这个地步！"可见郭嘉在曹操心目中的地位。

三国期间"挟天子以令诸侯"的奸雄是谁？

曹操（155~220 年），字孟德，小名阿瞒，是东汉末年杰出的政治家、军事家、文学家，他演绎了一段"挟天子以令诸侯"的历史，统一了北方，建立了曹魏政权。

曹操出生在一个显赫的宦官家庭，中平六年（189 年），董卓进入洛阳，废除了少帝的皇位，拥立了献帝，又杀死了太后和少帝，自称相国，把持朝政生杀大权，曹操见董卓倒行逆施，就改易姓名逃出京师洛阳。

曹操从陈留起兵后，又将吕布、张邈赶出兖州，历时 6 年，他终于有了自己的一块根据地，并把汉朝的汉献帝掌握在了自己手中。他起兵之初，仅仅有数千人。在他出任东郡太守后，陆续延揽才俊，后来又击溃青州黄巾军，收其精锐组成"青州兵"，这样，曹操又有了一支颇具战斗力的军队。

建安元年（196 年），曹操迎接汉献帝到许昌。他对献帝的物质保障和适度尊重，果然得到了他所期待的巨大回报。献帝授给曹操节钺，录尚书事，任司隶校尉，后又任命他为大将军，实际获取了高出于所有文臣武将的地位。曹操趁他人尚未来得及反应的情况下，迁帝都许昌，使皇帝摆脱其他势力的控制。此后，他还加紧步伐翦除异己，提高自己的权势。从建安二年起，曹操利用他"挟天子以令诸侯"的政治优势，东征西讨，开始了他翦灭群雄，统一北方的战争。他首先罢免太尉杨彪、司空张喜；其次诛杀议郎赵彦；再次是发兵征讨杨奉，解除近兵之忧，向最有影响力的三公发难。最后，他一方面以天子名义谴责袁绍，打击其气焰，另一方面将大将军让予袁绍，稳定大敌。

当时袁绍是北方最强大的势力，袁绍取得了冀、并、幽、青四州之地，军事实力大增，军队有数十万人。后曹操在官渡一战大胜，曹操击溃了最强大的敌人袁绍，基本上统一了北方，成为北方的一代霸主。

屡次救曹操于危难之际的曹营大将是谁？

曹仁，一生忠勇兼备，能攻能守，屡次救曹操于危难之际，他是曹操帐下的心腹大将。

曹仁是曹操的堂弟，曹操起兵的时候，他带人投奔，曹操任命他为"别部司马"、"行厉锋校尉"。公元194年，曹操"挟天子以令诸侯"，曹仁因为屡立战功，被封为广阳太守，但是曹操器重他的勇猛和才略，不想让他离开自己，于是把他留在身边指挥骑兵。

曹仁第一次救曹操于危难之中，是在公元197年。曹操征讨张绣，张绣先是投降，之后突然又反悔，趁夜偷袭曹营，曹操的长子曹昂被杀，部将典韦战死，曹操慌忙逃走。曹操败退时，张绣紧紧追来，眼看曹操就要被擒，曹仁挺身而出，在阵前挥臂激励军士，神情激昂，振奋了曹军的军心。在曹仁的统领下奋勇向前，打败了张绣。

公元208年，赤壁之战，曹操大败，曹仁临危受命，留守江陵，曹操自己撤回许都。曹操刚走不久，周瑜、程普就率领数万人来攻打。曹仁就派部将牛金率领三百人出战，但是吴军势众，牛金兵少，被团团围住，长史陈矫吓得面无人色。曹仁大怒，吩咐左右牵马来。陈矫等人连忙拉住他，劝道："敌人势众，不可抵挡啊，万万不可以身冒险啊！"曹仁不听，带着手下几十名骑兵出城冲入敌阵救出了牛金，有一部分士兵没有突围出来，曹仁再次冲入敌阵，把那些士兵也解救出来。陈矫等人见他全身而退，不禁叹曰："将军真天人也！"

危急关头方显英雄本色，曹仁就凭借着江陵这一座孤城，抵挡了周瑜一年多的进攻。这一年里，曹仁曾经在一次战斗中射中周瑜右臂，使周瑜伤势严重以至于卧床不起。

公元219年，蜀国大将关羽统兵攻打襄樊地区，曹仁据守樊城，在内外断绝，粮食欲尽，救兵不到之际，有人建议及早撤退，但曹仁不同意，他认为江陵是许都的门户，应该坚守江陵，拱卫许都。于是，他把白马沉于水中，激励将士，跟全军盟誓，誓死保卫樊城。最终，东吴偷袭荆州，关羽不得不回军自救，樊城之围自解，关羽没能攻下樊城，曹仁居首功。

曹操死于公元220年，曹丕继位后，加封曹仁为大司马（魏国最高的军事官衔）。

为什么说曹操阵前大将于禁不忠？

于禁，字文则，原是曹操阵前大将，后在危难之际，为了自保，投降关羽，成为曹魏的不忠之臣。

黄巾之乱的时候，于禁曾经和鲍信一起举事，后经著名的谋士王朗推荐给曹操，王朗称赞于禁有大将之才。曹操封他为军司马，派他带兵攻打广威，取得胜利后，曹操又提升他做了陷陈都尉，自此于禁开始了他漫长的征战生涯。

宛城张绣叛乱，曹操军败，当时军中骚乱，逃兵无数，只有于禁所带领的数百人，英勇杀敌，阻挡了追兵。撤退的路上，于禁坚决制止青州兵四处抢劫，于是青州兵诬告于禁叛变，但于禁不慌不忙，先扎下营寨，安排妥当，然后才去见曹操，曹操问他怎么不先来解释，于禁说："分辩事小，退敌事大。"曹操对于禁坚毅沉稳的作风大加赞赏，说："乱能整，讨暴坚垒，有不可动之节，虽古名将，何以加之！"

但曹操如此赏识的这位良将最终却失节，投降了关羽。建安二十四年（219年），曹仁关羽大战樊城，曹操派于禁和庞德相助曹仁，关羽水淹七军，于禁被关羽生擒，庞德不屈节而死，而于禁却主动请降。曹操听说后，哀叹了很久说："于禁跟我一起打江山已经超过30年，怎么到了危难的时候，还反倒不如庞德了呢？"后来孙权杀了关羽，于禁又成了孙权的俘虏。

曹丕登基，孙权称臣，把于禁送了回来，曹丕派他去守曹操的陵墓，于禁看到了陵墓墙壁上画了关羽水淹七军，庞德就义，于禁降服的图画，羞愧难当，没多久就病死了。

"徐晃之勇胜过关羽"是真的吗？

徐晃，字公明，是曹操手下一员大将。在樊城之战中，他打败了关羽，因此有徐晃之勇胜过关羽的说法。

公元219年，关羽进攻襄樊，于禁被擒，庞德被杀，曹仁被围在樊城，进退不得，关羽兵锋直指许都，曹操知道关羽的厉害，甚至想要迁都以避开关羽锋芒。

曹操爱惜将才曹仁，派徐晃率军援助曹仁，当时徐晃所带领的军队多是新兵，难以和关羽争锋，只能出奇制胜，于是徐晃就到阳陵坡驻扎。当时关羽前部屯扎在郾城，而郾城在徐晃所驻扎的阳陵坡的北面，徐晃于是假装修筑长堑，表示将要切断蜀军后路。蜀军惧怕被围，连忙烧营撤走，徐晃军前进到郾城，两面连营，渐向围城的蜀军逼近，最后徐晃军营距离关羽的军营仅仅三丈远。

关羽军主力屯扎在围头，另外一部屯扎在四冢。徐晃以声东击西的战术，说要进攻围头，却出其不意的突袭四冢。关羽担心四冢有失，亲自率步骑5000出战，却被徐晃击败。徐晃乘胜追击，冲入蜀军围内，蜀军大败，很多人掉进沔水淹死，关羽只好撤围退走，由此可见徐晃不仅勇猛而且很有谋略。

樊城之围被解后，曹操亲自到关羽的兵营查看，发现敌人围堑鹿角十重，不禁感叹道："我用兵30余年，以及所听说过的古代善于用兵的人，没有能够这样长驱直入敌围的。况且樊、襄阳之围，胜过以前的莒、即墨之围，所以将军之功，胜过孙武、穰苴。"徐晃凯旋回到摩陂，曹操亲自出营7里迎接徐晃，并设宴庆贺，慰劳徐晃。

徐晃治军严谨，令行禁止，当时各路大军云集在摩陂，曹操到各营视察。听说曹操要来，不少士兵都出来围观，只有徐晃部下的军营整齐，将士驻阵不动，曹操叹道："徐将军可谓有代国周亚夫的风采啊！"

樊城之战是徐晃战斗生涯的一个高峰，充分显示了他不逊于关羽的军事才能和智慧。

曹丕是魏国的开国皇帝吗？

曹丕，字子桓，是曹操的第二个儿子。曹操虽然自己占据北方，但是并没有称帝。但曹操死后，他的继任者曹丕登基坐上大魏皇帝的宝座，定国号为大魏，成为魏国的开国皇帝。

曹操最初势力薄弱，经常携带家眷，转战四方。这种军旅生涯，让曹丕从小就喜好武事。公元203年，曹操出兵北方，曹丕也跟从曹操出征，进攻袁绍的儿子袁尚等人，曹操平定北方后，就不再携带家眷出征，而让曹丕留守邺城。

此时的曹操最担心的问题是册立世子。曹操有25个儿子，长子曹昂早在公元197年曹操出征张绣的时候遇害身亡，因此次子曹丕便成了长子，按照"立嫡以长"的常规，这种长子地位对曹丕是非常有利的，但曹操却始终没有明确曹丕是继承人。

当时曹操用人惟才，他在确定继承人的问题上也是如此。在他的众多的儿子中，曹冲最聪明，因此他很想让曹冲继位，但不料曹冲13岁就夭折了。以后他又几次想立曹植为太子，但曹植行为任性放纵，不加检点，饮酒没有节制，甚至违法乱纪，逐渐失去曹操的宠爱。

延康元年（220年），曹操去世，世子曹丕成为了魏王、汉丞相、冀州牧，他积极缓和曹氏和士族之间的矛盾，取得了他们的支持，为称帝奠定了基础。同年十月，曹丕逼迫汉献帝禅位，自己登基为大魏皇帝，定国号为大魏，改年号为黄初，并定都在洛阳。

曹丕作为魏国的开国皇帝，他的一些施政措施体现了他政治上的卓越才能。在国家制度方面，坚持独揽大权。他设立了中书省，其中的官员改由士人充任，原来由尚书郎负责的诏令文书起草之职责转由中书省官员负责，权力的核心逐渐转移到了中书省。他推行九品中正制后，官员的任命权从地方收归到了中央，但也导致魏国的统治实权逐步被士族垄断。

被称为"洛神"的甄氏是被毒酒赐死的吗？

传说魏高祖曹丕的皇后甄洛非常漂亮，是洛神转世，她是在后宫争宠中失败，最终被毒酒赐死的。

传说，洛神是伏羲氏的女儿，因迷恋洛河两岸的美丽景色，降临人间。而甄洛就是被人们称为"洛神"转世。据说，甄洛还是一个婴儿时，每次睡前，家人总是看见有人将玉衣盖在她的身上，全家都惊奇不已。

后来有个著名的相士刘良为甄家子女看相，刘良看到甄洛的时候，大惊失色，指着尚是幼儿的甄洛道："这个小姑娘日后贵不可言。"

袁绍正意气风发唾手可得天下的时候，甄洛嫁给了袁绍之子袁熙。这桩姻缘的缔定，似乎验证了甄洛幼年那"贵不可言"的预言。但是谁也没想到，袁家竟败得如此之快。公元204年，袁氏的大本营邺城被曹操父子攻下，就在城破之日，曹丕闯进了袁府，见到了甄洛，甄洛艳丽绝伦，曹丕心中称赞不已，便禀明曹操，迎娶甄洛。

婚后曹丕对这位大度贤良的妻子还是非常喜爱的，就连曹操的夫人卞夫人也经常夸奖她是孝顺媳妇。不久甄洛生下了长子曹睿和长女东乡公主，曹操和卞夫人也更加喜欢甄洛了。

建安二十五年（220年）曹操病逝，同年十一月，曹丕登基称帝，建立魏朝。曹丕称帝后，很长时间不立皇后。当时最有可能被立后的有两人，正妻甄洛和宠妃郭女王。郭女王是郭永的女儿，长得也很漂亮，而且比甄洛年轻，唯一的缺点就是她没有生下儿子，于是，郭女王利用曹丕和甄洛的长子曹睿是不足月生下来的这点，诬称甄氏是怀孕二月才与曹丕结婚的，质疑曹睿是否为曹家的骨肉。事后，曹丕以此事询问甄洛，让甄洛非常生气和委屈，不顾一切地大斥曹丕对自己亲生骨肉无端怀疑，有损曹门家风，后来曹丕渐渐疏远了甄洛。甄洛备受冷落，于是寄情丝于笔墨，写下了她唯一传世的作品《塘上行》，诗中表达了一个妻子对丈夫相思到极致的、一往无悔的深情泣诉。不料，曹丕读诗后竟然勃然大怒，在当皇帝后的第二年六月，从洛阳派使者前往甄洛独居的邺城旧宫，逼她服下了毒酒，并把她的头发披散起来，遮住脸，用米糠塞入口中下葬。

相传，曹丕的弟弟曹植十分倾慕甄洛，甄洛冤死后，曹植十分哀痛，为她作了一篇悼赋，也就是文学史上著名的《洛神赋》。此后，甄洛的洛神之名更是流传千古。

虽然甄洛被曹丕毒酒赐死，但她的儿子曹睿最终继承了皇位，并为她洗清冤屈。

魏明帝是否是个贪图享乐的皇帝？

曹睿（205~239年），字元仲，即魏明帝，曹丕去世后，曹睿继位，他是魏国的第二个皇帝。他对政事有其独到之处，但缺点也很明显，那就是过于追求享乐。

曹睿生性仁厚，很得父亲曹丕的欢心。公元226年夏天，曹丕得了伤寒，他觉得曹睿统治国家自己比较放心，就立曹睿为太子。不久，曹丕就去世了，曹睿继位当了皇帝。

曹睿对当时朝廷内的形势有了比较清醒的认识，他先厚待前朝大臣，赢得了他们的支持，以此培养了自己的势力。等到自己掌握了大权，地位巩固以后，便开始考察官吏，任用贤能，罢黜庸才。公元228年，镇守淮南的曹休去世了，大臣满宠接替曹休的职责。扬州刺史王凌上书说满宠不适合担任这个职务，曹睿在召见满宠后，觉得比较满意，就让他继续任职。满宠有作战经验，在之后抵御东吴的进攻中，保证了边疆的安全。

诸葛亮不断北伐时，曹睿重用司马懿抗蜀，辽东反叛后，又让他征伐辽东，消除了边疆的隐患和叛乱。

除了重用贤能的官僚外，曹睿还注意用法律对官员进行监督考察，在公元229年，他让司空陈群修改汉朝法规，制定《新律》180多篇，要求官员认真遵守。曹睿继位后，在政治军事方面有所作为，但他也有明显的缺点，就是太过于追求享乐。

曹睿刚刚即位，就在邺城为母亲甄氏修建陵园，以后又下令修建其他宫殿；为了出游的方便，曹睿指使马钧制造了指南车。他乘车随意游玩，遇到中意的美女就叫上车拉到宫中，致使后宫的美女多达数千人，后宫费用几乎与军费相等。

景初二年（238年）十二月，因为荒淫无度，曹睿病重，卧床不起，经过深思熟虑，他决定让曹爽、司马懿共同辅政。于是，曹睿下诏征召司马懿回京，司马懿紧急上路，日夜兼程，赶到了洛阳。生命垂危的曹睿握着司马懿的手说："我强忍着不死，就是在等你，要把后事托付给你，由你和曹爽辅佐我的儿子曹芳。"接着将曹芳叫到床前，拽着曹芳的手对司马懿说："就是他了，你要看清楚，不要弄错。"司马懿上前说："陛下放心，先帝不是也将陛下托付给臣了吗？"曹睿听后，放心地离开了人世。

曹睿22岁即位，在位13年，终年35岁，葬于高平陵，谥号是烈祖明皇帝。

魏国第一个傀儡皇帝是谁？

景初三年（239年）正月，明帝曹睿死后，只有9岁的曹芳继承了皇位，一切政事均由曹爽和司马懿处理，曹芳成为魏国第一个傀儡皇帝。

曹爽是曹魏的皇族子弟，但他的职务、资历、功劳都比不上司马懿，他将司马懿提升为太傅，却没有给他实权。接着，曹爽让自己的3个弟弟掌管御林军，独揽大权，认为天下无忧，从此尽情享受，他的衣食跟皇帝一样，并暗中把明帝的歌女、舞女带回家中作乐。对于曹爽的结党专权，司马懿非常不满，他上书给曹芳说自己年老有病，要求回家闲居。曹芳在曹爽的授意下，立即照准。

公元249年，曹芳要到洛阳城外去祭奠明帝，曹爽和兄弟曹羲、曹训、曹彦陪同，洛阳城内空虚。司马懿乘机发动兵变控制了洛阳城。司马懿让太后下诏削去曹爽的兵权，并将诏书送给城外的曹爽，曹爽看后惊慌失措。这时，司马懿也派人告诉曹爽，只要他辞去官职，交出兵权，就可以归还府邸，保留封爵。曹爽便相信了，交出兵权，回到了洛阳家中。但不久，司马懿就罗织罪名，将曹爽兄弟及他的谋士何晏、丁谧、毕轨、李胜、桓范等，全部处死，并株连三族。从此，曹魏的军政大权就控制在司马懿的手中了。

司马懿后来因病身亡，他的儿子司马师接着独揽朝政大权，嘉平六年（254年）九月十九日，司马师用郭太后的名义，召集文武百官，宣称：曹芳荒淫无道，没有资格继续做皇帝，应该回到他原来的封地齐国，曹芳在当天就被迫离开了皇宫，曹魏政权至此结束。

曹芳自即位起，朝政就被大臣把持，到自己离宫，都没有掌握过实权，成为魏国第一个傀儡皇帝。

誓死铲除司马氏的魏国皇帝最终成功了吗？

曹髦，字彦士，是魏文帝曹丕的孙子。司马师废掉曹芳后，另立曹髦为帝，曹髦誓死铲除司马氏，但最后却被司马氏诛杀。

公元251年，司马懿死了，接替他职位的是他儿子司马师，魏国的军政大权落在司马师和司马昭兄弟两人手里。公元254年，司马师逼着皇太后把曹芳废了，另立魏文帝曹丕的孙子曹髦为帝。

曹髦登基后，司马氏专权，曹髦被迫赐予大将军司马师黄钺，并给予了奏事不名、剑履上殿的特权。公元255年，扬州刺史文钦和镇东将军毋丘俭起兵说要征讨司马师，但是司马师先行一步，亲自带兵征讨二人。得胜回师许都之后，司马师的旧病复发死了，没有实权的曹髦无力阻止司马昭继任为大将军，于是朝政继续由司马氏把持。

公元257年，淮南的诸葛诞叛乱，司马昭率兵征讨，历经大战，终于在第二年平定了战乱。凭借着立了大功的光辉，司马昭在朝廷上更加猖狂，魏帝曹髦实在忍受不了司马昭的专擅。一天，他把尚书王经等3个大臣召进宫里，气愤地说："司马昭之心，路人皆知，我不能坐着等他来收拾我。今天，我要同你们一起去讨伐他。"大臣们知道根本没有力量同司马昭作对，就劝他忍耐，不要闹出大祸来。但曹髦从怀里掏出一道已经写好的诏书，扔在地上，说："我已经下了决心，就算是死也不怕，再说还不一定谁死呢。"

曹髦哪里知道这3个大臣当中，有两个人偷偷溜出去向司马昭通风报信了，因此司马昭的心腹贾充，带了3千铁甲赶来，曹髦上前大喝一声"你们谁敢弑君！"就挥动剑杀过去。贾充的手下兵士一见皇帝自己动手，毕竟有点胆怯，都不敢动手。贾充厉声说："司马公平时养着你们是干什么的！"贾充这一说，手下成济拿起长矛就往曹髦身上直刺去。曹髦来不及招架，被成济连刺两矛，当时倒地死了。

曹髦死后，司马昭为了堵住人们的悠悠之口，就把杀害皇帝的罪责推给成济，给成济定了一个大逆不道的罪，满门抄斩了。

魏国的最后一个皇帝是谁？

曹奂是燕王曹宇的儿子，曹操的孙子，曹髦被杀死后，曹奂即位，他是魏国最后一位皇帝。

甘露五年（260年）司马氏拥立曹奂为皇帝，但实际上曹奂手中仍旧没有一点实权，在大臣和军队中也没有任何的势力，他只是司马昭手中的一枚棋子而已。

经过司马懿、司马师、司马昭3人的努力，此时效忠曹魏的将领也基本上被铲除，司马氏取代曹魏成为了无法避免的趋势了。为了称帝，司马昭还加紧了对文人的控制，以便取得舆论上的优势，经过一系列的策划后，司马昭决定消灭吴蜀，用来得到自己称帝的功绩与威望。

公元263年司马昭派大将邓艾和钟会伐蜀汉，蜀汉灭亡，刘后主做了亡国之君，司马昭也因此被晋升为晋王。但不幸的是，正在司马昭筹谋如何登上帝位的时候，却突然中风死去了，而他魏亡后，曹奂被封为陈留王，并迁到邺城。出城时，太傅司马孚握着他的手说："我到死都是大魏的忠臣。"晋惠帝太安元年（302 年），曹奂在许昌逝世，享年 58 岁，后人也称他为魏元帝。

为什么说"生子当如孙仲谋"？

孙权，字仲谋，文韬武略，统治江东 51 年，开创了吴国的黄金时代，固有"生子当如孙仲谋"的说法。

孙权在小时候便跟着父兄转战各地，在父亲战死后，他常常给兄长孙策出谋划策，让孙策非常惊讶。孙策死后，孙权开始统治东吴。

建安十三年（208 年），曹操打败了刘表，夺取了荆州，企图顺江而下一举灭吴。孙权采纳鲁肃的建议，与刘备结盟，派周瑜领兵三万，与曹操决战。决战中，周瑜和黄盖用火攻战术打败了曹军，这就是著名的赤壁之战。

赤壁之战后，孙权与曹操多次在合肥、濡须一带对峙，各有胜负。孙权曾在濡须口一带，乘大船侦察魏军阵容，魏军弓箭齐发，而他却镇定自若，见箭镞集中在船的一侧，下令掉转船头，再以另一侧受箭，待船两侧均重后再安全驶回。

黄初二年（211 年），为方便跟刘蜀作战，孙权改鄂城为武昌，作为政治中心。黄龙元年（229 年）四月，孙权在武昌称帝。同年九月，又将都城从武昌迁回了建业（今江苏省南京市）。

孙权迁回建业后，采取了很多措施，鼓励发展生产：推行屯田，东吴的屯田分为军屯、民屯两种，屯田兵且耕且战，屯田户只种田，免除役事；兴修水利，疏浚秦淮河水道，开通了岗渎、运渎、东渠、潮沟；孙权还发展了航海事业，派将军卫温和诸葛瑾直领兵万人到夷州（今台湾省），开始书写大陆与台湾岛交往的历史。之后又派交州刺史出使南洋诸国，与印度建立了联系。公元 247 年，西域僧人康僧会建造了建初寺，这是金陵的第一座佛寺。这些措施促进了江南地区经济的发展，也有利于农民生活的稳定和逐步改善。

公元 252 年，孙权去世，终年 71 岁，谥号大皇帝，史称东吴大帝。他统治江东 51 年，开创了吴国的黄金时代，称得上是"英人之杰"。

东吴的股肱之臣是谁？

周瑜，字公瑾，他是东吴的股肱之臣。周瑜多谋善断，精于军略，为人大度恢廓，雅量高致，文武筹略，万人之英，是盖世奇才。

孙坚死后，孙策继承父志，统率大军，此时周瑜前来投奔。孙策闻周瑜前来，亲自出迎，授周瑜建威中郎将，周瑜时年 24 岁，吴郡人都称之为周郎。

建安五年（200 年）四月，孙策遇刺身亡，享年 26 岁，临终把军国大事托付孙权。此时孙权只有会稽、吴郡、丹阳、豫章、庐陵等郡，其他地方长官并没有依附。在这关键时刻，首先出面支持孙权的是张昭、周瑜、吕范、程普等人。周瑜从外地带兵前来奔丧，留在吴郡孙权身边任中护军。他握有重兵，用君臣之礼对待孙权，与长史张昭共同掌管军政大事，其他人就不敢再有异动。因此周瑜越来越得孙权的信赖，而他也越发竭诚尽智。

建安十三年（208 年），曹操大举挥师南下攻打荆州，曹操写信给孙权说："我奉旨南征，刘琮束手就擒。如今我训练了大军 80 万，准备与您会猎江东。"以张昭为首的大部分人都认为应该"迎曹"，认为曹操占领荆州，有了地利，又收服了荆州兵船，可以顺流而下，江东无法抵抗。

孙权在犹豫不定的时候，便把周瑜从外地召回。周瑜认为要坚决抗曹，并主动请兵出战。孙权闻言大喜，任命周瑜为左督，统军 3 万。程普为右督，鲁肃为赞军校尉，协助周瑜。周瑜和刘备部队会师，沿江而上，与曹军在赤壁相遇。老将黄盖献计火攻，周瑜认为黄盖说得有理，二人使用苦肉计，火烧曹营。之后曹操留曹仁守江陵，自己返回北方。周瑜又与程普乘胜进军南郡，赶跑了曹仁，占领南郡，这就是赤壁之战。赤壁之战，宣布了曹操的统一大业失败，三足鼎立局面已露端倪，周瑜则声威大震，名扬天下。

赤壁之战后，周瑜多次想扼制刘备，但都没成功。周瑜对孙权说，一定要攻取巴蜀和汉中，孙权当即表示同意。但周瑜在赶回江陵的路上染病，死于巴丘。周瑜一死，孙权感到痛折股肱，亲自穿上丧服为周瑜举哀。

周瑜少年得志，风度过人，他一生征战，有极强的进取精神和横行天下的抱负，是东吴两代雄主依为臂膀的重臣。

鲁肃为什么备受孙权器重？

鲁肃，字子敬，是孙权的重臣。他为孙权出谋划策，深谋远虑，为建立吴国立下了很多功绩，因此备受孙权器重。

孙策被刺杀后，鲁肃打算北上寻求发展，但周瑜制止了他，并马上向孙权推荐鲁肃。孙权召见了鲁肃，与之交谈后，对鲁肃的为人及见识颇为满意。之后鲁肃尽力辅佐孙权，每遇大事，他都参赞谋划，且思深虑远，有过人之处。

建安十三年（208年），曹操率领大军攻打荆州，并图谋江东。鲁肃认为曹操力量强大，应该团结刘备共同抵抗，于是鲁肃促成了孙刘结盟，最后在赤壁大败曹操。大战结束后，鲁肃先行归来，孙权聚集众将，大张旗鼓地迎接他。鲁肃进殿拜见孙权，孙权起身向他示敬，给了他很多赏赐。

赤壁之战后，刘备派人谒见孙权，请求借荆州。周瑜诸将都要求扣留刘备，唯鲁肃从全局考虑，劝孙权把荆州借给刘备，以孙刘联合，共同抗曹。孙权接受了他的建议，曹操知道孙权借荆州给刘备的消息时，正在写信，震惊之下，笔落在地。

周瑜病危，写信给孙权，推荐鲁肃代替自己，当时鲁肃与关羽邻界统兵，疆土犬牙交错，多次发生摩擦。鲁肃顾全大局，总是以友好的姿态安抚对方。刘备平定益州，孙权请刘备归还荆州中的长沙、零陵、桂阳三郡，但是刘备不肯。

鲁肃为了大局，邀请关羽相见，提出各自将兵马布置在百步以外，只有将军们各带单刀赴会。鲁肃做出决定后，他部下将领怕出变故，劝鲁肃不要轻蹈险地。鲁肃毫无畏惧，他说："事到今日，应该把话说清。刘备辜负国家，是非尚未论定。关羽又能怎么样呢？"毅然赴会。单刀会没有结果，双方僵持不下，战争一触即发。这时曹操进攻汉中，刘备害怕两头受敌，派人跟孙权讲和。双方议定，以湘水为界，平分荆州。

鲁肃行事稳健，他的智谋多次为东吴的发展立下汗马功劳，因此孙权对他非常重视。建安二十二年（217年），鲁肃病逝，享年46岁，孙权亲自为他举办了丧事，并参加了他的葬礼。公元229年，孙权在步向皇帝宝座，登基称帝的台阶上，回头对身后的官僚说："当年鲁子敬就曾经预言有今天，可谓明达时势，高瞻远瞩啊！"

陆逊为东吴立下了哪些功绩？

陆逊，出身在江东大族，他是孙权统治集团的幕僚，为巩固和发展东吴立下了汗马功劳。

建安十三年（208年），赤壁之战后，刘备和孙权因为争夺荆州展开大战。次年，蜀前将军关羽水淹魏七军，生擒主帅左将军于禁和庞德，乘胜围攻败退樊城。魏王曹操采纳丞相司马懿、曹椽蒋济的建议，利用吴蜀联盟出现破裂之隙，派人劝说东吴孙权抄袭关羽后方。

孙权立即命吕蒙和陆逊同时分道攻取荆州。陆逊长驱直入，同年十一月，陆逊率军攻下荆州公安、南郡，宜都太守樊友弃城而逃，其他据点的长吏和少数民族酋长都望风而降，关羽被逼得败走麦城，最后被杀。

蜀汉章武元年（221年），刘备不顾诸葛亮、赵云等群臣劝谏，决意伐吴为关羽报仇，夺回荆州。蜀汉大军压境的时候，孙权又任命陆逊为大都督，统率5万人抗拒蜀军。蜀军从巫峡到夷陵沿路扎下了几十个大营，还频繁挑战，吴将皆急欲迎击时，陆逊耐心劝止，坚守不出。诸将对陆逊的做法不理解，以为陆逊胆怯畏敌，都很愤恨他。

两军相持半年之久，蜀军兵疲意懈，粮食补给严重不足，因此陆逊决定适时转入反攻。诸将都认为刘备防备森严，不利于攻，但陆逊认为时机成熟，可以发起进攻了。于是陆逊先命令将士持草一束，以火攻破一蜀营，并命令诸军趁势发起进攻，迫使刘备西退。

之后陆逊命水军封锁长江，孙桓扼守夷道，将蜀军分割于大江东西。吴军继施火攻，火烧了

40多个寨，使蜀军死伤惨重，蜀将杜路、刘宁投降，都督冯习及沙摩柯被杀。刘备败退至马鞍山，依险据守。陆逊即集中兵力，四面围攻，蜀军土崩瓦解，被歼数万。吴军获胜后，诸将这才对陆逊大为佩服。

"士别三日，当刮目相看"的东吴大将是谁?

吕蒙，字子明，他是东吴大将，"士别三日，当刮目相看"说的就是大将吕蒙。

吕蒙虽然勇猛，但不爱读书，孙权就想要激励他。有一次，孙权对吕蒙说："你如今掌管当涂，身披重担，不能不学习。"但吕蒙连忙推脱，说军务繁多，没有时间。但孙权并没有放弃，他耐心地对吕蒙说："我也没有让你当博士啊，你应该多涉猎，知道以往的事例，才能从中汲取教训。你说你忙，不会比我还忙吧，我还经常读书呢！"吕蒙听了孙权的话，开始努力学习，日积月累，他读的书，超过了宿儒耆旧。

建安十五年（210年），鲁肃到了陆口，途中经过吕蒙的驻地，鲁肃认为吕蒙是武夫出身，有些轻视他，不愿去见吕蒙。有人对鲁肃说："吕将军功名日显，不能故意怠慢，你应该去看望。"鲁肃于是去见吕蒙。酒到酣处，吕蒙问鲁肃："你接受重任，与关羽为邻，准备实行什么策略？"鲁肃仓猝不能回答就说："临时施宜。"吕蒙听后说："今东西虽为一家，但关羽却如同熊虎一样，怎么能不早早地定下计策呢？"接着，吕蒙给鲁肃详尽地分析利害。鲁肃听了，大惊，越席而起，靠近吕蒙，亲切地拍着他的背，赞叹道："吕子明，我不知你的才略已经高明到这种地步。"还说："卿今者才略，非复吴下阿蒙！"吕蒙回答："士别三日，即更刮目相待，大兄何见事之晚乎？"从此，二人结为好友，过从甚密。这就是"士别三日，当刮目相看"典故的由来。

吕蒙早年果敢有胆，后来折节读书，见识精深博大，渐渐地能克己让人，有国士风范。后孙权与陆逊评论吕蒙时说："子明少时，果敢有胆而已。及身长大，学问开益，筹略奇至，可以次于公瑾，但言议英发不及之耳。图取关羽，胜于子敬。"可见在孙权心中，吕蒙是仅次于周瑜的大将，在鲁肃之前。

三国时期被称为江东勇武第一的人是谁?

甘宁，为人勇敢坚毅，足智多谋，器重人才，轻财好施，他是都督周瑜帐下的大将，具有江东勇武第一之称。

公元208年，周瑜攻打南郡时，甘宁献计偷袭夷陵得手，但是自己不足1000人马，而被曹仁的五六千人围困在城内，曹军连日箭如雨下，将士惧怕，但是甘宁谈笑自若，一直守城到周瑜的大军前来解围。之后甘宁跟随鲁肃在益阳防备关羽，关羽号称有3万人马，自选5000精锐准备从上游渡河。甘宁自称只要800人前往驻守，于是鲁肃拨1000人由甘宁率领，关羽听说是甘宁驻守，不敢过河，在河对岸扎营。连关羽都如此忌惮，可见甘宁之勇。

曹操亲自率领40万大军到达濡须口，甘宁带领3千人马为前部先锋，在迎战曹军之前，为此特赐米酒。晚上甘宁选了100个精锐部下，与他们一起喝酒，然后二更时裹甲衔枚偷袭曹营。曹军营内大乱。甘宁趁乱，一马当先，率兵杀出曹营，未损一兵一卒，全师而返。曹操见甘宁如此厉害，难以取胜，驻了一个多月，便退回北方去了。从此，孙权对甘宁更加看重。

建安二十年（215年），甘宁随孙权攻打合肥。战事不利，加之军中瘟疫流行，只得下令撤军。大部队已经撤出战斗，只有吕蒙、蒋钦、凌统、甘宁以及车下虎士1000多人跟随孙权驻在逍遥津北。曹操派将领张辽乘机率步骑发动袭击，甘宁、吕蒙奋力抵挡，作战中，甘宁引弓射敌，厉声问战鼓为何不响，壮气毅然，勇冠一时。在甘宁等人的英勇抵抗之下，曹军进攻的速度减慢。凌统率兵，保护孙权冲出了重围。

甘宁虽然勇猛，但性情急躁，发怒时动不动就要杀人，他甚至有时不完全听孙权的命令。但孙权特别善于用人，"不求备于一人"，能"忘其短而用其长"。在孙权手下，甘宁发扬了自己的优点和长处，成为三国时代有名的战将。

108

"铜雀春深锁二乔" 中的二乔是谁?

二乔是指三国时期乔公的两个女儿,大乔、小乔,她们姐妹二人是三国时有名的美女。"铜雀春深锁二乔"是说要不是曹操攻于赤壁之战,二乔难免被掳于曹操所筑的"铜雀台"上。

相传在乔公住宅后院有一口古井,水既清且深,二乔常相偕在此梳妆打扮,每次妆罢,她俩便将残脂剩粉丢弃井中,天长日久,井水泛起了胭脂色,味道也有胭脂香了。于是,这井便叫做胭脂井。

建安四年(199年),孙策在周瑜的扶持下,一举攻克皖城。两人听说乔公有二女国色天香,就派人去说媒,得到乔公允许后,孙策便娶了大乔,周瑜则娶了小乔。二乔同时嫁给天下首屈一指的年轻英杰,一个是雄略过人、威震江东的孙郎,一个是风流倜傥、文武双全的周郎,本应该是美满姻缘,羡煞旁人的,只可惜天妒红颜。

孙策在娶大乔的两年后,被许贡的家客刺杀,死时年仅26岁,而此时的大乔也不过20出头,青春守寡,身边只有尚在襁褓中的儿子孙绍。此后,史书就再没有关于大乔的一点蛛丝马迹。

周瑜相貌英俊,度量过人,才华横溢,名满中国,而且在东吴身居高位,是孙权最信任的大臣。小乔与周瑜琴瑟相谐,恩爱相处了12年。周瑜容貌俊秀,精于音律,至今还流传着"曲有误,周郎顾"的民谣。小乔和周瑜形影相随。她跟着周瑜四处征战,还一起参加过历史上著名的赤壁之战。但赤壁之战后二年,周瑜在准备攻取益州时,病死在巴丘,年仅36岁。吴黄武二年(223年),被悲伤和寂寞折磨了13年的小乔病逝,终年47岁。

谁建立了蜀汉王朝?

刘备,字玄德,三国时期著名的军事家、政治家,他是蜀汉王朝的建立者。

刘备出生于没落的汉朝皇室世家,是汉景帝之子中山靖王刘胜的后裔,论辈份刘备是汉献帝的族叔。刘备早年丧父,母亲以贩履织席为业。

公元188年,刘备与关羽、张飞桃园三结义,在涿县(今河北省涿州市)组织起了一支地方军队,加入东汉王朝对黄巾起义军的战争,战争结束后,刘备因镇压起义军有功被封为安喜县县尉,后来因为鞭打督邮(官名)只能弃官亡命。投奔公孙瓒后,被任命为东汉王朝的平原相(县令),徐州被吕布攻占后逃奔曹操,被曹操上表奏封为豫州牧。

刘备宽仁有度,威而有恩,勇而有义,宽宏而有大略,在当时比较有威望,手下也聚集了不少的能臣名将。建安十二年(207年)末,刘备前往隆中,他礼贤下士,三顾茅庐,拜访诸葛亮,诸葛亮为报知遇之恩,向刘备献上了"隆中对"。

建安十三年(208年),曹操领大军南下,刘备走到当阳长坂时被曹操追上,损失很大。此时遇上劝说刘备与孙权联合共同对抗曹操的鲁肃。刘备于是从汉津港去夏口,派诸葛亮只身前往东吴游说抗曹。孙权以周瑜、程普为左右督军率军3万,与刘备联合,在赤壁打败了曹军。

赤壁之战后,刘备按照诸葛亮的战略方针:占领了荆州、联和了孙吴、击退了曹兵、进入了益州。建安二十四年(219年),曹操亲自攻打汉中,刘备倚仗汉中的险要地势,守关不战。曹操进不能进,运粮又很困难,无奈下只好退军。但这次战争对汉中压力也相当大,一度打到"男子当战,女子当运"的地步,兵力疲敝不堪,曹军虽然退到长安,但依然对汉中的威胁很大。

这时候刘备手下的文武百官都请求刘备自立为汉中王,于是刘备在担任汉中王后,封关羽为前将军,命他进攻魏国,以分担汉中的压力。关羽起兵围困襄阳,水淹七军,抓住了于禁,斩杀了庞德,围困曹仁在樊城,许都以南的许多城池豪强都纷纷响应关羽,一时间关羽威震华夏。不久曹操孙权联合,关羽两面受敌,走投无路,最后在临沮(今湖北省南漳县)被杀害。

公元221年,刘备在成都称帝,建立蜀汉王朝,疆土包括今四川及云南、贵州北部、陕西旧汉中府一带。

哪位蜀国将领被称为有 "信布之勇"?

马超,字孟起,名门望族,是东汉末征西将军马腾之子,英勇善战,与张飞不相上下,人称有"信布之勇"。

建安十六年（211年）三月，曹操派司隶校尉钟繇讨伐张鲁。关中诸将见曹操舍关中而远征张鲁，怀疑他的目的不在张鲁，于是马超等十部将领带领了10万人马，占领了潼关，反抗曹操。曹操派安西将军曹仁引兵抵挡，同年七月，曹操亲自率兵攻打马超军队等。

曹操秘密派遣徐晃、朱灵率4000精兵从蒲阪津渡过黄河，占据河西作为营地，截断了马超的退路。接着，曹操安排船筏，要率大军渡河。马超对韩遂说："我们应该预先到北岸驻军，阻挡曹兵，不能让他们渡河。不过20天，曹军的粮食肯定会吃完的，曹操的部下一定会大乱溃逃。"韩遂却说："可以让他们渡河。兵法云'兵半渡可击'。等他们渡到一半，我们从南岸攻击。"马超的计策没有被施行。曹操后来知道此事，叹息说："马儿不死，吾无葬地矣。"

曹操退兵时，杨阜曾劝说："超有信（韩信）、布（英布）之勇，甚得羌、胡心。若大军还，不严为其备，陇上诸郡非国家之有也。"但曹操不听，他刚回去不久，马超果然卷土重来，各郡县都起来响应。建安十八年（213年），马超尽得陇西所有部队，又得到张鲁派的大将杨昂率领的援军的帮助，集中1万多人进攻翼城。而翼城守军等不来援军，于是刺史韦康及太守不顾杨阜的劝阻，向马超献城投降。马超入城后，杀死了韦康及太守，自称征西将军、凉州牧，掌管凉州地区的军政大权。

原翼城属吏杨阜不满马超的残暴，联络赵昂、尹奉、李俊等人，商议讨伐马超。他们先派人进入翼城暗中结交梁宽、赵衢作为城中的内应。马超出城作战时，赵衢和梁宽立刻紧闭城门，把马超的妻儿老小全部屠杀。

马超陷于进退两难的境地，只好向南投奔汉中张鲁。但马超见张鲁不能成大事，又遭到张鲁部将杨昂的嫉恨，心中很抑郁。正好刘备正在攻成都，好长时间没打下来，知道马超情况后，就派李恢去劝说。马超便从武都出，给刘备写密书请降。刘备收到信非常高兴，派人迎接马超，分给他不少兵马。

马超投靠刘备后，虽然刘备对他恩宠有加，一再加官晋爵，但却始终对马超不放心，就没有让他领过兵。因此，马超的杀父之仇和杀妻子之仇始终没办法去报。章武二年（222年），一直闲居在家的马超去世，享年47岁。

三国时期谁被称为"卧龙"？

诸葛亮，字孔明，是刘备帐下第一谋士，智谋高超，料事如神，人称"卧龙"。

诸葛亮小时候父母就去世了，他跟着叔父诸葛玄生活。后诸葛玄因为任职到了荆州，诸葛亮也随之来到荆州，叔父死后，诸葛亮就搬到了襄阳城西边的隆中。

刘备来到了荆州后，听说诸葛亮是有名的贤才，就亲自到隆中拜访诸葛亮。但第一次和第二次，诸葛亮故意没有见他。刘备毫不怠慢，依旧去拜访诸葛亮，诸葛亮见刘备如此礼贤下士，就为他献上了著名的"隆中对"，这就是历史上传为美谈的"三顾茅庐"。

曹操进攻荆州，刘备不敌，一路败退到夏口，恰好江东孙权派谋士鲁肃来荆州游说刘备共同抗曹。刘备就派诸葛亮去江东共谋抗曹大计。到了江东，诸葛亮见孙权还没有下定决心与曹操决一死战，就激孙权说："曹操力量强大，如果觉得无力抵抗曹操，就应该向他投降，不要犹豫不决。"孙权反问诸葛亮："那刘备为什么不去投降曹操呢？"诸葛亮说："刘备是皇室后代，盖世的英才，怎么可能去投降曹操！"诸葛亮的话激怒了孙权，他表示愿意与刘备结盟，共同抗击曹操。这次大战就是以少胜多的赤壁之战。

诸葛亮追随刘备十几年，出谋划策，立下了很多功劳。刘备死前，把诸葛亮叫到身边，向他托付后事。他对诸葛亮说："你的才能高过曹丕十倍，一定能够把国家治理好。我的儿子刘禅，你认为如果可以辅助，就辅助他；如果不值得辅助，就废掉他。"诸葛亮听了很感动，他流着眼泪向刘备保证说，我一定尽心尽力，辅助太子直到死。这就是历史上著名的白帝城托孤。

刘备死后，诸葛亮为了蜀国天下鞠躬尽瘁，死而后已，至今为人们所敬仰。

赵云是蜀国最完美的大将吗？

赵云，也称赵子龙，三国时期蜀汉名将，功绩卓著，有勇有谋，是蜀国大将中最完美的将领。

建安五年（200年），刘备被曹操打败，因此而依附袁绍，此时赵云到邺城求见刘备，二人同床而眠。赵云从此以后就追随刘备，终生不渝。

赵云对刘备十分忠心，建安十三年（208年），曹操挥军攻取荆州，刘备向南撤往江陵，曹操亲自领麾下的精锐骑兵快马追赶，终于在当阳长阪附近追上了刘备。这时刘备见情势危急，就抛下妻儿，仅带着张飞、诸葛亮、赵云等数十骑向南逃逸，但这时赵云却向北进入了曹军的势力之中。有人看到赵云向北而去，就告诉刘备说："赵云必定是向北去投靠曹操去了。"刘备听了这话，拿手戟掷那告状的人说："子龙是不会弃我而去的。"不久之后，赵云果然怀抱刘备的幼子刘禅，保护着刘备的妻子甘夫人赶了上来。

赵云不仅忠义，而且勇猛，建安十四年（209年），在平定了荆南4郡，又得到刘表的旧部万人之后，刘备成为了荆州牧，声势渐大。孙权建议双方结亲，刘备便娶了孙权的妹妹孙夫人。两年之后益州牧刘璋为抵御曹操势力而向刘备求援，刘备就领兵3万进入益州。孙权听说刘备西征益州之后，就派了大批的船要接孙夫人回去，并叫她带上刘禅一起回到吴国。幸得赵云与张飞一起领兵在长江截住东吴船队，并成功夺回了刘禅。这就是著名的"赵子龙勇夺阿斗"。

除此之外，赵云还懂得治国之道，刘备称帝后，想要进攻东吴，以报孙权伐取荆州、杀害关羽的仇恨，赵云反对说："我们最大的敌人是曹操，并不是孙权，灭了魏国之后，吴国自然会臣服。虽然曹操毙命，但他的儿子曹丕篡盗皇位，应该顺应民心，先攻占关中，占据黄河、渭水上游讨伐曹氏逆贼，那么关东义士必然欢迎王师。不该放置魏国在一旁，而先打吴国。而且与吴国的战争一旦开始，就不易停止了，伐吴不是上策。"但愤怒的刘备听不进谏言，执意东征，最后死在了白帝城。

刘备死后，诸葛亮对赵云品行也大为称赞，建兴七年（229年），赵云病逝，后主刘禅追谥他为顺平侯。

为什么说关羽是中国的"武圣"？

关羽，字云长，勇猛无敌，忠肝义胆，是中国古代的"武圣"，他的故事至今为人们所流传。

关羽少年时就勇武有力，嫉恶如仇，自与刘备、张飞桃园三结义之后，3人就招兵买马，讨伐黄巾军，关羽就此开始了他的军旅生涯。刘备创业之初，一直颠沛流离，无立锥之地，而关羽一直对他不离不弃。

建安五年（200年），曹操亲自征讨刘备，刘备仓促应战，被曹军击溃，妻子被俘虏。但曹操非常赞赏关羽为人，对关羽进行劝降，关羽为了保护刘备的家眷，答应暂且投靠曹操，但是关羽一刻也不曾放弃寻找刘备。虽然曹操对他上马赐金，下马赐银，但关羽始终"身在曹营心在汉"。当他知道刘备的去处后，关羽立刻携带刘备的家眷前去寻找，为此他单枪匹马，过五关斩六将，曹操为他的忠义所感动，最后放他回到了刘备的身边。可见关羽的忠义之名。

关羽不仅忠义而且英勇，建安十六年（211年）十二月，刘备带兵入巴蜀，占领益州，关羽留守荆州，孙权派官吏，去接收借给刘备的长沙、零陵、桂阳3个郡。但关羽坚决不让，将孙权派来的官吏全部都打了回去。孙权大怒，派吕蒙带领兵马，想用武力接收这3个郡。而孙权也亲自到了陆口，并派鲁肃带领一万兵马扎在益阳，与关羽对抗。鲁肃不愿意孙刘两家的联盟解散，就邀请关羽单独来见面，但赴会的将军只准许带防身的单刀，不准多带士兵。关羽接到邀请后，毫不畏惧，带着随身的卫士周仓毅然去赴会，这就是历史上著名的"单刀赴会"。

樊城之战后，吕蒙用计使关羽陷进了进退失据，腹背受敌的困境，关羽败走麦城。但麦城东、西、南三面全是敌人，而援兵又迟迟不来，关羽决定突围回西川。但吕蒙早就在路上设下了埋伏，关羽被擒获，之后被杀。

关羽死后，他的赤兔宝马，不吃不喝，不久也死了。关羽一生勇猛忠义，马尚愿与之共死，可见其贤，也因为他的忠义和武功，后人将他称为"武圣"。

张飞是被自己部下杀死的吗？

张飞，字翼德，蜀汉的重要将领，非常英勇，但有勇无谋，最后被自己的部下杀死了。

早在黄巾起义时，张飞和关羽就已经追随在刘备的左右了，三人情同兄弟，刘备坐下时，二

111

人常守护在身后，有时一站就是大半天。

张飞十分英勇，曹操南下攻打荆州时，刘备放弃新野沿陆路向南逃，曹操亲自率领精兵日夜兼程，追了一日一夜后，终于在当阳追上了刘备，刘备抛弃妻子和儿子自己先逃，而张飞带领了20个骑兵断后。曹兵到时，张飞站在桥上，大喊一声，"燕人张翼德是也，可敢来共决生死？"敌军早就听说过张飞的威名，都不敢再往前走，因而刘备才最终摆脱曹军向南逃去。

刘备进入益州后，没多久就与刘璋反目。公元213年，张飞、诸葛亮、赵云各领一部荆州兵入蜀增援，张飞到达江州后，遇上刘璋大将严颜严守城池，严颜被张飞擒拿，但誓死不降，张飞被他感动，把他作为上宾来接待。此后，张飞所到之处，人们无不望风而降。张飞的大军继续分定诸郡县，一路西进，推进到成都，与刘备会合。合兵后，攻打成都，刘璋请降。刘备占领益州后，为表彰张飞的功劳，赏赐给张飞黄金500斤，银千斤，钱5千万，锦缎千匹。

张飞虽然忠勇但却没有谋略，而且十分好酒。公元221年，刘备称帝，张飞升为车骑将军，同年，刘备为给关羽报仇，准备东征东吴，张飞在阆中准备出兵会师江州。临近出发时，张飞醉酒，借酒劲鞭笞部下将领张达、范疆，因此张达、范疆怀恨在心，就趁张飞醉酒将他杀死，带着他的首级投奔了东吴孙权。

一代大将，没有死在战场之上，却因醉酒而误了性命，死于自己部将之手。

刘禅真的懦弱无能吗？

刘禅，刘备的儿子，在同魏国的战争中，他不战而降，世人对他的评价也褒贬不一。王隐在《蜀记》中讲：刘禅之所以宁背骂名而不作辩解，是为全国的百姓着想。

刘备生前，诸葛亮就曾说刘禅非常聪明，超过人们的期望。刘备也谦虚地说："审能如此，吾复何忧！"《晋书·李密传》中记载，李密认为刘禅作为国君，可与春秋首霸齐桓公相比。

刘备临终前曾经叮嘱刘禅："汝与丞相从事，事之如父。"而刘禅也基本上做到了事事谦让，"以父事之"。当年诸葛亮急于北伐，刘禅规劝说："相父南征，远涉艰难；方始回都，坐未安席；今又欲北征，恐劳神思。"尽管诸葛亮不听其规劝，但北伐决议一旦形成，刘禅还是全力支持诸葛亮。

诸葛亮错用马谡后很内疚，刘禅安慰说："胜负兵家常事。"诸葛亮自贬三级后不久，刘禅就及时恢复诸葛亮的职务。诸葛亮死的消息传来，刘禅好几日因为伤感，不能上朝，竟哭倒在龙床之上。当灵柩运回时，刘禅率文武百官出城相迎。

诸葛亮死后，刘禅马上停止了空耗国力、劳民伤财的北伐，只可惜大将姜维仍然继续在外长期用兵，讨伐曹魏，蜀国的国力财力继续消耗在战场上。

后主刘禅不仅仁厚，而且也很有智慧。夏侯霸的父亲夏侯渊是被黄忠所杀，刘禅安抚前来投降的夏侯霸时，说："你父亲的遇害，非我先人所为。"一语带过之后，套近乎说："我的儿子还是你外甥哩！"魏延叛乱被杀，后主也没有对魏延一概否定，而是降旨说："既已名正其罪，仍念前功，赐棺椁葬之。"

刘禅投降后，他清楚地认识到蜀地百姓的生死都掌握在自己手中，自己必须装傻，处处隐藏自己的才能，这样可保蜀国人民的安稳。在周寿昌的《三国志集解》评价阿斗说："恐传闻失实，不则养晦以自全耳。"

西晋、东晋十六国时期

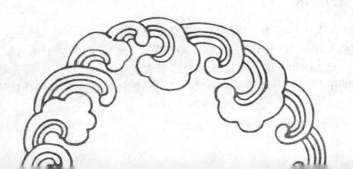

晋朝是中国历史上 9 个大一统朝代之一，分为西晋和东晋两个时期。

西晋是从公元 265~316 年。自司马炎的祖父司马懿开始，司马氏就实际掌握了魏国的大权。到司马炎时，篡魏的机会成熟，公元 265 年，司马炎篡魏为帝，是为晋武帝，史称西晋。西晋王朝结束了东汉末年以后的混乱局面，但是在西晋的后期，"八王之乱" 历时 16 年，这场乱战耗尽了晋室诸王势力，使社会生产遭到严重破坏，各民族纷纷起兵反晋。公元 316 年西晋灭亡，共历 5 个皇帝 52 年。

东晋与北方的十六国并存，这一历史时期又称东晋十六国。

东晋是从公元 317 年至 420 年。这是由西晋皇室后裔司马睿在南方建立起来的朝廷。公元 317 年，琅琊王司马睿在建康（今江苏省南京）即位，即晋元帝，史称东晋。东晋在东北和西北、北方的领土联系不畅，长期以属国的形式间接统治。东晋政权维持了长期的偏安统治，到公元 420 年被刘裕所建立的宋（南北朝的南朝宋）所取代，历 4 代 11 帝，持续 103 年。

西晋在元气大伤后，内迁的诸民族分裂，贵族乘机举兵，匈奴、鲜卑、羯、氐、羌五个北方民族相继建立政权。十六国指前凉、后凉、南凉、西凉、北凉、前赵、后赵、前秦、后秦、西秦、前燕、后燕、南燕、北燕、夏、成汉。但他们所建立的王朝都是短命的王朝，各自征战，民不聊生。

东晋十六国兴替的历史相当繁乱，民族之间的斗争频繁，社会动荡十分厉害，直到北魏时期才统一北方。最后刘裕崛起，平定诸乱，并夺得皇位，进入了南北朝时期。

三国归晋是怎么一回事?

公元 263 年，邓艾和钟会分别率军攻打蜀汉，结果邓艾率先进入了成都，把蜀汉消灭了。公元 265 年（魏咸熙二年）司马炎成为了相国、晋王，同年十二月建立了西晋，称帝。公元 280 年西晋六路并进，东吴灭亡了，从此混乱的三国时期结束了，晋朝开始统一全国，史称三国归晋。

公元 263 年，司马昭为了建立战功，以做好篡位准备，就命令钟会、邓艾和诸葛绪率领大军攻打蜀汉，蜀汉主将姜维把敌军阻挡在剑阁。最后邓艾经过阴平直接袭击涪城，进攻成都。最后，后主刘禅投降，蜀汉灭亡，史称魏灭蜀之战。后来钟会、姜维试图叛变，但被司马昭即刻平定。不久司马昭去世，其子司马炎最后于公元 265 年篡权，曹魏灭亡。司马炎建立晋朝。

当时孙吴局势紧张混乱，吴帝孙皓不修内政又奢侈腐化。公元 270 年，河西鲜卑族首领秃发树机能叛乱，直至公元 279 年才将叛军平定。司马炎在此时已经做好伐吴准备，他派羊祜坚守在襄阳与孙吴名将陆抗对峙，派遣王浚在益州大造船舰。公元 274 年陆抗去世，第二年羊祜提议伐吴，遭贾充反对而作罢。经过多年准备，公元 279 年王浚、杜预上书司马炎，认为伐吴时机已到，贾充、荀勖等则以"西北未定"的理由反对。最后晋武帝司马炎决定于该年（咸宁五年）十二月进攻吴国，史称晋灭吴之战。

司马炎让贾充为大都督，上游王浚军、中游杜预大军、下游王浑等军分六路齐头并进。最后于公元 280 年逼近建业，孙皓投降，孙吴灭亡，西晋成功统一了天下。

晋朝的开国君主是谁?

司马炎（236~290 年），字安世，汉族人，晋朝的开国君主。

司马炎是司马昭的长子，曾经担任中抚军。司马昭一心想让他的幼子司马攸继承王位，但在很多大臣的反对下，公元 265 年，司马炎被分封为晋王太子。同年八月，司马昭病逝，享年 55 岁。司马炎继承了他父亲的王位，封为晋王。在十二月，司马炎逼迫魏元帝曹奂禅让王位，即位为帝，国号晋。

西晋成立初期，晋武帝司马炎为了笼络人心，大封功臣，许多大家族都被封为公侯。司马炎大肆分封宗室，并让这些宗室掌握兵权，目的就是为了避免权臣篡权的局面再次发生。

在很短的时间里，晋武帝共分封了 57 个王，500 多个公侯。蜀汉灭亡没多久，晋武帝为了稳定巴蜀旧臣，在朝中任用了一批原先巴蜀的旧臣。晋武帝没有采取"一朝天子一朝臣"的做法，而是采用拉拢、收买人心的办法，稳定各个官吏，以巩固刚建立起来的晋朝政权。因为晋武帝还看到，蜀汉虽然已经灭亡了，但是东吴仍在，全国还未完全统一。于是他开始运筹帷幄，准备进攻东吴，结束全国长期分裂的局面。因此在公元 279 年命令贾充、杨济、杜预、王濬等出兵征伐东吴，晋太康元年（280 年）三月，东吴君主孙皓投降，孙吴灭亡，长期的分裂局势暂时得到了统一。

晋武帝在统一大业之后，认为天下已经太平，便将州郡的守卫兵撤散了，同时颁布实施了占田法与课田法等一系列有利于生产发展的经济措施，以使人们休养生息。

国泰民安后，晋武帝好色本性显露无疑，他在公元 273 年下令禁止全国的婚姻，以方便自己挑选宫女。在灭亡孙吴之后，他又将孙皓后宫的 5000 名宫女纳入自己的后宫，于是晋武帝的后宫规模成千上万。不单规模宏大，而且晋武帝为了更方便给自己物色美人，每次都是自己乘坐羊车在后宫内巡视，停在哪个嫔妃门前便临幸谁。因此嫔妃们为求皇帝临幸，经常在住所前洒盐巴、插竹叶以引诱羊车前往，真是史无前例。

晋武帝在位期间，边境的少数民族不断地迁入中原，引发了少数民族与汉人的冲突，郭钦、江统等人都劝晋武帝用武力将内迁的少数民族强制迁徙回原住地，但晋武帝没有采纳他们的谏言，最后为"八王之乱"与"永嘉之乱"埋下了隐患。

"千寻铁锁沉江底"指的是哪次战役？

晋灭吴之战，是统一全国的一次著名战役，也是强者消灭弱者的一场战争。所谓的"千寻铁锁沉江底"就发生在这次战役中。

司马炎代魏称帝，改国号为晋，这样，魏灭蜀、晋代魏，变三国鼎立为晋与吴的南北对峙。

泰始八年（272 年），晋朝国力与日俱增，另一方面，江东的孙吴国力却是每况愈下。吴国的衰落，孙皓的昏庸，为晋的顺利灭吴，提供了有利的条件。

咸宁五年（279 年），王濬、杜预以吴主孙皓"荒淫凶虐"为理由，上书建议司马炎"宜速征伐"，举兵灭吴。司马炎即于这年十一月开始了平吴的行动。晋军基本上按照羊祜生前拟定的作战计划，分六路攻击，先迅速切断吴军一切对外的联系，然后再各个击破。

同年十二月，王濬、唐彬率军 7 万沿江南下。第二年（即太康元年，280 年）二月攻克丹杨（今湖北省秭归县东），随后逼近西陵峡。吴军在此地设置铁锁横江，又做了铁锥暗置江中，以为这样就可阻止晋军前进，就没有派兵把守。王濬早已制作大筏数十个，缚草为人，立于筏上，使水性好的士卒以筏先行，筏遇铁锥，锥即着筏而去，又用大火烧融铁锁。晋军顺利解除了吴军以为坚不可破的障碍，一路势如破竹，进克西陵，继克夷道（今湖北省宜都市）、乐乡。与此同时，杜预率领的晋军，几乎兵不血刃，夺取了江陵，胡奋克江安（今湖北省公安市西北），所到之处，大多不战而胜。晋军主力先后控制了长江上游的绝大部分地区。

至于东面，太康元年正月，王浑率领晋军已抵横江（今安徽省和县东南）一带，准备渡江进逼首都建业。吴主孙皓惊慌不已，急忙令丞相张悌率丹阳太守沈莹、护军孙震等率兵，渡江迎击。结果晋军大胜，建业受到威胁。

三月，王濬军东下抵达三山（在今江苏省南京市西南）。吴主孙皓派遣游击将军张象率领舟军万人抵御，但吴军毫无斗志，"望旗而降"。各路晋军兵临吴国建业。这时的王濬手下的晋军由王浑统领，而王浑驻兵不动，又以共同议事的名义，也要求王濬停止进军。但王濬不顾王浑的阻挠，于三月十五日以戎卒 8 万，方舟百里，大举进攻建业。吴主孙皓面缚出降于王濬军前，随即吴宣告灭亡。

晋朝哪位皇太后被称为是勤俭持家的贤后？

王元姬（217~268 年），晋武帝司马炎的生母，是曾任魏国中领军、爵兰陵侯王肃的女儿。

王元姬在公元265年被尊奉为皇太后，是个勤俭持家的贤后。

王元姬出生在一个书香世家，她的祖父王朗、父亲王肃都是三国时期著名的经济学家。王元姬从小通情达理，崇尚节俭。8岁的时候，便可背诵《诗》、《论》。当她9岁的时候，每当母亲生病，她都终日服侍母亲，衣带不解。祖父王朗非常疼爱她，并且说道："今后能使家族昌盛的，一定是元姬。可惜她不是个男儿。"

在她12岁的时候，祖父去世。王元姬非常伤心，从此，她对父亲王肃更加孝敬。她15岁时就嫁给了司马懿的儿子司马昭。婚后生有晋武帝、辽东悼王定国、齐献王攸、城阳哀王兆、广汉殇王广德、京兆公主。

王元姬看人十分准确。当时钟会凭借才能上任，但王元姬每次看到他，都会向司马昭说："此人日后一定会见利忘义，唯利是图，如果对他过分宠爱必会招来杀身之祸，不可以委以重任。"钟会后来果然造反了。

司马昭病逝后，太子司马炎继位为相国、晋王。同年十二月，他迫使曹奂禅让，改国号为晋，尊母亲为皇太后，居住在崇化宫。

司马炎建国初期提倡节俭，在后宫，王太后以太后之尊，身体力行，为宫中后妃做出很好的榜样。她的房间没有一件豪华的奢侈品，吃饭从来不超过三样菜，穿的也是洗了又洗的旧衣服，她还在宫中带头纺纱织布。在她的精心治理下，后妃们相处得非常融洽和睦。

泰始四年（268年），王太后去世。后来与司马昭合葬在崇阳陵，谥号"文明皇后"。

"二杨继宠，福极灾生"是怎么回事？

杨艳是杨文宗的女儿，晋武帝司马炎的皇后，姿色美丽，但是性格孤僻古怪。在少女时有人替她看相，说她有"极贵"之相。

杨文宗当时是曹魏的贵族，而司马昭是曹魏的大臣，两家结为姻亲，司马昭的长子司马炎迎娶了杨文宗的女儿杨艳。司马炎称帝时，册封杨艳为皇后。

在杨艳的3个儿子里，长子司马轨早亡，次子司马衷天生弱智，只有三子司马柬聪明伶俐。按道理来说，司马衷既是低能儿，皇位就应该传给她的第三个儿子司马柬。但是皇后杨艳却坚持说必立长子，非要司马衷做太子。她明明知道这样做，不但会给国家带来灾难，而且日后皇权还不定会落到谁的手里。但是作为母亲，她却觉得自己应该对儿子负责，所以让司马衷当了太子，也算是对儿子最大的补偿。武帝在这一点上与杨艳偏偏有同感。因为晋武帝也是长子，却从小得不到父亲司马昭的疼爱。于是他们夫妻同心，不管群臣怎么反对，司马衷还是在9岁时，坐了太子的宝座。

晋武帝本打算让卫瓘的女儿做太子妃。但是贾充的妻子郭槐，以重金贿赂杨皇后，结果册立了贾充的女儿贾南风为太子妃，贾南风生性嫉妒心特强，太子宫中其他宠妾怀孕，都被剖腹杀死，晋武帝知道后大怒，准备废除太子妃贾氏。但在杨皇后的庇护下，贾氏最终没有被废除。

在贾南风入宫的第二年八月，司马炎大规模选调美女，杨艳气恨交加，很快便病倒。拖了一年时间，她就在泰始十年的秋天去世了。临终之时，杨艳不甘心把皇后的位子让给外人，所以要求丈夫娶自己的堂妹杨芷为皇后，造成后来杨芷的父亲杨骏专权，为晋武帝死后的政局动乱埋下了祸根，史称"二杨继宠，福极灾生"。

皇后杨芷为什么会被活活饿死？

杨芷，字季兰，小字男胤，是武元皇后杨艳的堂妹，晋武帝的第二位皇后。她因父杨骏之故，被贬为庶人，活活饿死。

咸宁二年（276年），杨芷被立为皇后，刚满18岁的杨芷长得美丽纯情，司马炎十分宠爱她。杨芷的父亲杨骏素无才干，曾做过县令之类的小官，后来依赖女儿的关系，被封为临晋侯，做了车骑将军。

杨艳皇后在世时，司马炎按其意立她所生的长子司马衷为太子，并选立勋臣贾充的女儿贾南风为太子妃。贾南风不仅丑陋无比，而且生性妒忌，司马炎打算将贾南风打入冷宫，但皇后杨芷因堂姐临终前将太子和太子妃托付于她，力劝司马炎，才将此事压了下来。可是贾南风却认定是杨皇后要废她，因此，对杨后十分的怨恨。

武帝死后，太子司马衷即位，杨芷被尊为皇太后，贾南风被立为皇后，而杨骏成了唯一的顾命大臣。杨骏不但住进了武帝当年的太极殿，还煞有介事地批阅奏折。这一切都令刚被立为皇后的贾南风很不满。

永平元年，贾南风指使死党上书司马衷，诬陷杨骏谋反，接着，楚王司马玮与东安王司马繇奉皇诏亲率400名殿中兵诛杀杨骏。杨太后闻讯，便在帛书上写下"救太傅者有赏"的字样，用弓箭射到宫外。但被贾后的人拾到，贾后当即把书信公布于众，宣称太后与杨骏共同谋反，并以惠帝的名义下诏幽禁杨芷，将杨芷贬为了庶人。

杨骏死后，被诛灭三族，株连而死的共有数千人。在杨芷的母亲庞氏被绑送刑场之时，杨芷割下散乱的头发，表示宁愿为贾后的侍妾以求保存母命。但这仍无济于事，庞氏终于被斩。庞氏一死，杨芷就被押送回金墉城。

杨芷被押回金墉城后，贾后将她的内侍及宫人全部遣散，不给杨芷食物，连续8天没有进食的杨芷，于元康二年（292年）二月一日，被活活饿死，死时34岁。

贾南风并没有因为杨芷的死而罢休，她怕杨芷死后托梦将事情告诉武帝，于是在杨芷棺材上贴了灵符，还让杨芷面向下而葬，让她永世不得翻身。

大臣王恺和石崇是怎样"斗富"的？

从曹魏明帝时开始，当时的社会就蔓延了一种奢侈腐化的风气，司马炎继位后，这种奢侈之风更加严重，上至君王下至大臣都出现了"斗富"的不良之风，在斗富的大臣中，其中最有名要数石崇和王恺。

王恺是司马炎的内弟，皇亲国戚，自然是豪富无比。而石崇任荆州刺史，靠搜刮过往的客商致富，十分有钱。王恺听说石崇的屋子华丽异常，房子上挂满了缎带，饰有翠玉，就命人用紫丝布做了20000米的帷帐来向石崇炫耀，而石崇更是不居人后，做了一个25000米的来和他比。

为了帮助王恺斗富，司马炎赏赐给他一株高有半米多的珊瑚树，王恺立刻请石崇去看，石崇却用铁如意将珊瑚打碎，王恺很心疼，大骂石崇说他嫉妒自己。石崇很不以为然，说我马上赔你，然后让手下人都去拿珊瑚树，高三四尺的就有六七个，这次比得王恺脸上很是无光。

两人就这样越斗越离谱，王恺毕竟是皇亲国戚，于是石崇开始造假来骗王恺，他故意把车辕弄歪，让牛卡得疼痛难忍，然后对王恺说自己的牛车跑得快如飞鸟，后来王恺知道了石崇的把戏，便如法炮制，牛车竟跑得比石崇的还快。石崇知道是有人泄密，便将泄密的人杀死了。

为了显示自己的富有，石崇连厕所也建得极为华丽，比过了正式的寝室。有的大臣去他家做客，去厕所时，看到屋子里用绫罗绸缎装饰得很豪华，竟然还有几个美丽的侍女服侍，都以为是闯进了人家的闺房，赶忙退出来，给石崇赔礼。石崇却笑着说那就是他家的厕所，不必惊慌。

为维持这种奢靡腐化的生活，大臣们加紧聚敛，因此贪污纳贿现象十分严重，西晋的政治日益腐败。

在凉州之战中晋军使用了什么神秘武器？

西晋咸宁五年（279年）正月到十二月，晋将马隆率军攻占了凉州（今甘肃省武威市）的鲜卑军，史称凉州之战。这次战役是著名的以少胜多的战争，马隆使用的神秘武器就是小小的磁石。

咸宁五年正月，因为凉州刺史杨欣与羌族关系不和睦，而最终导致鲜卑首领秃发树机能攻陷凉州，致使整个河西地区与中原朝廷断绝联系，朝廷得知消息后非常震动。这时司马督马隆站出来向晋武帝司马炎自荐，只需要选募勇士3000一同西进凉州，就能平定叛乱。晋武帝力排群臣众议，于是命令他为讨虏护军、武威太守。马隆受命后，立即招募勇士，招募的条件只有一个，就是能靠腰部力量拉开36钧（1钧=30斤）强弩并且当场立靶测试，以此为过关的标准，共征选勇士3500人。

晋武帝命令武库兵器尽管供给马隆挑选，并供给他3年的军资。十一月，马隆西渡温水（即温围水，在今甘肃省武威市）。秃发树机能等部众数万人，根据地形阻截晋军前行，并设伏袭击其后备军。马隆制作了一个扁箱车，上置木屋，运行到开阔地带则以车结营，遇山路狭窄地带，就把木屋放置于车上，晋军且战且进，最后进入敌人领地。

战斗中，马隆得知战地附近有大量的磁石，就让士兵提前将磁石搬至窄路两侧。临战准备的时候，晋军士兵身穿犀牛皮做的铠甲，在预设战场窄路上穿行自如；而树机能军不知道磁石一事，当进入窄路后，身穿铁甲的士兵们都被磁石吸住，根本动弹不了。于是晋军不费吹灰之力地歼敌数千人。自马隆西征后，没有音信，朝廷上下都颇为他担心。有人以为他已经战死，后来马隆遣使臣夜到京城，武帝大喜，加封马隆为宣威将军、假节。随后马隆的军队行至武威，当地鲜卑首领猝跋韩、且万能率万余户都一一投降。

十二月，马隆联合没骨能等部与秃发树机能决战，晋军大胜，于是杀死秃发树机能。凉州于是宣告平定。凉州之战为尔后晋灭吴解除了后顾之忧。

杜预对朝政有何贡献？

杜预，字元凯，西晋著名的政治家、军事家、学者。他精通经学，号称"杜武库"，意指他无所不能。

杜预出身于官宦家族，祖父是杜畿，官至魏尚书仆射；父亲是杜恕，任幽州刺史。他从小就显露出他的博学多识，并有立功、立言的志向。杜预的父亲因为和司马懿不和，被幽禁而死，杜预年过 30 仍未出仕为官。后来杜预娶了司马懿的女儿，在司马昭执政后渐被重用，先后参与了伐蜀和《晋律》的修订。

他在朝时，也对朝政大有贡献。咸宁四年（278 年），杜预继任羊祜为镇南大将军都管荆州事，并在他在任期间兴修水利，大有业绩。他先后 3 次上书陈述灭吴的利处，并在灭吴战争中担任西线指挥，智取江陵，招降交、广，为西晋的统一做出了卓越的贡献。在荆州，杜预还组织兴建了一系列水利工程。其中，在整修前代河渠的基础上，他将滍水、淯水两江之水入田，使万余顷的农田得到灌溉。为了能够让屯田和普通民田均能得到灌溉，杜预还把水渠按照地段标上界石。杜预要求在从扬口到巴陵之间开凿 5000 多公里的运河，这样就能使夏水和沅、湘两水直接汇合，不但解决长江的排洪问题，还很好的改善了荆州南北间的漕运。杜预的卓越政绩，受到了当地人民的赞扬，因此百姓称他为"杜父"，并歌颂说："后世无叛由杜翁，孰识智名与勇功。"但是，杜预却不得不提防京城中的权贵对他的陷害。每年杜预都要对他们进行贿赂，并给他们送大量的贵重礼物。他并不是希望权贵们帮他，也不是有求于人，而是确保他们不会加害于已。

当西晋灭吴、统一全中国后，杜预继续镇守襄阳。他认为天下虽然已经太平了，但也不能放松防范的意识。他特别反对废弃军备的观念，因此在他的在职期间，始终没有放松对部队的训练，像特殊时期一样要求自己的部下。他还把当时荆州军队的防卫对象重点集中到了对付当地少数民族方面。

太康五年（285 年）闰十二月的一天，杜预被征调到中央政府任司隶校尉，上任途中行至邓县，突然发病，后病逝，终年 63 岁。

为什么说晋惠帝司马衷是个傀儡皇帝？

司马衷，是晋武帝司马炎的第二个儿子。泰始三年（267 年）立为皇太子，太熙元年（290 年）即位，是为晋惠帝，改年号为永熙。

晋惠帝是中国历史上典型的昏庸无能的皇帝。他从小就不爱读书，整天只懂吃喝玩乐，不务正业。司马炎对此很发愁，担心司马衷会丢了祖宗打下的江山。

有一次，司马炎为了测验一下司马衷的思维能力，特意出了几道问题考他，并限他 3 天之内交卷。司马衷拿到题目以后，不懂作答。他的妻子贾南风是个很聪明的人，见此，便立刻请来几位有学问的老师为司马衷解答难题。司马炎看了答卷后，以为儿子的思维还是很清楚的，也就放心了。

司马炎死后，司马衷即位，即晋惠帝，但一开始朝中大事都是由太傅杨骏辅政。后来皇后贾南风杀害了杨骏，掌握了朝政大权。后来，晋惠帝又被赵王、叔祖司马伦篡夺帝位，封他为太上皇，并囚禁于金墉城。齐王司马冏与成都王司马颖共同起兵反叛，杀死司马伦的党羽，迎晋惠帝司马衷，又由诸王辗转挟持，帝王之身名存实亡，形同傀儡，不仅没有一点实权，还受尽凌辱。

公元 306 年，司马越手下的鲜卑军队攻入长安，大肆残杀，2 万多人被杀。九月，司马颖被俘，后被杀害。十一月庚午，惠帝于长安显阳殿去世，相传是被司马越毒死的，死后被葬于太阳陵。

谁是引起"八王之乱"的罪魁祸首？

贾后原名叫贾南风，她是西晋的开国元勋贾充的第三个女儿，也是西晋晋惠帝的第一个皇后，又称惠贾皇后。贾南风就是引起"八王之乱"的罪魁祸首。

贾南风在公元 272 年嫁给司马衷后，被册封为太子妃，公元 290 年惠帝司马衷继位后，贾南风被封为皇后。惠帝当政后非常依赖她，因此贾氏独揽朝政。

贾后掌权后，大肆提拔自己的党羽，任用族兄贾模、内侄贾谧、母舅郭彰这些亲党。从公元 291 年至公元 299 年，贾后一直维持着一个相对稳定的局面。

公元 299 年，贾后与太子司马遹爆发了矛盾。惠帝只有司马遹一个儿子，是后宫谢玖所生。随着年龄的增长，太子开始对贾后一伙的擅权流露出不满之意，引起了贾后的关注。后来，贾后诬陷太子，并将太子除掉。

永康元年（300 年）四月，在京师洛阳有一个任车骑将军的赵王叫司马伦，他借口为太子报仇，入宫杀掉了贾后及其党羽。次年正月，司马伦又让惠帝做太上皇，自立为皇帝。不久，齐王司马冏与成都王司马颖、河间王司马颙三王联军战败赵王伦。同时，迎惠帝复位。司马冏入京辅政，掌握了朝廷大权。

永兴二年（305 年）七月，司马越在山东再次起兵，向西进攻关中。次年攻入长安。司马冏和司马颖败走，相继被杀。司马越迎惠帝回返洛阳，随后再把惠帝毒死，另立惠帝的弟弟豫章王司马炽为帝，是为晋怀帝。晋朝大权最后落入司马越手中，至此，"八王之乱"才宣告结束。

贾后的善妒与她的母亲有关系吗？

贾南风的嫉妒心特别强，她在做太子妃时，宫中其他宠妾一旦怀孕，都会被她剖腹杀死。她的这种嫉妒心理与她的母亲郭氏有很大的关系。

贾南风的父亲贾充的原配夫人李氏，端丽贤淑，嫁给贾充后生下贾荃、贾濬两个女儿，后李氏因受其父株连被流放，贾充才娶了贾南风的母亲广城君郭槐。

郭槐生性妒忌，生下贾南风后，更是变本加厉。她对贾充身边的所有女性都心怀戒备。贾南风的弟弟贾黎民 3 岁时，乳母带他在家门口玩耍，贾充走来时，小儿子张着手，笑着让父亲抱。贾充便上前弯腰很亲热地拍抚他。郭槐以为乳母跟贾充有私情，不问青红皂白，竟将乳母鞭打而死。

司马炎称帝后，贾充元配夫人李氏获大赦回到洛阳。司马炎为了成全他们夫妻团圆，特降恩诏允许贾充置左右夫人，迎归李氏。司马炎的意思是贾充迎归前妻后，仍可给郭槐以正妻夫人的名分，也免得让贾充难堪。哪知郭槐根本不顾皇帝的诏命，火冒三丈，贾充见她不依不饶，怕她再撒泼使性，干脆谢绝了皇帝的恩诏，断了要置两夫人的念想，在城中为李氏另修了一处宅院安身。

后来，李氏的女儿贾荃成了武帝的弟弟齐王攸的妃子，便劝说父亲休掉郭氏迎回自己的母亲，贾充不敢点头。一次，贾荃竟叩头至流血，贾充还是不敢点头答应，心里只觉得有愧于李氏。

贾充的母亲快死了，贾充十分伤心，便问她有何吩咐，贾母说："我让你把我那贤德的媳妇迎回来尚且不肯，何必再问别的。"但尽管如此，贾充还是非常惧怕郭槐，不敢迎回李氏，李氏就这样一直没能再回到贾府。

母亲的强势，在贾南风的心中留下了深刻印象，正是这种家世门风，造就了贾南风妒暴酷虐的品性，为西晋王朝埋下了巨大的隐患。

西晋时期的官服为什么会用狗尾续貂？

八王之乱后，贾南风专制，愍怀太子司马遹被废，引起朝野内外众情愤怒。右卫督司马雅等人开始密谋废掉皇后贾南风，匡复太子。

司马雅通过孙秀与赵王伦串通，准备寻机起事对付贾南风。赵王伦是司马懿的九子，手握兵权，因为对贾南风屡加谄媚，很得贾后亲信。贾南风为了能够长期专政，令人配制了毒药，伺机毒杀太子。

太子自从被废，惟恐遭人谋害，常自己煮饭吃，贾南风的亲信孙虑见不能得手，索性逼太子服毒药，太子不肯。孙虑只好借太子上厕所的机会用药杵将其活活打死。太子死后，贾南风又假意充好人，请惠帝以王礼埋葬。

贾南风以为除掉了太子，从此后患尽除，于是放松了警惕。赵王伦见时机成熟，便秘密联络了梁王肜（司马懿第八子）、齐王冏（司马攸之子），共同起兵。贾南风被赵王伦废为庶人，贾氏党羽被一网打尽。

贾南风死了以后，赵王伦大权在握，做起了当皇帝的美梦。他编造司马懿要他做皇帝的话，逼迫惠帝把皇位禅让给他。赵王伦自立后，党羽亲信大受封赏，甚至奴卒厮役也因功加封爵位。

由于赵王伦的大量封赏，国库储蓄根本不足以支撑，当时官员的冠服饰物要用貂尾，由于突然一下封赏了那么多人，貂尾不足，就用狗尾代替。人们为了讽刺赵王伦，编了一句谚语曰："貂不足，狗尾续。"这就是"狗尾续貂"的典故。

后来赵王伦就连封赏官爵的印信也没有足够的金银冶铸，为了取悦人情，赵王伦只好许以"苟且之惠"，也就是我们现在说的打白条，这恐怕是历史上较早的"打白条"的记载了。

先后成为两朝皇后的女人是谁?

羊皇后，原名羊献容，泰山南城人。她的祖父是羊瑾，父亲是羊玄之。她不但是晋惠帝司马衷的第二任皇后，也是前赵末帝刘曜的皇后，她在八王之乱中被多次废立，可谓是中国历史上唯一一位侍奉过两朝皇帝，成为两朝皇后的女人。

魏晋最重门第，她家也算是门庭显赫之族，可惜却嫁给低智能的晋惠帝司马衷，由于她做了皇后，所以她的家族也跟着很有面子，得意至极。但是她除了发愣，就是休息，因此和晋惠帝司马衷一起生活没有什么共同语言。

而就在这时，"八王之乱"正是起起伏伏，都觊觎着皇位，不是你输了就是我输，赵王伦、齐王冏、成都王颖、河间王颙、长沙王乂、东海王越把政权颠来颠去，最后杀了晋惠帝，册封惠帝之弟司马炽继位，也就是晋怀帝。这场祸患长达16年。

羊家当然也被这几位王爷玩得团团转，政权变化这么快，已经让人失去了辨别能力，不知道站在哪边才是最终的方向。羊献容在这场政权交替战役中，自己的皇后地位竟然被五废五立：永兴元年二月，被废；七月，复皇后位；八月，被废后；十一月，复后位……这十次废立均在不足两年时间内发生。甚至一个小小的洛阳县令，也有废黜她的权力。最后，太宰颙还矫诏，打算杀掉她，幸好有人替她求情，她才逃过一劫。这才算是大难不死。

后来，即位的晋怀帝封给她一个"惠皇后"的尊号，并且把她安顿在了弘信宫里。

匈奴人刘渊称帝后，不断派兵进攻晋，洛阳城终于被攻陷。刘渊的儿子刘曜娶了羊献容，迁至平阳。公元420年，西晋灭亡。羊献容又被立为前赵的皇后。

羊献容先后被西晋、前赵立为皇后，经历两朝，且都极为尊崇，这在历史上也是极为罕见的。

陈敏为何要挑起反晋之战?

陈敏机敏有才干，在晋朝担任右将军、前锋都督的职位。在晋永兴二年（305年）至永嘉元年（307年）间，陈敏起兵反晋，他打算占据江南地区，因此挑起了战争。

太安三年（304年），陈敏因镇压石冰的起义功劳卓越，被封广陵相，他自认为勇略无敌，志得意满便起了割据江东之心。永兴二年，东海王司马越在诸王争权战争中打败敌手，起用陈敏为右将军、前锋都督。陈敏见晋廷混乱，于是十二月在历阳（今安徽省和县）起兵反晋，让他的弟弟陈恢及部将钱端南攻江州（今江西省南昌市），弟陈斌东攻各郡。晋扬州刺史刘机、丹杨太守王旷、江州刺史应邈慌乱之中都弃城而逃。

陈敏占据江东后，自称大司马、都督江东诸军事，并指派当地豪强、名士顾荣、周玘等40多人为将军、太守。他假称是奉诏前来迎接晋惠帝的。当时执掌朝权的河间王司马颙以张光为顺阳太守，带领步兵5000人去往荆州增援。荆州刺史刘弘命江夏太守陶侃、武陵太守苗光屯兵夏口（今湖北省武汉市），南平太守应詹领水军做后援。

陈敏命令陈恢带领的军队直逼武昌（今湖北省鄂州市），刘弘命令陶侃兼任前锋督护率军抵御。陶侃把运输船改作战船，打败陈恢军，又与皮初、张光、苗光各军于长岐（今湖北省武汉市黄陂区）迎击钱端。晋军以皮初率步军先诱敌深入，后张光、陶侃率领步骑伏于岸上，苗光领水军藏舟于沔水之中，只等着皮初部下诱钱端主力进入伏击圈后，水陆伏兵齐出，猛烈进攻，大败钱端军。

永嘉元年（307年）二月，由于陈敏行政不当，顾荣、周玘等江东大族悄悄派遣使臣请晋征东大将军刘准发兵攻打陈敏，并表示自己愿意做内应。刘准即遣扬州刺史刘机等率部攻历阳。陈敏遣其弟陈昶率兵数万进屯乌江（今安徽省和县东北）阻挠。周玘密使司马钱广将陈昶杀害，顾荣、周玘进而劝说陈敏部将甘卓投降，甘卓随即背叛了陈敏。

陈敏亲率万余人进讨甘卓，其军不战自溃，陈敏独自北逃，到江乘（今江苏省句容市西北）被俘，在建业（今江苏省南京市）被杀。

哪位皇帝沦为了斟酒的仆人？

西晋王朝的第三代皇帝晋怀帝司马炽（284~313年），字丰度，公元307年至313年在位，是司马炎的第二十五子。刚开始，司马炽被封为豫章王，在惠帝在位期间，被立为皇太弟。惠帝被司马越毒死后，司马炽被扶植为帝，即晋怀帝，改年号为"永嘉"。

虽然司马炽已经称帝，但是司马越是太傅辅政，政局仍然被司马越把持。在此期间，匈奴等少数民族也开始建立独立的政权，其中刘渊已经自称汉帝，但是晋朝内部的权力斗争也日渐严重。在永嘉五年（311年）正月，晋怀帝密诏苟晞讨伐司马越，在三月正式发布诏书讨伐，司马越在同月病死。

永嘉五年（311年）六月，刘渊之子刘聪的军队攻入洛阳，晋怀帝在逃往长安途中被俘，太子司马诠被杀。此后，晋怀帝被遣送到平阳，并且被封为会稽郡公，囚禁于此。

在建兴元年（313年）二月，晋怀帝在正月的朝会上被命令为斟酒的仆人，晋朝的旧臣看到自己的皇帝沦落到如此地步，忍不住嚎啕大哭。这令刘聪看在眼里，十分的反感不满，于是便用毒酒将晋怀帝杀死，当时，晋怀帝年仅30岁，葬处不明。

晋时少数民族中问鼎中原的第一人是谁？

中原大乱，匈奴、鲜卑、羯、氐、羌等少数民族开始进驻中原，最先问鼎中原的是匈奴，也就是汉国的第一任皇帝刘渊。

刘渊，字元海，他不但善武，而且能文，是一位充分接受中原文化浸染、汉化程度相当高的匈奴人。

刘渊的父亲本是五部的左部统帅，父亲死后，刘渊继承父业。他颇有些政治手段，轻财好施，推诚接物，把左部管理得井井有条，当时五部俊杰都仰慕他的名声，前来归附。

不过刘渊虽有官职，但当时的朝廷对匈奴一族存有防范之心，因此他一直在洛阳被当做人质。西晋末年，外戚杨骏辅佐朝政时，为了拉拢刘渊，又封其为五部大都督。八王之乱期间，成都王司马颖掌握实权后，又派他到邺城（今河北省邯郸市临漳县境内）领兵。

匈奴是成长在马背上的民族，为了生存的需要，每天与恶劣的环境和凶猛的野兽打交道，这让他们具备了战场拼杀的先天素质。他们民风剽悍，打仗勇猛，而且很有些游击的风格，极不好对付，这也是中原一直为之头疼的原因之一。

但他们也有自己致命的弱点，就是部众分散，如果没有一个核心人物，很难形成合力。匈奴虽分五部，相距并不遥远，这就在客观上为重新聚拢五部提供了可能。当年匈奴首领冒顿的强盛，便是部族统一的结果，而刘渊的出现，让匈奴再次演绎了辉煌。

西晋末年，中原大乱，于是刘宣秘密召集五部上层贵族，共同推举刘渊为大单于，并派人秘密通报刘渊。刘渊找了个理由瞒过了司马颖，回到左国城（今山西省离石市），刘宣等人立即给他上封大单于称号。

永嘉二年（308年），刘渊正式称帝，迁都平阳，国号为汉。这年冬天，刘渊派刘聪、刘曜、刘景率5万精骑进攻洛阳，成为晋时少数民族中问鼎中原的第一人。

成语"闻鸡起舞"说的是谁呢?

"闻鸡起舞"这个成语,先是指听到鸡鸣就起来舞剑,后用来比喻有志报国的人及时奋进。该典故出自《晋书·祖逖传》一书祖逖的故事。

祖逖(266~321年),字士雅,今河北省定兴县祖村店人,汉族人。他是东晋著名的将领,也是民族英雄,他在东晋初期就有志于恢复中原并致力北伐。传说祖逖在年轻时就非常有志向,每次和好友刘琨讨论时政,总是慷慨激昂,满怀义愤。为了能早日效忠国家,他们在半夜一听到鸡叫,就披衣起床,拔剑练武,刻苦锻炼。

永嘉五年(311年),匈奴族刘曜率领汉军攻陷洛阳,晋怀帝被俘,中原大乱,祖逖率领众亲邻,共几百家避难南下,同甘共苦,生死与共,后被推为流徙的首领——行主。至泗口(今江苏省清江市北)地区,镇东大将军司马睿便任命祖逖为徐州刺史,不久让他做了军咨祭酒,并移居到京口(今江苏省镇江市)。到了江苏后,祖逖立刻上书给司马睿,请求北伐。

建兴元年(313年),司马睿任命祖逖为奋威将军、豫州刺史,只给他1000人左右的粮食和3000匹布作为北伐物资,由其自招士兵,自造兵器。他带领着随他南下的部众百余家北渡长江,至淮阴后,他一面加紧铸造兵器,另一方面招募流散的成员,最终得到两千多人。然后兵至屯雍丘(今河南省杞县)。他又派人去招募依附于石勒和晋朝之间的河南坞主,共同抵御石勒,进攻谯城(今安徽省亳州市)。蓬陂坞主陈川势力比较大,掠夺豫州各郡,却被祖逖设伏击溃,将所掠子女财物各归原主,此举使他深得民心。石勒统治的镇戍多归附祖逖,北方晋室的一些将领也愿意听从他的指挥,在9年时间里,他就收复了黄河以南的大部分土地。因为祖逖军纪严明,节俭自奉,不蓄积私有财产,重视农业,发展生产,深受百姓爱戴。

正当他的事业发展得如火如荼之际,传来了北伐失败的消息,他备受打击。在大兴四年(321年)九月,他抱恨离开人世,享年56岁。祖逖病逝后,许多地方的民众自发为他修建了祠堂。

祖逖领导的北伐军虽然没有完全取得胜利,但打击了入侵者的气焰,使东晋王朝统治得以巩固。

襄国之战中石勒是如何击败王浚的?

襄国之战是汉嘉平二年(西晋永嘉六年,312年)十二月,汉镇东大将军石勒在襄国击败西晋大司马、都督幽、冀二州诸军事王浚(今河北省邢台市)的一场战争。

嘉平元年十月,石勒率领部下军队驻守在葛陂(今河南省新蔡县西北),想独自占据江汉地区,然后消灭江南的晋军。后来因为大雨连绵,疾疫流行,军中士兵缺少粮食,于是采纳了谋士张宾北徙而据,先定河北,再图发展的建议。在嘉平二年七月进军北上,夺占襄国,随后命诸将攻占附近冀州郡县壁垒,然后征集战略物资。

汉帝刘聪得知消息后又加封石勒都督冀、幽、并、营四州诸军事、冀州牧。从此,石勒称雄襄国,改变以往流动作战的方式,开始建立自己的作战根据地。当时广平(今河北省鸡泽县东南)人张豺、游纶拥民众数万,占据苑乡(今河北省邢台市东北),听命于晋幽州刺史王浚。同年十二月,石勒派遣夔安、支雄等7人进攻苑乡,攻其外垒。王浚急忙派遣督护王昌率诸军与辽西鲜卑段疾陆眷及段匹磾、段文鸯、段末杯等共5万人进攻襄国。

鲜卑段氏军队进屯渚阳(今河北省邢台市东北),石勒派兵与之交战,但战败了。于是段疾陆眷大造战争武器,准备攻城。石勒部众很是害怕,诸将主张固守疲敌,待其退而击之。石勒听从张宾及部将孔苌的计策,于北城打开突门(也就是暗门)20余道,在鲜卑军队攻城时,待其队伍松懈之时,即命令孔苌率精锐部队自突门出击,猛袭王浚军悍将段末杯部,随后不克而退。段末杯逃至垒门,被石勒所埋伏下的士兵所俘获。王浚军见悍将被俘,纷纷败退,孔苌乘胜追击,鲜卑横尸30余里,获铠马5000匹。段疾陆眷收集余众,退回渚阳。

石勒主动放还段末杯,并赠送厚礼重金,与段氏于渚阳结盟。段氏遂收兵撤回辽西,王昌也返回蓟(今北京市西南部),游纶、张豺投降石勒。石勒转攻信都(今河北省冀县),杀晋冀州刺史王象。王浚的势力自此衰落。

杜弢起义的结局怎样？

杜弢起义是西晋末年的多次流民起义战争中的其中一起，是晋永嘉五年（311年）至建兴三年（315年），蜀郡人杜弢率领流亡在荆、湘地区的流民进行的反晋战争。这次起义历时4年，起义军多次败于西晋陶侃之下，最后也是以失败而告终。

永嘉年间，巴蜀流民分布在荆、湘之间，屡次被官吏、土民所侵害。永嘉五年春，晋湘州刺史荀眺以造反的罪名杀尽流民。因此四五万家流民被迫起义反晋，一致推荐"蜀中才子"晋醴陵令的杜弢为首领。杜弢自称梁、益二州牧，领湘州刺史。四月，杜弢起义军攻陷长沙。

五月，荀眺弃城逃往广州，被起义军擒获。后来杜弢伪降于征南将军山简，任广汉太守，击毙率众来攻的湘州郭察，南破零陵（今属湖南）、桂阳（今湖南省郴州市），东伐武昌（今湖北省鄂州市），杀死的晋官吏不计其数。永嘉六年（312年），晋荆州刺史王澄多次攻伐杜弢，都被起义军击败。

之后晋琅琊王司马睿派遣周颚接任荆州刺史。而在此时，建平流民傅密等都投靠杜弢。杜弢的将领王真（一说王贡）攻打沔阳（今湖北省沔阳县西南），周颚此战惨遭失败。晋都督王敦任命武昌太守陶侃、浔阳太守周访、历阳内史甘卓各军共同镇压杜弢起义军，王敦驻扎豫章（今江西省南昌市）作为后备军。建兴元年（313年）八月，杜弢围堵周颚于浔水城（今湖北省黄梅县西南），陶侃派明威将军朱伺前去救助，杜弢退居冷口（今湖北省蕲春县西南蕲州镇东南）。陶侃随即又遣朱伺迎击杜弢，在到武昌的路上，大破起义军，杜弢撤退到长沙。

陶侃继任荆州刺史，屯兵于沔江（今湖北省汉阳县）。十月，陶侃又率领周访等攻打杜弢，攻破了起义军。建兴二年（314年）三月，杜弢部下王真在林障袭击陶侃（今湖北省汉阳县东北汉江南岸），陶侃退往滠中（今湖北省孝感、黄陂二市以南）。周访援助陶侃，击败杜弢大军。

建兴三年（315年）二月，王敦命令陶侃、甘卓等进攻杜弢，前后作战数十次，起义军伤亡惨重，杜弢主动向晋朝司马睿投降，司马睿任命他为巴东监军。然而晋军诸将依旧不断进攻，杜弢愤怒不已，杀掉晋前南海太守王运，然后又开始起义之路。杜弢派遣部将杜弘、张彦杀掉了临川史谢擒，攻陷豫章。

三月，周访攻击张彦，并把他杀死，杜弢逃奔临贺（今广西省贺县东南贺街）。八月，陶侃与杜弢相攻，杜弢手下王真临阵投降，起义军溃散，杜弢逃走，死于途中。陶侃与南平太守应詹进驻长沙。历时4年的杜弢流民起义终于失败。

谁是西晋王朝的最后一个皇帝？

司马邺，是晋武帝的孙子，司马晏的儿子。他是西晋王朝的最后一个皇帝——晋愍帝，西晋历经52年，自他而亡。

永嘉之乱中西晋皇族人大部分都死了。整个西晋王朝在晋怀帝被俘虏后，只有关中地区还没有被匈奴占领。于是，当时负责长安守备的秦王司马邺便成了唯一有资格成为皇帝的人选。

怀帝当时还没有死，司马邺就不能继承皇位，只是以太子的身份自居，不过很快，怀帝被毒死的消息传到长安。尚书、左仆射鞠允，卫将军索琳、梁芬等人在建兴元年（313年）四月在长安扶持司马邺为皇帝，改年号为"建兴"。但此时的皇室、世族已纷纷迁移到了江南，西晋王朝已经名存实亡。

建兴四年八月，刘曜率军进攻长安。十一月，城内粮尽，无法拒守。愍帝只能赤露肩背，口含玉璧，乘坐羊车，出城前往刘汉军营求降，群臣围住羊车嚎哭，有的爬上羊车拉住他手臂，不让他出城。愍帝悲痛不已，又无计可施，只好推开臣下，驱车出城投降，刘汉军将他押送到平阳，废封为光禄大夫。

汉王刘聪曾经对晋愍帝百般羞辱，出猎时，命令他全身披挂，手执长矛，作为前导。晋朝的群臣百姓看见了，围观痛哭。建兴四年十二日，刘聪在光极殿会宴群臣，也像对待怀帝一样，命令愍帝身穿青衣，替大家斟酒、洗杯，甚至在自己小便时，命令愍帝替他揭开便桶盖。陪伴愍帝一同前来长安的晋朝尚书郎辛宾见皇上如此受辱，失声痛哭。事后，刘聪担心如果留着愍帝，怕他是个祸患，晋人复国之心不灭，就在当月派人杀死了愍帝。

晋愍帝在位共 4 年，被刘汉政权的刘曜军俘虏，后为刘汉主刘聪所杀，终年 18 岁。

"王马共天下"是发生在哪位皇帝在位的时候？

晋元帝司马睿，字景文，宣帝司马懿曾孙，琅邪武王司马伷的孙子，司马觐的儿子。

司马睿继承了父亲的职位被封为琅邪王、安东将军、都督扬州江南诸军事，由下邳移都建邺（后又改名为建康，在今江苏省南京市）。西晋灭亡后，他被拥立为晋王，并改年号为"建武"。建武元年（317 年）三月，司马睿称帝，定都建康，也就是历史上所说的东晋。

司马睿即位后，因为他在皇族中威望不够，势力单薄，又没有能力，所以得不到南北士族的支持，皇位受到了威胁。他为了稳定大局，重用了政治家王导。王导上任之后，运用策略，使南方士族支持司马睿，使北方南迁的士族也决心拥护司马睿，这一措施稳定了东晋政权，维持了偏安局面。司马睿十分感激王导，又任命他为宰相，执掌朝政，让王导的堂兄王敦都督江、扬、荆、湘、交、广 6 州军事，握有重兵，控制军权。其他重要的官职，大部分也由王导家族担任。东晋王朝，实际上是司马睿与王导共同掌权的。司马睿在登基大典上，多次请王导和他一起坐上龙椅，接受群臣朝拜，王导都谢绝。当时民间曾流传说："王与马，共天下。"

司马睿在稳定了皇位后，开始不满"王马共天下"的局面，就重新启用刘隗、刁协等人，借以削弱王导的势力，并暗中进行军事部署，试图全面消弱王导家族的势力。王敦先发制人，从武昌起兵击败刘隗，进入建康，杀死了刁协。在王导的一再劝说下，王敦才退兵武昌，政权仍然由王导控制。

司马睿无法动摇王导的势力，自己虽然名为天子，但每日不出宫门，逐渐忧愤成疾，一病不起。他想到大臣中只有司徒荀组对朝廷比较效忠，就任命他为太尉兼领太子太保，打算让他参与朝政，以钳制王导的势力。不料司徒荀组受任不久便病逝，司马睿更加痛恨，病情又加重了一步。

永昌二年（322 年）闰十一月已丑日晚，司马睿病死在建康宫中的内殿，谥号为元帝。

东晋的第二个皇帝是谁？

司马绍是晋元帝的儿子，他的母亲是代郡出身的豫章君荀氏。永昌二年（322 年）十一月，元帝病死，他于当月庚寅日继位，次年改年号为"太宁"，是为明帝，他是东晋的第二个皇帝。

建兴初年（313 年），司马绍被升为东中郎将，镇守广陵。司马绍从小就聪明过人，而且他还善于书法（留有行书《墓次帖》）、礼贤下士、善于言谈，而且比较孝顺，也相当勇猛有胆略，曾经微服密探王导的堂兄王敦的营垒，王敦以"黄须鲜卑奴"称呼他。

司马绍继位后，继续任用王导辅佐朝政。王导的堂兄王敦以为司马绍和他的父亲一样软弱无能，便觉有机可乘，加紧准备篡夺皇权。但在太宁二年（324 年），王敦病危，明帝乘机出谋划策，发兵征讨王敦。王敦虽得重病，但仍然采取先发制人的措施，派兵抢先进攻建康，后被晋军击溃。不久，王敦病死，其兄王含和嗣子王应继续谋反作乱，不过随后都被司马绍平息了。

太宁三年（325 年）八月，司马绍突然病重，在垂危之际，他召群臣一起领遗诏，希望他们共同辅助太子。第二日，司马绍在建康宫中的东堂上病逝。他一共做了 3 年皇帝，终年 27 岁。

东晋自掘坟墓的皇帝是谁？

晋成帝司马衍（321~342 年），字世根，是晋明帝的长子。他继承了皇位之后，就开始了自掘坟墓，让东晋陷入险境。

在司马衍很小的时候，他父亲明帝非常疼爱他，因此明帝继位后，便立刻册封司马衍为太子。明帝病逝后他便继承了皇位。明帝去世时，曾让王导等 3 位大臣一起辅佐朝政，其实就是看重江南大族的实力，想让他们拥护自己的儿子。不过，虽然世家大族的势力不容置疑，但却不如朝廷大臣那般忠诚。而且，司马衍也未必服从父亲的安排。

对于琅邪郡王家来说，他们的权势有时候要比皇帝的还大。当年如果没有王家，没有王导的辅佐，无论是司马睿还是司马绍，都别想安稳地坐在自己的皇位上。所以晋明帝虽然平定了王敦叛乱，但是也没处置王导。

等到司马衍继位后，他不能明白个中道理。因此，在掌权后，一心想置王导于死地。

司马衍本身是个平庸之辈，他企图依靠外戚的力量来排斥王导势力，把自己的计划让外戚庾亮来付诸实施，树立自己的威风。可是庾亮是成帝的外戚，群臣们都看不起他。他的能力又非常有限，所以，等庾亮上任后，猜忌心极重，看哪个大臣不顺眼，便派人砍那人的头。这种举动引起了朝臣的愤怒。

公元 327 年，历阳镇守将苏峻和寿春镇守将祖约一起叛乱。他们叛乱的借口是诛杀庾亮，为朝廷平乱。由于叛军的突然降临，晋军几乎毫无准备。叛军一路攻入建康，眼看就快控制不住局面了，幸好陶侃和温峤迅速起兵平定了这次叛乱。群臣一致请王导再次出山执政，这才让处于崩溃边缘的东晋王朝又一次转危为安，朝中大权在一瞬间又回到了王氏家族的手中。

公元 342 年正月，成帝司马衍感染重病。六月，在建康宫中西堂病逝。

为什么晋成帝和杜陵阳的感情会备受争议？

杜陵阳（322~341 年），京兆人。咸康二年（336 年），晋成帝司马衍以杜氏"奕世名德"为名封年仅 17 岁的杜陵阳为皇后。咸康七年（341 年）三月，年仅 21 岁的杜皇后去世了。

杜陵阳出身高贵，她的曾祖父是在平定东吴战争中立下赫赫战功的杜预，祖父官至左丞相。

司马衍 6 岁时登上皇位，被母亲庾太后和舅舅庾冰牢牢控制在手中，成为庾家争权夺势的工具。司马衍从小就没有受到过作为一个皇帝应该有的尊重。7 岁时，苏峻作乱，攻占建康，庾太后惊吓过度而亡，年幼的成帝被叛军挟持，整日生活在惊恐之中。一次叛军竟然不顾他的苦苦哀求，在他面前，杀死两位忠心耿耿的大臣，小皇帝受到了惊吓，从此身体一直处于病恹恹状态，直到成年后，心理上一直留下阴影，他平时沉默寡言，身体虚弱并且忧郁。

杜陵阳的美貌与德行却深深地吸引着晋成帝。但阴郁的他遇见沉着冷静的杜陵阳时，冷淡与疏离在所难免。两人之间微妙的感情给了后宫其他女子有机可乘，出身平凡的周氏脱颖而出，受宠于司马衍。周氏先后生下哀帝与海西公，杜陵阳却没有任何行动。

此后，司马衍的身体也一天天消瘦，皇后的身体也在恶化，咸康七年（341 年）三月，杜陵阳病重，无力挽回。杜陵阳当了 6 年皇后，没有孩子。她死后第二年，22 岁的司马衍也逝世，与皇后杜陵阳合葬在兴平陵（今江苏省南京市钟山余脉鸡笼山）。

晋成帝和杜陵阳的感情生活到底怎样一直是备受争议的。除上述说法外，还有一种说法，就是晋成帝和杜陵阳的感情生活十分的恩爱，在杜陵阳去世后，晋成帝十分伤心，之所以将杜陵阳的丧事从俭完全是杜陵阳的遗愿，虽然杜陵阳没有为晋成帝留有子嗣，但是晋成帝对她依然还是宠爱有加的。

东晋年纪最小的皇帝几岁即位？

晋穆帝司马聃（343~361 年），字彭子，荒诞贪玩，是晋康帝司马岳（晋明帝的儿子，成帝的弟弟，公元 342 年继位，在位 3 年）的长子。他是东晋的第五位皇帝，也是东晋最小的皇帝。襁褓中的司马聃在司马岳病危时被大臣们册封为太子，继位时只有 2 岁。

司马聃继位的第二年（345 年）改年号为"永和"。永和元年正月，褚太后在太极殿上设置白纱帷帐，抱着司马聃驾临殿前。司马聃尊奉康帝皇后褚氏为皇太后，由太后亲临朝政。何充被授命为中书监，录尚书事。永和二年（346 年）二月十九日，朝廷任左光禄大夫蔡谟兼领司徒职务，与会稽王司马昱共同辅佐朝政。

由于司马聃在位期间，前十几年由褚太后执政，并由何充辅政。在何充过世后，改由蔡谟和司马昱共同辅政。永和三年（347 年），安西将军、都督荆益等六州诸军事、荆州刺史桓温领兵入蜀，成汉国主李势，让散骑常侍王幼给桓温送去了请求投降的文本，自称"略阳人李势叩头请求死罪"。不久便带着棺材，将自己的双手反绑于身后来到了桓温的军营门前投降。桓温为他松绑，焚烧了棺材，将李势及宗室亲属十多人送到了建康。此后赵石虎病死，中原大乱。朝廷先后令褚裒、殷浩北伐，均未成功。永和十年（354 年），太尉、征西将军桓温北伐关中，打败了前秦。两年后（356 年），桓温再次击破姚襄，夺回洛阳，东晋的版图不断扩大。

升平元年（357 年），褚太后归政，居崇德宫。15 岁的司马聃穿上了皇帝的衣服，开始亲自处理朝政，实际上真正执政的却是桓温。

升平五年（361年），司马聃在建康宫中的显阳殿病逝。他在位共17年，亲政仅4年，终年19岁。

十六国时期第一名将是谁？

慕容恪，字玄恭，昌黎棘城（今辽宁省义县西北）人，鲜卑族，十六国时期前燕杰出的政治家、军事家，也是十六国时期的第一名将。

公元338年，后赵皇帝石虎以燕军违约，发兵数十万北伐，两军相持10余日，赵军不能攻克燕国，于是后退。燕王派慕容恪率2000骑兵出城追杀，石虎大惊，弃甲溃逃。慕容恪乘胜追击，斩获3万余级，大败赵军。

公元341年，燕王封慕容恪为渡辽将军，镇守平郭。慕容恪到达平郭后，屡破侵犯辽东的高句丽兵，高句丽十分畏惧，不敢再入燕境。

公元355年，前燕决意发兵攻广固，慕容恪被封为大都督、抚军将军，率军进攻广固。燕军至黄河北岸，慕容恪先以轻舟渡河，试探虚实乘机率燕军全部渡过黄河，距广固百余里。

段龛率军3万人迎战，慕容恪在淄水打败了敌将段龛，段龛只好逃回广固，闭城固守。慕容恪围广固7个月，段龛派人向东晋求援，东晋派人前往解围，此人却畏惧慕容恪不敢前进。不久，广固城内路人相食，无以为守，段龛只好出战，被慕容恪击败，单骑逃回城中。十一月，段龛计穷，只得出降。

慕容恪的一生，正是前燕由弱变强的时期，他在燕国占有十分重要的地位，慕容俊（前燕景昭皇帝）死后，东晋认为有机可乘，但大将桓温却认为慕容恪还在，不能攻燕。直至慕容恪死后，晋、秦才敢伐燕，可见慕容恪在当时的威望。

司马丕是个怎样的皇帝？

司马丕是晋成帝司马衍之子，晋穆帝司马聃的堂兄弟。他是东晋的第六代皇帝，史称"晋哀帝"。

司马丕在位期间，不理朝政，所以面对燕国人、秦国人、凉州人、匈奴人，代国人和桓温的威胁，他置之不理。面对秦国兴办教育，燕国扩展疆土，一心求仙的司马丕在兴宁元年（363年）五月，干脆把朝中大权都交给了桓温。桓温也不拒绝，他毫不留情地排除异己，并把当时的精英王坦之、郗超、王珣、谢玄等人都笼络在他的名下。

此时的国家可谓内忧外患，一座座城池先后被燕国占领，而司马丕却还在求仙的梦幻中。最后，他连个子嗣都没有留下就撒手人寰，终年只有25岁。

什么是野王之战？

野王之战是东晋升平五年（前燕建熙二年，361年）二月至七月间，前燕太宰慕容恪在野王（今河南省沁阳市）率军攻打叛将吕护的一场战争。

升平四年（360年），燕帝慕容俊子慕容暐继任后，朝政大事由太宰慕容恪掌管。

五年二月，当时的宁南将军吕护，镇守野王，暗中勾结投靠东晋，东晋以吕护任命他为前将军、冀州刺史。吕护本想带领东晋军偷袭燕都邺（今河北省临漳县西南）城。还没有付诸行动，计划就已经败露了。

三月，燕王派遣慕容恪统军前往野王平定叛乱。慕容恪率领军队5万，冠军将军皇甫真领兵1万，进攻到野王城外，吕护关起城门严防死守。燕护军将军傅颜极力要求紧攻城门。慕容恪则坚持围困以破城，后来就在野王城外修筑深沟高垒，切断守城军队的一切外援，以等待时机攻破野城。

一直到了七月，吕护军已经被围攻数月，外无救兵，内无粮草。吕护被迫命令部将张兴率领7000人马出城迎战，张兴战败当即被杀。当夜，吕护以黄甫真营阵为突围口，率领城中精锐部队试图突围。皇甫真事先已做好防备，慕容恪领兵从侧翼出击，吕护所带的人马伤亡惨重，吕护单骑逃往荥阳（今河南省荥阳市东北），燕军攻克了野王。

野王之战的胜利，是前燕军根据形势用兵，围困敌人使其粮食耗尽，人马战斗力疲弱，适时出击的结果。

废帝真的是被"废"了吗？

废帝，名司马奕（342~386年），是晋成帝的儿子。晋哀帝死后继位，是东晋的第七位皇帝，在位共6年，被桓温所废。

晋废帝司马奕，曾封为东海王。晋哀帝于公元365年二月病死，没有儿子。褚太后和司马昱在同月丁酉日辅助他即位，第二年改年号为"太和"。司马奕在位期间，桓温专横跋扈，王室中又有司马昱执掌大权，他便一度成为傀儡皇帝。

虽然北伐彻底失败，但桓温篡晋之心仍在。于是，他除了行伊尹、霍光之举（即废旧帝立新帝），已经"没有权威，镇压四海"。当然，要废掉皇帝，总要找一个名正言顺的理由，而晋帝司马奕自兴宁三年（365年）继位以来，一直是褚太后听政，而且司马奕一直对桓温很尊敬，谨慎行事，没有过错。

太和六年（371年）十一月，桓温寻找借口威逼褚太后下诏废黜司马奕，并派刘亨进宫收缴了国玺，胁迫司马奕即刻离宫。时值仲秋，司马奕只穿一件单衣走出西堂，乘牛车出了神兽门，群臣全都哭着送别他。桓温命令部下带领数百兵士押送他回原东海王府，并官降为海西公。

第二年，司马奕又被迫迁往吴县西柴里居住，由吴国内史刁彝和御史顾允领兵监视。百姓都同情他，不少人假借他的名义，诈称奉他的诏命，聚众起事，公开反对朝廷。司马奕知道这些情况后，深居简出，闭门谢客，小心谨慎地生活，就怕惹祸上身。咸安二年（372年）十一月的一个早上，卢悚派弟子许龙秘密来到司马奕住地，自称奉太后密诏来迎司马奕回京复国。司马奕听了有些心动，想要答应。这时，他的家眷出来极力阻挠，他才斥退许龙，又独自回屋。自此，他更加明哲保身，整天在家借酒度日，他为了保存性命，宁可受辱，躲避了杀身之祸。

太元十一年（386年）十月甲申日，司马奕病死于吴县，终年45岁。

收复蜀汉的东晋大将是谁？

桓温（312~373年），字元子、彝子，他是明帝长女南康公主的丈夫，曾经是琅琊太守，继任荆州刺史后，又封为安西将军，他是收复蜀汉的东晋大将。

永和十年桓温率领4万步骑，自浙川（今河南省浙州县）以征关中，发江陵水军，水陆并进，接连战胜前秦军。永和十二年，被任命为征讨大都督，统领司、冀、州军事。二次北伐，到达伊水，与姚襄距水面战，击溃姚军、收复济阳，他也因此被封为南郡公。后来又加授并、司、冀三州都督，后又加封侍中大司马。

在太和四年（369年），桓温率领5万士兵，第3次北伐，向前燕进攻，但是因粮道被前秦断截而败退。咸安元年（371年）前秦苻坚率兵攻晋，在洛涧屯兵。桓温率领士兵亲自去广陵迎敌，击败秦军。

桓温三次北伐，想建功业来提高政治威望，但是第三次的大败，使他声望大大受损。参军郗起建议他废帝以重立威权。他觉得此计可行，二人便在太后面前诬陷晋帝3个儿子并不是亲生的，司马氏血统将被混乱。在他们的劝说下，太后同意废立。

在东晋太和六年（371年）十一月，大司马桓温废晋帝司马奕为东海王，改立丞相、会稽王司马昱为帝，是为简文帝，掌朝中大权。

桓温改立新帝后，对一些政见与他不合的皇族和大臣进行陷害，并且将殷、庾两大强族的势力削除殆尽。咸安二年（372年）六月，简文帝去世。桓温原本指望简文帝司马昱禅位于他，或自己摄理朝政，但却大失所望。桓温于是拒绝入朝，一直到宁康元年（373年）二月才到建康朝见孝武帝，并带兵入朝，群臣十分恐慌。因为侍中王坦之、吏部尚书谢安应付自如，桓温才没有发难。晋朝得以安宁。到了三月，桓温退兵。七月，桓温病死在姑苏，终年61岁。

东晋哪位皇帝与"道"有渊源？

司马昱（320~372 年），是晋元帝司马睿的少子。废帝司马奕被桓温废为海西公，桓温改立他为帝，是东晋皇帝中与"道"颇有渊源的一位。

司马昱自小深受父亲司马睿的疼爱。永昌元年（322 年）被封为琅邪王。咸和元年（326 年），被封为会稽王，提升为散骑常侍。

司马昱喜好道术，还在没登基时，就拜京都清水道师王濮阳为师，司马昱对清水师非常敬重，甚至在府第之内，为他建立道舍。在晋明帝时，有个戒行精峻，能够占知吉凶，预测祸福的女尼，法名道容。道容见此，虽然极力劝阻，可是没有半点用处。然而，也就从此开始，每当司马昱进入道屋，总是看到屋里的神仙，全都变成了比丘僧。司马昱怀疑是道容捣鬼，然而一时找不到证据。

司马昱不久登基，当时太极殿上有很多飞鸟，筑窝而居。司马昱让占签家曲安远起卦占签，曲安远签后禀道："西南有女人师，能灭此怪。"司马昱闻言专程派人前去乌江，迎请道容，向她请教怎样可以让鸟群不再在太极殿上筑窝。道容听后回答："可请皇上清斋七天，受持八戒。这样以后，鸟群就会从太极殿搬迁，飞到别处作窠。"司马昱毕恭毕敬，完全照办，结果不到 7 天，群鸟汇集，运窠飞离而去。

从此，司马昱对道容非常器重，并且还专门为她辟地造寺，名新林寺，并且自己也信奉佛法，对她行老师之礼。

司马昱继位后，在政治上，一切听命于桓温，如同傀儡一样。咸安二年（372 年）七月，司马昱病危，宣布立子司马曜为太子，并在 24 小时之内，连发 4 道诏书，请桓温入京辅政。桓温不予搭理，司马昱只好写下遗诏，授权桓温可以依据周公辅助成王的例子摄政。如果太子不值得辅助，可以取而代之，自己称帝。郎中王坦之接到皇帝的遗诏，极力上书劝谏，并当着司马昱的面将诏书撕得破烂。而司马昱却说："天下本来就是身外之物，你干嘛这样做呢？"王坦之反驳说："天下是宣帝、元帝的天下，陛下怎么能私下让位给别人呢！"司马昱沉吟许久，无言以对，继而命令王坦之重新起草遗诏，改为："家国大事都要一一禀告大司马（桓温），太子也要像刘禅对待诸葛亮一样，尊敬桓温。"

第二天，司马昱死于建康宫东堂，终年 53 岁。

被妃子用被子闷死的东晋皇帝是谁？

孝武帝司马曜是晋简文帝的第三个儿子，他是东晋的第九个皇帝，因为酒后的一句戏言而丧命。

司马曜继位时，只有 10 岁，由褚太后垂帘听政。但简文帝丧事刚办完，忽然卢悚率领的几百士兵，直接杀入云龙门，声称奉海西公司马奕回宫复辟，直冲入朝堂、内宫，抢取武器，大砍大杀，后这些士兵被禁卫军镇压，卢悚被诛杀。

不久，桓温率军入宫，震惊朝野，人们怕他前来争夺帝位，但没过多久，桓温病死，东晋王朝算是又度过了一个艰难危机。

司马曜在位的 24 年间，还算是一个比较开明的皇帝，而且军事史上的奇迹"淝水之战"就发生在他在位期间。就因为这次战役的胜利，让他从此高枕无忧起来，此后每天只是纵酒狂欢。

公元 396 年九月的一天，司马曜在宫内清暑殿中与宠爱的张贵人一起豪饮，还要求张贵人陪他对饮。张贵人不胜酒力，极力推辞，司马曜有点不高兴，便开玩笑地说："你今天如敢违抗君命，拒不陪饮，我可要定你的罪！"张贵人一时恼火，起身顶撞说："臣妾偏偏不饮，看陛下定我什么罪！"司马曜醉眼迷离，起身冷笑一声说："你当年是因为才色双全才被封为贵人，如今你都快 30 岁了，人老珠黄了，还浪费着一个贵人的名分，明天我就废了你，另选新人。"说到这里，又大口呕吐，喷得张贵人满身皆是。张贵人将司马曜扶进卧室，让他上床睡下，自己却无心睡觉，想到刚才皇上的一番话，再照照镜子，镜子里的女人容颜已老，被人厌弃，一时张贵妃是又气又恨，顿时起了杀心。她洗脸换衣后，叫来自己的心腹宫女，偷偷溜进卧室，见司马曜熟睡，就用被子蒙住他的脸，再搬来重物压在他身上。司马曜因酒后无力，挣扎一番，最后被活活闷死在被子里。

司马曜堂堂皇帝，但最后却因为一句酒后戏言被自己的妃子闷死了，这年他才 35 岁。

淝水之战是场以少胜多的战役吗？

淝水之战，发生在公元383年，当时北方的前秦想消灭南方的东晋，于是在淝水（今安徽省寿县东南）交战，最终东晋仅以8万军力大胜80余万前秦军。

公元383年八月，前秦皇帝苻坚亲自率领大军从长安南下，并且命令梓潼太守裴元略率水师7万从巴蜀顺流东下，进军建康。

东晋王朝在此危急时刻，以丞相谢安为首的主战派决定奋起抵抗。晋帝任命谢安之弟谢石为征讨大都督，谢安之侄谢玄作为先锋，率领8万"北府兵"沿淮河一路向西，与秦军主力作战，并且派胡彬率领水军5000增援战略要地寿阳（今安徽寿县），派桓冲率领10万晋军控制长江中游，阻止秦巴蜀军陆续前进。

十月十八日，苻坚之弟苻融率领部队攻占了寿阳，晋军首领徐元喜被俘虏，并又攻下了郧城（今湖北省郧县）、寿阳、硖石（今安徽省凤台县西南），随后又进攻洛涧（在今安徽省淮南市东），逼得晋军胡彬走投无路，写信向谢石求救，但信使被捉，并了解到晋军兵少，粮少的情况，建议迅速起兵，以防晋军逃跑。苻坚亲率8000骑兵急忙赶到寿阳后，派原东晋襄阳首领朱序到晋军大营去劝降。但是朱序到晋营之后，不但没劝降，反而向谢石提供了秦军的情况，根据情况改变了战略，采取了主动出击。十一月，谢玄派遣勇将刘牢之率精兵5000奔袭洛涧，揭开了淝水大战的序幕。最终晋截断秦的归路，洛涧之战取得了胜利，晋军的士气大增。

由于秦军紧逼淝水西岸排兵备战，晋军无法渡河，只能隔岸对峙。谢玄就派遣使者去见苻融，用激将法想让他退兵几里，让晋军过河，然后决一死战。秦军诸将都表示反对，但苻坚却认为可以将计就计，让军队假装向后退一点，等晋军半渡过河时，再用骑兵冲杀，这样就可以取得胜利。苻融对苻坚的作战计划也表示赞同，于是就答应了谢玄的要求，指挥秦军向后撤。但秦兵士气低落，无法控制。谢玄率领8000多骑兵，向秦军猛攻。朱序趁机在秦军阵中大喊着："秦军失败了！"秦兵信以为真，四散奔逃。

不料，苻融战马被乱兵冲倒，被赶来的晋军杀死。苻坚本人也中箭负伤，逃回至洛阳时仅剩10余万人。淝水之战晋军大获全胜。

晋安帝司马德宗是怎么遇害的？

司马德宗（382~419年），字安德，是孝武帝的长子。他是东晋的第十位皇帝，在位共22年，后被刘裕收买的宦官给勒死，终年37岁。

司马德宗在孝武帝继位时，就被册立为皇太子。张贵人在公元396年九月谋杀孝武帝之后，用重金收买孝武帝身边的重臣，统一口供，全部伪称孝武帝是暴病而亡，同月辛酉日匆忙立司马德宗为帝，第二年改年号为"隆安"。

司马德宗是一个懦弱无能的皇帝，继承皇位后由司马道子、司马德文揽权，他始终是个傀儡皇帝，无所作为。他在位期间，曾经爆发了孙恩、卢循起义。公元403年，被封为楚王的大将桓玄自称为皇帝，废黜司马德宗为平固王（平固在今江西省赣州市东），并下令让他移居于寻阳（今江西省九江市）。不久，另一位大将刘裕起兵征伐桓玄，桓玄被击败，逃窜到寻阳后挟持司马德宗辗转在江陵（今湖北省江陵县）一带。公元404年，桓玄兵败被杀，安帝才重新恢复皇位。

公元418年，打败桓玄的大将刘裕一心想篡夺皇位，于是密令自己的党羽——中书侍郎王韶之，伺机买通司马德宗的左右侍卫，想借机除掉司马德宗。司马德宗的弟弟司马德文担心哥哥遭遇不测，整日陪伴左右，保护他的安全，使王韶之无从下手。

同年十二月，司马德文生病，不得不回宫休养。戊寅日，王韶之乘机入后宫东堂，指挥侍从用衣服结成绳子，将司马德宗活活勒死。事发后，刘裕伪称皇帝暴病而亡。

晋安帝的皇后为何会英年早逝？

王神爱，琅琊临沂（今山东省临沂市）人，父亲为大名鼎鼎的书法家王献之，她是家里的独生女，也很善于书法。在太元二十一年（397年）时，王神爱被册封为太子妃。等到安帝继位后，她便被封为皇后，结婚后没有孩子。义熙八年（412年），年仅29岁的王神爱病逝。

王神爱就是王献之与新安公主的女儿，也是两人唯一的孩子。王献之去世时，王神爱只有十几岁。由于母亲是公主的缘故，王神爱也成为了皇家联姻的对象。14岁那年，她被纳为太子妃，她的丈夫是当时年仅16岁的司马德宗。同年，在位的孝武帝逝世，司马德宗即位，王神爱自然而然成为了皇后。

王神爱的丈夫司马德宗连句完整的话都不会说，也感觉不到冷热，就像一个木头人一样，呆呆傻傻的，一举一动都要受人摆弄。王神爱对皇帝未曾有过丝毫关心体贴之情，虽整日整夜陪伴在皇帝身边，但照料他起居饮食的是皇帝的弟弟司马德文。

王神爱就一天天枯坐在皇宫中，排遣自己心中的郁闷与怒火。过了短暂而又漫长的15年，29岁的王神爱病逝，没有为皇上留下一男半女。

东晋最后一个皇帝是怎么死的？

司马德文是晋孝武帝的儿子，安帝的弟弟，是东晋最后一个皇帝。在位共2年，后被刘裕所废，又被刘裕派人用被子闷死，终年36岁。

晋恭帝司马德文，曾被封为琅琊王。刘裕派人勒死司马德文的哥哥安帝后，册立司马德文为帝，第二年改年号为"元熙"。

公元419年六月，刘裕见时机已经成熟，于是命令党徒傅亮草拟好禅位诏书，入宫让司马德文抄写他拿来的诏书。司马德文强作欢颜地对左右说："当年桓玄篡位，晋朝在那时已经快要亡国了，多亏刘公（刘裕）出兵平息叛军，晋朝才得以恢复，才能再延续了将近20年。今日让位这件事，是我心甘情愿做出的决定。"说完，拿起笔来抄写这份诏书，递交给了傅亮。然后，携家眷伤心地离宫，被刘裕降为零陵王，迁居秣陵县城（今湖北省荆门市），由刘遵考带兵监管，东晋至此灭亡。

褚秀之、褚淡之是司马德文皇后的兄长，原被封为晋朝的太常卿和侍中。这时看见皇帝、皇后已经落难，他们就卖国求荣，甘心给刘裕当走狗，协助监视帝后。褚皇后生下一个儿子，褚秀之兄弟遵照刘裕命令，将男婴害死。刘裕也想残害司马德文，司马德文日夜饱受恐慌的折磨，无法安睡，整日和褚皇后共处一室，饮食也都由褚皇后亲自料理，刘裕一时也找不到下手的机会。

公元421年九月，刘裕命令琅琊侍中张伟携毒酒一瓶，前去杀司马德文。张伟不忍心谋杀故主，于是饮毒酒自尽。知道此事后刘裕非常愤怒，于是派褚淡之假意去探望褚皇后，命令自己的亲信暗中跟随。褚皇后听到兄长来了，出来见兄长。亲兵乘机越墙进入司马德文的室内，把毒酒放在桌子上，逼他喝下去。但司马德文摇头拒绝说："佛说：人凡自杀，转世不能再投为人胎。"士兵便将他按倒在床榻上，用被子蒙住他脸面，用力憋死。

南北朝时期

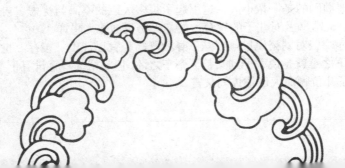

南北朝（420~589年）并不是一个朝代，而是中国历史上的一段分裂时期。从公元420年刘裕篡东晋建立南朝宋开始，到公元589年隋灭南朝陈为止。

东晋十六国以后，中国历史开始进入了一个南北分裂、对峙的阶段。在南方，虽然先后共有刘宋、南齐、萧梁和陈4个政权的更迭，但这中间除了梁元帝以江陵作了3年的国都外，其余的时间，南方各朝的都城一直都在建康（今江苏省南京市）。

其中刘宋（420~479年）是南北朝疆域最大、最强、统治年代最长久的一个政权，历4代8帝，共59年。南齐（479~502年）非常短暂，只经历了短短的23年，但由于争杀频繁，竟历3代7帝，平均3年一帝，是中国历史上帝王更换极快的一朝。梁代（502~557年）历3代4帝，其中武帝萧衍享国时间最长，几近半个世纪。陈（557~589年）首尾共33年，历3代5帝，是版图狭窄、人口孤弱、力量单薄的王朝，加上统治者又极度腐败，最终丧亡在北方强敌隋朝杨坚之手。历史上把宋、齐、梁、陈这南方四朝统称为南朝。

在北方，从公元439年北魏灭北凉统一华北始，历北魏、东魏、西魏对峙，北齐、北周对峙两个时期，包括隋立国到公元589年隋灭陈为止，是北朝时期。北魏、东魏、西魏及北周均由鲜卑族建立，北齐则由胡化汉人所建。

南北朝上承东晋十六国，下接隋朝，南北两势虽然各有朝代更迭，但长期维持对峙，所以称为南北朝。

南北朝为什么会对峙一百多年无法统一？

南北朝长时间的对立，而不能互相吞并，是由当时的国力及统治形势造成的，当时的形势是：南朝力量不足以进攻北朝，北朝也无法全力南下，以至于形成了这种南北长时期相峙对立的局面。

南朝各国皇族主要是汉族和次级世族，在东晋末期之后，军职大多由汉族和次级世族等担任。由于执政者的努力，出现了元嘉之治和永明之治等治世，使得国力富盛。

不仅如此，皇帝还扶持了寒门担任军职或次要官职，以此来平衡政治势力。再加上南朝梁时梁武帝的改善，北魏六镇之乱后，南朝国力逐渐追上北朝。南朝陈的陈文帝完全统一南朝，但此时的南朝国力日衰，只能倚长江抵御北朝。

与南朝对立的北朝继承了东晋十六国形成了一个胡汉融合的新兴朝代。北魏深深受到少数民族文化的影响，皇室多为鲜卑族。而鲜卑皇室也慢慢受到汉文化的熏陶，其中以北魏孝文帝的汉化运动最盛。由于北方的柔然牵制北魏，使得北魏难以全力攻入南朝，再加上北魏后期政治逐渐败坏，六镇民变后国力大衰，最后分裂为东魏和西魏，并分别被北齐和北周取代。

南北朝的长时间对立有利于各统治区的经济发展，为民族的大一统埋下了伏笔。

宋少帝刘义符是因游戏无度被废的吗？

宋少帝刘义符（406~424年），是南北朝时期刘宋的第二个皇帝。

他是宋武帝刘裕的长子，出生的时候，恰逢父亲刘裕举兵讨伐桓玄成功。他7岁被拜为豫章公世子；宋国建立，拜为宋世子；刘裕称帝后，他又被立为太子。但刘义符自幼不爱读书，只喜欢骑马射箭，围绕在他周围的是一帮小人，这引起了很多大臣的不满与忧虑。再加上他的父亲刘裕整日忙于建功立业，无暇顾及对儿子的教育，使刘义符更加肆无忌惮。

刘裕的领军将军谢晦曾对刘裕说过："陛下春秋既高，宜思江山社稷存万世，神器至重，不可交给非才之人。"言下之意就是说太子刘义符无帝王之才，但刘裕却一直没有下重立太子的决心，只是在临终之前任命了几位顾命大臣辅佐刘义符。

刘义符 17 岁即位，理应给刚去世的父亲守灵尽哀，但他却只知道玩耍嬉戏，不把父丧、军国大事当回事；对于群臣谏言，也都是一概不听。等到魏兵犯境，作战失利，国人惊惶，他却只顾图得快乐时且快乐，这让几位顾命大臣慢慢地失望了。

顾命大臣中书令傅亮、司空徐羡之、领军将军谢晦于是开始密谋废帝。景平二年（424 年）四月，徐羡之、谢晦等便开始行动了。他们先取了少帝的印玺，又假借皇太后诏书，废少帝刘义符为营阳王，另由他的弟弟宜都王刘义隆继承大统。景平二年六月，年仅 19 岁的刘义符被暗杀。

"半壁"帝王刘义隆有哪些突出的作为？

宋文帝刘义隆（407~453 年），小字车儿，是宋武帝刘裕的第三个儿子，宋少帝刘义符的弟弟。刘义符被废后，他被拥立为帝，即宋文帝。宋文帝博涉经史，善隶书，深沉有谋略，在位（424~453 年）30 年。他提倡文化，整顿吏治，清理户籍，重视农业生产，开创了"元嘉之治"，是南北朝的宋朝很有作为的一位皇帝。

军事上，他致力于收回北方失地，尽管 3 次北伐均失败，但并不妨碍他成为一个有作为的皇帝。刘义隆继续推行刘裕的治国方略，在东晋"义熙土断"的基础上清理户籍，下令免除百姓所欠政府的"通租宿债"，又实行劝学、兴农、招贤等一系列措施，让百姓得以休养生息，社会生产有所发展，经济文化日趋繁荣，是东晋南北朝国力最为强盛的历史时期，史称"元嘉之治"。

宋文帝在位期间，宋国境内政治、经济、文化均得到较大的发展，是魏晋南北朝国力最为强盛的历史时期。

宋文元皇后怎样度过了一生？

袁齐妫（405~440 年）是南朝宋文帝刘义隆的皇后。因为是庶出的女儿（非正妻的妃嫔所生的孩子），所以一直到五六岁的时候，她才得到好一点的抚养。之后被选为宜都王妃，后来成为皇后，生育了太子刘劭和东阳献公主刘英娥。

袁皇后当初生下刘劭之后，仔细端详，竟派人告诉刘义隆说：这孩子长相异常，以后必定破国亡家，不能把他养大。于是便准备要杀儿子。刘义隆得知后，吓得赶紧赶到皇后殿外劝阻，才停止她的举动。但宋文帝刘义隆平时对待袁齐妫非常有礼数。袁齐妫因为娘家贫穷，便会常请求刘义隆拿钱资助，但刘义隆生性节俭，所以给的钱并不多。后来潘淑妃得到刘义隆宠爱，常自称只要她请求皇上，没有什么得不到的。袁齐妫半信半疑，一次假借潘淑妃的名义向刘义隆要大量金银，没想到只一晚上的时间刘义隆就将钱拨了下来。因为此事，袁齐妫心里相当怨恨刘义隆，便经常假托自己身体不适，不再与刘义隆见面。

事情发展到后来，刘义隆每次准备来见她，她都要回避到别处，导致刘义隆屡次想要见她也见不到。最后连潘淑妃的儿子始兴王刘浚和其他庶子要来探望她，她都不见。由于这份怨恨深深地折磨着袁齐妫，她终于怨恨成疾。病危之际，刘义隆前来探望她，哭着握着她的手，问她有什么遗言要交代。袁齐妫也只是静静地看着刘义隆，一句话也没说。不多久，袁皇后在显阳殿过世，享年 36 岁。

袁齐妫死后，刘义隆十分哀痛，命颜延之作了一篇哀策，文字相当华丽。刘义隆还用"抚存悼亡，感今怀昔" 8 字向她致意。

中国历史上第一个杀死父皇自立为帝的是谁？

刘劭是中国历史上第一个杀死亲父的皇帝。

刘劭（426~453 年），字休远，是宋文帝刘义隆的长子，并被立为太子，也是南北朝时期宋朝的第四个皇帝。刘劭是宋文帝刘义隆的长子，又是皇后所生，被封为太子。宋文帝对他十分宠爱。元嘉二十七年（450 年），刘劭曾经上书劝阻宋文帝北伐，并且在魏军抵达江北时还统帅水军出阵石头城，不过，也许是当太子的时间太长了，他伙同弟弟始兴王刘浚咒文帝早死。东窗事发后，文帝大怒，痛斥了二人，之后文帝发现两人不思悔改，才打算废太子，赐死刘浚。

于是，元嘉三十年（453 年）二月二十一日夜，刘劭假传诏书骗开城门，与父亲的亲信张超之等率领东宫部队 2000 多人杀进皇宫，杀了文帝与正在同他商议废立之事的徐湛之。之后刘劭在东阁登基称帝，发布了即位诏书，改年号为太初。

刘劭因弑父篡位从而导致众叛亲离，因此费了很多心思安抚人心，安定秩序，以稳固自己的政权，但不少宗室和官员并不买他的账。他先是被后来的孝武帝刘骏称为元凶，又被其弟武陵王击败处斩，连全家男女妃妾一并被杀。从刘劭弑杀亲父篡位称帝到他的败亡，前后仅 70 天。

刘劭贵为太子，是王朝的法定继承人，却等不及上位做出这等大逆不道的事情，这也是他迅速败亡的原因之一。而且他为后代开了一个坏头，之后的 5 个宋帝也是经历了各种皇室内争内战，削弱了国力，使国家衰微，皇权易手。

盖吴起义是何时开始的？

北魏太平真君六年（445 年）九月，杂居在今天陕西北部、甘肃南部与山西西部的汉、氐、羌、屠各、蜀（即叟）等族人民由于不能忍受当时激烈的民族矛盾，就在盖吴的带领下起义，反抗北魏的残酷压迫。

十月，盖吴领导的起义军歼灭了前来镇压的魏军，杀死了魏长安镇副将拓跋纥。十一月，盖吴派遣白广平向西部进军。恰巧安定（今甘肃省泾川县北）地区的各少数民族也都聚众响应起义。白广平趁此时渡过泾河，杀死了北魏口城（今陕西省陇县南）的守将。同时，盖吴率领起义军主力部队向东挺进，分兵攻打临晋（今陕西省大荔县东）以东地区，并自称天台王，下面设置百官。而早已在河东起兵反魏的蜀人薛永宗，也接受了盖吴的领导。

同年年底，起义军已扩大到秦陇的金城、天水、略阳，东边到达率河东（今山西省西南汾水下游至王屋山以西一角）一带，南边也濒临渭水南岸的长安。盖吴甚至还经常派遣使臣前往江南呼吁刘宋王朝出兵一同反抗北魏。

面对如此规模的起义军，北魏调遣了 8 万多的骑兵镇压。太平真君七年（446 年）初，太武帝率领大军到东雍州（今山西省新绛县）对薛永宗进行围攻，从而使薛永宗率领的起义军几乎全部壮烈牺牲。之后，太武帝渡过黄河向西挺进，到达华阴的洛水桥。但是听说盖吴率领的主力停留在相隔不过 60 里的长安北后，他不敢和他们做正面的决战，只是沿着渭水南岸进入长安，屠杀了散关（今陕西省宝鸡市西南）起义的氐族人民。二月份，盖吴的主力在杏城被北魏的北道将军弗乙拔打败，起义一度转入了低潮时期。三月份，太武帝从长安班师回到平城的路途中，又命令李润带领部分兵力将起义的羌族人民杀害。五月份，盖吴将一度陷入低潮的起义军重新组建，并占据了杏城，自称为秦地王。

从五月至八月期间，起义军一直坚持与围剿的敌军作顽强战斗。最后，由于起义军内部的反叛，盖吴被杀，将领白广平也英勇牺牲，起义宣告失败。

被自己儿子活活气死的南宋皇后是谁？

王宪嫄（428~464 年），南朝宋孝武帝刘骏的皇后，是宋前废帝刘子业的生母，她后来被自己儿子的荒淫活活气死。

元嘉二十年（443 年），王宪嫄被纳为武陵王妃，时年 16 岁，比刘骏大 3 岁。她同刘骏共生有 2 子 4 女。刘骏当亲王时，对王宪嫄非常宠爱。

元嘉三十年（453 年）四月，由于太子刘劭杀死父亲宋文帝之后即位，刘骏就想率军到建康讨伐太子刘劭，便将王宪嫄留在了寻阳。同年，刘骏杀死刘劭后即帝位，史称孝武帝。

孝建元年（454 年），登上帝位的刘骏将宠妃王宪嫄和母亲路惠男接到了都城建康，并封王宪嫄为皇后，册封王宪嫄的儿子刘子业为太子。即位后的刘骏开始变得非常好色，而曾经备受宠爱又性格软弱温和的王皇后面对这种事情只是一味逆来顺受，听之任之。

公元 464 年，孝武帝刘骏病死，王皇后的儿子刘子业即位，王宪嫄被尊为皇太后。过了不久，王宪嫄重病不起，便使人去唤刘子业前来探望。哪知刘子业知道后居然说："病人房里有很多鬼怪，太可怕了，怎么能前往呢？"王宪嫄听说后非常生气，命令侍者："快拿刀来！我要剖开我的肚子，看看怎么能生出这样的孩子来！"本来重病的王皇后在这种气血攻心的情况下不久在含章殿过世，时年 38 岁。

谁是刘宋最昏庸残暴的皇帝？

刘子业（449~465年），小字法师，是孝武帝刘骏的长子。大明八年（464年），16岁的太子刘子业继位，被称为刘宋最昏庸残暴的宋前废帝。

刘子业即位之后，就当着大臣的面，指着他父亲孝武帝的画像说："此人好色，不择尊卑。"可事实上，他自己的淫乱也早已经丧失人伦。尽管后宫早有嫔妃万人，但仍将其亲姑母，宁朔将军何迈的妻子新蔡公主刘英媚封做夫人，纳入后宫。他还和自己的亲姐姐山阴公主有染，并授意她杀死自己的丈夫。

刘子业还把各王王妃、公主集中起来，强令左右侍卫强奸她们。他还下令宫女必须赤身裸体与他在宫中奔跑嬉戏，有不从者，就当场杀死。其中有一个宫女宁死不肯裸体，被前废帝当场杀死，之后又因为他晚上梦见此女前来找他算账，便将宫中与此女子长相相似的妃嫔全部杀死。刘子业不仅枉杀自己的同姓族人，还杀了许多大臣将军、近臣密戚，搞得朝中上下人心惶惶。

此外，作为刘子业的亲属，南平王、庐陵王、南安王几个兄弟死得不明不白，不仅如此，他们的妻妾还被刘子业带到他们面前，叫人当面强暴。他还任意挖掘父亲爱妃的坟墓，对女尸加以凌辱。

因为他的种种暴行，刘子业即位的一年时间就已到了众叛亲离的地步。泰始元年（465年）十一月，将军柳光世、寿寂之等密谋将刘子业杀死。

南北朝时期最荒唐的一个皇帝是谁？

宋后废帝（463~477年）即刘昱，小字慧震，是宋明帝的长子，也是南北朝刘宋朝的最荒唐的一个皇帝。

刘昱嗜杀成性，一日不杀人，便郁郁不乐。

刘昱堂堂一个皇帝，却喜欢爬竿子，而且不在上面待上半天绝不会下来。另外他还喜欢毫无目的的狂奔，并且一边跑还一边挥舞梃矛、锯凿，不管碰到什么东西都刺杀。

他喜欢穿着破破烂烂并且脏兮兮的衣服在街市上乱晃悠，像个小叫花子，由于没有人知道他是皇帝，一些混混便将他当作一个新来的呼来喝去，打打骂骂，说脏话侮辱取笑他，他却混得特别的开心。他的爱好随着他混乱的生活悄悄地发生着变化，开始对人体解剖发生了兴趣。于是经常带着一大帮下人跑到京城的大街上，随便逮住一个人，把人家四分五裂、开膛破肚。

刘昱的荒唐还不仅仅限于这些稀奇古怪的爱好。在他心情不好的时候，就招来太医，并说："给我煮一碗毒药！"太医不理解，就问他煮毒药有何用处，他居然大喊："我要把太后毒死！"太医当时便吓瘫了，但随即灵机一动向他说："要是太后死了，您就要守孝，那您就会很长时间都不能出去研究解剖学了？"刘昱一听才作罢。

刘昱在即位第五年的七月初七，深夜喝得醉醺醺地回到宫里，发酒疯吵着要解剖身边的太监。这个太监恰恰是被朝中权臣萧道成买通的，于是他当晚趁刘昱酒醉昏睡，一刀结束了刘昱的性命。

于是这个最荒唐的皇帝不仅丢了自家的性命，还把整个刘宋的江山也给丢了。

让齐高帝萧道成走上灭宋建齐道路的原因是什么？

萧道成（427~482年），字绍伯，小名斗将，南朝中齐朝的建立者，被称为齐高帝，在位4年。

公元465年，宋明帝统治时期，朝廷内部发生了权力争斗。身为右将军的萧道成审时度势，便上朝向明帝明示了自己的看法，得到明帝嘉许。不久便被提升为辅国大将军，同张永等将领带大军前去讨伐东境叛军。不久叛军全部被平定，宋明帝大喜，对其委以重任。公元467年，萧道成被委任南兖州刺史，成为了镇守一方的大员。

公元474年，江州刺史、桂阳王刘休范率兵谋反，并率2万大军、轻骑500从浔阳出发，昼夜兼程，向京师逼近。萧道成再次发挥了他的军事才能，最后取得平叛的胜利。此时的萧道成因为再一次立下战功而威望大增，被宋明帝委任为中领军、南兖州刺史，留京戍卫建康。

萧道成以中领军的身份慢慢掌握了朝政。宋后废帝刘昱残暴无人性，混乱无德，几次试图伤害萧道成性命，这让手握重权的萧道成便有了废帝重立的念头。后来15岁的小皇帝刘昱被左右的侍卫杀死，萧道成率领将领冲入大殿，高呼："刘昱已死。"看惯了小皇帝杀人如捻死一只蚂蚁的宫内各色人等，顿时欢呼雀跃，高呼万岁。

拥有卓越的军事才能并且立下赫赫战功的萧道成被群臣拥立为帝。在黄道吉日，萧道成举行了隆重的登基大典，改年号为建元，大赦天下。至此，齐朝正式建立。

齐朝哪位皇后是自己择婿的？

刘智容（423~472年），为南齐高帝萧道成的皇后。后世都称她贤惠能干，是萧道成的贤内助。因此萧道成代宋称帝后，被追封为昭皇后。其实，她与萧道成的结合是她自己的选择。

刘智容在她17岁那年，南北朝的宋朝大将裴方明想要她做自己的儿媳妇，刘家当时已经许诺，但刘智容却觉得并不合适，便顶着双方家族的压力反悔了，最后她终于为自己争取到了退婚的机会。

之后，经过深思熟虑，嫁给了小她4岁的萧道成。刘氏不仅性格温和，为人还十分严谨，并且办事也非常果断干练，是难得的一代贤明皇后。在出嫁几年之后为萧道成生下儿子萧赜、萧嶷。

南齐萧赜是个好皇帝吗？

萧赜（440~493年），字宣远，小字龙儿，南朝南兰陵（今江苏省常州市西北）人，南齐的第二位皇帝，在位11年。他励精图治，在军事、政治、农业、教育、外交等方面都很有作为，是南齐一位很得人心的好皇帝。

萧赜开始担任寻阳国侍郎，辟州西曹书佐，出为赣令。齐国在立国之前，萧赜曾跟随父亲萧道成东征西讨，建立了赫赫战功。升明元年（447年），刘宋大将沈攸之盘踞荆楚发动反叛，朝廷尚未作出决策，萧赜就带兵占领了湓口城（今江西九江市），有效地阻止叛军向下游进攻。其父萧道成作为征杀老将，在得知此事后喜形于色地说："萧赜真是我的好儿子啊！"

齐高帝建元元年（479年），萧赜被册立为太子，建元四年即位为齐武帝。他在位期间，始终继续推行萧道成的治国之策，社会出现了相对安定的局面。齐武帝生平十分关心百姓疾苦，即位后便4次下诏，劝课农商，减免赋役，赈济穷困。除了从宽执法外，齐武帝还重视教育。他曾下令多办学校，挑选有学问的人任教，以培育人们的德行。另外齐武帝行事以富国为先，提倡节俭，曾经下令举办婚礼时不得奢侈。对于自己的后事，特意下诏要求从简。

齐武帝的贤明还在于和周边国家的外交上。他在位期间和北魏友好往来，边境比较安定。这种清明的统治信条使江南经济有了很大的发展，社会处于暂时安定状态。

齐武帝萧赜被百姓称为是一位难得的好皇帝。

齐郁林王萧昭业死后为何不以天子之礼安葬？

齐郁林王萧昭业，字元尚，小名法身，齐文惠太子的长子。初封南郡王，文惠太子卒，立为皇太孙。永明十一年（493年），齐武帝卒，萧昭业继帝位。

萧昭业被封为南郡王时，年仅10岁。永明十一年（493年），父亲萧长懋去世，萧昭业被齐武帝册立为皇太孙。同年齐武帝去世，萧昭业即位，改年号为隆昌。同时由萧长懋的同母弟竟陵王萧子良和宗室西昌侯萧鸾辅政，追尊父亲为世宗文皇帝。

萧昭业一直受到祖父与父亲的喜爱。他聪明敏捷，接待宾客恳切周到，行止谈吐被时人称赞。但是萧昭业本人行为夸张，不会直言表达自己的意思，在即位之后逐渐表现出本性，他毫无一国之君的姿态，朝政都由萧鸾处理。萧昭业怀疑萧鸾有篡夺皇位之意，曾和中书令何胤密谋诛杀萧鸾，但是没有成功。后来萧鸾派兵进宫弑杀萧昭业，并且废萧昭业为郁林王，卒年21岁，最后只以王礼殡葬了萧昭业。

齐朝吃不上可口食物的皇帝是哪位?

齐海陵王萧昭文(480~494年),字季尚,齐武帝孙,是郁林王弟,郁林王被萧鸾杀死之后立他为帝,在位时间还不到3月,又被萧鸾废杀,终年15岁,他是南齐的第四任皇帝,也是一位连可口食物都吃不上的皇帝。

萧昭文在永明四年(486年)初被封为临汝公,食邑5000户。后来又成为辅国将军、济阳太守。永明十年(492年),萧昭文被转职为持节、督南豫州诸军事、南豫州刺史,但官职一身的他仍然肩负辅国将军一职。

永明十一年(493年),他又进号冠军将军。文惠太子去世后,萧昭文回到了都城。同年,郁林王萧昭业即帝位,他被封为中军将军,改封新安王,食邑2000户。

萧昭文即位时年仅15岁,一切政事听命于萧鸾,连吃的饭菜也必须经过萧鸾的同意。贵为皇帝的他无论大小事情都无法自己做主。延兴元年(494年)十一月,即位还不到3个月的萧昭文被萧鸾废黜为海陵王,不久便被萧鸾所杀。

经历了萧齐三代皇帝后自己也成为皇帝的是谁?

齐明帝萧鸾(452~498年),字景栖,小名玄度,南朝南兰陵(今江苏省常州市)人,是南齐的第五位皇帝。

萧鸾少年丧父,由叔父齐高帝萧道成抚养长大,萧道成对其视若己出。刘宋泰豫元年(472年),萧鸾担任安吉令,以严格闻名当时。建元二年(480年),他被封为持节、督郢州司州之义阳诸军事、冠军将军、郢州刺史,进号征虏将军。齐武帝萧赜即位时,萧鸾度支尚书,领右军将军。永明元年(483年),升为侍中、领骁骑将军,后转为散骑常侍、左卫将军。永明二年(484年),出任征虏将军、吴兴太守。永明四年(486年),萧鸾又辗转升仕右卫将军。

齐武帝萧赜临终时以萧鸾为侍中、尚书令,命其辅佐皇太孙萧昭业治理国家。永明十一年(493年),文惠太子萧长懋去世后,萧鸾便有了夺取帝位的野心,只是他一直在等待机会。隆昌元年(494年),萧鸾杀死了奢靡浮华、不理朝政的郁林王萧昭业,改立萧昭业年幼的弟弟萧昭文为帝,使其变为傀儡。

137

之后萧鸾终于野心彰显,废萧昭文为海陵王,自立为帝。萧鸾称帝后,开始猜忌宗室,信用典签,监视诸王,屠杀宗室,萧道成与萧赜的子孙几乎全被萧鸾诛灭。

萧鸾在位期间长期深居简出,生活节俭,停止了边地对中央的进献和各地在建的工程。晚年时期由于病重,萧鸾崇信道教与厌胜之术,还将所有的服装都改成红色。此外,萧鸾还特地下诏向官府征求银鱼来做药剂。

永泰元年(498年),萧鸾病死,年仅47岁。

齐东昏侯萧宝卷是被太监砍下头颅的吗?

齐东昏侯萧宝卷(483~501年),是齐明帝萧鸾的儿子。明帝死后萧宝卷继位,时年16岁,在位4年(498~501年)。永元三年(501年)在逃跑途中,被太监砍下头颅而死,终年19岁。

萧宝卷是中国历史上著名的荒唐皇帝,连齐宣德太后的懿旨中都曾这样指斥他:萧宝卷此人接触的都是一些奸邪小人,他除却面容丑恶可憎外,还滥杀无辜,睚眦必报,是个十足的小人。萧宝卷的父亲萧鸾以阴谋手段篡夺帝位后滥杀高帝、武帝的子孙以巩固帝位,他临死的时候对萧宝卷说:"做事不可在人后!"萧宝卷从此秉承了父训。宰相大臣,只要他稍不如意,立即加以诛杀,最后逼得文官告退,武将造反,京城几度岌岌可危。

齐当时的社会风气导致了南朝皇帝生活奢侈腐靡,以萧宝卷为甚。后宫失火被焚,他就新造仙华、神仙、玉寿三座豪华宫殿;剥取庄严寺的五九子铃装饰殿外;凿金为莲花,贴放于地板上,令宠妃潘氏行走其上,美其名曰"步步生莲花"。此外,他还特别喜欢屠夫商贩之类的活计,曾在宫苑之中设立市场,让太监杀猪宰羊,宫女沽酒卖肉,宠妃潘妃充当市令,自己担任潘妃的副手,遇有急事,便交付潘妃裁决。

萧宝卷一方面聚金贪钱，另一方面又极其吝啬抠门。梁王萧衍的军队已经攻打到城外，太监茹法珍跪在地上请他赏赐将士，他仍旧不肯，还说："反贼难道就只捉我一个人吗？为什么偏偏向我要赏赐？"因此萧宝卷在宫中积怨越来越深。梁王萧衍联合诸将攻入建康城的那天晚上，萧宝卷在含德殿签歌作乐刚刚作罢，还没有睡熟，就听到外面军队闯进来的声音，他连忙从北门出逃。此时太监黄泰平举刀砍伤了他的膝盖令他摔倒在地，另一名太监张齐不由分说一刀砍下了他的头颅。

梁王萧衍掌权后，让宣德太后依法剥夺了萧宝卷的帝号，追封为东昏侯。

为什么说梁武帝萧衍是中国历史上少见的一位多才皇帝？

梁武帝萧衍（464~549年），字叔达，是兰陵萧氏的世家子弟，汉朝相国萧何的25世孙。萧衍自做皇帝以后吸取了齐灭亡的教训，生活节俭，政绩显著，也是中国历史上少见的多才皇帝。

梁武帝萧衍经常亲自召见官吏，强调清廉，教导他们遵守为国为民之道，清正廉明。他自己勤于政务，不分春夏秋冬，总是五更起床，批改公文奏章。他甚至为了广泛地纳谏取士，下令在门前设立两个盒子，一个是谤木函，一个是肺石函。如果功臣或者有才之人没能因功受到赏赐和提拔，或者朝中没有良才可用，官吏都可以向肺石函里投书信。如果是一般的百姓，想要给国家提什么批评或建议，可以向谤木函里投书。

梁武帝萧衍在学术上也很有建树，他最为擅长的是经学和史学。在经学方面，他曾撰有《周易讲疏》、《春秋答问》、《孔子正言》等200余卷，可惜大都没有流传下来。他还倾注大量精力研究佛学，著有《涅萃》、《大品》、《净名》、《三慧》等数百卷佛学著作。即使对道教学说，他也颇有研究。他还把儒家的"礼"、道家的"无"和佛教的"因果报应"糅合在一起，创立了"三教同源说"，在中国古代思想史上占有极其重要的地位。

另外，梁武帝的诗赋文才，也多有过人之处，他的现存诗歌就有80多首。文艺方面，他重视礼乐，曾创制准音器四具，名曰"通"，又制十二笛与十二律相应。每律各配编钟、编磬，极大地丰富了我国传统器乐的表现能力。他还很喜欢绘画，尤善画花鸟与走兽。他也特别喜爱围棋，并且棋艺很高。

由于梁武帝雅好诗文，大臣们都纷纷效仿，甚至连赳赳武夫也可以偶尔吟出几句好诗来，所以在梁武帝的影响与提倡下，梁朝文化事业的发展达到了东晋之后最为繁荣的阶段。

穆太后丁令光究竟是怎样一个人？

丁令光（484~526年），是梁武帝萧衍的妃子，谯国（今安徽省亳州市）人。

有传说称丁令光出生时，室内有神光照射，并且整个屋子紫气弥漫，人们都认为她是天上仙子下凡。少女时期的丁令光勤于劳作，夏天的时候常与邻居女孩子们一起在月下纺织。传闻其他女子在此环境下纺织都被蚊虫叮咬，其痒难忍，只有丁氏毫无感觉，因此那些女孩子都视她为奇人。更有传闻称，丁令光左臂上有一颗红痣，治疗很久也没有看见它退去，却在她嫁给萧衍后，这红痣竟然消失了。种种传说几乎都想将她塑造成一个人间仙子的形象。

但现实生活中的丁令光却并没有仙子那般的无忧无虑，她被萧衍纳为妾后，日子过得并不幸福。由于萧衍的正妻郗氏性格冷酷，并且十分善妒，所以自从萧衍纳丁氏之后，她便醋意大发。首先，她害怕丁氏为萧衍生个儿子而得宠。其次，她仍然对自己生儿子抱有幻想。于是就百般刁难阻止丁氏与萧衍同房，甚至还想方设法虐待她。性格温和柔顺的丁氏一直忍气吞声，毫无怨言。直等到郗氏病殁后第二年，丁氏才有了身孕，生下一个儿子，他是后来著名的文学家昭明太子萧统。萧衍建立梁国后，便立萧统为皇太子。

由于丁氏待人宽厚，性格温顺，很得宫人们的喜爱。加上她生活简朴，从来没有为亲戚向梁武帝要求过什么，所以很受到萧衍的宠爱和尊重。到了梁武帝大兴佛教后，丁氏更是将自己所有的财物都捐献给了佛门。另外，她还特别精通《净名经》。

梁普通七年（526年）十一月，丁令光因病逝世，时年42岁。梁武帝悲痛万分，诏令吏部郎张瓒写了一篇长长的哀册文。谥号穆妃。她的次子简文帝萧纲即位后，追尊她为穆太后。

不擅骑射但能统领千军的齐朝儒将是谁？

梁朝的陈庆之能成为一代名将，并非因为他骁勇善战，所向披靡，而是因为他富有胆略，善于筹谋，并且带兵有方，深得军心。作为武将，陈庆之身体文弱，连普通的弓弩都拉不开，甚至他还不善于骑马和射箭，但他带兵有方，可以使军士士气高涨，甘心效力，是一个刚柔并济的文雅将军。

陈庆之并无很好的出身，这个在梁武帝萧衍后来褒奖他的诏书中写道，"本非将种，又非豪家"，加上他"射不穿孔，马非所便"，也就是说他没有很好的武艺，所以陈庆之的前期是以宫廷侍从的身份度过的。

陈庆之42岁时，才有了生平第一次领兵出征的机会。这次带兵，陈庆之被任命为武威将军，与其他将领一起去迎接叛变北魏投靠齐朝的徐州刺史元法僧，结果两军并没有开战。公元527年，陈庆之跟随曹仲宗讨伐涡阳。他带领自己的部属200人，长途奔袭了40里，一夜之间击败了北魏的先头部队。北魏后面赶来救援的大部队听到先头部队被打败的消息，都深为震恐，导致士气大跌。

北魏后期，朝政腐败，内乱不断。陈庆之就是在这种混乱中成就了赫赫的威名。北魏宗室元颢降梁称帝后，封陈庆之为卫将军、徐州刺史、武都公，命令他继续督军向西进发进攻荥阳，并且委任他自行战斗。于是，陈庆之带领自己的直属部队，展开了他的北伐之旅。

陈庆之除了在军事上充满卓越才能之外，政治上也非常有手腕。他采取减免兵役、停止水运补给等措施，使江湘诸州得以休养生息。并且只用了两年时间，就开垦出6000多顷田地，生产的粮食非常充足。梁武帝常常因为这些嘉奖陈庆之。

大同元年（535年），豫州闹饥荒，陈庆之打开仓库向灾民发放粮食赈灾，使大部分灾民得以度过了饥荒。因此，以李升为首的800多名豫州百姓请梁武帝为陈庆之树立碑石歌功颂德，得到梁武帝批准。

大同五年（539年）十月，一代儒将陈庆之去世，时年56岁。梁武帝因为陈庆之生前始终忠于职守，而且战功卓著，政绩斐然，就在他死后追赠他为散骑常侍、左卫将军，谥称"武"。

"徐娘半老，风韵犹存"是出自梁元帝妃子的情夫之口吗？

徐昭佩，是南朝梁元帝萧绎的妃子，"徐娘半老，风韵犹存"的典故就出在她的身上。

湘东王萧绎从小就爱好文学，对政治了无兴趣。徐昭佩美丽、聪明，长于诗词，尽管她的美艳和才情得到了客观的肯定，然而萧绎仍然丝毫不为所动，于是徐昭佩故意在化妆时只化半边脸庞，当时被称之为"半面装"。徐昭佩要借此宣泄她心头的愤怒和不平，甚至用此来羞辱萧绎。后来萧绎在江陵即位，为梁元帝。徐昭佩依旧深宫寂寞，这时她已经年近不惑了。萧绎对后宫佳丽均是不屑一顾，于是宫人们纷纷找寻情感出路，徐昭佩也终于按捺不住，找到一位眉目俊秀、举止风雅的美少年暨季江。初时他们还都遮遮掩掩，后来居然干脆公开来往，每当萧绎在龙光殿上与群臣大谈老庄之道时，也正是徐贵妃和暨季江在深宫内苑中尽情欢乐的时候。有人曾开玩笑地问暨季江："滋味如何？"暨季江毫无隐讳地回答："徐娘老矣，犹尚多情。"或者回答："徐娘虽老，风韵犹存！"后世形容中年妇人的风情不减，常说："徐娘半老，风韵犹存"便是由此而来。

暨季江的轻薄话不久传到了梁元帝萧绎的耳朵里，他的左右都为之愤怒不已，奇怪的是他依旧无动于衷，之后的魏兵大举入城之时，暨季江独自逃亡，徐贵妃自缢在宫苑中的葡萄架下。

谁是宋武帝最珍爱和敬重的夫人？

武敬皇后臧爱亲是开国皇帝宋武帝最珍爱和敬重的一位夫人。她是南北朝宋武帝刘裕的结发妻子，由于她并没有等到丈夫登基称帝的那一天就死了，因此只有"豫章公夫人"的追谥，而"敬皇后"称呼也只是刘裕称帝后对她的追封。

与刘裕婚后不久，臧爱亲给刘裕生下了一个女儿，起名刘兴弟。而初为人父的刘裕却产生了离家从军的念头。臧爱亲只能眼巴巴地望着刘裕离开家乡。一开始刘裕并没有什么成就，直等到他 35 岁以后，才时来运转，封官晋爵，到 40 岁时成为东晋王朝的股肱人物。之前刘裕家门前车马稀，此时却有大群大群的亲戚朋友围着臧夫人转圈。阿谀奉承和送礼的人数众多，臧爱亲并不为此所动，她仍然过着俭朴的生活，那些试图通过她谋些小利的人们都没有达到目的。

由于刘裕长期在外，夫妻两聚少离多，臧爱亲最终没有能为刘裕生下一个儿子。不过，没有子嗣并没有影响刘裕对结发妻子的情意。臧爱亲面对奢华所表现出来的那种高尚节操，深得刘裕的尊重。

义熙四年（408 年）正月甲午日，臧爱亲病逝在东城（今安徽省定远县东南），时年 48 岁。而这个时候的刘裕还只是东晋的豫章郡公，因此臧爱亲只得到了"豫章公夫人"的追谥，并归葬丹徒老家。

开创南朝宫体诗的皇帝是谁？

萧纲（503~551 年），字世缵，南兰陵中都里（今江苏省常州市西北）人，是梁武帝萧衍第三个儿子，昭明太子萧统的同母弟。

萧纲从小时就十分的聪明伶俐，记忆力很强。他 4 岁时识字读书，能够过目不忘；到 6 岁时，已经会写文章了。梁武帝对萧纲如此好学十分的高兴。有一次，特地把他叫到面前，出了一个题目，要他做一篇文章。萧纲略一思忖，提起笔来就写，并很快完成了一篇辞采华美的骈文。这让本来就擅长文学的梁武帝禁不住赞叹道："此子，吾家之东阿王！"东阿王是三国时魏国著名的文学家曹植的封号，由此可见梁武帝对萧纲的文学水平评价非常之高。

中大通三年（531 年），萧纲因为长兄萧统去世而被立为太子。从此，他就长期居在东宫，经常和当时著名的文士徐摛、庾肩吾等人一同吟诗作赋，过着悠闲的宫廷生活。萧纲的文才很好，长期居于深宫，因此所作的诗赋伤于轻艳，当时被称为"宫体"。

太清三年（549 年），武帝去世，萧纲即帝位，年号为大宝。他在位两年，后被侯景所废，幽禁在永福省，之后被杀，享年 49 岁。梁元帝即位后，追谥萧纲为简文皇帝，庙号太宗。

谁是南朝陈的开国皇帝？

陈高祖武皇帝陈霸先（503~559 年），字兴国，汉族，南朝陈吴兴下若里（今浙江省湖州市长兴县）人，是历史上卓越的军事家、政治家，也是南朝陈的开国皇帝。在历史的长河中，陈霸先是一位了不起的皇帝。

寒门出身的陈霸先最初担任过里司、油库库吏，后来又担任新喻侯萧映（梁武帝侄子）侯府的传令吏。由于他精明能干，很快得到萧映器重。萧映任广州刺史时，授陈霸先为中直兵参军，后出任西江督护，高要太守。梁大同十年（544 年），广州爆发兵乱，萧映被围。陈霸先独自率 3000 精兵，一战便解围，于是便受到了梁武帝瞩目。

大宝二年（551 年）十月，侯景残害了梁简文帝萧纲，在十一月自立为皇帝。大宝三年正月，陈霸先南路征讨大军从豫章（今江西省南昌市）出发，与西路都督王僧辩会师后，在建康和侯景展开了大决战，并彻底摧毁了侯景势力。萧绎此时于江陵称帝，即梁元帝。而功臣武将陈霸先奉命镇守在京口（今江苏省镇江市），王僧辩镇守在建康。

梁承圣三年（554 年）九月，西魏发兵突袭江陵，王僧辩未及时救援，梁元帝被杀。陈霸先出于国家和民族利益，九月在京口举兵，除去王僧辩，拥萧方智登基称帝。太平二年（557 年）陈霸先禅梁称帝，实际上是受命于危难之际，不得不为。那时北方诸强虎视眈眈，南方梁朝残部也都蠢蠢欲动，作乱不休，残破的江南更显得百业凋零。故而陈霸先称帝既是民情所需，也是时局所迫。此后百废待兴的江山便在他手中以任贤使能，清明执政的方法治理得逐渐稳定。

自登基之后，陈霸先一直恪守兢兢业业的治理心态，外抗强敌，内整民力，使得大量的广东兵民迁往江南地区，既补充了人口，又恢复了生产，让中华文明的南朝政权终于在这时恢复了生机。

南朝陈哪一个皇后被称为女中豪杰？

章要儿（506~570 年），陈武帝陈霸先的皇后，吴兴乌程（今属浙江省）人，她本姓钮，后改姓章。公元 557 年，章要儿被陈霸先立为皇后。由于她出生方式奇特，做事风格独特，并且遇事稳而不乱，被称作是女中豪杰。

据说，章要儿的母亲苏氏在婚后好几年一直都没有生育，后来碰见一个道士，那个道士送给她一只五色斑斓的小乌龟，并说："三年后，必有征兆。"果然，过了 3 年，章要儿便诞生了。传闻中章要儿诞生当时屋内紫光闪烁，之后再找那只乌龟却已经不见了。章要儿不仅长得漂亮，而且自小就舞文弄墨，并且能读《诗经》与《楚辞》，可谓是才貌双全，长大后嫁给了陈霸先。

梁武帝大同年间，侯景之乱爆发，章氏被侯景掳走。叛乱平息后，陈霸先受封任长城县公，娶章氏为夫人。永定元年（557 年）陈霸先在建康代梁称帝，章氏便被册封为皇后。

永定三年（559 年），陈武帝因病去世。当时的形势十分紧迫，但章后却显得很镇静，为了稳定大局她决定隐瞒陈武帝的死讯，并急忙召临川王陈蒨返回建康。陈蒨回朝后章要儿立即拥立其即位，这就是陈文帝。章氏被尊为皇太后，居住在慈训宫。

陈文帝死后，太子陈伯宗即位，尊章后为太皇太后。但由于伯宗为人太懦弱无能，大权便落入了皇叔安成王陈顼手中。光大二年（568 年）十一月甲寅，章要儿再次展现女中豪杰风范，她在朝堂召集群臣，宣布废黜伯宗为临海王，立陈顼为皇帝，称为宣帝。章后便又复为皇太后。太建二年（570 年），65 岁的章太后在紫极殿去世。

谁被称为南朝历代皇帝中难得一见的有为之君？

南北朝时期陈朝的第二位皇帝文帝陈蒨，被称为是南朝历代皇帝中难得一见的有为之君。

陈文帝陈蒨，公元 559 年至 566 年在位，字子华，是武帝陈霸先的侄子，始兴昭烈王陈道谭的长子。公元 566 年驾崩，享年 44 岁。

陈文帝小时候就非常有胆识，并熟读经史子集，加上俊美的外表与优雅的举止，陈武帝特别喜欢他。常称赞他"此儿吾宗之英秀也"。最开始陈蒨任梁吴兴太守，敬帝绍泰元年（555 年），辅佐周文育平定杜龛、张彪，被授予会稽太守。陈武帝即位时，将其立为临川王。后来率军驻守在南皖。永定三年（559 年），武帝陈霸先驾崩，章皇后和中书舍人蔡景历等私底下计划对外保密，不发丧，并召唤陈蒨回朝，拥立为帝，即陈文帝，改年号为天嘉。他在位的时候曾经平定了湘州王琳、临川周迪、豫章熊昙朗、东阳留异、建安陈宝应的叛乱。

此外，文帝还颁布禁奢丽诏、种麦诏等，由此可看出他务实、仁爱的治国态度。此外，陈文帝还信奉佛学，《广弘明集》收有他忏悔的文章数篇。

文帝一直励精图治，从整顿吏治到注重农桑，再到兴修水利等，使江南经济得到了很大的恢复。这时陈朝政治延续并超越了陈霸先时期的清明，百姓生活富裕，国势也比较强盛。因此他被称作是南朝历代皇帝中难得一见的有为之君一点也不为过。

经历了两次被掳的陈朝皇后是哪位？

沈妙容是陈文帝陈蒨皇后，吴兴武康（今浙江省湖州市）人。她是废帝陈伯宗的亲生母亲，也是南朝陈被掳两次的皇后。

梁大同中，十几岁的沈氏便嫁给了陈文帝陈蒨。侯景之乱时，陈蒨、沈氏在吴兴被侯景等人抓去，受到软禁。后侯景之乱平息了，陈霸先登上皇帝宝座后，陈蒨封作临川郡王，沈氏便被册封为临川王妃。永定三年（560 年），陈武帝病逝，陈蒨即位，临川王妃沈氏被立为皇后，等到文帝驾崩，陈伯宗即位后，沈妙容又被尊为皇太后。

由于沈妙容的亲生儿子废帝陈伯宗太过于懦弱无能，皇叔安成王陈顼便乘机专权。沈后见陈顼的野心越来越大，情急之下，想到秘密贿赂宦官蒋裕，准备让他诱使建安人张安国据郡造反，企图以此来让陈顼上当。

然而天不遂人愿，张安国密谋的事情被别人告发，落得个身首异处，以至于沈妙容的计划由此泡汤。当时沈后身边的宫女侍从，几乎都知道这些事件其中的内幕。忧心忡忡的沈后因为担心这些人迟早会泄密而出卖自己，只好把他们全部杀掉。但没过多久，专政之后的陈顼便夺取了帝位，废除陈伯宗帝位，将其贬作临海王，沈后被尊为文皇后。

陈朝灭亡后，沈后又被隋军掳到了长安。到隋炀帝称帝的时候，她才从长安返回江南，不久后去世。

陈朝时期谁被称为一代美男将领？

陈子高（538~567年），本名蛮子，陈文帝时期著名将领陈子高是陈文帝为他赐的名字。根据史书记载，他生得艳丽、清白，形象俊美，因此有一代美男将领的称号。

在陈子高16岁那一年爆发了侯景之乱，虽然当时境况危险，他也几次陷入绝境，但每次兵刃将要落到他的头上的时候，砍杀他的人总会因为惊叹于他的美貌而不忍下手。因此，他总能死里逃生。后来，在他准备随同队伍回乡的时候，无意间碰上了陈霸先的侄子陈蒨，也就是后来的陈文帝。由此他的人生发生了转变。

陈蒨性情十分暴躁，只要有一丁点生气的事情，就会气得眼冒火星，牙齿格格作响，一副想要吃人的样子，但相传他即使是在气头上，只要看见了陈子高，怒气也会全消。陈子高也因为陈蒨喜爱而成为领兵的将领。

陈子高不仅靠着美貌得到了陈文帝的喜爱，而且他极具军事才能。永定三年（559年）六月，陈子高被封为右军将军及侍卫总管，兼顾京师防务及宫廷戒备。天嘉二年（561年）正月，陈子高因为南讨立下了军功，陈文帝提升他为员外散骑常侍、壮武将军、成州刺史。十二月，陈子高再一次领旨出征，平定了留异，只是颈部受到重伤。天嘉三年三月，陈子高因为平定留异中又立下了军功，再一次被升迁为贞毅将军，东阳太守，并接管东阳。天嘉四年十二月，陈子高再次出征，这次出征奠定了陈子高朝廷重臣的地位。

但是在陈文帝死后，陈文帝的弟弟意图篡位，于是，他利用莫须有的罪证，判陈子高谋反罪，将这一代美男将军陈子高害死。

南朝陈孝宣帝的柳皇后是怎样走完她的一生的？

柳敬言（533~615年），河东解（今河南省洛阳市）人，是梁武帝外孙女，南北朝时期陈朝第四位皇帝孝宣帝陈顼的皇后，陈后主陈叔宝的亲生母亲，公元569年柳敬言被立为皇后。她9岁失去了父亲，又碰上了战乱，饱尝了人世的艰辛。而自己的丈夫也是寡情薄幸，甚至连唯一一希望——儿子也昏聩无能，可以说柳皇后柳敬言一生是在不幸中挣扎着。

柳敬言长相俊美，据记载称她"身高七尺二寸，手垂过膝"。她的父亲柳偃因为娶了梁武帝之女长城公主为妻，被封为驸马督尉。梁大同年间，柳偃任鄱阳太守，死在官任上，那一年柳敬言才9岁。

公元548年，爆发了著名的侯景之乱，为了躲避战乱，柳敬言和弟弟柳盼赴江陵（今湖北省江陵县）投奔梁元帝。也就是在此时，柳敬言遇见了她一生中重要的一个人——陈顼。承圣二年（553年），柳敬言在江陵为陈顼生下一个男孩，起名叔宝，这就是后来闻名后世的陈后主。后来陈顼登上了皇位，柳敬言被封为皇后。但好战的天性却使陈顼在位期间穷兵黩武，征战连连，加上还屡战屡败，陈国的国土日益受到削弱。公元582年，陈顼驾崩，始兴王陈叔陵趁机作乱，陈叔宝无能，幸亏柳敬言与乐安君吴氏合力设计使这次作乱得以平息。后来陈后主即位，柳敬言便被尊为皇太后，居住在弘范宫。

然而，陈后主非常地宠爱贵妃张丽华，处理政事时居然把贵妃放在自己的膝盖上共同决策，而贵妃张丽华只是个不识大体的女子。看到国力日渐的衰落，贤明的柳敬言十分后悔当初把朝政交给了自己的儿子，但是现在已经无力回天。公元589年正月一日，杨坚率领的隋朝军掳获了陈后主。大业十一年（615年），柳敬言在孤苦与寂寞中去世，享年83岁。

陈朝谁作了亡国之音——"玉树后庭花，花开不复久"？

陈后主（553~604年），即陈叔宝，字元秀，南朝的陈朝末代皇帝。在位时大力兴建宫室，生活奢侈，每天与妃嫔、文臣游宴，制作艳词。祯明三年（589年），隋兵攻入都城建康（今江苏省南京市），陈后主被俘。他曾作了亡国之音——"玉树后庭花，花开不复久。"

陈朝自陈武帝陈霸先建国以来，纲纪差不多已经形成定式，天下经陈武帝与陈文帝之手治理后逐渐倾向于安泰，江南之地号称富庶。而后主陈叔宝即位之后却耽于诗酒，专喜声色，对江山社稷不管不问。

陈后主因为热衷于诗文，因此他周围聚集了一批文人骚客，这些文人骚客都以诗文谋得了官职。只是这些朝廷命官，从不理政治，天天和陈叔宝一起饮酒、做诗、听曲。除此外，陈叔宝还将十几个才色兼备、通翰墨会游诗歌的宫女称为"女学士"。那些才有余而色不及的，便命为"女校书"。每次宴会，诸妃嫔与女学士、狎客杂坐一处吟诗作对，互相赠答，飞觞醉月，但内容大多却是些靡靡的曼词艳语。最后还将写得特别艳丽的诗歌挑选出来，命人谱上新曲，让聪慧的宫女们学习新声，按歌度曲，君臣酬歌，通宵达旦，并以此为常，将所有军国政事，皆置之不问，故陈后主曾经做的《玉树后庭花》中"玉树后庭花，花开不复久"便成为后来有名的亡国之音。

这样沉迷在诗词歌赋之中而荒芜朝政的荒唐皇帝造就了这样一种社会氛围：内外大臣专好一些迎合奉承之事。而君臣生活穷奢极欲，国力便渐渐的衰弱下来，因此陈后主的好日子也像玉树后庭花一样短暂。隋仁寿四年（604年），死于隋大兴城，时年52岁。

虽然陈后主并非一个称职的皇帝，但是客观地讲，他在辞赋上确实有很高的造诣，创作出了很多辞情并茂的好作品。

是谁拉开了南北朝时期的序幕？

南朝宋武帝刘裕（363~422年），字德舆，小名寄奴，彭城县绥舆里（今江苏省铜山县）人，刘宋的建立者。他是中国历史上伟大的政治家、卓越的军事家和统帅，也是他拉开了南北朝时期的序幕。

刘裕一直以汉高祖刘邦的弟弟楚元王刘交的子孙自居，他因家道中落，加上父亲早逝，自小便家境贫苦，靠卖草鞋为生，长大后刘裕成为了北府旧将孙无终的司马。

晋安帝隆安三年（399年），孙恩从会稽起兵攻打晋朝，东南八郡纷纷响应，朝野震惊，晋廷派谢琰、刘牢之镇压，孙无终荐举刘裕转入刘牢之麾下，当了一名参军。在转战三吴的几年中，刘裕屡充先锋，战功显赫，被封为建武将军，出任下邳的太守。

晋安帝元兴三年（404年），刘裕在家乡京口起兵攻打被楚帝桓玄篡夺晋位而建的楚国。次年三月，刘裕迎安帝司马德宗复位。司马德宗为奖励刘裕再造晋室的功绩，任刘裕为侍中，后来逐步升任，刘裕从此控制了东晋的朝政，权倾天下。

刘裕掌握政权后，消灭了南燕政权，打败了卢循，攻下了盘踞四川的谯纵，收服了巴蜀，攻破了长安，消灭了后秦，因此被封为宋王，接受了九锡（天子赐给诸侯、大臣有殊勋者的九种器用之物，是最高礼遇的表示）的恩赏。

晋恭帝元熙二年（420年），刘裕逼迫恭帝司马德文禅让，自己即位，国号宋，改元永初。同年六月，将其父刘翘追尊为孝穆皇帝。至此，中国开始进入到南北朝时期。

孝懿皇后萧文寿是如何成为皇太后的？

萧文寿（342~422年），是南朝时期宋朝的第一代皇帝刘裕的继母，兰陵（今山东省）人，在公元420年被刘裕册封为皇太后。

由于刘裕生母赵安的不幸早逝，萧文寿早年嫁给刘裕的父亲刘翘做了继室，便担当起了抚养刘裕的责任。由于赵安在刘裕出生之后便染上疾病死去，所以刘翘曾觉得刘裕不祥，几次想抛弃他。幸亏这位宅心仁厚的继母可怜刘裕并尽力向刘翘争取，才使得刘裕继续被留养。

后来，萧文寿自己也为刘翘生下两个儿子，不幸的是刘翘在小儿子生下来没多久便离世了。

萧文寿只好带着这3个孩子艰苦度日，常常吃不饱，穿不暖，但她从未抛弃过刘裕。为了照顾孩子，她只能白天带着刘裕种田、砍柴、晚上织布，勉强度日。

刘裕长大后投军当兵。晋义熙元年（405年），他率军平定了桓玄的叛乱，掌握了东晋实权，被任为相国，册封为宋王，其继母萧文寿也被封为太妃。元熙二年（420年），刘裕取代晋朝称帝，建国号为宋，成为南北朝第一位皇帝——宋武帝。

刘裕称帝后，便尊萧文寿为皇太后，对萧太后十分尊敬。刘裕死后，他的儿子刘义符继位，又尊萧文寿为太皇太后。萧文寿活到81岁，寿终正寝，谥号"孝懿皇后"。

北朝是哪一年被统一的？

北朝的统一进程经历了北魏崛起、统一北方两大步，公元439年，北魏攻灭北凉，统一了北方。

公元338年，鲜卑拓跋部首领什翼犍建立了代政权，建都于盛乐（今内蒙古自治区和林格尔），并逐渐强大起来。公元376年，前秦苻坚带兵进攻代，什翼犍战死沙场，就此灭亡。后来经过淝水一战后，前秦也土崩瓦解了。

公元386年，鲜卑拓跋珪（什翼犍之孙）恢复了代的政权，后改国号为魏，史称北魏。公元395年，后燕攻北魏，拓跋珪在参合陂（今山西省大同市东南）大败后燕军，并乘胜南下，夺取中山（今河北省定州市）、邺（今河北省临漳县西南）等重要城镇，拥有黄河以北地区，成为北方的强大势力之一。公元398年，北魏迁都平城（今山西大同市），拓跋珪称皇帝，史称北魏道武帝。

拓跋珪死后，其子拓跋嗣（魏明元帝）、孙魏太武帝拓跋焘承其前业，擢升汉族大地主范阳卢玄、博陵崔绰、赵郡李灵等数百人担任官职，形成了拓跋贵族和汉人世家豪族联合的封建政权，国势大盛。

拓跋嗣死后，拓跋焘即位，开始主动反击柔然，先后13次出兵柔然，征服了漠北一带，柔然臣服，公元427年，拓跋焘用3万骑兵攻破了坚不可摧的统万城，为北魏统一北方打下了坚实的基础。

公元431年拓跋焘灭夏，平山胡，逐吐谷浑，又于公元436年灭北燕，公元439年灭北凉，统一了北方，结束了北方长期分裂割据的局面，正式形成南北朝对峙局面。

南北朝时期推行"太和新制"的人是谁？

北魏文成帝拓跋濬皇后冯氏，曾经临朝执政，并且在执政期间大胆改革，推行"太和新制"。她为北魏历史的发展和社会文明进步打下了坚实的基础，并为北魏以后的发展做出了巨大贡献。

冯后是长乐信都（今河北省冀县）人，她的祖父冯文通是十六国时期北燕的国君，所以她也算是名族之后。11岁时冯氏就成为文成帝的贵人。太安二年（456年）正月二十九日乙卯，14岁的冯氏被文成帝立为中宫皇后。贵为皇后的冯氏，不仅知书达理、贤淑聪慧，还深深地理解文成帝为国操劳的艰辛，并尽力以一个"贤内助"的身份为他排解各种烦闷与不快。和平六年（465年）五月十一日，26岁的文成帝驾崩，12岁的皇太子拓跋弘即位，史称献文帝，冯后则被尊为皇太后。

不久之后，冯太后开始实行"太和新制"。太和八年（484年）六月，在冯太后的支持下，北魏仿效两汉魏晋时的旧制度发布了"班俸禄"诏书，确定了官吏俸禄问题。经过整饬，北魏吏治大有改观，贪赃受贿的人大有收敛。在经济上，冯太后在大臣李安世的建议下，在太和九年颁布了"均田令"。

"均田令"的内容主要是国家对无主的荒田以政府的名义定时、按人口分给农民使用。仅从经济层面来讲，冯太后这项措施加速了北魏社会经济结构向优化方面的过渡，对于北魏经济的发展起着举足轻重的作用。

在组织上，冯太后于太和十年主持对地方基层组织——宗主督护制度改革，实施了"三长制"。这极大地促进了鲜卑族生产方式的改革。另外，冯太后还重视教育，她兴建学校，尊崇儒法，禁断卜筮、谶纬之类的玄学，开始了鲜卑族的汉化过程。而这，为孝文帝后来的汉化运动奠定了基础。

当然，冯太后的英明能干还表现在对孝文帝的培养上。她在进行全面改革的实践中，并没有把孝文帝排斥在政权之外，相反，她尽可能让他参与进来锻炼孝文帝。也正是因为冯太后的细心培养，让孝文帝在潜移默化下迅速成熟起来了，并能够继承冯太后的改革事业，把"太和改制"

推向高潮。

北魏王朝中因开疆扩土而内政混乱的皇帝是谁?

宣武帝元恪(483~515年),北魏王朝的第七个皇帝,孝文帝的第二个儿子。他在位16年期间,由于长年的对外战争而忽视了内政治理,导致了国内矛盾突出,政治混乱。

在元恪统治之时,南朝的齐王朝正处在齐东昏侯萧宝卷残暴、昏庸的统治之下,社会混乱,人民生活痛苦不堪。元恪把握了这个机会,毅然趁势发兵,在景明元年(500年)南下讨伐齐朝,8年之后战事宣告结束。此时,北魏已经占领了扬州、荆州、益州等地,边疆较辽阔,人口众多,国势强盛。

踌躇满志的元恪在这时停止了对外扩张的步伐,准备将精力放在治理国家的内政上。但此时的北魏,由于长年对外战争朝廷内部已经出现了诸多贪官污吏等蛀虫。元恪叔父元禧不仅昏庸无能,还侵吞了大量田地和盐铁产业。另一个辅政亲王元详,也大搞"官倒"生意。更糟糕的是这种行为上行下效,导致了较恶劣的社会风气,元恪却没有及时严惩,最终的结果只能让朝廷上的贪污腐败的现象越来越严重。

元恪对于这种情况自然也无力回天,到了其统治的后半期,又出现了外戚高肇专权,朝廷由此更加腐败。而出身卑微的高肇对皇族亲王们满怀嫉恨,于是利用外甥皇帝对自己的宠幸,逼杀了北海王元详,又将诸亲王置于自己的掌控之下。如此混乱不堪的朝政终于引起了社会的不满,到了元恪统治末期,人民起义已是此起彼伏,元恪只能将大量的精力用在镇压农民起义之上。因此,面对着满目疮痍的北魏,元恪只能是无能为力。

延昌四年(515年),元恪病逝在皇宫式乾殿,葬于景陵(今河南省洛阳市东北)。

哪位皇后使北魏王朝废止了立子杀母的做法?

胡充华,是北魏宣武帝的皇后,安定临泾(今甘肃省镇原县)人,是北魏司徒胡国珍的女儿,也是北魏孝明帝元诩的亲生母亲。北魏王朝也因为她废止了立子杀母的做法。

145

胡氏小时候曾受到了较好的教育,成年后进入佛寺当尼姑研究佛理。在宣武帝元恪即位初期,因为她的佛法修为很深而被宣召入宫讲道。当时,她秀丽优美的姿容与清纯伶俐的口才,深深打动了宣武帝,于是宣武帝破例下诏册封她为世妇,常常追随侍奉在宣武帝身边。而当时,北魏王朝为了防止妇人干政设立了一个规矩,那就是立太子时一定要把他生身母亲杀死。因而皇后、嫔妃等都没有任何人愿意为皇上生太子,只有胡氏与众不同。她宁愿一死也想要给宣武帝生一个儿子来继承王位。后来胡充华得到皇上恩宠后怀孕,分娩时果然生了一个皇子,一时间她被传为佳话。延昌四年(515年),胡充华所生的儿子元诩被册立为太子。依照皇家惯例,作为太子生身母亲的胡充华应当被处死,但宣武帝被胡充华的深深情意感动了,毅然决然地废止了这一野蛮做法。

熙平元年(516年),宣武帝去世,年仅6岁的元诩继位,史称孝明帝。由于先帝驾崩,小皇帝年幼,胡充华就用皇太后的身份垂帘听政,实际上掌控了北魏最高政治权力。胡太后因为深信佛法能减轻罪孽,所以她非常崇尚佛法。临朝听政后,她更是热衷于佛事,曾经耗资巨万在国内广建寺院,开凿石窟,而那些寺院建筑规模的宏大,可谓是历代之最。

此外,胡太后还特别喜欢饮宴游乐。高兴之余,常常能毫无缘故地向亲信赏赐大量财物。她不仅生活上豪奢无度,随心挥霍,还造就了达官贵人之间竞相炫富的不良社会风气。随着北魏孝明帝元诩逐渐长大懂事,他明白胡太后这样的做法绝对会将北魏王朝带上毁灭之路,因而决心自己来执掌国政,试图扭转乾坤。但权力欲望强烈的胡太后觉察到了这一点之后,经常借故诛杀孝明帝的近臣,后来还毒杀了孝明帝。

武泰元年(528年)四月,尔朱荣兵杀入洛阳,将胡太后沉入黄河溺死,后来又将她埋在双灵寺。孝武帝时,以皇后的礼数重葬,追谥号曰灵。

六镇起义发生在何时?

北魏时期,长期戍守北边沃野六镇的军卒(多为拓跋部贵族及其成员与中原强宗子弟)因为被克扣军饷而产生不满情绪，在正光四年（523年）爆发了一场六镇联合的反抗北魏统治的起义。

北魏在魏文帝迁都到洛阳之前，都城在平城（今山西省大同市东北）。由于当时塞北柔然国十分强大，塞内又分布着高车（即敕勒）与山胡。北魏先后自东向西设置了怀荒（今河北省张北县）、柔玄（今内蒙古自治区兴和西北）、抚冥（今内蒙古自治区四子王旗东南）、武川（今内蒙古自治区武川西）、怀朔（今内蒙古自治区固阳西南）、沃野（今内蒙古自治区五原东北）等军镇，史称北镇，又称六镇。用来对外防御柔然的袭击，对内制止高车、山胡的侵扰，保卫京都。

在北魏的后期，北镇镇民中贫富差距日益加大。主将、参僚和豪强是军镇的统治者，他们因不能充当清官而对北魏政府不满。被统治的广大镇民遭受主将、参僚和豪强的欺凌奴役，土地受到剥夺，承担着繁重的官、私力役，还被洛阳政府视为"北人"，受到歧视。

北镇的镇民中其中不少人是来自高车、山胡，他们和居住塞内的本族人保持联系。山胡久居汾西和陕北。在北魏时被列入编户的山胡承担着租调徭役，不属州郡的山胡仍由酋帅管辖，北魏政府常在他们中强征兵丁，有时还会进行强行迁徙。分为东西两部的高车，一直保留部落组织，居住在六镇边塞一带，对北魏政府承担兵役和贡纳义务。北魏政府委任山胡、高车酋长为领民酋长或其他官职，统治未列编户的本族人民。在改镇为州的地方，酋豪成为地方大姓，受公府、州郡辟举。所以他们和洛阳政府既存在矛盾，又具有利益上的一致。

正光四年（523年），怀荒镇的镇民因为愤恨镇上的将领给镇民发放粮食，于是杀死了将领开始了起义。不久，沃野镇民拔陵聚结民众联合杀害了守镇的将帅，攻占了沃野镇，自封为元真王。孝昌元年（525年）初，柔然率领10万人，从武川向西一直到沃野，帮助北魏镇压拔陵。不久之后的一场大战，让拔陵的主力部队宣告失败。但几个月后，起义再次在河北地区爆发。

葛荣率领百万雄师围困邺城。尔朱荣率领精锐骑兵从滏口（今河北省磁县西北）出发，与葛荣的起义军展开大战。尔朱荣派遣侯景为前锋，命令高欢在阵前对葛荣诱降。葛荣由于犯了兵家大忌而轻敌，尔朱荣派出精兵，里外合击，从而导致了葛荣领导的起义军战斗的失败。在葛荣死后，他的余部韩楼继续在蓟城起义，却被尔朱荣的部下贺拔胜击败了。自此，六镇起义完全失败。

尔朱荣之乱是何时发生的？

北魏孝明帝武泰元年（528年）二月，胡太后毒害了孝明帝元诩，并将刚出生的皇女冒充是皇子，立为皇帝，几天后又改立3岁的元钊为帝。车骑将军尔朱荣，以并、肆、汾、唐、恒、云六州讨虏大都督的身份假借给孝明帝报仇的名号，发动叛乱，从并州领兵南下，攻击洛阳。

四月十一日，尔朱荣在河阴（今河南省洛阳市东北）立元子攸为皇帝（孝庄帝），自封为侍中，独揽了朝政大权。同一天，洛阳东北门户的河桥守将投降了尔朱荣，自此，京城也就没有了可以抵挡他的军队了。于是北魏皇城军队解散，胡太后被迫削发为尼。

北魏尔朱荣之乱并非一起普通的民间起义，而是统治集团内部间为争夺中央政权而发生的一次变乱，又称"河阴之变"。

具有相当政治野心的尔朱荣认为：北魏朝政的腐败，在于全朝上下纲纪的败坏以及大臣的贪婪残暴，所以安排兵士将王公卿士两千多人全部杀死，这就是历史上著名的河阴大屠杀。不甘当傀儡的孝庄帝元子攸目睹了河阴大屠杀的惨景，也深知尔朱荣的政治野心，于是经过一番密谋，他在永安三年（530年）九月，趁机杀死尔朱荣。从此，尔朱荣之乱宣告终结。

谁是历史上"有为的傀儡"皇帝？

北魏孝庄帝元子攸（507~530年），是北魏第十代皇帝，在位3年。孝庄帝在河阴之变之后被尔朱荣拥立为傀儡皇帝，可偏偏他是个有为青年，史书称他"旧勤于政事，朝夕不倦，多次亲自览阅案卷，消弭冤狱"，是历史上的"有为傀儡"皇帝。

孝庄帝即位不久，葛荣领导的百万起义军继续南下进攻，北魏国都洛阳受到严重威胁。孝庄帝便派大将军、太原王尔朱荣领7万骑兵，在邺城围攻葛荣。尔朱荣由于镇压葛荣有功，孝庄帝封他为大丞相，并封尔朱荣的儿子为王。当时朝政都被尔朱荣控制在晋阳，他强迫孝庄帝立本是北魏孝明帝侧妃的自己女儿为后。

到尔朱荣准备密谋篡位之时，孝庄帝开始与一些皇族近臣密谋诛杀尔朱荣。这事传到了尔朱荣那里，尔朱荣的亲信都劝他抢先下手，但尔朱荣认定孝庄帝没有这种胆量。尔朱荣入朝问起，孝庄帝却说："外面的人都说您也要杀我，难道这是真的？"这种巧妙的反问反而让尔朱荣无言以对。另一方面，帝党却加速了对尔朱荣的刺杀行动。

永安三年（530年）九月戊戌日，孝庄帝在明光殿东序埋伏兵士，然后派遣使者飞报尔朱荣，声称尔朱皇后刚刚生下太子，文武百官络绎不绝地到皇宫祝贺尔朱荣荣升为外公。尔朱荣没有任何怀疑地进宫入殿，被孝庄帝杀死。

孝庄帝本就是一个实实在在的傀儡，外有强臣尔朱荣相逼迫，内有恶后尔朱皇后威吓，但孝庄帝又不像历史上的那些傀儡皇帝一样任人支配、宰割，而是努力夺回了属于自己的一切。

尔朱英娥嫁过几任皇帝？

尔朱英娥一生中经历了三次婚姻，性格爽直强悍，她经历3次婚姻，而且嫁的都是皇帝。

尔朱英娥的第一任丈夫是北魏孝明帝。当时孝明帝纳她为妃子，封为"嫔"。武泰元年（528年），孝明帝死于自己母亲胡太后之手，而且孝明帝的所有妃嫔们全部都被送到尼姑庵做了尼姑。尔朱英娥也在此列。

后来她的父亲尔朱荣铲除了胡太后一伙之后，拥立元子攸为帝。尔朱英娥就被父亲从尼姑庵接出来了，立为傀儡皇帝孝庄帝的皇后。永安三年（530年），尔朱英娥怀孕。孝庄帝因为不甘心做傀儡皇帝，于是就借尔朱英娥快生孩子这个机会，亲手杀死了入宫探望外孙的尔朱荣，同年十月，尔朱荣的从侄汾阳刺史尔朱兆与尔朱世隆共同叛乱，在闯入后宫的过程中把尔朱英娥的新生儿子抢来摔死在床下。孝庄帝元子攸被送晋阳拘禁，不久被杀死，尔朱英娥也被软禁在宫中。

此后不久，新兴的军阀高欢打败了尔朱氏。而这时已经孤苦伶仃又被困于后宫的尔朱英娥就被高欢纳为了侧室。但是高欢对尔朱英娥很尊重，每次去看望她，都会穿正装、装扮仪表，还给她请安，在她面前自称"下官"。这样慢慢地打动了尔朱英娥的心，尔朱英娥开始接受了高欢，并为他生下一个儿子取名高攸，这个儿子也很得高欢喜爱。

等到北齐建立时，高欢的兄弟高洋当政，是为文宣帝。尔朱英娥的儿子高攸被封为彭城王，尔朱英娥也被册封为了彭城太妃。只可惜在高洋统治后期开始酗酒，性情变得狂暴，北齐天保七年（556年），高洋竟想要占有尔朱英娥，尔朱英娥抵死不从，被高洋一刀杀死。

历史上被称为"落雕都督"的人是谁？

斛律光（515~572年），字明月，朔州（今山西朔州）人，高车（或称"丁零"、"敕勒"、"铁勒"）族，是北齐著名的大将。他的父亲就是大名鼎鼎的将臣斛律金。刚开始，斛律光被任命为都督，因为善长骑射，得到"落雕都督"的美称。后来又被封为咸阳王。

斛律光自幼就非常善于骑射，因为有不错的武艺而知名。17岁那年，他被高欢提拔为都督，后来又作为高澄的亲信都督，不久被封征房将军，晋升为卫将军。有一次跟随高澄打猎，天空中有一只大鸟在飞，斛律光引弓搭射，居然射中大鸟的脖子。等到大鸟在空中盘旋着掉下来时，却发现原来这只大鸟是一只大雕，从此他就获得了"落雕都督"的称呼。

斛律光性格刚强正直，治理军队十分严厉，并且在打仗的时候，他总是亲自在前方指挥，因此他的部队战斗力很强。在北齐和北周的频繁战争中，他多次立功，而且从来没有打过败仗，因此北周的将士都很怕他。

河清三年（564年），北周派大将达奚侵略骚扰北齐的平阳（今山西省临汾市西南），那时北齐派遣斛律光率领步兵与骑兵3万人来抵抗。可是达奚居然在听说北齐将领为斛律光后，吓得不战而退。

北周名将韦孝宽多次与斛律光交手，都没有获胜，就产生了借北齐后主高纬昏庸除掉斛律光这个眼中钉的想法。于是他指使人编造了斛律光要篡位的谣言，编成儿歌，在邺城歌唱。武平三年（572年）六月，高纬以赏赐给斛律光一匹骏马，约他第二天游观东山为借口，把他引诱到宫中杀害，时年58岁。之后，高纬还以谋反罪诛灭了他的家族。

骁勇的兰陵王为何戴面具上阵征战？

兰陵王名叫高长恭（541~573年），又称高孝瓘，骁勇善战，是南北朝时期北齐的一名著名虎将。他因为战功赫赫而被封为郡公，但是这名战功赫赫、战斗卓越的猛将却因为面相长的太过于柔美，以至于每次打仗都要带上狰狞的面具。

在那个地方割据、连年战乱的岁月中，作为王公将相家的子弟，他们时刻都要接受频繁发动的战争的考验。而兰陵王俊美的相貌太过柔善，因此经常在战场上对阵的时候受到敌手的轻蔑。为此，他不得不命人打造了一些面目狰狞的"大面"，在每次出征的时候戴在脸上，用外在的狰狞来达到威慑敌手的目的。

兰陵王是北朝时期文武兼备、智勇双全的名将。他一生参加了大大小小无数次的战争。而且兰陵王对朝廷忠心不二，对士兵亲切友好，因此他在士兵及当时社会中很有威名。

但是，在武平四年（573年）五月的一天，后主高纬派遣使者以看望皇兄的名义，送来一杯毒酒将兰陵王赐死，结束了他年仅33岁的生命。

孝闵帝宇文觉是被谁毒死的？

宇文觉（542~557年），是北朝北周的开国皇帝。字陀罗尼，代郡武川（今属内蒙古自治区）人，鲜卑族。他是北周的奠基者宇文泰的第三个儿子，母亲是北魏孝武帝的妹妹冯翊公主。大统八年（542年），宇文觉在同州降生，登基不久后被宇文护毒死。

西魏恭帝三年（556年）三月，宇文觉被宇文泰册立为世子；四月，升为大将军。十月，宇文泰去世，宇文觉嗣位为太师、大冢宰。十二月，魏恭帝又下诏以岐阳之地封觉为周公。次年（557年）正月在他堂兄宇文护的扶持下，受魏恭帝禅位，正式即位称天王，国号周，这就是北周的开始。

建立北周之后，宇文觉封西魏恭帝为宋公，没过多久就把他给杀死了。而此时宇文护居功自傲，自任大冢宰，开始诛杀开国元勋赵贵、独孤信等，专断国政。宇文觉对于宇文护专政感到相当不满。恰好司会李植和军司马孙恒也对宇文护权高位重颇有些微词，他们便与乙弗凤、贺拔提等人一道私下向宇文觉请求诛杀宇文护。对于这件事情宇文觉当然认可，便找了张光洛一同行事。

但张光洛却把这事告诉了宇文护。控制朝政、专横跋扈的宇文护便改封李植为梁州刺史，孙恒为潼州刺史，借此将他们外放。乙弗凤等人见事至此更加担心，准备将宇文护引进皇宫后诛杀，但那个叛徒张光洛又把此事告诉宇文护。宇文护便与中表兄弟贺兰祥、尉迟纲合谋废立宇文觉，他们一行人先诱捕了乙弗凤，又一步步地解除掉宇文觉身边所有侍卫，接着派贺兰祥逼迫宇文觉退位，将他贬为略阳公并幽禁起来。不久宇文觉就被毒死，年仅16岁。

中国历史常识与趣闻随问随查

隋朝时期

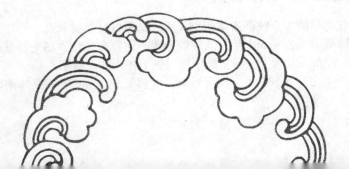

隋朝（581~618年）是汉族在北方重新建立的大一统王朝，它上承南北朝、下启盛唐，不但结束了自西晋末年以来长达近300年的分裂局面，也开启了一个盛世皇朝，是中国历史之中最伟大的朝代之一。

　　公元581年，北周相国杨坚接受北周静帝的"禅让"，建立隋朝，称隋文帝，号"开皇"。隋继承了北周的强大，等内部安定后，于公元589年挥师南下，灭了长期割据南方的南朝最后一个朝代——陈，统一中国，结束了270余年的大混战。神奇的方块汉字，将不同语言却相同文字的中国人连接在一起，从此，中国境内各民族结合成一个新的中华民族，再没有鲜卑、匈奴、羯、氐、羌之分，新的中华民族也更加充满活力。

　　文帝在国策上采取与民休养生息的方针，使中国迅速恢复了国力，展现出应有的强大。但是就是这个朝代也是短命的，到隋炀帝杨广时，他三征高句丽，开运河，造洛阳东宫，给人民带来了深重的苦难，致使民不聊生，烽火频起，在他执政的18年间，兵变民变和宫廷政变竟然达到136起之多。隋末出现了50余位领袖人物，每人集结的兵力都在50万以上，他们割据一方，称王称帝，互相征伐。最后赢得胜利的是隋太原大将李渊，李渊取隋而代之，建立唐王朝，使中国再度一统，仅仅存在了37年的大隋朝就这样灭亡了。

死后被追尊为隋朝太祖皇帝的是谁？

　　杨忠，小字奴奴，隋文帝杨坚之父，曾是西魏府兵十二大将军之一，死后被追尊为隋朝太祖皇帝。杨忠外刚内柔，忠勇可嘉，虽一生饱尝艰苦，终成一番事业。

　　杨忠的父亲杨祯原是北魏建远将军，因讨伐叛贼鲜于修礼而战死沙场。杨忠跟着难民颠沛流离，客居山东泰山。后来杨忠又被掳掠到了江南，并且一待就是5年。当客居梁朝的北魏皇族元颢在梁朝陈庆之将军的保护下回到洛阳时，杨忠在元颢手下是直阁将军的身份（被元颢所封）。可惜元颢好景不长，皇帝没做多久，很快就让尔朱荣打败，元颢在逃亡途中丧命。杨忠却成了北魏军队的俘虏，尔朱荣的同族兄弟尔朱度律看见杨忠身材魁伟，相貌出众，武艺超群，就收为帐下做一名统军。北魏分裂后，杨忠随独孤信加入西魏阵营，与高欢控制的东魏军队作战。半年之后，东魏派将军再攻荆州，荆州再次被东魏占领，杨忠投降梁武帝。

　　西魏大统三年（537年），梁武帝答应贺拔胜的请求，决定让杨忠回到西魏，杨忠回到西魏后经常跟随宇文泰（北周的奠基者）在龙门狩猎，他能够独自捕捉猛兽，左臂夹住兽腰，右手拔掉兽舌，宇文泰常常赞叹他的勇敢，杨忠逐渐升迁为征西将军、金紫光禄大夫。在东西魏的河桥大战之中，杨忠和5位壮士担任守桥的职责，敌人见他勇猛非常，都吓得不再进逼。邙山大战中，杨忠又一马当先，冲锋陷阵，因功升为车骑大将军，任都督朔燕显蔚四州诸军事、朔州刺史，加侍中、骠骑大将军、开府仪同三司。

　　后来，侯景乱梁，逼死梁武帝，南朝力量削弱，宇文泰决心乘机开拓疆土，于是命杨忠率军攻取了梁朝的齐兴郡和昌州两地。北周天和三年（568年），杨忠因病回到京城长安，周武帝和宇文泰亲自到杨忠的家里看望。不久，杨忠病死，时年62岁，儿子杨坚袭爵隋国公。

杨坚在哪一年建立了大隋王朝？

　　隋文帝杨坚，弘农郡华阴（今陕西省华阴书）人，鲜卑赐姓是普六茹，小字那罗延，是杨忠的儿子，也是隋朝开国皇帝。公元581年，北周的静帝下诏宣布禅位，杨坚登基称帝，定国号为大隋，改年号为开皇，宣布大赦天下。杨坚是中国历史上伟大的政治家。

　　杨坚称帝后，于开皇七年（587年）攻灭后梁，开皇九年（589年）灭掉南陈，从而完成了

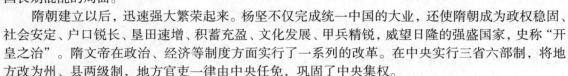
全国的统一大业，结束了西晋末年以来近300年的分裂局面。同年琉球群岛归顺隋朝，结束了中国长期混乱的局面。

隋朝建立以后，迅速强大繁荣起来。杨坚不仅完成统一中国的大业，还使隋朝成为政权稳固、社会安定、户口锐长、垦田速增、积蓄充盈、文化发展、甲兵精锐，威望日隆的强盛国家，史称"开皇之治"。隋文帝在政治、经济等制度方面实行了一系列的改革。在中央实行三省六部制，将地方改为州、县两级制，地方官吏一律由中央任免，巩固了中央集权。

隋文帝下令修筑首都西京大兴城（即后来唐长安城原形），大兴城的设计和布局思想，对后世都市建设及日本、朝鲜都市建设都产生了深刻的影响。公元584年，隋文帝命令宇文恺率众建漕渠。自大兴城西北引渭水，至潼关入黄河，长达150多千米，名广通渠。这成为开通大运河的开始，大运河连接了两个文明，使黄河流域和长江流域逐渐成为一体。

隋文帝在短时间内将中国重新安置在一个政权治理下，外御强敌突厥、契丹，内令人民安宁生息，功业之伟大，成就之卓越，就连后世盛唐也没有完全恢复隋朝的统治范围。文帝在位24年，于公元604年病逝于大宝殿，终年64岁，死后葬于泰陵（陕西省杨凌区城西5千米处）。

由于隋文帝的励精图治，努力发展生产，被外国人看作中国历史上最伟大的皇帝之一。

谁修改制订了《开皇律》？

《开皇律》是隋文帝命大臣总结魏晋南北朝时期的立法经验，修改制定的一部封建制法律。《开皇律》律文共有500条，素有"刑纲简要，疏而不失"的美誉，是《唐律》的制定基础，具有很高的立法成就，对后世产生了深刻影响。

北周的法律既残酷又混乱，"内外恐怖，人不自安"。隋文帝在开皇元年（581年）针对北周刑法繁杂苛酷的情况，命高颎、郑译、杨素、裴政等人，在北魏、北周旧律的基础上制定《新律》。开皇三年（583年），文帝又特敕命苏威、牛弘等人按着删繁就简的原则，修改《新律》，主旨在于"权衡轻重，务求平允，废除酷刑，疏而不失"，完成了历史上著名的《开皇律》。

《开皇律》共计12篇、500条，其篇目分别是：名例律、卫禁律、职制律、户婚律、厩库律、擅兴律、贼盗律、斗讼律、诈伪律、杂律、捕亡律、断狱律。《开皇律》12篇的制定标志着这一工程的完成，展现了中国古代立法技术的进步和成熟。这种12篇的体例，后来被唐律所沿用。

隋朝的刑罚制度在整个中国刑罚制度发展史上称得上简明宽平。隋朝在《开皇律》中第一次正式确立了轻重有序、规范而完备的封建制五刑体系，即笞、杖、徒、流、死，内容上也可见《开皇律》对百姓的压迫比前代有所减轻。这种刑罚体系与残酷的奴隶制五刑相比显示出一种历史性的进步，顺应了中国古代刑罚从野蛮走向文明的进步趋势。

《开皇律》确立后直至明清，一直为后世历代封建王朝所继承，成为其法典中的一项基本制度。除此之外，《开皇律》还创立了"十恶"制度。"十恶"制度从隋初确立到清末修订《大清新刑律》时正式废除，在中国历史上存在了长达1300余年之久，对中国封建社会的长期延续起了不可估量的作用。

隋文帝是"妻管严"吗？

隋文帝皇后独孤伽罗，北周大司马独孤信的第七个女儿。文帝即位以后，独孤伽罗被封为文献皇后，与隋文帝并称"二圣"，隋文帝对独孤皇后非常敬畏。

公元557年，14岁的独孤伽罗和17岁的杨坚结婚，在婚礼之夜，聪明的独孤小姐当场逼着杨坚发下重誓，这辈子绝不纳妾，不碰别的女人。迫于独孤家的权势，杨坚无奈之下只好答应，独孤伽罗赢得了她人生的第一个胜利。

每当与隋文帝议论国家大事时，二人看法往往不谋而合，故而宫中并称为"二圣"。独孤伽罗是一个十分合格的皇后，尊崇长辈，禀性节俭，当时突厥与隋贸易，有明珠一盒，价值八百万，幽州总管殷寿让独孤皇后买下，被她婉言谢绝，此举立即传遍朝野，她因此受到百官称赞。文献皇后的表兄大都督崔长仁触犯了国家法令，按律当斩，隋文帝看在皇后情面，有意赦免。皇后进谏说："国家之事岂可顾私。"于是将崔长仁处死。

独孤皇后不只是管住丈夫不近女色，为了国家利益，她还甚至强力干涉儿子和大臣们的感情生活。公元602年八月，独孤伽罗病逝于永安宫。独孤皇后死后，隋文帝开始纵情于女色，不久就患上了重病。在弥留之际，他感慨万千地道："假使皇后在，吾不及此！"

独孤皇后铁腕严治后宫的事迹，被后世广为传颂。

是谁创立的三省六部制？

隋朝建立以后，隋文帝杨坚废除了不合时宜的北周六官（天、地、春、秋、冬、夏）制，并恢复了汉魏时期的体制，基本上确定了三省六部制度。

杨坚在中央设三师、三公、五省。其中三师、三公只是一种虚衔，而真正掌握实权的是五省，即内侍省、秘书省、门下省、内史省和尚书省。内侍省和秘书省在国家政务中起不到重要作用。内侍省是宫廷中的宦官机构，主要负责管理皇宫事务。秘书省掌管书籍历法，事务比较清闲。起主要作用的是剩下的三省，内史省、门下省、尚书省都是最高政治机构。以尚书令、纳言、内史令为长官，行使宰相职能，帮助皇帝处理全国事务。内史省主要负责决策；门下省主要负责审议；尚书省主要负责执行。这就是后来被唐朝继承的三省制。

尚书省是国家最高的行政机关。它的下面设有吏部、礼部、兵部、都官、度支、工部六部。每部设立尚书为其长官，总管本部政务。内史省和门下省是机要部门，内史省负责起草并宣行皇帝的诏示；门下省负责审查内史省起草的制诏和尚书省拟制的奏抄；尚书令下设有尚书左、右仆射各一，左仆射判吏、礼、兵三部事，右仆射判度支、都官、工部三部事。尚书令与左、右仆射及六部尚书并称"八座"。开皇三年（583年），隋文帝杨坚将度支改成民部，都官改为刑部。

除三省六部之外，隋朝还设置了御史、都水二台，负责监察和水利，这样不仅强化了中央集权，而且开创了中国封建社会政治体制的新时期，对唐以及以后历代封建王朝都产生了巨大影响。隋文帝建立的这一整套规模庞大、组织完备的官僚管理机构，表明封建制度已发展到成熟阶段。这套制度自隋朝制定之后，一直沿袭到清朝。

隋朝的哪座城被称为当时的"世界第一城"？

隋朝开皇二年（582年）正月，隋文帝命宇文恺负责设计建造新城——大兴城，第二年三月竣工。大兴城在当时被称为"世界第一城"。

隋朝开国之初，都城仍在长安旧址，由于久经战乱，长安城已是残破不堪，而且宫室形制十分的拥挤，加上几百年来城市污水沉积，壅底难泄，饮水供应也是一个问题，不再适应新建都城了。隋文帝决定放弃龙首原（今陕西省西安市龙首村）以北的旧长安城，在龙首原以南汉长安城东南选取新址。宇文恺受命之后，参考北魏洛阳城和东魏、北齐邺都南城，把龙首原以南的6条高坡视为64卦中的乾之六爻，并以此作为核心，当作长安城总体规划的地理基础。

而"六坡"为大兴城的骨架，皇宫、政权机关和寺庙都高高在上，与一般居民区形成鲜明对照。冈原之间的低地，除居民区之外，还开渠引水，挖掘湖泊，增大了城市的水域。大兴城充分利用地形的优势，增加了立体空间，显得更加宏伟壮观。大兴城的平面布局整齐划一，形制是长方形。全城由宫城、皇城、外郭城三部分组成，完全采用东西对称的布局。外郭城面积约占全城总面积的88.8%，居民住宅区的大幅度扩大是大兴城建筑总体设计的一大特点。

大兴城的修建不仅仅是中国古代城市建设规划高超水平的标志，也是当时国家经济实力和科技水平的综合表现。大兴城的完美也在当时被称为"世界第一城"。

谁是隋朝的第一个宰相？

高颎，字昭玄，渤海蓚（今河北省景县东）人，隋朝杰出的政治家，著名的军事家、谋臣。他也是隋朝的第一个宰相，在隋王朝开国创业、统一南北、安定天下的过程中立下了汗马功劳。

高颎17岁那年，就被北周齐王宇文宪召入王府为记室，在征服北齐高氏政权，统一北中国的战争中立了功。公元579年，周静帝宇文阐即位，那时的皇帝只是个六七岁的小孩。北周大权落到了外戚杨坚手中，杨坚为了篡夺北周宇文氏政权，急于选用人才，他知道高颎精明强干、通晓军事、足智多谋，于是就派亲信杨惠去游说。高颎看到北周政权日益腐败，于是就投靠了杨坚。

杨坚独揽朝政以后，大杀北周皇室宗亲，还准备撤换拥有重兵的北周诸州总管，引起各地反抗。公元 580 年，北周名将、相州（今河北省临漳县西南）总管尉迟迥起兵，杨坚任命高颎为监军，统一指挥前线各部队，最终取得了东战场的胜利，稳定了局势，为隋王朝的建立奠定了坚实的基础。

隋开皇二年（582 年），隋文帝以长安是旧城，自汉朝以来，多次经历战乱，凋残时间过久，不宜修缮为由，在苏威、高颎等人的谋议下，决定在龙首原再建新都，以高颎出任新都大监，各项措施大多出自于高颎，为后来唐代长安的繁荣，奠定了基础。其他行政、官制等各种制度，也大都在高颎的主持下，斟酌损益，建立新的制度，巩固了隋朝的统一局面。

在经济方面，自北齐以来，贫苦农民很多被迫沦为豪强的荫户，严重影响国家财政收入，高颎建议采用"输籍定样"的措施，取得了显著的成效。

当时隋文帝杨坚想要吞并江南，统一南北，但却苦于无良将，便问于高颎，高颎向隋文帝举荐了上开府仪同三司贺若弼与和州刺史韩擒虎，开皇八年（588 年）十月，隋文帝在寿春（今安徽寿县）设淮南行台省，以晋王杨广为行台尚书令，主管灭陈之事，集中水陆军 51.8 万，分为 8路攻陈。高颎为时任晋王杨广的元帅长史，杨广虽为主帅，但不懂军事，所以三军的重要事情决策，都由高颎决断。

开皇九年（589 年）正月初一，高颎以元帅府长史的身份，统一指挥 51 万隋军，攻占陈朝都城建康（今江苏省南京市），为隋朝统一中国立下了不朽的功勋。隋朝建立以后，高颎受命为隋朝的第一位宰相。

隋朝重臣杨素因何得到重用？

杨素（544~606 年），字处道，弘农华阴（今属陕西省）人，其出身士族，祖父杨暄曾官至北魏辅国将军、谏议大夫，父亲杨敷曾任北周汾州刺史。他因敢于为父抗争而备受重用。

北周天和七年（572 年）三月，北周武帝宇文邕诛杀宇文护并亲自掌管朝政，杨素因为曾受到宇文护的重用，所以遭到株连。此时，杨素以他的父亲杨敷死于北齐，却未受朝廷追封为由，上表申诉，周武帝不理。杨素再三上表，周武帝十分生气，下令诛杀杨素。杨素高声地说："我伺奉无道的皇帝，死是应该的。"周武帝听到之后，对杨素刮目相看，赦他无罪，并追赠他的父亲杨敷为大将军，谥号忠壮。升任杨素为车骑大将军、仪同三司，并逐渐对其有了好感。

周武帝又命杨素起草诏书，素下笔成章，文词华丽，周武帝经常赞美，而杨素却从不以此自满。北周建德四年（575 年）七月，周武帝率军攻打北齐，杨素请求率领自己父亲的旧部作为先锋，周武帝答应了他并且还赐给他竹策以示信任。杨素随齐王宇文宪攻打北齐河阴（今河南省洛阳市东北），因战功被封为清河县子，赐邑 500 户，这一年又被授予司城大夫的官职。

北周建德五年十月，杨素再次随宇文宪进攻北齐，克晋州（今山西省临汾市境）。宇文宪屯兵栖原，北齐帝高纬率诸军自晋阳（今山西省太原市）向晋州开进。宇文宪听说北齐军主力马上就到了，非常恐惧，就乘夜逃跑了，结果被北齐军追上了，北周军多被击溃。杨素与骁将十几个人尽力苦战，宇文宪方才得以解围。此后，杨素更是屡立战功。北齐灭亡后，杨素升任上开府一职，改封为成安县公，赐邑千五百户，并加赐粟帛、奴婢、杂畜等。

隋朝大业元年（605 年），杨素官职为尚书令，和宇文恺等人奉诏修筑东都。次年又升任为司徒，改封为楚公，但是同年病死。

隋朝初期户口激增的缘由是什么？

公元 581 年，杨坚取得帝位，史称隋文帝，年号开皇。开皇初年，隋朝户口仅 380 万户，到大业五年（607 年）增加到 890 万户。在不到 30 年的时间里，户口就激增了一倍多。之所以出现这种情况，其主要原因在于隋文帝采取了"大索貌阅"影响深远的政策。

自南北朝以来，户口隐漏日益严重，国家所能直接掌握的劳动力不断缩减，而地方豪强地主占有的人口急剧增多，严重削弱了中央政府的实力。如在北方，由于规定未婚只缴半租，有的地方户籍上都不见有妻子的登录。有的豪强氏族，一户之内有数十家，人数多达数万，国家赋税收入因此而锐减。

开皇五年（585 年），隋文帝下令在全国各州县进行大索貌阅，核点户口。所谓的"大索"

就是清点户口，并登记姓名、出生年月和相貌；所谓的"貌阅"，则是将百姓与户籍上描述的外貌一一核对。

隋文帝规定，凡出现户口不实的情况，地方官吏里正、保长、党长将会被处以流刑。同时还规定，凡堂兄弟以下亲属同族而居的，必须分立户口。此次检查新增户口164多万，大大增加了国家的财政收入，增强了隋朝的国力。之后，隋文帝将北朝时期的均田和租调制略作改动，推行于全国。接着，在全国范围内实行了大规模的"刮户运动"。"大索貌阅"，为了更好地配合"刮户"，还根据高颎的提议，实行"输籍之法"，即由政府提前确定赋税徭役数目（低于地主所收的税役）颁布天下，让豪强地主的附属户看到作国家的编民更好，自动脱离豪强地主，成为国家的纳税户。

这些措施不仅仅增加了国家赋税收入，还打击了豪强地主，加强了中央集权，同时也减轻了民众的赋税负担，可谓一举三得。

隋朝名将史万岁是怎么死的？

史万岁，是隋朝名将，京兆杜陵（今陕西省西安市东南）人，出身于军人世家。少年时期聪明好学，喜欢研读兵书，体壮力大，痴于练武。北周时他因功升为上大将军。隋初受株连被贬为戍卒，后屡立战功，被授予柱国大将军。他在隋朝统一天下的战争中立下了不朽的功勋，但其死因也与其战功有关。

公元590年，江南叛乱。朝廷命内吏令杨素平江南之乱，史万岁是行军总管从东阳别道进击。史万岁领命之后，一路上翻山越岭，前后经过数百次战斗，攻陷溪洞无数，转战千余里，杀敌无数。平定江南之后，杨素上书表奏史万岁的功劳，文帝大喜，晋升史万岁为左领军将军。公元597年，南宁州（今云南省境内）部族首领起兵反隋，杀戮官吏，气焰十分嚣张。隋廷立即命史万岁前往征讨。史万岁深入敌境，兵锋锐利，所到之处所向披靡，无城不摧，先后消灭叛军30多部。叛族首领自知难胜史万岁，只好投降归顺隋朝。

杨素为人嫉贤妒能，他因妒忌史万岁的功绩，因此回朝后对此不加表扬，反而诬陷史万岁，文帝信以为真，没有表彰史万岁的功劳。史万岁的将士们怒声四起。

史万岁本敢怒敢言，再加上他爱惜将士，于是，不顾一切面见文帝，申明自己的将士的功劳。由于他言辞过激，直言文帝之过，犯了冒犯之罪。文帝大怒，命令左右将史万岁推出去斩首。

隋朝大将贺若弼以何著称？

贺若弼，字辅伯，河南洛阳人，是北周和隋朝著名的将领。在杨坚代周称帝之前的北周，贺若弼由于父亲枉死的原因而以慎言慎行著称。

贺若弼生于将门之家，父亲贺若敦曾是北周将领，因武猛而闻名，任金州（今陕西省安康市）刺史。北周保定五年（565年）十月，贺若敦因话有怨言，为北周晋王宇文护所不容，被逼无奈自杀而死。临死之前，贺若敦用锥子将贺若弼的舌头刺出血，告诫他以后不要学自己，一定记住行事谨言慎行。于是，贺若弼在以后的为人处世中常常以此为戒，还以此化解了一场危机。

当时周武帝宇文邕当政，由于周武帝对太子要求十分严格，但是太子却德行不端，因为太子害怕父皇知情，就矫情掩饰，因此，太子的过失周武帝竟一点也不知道。上柱国乌丸轨曾经对贺若弼说："太子必定不能担当大任。"贺若弼也如此认为，还劝说乌丸轨将太子之事告知周武帝。乌丸轨便借机对武帝说："太子不是当皇帝的材料，微臣曾经和贺若弼谈论过这件事。"武帝急忙召见贺若弼，贺若弼知道此时太子的地位已不可动摇，并且牢记父亲临终遗言，恐祸及自身，于是回答说："太子十分上进，品学兼优，我没看到他有什么缺陷和错误。"武帝听后默然不语。事后，乌丸轨指责贺若弼出卖了自己。贺若弼却说："做皇帝的不谨言慎行就会失去臣子，做臣子的不谨言慎行就会丧失去身家性命，所以不敢轻易议论皇家的是非。"果然，后来太子即位，乌丸轨被诛杀，贺若弼却免受其祸，安然无事。

为何说贺若弼在后期虽有将才，却无将德？

贺若弼在后来随杨坚统一全国之后，自恃自己劳苦功高，常常与人争功，所以说贺若弼在后期虽有将才，却无将德。

　　杨坚称帝后，想要吞并江南、统一中国。杨坚查找可以胜任的人戍镇江淮。尚书左仆射高颎推荐说："我观在众多朝臣之中，论文武才干，只有贺若弼能担此重任。"于是杨坚任贺若弼为吴州（今江苏省扬州市一带）总管，镇江北要地广陵（今江苏省扬州市西北），经略一方，为吞灭南陈做准备。

　　攻陈之前，贺若弼卖掉老马，大量购置陈船，藏匿起来，又索来了五六十艘破旧船只，停泊在小河上，使陈军认为隋军没有战船。贺若弼多次将换防士兵集于广陵，大张旗帜，营幕遍野，还使士卒沿江射猎，人马喧噪，用以迷惑陈军，使对方疏于戒备。不久攻灭陈朝，但是在四月韩擒虎、贺若弼二人回京以后，又在隋文帝面前争功。隋文帝无奈，只好将二人同封同赏。

　　灭陈以后，贺若弼更加恃功自大，生活变得奢侈。他还骄傲自满，自以为功名在群臣之上，经常以宰相自诩。既而杨素为右仆射，贺若弼仍是将军，贺若弼为此愤愤不平，经常出言不逊，因而于开皇十二年（592年）遭到罢免。

　　大业三年（607年）七月，贺若弼跟随隋炀帝杨广北巡到榆林。杨广命人制作一可以容纳数千人的大帐篷，用以招待突厥启民可汗及其部众。贺若弼认为这样太奢侈，于是与高颎、宇文弼等人私下议论，不料被人密报了杨广。杨广认为这是诽谤朝政，在二十九日将贺若弼、高颎、宇文弼等人一起处死，贺若弼时年64岁。

古代名历之一的《皇极历》是谁创制的？

　　刘焯创制的《皇极历》是古代名历之一，该书提供的天文历法在当时是最先进的。

　　刘焯，字士元，隋朝经学家、天文学家，信都县（今河北省冀州市）人。刘焯自幼聪慧，并且和河间刘炫关系甚好，出任州博士，同刘炫并称"二刘"。隋文帝开皇年间，刘焯得中秀才，被封为员外将军，与著作郎王劭一同修定国史，并参议律历。

　　刘焯精通天文地理，他发现隋朝的历法存在诸多谬误，曾多次建议修改。公元600年，他创《皇极历》，首次考虑到太阳视运动的不均性，创立"等间距二次内插法公式"来计算日、月、五星的运行速度，推日行盈缩，黄道月道损益，日月食的多少及出现的地点和时间，这比以前诸历都要精密。"定朔法"、"定气法"也是他的创见。《皇极历》推定的每76.5年春分点在黄道上西移一度的岁差，与现行数值非常接近。

　　然而，因为刘焯所著的历书与当时的权威人士——太史令张胄玄的天文、历数观点多有差异，因此《皇极历》被排斥不得施行，但是该书提供的天文历法在当时是最先进的。唐代高宗时期李淳风就是依据《皇极历》造出了《麟德历》，被推为古代名历之一。

155

杨勇是因为女人被废的吗？

　　杨勇，是隋文帝杨坚与独孤皇后的第一个儿子，杨勇原本为隋文帝的太子，后来被诬陷废为庶人，隋炀帝杨广登基之后，杨勇与其10个儿子被先后赐死，杨勇死后追封为房陵王。

　　杨坚受禅建立隋朝后，杨勇被册立为皇太子。杨勇生性好学，善于辞赋之道，个性宽厚、温和、率真。他的朋友都是当时的文人。

　　杨勇有许多的妾侍，其中有位云昭仪，特别受杨勇的宠幸。而杨勇的正妻元妃却不得宠，后来染上心病，不久就去世了。这使得独孤皇后十分不满，不但责备杨勇，而且派人去暗察。晋王杨广知道母亲对兄长的不满，便假装自己没有什么姬妾，而且只愿和萧妃厮守。于是独孤皇后更加讨厌杨勇，开始对杨广的德行大加称赞。

　　在独孤皇后每次抱怨云氏专宠、感叹元氏夭亡时，杨广也会跟着痛心疾首、痛哭流涕。这让独孤皇后更加喜爱杨广，并产生了废杨勇而立杨广为太子的念头。杨勇为此深感害怕，却也没有办法。隋文帝知道他内心不安，便派权臣杨素去暗查他，结果杨素却故意激怒杨勇，使杨勇说出抱怨的话，从此隋文帝更加地怀疑他了。皇后与杨广等人都在观察他的一举一动，并不时向隋文帝进谗，加上杨勇多有埋怨的言语，隋文帝终于把他废为庶人，改立杨广为太子。

　　直到文帝卧病于仁寿宫时，发生了宣华夫人被杨广非礼的事。文帝这时才知道冤枉了杨勇，并怒骂独孤皇后与杨广，派人召杨勇进宫，准备废杨广而恢复杨勇太子的身份，但由于文帝暴死，杨广即位而没有实现。杨广也为了免除后患，假拟文帝诏书，赐死杨勇。后来，隋炀帝杨广追封杨勇为房陵王，不久杨勇的 10 个儿子也全部被杀了。

隋文帝为何对长女杨丽华相当惭愧？

杨丽华，是北周宣帝的皇后，后来成为皇太后。隋朝时被父亲杨坚封为乐平公主。母亲是独孤皇后。后因为父亲代周称帝，引起她的强烈不满，隋文帝为自己的所作所为也对长女杨丽华感到相当惭愧。

杨丽华是隋文帝的第一个女儿。公元 573 年时嫁给了当时的北周太子宇文赟为妃，当时她刚刚满 13 岁。公元 578 年，宇文赟即位称帝，杨丽华就成为了皇后。然而宇文赟却荒淫无道，他同时册立了 4 个皇后，即杨丽华、朱满月、陈月仪、元乐尚；后来又逼淫宇文亮的妻子尉迟炽繁。宇文亮谋反被诛后，宇文赟又把尉迟炽繁纳入宫中，成为他的第五个皇后。这些皇后们相互争宠，互相诬蔑诽谤，然而杨丽华却是个性柔和，对其他女子都不抱任何嫉妒之心。

公元 580 年，在宇文赟病重弥留之际，刘昉、郑译假诏让杨坚领受遗命辅政。后来宇文赟病逝，而北周静帝宇文阐还处在幼年时期，于是朝政由杨坚全权把持。杨丽华原本并不愿卷入这场夺权计谋当中，但皇帝年幼，如果由别人掌政，恐怕对自己不利，所以杨坚辅政，令杨丽华很是安心和高兴，并且十分支持。然而等到后来杨坚谋朝篡位的野心逐渐显露出来之后，杨丽华言行举止中表达出一种愤愤不平之气。等到静帝禅位给杨坚以后，杨丽华极为愤怒，悲痛惋惜不已。由于杨坚不能表面上说什么，所以私底下也对她感到相当惭愧。

公元 586 年，杨坚封杨丽华为乐平公主。后来杨坚曾要她改嫁，但她誓死不从，所以改嫁计划宣告失败。公元 609 年，杨丽华在陪同隋炀帝行幸（古代专指皇帝出行）张掖时在河西过世，享年 49 岁。

隋文帝哪个儿子差点被自己的老婆毒死？

杨俊，小字阿祇，是隋文帝第三个儿子，母亲是独孤皇后。开皇元年（581 年）时被立为秦王，开皇二年春，拜上柱国、河南道行台尚书令、洛州刺史，时年 12 岁。他差点被自己老婆下毒害死。

杨俊年少时仁恕慈爱，十分崇尚佛道，曾因此请求去做沙门，但没得到隋文帝的批准。开皇六年（586 年），杨俊升为山阴道行军元帅，屯驻汉口。过了一年多，又转任他为并州总管二十四州诸军事。

起初，杨俊很有作为，因此让文帝十分高兴，甚至还下旨奖励他。但随后他变得渐渐奢侈起来，甚至有违反制度的行为，他放高利贷，让百姓官吏大感痛苦。文帝派使者去调查，结果连坐者多达百余人。杨俊还有很多姬妾，而他的王妃崔氏是个妒忌心极重的女人，她为此愤愤不平，便在瓜中下毒。杨俊吃了瓜以后深感身体不适，等身体复原后，杨俊回到京师居住。文帝因为他生活太奢侈骄纵，便将他的官位全部免去，只给他做一个挂名的秦王，要他安分地待在他的王府里。

后来杨俊的健康状况变得极差，已经不能起床，一年后，杨俊病危，才得以复上柱国之位。开皇二十年（600 年）六月，杨俊在秦王府病逝。杨俊所有华丽奢侈的遗物，文帝命令全部烧掉，并下令送终的用具一律俭约。

而王妃崔氏由于曾经对秦王下毒的缘故，隋文帝下旨将她废掉并赐死。

杨广获得太子位与他妻子萧氏有什么关联？

隋炀帝的皇后萧氏不仅仅是丈夫杨广争夺皇位的导火线，还是政权斗争的核心参与者与事件发展的推动者，甚至在这场斗争中起到了决定作用，她的一举一动、一言一行都影响着杨广的地位变化，可以说是她的帮助使得杨广得以成为太子。

开皇十三年（593 年），25 岁的杨广与刚满 13 岁的萧氏完成了婚事。而杨广的哥哥杨勇此时已被立为太子。不过，由于当时杨勇因冷落了正房太子妃元妃而宠爱偏房云昭仪，引起了严治后宫的母亲独孤皇后的不满。

杨广则故意在母亲面前极力伪装出一副仁孝、俭朴的模样，还有意装作疏远萧妃专心政务的姿态。聪明识体的萧妃也一本正经地与他配合，还时不时地到独孤皇后那里哭诉杨广只顾政务而冷落了自己。经过近7年的苦情戏的表演，他们夫妻的一唱一和终于打动了独孤皇后的心，所以最后杨广取代杨勇，登上了太子的宝座。

杨广登太子位一年后，独孤皇后病逝，隋文帝摆脱了妻子的严厉约束，开始纵情于酒色，并将行政大权交付给了杨广。隋文帝暮年纵色，很快就精力殆尽，瘫卧病榻了。不久之后，在杨广的授意之下，张衡在给文帝的汤药中下了毒药，毒死了隋文帝。

次日，丧事完毕，太子杨广换上冕服即位，与此同时，萧妃自然也就成为了皇后。

隋朝弑父杀兄当上皇帝的是谁？

杨广是隋朝的第二个皇帝，也是靠着弑父杀兄走向皇位的一代皇帝。

隋文帝共有5个儿子，其中二儿子晋王杨广最能干。在南下灭陈和抵御北方突厥的过程中，杨广曾屡立大功，并笼络了一批有才之士。

其实，杨广很早就想取代长兄杨勇的太子地位，只是由于隋文帝信任杨勇，才没敢动手。后来杨勇因为生活奢侈，逐渐失去隋文帝的欢心，杨广就加紧活动起来。杨广知道隋文帝和独孤皇后（杨广之母）喜欢俭朴，就装模作样，一心讨好他们。每当隋文帝要到他的王府来，他就把那些打扮得花枝招展的姬妾锁在屋里，只留下几个又老又丑的女人，穿着粗布衣服，在左右伺候。他还特意将乐器的弦弄断，乐器上的尘土也不让人擦拭，摆在最显眼的地方。隋文帝看到这种情景，以为杨广不好声色，非常满意。

此后，太子杨勇因为原配妻子的事情得罪了独孤皇后，从此失去了独孤皇后的宠爱。不久，被杨广收买的权臣杨素便对独孤皇后说："晋王对父母很孝顺，平时非常节俭，很像皇上。"皇后伤心地说："您说得对啊！晋王确实孝顺，可是他离我那么远……"杨素又添油加醋地说了一通太子的坏话。杨素的话正合独孤皇后的心思，独孤皇后还给了杨素很多金银，让他想办法废杨勇，立杨广。

除此之外，杨广还收买了太子的亲信姬威。让姬威写表诬陷揭发太子。终于在开皇二十年（600年），隋文帝废除杨勇为庶人，改立杨广为太子。

仁寿四年（604年）以后，隋文帝得了重病之时，杨广、杨素一伙将他害死。随后，杨广派人给杨勇送信，说皇上有遗诏，赐杨勇自尽。

同年七月份，杨广登上了皇位，也就是历史上的隋炀帝。

江都兵变的主要策划人是谁？

隋炀帝杨广在第三次南巡之际，由于北方农民起义不断，形势恶化，不得北上回京。不久之后，杨广又想迁都城到南京，就在这时，他的手下宇文化及和宇文智及两兄弟密谋策划了兵变，在兵变中，杨广被杀死，史称江都兵变。

隋炀帝杨广弑父登基以后，不惜民力地征发徭役，营东都（今河南省洛阳市）、掘长堑、修驰道、筑宫殿庭院、修离宫别馆，纵情享乐。与此同时，他还北出长城，西巡张掖，南游江都（今江苏省扬州市）。为了扩大统治集团的声威，满足其穷兵黩武的欲壑，隋炀帝更发动了大规模的侵略高句丽的战争。

大业七年（611年），邹平人王薄于长白山（今山东省章丘市内）首揭义旗，号召农民起义。各地农民纷纷响应，起义之火很快传遍了全国各地。风起云涌的农民起义，从根本上动摇了大隋王朝的统治。大隋王朝名存实亡。

大业十二年（616年），隋炀帝第三次南巡江都。他慑于北方农民起义的发展，不敢北还，隋朝失去了对北方的掌控。次年，太原留守李渊起兵占领了都城长安，立隋炀帝的孙子杨侑为帝，遥尊隋炀帝为太上皇。隋炀帝此时了解到大势已去，于是更加荒淫无度。之后，郎将窦贤率部私自潜逃，被隋炀帝派人追杀。

不久，杨广手下众将背叛，密谋兵变，其中宇文智及被推为大帅。宇文智及的大将司马德戡召集诸将，宣布谋反计划，诸将都愿意唯命是从。这天夜里三更时分，司马德戡聚集了上万人马，在东城放起火来。四处叛军看见火光，纷纷行动，掌握了江都的大街小巷。五更时分，天色渐明。

司马德戡率兵杀入玄武门（皇宫北门），将守将杀死后，直奔隋炀帝寝宫。隋炀帝闻变，急忙乔装改扮逃往西阁，后被人搜出，押到众叛将面前。

隋炀帝自知难免一死，索性硬充好汉，对众叛将说："天子自有死法，不能加以锋刃，取毒酒来吧！"众叛将不许。隋炀帝无奈，只好解下自己的白色丝巾，交给叛军。两个叛将走上前来将隋炀帝缢死了。宇文智及和宇文化及领导的江都兵变成功了。

隋炀帝杨广在位期间有何作为？

隋炀帝杨广，隋文帝的次子，又名英。仁寿四年（604年）七月，即皇帝位，次年改年号为大业，成为隋朝的第二个皇帝，在位期间可谓功过参半。

杨广在位期间（604~618年），"统江山"、"修运河"、"巡张掖"、"游江都"、"驾辽东"，是其一生功过的写照。杨广完成了统一，结束了中国上百年来的分裂局面，也结束了中国近400年的战乱时代，从此中国进入了和平、强盛的时代。杨广下令开挖修建南北"大运河"，将钱塘江、长江、淮河、黄河、海河连接起来，可谓功在当代，利在千秋之后。

大运河连接了黄河流域和长江流域两个文明，为中国后世的繁荣富强打下了牢固坚实的基础。一直到清末，大运河一直是国家经济的大动脉。隋炀帝亲自打通了丝绸之路，为炫耀中华盛世，隋炀帝在古丝绸之路举行了万国博览会。这是一个举世创举。

但是隋炀帝乘坐四层高的龙舟，从京城南下江南，此举是纯粹的个人寻欢作乐、劳民伤财之举。从大业七年（611年），到大业十年（614年），隋炀帝不顾国内危机四伏，3次亲征高句丽，致使隋朝人口锐减。

此外，隋炀帝用巨额的资财来赚取虚有的名声，所以弄得劳民伤财、民不聊生，最终导致了隋朝的灭亡。

中国古代科举制度是何时开始的？

科举是中国古代读书人参加的人才选拔考试，也是历代封建王朝选择官吏的一种制度。科举制从隋朝大业元年（605年）开始实施，一直到清朝光绪三十一年（1905年）举行最后一科进士考试为止，共进行了1300多年。

隋朝以前，官员大多从各地高门权贵的子弟中选取。权贵子弟无论品德优劣、学识深浅，都可以做官。而很多出身低微但有真才实学的人，却不被允许到中央和地方担任高官。隋朝统一全国后，为了改变九品中正制的弊端，同时为了适应封建经济和政治关系的形势，扩大封建统治阶级参与政权的要求，加强中央集权，于是将选拔官吏的权力收归中央，用科举制取代九品中正制，用分科考试来选举人才。隋炀帝大业三年（607年）设立进士科，用考试办法来选取进士。

科举是政府为了从民间提拔人才而设置的，相对于世袭、举荐等选才制度，是一种公平、公开及公正的方法，改善了用人制度。由于科举提倡不论出身贫富皆可参加，因此不但大大扩大了政府选拔人才的基础，还让处于社会中下阶层的知识分子，有机会通过科考向社会上层转移。科举对于知识的普及和民间的读书风气，也起到了巨大的推动作用。

然而，科举制度作为一种社会产物，必然有它自身的缺陷与不足。科举考试的内容和形式皆由封建统治者一手掌控，因此使科举成为束缚知识分子思想的枷锁。科举制度造就了一系列的家庭悲剧，此外它还导致了官场腐败。隋朝开创的科举制度，对隋唐以后中国的社会结构、政治制度、教育、人文思想，都产生了巨大而深远的影响。

隋炀帝为何要逼妹改嫁？

兰陵公主杨阿五，是隋朝隋文帝杨坚的第五个女儿，母亲是独孤皇后。先嫁给王奉孝，后又改嫁给隋文帝重臣柳机的儿子柳述。柳述少年聪颖，很有才干，早年以父荫为太子亲卫。正是由于杨阿五的改嫁，激怒了杨广，给柳述他们夫妻带来了杀身之祸。

柳述少年得志，但是却又恃宠骄豪。当时朝中杨素也恃功自大，并且由于与太子杨广关系甚密，朝中大臣都十分惮忌他。但柳述倚仗是当朝驸马和隋文帝的宠婿，竟敢当面凌辱杨素，并时常在隋文帝面前揭露杨素的种种短处。杨素遂与柳述结怨，加上柳述迎娶的兰陵公主，是原先隋文帝曾许诺将她嫁给太子杨广的妃子，后来不知什么原因隋文帝更改主意，将她嫁给了柳述，因此杨广开始含恨在心，认为这是柳述从中作梗。

仁寿四年（604年）七月，隋文帝驾崩，太子杨广登基，史称隋炀帝。隋炀帝马上将他的妹夫柳述流贬惠州，责令兰陵公主改嫁。但是她死志不渝，决心要跟柳述去惠州。隋炀帝没有同意她的请求，坚持要她改嫁。兰陵公主终于在百般无奈中忧愤而死，年仅32岁。

柳述也是惠州成为郡治后的首个被朝廷流贬的人。柳述贬居惠州将近三年之久，于大业四年（608年）前后再迁宁越郡（今广西省钦州市），在迁宁越郡（今广西省钦州市）途中不幸染上瘴毒，病发身亡，时年39岁。

隋炀帝向南最远征伐到哪里？

林邑处在现在越南中南部，是一个珍奇宝物聚集之地。大业元年（604年），隋炀帝封刘方为罐州道行军总管，以尚书右丞李纲为司马负责南攻林邑，从之前刘方将军已经平定的交趾（今越南河内）出发，向南一直打到林邑的首都陀罗补罗，此次对林邑的征伐成为历史上中国古代军队在最南方的征伐。

大业元年正月，刘方率领主力军到达海口（林邑入海处）。林邑王梵志派军据守险地抵抗，后被隋军击溃逃散。三月，刘方率军进至阇黎江，林邑人在南岸树立栏栅，意图阻止隋军渡江。刘方命令兵士高举旗帜，猛击金鼓而进。隋军旌旗招展，鼓声震天，强大的阵势和军威把林邑人吓得四散奔逃。刘方随即指挥大军渡过阇黎江。渡江以后，行不到15千米，就看见林邑人乘坐着大象，从四面八方围拢而来，妄图与隋军决战。刘方急忙命令士兵们用弓箭向大象射击，大象被纷纷射中，之后溃乱奔逃，林邑人的军阵也被受伤的大象践踏冲乱。刘方乘势指挥精锐部队发起进攻，大获全胜。

刘方率大军一路向南追击，攻破大缘江防线，又向南追击了8天，最后抵达林邑人的国都陀罗补罗。林邑王梵志被迫弃城逃亡海上。刘方率隋军进入林邑都城，缴获林邑人用金子铸成的庙主牌位18枚。刘方命令立碑记录了这次征伐的功绩后班师还朝。

159

由于此次隋军征战太过深入南方，并且作战长达半年之久，班师回朝途中赶上炎热的夏季，隋军士兵不能适应南方闷热潮湿的气候，又加上长途跋涉，士兵们多染疾病而亡，刘方将军也不幸染病身死他乡。隋炀帝知道消息后十分痛心，下旨褒奖赞美刘方将军。

隋炀帝派遣刘方将军的这次对林邑的征伐是历史上中国军队在最南方的征伐，挫败了雄壮的大象军阵，攻取了林邑国的都城陀罗补罗。这是中国历史上罕见的正规的征讨行为，这次作战镇服了南海少数民族，从此他们开始对隋朝连年朝贡，这个时期也成为中国历史上的辉煌时期。

隋末割据者王世充是如何得到隋炀帝的信任的？

王世充，本来姓支，隋新丰（今陕西省西安市临潼）人，字行满，隋末割据者之一。王世充是西域胡人，幼年时母亲改嫁汉人王氏，因此随继父姓王。王世充性格狡诈，口齿伶俐，此人遇到隋炀帝后，表现得既有军事才能，又会溜须拍马，因此得到了杨广的信任。

王世充初露头角是在隋大业六年（610年），当时王世充任江都郡丞。这一年隋炀帝营建江都宫，派大臣张衡到江都监工。而张衡在杨广还不是太子时就已经是杨广的心腹了，他知道杨广陷害太子杨勇夺取帝位的种种阴谋，因此杨广对他暗生杀机。但是由于没有什么借口，只好经常将张衡远远地发出去出差。结果杨广的这种心事被王世充看出来了，王世充就向杨广诬告张衡，他捏造事实说张衡监工不严，江都宫工程质量不过关。杨广收到王世充的举报后，立即下令逮捕了张衡，并任用了王世充。

大业九年（614年）六月，隋朝大将杨玄感乘着隋炀帝亲征高句丽，国内空虚之际，突然发动叛乱，进攻东都洛阳，不久江都附近的3支起义军联合起来，共同推举刘元进为主，占据吴郡，称天子，立百官，势力日益壮大。隋炀帝忙派大将镇压，由于战事时间过长，有人密告杨广说大将吐万绪和俱罗故意不进攻。杨广暴怒，即刻改任王世充率兵进攻刘元进，王世充上任之后，不顾将士的死活，极力催促士兵加紧攻城，不久就平定了这次叛乱，王世充的表现更得到了好大喜功的杨广的喜爱，于是杨广对他的信任又进一步地加深了。

由于王世充检举张衡有功、评定叛乱得力，并且还经常搜集些珍贵礼物献给杨广及其左右亲信，遂逐渐成为杨广的宠臣。

隋朝新都大兴城和东都洛阳城是谁主持建造的？

生于西魏恭帝二年（555年），卒于隋炀帝大业八年（612年）的宇文恺是大隋朝著名的城市规划、建筑设计大师，尤其是主持修建了隋朝新都大兴城和东都洛阳城，为以后各代都城建设奠定了基础。

宇文恺，姓宇文，名恺，字安乐，祖上是鲜卑人，出生于长安城（今陕西省西安市西北）。宇文恺出身武将世家，2岁被赠爵双泉县伯，6岁进封为安平郡公，随后又累获很多荣誉。但宇文恺并不像父兄那样喜于骑马打仗，他从小就不爱弓马、刀枪之类的武事，而喜欢博览群书、学习知识，尤其喜爱建筑方面的知识。20多岁时曾被委任为上开府、工部匠师中大夫，成为北周政权主管建筑的官员。

公元581年，隋文帝杨坚谋取北周政权，建立隋朝。隋文帝曾多次派他监造大型工程，历任营建宗庙副监、营建新都副监、检校将作大匠、仁寿宫监、将作少监、营造东都副监、将作大匠、工部尚书等职，成为隋朝负责营建的最主要的高级官员。

宇文恺除主持大型土木工程以外，还担任过水利工程的官员。开皇四年（584年），他受命主持开挖广通渠，将渭水导入黄河，从大兴城到潼关，全程300多里，既可改善当时的漕运，又能灌溉两岸农田，因此被人称为"富民渠"。这一工程是隋朝开凿大运河的先声，它给以后大运河各段的开凿积累了经验。

隋朝时期接见的第一个日本外交官是谁？

小野妹子，日文名字叫小野臣因高，中国名苏因高，日本飞鸟时代推古朝的外交官。公元607年，小野妹子作为遣隋使第一次携带国书来到中国，得到了隋炀帝接见。

公元607年，日本向中国隋朝派遣的第一个政府使团终于抵达洛阳，使团首领叫小野妹子。使者称隋炀帝是"海西菩萨天子重兴佛法"，并说他带着一批佛僧前来学佛法。隋朝在次年选派裴世清等13人组团回访日本，并带回前所未有的有关日本的完整和准确的信息。

小野妹子偕裴世清回访团回国后，向日本天皇述职时说将隋炀帝带给倭王的国书不慎丢失。此时日本朝野曾有大臣建议天皇以丢失国书罪判处小野妹子流刑，幸亏圣德太子当时晋见天皇进行劝阻，小野妹子才得以免罪。

关于小野妹子失书之说历史学家曾觉得有三种可能：一是国书确实丢失；二是国书载有隋朝廷对日本修书无礼的指责言语，小野担心天皇看了震怒，惩罚自己或导致中日修好失败，所以耍滑头而故意毁掉；三是国书并未丢失，小野特意秘密呈给了天皇，而天皇因国书上有不利之词，担心扩散后于外交无益，所以令小野妹子托词丢失。凡此种种至今尚无定论，不过可以肯定的是，小野妹子的"失误"避免了可能由国书引起的中日间的关系紧张，促成了裴世清的成功回访。

公元609年，小野妹子又作为送隋使回国之使再次来到中国。此次的国书回避了前次教训，开头为："东天皇敬白西皇帝"，巧妙地避开两国间的主从上下关系问题，并带来了一批留学生、留学僧。就这样，隋朝廷出于远交近攻的外交需要，而日本出于迫切学习中国的政治体制、文化教育的需要，使得两国的官方交流出现了首次高潮。

我国第一部系统总结医理的著作是谁写的？

巢元方，隋朝太医博士，著名医学家，大约生活在公元6至7世纪。巢元方创造了"补养宣导"法，广泛运用导引法在医疗之中，撰有《养生方导引法》，论述1727种病候，大都附有"补养宣导"法，对发展医疗体操有重大贡献。

隋大业年间（605~618年），巢元方曾出任太医博士，后升为太医令，有丰富的实践经验和高深的医学理论造诣。在公元609年，主持开凿运河工程的开河都护麻叔谋在宁陵（今河南省宁陵县）患风逆病，全身关节疼痛，一起一坐就会头晕作呕，很多名医都无能为力。隋炀帝命令巢元方前往诊治。巢元方诊后认为是风入腠理，病在胸臆。必须用肥嫩的羊，蒸熟掺药服用，即可治愈。麻叔谋按方配药，吃了以后果然治愈了。

大业六年（610年），巢元方奉圣命主持编写了《诸病源候论》50卷，共67门，载列症候1739条，分别论述了内、外、妇、儿、五官等各科疾病的病因病理和症候。对疾病的治疗，一般并不论述，但也有部分疾病讨论了诊断、预后，以及以导引按摩、外科手术为主的一些治疗方法和步骤。这与当时隋炀帝下令编纂的方书《四海类聚方》形成一个鲜明的对比，即前者专述理论，后者专述治疗，二者相辅相成，互为补充，形成一套较为全面的医学配套著作。遗憾的是，《四海类聚方》佚失。

《诸病源候论》为我国医学史上第一部系统总结疾病病因、病理、症候的专著，并对后世医学的发展产生了重大的影响，为祖国医学的发展做出了突出贡献。

薛世雄平乱的河间七里井之战，成就了哪两位霸主？

大业十三年（617年），窦建德在河间郡乐寿自称长乐王，初步建立了自己的政权。窦建德自立为王时，隋朝已土崩瓦解、名存实亡，普通郡县的地方官员根本无心对抗起义军。也即是在他自立之后发生了一场大战，成就了窦建德和王世充两位霸主。

窦建德自立后，对隋朝官员采取了优抚的政策，于是地方的郡县纷纷向他投降，窦建德也因此声势日盛，部下达到10多万人。就在窦建德称王的这一年，他遇到了劲敌薛世雄，此时，薛世雄领兵3万，一路剿匪，在七月份抵达河间郡七里井。此时窦建德由于军中缺粮，部队正散于各地征粮，所以窦建德身边的兵力还不到2000。以2000对3万，窦建德取胜的几率几乎是零，如果不想被消灭，就只有逃走与投降两条路可走。然而，窦建德竟然选择了第三条路——主动进攻！

为了能打薛世雄一个措手不及，窦建德集合手下，命令马上进攻薛世雄，并约定如果在日出之前到达，就全力进攻；如果在日出之后到达，就全军投降。窦建德亲率敢死队做先锋。

窦建德率军一夜急行军，在距离七里井还不到2千米时，天竟然就要亮了，窦建德懊恼不已，正要准备投降，奇迹发生了，忽然天降浓雾，咫尺之间不见人影。窦建德大呼："天助我也！"随即命将士们发动袭击。正好薛世雄自恃兵力强盛，骄傲轻敌，扎营毫不设防备，被窦建德率军一阵突袭，薛世雄及其兵将在大雾中分不清敌人的多寡，吓得斗志皆丧，3万大军当场溃败。薛世雄也落荒而逃，逃到涿郡后，又羞又气，不久就病发去世了。

河间七里井之战，却成就了两位霸主，第一位当然是窦建德，他因这一战而声望倍增，一跃成为河北最强大的起义军；第二位受益者便是正往洛阳进军的王世充，薛世雄死后，杨广任命王世充接任，担任洛阳方面的总指挥，这样一来，王世充手下就会合了隋朝各地的精兵，为他日后称霸河南准备了充足的实力。

征战中力竭而亡的隋朝大将是谁？

张须陀，弘农阌乡（今河南省灵宝市）人，是隋朝的名将。大业十二年（616年），他在与翟让、李密及义军将领徐世绩、王伯当战斗中，为救手下的士兵，冲进包围圈，最后力竭战死，时年52岁。

张须陀自幼性格刚烈，有勇有谋。隋开皇十七年（597年）二月，昆州（今云南省昆明市西郊马街附近）刺史、羌族首领爨翫起兵反隋，张须陀与行军总管史万岁前去征讨，因为战功卓著，被授予仪同一职，赏赐锦三百段。

由于隋炀帝统治残暴，骄奢荒淫，连年大兴土木，不断对外用兵，繁重的徭役、兵役使得田地荒芜，民不聊生，因此，隋朝末年爆发了规模宏大的农民起义。在镇压义军的过程中，张须陀先后击败了吕明星、帅仁泰、霍小汉等人，还率兵抵抗翟让的瓦岗军，前后交战30多次，每战必胜。

大业十二年，瓦岗军在翟让的领导下发展成为河南地区最强的一支农民起义军。十月，曾随礼部尚书杨玄感起兵反隋的李密投降翟让后，建议瓦岗军席卷二京（长安、洛阳）、诛暴灭隋。当时瓦岗军粮食缺乏，于是，翟让采纳李密的计谋，决定先夺取粮仓再图进取。据此，翟让率军由瓦岗寨（今河南省滑县南）西进，进逼荥阳城。

隋炀帝忙任命张须陀为荥阳通守，率精兵前往镇压。翟让曾经多次被张须陀打败，听闻张须陀领兵前来，打算躲避撤退，但李密坚持对垒。他预先派兵千余人埋伏在大海寺（今河南省荥阳市）北树林内，然后以主力从正面迎敌。最后，张须陀军不幸进入翟让、李密及义军将领徐世绩、王伯当的合围。张须陀力战得以突围，但见部下依然被围，于是再次冲进去救他们，最终力竭战死，时年52岁。

张须陀一生忠诚于隋朝，直到隋朝岌岌可危时，还在为大隋卖命。

隋朝哪位大将在伊吾国修建了新伊吾城？

隋大业四年（608年）冬季，隋炀帝杨广加封右翊卫将军薛世雄为王门道行军大将，命他在西域伊吾国（今新疆维吾尔自治区哈密地区）内修建一座伊吾城，并派吏部侍郎裴世矩共同前往经营。

薛世雄是大隋的名将，军纪严明，凡所行军破敌的地方，秋毫无犯，深得隋炀帝的喜爱。隋炀帝曾称赞薛世雄说："世雄廉正节概，有古人之风。"薛世雄与突厥的启民可汗相约联合集兵攻打伊吾国。但是，薛世雄率军出玉门之后，启民可汗因故失约未到。而薛世雄并没有因此停军不进，他决定孤军穿越茫茫沙漠直击伊吾国。

当时正值隆冬季节，西北地区处于天气恶劣、风沙猖狂之时。薛世雄进兵神速，行似天降。伊吾人根本就没想到隋军会来，因此没做任何防备。当薛世雄穿越沙漠，兵临城下的时候，伊吾人惊恐异常，不得不请和投降。

薛世雄震服伊吾后，就在汉代旧伊吾城东修筑了一座新城，名曰"新伊吾"。薛世雄令银青光禄大夫王威率领1000多名士兵戍守伊吾，屯垦戍边，然后率军班师回朝。隋炀帝闻讯大喜，加封薛世雄为正议大夫。

此后，薛世雄兴建的"新伊吾城"成为隋朝控制东西交通要道上的一个重要军事据点。

谁是平定杨玄感之变的最大功臣？

来护儿，字崇善，江都（今江苏省江都市）人，是隋朝的大将，为隋朝的开疆扩土立下了汗马功劳，他也是平定杨玄感叛乱的最大功臣。

为击灭陈朝，统一南北，隋文帝杨坚在开皇元年（581年）三月，派宇文忻、贺若弼等镇守广陵（今江苏省扬州市西北）。来护儿也因为大败陈朝大将曾永，被授予仪同三司（官名）。

大业九年（613年），隋炀帝再次率兵攻打辽东。来护儿从沧海进攻高句丽，来护儿仍出沧海道，准备由海路进攻。当军队行进到东莱（今山东省莱州市）时，忽闻礼部尚书杨玄感诈称来护儿谋反，并以讨伐来护儿为名起兵反隋，随后进攻洛阳。来护儿听到讯息后，召裨和周法尚等商议，要立即停止进攻高句丽，还师西进。周法尚等人认为没有皇帝的诏书，不敢擅自回军。来护儿劝之再三，周法尚等仍不从。来护儿大怒，当天即率军西返。并派其子来弘、来整上奏隋炀帝。隋炀帝见到二人后非常高兴，授来弘为通议大夫，来整为公路府鹰扬即将，并下诏于来护儿。由于来护儿回军及时，得已迅速地与左翊卫大将军宇文述、右侯卫将军屈突通等对包围洛阳的杨玄感形成反包围，并于阌乡（今河南省灵宝西北文乡）追上杨玄感，一日内三败杨玄感，并于八月初一平定了叛乱。来护儿因功被加开府仪同三司，赐锦五千段、黄金千两、奴婢百人，封荣国公，邑二千户。赠其父来法敏为东阳郡太守、永宁县公。

隋义宁二年（618年）三月初十夜，统领骁果的虎贲郎将司马德戡、直阁（官名）裴虔通、将作少监宇文智及等人起兵反叛，来护儿被叛军抓住后杀害。

隋朝如何打败了吐谷浑？

隋大业五年（609年），隋炀帝杨广总领大军亲征吐谷浑取得了胜利，隋炀帝的这次亲征，彻底征服、占领了吐谷浑，并打通了丝绸之路，把中国与西方联系在一起。

吐谷浑的都城在青海湖西45里的伏俟城，吐谷浑处在半游牧半定居的状态，掌握着丝绸南路河西走廊主干线青海道，此路是当时连结亚、非、欧三大洲的陆路交通干线。此外，吐谷浑人还占领着西秦故地。

于是在大业三年（607年），隋炀帝派遣吏部侍郎裴世矩下诏，召高昌王麴伯雅和伊吾"吐屯设"（突厥语，官名，"设"为武职）等入朝，隋炀帝亲自与他们谋划打击西域贸易的竞争者吐谷浑的策略。大业四年，隋炀帝派裴世矩游说铁勒诸部，让他们攻打吐谷浑，吐谷浑遭突袭而大败。吐谷浑可汗伏允遣使者向隋朝请降。隋炀帝派安德王雄率兵出浇河，隋朝名将宇文述出西平"应降"，吐谷浑可汗伏允看见隋朝大军却又不敢投降，于是率领残部向西逃窜。

大业五年，隋炀帝领大军再次亲征吐谷浑。隋炀帝又令刘权继续率军进攻吐谷浑曼头、赤水两座重要城池。刘权在赤水大胜吐谷浑，击溃吐谷浑军主力。吐谷浑可汗伏允仅仅剩数十人马潜藏于泥岭之中而逃走，吐谷浑仙头王率男女10多万人归顺隋朝。吐谷浑东西4千里，南北两千里，范围东起青海湖东岸，西至塔里木盆地，北起库鲁克塔格山脉，南至昆仑山脉皆归隋朝所有。隋朝在吐谷浑故地置州、县、镇、戍，实行郡县制度管理此地。此时的大隋朝在隋炀帝的统治下也达到了极盛。

隋炀帝此次亲征，彻底征服、占领了吐谷浑国，打通了丝绸之路，畅通了中国与西方的联系，震服了西域各国，从此西域各国对中国朝贡不断。

隋大运河有多长？

隋炀帝是中国历史上最著名的残暴而又奢侈的皇帝。隋炀帝为了加强对南方的掌控，方便南北物资的交流，用了将近6年的时间，开挖了一条长四五千里，沟通海河、黄河、淮河、长江、钱塘江5条大河的大运河。

修运河分几个步骤：先从洛阳西苑到淮河南岸的山阳（今江苏省淮安市），开通了一条名为"通济渠"的运河，即从洛阳引谷水、洛水入黄河，再引黄河水入淮河；再从山阳到江都（今江苏省扬州市），疏通并凿深、加宽了春秋时期吴王夫差开的一条称为"邗沟"的运河，即把淮河和长江连接起来。

这样一来，从洛阳到江南的水路交通就十分便利了。此后，又从洛阳的黄河北岸到涿郡（今北京），开通一条称作"永济渠"的运河；接着，从江都对面的京口直到余杭（今浙江省杭州市），开通一条名叫"江南河"的运河。至此，一条以洛阳为中心，南通杭州，北通北京，全长5400余里的大运河就建成了。

大运河为后世的经济发展起到了很大的推动作用，在此后600余年时间之内，大运河成为沟通南北方的重要政治、经济、文化纽带。

隋朝汉王杨谅为何反隋？

杨谅，字德章，一名杰，是隋文帝杨坚的第五个儿子。开皇元年（581年），杨谅被册立为汉王。开皇十七年（597年），杨谅出任并州总管，领地西起太行山，东至渤海，北达燕门关，南到黄河52州。仁寿四年（604年），隋文帝驾崩之后被杨广逼反。

在太子杨勇被废之后，手握兵权的杨谅心生不安，由于他据守当时天下精兵之地，所以心中便产生了异心，后来蜀王杨秀因罪被废，更加使得杨谅内心不安。仁寿四年，隋文帝驾崩，杨广派车骑将军屈突通带着隋文帝的诏书，召杨谅回朝。杨谅知道其中有鬼，于是抗命起兵反叛朝廷。

杨谅宣称"杨素谋反，要诛杀他"。他任命大将军余公理，大将军綦良，大将军刘建，柱国乔钟葵率军出发，直指京师。隋炀帝派杨素领骑兵5000人，袭击王聃、纥单贵据守的蒲州。攻破以后，杨素率步骑四万夺取太原。杨谅派赵子开驻守高壁，杨素率军将他击败。杨谅得知消息后非常恐惧，亲率大军在蒿泽（今山西省汾阳县北湖泊）布阵抵抗。不料天降大雨，杨谅率军撤退到清源（今山西省清徐县）。

随后杨素发动攻击，杨谅兵败，不得不退保并州。杨素率军将并州团团包围，杨谅束手无策，上表请求投降。文武百官奏请杨谅罪当处死，隋炀帝却说："始终是兄弟，在情不忍心，欲饶恕免其一死。"于是隋炀帝将杨谅削为庶民，并除其户籍。后来杨谅一直被囚禁，直到死去。

黎阳兵变是谁领导的？

杨玄感是隋末最早起兵反叛隋炀帝杨广的贵族首领，弘农华阴（今陕西省华阴市）人，他的父亲杨素曾协助隋炀帝取得皇位和平定汉王杨谅的叛乱。大业九年（613年）春，隋炀帝率隋军主力远在辽东前线，后方兵力空虚。杨玄感看到有机可乘，便在黎阳（今河南省浚县东北）反隋起事，史称黎阳兵变。

大业九年六月初三，杨玄感谎称在东莱（今山东省莱州市）海口的右骁卫大将军来护儿反叛，以此领兵占据黎阳，关闭城门，大量征用男丁，并向附近各郡发送文书，以讨伐来护儿为名，命各郡发兵赶往黎阳。杨玄感任命赵怀义为卫州刺史、东光县尉元务本为黎州刺史，河内郡主簿唐祎为怀州刺史。杨玄感选调精壮运夫5000多人，船夫3000多人，起兵反隋。他认为打下东都，就能大增士气，还可以抓获文武百官的家属作为人质，于是他率兵向东都洛阳进发。

同时，杨玄感命令他的弟弟杨玄挺率1000人进攻河内，杨玄感亲率主力攻打东都。镇守长安的代王杨侑派刑部尚书卫文升率兵4万救援东都。两军久战不分上下，正在此时，远在辽东的隋炀帝已统帅隋军主力回师，命虎贲郎将陈棱攻打据守黎阳的元务本，左翊卫大将军宇文述、右侯卫将军屈突通驰援东都。在东莱的来护儿也停止攻打高句丽，还师西进，对包围洛阳的杨玄感形成反包围之势。八月初一，杨玄感在皇天原（即董杜原，在今河南省灵宝县西北）与隋军展开决战，结果大败，杨玄感率残部逃往上洛（今陕西省洛南县东南）。八月初，杨玄感自知大势已去，于是命杨积善将自己杀死，起兵以失败告终。

杨玄感起兵虽然失败，但动摇了隋王朝的腐朽统治，客观上推动了隋末农民起义的发展。

太原起兵的领导者是谁？

隋义宁元年（617年）五月，在农民起义的大潮中，隋朝的政权统治岌岌可危，此时，隋朝太原留守李渊起兵反叛隋朝杨家的统治，开始了他推翻隋王朝，建立唐朝的征程。

李渊是陇西贵族，他的祖父李虎是西魏时的太尉，后来帮助宇文泰建立了北周政权，是著名的"八柱国"之一，死后被追封为唐国公，李渊得以承袭祖爵。隋朝建立之后，李渊仍袭唐国公。大业十一年（615年），隋炀帝派李渊任山西、河东抚慰大使，后为太原留守，驻节晋阳（今山西省太原市西南），负责北御突厥与镇压当地农民起义的重任，成为权倾一方的封疆大吏。

此时，农民起义的烽火已传遍全国各地，并逐渐形成以李密、窦建德、杜伏威为主的3支主力农民起义军，他们分别活动在今河南、河北、山东和江淮一带，以摧枯拉朽之势瓦解着隋王朝的统治，将隋统治集团及其军队主力分隔在江都（今江苏省扬州市）、洛阳、长安3个地方。一些隋朝贵族和地方官吏看见天下大乱，隋朝统治已经土崩瓦解，于是都乘机而起，占据郡县，割据一方，称公称王。在这种形势下，李渊父子也积极准备起兵反隋。

义宁元年四月，李渊见时机已经成熟，于是伪造隋炀帝敕书，征太原、西河（今山西省汾阳市）、雁门（今山西省代县）、马邑（今山西省朔县）4郡的男子为兵攻打高句丽，用以激怒民众起来反隋。随后又借口刘武周占领汾阳宫，命李世民、刘文静、长孙顺德、刘弘基等人募兵。李渊还秘密派人把李建成、李元吉和在长安的女婿柴绍召到晋阳。

李渊父子的积极筹备引起了隋炀帝派来监视其行动的太原副留守王威和高君雅的怀疑，他们企图利用在晋祠求雨的时候，将李渊杀死。李渊得到密报后，决定马上采取行动。十五日清晨，李渊命刘文静和鹰扬府司马刘政会出面，控告王威、高君雅谋反，马上斩首，并宣告起兵反隋。

谁是隋末农民起义中的第一人？

王薄于隋炀帝大业七年（611年）十月，与同郡孟让一同起兵反隋，占据长白山（今山东省章丘市），转战山东诸郡，是隋末农民起义中的第一人。

王薄自称"知世郎"，意为能预知天下局势将发生变化，并作《无向辽东浪死歌》道："长白山前知世郎，纯著红罗锦背裆。长稍侵天半，轮刀耀日光。上山吃獐鹿，下山吃牛羊。忽闻官军至，提刀向前荡。譬如辽东死，斩头何所伤！"王薄以此召集群众拒绝随军出征高句丽，带有明显的反徭役、反兵役性质，百姓闻之争相归附。一年之后，王薄的义军队伍就发展到了几万人，在山东活动多年。隋大业九年，王薄被隋将张须陀打败于泰山下。王薄率余部北渡黄河，与孙宣雅、郝孝德等部联合反隋。在进攻章丘（今山东省章丘市西北）时，又遭到张须陀的袭击，战败而逃。

　　唐高祖武德二年（619年），王薄归降了起兵反隋的隋将宇文化及，共守聊城。唐武德二年，宇文化及被河北高鸡泊义军领袖窦建德擒杀，于是王薄又投降了窦建德。不久，王薄归顺了唐朝，任齐州总管。唐高祖武德五年，王薄被仇家所杀。

　　虽然王薄后来多有反复，但在隋朝末年，他第一个起兵发难，揭开了隋末农民起义的序幕，在王薄长白山起义之后不久，黄河下游一带的农民纷纷响应，仅仅在山东一带，就有张金称在鄃县（今山东省夏津县）、刘霸道在豆子（今山东省惠民县）等处起义响应，他们的起义沉重打击了隋王朝的统治，促成了隋末全国农民大起义的局面。

隋末农民起义中瓦岗军的前期领袖翟让是被谁所杀？

　　翟让，隋末农民起义中瓦岗军的前期领袖，东郡韦城县（今河南滑县东南）人。大业十三年（617年）十一月，李密在其部下的撺掇下将其杀害。

　　隋朝末年，韦城人翟让率众在瓦岗寨起义。他号召男丁参加义军，妇女种棉织布，领导瓦岗军杀富济贫，挖沟筑寨，百姓纷纷响应入伍，瓦岗军队伍迅速扩大。大业十二年（616年），贵族出身的李密，在参加杨玄感起兵失败后，投奔瓦岗军。李密比较有政治眼光，他建议翟让积极发展势力，扩大影响。翟让听取了李密的建议，首先攻取了荥阳。

　　大业十三年二月，瓦岗军夺取洛口仓，并开仓济贫。贫苦农民因此大量参加起义军。同年四月，瓦岗军进逼东都城郊，攻破回洛仓（今河南省洛阳市东北），十一月初九，李密运用正面进攻与侧后袭击相结合的方法，大败王世充。这时，瓦岗军已有数十万之众，掌控了中原大部分地区，达到了鼎盛时期。瓦岗军还公布了隋炀帝的十大罪状，明确表示要推翻隋炀帝政权。

　　正当瓦岗军日益强大之际，瓦岗军领导集团内部的矛盾却激化了。由于李密在屡次作战中所发挥的作用比较大，其威望也就越来越高，于是翟让主动把领导权让给了李密。后来，翟让的哥哥翟弘和司马王儒信等人又劝翟让夺回领导权。这样一来，两人的矛盾日益激化。同年十一月，李密设宴与翟让喝酒，并乘机将翟让杀害。

165

窦建德领导的义军是何时建立的政权？

　　窦建德是隋贝州漳南（今山东省武城县漳南镇）人，世代务农，曾经任里长，他喜欢结交江湖豪杰义士，被乡里众人所敬重。窦建德因不满隋朝的残酷统治而起兵造反，并于大业十四年（618年），建立农民政权，定都乐寿，国号大夏。

　　隋炀帝募兵征高句丽时，窦建德是军中的二百人长（军中官职名）。他亲眼见到了兵民困苦，义愤不平，于是反对东征高句丽，并偕同县人孙安祖率数百人入漳南东境高鸡泊，举兵反隋。随后，窦建德一家被隋军杀死，窦建德率部众200人投奔清河人高士达的起义军队。大业十二年（616年），隋派杨义臣击破张金称、高士达的义军之后，窦建德招集残余的散部再一次起义，并于次年正月在河间乐寿县（今河北省献县）称长乐王。

　　随后不久的战争中，窦建德战胜隋将薛世雄，攻克河间。大业十四年（618年），窦建德定都乐寿，国号大夏。河北的起义军队都来归附。次年，宇文化及率兵西归，在山东聊城被窦建德击败。窦建德斩杀了宇文化及一伙之外，还俘获了大批隋皇室、宫人、官员、士兵，录用其中的有才之人。八月，窦建德迁都州（今河北省永年县东南）。到了武德二年（619年），大夏政权已经掌控了黄河以北大部分地区，南与洛阳的王世充抗衡，西与关中的李渊鼎立对抗。

　　武德四年（621年）三月，唐军进攻王世充，窦建德率军10余万去援助王世充，与李世民军相遇在虎牢（今河南省荥阳市汜水镇）一带，五月，夏军大败，窦建德被俘，裴世矩也投降了唐朝。七月，窦建德在长安被杀，窦建德所建立的夏国，也自此灭亡。

隋末农民起义中最后一位有影响的起义领袖是谁?

辅公祏,齐郡临济(今山东省章丘市)人,是隋末、唐初长江以南地区的农民起义军领袖。他曾和杜伏威一起率领江淮农民起义军转战南北,沉重打击了隋、唐王朝。杜伏威降唐朝以后,辅公祏依然坚持斗争,并建国称帝,成为隋末农民战争中众望所归的最后一位有影响的起义领袖。

辅公祏家境贫寒。少年时,他与杜伏威交谊甚深,常和乡里伙伴劫富自给或接济其他贫苦人。隋大业九年(613年)十二月,辅公祏与杜伏威率起义队伍上了长白山(今山东省章丘县境),与左才相起义军会合。不久,因为得不到信任,二人又率队伍出走,于次年十二月进入淮北。随后不久,辅公祏奉杜伏威之命到下邳(今江苏省邳县),劝说在这一带活动的苗海潮农民起义军齐力抗隋,从而使江淮农民起义军的声势进一步扩大。大业十七年(617年),辅公祏、杜伏威率军打败了隋将陈稜8000精兵的征讨,破高邮,下历阳(今安徽省和县),并且建立了农民革命政权。

之后,杜伏威降唐,并在武德五年(622年)被召居唐都长安。杜伏威赴京之后,长期没有音讯。辅公祏便趁王雄诞卧病之机,假托杜伏威来信让起义,在武德六年(623年)七、八月间,杀掉了王雄诞,发起第二次起义。很快,辅公祏便在丹阳(今江苏省南京市)称帝,国号宋,年号天明,并设置政权机构和文武百官,任协同他起事的左游仙为兵部尚书、东南道大使、越州总管,镇守会稽(今浙江省绍兴市);以江州农民起义军首领张善安为西南道大行台,联合起来一起反唐。他还增修了军械,储备粮食,积极备战。在准备充足以后,他一方面命大将徐绍宗进攻海州,陈正通进攻寿阳,另一方面遣张善安出兵北伐,扼制长江中游,从而使几近沉寂的隋末、唐初的农民战争又重现了兴旺的苗头。

武德七年(624年)十二月,唐高祖下决心消灭辅公祏的起义队伍,于是派赵郡王李孝恭、岭南大使李靖、怀州总管黄君汉、齐州总管李世绩等领数万强大的水陆军围剿辅公祏。辅公祏连战连败,后逃到武康(今浙江省德清县西)被俘,由乡民执送丹阳。隋末农民战争中众望所归的最后一位有影响的起义领袖,最后壮烈牺牲。

降唐义军首领杜伏威是冤死的吗?

杜伏威,齐州章丘(今山东省章丘市)相公庄镇河滩村人,是隋末农民起义的领袖,曾率起义军长驱千里,建立农民政权,打击了隋朝的腐朽统治。后来降唐,武德七年(624年)二月,杜伏威因被冤枉而被李渊毒死。

杜伏威少年时豪爽放荡,但也游手好闲,与临济牧羊人辅公祏为生死之交,辅公祏多次偷姑家的羊接济他。隋大业七年(611年)与九年(613年),山东先后爆发了王薄、窦建德、张金称、孟海公、孟让、郭方预、郝孝德等领导的农民起义。隋朝大业九年十二月,杜伏威和好友辅公祏在众多农民起义的影响下,入长白山(今山东省章丘市境内)投奔左才相(左君行)部农民起义军。不久离开,自称将军,转战淮河流域。

大业十年(614年)十二月,杜伏威到达淮北地区,与苗海潮领导的农民起义军合并,接着,杜伏威又用合并的方式,杀了妄图谋害他的海陵起义军首领赵破阵,吞并了赵破阵义军。从此,杜伏威所领导的江淮起义军声势日渐浩大。

大业十一年(615年),在长白山坚持斗争的另一支农民起义军李子通部转战淮南和杜伏威汇合,声威大震,成为江淮间起义军主力。不久,李子通阴谋吞并杜伏威部,对杜部进行偷袭,杜伏威因此受重伤,幸得部下西门君议之妻王氏所救。突围后,杜伏威集结余部,据六合(今江苏省六合县)为据点,重整旗鼓。

唐武德三年(620年),杜伏威建国称吴。不久,秦王李世民率唐军围攻王世充,并派使劝降杜伏威。唐高祖李渊派使者拜他为东南道行台尚书令、江淮以南安抚大使、上柱国,又封他为吴王,赐姓李氏。杜伏威同意降唐。降唐以后,杜伏威被留居唐都长安。

武德七年(624年)二月,杜伏威因辅公祏反唐被李渊毒死。贞观元年(627年),唐太宗知其冤屈,诏复官爵,以公礼改葬。

隋恭帝杨侑、隋隆帝杨浩有着怎样的相同点？

隋恭帝，名杨侑，是隋炀帝的孙子。李渊攻入长安以后，杨侑被李渊立为皇帝。在位仅仅半年，便被李渊废了，次年病逝。杨浩，隋炀帝的侄子，秦王杨俊之子，承袭父亲王位为秦王。公元618年，三月，隋炀帝在江都被弑，杨浩被宇文化及立为皇帝，其实只是一个傀儡皇帝。半年后的九月，宇文化及废黜杨浩，自立为皇帝。虽然杨侑与杨浩有着很多的不同点，但是他们的废立，与他们自身有没有利用价值相关。

杨侑是隋炀帝长子杨昭的第三个儿子，初封陈王，后改封代王。隋炀帝晚年出外巡游时，命杨侑留守长安。公元617年十月，李渊于太原起兵，并很快攻破长安。杨侑被立为帝，改年号为义宁。遥尊隋炀帝为太上皇。

然而，杨侑只是李渊手中的傀儡。隋炀帝在江都被宇文化及缢死之后。李渊知道杨侑已无利用价值，于五月逼他退位，称帝建唐。随后，杨侑被贬为希国公，闲居长安。次年五月，杨侑病逝，具体死因不明，终年仅15岁，死后葬于今陕西乾县阳洪乡乳台村南500米处，杨侑死后，谥号为恭皇帝。

公元618年三月，宇文化及缢死隋炀帝以后，又令裴虔通诛杀隋宗室蜀王杨秀、齐王杨暕、燕王杨谈等。此时杨浩也在江都宫中，由于他与宇文化及的弟弟宇文智及交往甚密，经宇文智及的全力保护，所以才免于一死。同月，宇文化及以皇太后懿旨的名义，立杨浩为帝。

杨浩即位后，宇文化及任大丞相，掌握一切军政大权。不久，宇文化及率兵10万回返长安，杨浩被裹胁同行。宇文化及在巩县被瓦岗军李密击败，率残部2万人逃入魏县（今河北省大名县南）。公元618年九月，宇文化及废黜杨浩，自立为帝，并将杨浩毒死，谥曰隆皇帝。

皇泰帝杨侗是被勒死的吗？

杨侗，是隋炀帝的长子杨昭的儿子，原为越王。杨广死后，杨侗被立为皇帝，年号"皇泰"，不久之后被王世充废掉，又送毒酒想毒死他，最后杨侗被王世充的侄子王行本勒死。

公元617年，隋炀帝南游江都，命大臣段达等辅佐越王杨侗，留守东都洛阳。杨侗曾以东都为据点，与瓦岗军激战。隋炀帝被杀的消息传到之后，东都留守官段达、王世充等人于公元618年五月拥奉杨侗为帝。杨侗称帝以后，军政大权落到了王世充的手中。公元619年四月，王世充代隋称帝，废杨侗为潞国公，囚禁在含凉殿。

五月，王世充的部将裴仁基、裴行俨父子密谋要杀王世充，重新迎立杨侗。由于事情败露，反被王世充杀害。王世充担心留着杨侗会有后患，所以派侄子王行本（即王仁则）和家仆梁百年，携带毒酒前去见杨侗。他们见了杨侗以后，奉上毒酒，假意说："我们来请皇上饮酒解闷。"杨侗知道他们此来绝无好意，难免一死，所以请求和母亲见上一面，王行本不答应。无奈之下，杨侗不再强求，由于杨侗信奉佛教，因此他只好摊开席子，点燃香烛，跪拜着对佛像说道："但愿今后不要再降生在帝王之家了。"说完，饮下了毒酒。王行本见他一时不能死去，又急着回去复命，后用布帛将杨侗勒死了。

王世充何时建立的郑国？

隋大业十四年（618年）三月，宇文化及在江都反叛，将隋炀帝杀死。五月，杨广"驾崩"的消息送到洛阳，越王杨侗即位。王世充被杨侗加封为郑国公，次年，王世充逼帝退位，建立郑国。

隋大业十四年六月，宇文化及的叛军抵达洛阳郊外，意图攻取洛阳作为根据地。蹊跷的是李密也在这个时候前来夺取洛阳。因此，李密和宇文化及在洛阳城外大战，本来应该被攻打的王世充却在洛阳的城墙上看上了热闹。

王世充最后胜利掌权。掌权后，洛阳与李密之间的虚假和平立即烟消云散，李密又开始围攻洛阳。九月，王世充与李密军在北邙山大战，王世充使计大败李密。王世充趁势攻克偃师城，救出被困的家属。李密逃走后，他在各地的守将纷纷向王世充投降，王世充全部占领了李密原来的地盘，势力范围从洛阳一城猛然扩展到整个河南。王世充同时还得到了李密的战将秦叔宝、程咬金、罗士信、裴仁基、单雄信等人的信任。

　　王世充击败李密后，皇泰主杨侗封他为太尉，开太尉府，朝中事务无论巨细都决于太尉府，公元 619 年四月，王世充派段达等十几个大臣去劝说皇泰主禅位给王世充。王世充在假意让了 3 次之后当了皇帝，立国号为郑。

　　所谓"天无二日"，王世充称帝，也就明确表示了他将会消灭其他势力，因而大大得罪了李渊和窦建德。公元 620 年七月，唐军在李世民的带领下，出关进攻王世充。郑国各地守将都不战而降。短短 3 个月的时间，洛阳周围郡县全部落到李世民手中，洛阳成了一座孤城。之后不久，洛阳城就被李世民攻陷了，王世充为了保命，只好屈膝投降。郑国灭亡。王世充一家暂时被关押在长安附近的雍州。不久，唐定州刺史独孤修德为父报仇，将王世充杀死。

唐朝时期

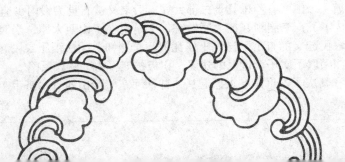

唐朝（618～907年）是举世公认的中国最强盛的朝代之一，它与汉朝同成为中华民族中兴的两个时代，并以其前所未有的辉煌与繁荣开创了中国的新纪元。

　　隋朝末年，驻守太原的唐国公李渊趁着隋炀帝四处攘乱的时候，率大军进军关中。公元618年，李渊称帝建国，年号武德，以长安（今陕西省西安市）为都城建立了大唐王朝，开启了李唐王朝统治中国的历史。之后，高祖李渊立即着手消灭其他各部反隋势力，先后击败王世充、窦建德等反对势力，实现了统一大业。

　　公元626年，李渊次子秦王李世民发动了"玄武门之变"，诛杀了与自己对立的太子李建成及齐王李元吉，同年，李渊退位，秦王李世民在大多数朝臣武将的拥护下即皇帝位，改年号贞观，即历史上著名的唐太宗。唐太宗李世民是我国历史上比较开明的皇帝之一。在其统治时期，实行了一系列的政治经济文教等方面的改革，使大唐帝国空前繁荣，史称"贞观之治"。

　　太宗之后，其第九子李治即位，为唐高宗。高宗即位后依然执行唐太宗的"治国之道"，此后，高宗立武则天为皇后。天授元年（690年）九月，67岁的武则天宣告"革唐命"，改国号为周，正式称帝，成为历史上唯一的一位女皇帝。她在位期间，将唐朝的政治、经济的发展又向前推进了一步。

　　唐朝前期（自建立至开元年间），出现了包括李世民、武则天、李隆基在内的几代开明君主。由于没有内忧外患，唐朝的经济得到了空前的发展，人口、土地和粮食产量都大大超过了前朝，人民安居乐业，丰衣足食。

　　唐朝自太祖李渊建立以来一直蓬勃发展，到开元年间，唐朝已进入了全盛时代。但随着玄宗日益殆于政事，盛唐开始走向衰亡，最后他重用蕃将安禄山等人，导致兵权旁落，终于引发了历史上有名的"安史之乱"。安史之乱前后历经7年零2个月，这次叛乱大大削弱了唐王朝的实力，并直接导致了后世的藩镇割据局面。

　　唐代后期，长年藩镇割据使唐王朝的统治权力名存实亡，蕃镇节度使掌有地方政权与大部分兵权，也大都成为世袭制，不受唐王朝的统治。故而，晚唐的政权主要以平息叛乱为主，而无暇顾及经济文化等方面的发展。加之安史之乱的原因，使唐朝的国力每况愈下，一蹶不振。李唐王朝因此再未恢复往日的盛世景象。

　　公元874年，黄巢、王仙芝等人起兵反唐，沉重地打击了唐王朝的统治。公元907年，曾为黄巢部下后归降唐朝的梁王朱温，逼迫唐哀帝退位，自己代唐称帝，建立了梁王朝，至此李唐王朝对中国的统治宣告结束，中国从此进入了另一个分裂时期——五代十国。

　　唐朝历22代，前后共289年，由于大部分时段政治稳定、经济繁荣，唐朝时期人们在科技、文化、外交等方面都取得了辉煌的成就，使得唐朝成为了当时世界上最强盛的国家。

大唐王朝是谁建立的？

　　唐高祖李渊，字叔德，陇西成纪（今甘肃省静宁县）人，祖籍为赵郡隆庆（今河北省邢台市隆尧县），他是大唐王朝的开国皇帝，是他开创了大唐王朝。

　　李渊的父亲李柄，北周时期曾出任御史大夫、安州总管、柱国大将军等职位。其母亲是隋文帝独孤皇后的姐姐，因此，李渊颇受隋文帝的器重。杨广继承王位以后，李渊被任命为荥阳（今河南省郑州市）、楼烦（今山西省静乐县）二郡太守。后来又被召见为殿内少监，为卫尉少卿。

　　大业十三年（617年），李渊刚好在太原做官，于是留在了山西太原。当时，正值隋末农民起义的高峰，隋朝在农民起义的打击下已经土崩瓦解。李渊知道无法镇压农民起义，又深知隋炀帝喜欢猜忌，于是李渊采取了次子李世民的建议，积极扩充军力，密谋反隋。

　　当年五月，李渊和其次子李世民在太原起兵，并从河东（今山西省永济市）召回长子李建成和第四子李元吉。

李渊起兵后，一方面派遣刘文静出使突厥，请求始毕可汗能够出兵相助，另一方面继续招兵买马，并于七月挥师南下。此时，冈山反隋义军的首领李密正率领瓦岗军队与隋朝将领王世充在洛阳酣战，于是李渊乘机进取关中。李渊一路上不断瓦解农民起义军和拉拢地主阶级，壮大自己的力量，等进攻长安时，李渊的兵力已达到20万。

十一月，李渊攻克长安，很快在关中站稳了脚跟。入驻长安以后，李渊立隋炀帝长子杨昭第三子杨侑为天子，改元义宁，遥尊炀帝为太上皇，李渊自己为大丞相，受封为唐王，掌握实权。公元618年三月，隋炀帝在江都被叛军将领宇文化及勒死。同年六月，李渊逼迫杨侑禅位，自己则在长安称帝，改元武德，建国号为唐。

李渊是中国封建社会功业卓著的帝王，奠定了彪炳千秋的盛唐伟业，因此得到了后世的褒扬。

李渊比"箭"招亲赢得的新娘是谁？

李渊比"箭"招亲赢得的新娘是他的正妻，也就是李建成和李世民的母亲窦氏，这就是历史上著名的"雀屏中选"。

窦氏，京兆始平（今河北省兴平县）人，北周大司马窦毅的女儿。窦氏自小学文习武，通情达理，才智过人。她的舅舅是北周武帝宇文邕，其舅曾经娶了一个他爱戴的突厥女子做皇后。当时的窦氏还很小，但私下里却对武帝说："天下还没有安宁，突厥势力还很强大，希望舅舅能够善待感情，对皇后要疼爱有加，以百姓利益为重。只要有突厥的帮助，那你对付南陈、北齐，就不是问题了。"武帝认真采纳了窦氏的意见，从而使北周的势力进一步增强。不料，后来北周外戚杨坚谋朝篡位，当时，年仅7岁的窦氏闻之流涕，伤心地说："恨我生不为男子，以救舅氏之难。"

父亲窦毅看到女儿年龄虽小，却有如此大的远见卓识，就对妻子（襄城长公主）说："我们这个女儿相貌人品，都很出众，他的婚姻绝对不能草率，应当为她认真挑选个好夫婿。"于是窦毅就在门屏上画了两只美丽的孔雀，凡是前来求婚的贵族子弟们，都要用弓箭去射门屏上的孔雀。她与妻子私下里约定，谁能射中孔雀的眼睛，就选谁做他们的女婿。前后来了几十人都没有一个能射中，最后来的是李渊，他射了两箭，射的非常准确，分别射中了孔雀的两只眼睛，窦毅非常高兴，就把女儿许配给了李渊。这就是典故"雀屏中选"的由来。

窦氏自从嫁给李渊以后，在生活上，她是一位好妻子；在事业上，她是李渊的贤内助。隋大业年间（605~617年），李渊任扶风太守时，得到几匹骏马，窦氏对李渊说："皇上（炀帝）喜好猎鹰骏马。如果天子要是知道，你有骏马不献，他会因此怪罪你的"。李渊不忍心舍痛割爱，结果"养马门"事情被爆发后，炀帝就找了个借口，将李渊贬谪到一个荒凉的小郡去任职。后来，李渊想起窦氏的话，非常懊悔，于是就多次花巨资寻觅猎鹰骏马，进献给炀帝，这才保全了自己，并很快得到了晋升。

窦氏嫁给李渊后，生四子，长子李建成为太子，次子李世民为秦王，三子玄霸早死，四子为齐王李元吉，隋大业年间，窦氏在涿郡去世，享年45岁。唐朝建立之后，窦氏被追封为皇后。

玄武门之变是谁发起的？

玄武门之变发生在唐高祖，由当时的秦王、李渊的次子李世民于长安城（今陕西省西安市）大内皇宫的北宫门——玄武门附近发动的一次政变。太子李建成和齐王李元吉分别被处死，李世民继而得立为新太子，从而继承皇位。

唐高祖李渊即位以后，封李建成为太子，李世民为秦王，李元吉为齐王。三人之中，数李世民功劳最大。太原起兵，原本是他的主意；在以后的战斗中，他立的战功也最多。

天下太平后，李建成出于妒忌心理，随即联合李元吉，一同排挤李世民。由于李渊的优柔寡断，也使朝中政权相互冲突，加速了各亲王之间的兵戎相见。

为了除掉秦王李世民，李建成向父亲李渊建议，由三弟李元吉做统帅出征突厥，借此以牵制秦王的兵马，然后趁机杀掉李世民。在这种关键时刻，李世民决定背水一战，先发制人。李世民向父亲告发了李建成和李元吉的无耻阴谋，李渊遂派人去调查此事。李建成得知自己的阴谋已经泄露，决定先入皇宫，逼父亲李渊表态。

得知此事之后，李世民遂于武德九年（626年）六月初四早上，在皇宫北面的玄武门设伏，等待李建成和李元吉进宫。李建成和弟弟李元吉骑着马从玄武门进宫之时，突然察觉到周围的气氛很奇怪，便起了疑心。于是两人迅速调转马头，准备逃离。

这时候，李世民从玄武门里骑着马立刻赶了出来，迅速拔出弓箭，将李建成射死。很快李元吉也被埋伏在玄武门的官兵射下马来。

两个月后，唐高祖让位给儿子李世民，李世民即位，是为唐太宗。

为什么说长孙皇后是一代贤后？

长孙皇后是隋朝骁卫将军长孙晟的女儿。长孙氏13岁时就嫁给了李世民，那时候，她年龄虽小，但是知书达理，尽行孝心，相夫教子，是一位非常称职的妻子，也是一位好母亲。

唐高祖武德九年（626年）八月，李渊禅位给太子李世民，长孙氏也母仪天下，成为长孙皇后。作为后宫之首，长孙氏没有骄矜自傲，仍然一如既往地保持着贤良恭俭的美德。对后宫的妃嫔，长孙皇后也非常宽容，而且经常规劝李世民要对嫔妃们一视同仁，所以，唐太宗的后宫中，很少出现嫔妃尔虞我诈、勾心斗角的事情。

唐太宗对长孙皇后十分敬重，回到后宫之后，常与她谈起军国大事及赏罚细节。长孙皇后不愿意干预国家大事，唐太宗却坚持要她发表意见，长孙皇后拗不过，只好说出了自己经过深思熟虑后的见解，唐太宗听后通常都颇为赞同她的观点。

长孙皇后的长子李承乾自幼便被策立为太子，当时宫中比较节俭，太子宫中也不例外，费用非常紧张。李承乾的乳母遂安夫人时常在长孙皇后面前嘀咕，要求给太子增加费用。但长孙皇后却说：“身为太子，以后的道路还很长，他所缺少的不是金银财宝，而是高尚之德与名扬四海！”她的公正与明睿，深得宫中诸人的敬佩。

长孙无忌是长孙皇后的哥哥，他文武双全，很早就是李世民的至交，并辅佐李世民征战天下，立了赫赫战功，本应位居高官，但由于长孙皇后，反而处处避嫌，生怕别人抓住话柄。唐太宗本打算让长孙无忌任宰相，但长孙皇后却奏称：“妾已位极至尊，不想再让兄位列朝廷，汉代吕后之行应作前车之鉴。望皇上圣明，不要以妾兄为宰相！”

贞观十年（636年）六月，长孙皇后在立政殿病逝，享年36岁。同年十一月，葬其于昭陵。在她临死之际，对太宗说了一番话，一是相信房玄龄；二是不要重用外戚；三是要求薄葬。长孙皇后可谓是历史上的一代贤后。

渭水之盟是唐太宗与东突厥之间订立的盟约吗？

公元626年，唐太宗李世民与东突厥颉利可汗在渭水河畔誓立盟约，这就是著名的“渭水之盟”。

隋末年间，天下大乱，群雄割据，东突厥势力趁机发展壮大。南面中原各路诸侯不得不臣服于东突厥，向东突厥割地纳贡。李渊在晋阳初起时，也曾经迫于形势，自下于东突厥。公元618年，唐朝建立，不久重新统一全国。东突厥统治者明白中原只要有一方坐大，就不可能像以往那样，从群雄割据中获利了，因此将主要对手确定为唐。并且，趁唐朝国力还不十分强大的时候，突厥连年进扰内地，掠夺人口和财富。

东突厥颉利可汗曾亲率大军15万入攻并州，掳男女5000余口；又曾率骑兵10余万大掠朔州、进袭太原。

武德九年（626年）六月初四，在长安城宫城北门玄武门，秦王李世民杀死太子李建成和齐王李元吉，八月九日，唐太宗李世民登基。颉利可汗得知唐帝国的权力变更，便发兵10余万人，南下进攻泾州，而后一路挺进到武功，唐帝国的都城长安受到威胁，长安城戒严。

八月二十四日，突厥军队攻击高陵。李世民派勇将尉迟敬德，作为泾州道行军总管，抵达泾阳，防御东突厥。尉迟敬德抵达前线后，立即组织反攻，与突厥军队在泾阳打了一场恶战，尉迟敬德勇不可挡，活捉敌军将领阿史德乌没啜，并且击毙突厥骑兵1000余人。虽然尉迟敬德在泾阳之役中获取胜利，但是仍然无法遏制突厥人的前进步伐，颉利可汗的主力进抵渭水河畔，直逼长安城。

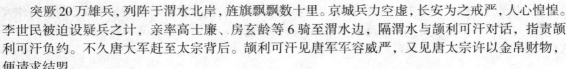

突厥 20 万雄兵，列阵于渭水北岸，旌旗飘飘数十里。京城兵力空虚，长安为之戒严，人心惶惶。李世民被迫设疑兵之计，亲率高士廉、房玄龄等 6 骑至渭水边，隔渭水与颉利可汗对话，指责颉利可汗负约。不久唐大军赶至太宗背后。颉利可汗见唐军军容威严，又见唐太宗许以金帛财物，便请求结盟。

八月三十日，大唐皇帝李世民与颉利可汗在长安城西郊的渭水便桥上，签署了和平协议，双方斩杀白马立盟，之后，颉利可汗率东突厥全体骑兵返回。一场大战偃旗息鼓。这就是有名的"渭水之盟"。

渭水之盟，避免了唐在不利条件下的作战，为唐朝稳定局势、发展经济、积蓄力量赢得了时间，是唐与东突厥强弱变化的转折点。

什么是凌烟阁画像？

凌烟阁原本是唐朝皇宫内三清殿旁的一个小楼，贞观十七年（643 年）二月，唐太宗李世民为纪念曾为他立下汗马功劳的臣子们，便吩咐阎立本在凌烟阁墙壁上刻画诸臣的画像，是为《二十四功臣图》。这些画像的大小都跟真人一样，唐太宗时常来这里，思议这些臣子。

刻有《二十四功臣图》的凌烟阁一共分为三层：最里面一层所画画像是功勋最高的宰辅之臣；中间一层所画为功高王侯之臣；最外面一层所画则为其他功臣。这二十四位功臣分别是：

第一名是贵戚豪族英冠人杰的长孙无忌；第二名是宗室名王，独称军功的河间王李孝恭；第三名是贤辅谋深遭逢明主的莱公杜如晦；第四名是智者尽言青史美臣的郑公魏徵；第五名是命世之才善建嘉谋的梁公房玄龄；第六名是才高望重社稷之臣的申公高士廉；第七名是夺槊陷阵智勇双全的鄂公尉迟敬德；第八名是南平吴会北定沙漠的卫公李靖；第九名是骨鲠大儒直言不隐的宋公萧瑀；第十名是临危不惧真正将军的褒公段志玄；第十一名是开国猛将入京首功的夔公刘弘基；第十二名是隋室贵臣唐朝义夫的蒋公屈突通；第十三名是参预谋略秦府能臣的勋公殷开山；第十四名是驸马英雄临危不惧的谯公柴绍；第十五名是太原从龙晚节不终的邳公长孙顺德；第十六名是出身寒贱外恭内诡的勋公张亮；第十七名是摧凶克敌恃宠矜功的陈公侯君集；第十八名是助定奇策英年早逝的郯公张公瑾；第十九名是骁勇虎臣义气将军的卢公程知节程咬金；第二十名是德行淳备良谏纯臣的永兴公虞世南；第二十一名是高祖旧臣举义殊功的邢公刘政会；第二十二名是忠纯不贰心存唐朝的莒公唐俭；第二十三名是国家长城义名天下的英公李绩；第二十四名是马槊英雄勇武绝伦的胡公秦叔宝。

为凌烟阁二十四功臣画像的人是谁？

为凌烟阁二十四功臣画像的人是唐代画家阎立本，而《凌烟阁功臣二十四人图》也因此流传后世，享有盛誉。

阎立本出生在雍州万年（今陕西省西安市）一个绘画艺术之家。他在父亲和哥哥的培养下，十六七岁就已落笔不俗，名噪乡里。但阎立本却总觉得自己的水平还比不上一些古代的名画家，决心吸取各家之长，做到"青出于蓝而胜于蓝"。

阎立本善画道释、人物、山水、鞍马，尤以道释人物画著称，曾在长安慈恩寺两廊画壁，颇受称誉，他又工写真，不少肖像画是为了表彰功臣勋业而创作的。武德九年（626 年），他所绘的《秦府十八学士图》系表现秦王李世民属下的房玄龄、杜如晦等 18 位文人谋士的肖像，都是按人写真，图其形貌，画卷中对每个人的身材、相貌、服饰、年龄及神情等特征都有生动而具体的刻画。

贞观十七年（643 年），他又奉诏画长孙无忌、李孝恭、魏徵、房玄龄、杜如晦等 24 名功臣像于凌烟阁，成为继汉代麒麟阁、云台画功臣像之后的又一次大型政治性肖像画创作活动。

阎立本的《太宗真容》、《秦府十八学士图》、《凌烟阁功臣二十四人图》，图绘唐太宗李世民及众臣，形象逼真传神，是当时名作，时人誉之为"丹青神化"。现存相传为阎立本的作品（或摹本）有《历代帝王图》（现藏美国波士顿艺术博物馆）、《萧翼赚兰亭图》、《步辇图》、《职贡图》等。《步辇图》描绘唐太宗同迎接文成公主入藏的吐蕃使臣会见的情景，是反映汉藏和亲的历史画卷。

除了擅长绘画外，阎立本还颇有政治才干，在唐高祖武德年间即在秦王（李世民）府任库直，唐太宗贞观时，任主爵郎中、刑部侍郎。唐高宗显庆元年，阎立德（阎立本兄）殁，他由将作大将迁升为工部尚书，总章元年又擢升为右相，封博陵县男。当时姜恪以战功擢任左相，因而时人有"左相宣威沙漠，右相驰誉丹青"之说。

"房谋杜断"指的是哪两位功臣？

杜如晦，凌烟阁二十四功臣之一，字克明，京兆杜陵（今陕西省西安市东南）人。房玄龄（578~648年），又名房乔，字玄龄（一说名玄龄，字乔松），他是唐代齐州章丘县（今山东省章丘市）人，是中国唐朝时的开国宰相，后世以他和杜如晦作为良相的典范，将他们合称为"房谋杜断"。

公元618年，杜如晦在秦王府做官，他经常跟随李世民东征西伐，参与国家大事，每一次都可以把事情办得条条有理。当时，为了继承皇位，李世民与李建成之间的斗争非常的激烈，太子李建成企图剪除李世民的羽翼，而且还在唐高祖李渊面前诋毁中伤李世民的幕僚，因此有了杜如晦和房玄龄一同被赶逐出秦王府的事件。武德九年（626年），杜如晦潜入秦王府与房玄龄谋划玄武门之变，之后，事变成功，李世民即位。

房玄龄博览群书，工书善文，18岁时在本州举进士，先后授羽骑尉、隰城尉。隋末大乱，李渊率兵入关，房玄龄在渭北投靠李世民，经常跟从李世民出征，为他出谋划策。秦王每平定一个地方，别人都争着去抢金银珠宝，他却首先为秦王幕府搜集人才。他和杜如晦是秦王最信任的得力助手。他也是玄武门之变的策划者之一。

唐太宗李世民即位后，房玄龄任中书令。贞观三年（629年）二月又为尚书左仆射，监修国史。贞观十一年被封为梁国公。与杜如晦、魏徵等同为唐太宗的得力助手。到贞观十六年（642年）七月进位为司空，仍旧总理朝政。曾受诏重修《晋书》。唐太宗征伐高句丽时，他留守长安，贞观二十二年（648年）病逝，陪葬于昭陵。

贞观前，他曾协助李世民经营四方，削平叛乱，为李世民夺取了皇位。李世民称赞他有"筹谋帷幄，定社稷之功"的雄才大略。贞观中期，他辅佐太宗，总领百官，掌政务长达20年；曾参与制定典章制度，主持过律令、格敕的修订，又曾与大臣魏徵同修礼仪规章；主持政府机构改革，裁撤中央官员；他善于用人，不求全备取人，也不问贵贱，根据他们的能力、特长、爱好等授予不同的职位；他忠于职守，不居功自傲，后世把他和杜如晦称为唐太宗的左肩右膀，并合称为"房谋杜断"。

"醋坛子"的典故来自于谁？

今天我们常说的"醋坛子"一词，是根据房玄龄和他的夫人的故事而来的。唐高祖李渊、太宗李世民起兵前，一直留在山西晋阳，唐朝建立后，"醋"也就成了唐宫中必不可少的调味品，因为皇上特别喜爱吃，皇宫中储存的醋很多。

据说，当时的宰相房玄龄很害怕老婆。一日，唐太宗请开国功臣赴御宴，酒足饭饱之后，其他老臣们知道房玄龄惧内，就开始逗他，结果，房玄龄就开始吹牛皮，说自己不怕老婆。此时，已经有几分醉意的唐太宗，说，朕想赐予你两个美人，如何？房玄龄因为酒后吹牛被皇上当了真，暂且收了两位美人，但想到家中那霸道而又尽心的妻子，不知怎么办才好。房玄龄小心翼翼地把两个美人带回家。不料，房玄龄的老婆不管三七二十一，便发起怒来，指着房玄龄大骂，并大打出手，赶两个小"美人"出府。房玄龄见势不妙，只好将美人送出府去。此事很快便被唐太宗君臣知道了，太宗一心想压一压房夫人的霸气，便立即召宰相房玄龄和其夫人问罪。

房夫人跟随房玄龄来见唐太宗。唐太宗见到她，就指着两位美女和一坛"毒酒"说："我也不再追究你违反圣旨的罪责，这里有两条选择给你，一条是把二位美女领回去，和她们好好过日子，另一条是喝了这坛'毒酒'省得妒忌旁人了。"房玄龄知道他的夫人性子刚烈，生怕她喝"毒酒"，急忙向唐太宗跪地求饶。李世民大怒："汝身为当朝宰相，违旨抗命，还敢多言！"房夫人见事已至此，便举起坛子，"咕咕咚咚"地将"毒酒"喝光。房玄龄急得抱着夫人抽泣，众臣子却在一旁一起大笑，原来那坛子里装的并非毒酒，而是晋阳清源的食醋，可以食用，根本无毒。唐太宗见房夫人的脾气如此暴烈，叹口气道："房夫人，莫怨朕用此法子逼你，你妒心也太大了。不过念你宁死也恋着丈夫，朕收回成命。"

从此，"吃醋"这个词便成了女人嫉妒的代名词。

长孙无忌是唐初的肱骨之臣吗？

长孙无忌，字辅机，河南洛阳人，他祖先是北魏鲜卑族拓跋氏人，为北魏皇族支系，后经魏孝文帝改革，其姓氏被改为长孙氏。他辅佐唐太宗李世民开创了"贞观之治"的盛世，又在高宗执政初期为他出谋划策，是唐初的肱骨之臣。

长孙无忌的先祖，是北魏皇族拓跋氏人，由于战功显赫，孝文帝将其姓氏赐为长孙氏。长孙氏是北魏以来的门阀士族，能征善战，属于军事贵族。不过长孙无忌作为鲜卑拓跋氏人，并不善于统兵打仗，却钟爱中原汉文化。这与他早年的经历密不可分。长孙无忌年幼时，父亲就去世了，其舅父高士廉将他与妹妹一起养大。他妹妹就是后来赫赫有名的长孙皇后。高士廉本人"颇涉文史"，很有才华和威望。在其舅父的熏陶下，长孙氏兄妹自小受到良好的中原汉文化教育，熟读中原诗书典籍，深受中原汉文化的影响，这为后来他从政打下良好的基础。

长孙无忌的功勋主要表现在政治谋略上。唐朝建立以后，皇室集团明争暗斗，最突出的就是太子李建成和秦王李世民之间争夺皇位的斗争。他与房玄龄、杜如晦等人通过发动"玄武门之变"成功地使李世民登上皇位。

李世民即位后，长孙无忌在一些重大事务上发挥了重要作用。唐高宗刚即位时，实际执政的是长孙无忌。长孙无忌忠实执行唐太宗的遗训，继续推行贞观政治。高宗统治初年，即永徽年间，唐朝在政治、经济、文化、法律、军事等各方面都比贞观时期有所发展，被封建史家誉为"永徽之治"。

多年以后，长孙无忌因为反对册立武则天为皇后，后来被流放到重庆，自缢而死。

为什么说魏徵是唐朝最负盛名的谏臣？

魏徵，字玄成，唐初著名的政治家、思想家和史学家，是唐朝最负盛名的谏臣。

公元618年，李密失败后，魏徵随同李密入关降唐，但并没被重用。第二年，魏徵毛遂自荐，到黎阳劝说李密的黎阳守将徐世绩归降唐朝。不久，窦建德攻占了黎阳，魏徵被俘。窦建德失败后，魏徵获得自由回到长安。之后太子李建成引用魏徵为东宫僚属。魏徵看到李世民与李建成的矛盾愈演愈烈，多次劝说李建成及早动手。但最后，李建成还是败在了李世民的手下。

玄武门之变以后，李世民觉得魏徵是一位非常难得的人才，不但没有怪罪于他，而且还任其为谏官之职，并经常询问政事得失。魏徵便竭诚辅佐李世民，再加上魏徵性格刚直，往往是据理抗争，从来不委曲求全，因此以进谏著称。

即使是在唐太宗发怒的时候，他也敢直谏，从不退让，因此，唐太宗对他有时候也会产生敬畏之心。

有一次，唐太宗想要去秦岭山中打猎游玩，已经准备好行装了，但最终还是没有去。后来，魏徵问起这件事，太宗笑着回答道："当初确实是有去打猎的想法，但害怕你又要直言进谏，就打消了这个念头。"还有一次，唐太宗得到了一只上好的鹞鹰，把这只鹰放在自己的肩膀上不断地赏玩。可恰在此时他看见魏徵远远向他走过来，便赶紧把这只鸟藏在怀中。魏征故意奏事很久，最终致使鹞鹰闷死在太宗怀中。

贞观十二年（638年），魏征看到唐太宗逐渐疏于政事，于是奏上了著名的《十渐不克终疏》，列举了唐太宗从刚上任到现在执政的10个大变化。他还向太宗献上了"十思"，请太宗多关心政事，少留恋享乐。

贞观十六年，魏徵重病，唐太宗派人前去探视。魏徵一生非常节俭，家无正寝，唐太宗立即下令将为自己修建小殿的材料全部拿来给他营构大屋。不久，魏徵病逝。唐太宗痛哭失声，并说："夫以铜为镜，可以正衣冠；以古为镜，可以知兴替；以人为镜，可以明得失。我常保此三镜，以防己过。今魏徵殂逝，遂亡一镜矣。"

魏徵在贞观年间，先后进谏200多条，强调"兼听则明，偏听则暗"，这对"贞观之治"的开创起了相当大的作用。

唐初被几代皇帝倚之为"长城"的大臣是谁？

李绩，原姓徐，又名世绩，曹州离狐（今山东省东明县一带）人，唐朝初期杰出的政治家、军事家。因唐高祖李渊赐他姓李，因此又名为李世绩。后因避太宗李世民讳，于是改为李绩，并被封为英国公。他也是凌烟阁二十四功臣之一。李绩出将入相，位列三公，经历了唐高祖、唐太宗、唐高宗三朝，深得朝廷信任和器重，并倚之为长城。

李绩年轻时家事富贵，隋末迁居滑州。李绩与父亲徐盖都是好心肠之人，经常做善事，拯救贫困。

贞观十五年（641年），薛延陀部（薛延陀部为匈奴别种，为铁勒族，对唐朝时叛时服）不断侵扰李思摩部。于是，李绩就被委任为朔州行军总管，率3000轻骑军兵追击薛延陀，在青山大败敌军。回朝后，李绩突患疾病，太医在药方上说，如果要治此病，必须要以胡须灰做药引。唐太宗听说后，立刻剪掉胡须，为李绩做药。儒家礼仪上说，身体发肤受之父母，一般人都不会自己去损伤，更何况是九五之尊。唐太宗亲剪"龙须"为李绩做药引，可见太宗对他的重视与体恤。

贞观十八年，李绩跟随唐太宗征伐高句丽，攻破辽东、白崖等数城。贞观二十年，李绩又率大军功破薛延陀部，平定了碛北。

高宗乾封元年（666年），高句丽重臣盖苏文病逝，他的儿子男生主管国事，另外两个儿子男建、男产因不满而驱逐男生。男生向唐朝求援。高宗任命李绩为辽东道行军大总管，率军征伐高句丽。李绩一路连战连捷，最后抵达平壤城的南边。男建不断地派兵迎战，结果大败而归。不久，平壤城被攻破，高句丽国灭，唐在此设立了安东都护府，用以统管整个高句丽旧地。

李绩回朝不久，因征伐太过劳累，再加上岁数已大而病逝，享年76岁。高宗亲自为他举哀，并废朝7日，赠其为太尉，谥号贞武，陪葬于昭陵。

被后人尊称为大唐军神的将军是哪一位？

李靖，雍州三原（今陕西省三原县东北）人，唐初著名的军事将领、军事理论家，被后人尊称为大唐军神。

他生于官宦之家，是隋将韩擒虎的外甥，其祖父李崇义曾任殷州刺史，被封为永康公，父亲李诠也是隋朝大臣，曾任赵郡太守。李靖仪表魁伟，从小就有"文武才略"，很有进取之心，他曾对父亲说："大丈夫若遇主逢时，必当立功立事，以取富贵。"

隋朝大业（605~617年）末年，李靖出任马邑郡（今山西省朔县）丞。当时在太原留守的李渊，正在暗中招兵买马，等待时机，伺机而动。李靖很快便察觉到了李渊这一动机，于是打算赶往江都，告发此事。但等他赶到京城长安时，关中已经大乱，最终因为道路的堵塞，李靖没能将此事告之隋炀帝。

不久，李渊在太原起兵，并迅速攻占了长安，擒拿了李靖。当时李靖满腹经纶，壮志未酬，在临刑前大声呐喊："公起义兵，本为天下除暴乱，不欲就大事，而以私怨斩壮士乎！"李渊非常欣赏他的勇气与胆略，李世民也敬佩他，最终李渊释放了他。不久，李靖被李世民召入幕府，让其做三卫。

公元618年五月，李渊建唐称帝，为了平定反贼，李靖跟随秦王一起东进，打败了在洛阳称帝的王世充，因军功被授任开府。从此，李靖开始在唐朝历史的生涯中崭露头角。

武德六年（623年），李靖辅佐李孝恭镇压辅公祏领导的江淮起义军。武德七年，李靖率江淮兵北上御敌，打败东突厥。武德八年，李靖率兵出击东突厥，次年正月，颉利可汗西逃被擒。东突厥灭亡，北方从此安定下来。

贞观八年（634年），吐谷浑入侵中原。第二年，李靖深入敌境，一举平定吐谷浑。回朝后，李靖长期养病在家，一概不见宾客。贞观十一年（637年），李靖改封卫国公，贞观二十三年（649年），病逝。

李靖一生军功卓越，文武兼才，出将入相，他为唐朝的统一与巩固立下了赫赫战功。同时，他在治军和作战方面，又积累了一套很成功的经验，进一步丰富和发展了我国的军事思想和理论。他著有《李靖六军镜》等多部兵书，不过大部分已经失传。

因为他战功显赫，又传说他死后经常显灵，为百姓救危解厄，于是有很多百姓为其建庙供奉，于是到晚唐时候，李靖渐渐被神化了。

唐朝的"混世魔王"是谁？

程咬金，济州东阿（今山东省东平西南）人，原名为咬金，后改名为知节，字义贞，出生于隋文帝开皇九年（589年），后人称他为"混世魔王"。他是唐初比较有名的大将，被封为卢国公，也是凌烟阁二十四功臣之一。

程咬金年轻时就骁勇善战。在隋末天下纷乱，程咬金聚集了数百名途壮，保卫乡里。李密起兵后，程咬金便带人投奔了他。

李密与王世充交战时，程咬金领内马军与李密军队在北邙山指挥作战，王世充率众猛烈攻击单雄信统领的外马军，李密见状，命令程咬金与裴行俨前去支援外马军。最终二人平安归营。

李密前后与王世充交手过百次，胜多败少，后在洛水之战中大败，只好败投李渊。程咬金、单雄信、秦叔宝等人不得已便归附了王世充。由于王世充为人心胸狭窄，性多猜忌，平时又狂妄自大，喜欢诅咒发誓，迷信鬼怪，根本不是什么济世之主。不久，程咬金、秦叔宝等人便在九曲阵前倒戈，归降唐朝。

归附唐朝以后，程咬金跟随李世民破宋金刚，擒窦建德，降王世充，因军功显赫而被封为宿国公。高祖武德七年（624年），太子李建成为了灭掉秦王李世民，把程咬金调到外地做康州刺史。危急之下，武人出身的程咬金决定用言语激将李世民，他说："大王手臂今并剪除，身必不久。我冒死不走，请大王您也速下决心！"玄武门之变以后，程咬金被升为右武卫大将军。贞观年间，改封为卢国公。

唐高宗显庆年间，程咬金因在讨伐西突厥过程中决策失误被免去官职，唐高宗麟德二年（665年），程咬金善终于家中，享年73岁。

秦琼历经了怎样的戎马生涯？

秦琼，字叔宝，齐州历城（今山东省济南市）人。他是唐初著名大将，勇猛威武名震一时，更是一个传奇式人物。他擒拿敌方，犹如探囊取物一样，曾追随李渊父子南北征战，立下了赫赫军功，是凌烟阁二十四功臣之一。在民间，百姓将他与尉迟恭一同供奉为传统的门神。

秦琼的祖先是北朝很有名的大将，隋朝时，秦氏家族开始落魄，之后沦为庶族。因为受家族败落的影响，加上自己又处于一个天下大乱的时代，幼年时，秦琼就十分爱好学武练功，善于弓马，还立下了一番雄心壮志。

他刚开始只是隋将来护儿帐内一个很普通的士兵。隋末天下大乱之时，秦琼投靠了隋将张须陀，在张须陀手下，秦琼显示出了卓越的军事才能和作战能力，并很快大败农民军首领卢明月。在之后的战斗中，秦琼将其武艺和才能发挥得淋漓尽致，并且因战功卓著而屡被提拔。

之后，张须陀在讨伐李密的战争中不幸中计，兵败身死。秦琼只好率领自己的残兵投靠了裴仁基。后来，秦琼又随同裴仁基一起投降了李密。

秦琼为人忠心正直，深得李密的信任。不久，秦琼被李密任命为骠骑将军。李密战败后，秦琼归附于隋将王世充，被任命为龙骧大将军。在隋末英雄中，王世充虽然能说会道，明晓法律，精通兵法，但他为人阴险狡诈。因此，虽然他对秦琼非常的青睐，但他始终未能获得秦琼的忠心，后来秦琼还是与程咬金等人一起离开了王世充，投靠了李世民。之后秦琼跟随秦王李世民出兵迎战，先后击败了王世充、窦建德、刘黑闼等多路起义军，为开创唐王朝立下了汗马功劳，李渊曾派使者赐给他金瓶以示奖励。此后，秦琼又因战功，多次受到李渊的好评与奖励，并先后被任命为秦王右统军，加授上柱国，后又被晋封为翼国公。

玄武门之变时，秦琼很坚决地站在李世民这边，并协助李世民在玄武门一起诛杀了太子李建成和齐王李元吉，为李世民做太子登皇位奠定了基础。唐武德九年（626年）六月，秦王李世民被册封为太子，八月，李世民正式继承皇位，秦琼被任命为左武卫大将军。

贞观十二年（638年），秦琼病逝。朝廷追赠他为徐州都督，改封其为胡国公，并陪葬昭陵。在秦琼病逝后的第五年，他的画像被登上了表彰大功臣的凌烟阁，成为唐开国二十四功臣之一。

太原柳巷是因尉迟恭而得名吗？

尉迟恭，朔州鄯阳（今山西省朔城区）人，字敬德，生于北周静帝大定五年（585年），病逝于唐高宗显庆三年（658年）。唐朝著名的大将，也是凌烟阁二十四功臣之一。传说中尉迟恭面如黑炭，而且在中国传统文化中，他与秦琼是"门神"的原型。

隋朝末年，天下大乱，群雄四起。尉迟敬德从老家来到山西首府并州（今山西省太原），最初，尉迟敬德没法施展自己的才能，反而还沦落到流落街头的境地。有一位老太太，刚刚失去了自己的孙子，而她孙子就是因为被隋朝皇帝应征去挖运河，而劳累病死在工地上的。所以这位老太太看到了与自己孙子年纪相仿的尉迟敬德流落街头，便把他叫进自己家中，拿出衣物和粮食救济他。尉迟敬德不愿拖累这位孤寡老人，就连夜不辞而别。

不久，尉迟敬德便成了秦王李世民的左膀右臂，也成了李世民身边的一位著名将军，终于打回了并州城。攻城的前一天晚上，尉迟敬德想起了老太太当年雪中送炭的恩情，并找到了这位大恩人，告诉老太太，只要您在门前插一根柳条，军队就不会去骚扰和袭击您。老太太知道后，不忍心看到乡亲们也同样遭受战火的袭击，连夜通知了村里所有的人家。第二天，整个村子，家家门前都插着柳条，尉迟恭的军队看到柳条全部都绕开走，没有骚扰任何一户插柳条的人家。

之后这些柳条落地生根发芽长成为粗大的垂柳，柳巷之名也就开始流传开了。每到阳春三月，纷飞的柳絮就会向世人展示老太太救人的美德和尉迟将军报恩的心胸。

柴绍是怎样巧用美人计击败吐谷浑的？

柴绍，字嗣昌，晋州（今山西省）临汾人，是唐朝凌烟阁二十四功臣之一。柴绍的祖父柴烈曾是北周著名的骠骑大将军，历任遂、梁二州刺史；他父亲柴慎，是隋太子的右内率，被封为钜鹿郡公。

柴绍出身于将门，在很小的时候，他便勇猛敏捷，以抑强扶弱而闻名于世。鉴于此，唐国公李渊将自己的三女儿（即后来的平阳公主）嫁给了柴绍。唐朝建国以后，柴绍被封为霍国公。

公元618年五月，李渊在长安称帝，建立大唐王朝，柴绍被拜为左翊卫大将军。此后，柴绍跟随秦王李世民，参加了很多统一战争，先后平薛举，破宋金刚，败王世充，擒获窦建德，又参加了洛阳之战和虎牢关之战，屡立战功，因此他被封为霍国公，并转为右骁卫大将军。

武德六年（623年）四月，吐谷浑大举进攻唐，芳州刺史房当树逃往松州。四月下旬，吐谷浑军又进攻洮、岷二州。五月初五，柴绍奉命率兵前去救援。五月十五，吐谷浑及党项再次侵犯河州，河州刺史卢士良将他们重重击败。六月，柴绍军进至岷州。二十九日，柴绍与吐谷浑在岷州作战，当时柴绍军被围困在一个山谷中。吐谷浑军居高临下，用箭射击柴绍军，形势非常危急，唐军兵将皆惊慌失措。柴绍则临危不惧，安然而坐，让一人弹奏胡琵琶，并让两个美貌女子翩翩对舞，这两位艳丽女子可谓是绝色双娇。吐谷浑士卒一个个都非常奇怪，放下弓箭驻足观赏。柴绍见吐谷浑士卒一个个都被美人所吸引，军队阵容不齐，柴绍军便乘其不备，暗地里派遣精骑士兵绕到吐谷浑军背后猛然袭击，大败吐谷浑军。八月，吐谷浑不得不归附唐朝。

在这次战役中，柴绍在紧急关头临危不乱，并施用美人计去迷惑吐谷浑军队，终于打败吐谷浑，获取胜利。美人计虽然在我国历史上屡次被使用，但像柴绍这种特殊用法，可谓是前无古人，后无来者。

唐初功臣刘文静是怎么惹来杀身之祸的？

唐初大臣刘文静（568~619年），字为肇仁，是彭城（今江苏省徐州市）人。隋末，在晋阳（今山西省太原市）任命为令，遂与晋阳宫监裴寂结交，他的死正是由这个朋友引发的。

李渊在太原（今山西省太原市）留守时，刘文静曾联络裴寂与李世民，一起协助李渊出兵反隋，并奉李渊命出使突厥。李渊在太原起兵之时，他就挥军南下，打败了突厥，俘虏了屈突通。唐朝立国初期，他就不时向唐高祖纳言进谏，不仅帮助高祖修订各种法律文书，后来，还协助李世民击灭薛仁杲，之后，被封为鲁国公。

公元 619 年，因李渊宠信裴寂胜于自己，刘文静心里很不平衡，刘文静自认为，不论在哪一方面，裴寂的能力都不如自己。而且他还曾屡立军功，而裴寂仅仅是高祖的旧交，高祖却对他如此宠爱，这使他心中愤愤不平，时间一久，与裴寂产生了隔阂。为此在朝中，每当议论国事时，刘文静常与裴寂对立，为此，二人矛盾极深。

有一次，刘文静与弟弟刘文起宴饮时，因为兄弟俩都喝多了，于是，就把心中积存多年的怨言给发泄出来了，刘文静拔刀击柱，说："一定要斩杀裴寂！"这话恰巧被刘文静的一个失宠的小妾听到了，她便将刘文静酒后狂言的事告诉了她的哥哥，她哥哥便向高祖密报说，刘文静要谋反。

高祖将刘文静交予属吏去惩办，并派尚书左仆射裴寂和民部尚书萧瑀一同审讯。刘文静说："起义之初，我为司马，估计与长史地位相当。如今裴寂已官至仆射，居于甲第，赏赐无数。臣的官爵赏赐和众人无异。东征西讨，家口无托，确实有不满之心。"高祖对群臣说："刘文静此言，反心甚明。"

朝廷大臣李纲、萧瑀都认为，刘文静不像是谋反，秦王李世民也认为，刘文静只是发泄他的不满情绪，并没有谋反之心，很想保全他。但高祖向来疏远猜忌刘文静，裴寂又旁敲侧击，煽风点火地说："刘文静的才能谋略确实在众人之上，但生性猜忌阴险，忿不顾难，其丑言怪节已经显露。当今天下未定，外有劲敌，今若赦他，必遗后患。"高祖听取了裴寂之言，杀掉了刘文静和刘文起，并抄没了他的家产。刘文静临死之前，对天长叹说："高鸟尽，良弓藏。果非虚言！"他死时年仅 52 岁。

李孝恭是个能领兵作战的唐朝皇族吗？

李孝恭（591~640 年），陇西成纪（今甘肃省秦安）人，是唐朝凌烟阁二十四功臣之一。他是唐高祖李渊的堂侄，也是唐初的著名将领。

高祖武德三年（620 年），李孝恭向李渊献计进攻萧铣建立的割据政权，这一策略得到了李渊的赏识，遂晋爵李孝恭为王，拜为总管，并命令他建造船只，训练士兵习水，准备大举进攻萧铣。

武德四年，李孝恭率大军直逼江陵。江州总管盖彦举很快投降。李孝恭率军将江陵围得水泄不通，很快就攻克了江陵。梁国的交州总管丘和、长史高士廉等人纷纷倒戈。萧铣为保百姓，便亲自巡城下令投降，军士都号哭不已。萧铣率官吏赴李孝恭处请降："当死者唯有我萧铣，百姓无罪，请勿杀掠。"李孝恭当即将萧铣装入囚车，押送京师。

李孝恭平灭萧铣后，武德七年，他又率兵击败辅公祏的叛乱，平定江南。隋灭以后，天下纷乱，李氏家族除李世民能够带兵御敌外，宗室中就只有李孝恭能够带兵，并立有击破梁国的大功。贞观十四年（640 年），李孝恭暴死，享年 50 岁。李世民亲自举哀，举国悲恸。

薛仁贵是如何从一名小兵做到将军的？

薛礼，汉族人，字仁贵，山西绛州龙门修村人（今山西省河津市城东十里之遥的修村），他是唐朝名将，也是著名的军事家，政治家。在跟随唐太宗李世民期间，他创造了"良策息干戈"、"三箭定天山"、"神勇收辽东"、"仁政高丽国"、"爱民象州城"、"脱帽退万敌"等军事上的屡屡战功，在唐朝的军事上，他是个叱咤风云的重量级人物。

薛仁贵是南北朝时期名将薛安都的后代，隶属于河东薛氏家族，但是等到他出世的时候，他的家族已经败落。薛仁贵生于乱世，但自小习武练功，颇有一番雄心壮志，娶妻为柳氏，等到 30 岁的时候，他告别妻子，去新绛州城里找当时任职的张士贵将军，应征入伍，开始了他 40 年的戎马生涯。

刚成小兵不久，薛仁贵就参加了讨伐高句丽的战争。当年三月，在辽东安地战场上，唐朝将领刘君邛陷入困境，被敌军团团包围，无人能救。在危急时刻，薛仁贵不怕危险，挺身而出，直接取下高句丽一位将领的人头，遂将这个将军人头悬挂在战马上，敌方因惧怕撤退，唐将刘君邛被解救。此战过后，薛仁贵在军队中一举成名。

随后不久，薛仁贵在安市之战中，更是将自己的军事才能发挥得淋漓尽致。到安市后，薛仁贵冲锋陷阵，带领唐军乘胜反扑，大败高句丽。

在战争结束后，李世民立即召见战场上英勇杀敌的薛仁贵，并赐马二匹，绢 40 匹，赐予 10

179

人为奴，提拔他为游击将军、云泉府果毅，后他又被提升为右领军中郎将。

薛仁贵一生屡建军功，他先后征讨高句丽，打败回纥，降服高句丽，大破突厥，成为了唐朝时期最著名的战将之一。

谁被唐太宗称为"药王"？

孙思邈，隋末唐初著名的医师和道士，著有医学巨著《千金方》，被唐太宗称为"药王"，许多华人奉之为医神。

药王孙思邈从小聪明好学，敏慧强记。他从青年时代就立志要学医，用毕生精力从事医学研究，为民除病，因而刻苦研习岐黄之术。到20岁左右，他已经对医学有一定的成绩并在周围小有名气，所以很多病人都来找他看病治疗。

孙思邈37岁左右时，他看透了统治阶级之间的勾心斗角，再加上受道家和佛家思想的影响，他抛弃官位，离开家乡，先后到太白山和终南山过起了隐居生活。在这期间，他潜心钻研唐以前历代医家的著作，如《素问》、《甲乙》、《黄帝针经》等等，除了熟读经典探究医理，他还利用久居山林的自然条件，钻研并整理记载了大量药物识别、采集、炮制、贮存等方面的丰富经验。在长年为方圆数百里内平民百姓治疗各种疾病的实践中，他所学的医学理论与临床实践融会贯通，医疗技术达到了炉火纯青的境界。孙氏治病针药并用，效若桴鼓。例如在唐高祖时期，他成功地治愈过上吐下泻的重症；在唐太宗贞观初年，他治愈过几乎不治的虚痨病；在贞观九年（635年），他妙手回春，治愈了汉王的顽固性水肿病。就这样，他的名气不仅声噪山林，而且誉满京师。

孙思邈淡薄名利，隋文帝、唐太宗、唐高宗多次请其为官，他均托病辞而不受。到了晚年，孙思邈对天文、地理、人文、社会、心理等诸方面学问无不精通，对事物的发展变化有着深刻的洞察力，甚至达到了出神入化的境地。

玄奘西游经过了哪些国家与地区？

隋炀帝大业末年，玄奘决定离开净土寺，前往长安游学。途中获知长安名僧因世乱多避居于蜀地，便转往成都。直到公元622年，玄奘到达长安，在京师诸家游学。此时的玄奘，已游学南北，广承诸师，穷尽各说。

但玄奘从多年的游学听闻中观察到，各地的讲学都不一致，此时恰好印度那烂陀寺高僧波颇密多罗来唐朝译经讲论，于是他便决心前往印度去求法。当时出国的要求很严格，玄奘向上请示去印度，但没有得到允许。直到公元629年，国内发生灾荒，出国禁令相对松弛，玄奘便乘机西行。

他从长安出发后，经过兰州、凉州、瓜州、越过玉门关，跋涉五峰，穿过了空无人烟的大沙漠，历经艰险，后到达高昌首都伊吾城（今新疆维吾尔自治区哈密县）。在此，高昌王掘文泰以优厚的礼遇热情地接待了他，并给他终身供养的待遇。但玄奘志在四方，辞别高昌王继续西行。

之后玄奘历经屈支（今新疆维吾尔自治区库车县）、跋禄迦（今新疆维吾尔自治区阿克苏）等国，翻山越岭，到达西突厥都城素叶城。在这里，玄奘又得到叶护可汗的照应，并顺利通过了与印度相连的迦毕试国，最终进入北印度境内。

从此，玄奘遍游印度，广泛学习诸派经论，并且到达那烂陀寺，诚心拜谒戒贤法师，听授《瑜伽师地论》等。历时5年左右，玄奘将印度诸派各家学说包罗无遗，同时他也因此声冠印度，得到大小乘诸派的一致称赞。随后，玄奘受人邀请参加了在钵罗耶伽国举行的万人无遮大会，历经75日。大会结束后，玄奘辞别东归，沿原来的路线返回，于贞观十九年（645年）正月回到长安。

玄奘西行求法，前后一共17年，分别取回经典520夹657部。其后，玄奘主要从事翻译工作。他在弘福寺、慈恩寺、西明寺、玉华宫等地先后译经74部，总计1335卷。玄奘开创了我国的法相宗，培养了一大批法相学的高僧，为中印文化的交流和发展，更为中国佛学的发展做出了卓越的贡献。

"初唐四杰"是指哪四个人？

"初唐四杰"是初唐文学家王勃、杨炯、卢照邻、骆宾王的合称。《旧唐书·杨炯传》说："杨炯与王勃、卢照邻、骆宾王以文诗齐名，海内称为'王杨卢骆'，亦号为'四杰'。"

王勃，字子安，绛州龙门（今山西省河津市）人。王勃生于永徽元年（650年），卒于上元三年（676年），享年27岁。王勃的代表作品有《送杜少府之任蜀州》、《滕王阁序》等，著有《王子安集》。他年幼时写的骈俪文《滕王阁序》是我国古典文学中的名篇。他的诗清新自然，一篇之中常有一些名言佳句，比如"落霞与孤鹜齐飞，秋水共长天一色"，就是他《滕王阁序》中的名句。

杨炯，弘衣华阴（今属陕西省）人。杨炯以边塞征战诗著称，所作如《从军行》、《出塞》、《战城南》、《紫骝马》等，表现了为国立功的战斗精神，气势轩昂，风格豪放。另存赋、序、表、碑、铭、志、状等50篇。

卢照邻，字升之，自号幽忧子，幽州范阳（今河北省涿州）人。年少时跟随着曹宪、王义方学习各种经史，博学能文。成年以后，由于政治上的坎坷失意和长期病痛的折磨，卢照邻最终自投颍水而死。其代表作有《长安古意》、《卢升之集》、《幽忧子集》等。

骆宾王，字观光，婺州义乌（今浙江省义乌）人。他7岁能诗，有"神童"之称。据说他的《咏鹅》就是此时所作："鹅，鹅，鹅，曲颈向天歌，白毛浮绿水，红掌拨清波。"骆宾王的五言律诗精工整炼，尤其擅长七言歌行。名篇《帝京篇》是初唐罕有的长篇诗歌，被时人称作"绝唱"。他的代表作是《在狱咏蝉》，另有著名的《讨武檄》，作品集为《临海集》。

唐初是怎样收税的？

唐朝在隋朝的基础上，以轻徭薄赋的思想改革赋税体制，实行租庸调制，且不再有年龄的限制。唐初施行租庸调制时，运作良好，人民生活安定，国家收入稳定。

租庸调制是以均田制的推行为基础的赋役制度。制度规定，凡是均田人户，不论其家授田是多少，均按丁交纳定额的赋税并服一定的徭役。它的内容是：每丁每年要向国家交纳粟2石，称做租；交纳绢2丈、绵3两或布2丈5尺、麻3斤，称做调；服徭役20天，是为正役，国家若不需要其服役，则每丁可按每天交纳绢3尺或布3尺7寸5分的标准，交足20天的数额以代役，这称做庸，也叫"输庸代役"。国家若需要其服役，每丁服役20天外，若加役15天，免其调，加役30天，则租调全免。

但自安史之乱后，户籍失修，生产破坏，国家支出大增，旧有的租庸调制已不合时宜，唐朝不得不以两税制取代之。

武氏"沉浮"与哪个皇帝有关系？

唐高宗李治，是唐太宗的第九个儿子，他的生母为长孙皇后。贞观五年（631年），李治被册封为晋王。后来因为唐太宗的嫡长子李承乾与嫡次子魏王李泰相继被废除，李治被立为太子。贞观二十三年（649年），李治继承皇位，为唐高宗，中国历史上唯一的一位女皇武则天就是他的皇后。

早在武氏侍奉太宗的时候，李治就和武氏相识，彼此产生爱慕之心。太宗驾崩后，武氏出家为尼，后唐高宗又把她招回宫中，封为昭仪，最终武氏当上了皇后。但是，高宗母舅长孙无忌等关陇贵族并没有接纳武后，结果给武后消灭。

高宗后来慢慢觉得，武后对朝中之事非常感兴趣，并逐渐揽起朝政，为此，高宗曾打算废除武后，不料废后的计划，事先被武后得知，废后一事没有成功。这件事情之后，高宗再也没能力去抑制武氏，后来又因眼疾，使得朝中的政权完全落在了武后手中。

高宗后期，天下太平，这一半的功劳要归功于武则天。高宗晚年时，眼睛全盲，后来病情虽然有所好转，但是一直都没能治愈。在位34年之后，高宗于弘道元年（683年）驾崩，葬于乾陵。高宗的驾崩为武氏称帝扫清了阻碍，使得武氏的权力到达了极限。

在唐高宗时，王氏和萧氏是如何失宠的？

唐高宗李治的皇后王氏，是高宗的第一位皇后，她是罗山令王仁佑的女儿，她的祖母安长公主，是唐高祖的妹妹。李治被分封为晋王时，纳王氏为晋王妃。李治为太子时，王氏便被册封为太子妃。李治继位后，王氏被立为皇后。

王氏位居后宫之首，但一直没有生子，宫中只有宫女刘氏，生皇子李忠，萧淑妃，生皇子李素节。因为地位卑微，刘氏没有被高宗宠爱过，萧氏则深受高宗疼爱。王皇后经过悉心考虑，打算收养李忠为义子，并打算册立他为太子，以巩固自己在后宫中的尊位。萧淑妃则想立自己的儿子李素节为太子，这样就能取皇后而代之，并且可以受宠。王氏惧怕萧氏得宠，知道高宗非常眷恋已经出家的武氏，于是暗中命令武则天蓄发，并召进她入宫，献给唐高宗。

武氏入宫以后，唐高宗对她疼爱有加，萧淑妃逐渐失宠。王皇后自以为可以拿武氏去压萧淑妃的霸气，但是最后她万万没有想到，武氏竟是自己最大的敌人。武氏先是蛊惑人心，使唐高宗罢免皇后之位，结果却被长孙无忌、褚遂良等进谏，停止废后；后来，武氏又诬蔑王皇后，说她杀死自己亲生的小女儿。公元655年，唐高宗废去王氏的皇后之位和萧氏的淑妃之位，并将二人贬为庶人，打入冷宫关押起来，从此不见天日。

武则天为什么害怕猫？

在武则天得宠之前，王皇后和萧淑妃深受唐高宗的宠爱。因此，武则天很憎恨她们俩。武则天得到唐高宗的宠爱后，就使出伎俩，让高宗把王皇后和萧淑妃都废为庶人，并把她们囚禁起来。

一天，唐高宗在宫中散步，偶然来到囚禁王、萧二人的住所处，顿生怜悯之心，表示要释放她们。

不想武则天身边的耳目很多，有人早把这一切事情告诉了她。她便趁唐高宗不在的时候，指使人对王氏和萧氏各打一百杖，然后砍去手足，装在酒瓮中。萧淑妃临死时指着武则天破声大骂道："但愿我来生是只猫，你是老鼠，我一定要活活地把你咬死！"

武则天迷信，更心虚，很害怕萧氏死后真的转世为猫，所以她就下了一道严令，不准宫中任何人养猫。

后来，她又多次做噩梦，梦到王氏和萧氏死时的情景，又梦见萧氏变成了猫。于是武则天开始谈猫色变，甚至不敢在长安皇宫里居住，常常跑到东都洛阳，到她统治的后期，基本上都是在洛阳度过。

谁被后人称之为"唐室砥柱"？

狄仁杰，字怀英，汉族人，唐代并州太原（今山西省太原）人，他是唐（武周）时杰出的政治家，也是武则天当政时期的宰相。在武则天当政时，他为了拯救无辜百姓，敢于拂逆君主之意，始终保持体恤百姓、不畏权势的本色，也因他居庙堂之上，以民为忧，所以后人称之为"唐室砥柱"。

狄仁杰出生在一个官宦家庭。他通过明经科考试及第，出任汴州判佐。在唐高宗时期，阎立本任河南黜陟使，当时狄仁杰被官吏诬告，阎立本受理讯问，不仅弄清了事情的真相，而且发现狄仁杰是一个德才兼备的难得人才，谓之"河曲之明珠，东南之遗宝"，于是推荐狄仁杰作了并州都督府法曹。后来，狄仁杰升任为大理丞，他刚正廉明，执法不阿，兢兢业业，一年中判决了大量的积压案件，涉及到1.7万人，无冤诉者，一时间，狄仁杰名声大振，成为朝野推崇备至的断案如神、摘奸除恶的大法官。为了维护封建法律制度，狄仁杰甚至敢于犯颜直谏。

武则天在位时，作为一名精忠谋国的宰相，狄仁杰很有自知之明，也常以举贤为意。一次，武则天让他举荐一名将相之才，狄仁杰向她推举了荆州长史张柬之。武则天将张柬之提升为洛州司马。过了几天，又让狄仁杰举荐将相之才，狄仁杰曰："前荐张柬之，尚未用也。"武则天答已经将他提升了。狄仁杰曰："臣所荐者可为宰相，非司马也。"由于狄仁杰的大力举荐，张柬之被武则天任命为秋官侍郎，又过了一个时期，升为宰相。

狄仁杰还先后举荐了桓彦范、敬晖、窦怀贞、姚崇等数十位忠贞廉洁、精明干练的官员，他们被武则天委以重任之后，政风为之一变，朝中出现了一种刚正之气。以后，他们都成为唐代中兴名臣。有些少数民族将领，狄仁杰也能举贤荐能。

在狄仁杰担任宰相的时候，武则天对他的信任是群臣莫及的，她常称狄仁杰为"国老"，而不直接称呼他的名字。狄仁杰曾多次以年老告退，武则天不许，入见，常阻止其拜。武则天曾告诫朝中官吏："自非军国大事，勿以烦公。"

公元700年，狄仁杰病故，朝野凄恸，武则天哭泣着说："朝堂空也。"赠文昌右丞，谥曰文惠。唐中宗继位，又追赠司空。唐睿宗又封之为梁国公（所以后世称其为狄梁公）。

唐朝的"救时宰相"指的是谁？

姚崇是中国历史上的著名宰相，历任武则天、唐中宗、唐睿宗、唐玄宗四朝宰相，有"救时宰相"之称，特别是在唐玄宗朝早期为相，对"开元之治"贡献最多，影响极为深远。

姚崇，字元之，他出身于官宦家庭，武则天时期他入朝为官时是负责理案刑狱，当时，他执法公正，把许多人从冤狱中解放出来，引起朝野注目，官职连续晋升。公元698年，武则天破格提升他为尚书，兼相王李旦府长史。5年后，姚崇调任为边疆安抚大使，临行前推荐了张柬之任宰相。

公元705年，武则天病重，姚崇从边关回京，同张柬之密谋恢复唐室荣光，逼武则天让位给太子李显，是为唐中宗。李显复位后，以姚崇、张柬之为宰相，因姚崇有功，加封为梁县侯。但姚崇没有接受相位，以种种借口出任亳州刺史。

李旦继位为睿宗，在公元710年，又拜姚崇为兵部尚书、同中书门下三品，姚崇第二次当了宰相。因太平公主想走母亲的道路，掌握大权，姚崇向李旦建议将太平公主安置洛阳，诸王派往各州，确保东宫李隆基之位。昏庸的睿宗李旦却如实将姚崇的建议转告太平公主，使事情败露。李隆基为争取主动，以姚调拨兄妹关系为由，贬姚崇为地方官。这时，姚崇任宰相在职还不到一年。

开元元年（713年），唐玄宗李隆基继位，消灭了太平公主的党羽，巩固了地位，并再次起用姚崇为相。

姚崇出任宰相后，所做的第一件事就是向唐玄宗建议，改除武则天晚年十几年间混乱政治的积弊十种，主要是罢免冗官，行法自近，禁绝贿赂等。唐玄宗都全盘采纳，并全力支持姚崇逐条落实。姚崇还实行了选贤任能、奖励清廉、精简机构、裁减沉员、惩治贪官、爱护百姓的清明政治，为"开元盛世"奠定了基础。

开元九年（721年）九月，姚崇去世，享年72岁。当时国家经济比较好，社会上特别是官吏中厚葬成风。姚崇对这一风气极为反感，去世前留下遗嘱：不准崇佛敬道，不准厚葬，只给他穿平常的衣服，不要抄经写像。并告诫子孙去世后也要照他的嘱咐去做，使之成为家法。姚崇节俭办后事的故事被后人传为佳话。

姚崇死后，葬汝州梁县，墓冢在今河南省洛阳市汝阳县境内。

183

"请君入瓮"一词是怎么来的？

请君入瓮比喻以其人之道，还治其人之身。这个成语出自武则天时期的一个故事。

唐朝的武则天是中国历史上唯一的一位女皇帝，她为了维护自己的统治，采用严刑峻法，消除异己。她手下的一些酷吏，往往想尽办法去折磨他们的政敌，并绞尽脑汁制造酷刑逼供。

武则天手下的两名大臣周兴和来俊臣，是当时有名的酷吏，有许多的人冤死在他们手中。有一次，周兴被人密告伙同丘神勣谋反。武则天便派来俊臣去审理这个案件，并且给他定下期限，这个期限内，务必要审出结果。于是来俊臣苦思冥想，终于生出一计。

一天，来俊臣故意请来周兴，两人饮酒聊天。来俊臣装出满脸愁容，一筹莫展地对周兴说："唉！最近审问犯人总是发愁，因为审不出什么结果来，请教老兄，您可有什么新办法呢？"周兴一向对刑具很有研究，便很得意地说："我最近才发明一种新绝招，不怕犯人不招。用一个大瓮，四周堆满烧红的炭火，再把犯人放进去。再顽固不化的人，也会屈打成招的。"

来俊臣听了，急忙吩咐手下人抬来一个大瓮，按照刚才周兴所说的方法，用炭火把大瓮烧得通红。来俊臣突然站起来，阴沉着脸，对周兴说："有人告你谋反，太后命我来审问你，如果你不老老实实道出实情的话，那我只好请你进这个大瓮了！"

周兴听了惊恐失色，知道自己在劫难逃，只好俯首认罪。"请君入瓮"一词也就由此而生。

武则天是被逼退位的吗？

神龙元年（705年），武则天被迫离开了权力竞技场，后人称其中的变故为"神龙政变"。

武则天称帝后，一直没立太子，她将原来的皇帝李旦称为"皇嗣"，"皇嗣"身份近似于太子又不是太子。

按照父系社会的传统，中国古代的皇权都是在一家一姓中传递的。这种继承方式让女皇武则天很困扰：如果让儿子继承帝位，那倒是一家了，但却跟自己不是一个姓；如果把皇位传给侄子，跟自己是一个姓了，可又不是一家。武则天的侄子武承嗣为了能当上太子，使尽了浑身解数，连出狠招，折辱皇嗣李旦。

经过狄仁杰等大臣的劝说，契丹、突厥先后打出匡复李唐的旗号反周，武则天看到人民仍心向李唐皇室，再加上武氏子弟的不成器，最终下定决心重新立已经被废为庐陵王的李显为太子。在解决了继承人的问题之后，武则天已经没有什么棘手的问题了，她便志得意满，再加上年龄的增长，武则天开始耽于享乐。

武则天晚年内心空虚，逐渐变得昏庸荒淫。张易之是武则天晚年最大的宠臣，深得武则天的恩宠，受赐田宅、玉帛无数，官职也迅速蹿升，历任司卫少卿等重要官职。他与张昌宗二人倚仗武则天的宠信，专权跋扈，朝廷百官畏之如虎，甚至连武则天的侄子们都争相给张易之执鞭辔。同样地，他们的行为也引起了许多人的不满。

李显的儿子李重润、女儿永泰公主兄妹俩暗地里讨论二张专政，不料被张易之的耳目侦知，张易之添油加醋向武则天进谗言。武则天听信谗言，不仅责骂太子李显，还严令李显鞫问子女，万般无奈的李显只得逼令儿子、女儿自缢。紧接着，张氏兄弟又将永泰郡主的丈夫、魏王武延基下狱逼死。这件事情让李显失去了一个儿子，失去了一个女儿和一个女婿，更为重要的是，这件事情向李显表明了一个残酷的现实：张易之、张宗昌兄弟对他包括其家庭构成了巨大威胁。在这种背景下，对于李显来说，除掉张氏兄弟势在必行且刻不容缓。

于是，在神龙元年（705年）正月，李显、李旦、太平公主这些李姓子孙在共同的大局下，便联合起来发起了一场政变，张柬之、桓彦范、崔玄、敬晖等人联合右羽林大将军李多祚，杀死二张兄弟，逼武则天退位，迎唐中宗李显复位。同年十二月，武则天去世，享年82岁。

"巾帼首相"指的是上官婉儿吗？

上官婉儿，陕州陕县（今属河南省三门峡）人，上官仪的孙女。她是唐代女官、女诗人。武则天时期，她帮武氏起草圣旨，下发政令，到唐中宗李显时，上官婉儿又被封为昭容，代朝廷评品天下诗文。后人称上官婉儿为"巾帼首相"。

上官婉儿自幼才思敏捷，诗词出众，其诗词风格多与祖父上官仪相似，并将祖父绮丽浮艳的"上官体"发扬光大，一时名流多集其门。在她14岁时，就为武则天掌诏命，参与政事，她是武则天文笔上的得力助手。上官婉儿本与武则天有杀父之仇，但因看武则天政绩显著，深得当时中下层官吏的拥护，便改变了自己的看法。

武则天死后，上官婉儿依附于韦后一党，排斥李唐宗室，引发李唐宗室强烈不满。景龙元年（707年）七月，太子李重俊发兵，杀韦后党羽武三思父子，且斩关而入，入宫追索韦后、安乐公主、上官婉儿。事败，太子李重俊被杀。

经历此流血政变，虽然上官婉儿躲过一劫，但对她还是有很大触动。她表面上虽仍然依附于韦后，但暗地里，开始结交李唐宗室（太平公主、相王李旦等人）。

景龙四年六月，唐中宗李显被韦皇后与安乐公主毒死。因皇帝死得仓促，本是没有遗诏的。因此，向天下颁布的"遗诏"内容如何，就有很大学问。上官婉儿与太平公主一起，草拟了一份遗诏。在该遗诏中皇子李重茂即位天子，韦皇后以皇太后摄政，李旦辅政（可简称为"上官版遗诏"）。韦后不满意，于是强行更改遗诏，改李旦为太子太师。

至此，韦后党与李唐宗室党的斗争已趋白热化。李唐宗室率先发难，在景龙四年七月庚子二十日，李旦之子李隆基（即唐玄宗）发羽林兵，诛杀了韦后、安乐公主及其党羽。李隆基入宫，上官婉儿率众宫女，秉烛列队迎接，并且拿出自己当初与太平公主一起草拟的那份"上官版遗诏"（以证明自己是站在李唐宗室一边的），让刘幽求为自己在李隆基那里说情。李隆基不许，并说："此婢妖淫，渎乱宫闱，怎可轻恕？今日不诛，后悔无及。"于是当场斩杀了上官婉儿。当时，上官婉儿年仅46岁。

开元初，唐玄宗李隆基又褒扬她的文章，指令收集上官婉儿的著作，编录文集20卷，叫大手笔燕国公张说为其题篇作序。序中称上官婉儿"风雅之声，流于来叶"，对其文其人评价很高。

太平公主是被谁赐死在家中的？

太平公主是唐高宗李治与武则天之女，乃我国历史上赫赫有名的人物，她最终被唐玄宗李隆基赐死在家中。

公元681年，太平公主约16岁时，下嫁唐高宗的嫡亲外甥，城阳公主的二儿子薛绍。很不幸，在公元688年，太平公主的第一次婚姻结束。因为薛绍的哥哥薛颢参与唐宗室李冲的谋反，牵连到驸马薛绍，但薛绍本人并没有参加这次谋反，是武则天觉得太平公主嫁错郎了。于是武则天下令将薛颢处死，薛绍杖责100，饿死狱中。公元690年，太平公主改嫁与性格谨慎谦退的武攸暨。

神龙政变之后，唐中宗复位，太平公主逐渐走到幕前，积极参与政治。她受到唐中宗的尊重，唐中宗曾特地下诏免她对皇太子李重俊、长宁公主等人行礼。

在唐睿宗时，太平公主曾与李隆基发生权争。她曾经要求唐睿宗废掉太子李隆基，并积极培植党羽。此时，朝中7位宰相有5位是经由太平公主任命，文武百官除了姚崇、宋璟等寥寥数人外，大多数都依附于太平公主。唐睿宗则试图在李隆基和太平公主之间寻求政治平衡，以避免伤害到任何一人。

延和元年（712年）八月，唐睿宗传位于太子李隆基，自己退为太上皇，改年号为先天。同年，太平公主的丈夫武攸暨去世。

先天二年（713年），李隆基与郭元振、王毛仲、高力士等人先发制人，诱杀了左、右羽林将军和宰相。太平公主逃入南山佛寺，3日后返回。太上皇李旦出面请唐玄宗恕其死罪，被唐玄宗拒绝，太平公主最终被赐死家中，其夫武攸暨坟墓也被铲平。

为什么说唐中宗李显一生是毁在女人之手？

唐中宗李显，是唐高宗的第七个儿子，武则天的第三个儿子，他在位共7年，后被韦皇后用毒饼毒死，享年55岁。李显的两位兄长李弘、李贤先后被武则天废掉，李显遂被立为太子。

公元683年十二月，唐高宗因病逝世，李显继承王位，是为唐中宗。中宗即位后，尊武则天为皇太后，由裴炎辅佐朝政。然而，唐中宗仅仅是武则天的一个傀儡，虽然唐中宗已经继位，但一切政事都由武则天来决定。

唐中宗重用韦皇后的亲戚，企图去培植自己的势力。他决定封韦皇后的父亲韦元贞为宰相，然而辅政大臣裴炎对于中宗的做法极力反对。裴炎将此事告诉了武则天，武则天大为恼火。公元684年二月，中宗被武则天废为庐陵王，贬出长安。

公元699年，中宗又被武则天召回京城，重新立为太子。公元705年，武则天病重，宰相张柬之、右羽林大将军李多祚等人用武力逼迫武则天将皇位传于中宗。

中宗复位之后，立即册封韦氏为皇后，并将韦皇后的女儿安乐公主嫁与武三思之子武崇训，封上官婉儿为昭仪。

上官婉儿与武三思关系非常暧昧，韦后又重用武三思，因此他们形成一股强大的势力把持着朝政。朝中一些忠臣担心武则天的旧事又要重演，于是劝勉中宗除掉武三思。武三思和韦后反而先下手，反诬张柬之等朝中之人谋图不轨，并怂恿唐中宗明升暗降，将张柬之等人册封为王，调离出京城。武三思又暗中派出几路杀手，将张柬之等人杀害。

安乐公主也是野心勃勃，一心想着自己能够成为第二个武则天。她要求中宗废黜太子李重俊，让她自己做皇太女。韦皇后和武三思也怂恿中宗废掉李重俊。

此外，韦后为了满足自己的淫欲，还背着唐中宗大搞"婚外情"，但她一直担心中宗探查她的淫乱之事，安乐公主则希望母后能够临朝听政，自己好当个皇太女。于是母女俩便密谋将中宗杀死。韦皇后知道中宗喜欢吃饼，于是命令情夫马秦客，为中宗配制了毒药，她亲手在饼中放入毒药，然后让宫女送到神龙殿。中宗当时正在翻阅批文，一看到有饼送来，于是随手拿来就吃，之后中毒身亡。

唐中宗的一生，前半生受生母武则天的牵制，后半生由妻子和女儿任意摆布，并最终死于韦后的毒手。因此可以说，他的一生都毁在了女人的手中。

唐殇帝李重茂是怎样退位的？

　　李重茂，是唐中宗第四个儿子。公元 710 年，唐中宗被毒死以后，韦后就让年少的李重茂即位，当时李重茂年仅 16 岁。

　　李重茂继承王位以后，由韦太后临朝当政，相王李旦执掌国家政务。公元 710 年六月，李隆基与太平公主杀死韦太后，并联合内苑总监钟绍京，太平公主等人出谋划策，打算拥立李旦复位，而李重茂对他们的行动却毫无知觉。一日，李重茂像往常一样上早朝，登上皇位就坐在龙椅上。等到大臣们都到齐了，太平公主大声说道："嗣君（指李重茂）准备让位给叔父（指李旦），各位大臣意向如何？"大臣们事先早已与太平公主商量好，纷纷发表意见，表示赞成。太平公主很快走到李重茂面前，高声说道："人心已经都归向相王，这已经不是你这小孩子的座位了，快快下来吧！"太平公主将他从座椅上拉下来。李旦走上宫殿皇座上坐下，李重茂被降封为温王，后又改封楚王，史称唐殇帝，又称唐少帝。

　　唐殇帝李重茂在位时间非常的短暂，登位和被废的过程又很"荒唐"可笑，因此史书记载甚少，他在历史上属于一个有名无实的皇帝。

唐睿宗李旦是怎样三让天下的？

　　唐睿宗李旦，又名旭轮，他是唐高宗的第八个儿子，武则天的幼子，唐中宗的弟弟。唐睿宗一生两次登基，三让天下，在位时间一共是 8 年。公元 712 年，唐睿宗禅位给皇太子李隆基，后病逝，享年 55 岁。

　　唐睿宗李旦一生中最出彩的部分莫过于他的"三让天下"。

　　一让母亲。

　　李旦初次即位，由于当时武则天的政治地位还未达到足以改朝换代的火候，所以李旦就暂时被立为新君，他也因此成为继中宗之后的唐朝第五任皇帝。李旦虽然被立，但他不能上朝听政，只能暂时居住在别殿，武则天则以太后的身份临朝把持着朝政。

　　永昌元年（689 年），武则天开始启用周历。同时，改元为载初元年（689 年）。为了逢迎武则天，很多朝中大臣上奏，请求武则天改朝换代。当时李旦也上表请求母后荣登宝座，并恳请赐自己姓武。

　　天授元年（690 年）九月，武则天表示采取儿子和大臣们的请求，并于九月九日改大唐为大周。李旦被降为皇嗣，赐姓武，改名为"轮"，迁居于东宫。李旦第一次让天下，就是这样完成了。

　　二让皇兄。

　　圣历元年（698 年）三月，武则天将被流放的中宗从房陵召回。李旦"数称病不朝，请让位于中宗"。按照封建时代的礼仪制度中，兄长被接回宫中，就表明母后极有可能是将皇位留给兄长。李旦之所以推让，不仅表明了他的明智之举和聪慧，也可以使他的母亲武则天能够名正言顺地重立唐中宗，同时也避免了兄弟之间产生矛盾。李旦这次以皇嗣身份让位中宗李显，自己则又一次被封为相王。

　　三让儿子。

　　景龙四年（710 年）六月，唐中宗被皇后韦后和女儿安乐公主给毒杀，改立少帝李重茂，改元唐隆。

　　由于韦后的倒行逆施，韦后最后走上了穷途末路。李旦的第三子李隆基、妹妹太平公主等联合将领拥兵入宫，将韦后诛杀，并废掉李重茂，拥立李旦为新皇帝。

　　登基之后李旦并没有掌握实权，所以即位后的第二个月，李旦就册封李隆基为皇太子。延和元年（712 年）八月二十五日，在位一共 26 个月的李旦再次让位，将皇位传给皇太子李隆基，其自称为"太上皇帝"。

唐睿宗的皇后刘氏是被武则天处死的吗？

　　唐睿宗的皇后刘氏，是刑部尚书刘德威的孙女，其父亲是刘延景，曾任陕州刺史。仪凤年间，刘氏以宫女的身份进入了当时的相王府。不久，刘氏生下了儿子李成器和两个女儿寿昌公主、代国公主。文明元年（684年），李旦继承王位，刘妃被册为皇后。公元690年，唐睿宗让位给母亲武则天，但他仍称太子，刘氏仍为太子妃。

登上皇位之后，武则天一直发愁，将来是把皇位传给武氏还是李氏。李旦一直是皇太子，但武后的侄子武承嗣，为了夺取皇太子之位，想要害死太子李旦，他指使武后身边的一个宠婢，事先做了个小木头人，上面刻上武则天的大名，然后在木头上钉上一枚大钉子，放在刘氏的床底下，然后托人禀报皇上武则天，诬陷刘氏实施法术迷惑并诅咒皇上。

长寿二年（693年）正月，武则天在万象神宫前举行祭祀活动。祭祀仪式结束后，第二天清晨一早，刘氏进宫拜见武则天。武则天简单地同她聊了几句话，就命令她退了出去。但是，侍女们在宫外等了好长时间，却一直不见刘氏出来，侍从们只得赶紧回到东宫，但是刘氏从此音讯全无。

武则天不动声色地处死了无辜的刘氏，不仅是因为有人陷害刘氏，还是为了警告李旦不要放肆。尽管心里很气愤悲痛，但李旦还是忍住了，且不断的告诫自己：不管如何悲愤，都不能将怨恨流露在脸上。他还严禁东宫任何人对外谈论这件事情，要求几个儿子也都保持冷静，保持沉默。

景云元年（710年），刘氏被追谥为肃明皇后，招魂葬于东都城南面，陵曰惠陵。公元716年，睿宗驾崩，迁祔（迁柩附葬）桥陵。

李隆基是如何登上帝位的？

唐玄宗李隆基，唐睿宗李旦的第三个儿子。他公元712年到756年在位，开创了唐朝"开元盛世"的辉煌鼎盛局面。

李隆基出生之时，正值武则天临朝篡政，因此在很小的时候，李隆基便遇到了错综复杂的宫廷政变。武则天死后，唐中宗无力主持朝政，结果政治大权落到了韦皇后和安乐公主的手里。公元710年，唐中宗被韦皇后和安乐公主合谋毒杀。之后，李隆基和姑姑太平公主发动政变将韦皇后及其余党全部消灭。王位由唐睿宗李旦重新继承，李隆基也因功被立为皇太子。

公元712年，唐睿宗决定将皇位传给儿子李隆基。唐睿宗的让位加剧了李隆基与太平公主之间的矛盾，双方都在蓄积力量，准备随时消灭对方。公元713年七月三日，唐玄宗李隆基果断地决定，除掉了太平公主及其余党，并将倾向太平公主的官员全部废除。唐玄宗自此终于掌握了朝中大权，成为了一个名副其实的皇上，将年号改为开元。

唐玄宗能够开创"开元盛世"的原因是什么？

唐玄宗之所以能够开创"开元盛世"的局面，主要得益于以下几个原因：

善用贤臣。唐玄宗选贤任能，提拔贤能之人做宰相，如著名的宰相姚崇、宋璟、张九龄等。

革新吏治。唐玄宗不仅提拔人才，而且对吏治进行了整治。他采取了很多有利于巩固统治的措施：第一，精简机构，裁汰冗员。第二，确立严格的考核制度，加强对地方官吏的管理。第三，重新将谏官和史官参加宰相会议的制度予以恢复。第四，重视县令官的任免。

兵制改革。唐玄宗不但对内政进行了有效的治理，而且对于边疆也进行了卓有成效的治理，将原来丢失的领地重新夺了回来。

恢复西北疆域。除了对兵制进行改革之外，唐玄宗还采取了其他很多整军措施，比如颁布了《练兵诏》，命令西北的镇军扩充军队，加强训练，从而提高了军队的作战能力。另外还发展屯田制。

检田括户繁荣经济。为了增加财政收入，打击强占土地、隐瞒不报的豪强，唐玄宗发动了一场检田括户运动。

为发展经济抑制佛教。开元（714年）二年，唐玄宗下令削减全国的僧人和尼姑的数量，抑制佛教的发展。而且严禁官员与僧尼进行交往。因此，佛教在玄宗时期受到了很大的打击，这也是唐朝经济得以恢复发展的一个重要原因。

唐玄宗的一系列有效措施使唐朝的政治、经济、文化都得到新的发展，并且超过了他的先祖唐太宗，从而开创了中国历史上赫赫有名、名垂千古的"开元盛世"。

唐玄宗的皇后王氏为何被废？

唐玄宗的皇后是王皇后。王皇后的先祖是梁朝冀州刺史王神念，父亲王仁皎，长兄王守一。唐玄宗还在做临淄王时，就已经聘娶王氏为妃。在攻打韦氏之后，王氏协助临淄王最终完成了大业。唐玄宗即位后，册立王氏为皇后，后因"符厌事件"被废。

王皇后与唐玄宗婚后多年，始终没有子嗣，而当时的武惠妃非常受宠，王皇后很是妒忌，但武惠妃更是想方设法诋毁王皇后。然而由于王皇后对下属们非常的有恩德，因而没人愿意在私底下说她坏话。随后，唐玄宗也起了废黜皇后之心，便将这件事告诉了秘书监姜皎，姜皎因将此事情泄露，被处死。

王皇后因为失去皇上唐玄宗的宠爱，而且处于随时可能被废的恐惧中，于是哭着向玄宗说道："陛下难道不挂念当年我爹拿衣服换一斗面粉，给您做生日汤饼的事吗？"玄宗听了后，也于心不忍，非常的感动，于是暂时放弃了废后的打算。

发生了姜皎的事情后，皇后之兄王守一更加为皇后的处境担忧。为了保住妹妹的皇后之位，他专门请来和尚明悟祭拜南斗与北斗，在霹雳木上刻上天地文与玄宗名讳，拿来让王皇后佩戴，说道："带着它可保佑早生贵子，往后将可与则天皇后相比。"最终事情被揭发，唐玄宗亲自去追查，果然在王皇后的身上搜获了物品。于是，唐玄宗便废王皇后为庶人，赐王守一死。

王皇后被废除3个月以后，便匆匆离开了人世，唐玄宗诏令以一品礼将她葬之于无相寺。后宫的人们对她相当的思念，玄宗自己也对此事感到非常的懊悔。宝应元年（762年），唐代宗即位，恢复了王皇后的封号。

"三庶之祸"后太子李亨与王氏离婚了吗？

天宝五载（746年）正月，曾任陇右节度使的皇甫惟明兼领河西节度使，从驻地来到京师长安，向唐玄宗进献对吐蕃作战中的战利品，并与太子李亨之间互有往来。皇甫惟明向玄宗明确表达了应当将李林甫撤职的态度，又大加赞誉太子妃的哥哥韦坚的才干。李林甫在得悉了皇甫惟明的密奏后，便利用宰相的有利身份，开始布置反击并加快了灭亡太子及皇甫惟明等人的行动。

天宝五载（746年）正月十五日元宵之夜，风清月朗，太子李亨出游，在市井之中与韦坚相见。之后韦坚又匆匆与皇甫惟明相约夜游，一同前往位于城内崇仁坊中的景龙道观。以二人太子妃兄与边镇节帅的身份，夜间相约，私相往来，势必会给宰相李林甫以可乘之机。果然，这一次极秘密的行动没有逃出李林甫的暗中监视。李林甫立即要御史中丞杨慎矜写成报告，以韦坚乃皇亲国戚，不应与边将"狎妓"为由，对韦坚提出弹劾。

李林甫则向玄宗奏称他们结谋，"欲共立太子李亨登基"，玄宗得奏，毫不犹豫地下诏进行审讯。李林甫得旨，遂指使手下罗织罪状，想把太子李亨牵扯进来。玄宗虽然也怀疑韦坚与皇甫惟明有构谋之心，却不想轻易涉及太子，不想把韦坚案扩大化，遂要求立即结案，给韦坚定了个罪名，将他由刑部尚书贬为缙云郡（今属浙江省）太守。皇甫惟明则以"离间君臣"的罪名，解除河西、陇右节度使的职务，贬为播川郡（今贵州省遵义）太守，并籍没其家。皇甫惟明的兵权则移交给朔方、河东两道节度使王忠嗣。王忠嗣与太子亨关系亲密，朝廷上人人皆知。这一结果，太子亨有惊无险，李林甫也无可奈何。

然而，事态逆转，平地惊雷，一下子把太子李亨推到了危险的境地。原来，韦坚被贬之后，他的弟弟将作少匠韦兰、兵部员外郎韦芝上疏替他鸣冤叫屈，二人为了达到目的，还引太子李亨作证，谁知这样一来，招致玄宗龙颜震怒。事情一下变得复杂起来。太子亨见状，极感恐惧，为了逃脱自己与韦坚兄弟之间的干系，立即上表替自己辩解，并以与韦妃"情义不睦"为由，请求父皇准许他们离婚，以表明"不以亲废法"。

玄宗着意对太子亨加以慰抚，听任他与韦氏离婚，断绝了关系。太子亨的谨慎确实使他度过了这场政治危机，只是共同生活多年的韦妃不得不从此削发为尼，在禁中的佛寺之中做了永成陌路的出家人。李林甫对韦坚一案大加株连，不依不饶，牢狱为满，被逼死者甚多。一直到天宝十一载（752年）李林甫死后，"三庶之祸"一事才停止。

被唐玄宗先罢官又起用的唐朝名将是谁？

薛讷，字慎言，绛州万泉（今山西省万泉县南）人，他是唐朝名将、左武卫大将军薛仁贵之子。薛讷初任城门郎一职，后任蓝田（今陕西省蓝田）令。

先天元年（712年），李隆基即位，即为唐玄宗。唐玄宗继位之后，加紧了平定叛乱的步伐。面对东北的契丹与奚，还有北方的后突厥、西方的吐蕃及西突厥等少数民族的威胁，同年十一月，唐玄宗开始视察边情，这次视察从西到东，分别为河、陇、燕、蓟，在了解敌军的情况下，唐玄宗亲自提拔了部分将领。薛讷因善于作战，并且带兵有方，被任命为中军大总管。

当时契丹、奚等少数民族都听从于后突厥，并屡次侵犯唐朝的边境。营州（今辽宁省朝阳）作为唐朝重要的边防阵地，也被契丹攻破了。开元二年（714年）正月二十五日，唐玄宗任命薛讷为同紫微黄门三品，率领唐军进讨契丹。

七月，薛讷与左监门卫将军杜宾客、定州刺史崔宣道等将领率兵几万人，从檀州（今属北京）一直进击契丹，但最终无功而返。薛讷因为没立军功，而被削官为民。

八月二十日，吐蕃将领勃坌达延、乞力徐等率10万大军，兵临洮州（今甘肃省临潭）城下，紧接着继续攻打兰州（今甘肃省兰州）和渭州（今甘肃省陇西、定西等县）的渭源县（今甘肃省渭源县东北），夺得了大批的战利品。

为能够更好地对付吐蕃，唐玄宗重新任用薛讷，命他以布衣之身代理左羽林将军一职，上任为陇右防御使；同时让右骁卫将军郭知运作为副将，以协助薛讷，率部将杜宾客、王晙、安思顺等前去抵御，并在全国大量招兵买马，补充河、陇等地区的兵力。

十月，吐蕃再次向渭源发动进攻，结果被唐军打败。战后，薛讷被任命为左御林军大将军，复封平阳郡公，他的儿子薛畅也官拜朝散大夫。

不久，薛讷因年老体衰，回家休养。开元八年（720年），薛讷病逝，享年72岁。朝廷追封他为太常卿，谥号昭定。

为什么说李林甫是一个口蜜腹剑的人？

唐玄宗时期，大臣李林甫和宫内的宦官、妃子勾结，探听宫内的动静。唐玄宗在宫里说些什么，想些什么，他都先摸了底。等到唐玄宗找他商量什么事，他就对答如流，与唐玄宗预想的一样。所以唐玄宗觉得李林甫又能干，又听话，比宰相张九龄要强。最终唐玄宗撤了张九龄的职，让李林甫当宰相。

李林甫一当上宰相，就想办法把唐玄宗和百官隔绝，不许大家在玄宗面前提意见。有一次，他把谏官召集起来，公开宣布说："现在皇上圣明，做臣下的只要按皇上意旨办事，用不到大家七嘴八舌。你们没看到立仗马（一种在皇宫前作仪仗用的马）吗？它们吃的饲料相当于三品官的待遇，但是哪一匹马要是叫了一声，就被拉出去不用，后悔也来不及了。"

有一个谏官不听李林甫的话，上奏本给唐玄宗提建议。第二天，就接到命令，被降职到外地去做县令。大家知道这是李林甫的意思，以后谁也不敢向玄宗提意见了。李林甫知道自己在朝廷中的名声不好。凡是大臣中能力比他强的，他就千方百计地把他们排挤掉。他要排挤一个人，表面上不动声色，笑脸相待，却在背地里暗箭伤人。

有一次，唐玄宗在勤政楼上隔着帘子眺望，兵部侍郎卢绚骑马经过楼下。唐玄宗看到卢绚风度很好，随口赞赏几句。第二天，李林甫得知这件事，就把卢绚降职为华州刺史。卢绚到任不久，又被诬说他身体不好，不称职，再一次降了职。

有一个官员叫严挺之，被李林甫排挤在外地当刺史。后来，唐玄宗想起他，跟李林甫说："严挺之还在吗？这个人很有才能，还可以用呢。"李林甫说："陛下既然想念他，我去打听一下。"退了朝，李林甫连忙把严挺之的弟弟找来，说："你哥哥不是很想回京城见皇上吗，我倒有一个办法。"

严挺之的弟弟见李林甫这样关心他哥哥，当然很感激，连忙请教该怎么办。李林甫说："只要叫你哥哥上一道奏章，就说他得了病，请求回京城来看病。"严挺之接到他弟弟的信，真的上了一道奏章，请求回京城看病。李林甫就拿着奏章去见唐玄宗，说："真太可惜，严挺之现在得了重病，不能干大事了。"

唐玄宗惋惜地叹了口气，也就算了。久而久之，人们也都知道他的阴谋诡计。人们就说李林甫这个人是"嘴上像蜜甜，肚里藏着剑"，成语"口蜜腹剑"就是这样来的。

李林甫当了19年宰相，一个个有才能的正直的大臣全都遭到排斥，一批批钻营拍马的小人都受到重用提拔。就在这个时期，唐朝的政治从兴旺转向衰败，"开元之治"的繁荣景象消失，接着出现的就是"安史之乱"。

鉴真为了宣扬佛法几次东渡日本？

鉴真是唐朝的一位高僧，俗姓淳于，江苏扬州人，14岁在大云寺出家。18岁时，由应邀来扬州的南山律宗开创人道岸律师授鉴真菩萨戒。27岁时，鉴真回到了扬州大明寺。唐天宝年间，鉴真曾屡次尝试东渡日本，10多年间他曾6次东渡，直到天宝十二载（753年）他东渡日本的愿望才得以实现。

在6次东渡日本的过程中，鉴真等人遭遇到了很多挫折。第一次东渡前，和鉴真同行的徒弟跟一个和尚开玩笑，结果那个和尚恼羞成怒，诬告鉴真他们一伙人与海盗勾结。地方官员立即派人拘捕了所有僧众，鉴真首次东渡因此失败。其后接连失败，第五次东渡其实最为悲壮。那一年鉴真已经60岁了，小船队从扬州出发，刚过狼山（今江苏省南通市）一带，就遇到了狂风巨浪，他们只好在一个小岛上避风避雨。一个月后再次起航，行到舟山群岛时，再一次遇到大风大浪。第三次起航时，风浪更大，向南漂流了14天，他们靠吃生米、饮海水度日，最后抵达海南岛南部。归途中，鉴真因长途跋涉，过度操劳，不幸身染疾病，双目失明。

鉴真最后一次东渡也不是那么一帆风顺。正当船队开始扬帆起航时，一只野鸡忽然飞落在一艘船的船头上。鉴真认为江滩芦苇丛多，船队惊飞野鸡不足为怪，而日本遣唐使却认为野鸡一事是不祥之兆，于是船队调头返回，第二天才重新起航，之后，鉴真率领船队历尽艰险最终到达日本。

鉴真为日本带去了中国的佛经和中国的医药和农业技术，为中日人民的友谊做出了重大贡献，并为中日文化的交流奠定了基础。

唐玄宗是怎样应对马嵬驿兵变的？

马嵬驿兵变讲的是唐玄宗时期的事。当时潼关是唐朝都城长安的门户，地理位置非常的占优势，道路狭窄，地势险要，易守难攻。当时，唐玄宗派唐朝大将哥舒翰率领重兵把守潼关。叛将崔乾祐在关外屯兵已经有半年有余，仍然无法攻破。然而，唐玄宗听信宰相杨国忠谗言，一意孤行，接二连三派使者催哥舒翰打开潼关，妄想击退叛军，结果导致潼关失守。

潼关失守之后，关内危机。从潼关到长安之间的一些地方官员和守兵，都纷纷弃城而逃。

此时，唐玄宗才感到形势危急，他慌忙让宰相杨国忠想对策。

杨国忠召集文武百官想办法，但一个个都想不出来。杨国忠知道留在长安，只有死路一条，于是劝唐玄宗逃往蜀地。当晚，唐玄宗、杨国忠带着杨贵妃和一批皇子皇孙，在将军和卫军的护送下，悄悄地打开宫门，逃出了长安城。唐玄宗等人半路上走走停停，等到第三天，他们到了马嵬驿（今陕西省兴平县西）。将士们非常饥渴，而且越想越生气，如今落得这么个下场，这都是奸相杨国忠所赐。

于是，士兵们发动兵变杀死了杨国忠，心里还不解恨，还想再杀掉杨贵妃。唐玄宗为了保全自己，只好下了狠心，让高力士把杨贵妃带到别的地方，用带子勒死了。兵士们听到杨贵妃已被勒死，总算消了口气，这才撤围回营。此次兵变即"马嵬驿兵变"。

经过这场兵变，唐玄宗急匆匆地逃到成都。太子李亨被当地百姓挽留下来把持朝政。李亨从马嵬驿一路收拾残兵败将，继续北上，并在灵武（今宁夏回族自治区灵武市西南）即位称帝，是为唐肃宗。

杨贵妃是被唐玄宗赐死的吗？

杨贵妃即杨玉环，出生于四川成都，祖籍山西永济。她是唐玄宗李隆基的宠妃，但最终也被唐玄宗李隆基赐死。

　　杨玉环曾祖父杨汪是隋朝的上柱国、吏部尚书，唐初被李世民所杀，父杨玄琰，是蜀州（今四川省崇州市）司户，其叔父杨玄璬曾任河南府士曹。杨玉环的童年是在四川度过的，10岁左右，杨玉环的父亲去世，她寄养在洛阳的三叔杨玄璬家，后来又迁往洛阳。

　　杨玉环自小习音律，善歌舞，姿色超群。在17岁时，她嫁给了唐玄宗与武惠妃的儿子寿王李瑁。李瑁非常宠爱这个年轻美丽的妻子，杨玉环喜爱乐舞，寿王便专门请王府中的著名乐工教习。杨玉环的风姿与温婉不但赢得了寿王的百般欢宠，也赢得了公公唐玄宗和婆婆武惠妃的欢心。当初，杨玉环被册立为王妃时，唐玄宗以父皇的身份接受过小两口的叩拜，唐玄宗曾在婚诏中称赞她"含章秀出"。武惠妃常常召杨玉环入宫和她做伴，赐予她许多珍宝。武惠妃当时有中宫皇后之实，有她的庇护，虽然宫中皇储斗争十分尖锐，玉环与寿王却依然能安适悠闲地生活。

　　不幸的是，在开元二十五年（737年）十二月武惠妃暴病身亡，这使得唐玄宗伤感不已，他感到极度空虚，经高力士的提醒，他想起了儿媳杨玉环。这时，唐玄宗竟悖常伦，欲占为己有。于是他以"做女道士"为名招入宫，经过一番暗渡陈仓后，于天宝四载（745年）封为贵妃，杨玉环的父兄均因此而得以势倾天下。

　　杨贵妃每次乘马，都有大宦官高力士亲自执鞭，杨贵妃的织绣工就有700人，更有争献珍玩者。岭南经略史张九章，广陵长史王翼，因献给杨玉环精美的珍世绝品，二人均被升官。于是，百官竞相仿效。杨贵妃喜爱岭南荔枝，就有人千方百计急运新鲜荔枝到长安，有诗云，"一骑红尘妃子笑，无人知是荔枝来"，所以荔枝又称"妃子笑"。天宝十五载（756年）安禄山起兵造反，沉迷于酒色歌舞之中的唐玄宗仓皇逃离长安，打算去成都。途经马嵬坡时，右龙武军（禁军）将军陈玄礼等六军将士认为杨家祸国殃民，不肯前行，玄宗为息军心，乃杀杨国忠。左右羽林军和左右龙武军又不肯前行，说杨国忠为贵妃堂兄，堂兄有罪，堂妹也难免，唐玄宗为了保全自己的性命，赐杨玉环三尺白绫自缢，当时，她年仅38岁。

唐肃宗的亲生母亲是谁？

　　元献皇后，姓杨，真名不详，她是唐朝唐玄宗李隆基的贵嫔，也是唐肃宗李亨的亲生母亲。

　　杨氏出身于弘农华阴（今属陕西省）杨家，为关陇地区名门望族。杨氏曾祖父杨士达在隋代任门下省纳言（宰相），父亲杨知庆以祖荫为官。武则天的生母就是杨士达的女儿。

　　唐朝景云元年（710年）八月，杨氏进入了当时的皇太子李隆基的东宫，被封为良媛。当时太平公主掌权，对太子李隆基很是猜忌，而东宫中又有许多太平公主的眼线，使得东宫中人心惶惶。后来杨良媛怀孕，李隆基畏惧太平公主的威势，害怕孩子一出生，会遭遇不测。于是密谋朝中大臣张说，要将此胎堕去。之后李隆基在亲自煎药时，梦见神人覆鼎，李隆基醒后告知张说，张说赞为吉梦，李隆基便没有对杨良媛下堕胎药。于是杨良媛得以平安产子，这个孩子也就是之后的肃宗李亨。

　　当时的太子妃王氏无子，杨良媛于是将李亨交由太子妃抚养。李隆基即位以后，封杨良媛为贵嫔。开元年间，李亨被封为忠王，之后杨贵嫔生下了宁亲公主，而当年张说因为解梦的功劳，特将宁亲公主嫁给张说之子张垍。

　　开元十七年（729年），杨贵嫔逝世，葬细柳原。至德二年（757年）五月，仍在成都被遥尊为太上皇的玄宗，命肃宗即天子位，尊封生母杨贵嫔，于是杨贵嫔被追谥为元献皇后。宝应二年（763年）正月，元献皇后杨氏的棺椁被迁出，祔葬玄宗的泰陵。

唐肃宗李亨的哪些作为加速了唐朝的衰落？

　　唐肃宗李亨，原名为李玙，是唐玄宗李隆基的儿子，他在位时间为公元756年到762年，丧命于宫廷政变，享年50岁。

　　李玙曾被封为忠王。公元738年，李玙被册封为太子，改名为李亨。马嵬驿兵变以后，唐玄宗任命他为天下兵马大元帅，负责平定叛乱。唐玄宗继续西逃，李亨与玄宗分道扬镳之后，于公元756年七月十二日，在灵武即帝位，即唐肃宗，他封尊唐玄宗为太上皇，改年号为"至德"。

　　肃宗即位之后，便筹谋划策决定收复两京，即西京长安和东京洛阳。宰相房琯要求带兵出击，而肃宗一向都很看重房琯，就把这个任务交给了他。结果房琯在陈涛遭遇叛军的袭击，全军覆没。

全德二年（757年）正月，安史叛军内部产生矛盾，安禄山被他的儿子安庆绪所杀。唐肃宗任命名将郭子仪、李光弼，并且借用回纥兵，乘机对叛军进行袭击。唐军分别于至德二年六月、十月收复了西京长安和东京洛阳。唐肃宗曾与回纥兵约定："克城之日，土地、士庶归唐，金帛、子女皆归回纥。"这就使得洛阳遭受到很大的破坏。

乾元元年（758年）九月，唐肃宗任命郭子仪和李光弼率60万大军讨伐安庆绪。而肃宗没有把军权交给郭子仪和李光弼，只命宦官鱼朝恩为"观军容宣慰使"，总揽大权。第二年三月，双方军队展开激战。宦官鱼朝恩根本不知道怎么去用兵，以至于唐军大败。

在朝廷中，自鱼朝恩之后，肃宗开始宠信宦官李辅国、程元振等人，宦官势力开始膨胀，居然在朝廷中开始掌握政权。而且皇后张氏也公开干预朝政。张皇后和李辅国起初相互之间利用。后来，李辅国的专政引起了张皇后的不满，打算谋立越王李系为嗣君，因此张皇后、李系与李辅国、程元振开始发生矛盾与冲突。

公元761年四月中旬，唐肃宗因为在宦官与皇后的斗争中受惊过度，病情恶化，死于长生殿。唐肃宗为政期间，宠信宦官，皇后乱政，这些都加速了大唐王朝的衰落。

唐肃宗的皇后张氏是怎么死的？

张皇后，唐肃宗李亨的皇后，邓州向城（今河南省南阳市东北）人。当唐肃宗册封为太子时，封张氏为良娣。肃宗即位后，张氏被册为淑妃。乾元元年（758年），张氏被立为皇后。后与李辅国勾结，但遭到李辅国暗算。因废立太子阴谋失败，公元761年被李辅国所杀。

公元761年，李亨病危，诏命太子李豫（原名李俶）监国。张皇后决定先动手铲除权宦李辅国，于是假托皇帝之命召见太子李豫，想与太子商量去诛杀李辅国。结果，张皇后的建议暂时遭到了太子的反对。

张皇后随即又赶紧召来越王（李亨的次子），告诉他李辅国想乱政，然后说："太子懦弱，不足以平定祸乱，你敢不敢？"

越王很果断的回答就一个字："敢！"这让皇后很是欣慰。

越王很快挑选了200多名勇武的宦官，并配给他们作战武器，随时准备刺杀李辅国。然而，当张皇后和李系胸有成竹之时，他们却还是慢了一步。

四月十六日，李辅国和程元振感到形势不妙，于是即刻命令手下禁军埋伏在陵霄门外，不料当太子穿过凌霄门时，他们就将太子带到了玄武门外的飞龙厩，并派重兵把守在门口，名为"保护"，实为软禁。

当天晚上，李辅国和程元振率兵冲入麟德殿，抓获了越王、宦官段恒俊、内侍省总管朱光辉等100多人，然后擅自闯进长生殿，逮捕了张皇后，并强行拖她下殿。四月十八日，唐肃宗李亨刚病逝，李辅国便杀死了张皇后，以及越王、兖王。

唐代宗李豫平定了哪些叛乱？

唐代宗李豫，是唐肃宗李亨的长子。肃宗被李辅国惊死之后，李豫即位，公元762年到779年在位。

唐代宗继位之后，李辅国因拥立有功，恃功骄横，根本不把代宗放在眼里。唐代宗尽管心中不满，但是因为李辅国手握兵权，只好暂时先委曲求全。不久，唐代宗趁李辅国出其不备，派人装扮成盗贼刺杀了李辅国，然后派出使者去慰问他的家属，并假令擒拿盗贼。

宝应元年（762年）十月，代宗任命李适为统兵元帅、仆固怀恩为副元帅，并向回纥借兵十万余人，进攻被叛军占领的东京洛阳，广德元年（763年）正月，叛军首领史朝义自缢而亡，自此，唐朝彻底平定了延续多年的安史之乱。

由于当时西部的军队大部分都被调到去平定安史之乱，所以当时，西部边塞空虚，吐蕃乘虚深入内地，大举攻唐。

危急关头，代宗任用郭子仪为副元帅，迎击吐蕃。郭子仪积极筹谋划策，组织兵力反击吐蕃。命令数百人化装潜入长安，在城里到处宣扬："郭子仪亲率大军来了！"吐蕃很是惊恐，不战而逃，全部撤离长安。陷落 15 天的长安城，又被唐军收复。

广德元年（763 年），仆固怀恩叛唐。第二年八月，仆固怀恩引吐蕃、回纥共计 30 万大军直取长安。代宗急召郭子仪率兵迎敌。郭子仪单枪匹马游说回纥，大破吐蕃，大唐王朝再一次转危为安。

大历十四年（779 年）五月，代宗病重，不久病死于长安宫中的紫宸内殿。

唐朝擅权宦官鱼朝恩是怎么死的？

鱼朝恩是唐朝擅权宦官。他是泸川（今四川省泸县）人，唐玄宗时入宫当太监。安史之乱发生后，随唐玄宗出逃，侍奉太子李亨左右，颇得信用，历任三宫检责使、左监门卫将军，主管内侍省。

天宝末年，鱼朝恩进入内侍省，初为品官，后为唐肃宗所宠信，派为李光进的监军。后被任命为三宫检责使，左监门卫将军知内侍省事。

乾元元年（758 年），鱼朝恩被封为观军容宣慰处置使，监李光弼等九节度使军。

上元二年（761 年）二月，有人传言，说洛中将士皆幽州、朔方人，思乡心切，兵无战心。鱼朝恩却信以为真，屡次上言肃宗，请命李光弼率军攻取洛阳。结果邙山（今河南省洛阳北）之战，官军大败，河阳、怀州失守，鱼朝恩也狼狈逃回陕州。

广德元年（763 年）十月，吐蕃军进犯泾州，不久逼近京师，唐代宗逃往陕州。当时禁军离散，仓猝之际，一时难以召集，鱼朝恩率驻陕州军及神策军奉迎，军威方振。因此唐代宗对鱼朝恩备加宠信，任他为天下观军容处置宣慰使，专典神策军，时常出入禁中，权宠无比。

永泰年间，鱼朝恩被加封为国子监事，兼光禄、鸿胪、礼宾、内飞龙、闲厩等职，进封郑国公。大历五年（770 年），宰相元载密奏请杀鱼朝恩，并以重金贿赂鱼朝恩亲信周皓、皇甫温二人，暗中观察此人。三月寒食节的时候，皇宫举行宴会，宴会结束后，鱼朝恩回家之际，代宗叫他留下来讨论事项。等鱼朝恩一到，代宗便责难他图谋不轨，鱼朝恩为自己辩护，此时周皓与左右将之擒获，缢杀之。

193

安史之乱是唐朝由盛而衰的转折点吗？

安史之乱是唐朝由盛而衰的转折点，也是中国历史上最重要的一个事件。安和史分别指安禄山和史思明，安史之乱主要是指他们起兵反对唐王朝的一次叛乱。这次叛乱从唐玄宗天宝十四载（755 年）开始至唐代宗宝应元年（762 年）结束，前后长达 8 年之久。

随着唐太宗、唐高宗等在位期间屡次开疆拓土，先后在这些边远地区设立节度使，致使后来节度使雄踞一方，成为唐室隐忧。

开元盛世晚期，唐玄宗逐渐变得昏庸，朝中政治愈加腐败。唐玄宗宠幸杨贵妃，与她每日淫欢作乐，宰相杨国忠任意妄为，只知搜刮民财，以至于奸臣当道，让安禄山有机可乘。

平卢（治所在今辽宁省朝阳）节度使安禄山拥兵边陲，他的手下更是骁勇善战，深受玄宗宠信，这引来宰相杨国忠嫉恨。二人因此有了矛盾，而唐玄宗又对此不加干预。安禄山久怀异志，再加上手握兵权，就以讨杨之名举兵叛唐。

唐朝天宝十四载（754 年）十一月初九，安禄山在范阳起兵。第二年他占领长安、洛阳。至德二年（757 年）正月，安庆绪杀死父亲安禄山，命史思明回守范阳，同年，长安为唐军收复，安庆绪败逃退据邺，其部将李归仁率精兵归属于范阳史思明。

不久史思明杀死安庆绪，兵返范阳，自称"大燕皇帝"。上元二年（761 年）三月，叛军内讧，史思明为其子史朝义所杀，内部离心，屡为唐军所败。

宝应元年（762 年）十月，唐代宗继位，在郭子仪的带领下，史朝义部下李怀仙献范阳投降。史朝义走到末路，于林中自缢而死，历时近八年的安史之乱结束。

这次历史事件，是由各种社会矛盾引起的，对唐朝后期的影响颇大。

"权倾天下而朝不忌，功盖一代而主不疑"说的是谁？

郭子仪（697~781 年），中唐名将，汉族人，华州郑县（今陕西省华县）人，祖籍为山西汾阳。天宝十四载（755 年），安史之乱爆发后，他被任命为朔方节度使，率军收复洛阳、长安两京，功居平乱之首，后晋升为中书令，封为汾阳郡王。代宗在位时，他又平定了仆固怀恩叛乱，并说服回纥酋长，共破吐蕃，因为他的杰出的军事才能，唐朝转危为安。

郭子仪 20 岁时，在河东（今山西省）服役，曾触犯过军规，按照当时的法律来说，应处于斩刑。而在押赴刑场的途中，他被当时著名的诗人李白发现。李白见他相貌非凡，凛然不惧，感到非常的可惜，并认为郭子仪并非平庸之辈。后来，郭子仪果然不负众望，参加武举考试后，获取了高等补左卫长史（皇帝禁军幕府中的幕僚长）之职。天宝八载（749 年），他出任安塞军使，拜左卫大将军。郭子仪戎马一生，屡建奇功，大唐因为有他而获得安宁，长达 20 余年，历史上称其为"权倾天下而朝不忌，功盖一代而主不疑"，举国上下，他享有崇高的威望和声誉。

建元二年（781 年）六月十四日，郭子仪以 85 岁的高龄辞世。唐德宗沉痛悲悼，废朝 5 日，并下达诏书高度的评价和追颂他。按照大唐的法律，一品官坟墓高 1 丈 8 尺，德宗特下诏给他加高 10 尺，以示尊崇。君臣依次到府第吊唁，皇帝还到安福门临哭送行。生前死后，哀荣始终。

唐德宗在位期间施政风格有哪些变化？

唐德宗李适，是唐肃宗的长孙、唐代宗的长子。他在位时间为公元 779 年到 805 年，整整 26 年，曾先后用过建中（780~783 年）、兴元（784 年）、贞元（785~805 年）三个年号。

公元 779 年五月，唐代宗驾崩，皇太子李适即位称帝。纵观他的一生，无论是性格、还是他的一些行为，都充斥着矛盾色彩：

第一，刚即位初，他比较信任宰相，以后演变为猜忌大臣，并逐渐形成了拒谏饰非、刚愎自用的性格。

第二，由武力削藩，转变为对藩镇姑息。

德宗即位之初，一直试图削夺拥兵自重的地方藩镇节度使的权力。但后期，逐渐对藩镇割据的削弱变得松散、怠慢。

第三，对内廷宦官的态度由即位之初的"疏斥"，逐渐转变为后来的委重。

第四，由即位初期的节俭转变为后期喜欢财物与大肆聚敛。

德宗在位期间施政风格的巨大变化，从表面上看，显示出这位帝王在经历了从安逸到动乱时代的政治品性的变化，但是，从更深层次来看，则反映出大唐王朝在这一历史时期的政治面貌的变化。

此外，德宗对宦官态度的转变，使宦官成为了德宗以后政治中枢当中重要的力量。德宗之后历代皇帝当中，诸如他的儿子顺宗、孙子宪宗以及后来的敬宗、文宗等都是死于宦官之手。这些情况，都是与德宗在后期对宦官态度的改变有直接关系的。

唐德宗最终有没有找到生母沈氏？

沈珍珠，唐代宗李豫的皇后，浙江吴兴（今湖州省竹墩）人，玄宗开元末年入选为东宫宫女。当时唐肃宗李亨为皇太子，将沈氏赐予广平王李豫（李亨长子）。沈氏不仅天生丽质，而且善良贤惠，深受李豫的宠爱。天宝元年（742 年），沈氏生下长子李适，即后来的唐德宗。

天宝十五载（756 年），安禄山叛唐后，直逼长安。玄宗带着杨贵妃及诸皇子皇孙仓皇逃离，李亨、李豫、李适都在其中，而诸皇子皇孙的妃妾及一大批皇亲国戚却被遗留在宫中，后被叛军俘获，其中就包括沈氏。

李亨在位时，封长子李豫为天下兵马大元帅。至德二年（757 年），李豫收复洛阳时，找到了被关押一年多的沈氏，第二年，李豫被立为皇太子，却并没有将她接回长安，而是让她一直居住在洛阳宫中。乾元二年（759 年），洛阳再次被攻陷，沈氏自此不知道下落。

李豫即位以后，立长子李适为皇太子，同时下令寻找沈氏的下落，却始终没有线索。其间也有人声称自己是沈氏，但后来发现都是冒名顶替。大业十四年（779年）代宗病逝，太子李适继皇位。次年建中元年（780年），李适遥尊生母沈氏为"睿贞皇太后"。

为了寻找生母，德宗李适听取了中书舍人高参的建议，任命睦王李述为奉迎使，沈氏族人四人为判官，派遣多人四处访寻，多方查找，同时对沈氏家族大加封赏，以期母子团聚。

建中二年，有消息传来说，沈太后在洛阳被找到了，长安城中一片欢声笑语，然而，这个"沈太后"很快便被证实只是高力士的一个养女，由于年纪相貌酷似沈氏，而且与沈氏在宫中经常接触，因为想攀高而冒充沈氏。之后，很多冒名者都来认亲。德宗一生，终究没有找到真正的沈太后。

为什么说浑瑊是一代名将？

浑瑊出自铁勒九姓中的浑部，世居皋兰州（今宁夏回族自治区银南市黄河河曲两岸），浑瑊的父亲浑释之武艺高强，投身朔方军中，战功赫赫，一路升迁到开府仪同三司、宁朔郡王，浑瑊在这样的家庭中长大，为他日后成为一代名将的提供了良好的家庭氛围。

天宝五载（746年），11岁的浑瑊跟着父亲参加例行的冬季边防，朔方节度使张齐丘看他一脸稚气，忍不住开起了玩笑，"带乳母来了没有"，在张齐丘眼里，他根本就是个乳臭未干的小孩。事情很快就让张齐丘跌破了眼镜，当年浑瑊就立了跳荡功（为少年兵设置的军功），两年后，攻破石堡城，收复龙驹岛，浑瑊都参与其中，立下了不小的战功。在安史之乱爆发前，他就凭军功做到了中郎将的位置。

"安史之乱"爆发后，浑瑊跟随河东节度史李光弼在河北平叛，在攻打常山城（今河北省唐县）的战役中，他一箭射死叛军骁将李立节，立下首功，大大鼓舞了唐军的士气。唐肃宗在灵州登基后，浑瑊率领所部赶赴行在，及时向朝廷报到。他跟随郭子仪收复两京，与安庆绪的叛军浴血奋战，被提拔为武锋军使，又跟随仆固怀恩平定史朝义，大小数十战，军功最盛，被授予太常卿，食实封两百户。

贞元二年（786年），吐蕃寇边，屡屡受挫于名将李晟，吐蕃尚结赞对手下言道，"唐朝的名将，惟有李晟、马燧、浑瑊三人，不除掉他们，终为我们的心腹大患"。尚结赞设计了一个鸿门宴，要让大唐名将落入他的圈套。吐蕃多次要求与大唐会盟，归还了盐（今宁夏回族自治区盐池县北）、夏（今陕西省横山县西）二州表示诚意，唐德宗考虑再三，决定派浑瑊主持这次唐蕃会盟。

贞元三年，唐蕃会盟于平凉（今甘肃省平凉市）。应尚结赞的要求，浑瑊等人入幕更换礼服。突然间，鼓声四起，数万吐蕃伏兵蜂拥而上，浑瑊久经战阵，赶紧从幕后逃出，抢到一匹没有马镫的战马，突围而出。浑瑊武功卓绝，又有唐军接应，得以幸免，其他自副使崔汉衡以下，全都陷入吐蕃人手中，平凉劫盟，唐军战死5百，被俘千余人，损失惨重。浑瑊回朝后向唐德宗请罪，唐德宗丝毫没有加以责怪，依然让他带兵抵制吐蕃进犯，不负所望，为大唐筑起了一道钢铁长城，吐蕃只能望而兴叹，染指中原的梦想化为了泡影。

贞元九年，浑瑊奉命重修被吐蕃军队摧毁的盐州城，他尽心尽力，带领6千人，两旬时间就筑城完毕，让唐德宗十分嘉许，视为臣子的楷模。浑瑊多年劳苦功高，保境安民，最后升至检校司徒和中书令。

贞元十五年（799年），他因病去世，享年64岁。唐德宗得知噩耗，极为悲痛，追赠浑瑊为太师，谥号忠武，为他两度废朝，大哭不已。

谁被王忠嗣称为"万人敌"？

李晟，字良器，洮州（今甘肃省临潭）人，他是唐朝的著名将领，被王忠嗣冠以绰号"万人敌"。

年轻时，李晟就是一位武艺不凡的英雄人物。他18岁时投奔名将王忠嗣（时任河西节度使），在一次与吐蕃的战斗中，唐军遭遇不测，屡战失利，王忠嗣下令招募弓箭高手，李晟及时地报名参加，纵马射敌，擒拿住了敌方的首领，王忠嗣兴奋地称赞李晟他是"万人敌"。

自安史之乱以后，唐朝国势日益衰落，天下形势危急，李晟多次拯救大唐于危难之中。吐蕃进犯灵州（今宁夏回族自治区灵武市西南）时，李晟仅率1000名骑兵迎敌。他没有直接跟吐蕃军交战，而是将吐蕃军后方基地的军需物资全给烧了，这样吐蕃军断了粮草，只好退兵。后来，吐蕃与南诏结盟，大举进犯四川，李晟率领精锐的神策军前往救援，大败吐蕃和南诏联军。

唐德宗即位后，大批藩镇节度使集体闹事，割据四方，称王称帝，长安也被叛军朱泚占领了。唐德宗仓皇逃跑。在危亡时刻，李晟再次率军击败叛军。在战斗中，李晟曾亲率百名骑兵与叛军厮杀，很多叛军士兵听到李晟的大名，纷纷逃窜，朱泚在逃跑途中被部下刺杀。李晟收复长安，唐德宗很是感动，对李晟大加封赏。又过了几年，吐蕃又一次闹事，大将尚结赞进攻唐军，唐德宗准备再次逃窜，被李晟拦住。李晟率军大破吐蕃，并迫使吐蕃求和。

在危难之际，李晟多次拯救国家，他与郭子仪、李光弼等齐名成为唐朝中兴名将。但李晟最终被唐德宗解除了兵权，后病逝，享年67岁。

唐朝哪位皇后刚加冕就去世了？

唐德宗皇后王氏，她是秘书监王遇的女儿。贞元二年（786年）十一月，王氏被册封为皇后。然而，加冕典礼刚刚结束，王皇后就去世，唐德宗十分痛苦，赐她谥号为"昭德皇后"。

广德元年（763年）五月，唐代宗即位后不久，册封长子李适为天下兵马大元帅、鲁王。在此期间，李适纳王氏为妻。结婚不久，王氏顺利生下唐顺宗李诵。

大历十四年（779年），唐代宗去世，李适即位，是为唐德宗。德宗封王氏为淑妃，位列众嫔妃之首，可以行使皇后的权力。几年后，朝廷内部出现隔阂，发生了政变，叛乱将领占领了长安，德宗和王氏仓皇逃往陕西乾县。

离开长安后，他们一路奔波，受尽了磨难，尤其是女儿生下来就夭折，对王氏打击很大。回到长安后，王氏非常憔悴，之后一病不起。

贞元二年（786年）十一月，德宗宣布册立王淑妃为皇后，加冕仪式非常隆重，在病中的王皇后奄奄一息，然而隆重的加冕典礼刚落下帷幕，王皇后刚接见了百官群臣，便永远闭上了眼睛。

为什么说唐顺宗李诵是位特征比较鲜明的皇帝？

唐顺宗李诵是唐德宗的长子，上元二年（761年）正月十二日出生，大历十四年（779年）被立为皇太子。贞元二十一年（805年）即位称帝，改元永贞。在唐朝的皇帝中，顺宗是特征最为鲜明的一位，他与众不同的地方在于：

做太子的时间最长。他做太子的时间长达26年（779~805年）。

在位时间比较短暂。顺宗即位的当年八月，宦官俱文珍等勾结部分同僚和藩镇，逼他退位，让他传位于太子李纯，史称"永贞内禅"。顺宗在位的时间还不到200天。

为后世留下了一场精彩的革新运动。顺宗即位以后，任命王伾、王叔文为翰林学士，在韩泰、韩晔、柳宗元、刘禹锡等人的大力支持下，改革德宗在位时的弊政，他罢免贪官，废除宫市，停止盐铁进钱和地方进奉，并试图收回宦官的兵权，史称"永贞革新"。在宪宗李纯继位的第三天，新的当政者，就对"二王"集团清算，二王（王伾，王叔文）被贬，韩晔、韩泰、陈谏、刘禹锡、柳宗元等8人接连被贬为司马。此次改革事件也称为"二王八司马"事件。

在所有的唐朝皇帝中，只有唐顺宗留下了完整的《顺宗实录》，共5卷，由韩愈编撰。

"永贞"的年号是在顺宗退位以后才修改的。

元和元年（806年）正月初一，顺宗在兴庆宫接受儿子和群臣的朝贺，同时接受"应乾圣寿太上皇"的尊号。正月十九，顺宗在兴庆宫咸宁殿病逝，享年46岁。

"二王八司马事件"是怎么一回事？

二王八司马事件，即为永贞革新，是指唐朝顺宗时期官僚地主以打击宦官势力为主要目的的一次变革，因发生于永贞年间，故名"永贞革新"。

唐朝从玄宗时的高力士起，开始出现宦官专政的现象；到肃宗时期的李辅国，宦官又掌握了军权。到唐朝中后期，宦官们骄横霸道，引起皇帝和某些官僚士大夫的不满。

永贞元年（805年），唐顺宗李诵即位，他以东宫旧臣王叔文、王伾为翰林用事，引韦执谊为宰相。他们与柳宗元、刘禹锡等人结成政治上的联盟革新派，共同出谋划策打击宦官势力。

永贞革新的内容主要为：收夺宦官的兵权，制裁藩镇割据跋扈，严重打击贪官污吏，废除宫市、五坊小儿及进奉等政策弊端，免除民间欠税和各种杂税，选拔德才兼备的人为官等。

虽然他们的改革措施很具有进步性，却引起了以俱文珍为首的宦官集团及与之相勾结的节度使的强烈反对。

最后，俱文珍等人发动政变，幽禁顺宗，拥立太子李纯即位。王叔文被贬后赐死，王伾外贬后不久病死，柳宗元、刘禹锡、韩泰、陈谏、韩晔、凌准、程异及韦执谊8人均被贬为外州司马，史称"二王八司马事件"。此次改革历时100多天，以失败而告终。

唐顺宗的皇后王氏是忧郁而死的吗？

唐顺宗皇后王氏，琅琊临沂人，其父亲为王子颜，被封为金紫光禄大夫。王氏13岁嫁给宣王李诵。大历十三年（778年），王氏生下儿子李纯，即后来的唐宪宗。

王氏自幼聪慧，才貌双全，被选入宫。代宗见她机灵可爱，便将她赏赐给了自己的长孙宣城郡王李诵。当时的王氏非常年幼，只有13岁。

在宫中，王氏不像其他嫔妃们一样，争宠斗艳，她非常的善良，所生的两个女儿，即汉阳公主和恭靖公主，由于多年受亲生母亲王氏的教诲，都十分勤俭。

贞元二十一年（804年），唐德宗病逝，顺宗即位，改年号为"永贞"。第二年八月，由于"永贞革新"失败，顺宗被迫传位于太子李纯，即唐宪宗。

元和元年（806年）正月，唐宪宗迫于宦官压力，将母亲王氏迁出后宫，封号改为皇太后。至此，朝廷大权完全落入宦官集团手中，宪宗李纯实际上成为了宦官们的一个傀儡。王氏被送到长安城东南兴庆宫居住，因为长期独居兴庆宫，孤身在外，长期不能与儿子李纯相见，王氏很快忧郁成疾。

元和十一年（816年），王氏病逝于兴庆宫咸宁殿，享年54岁。

唐宪宗李纯为唐朝中兴做了哪些努力？

唐宪宗李纯，原名李淳，是唐顺宗的长子，大历十三年（778年）二月十四日出生在长安宫中。被册封为皇太子后，改名为"纯"。登基为帝后，宪宗常以祖上圣明之君为榜样，总结历史经验，招纳贤臣，任用贤明的宰相。他在位15年间，勤于政事，君臣同心，从而开创了唐朝中兴的局面。

宪宗是个很有作为的皇帝。为了能够更好地削弱藩镇割据的势力，改变朝廷日益衰落的局面。他大力提高宰相的权力，平定藩镇叛乱，从而开创了"唐室中兴"的局势。

他一生最主要的功绩是改变了对藩镇的姑息政策。元和元年（806年），宪宗即位之初，西川节度使刘辟就起兵反叛。朝廷派李元奕等率军前去讨伐。叛军刘辟屡战屡败，最后被俘，被送到长安斩首。

元和九年（814年）九月，淮西节度使吴少阳的儿子吴元济掌握兵权后也开始起兵叛乱，威胁东都。第二年正月，宪宗决定进军淮西。淮西地处中原地区，战略位置非常重要，因此宪宗决定对淮西用兵非常必要。

元和十二年九月，政府军首先攻破蔡州，大败淮西军。吴元济在完全没有准备的情况下束手就擒。至此，持续3年的淮西叛乱宣告结束。

吴元济败死之后，淄青节度使李师道感到了朝廷的威力，于是献地暂时归顺朝廷，不久再次举兵反叛。元和十三年七月，宪宗调宣武、魏博、义成、武宁、横海诸镇节度使率大军征讨李师道。在大兵袭击的情况下，李师道内部发生内讧，兵马使刘悟杀死李师道，并率部队归降唐军。

经过上述一系列的征讨，宪宗削弱了藩镇势力，加强了中央集权，在一定程度上，促成了唐朝的中兴。

唐宪宗贵妃郭氏历经了几代皇位更迭？

唐宪宗贵妃郭氏，从唐宪宗到唐宣宗，共历经了6代皇帝更迭。

郭氏出身于将门之家，是唐朝名将郭子仪的孙女、郭暧的女儿，她的母亲是唐代宗的长女齐国昭懿公主。郭氏家世显赫，因此被唐顺宗选为太子广陵王的妃子，又因为其生母身份高贵（为顺宗姑婆），再加上她的父亲和祖父皆有功于皇室，因此郭氏颇得顺宗的宠爱。

贞元十一年（795年），郭氏生下第三个儿子李恒，即后来的唐穆宗。

元和元年（806年），太子广陵王即位，即为唐宪宗，郭氏却只被册封为贵妃，而非皇后。

元和八年十二月，百官群臣奏折，要求册封郭贵妃为皇后，但宪宗以郭贵妃出身显族为理由，担心郭贵妃成为皇后，不允许宪宗有后宫之宠，因而婉拒了百官的请求。

元和十五年初，宪宗病危，李恒即位，是为唐穆宗。穆宗即位后，郭贵妃荣升为皇太后，穆宗在位共4年，因服用丹药驾崩。穆宗死后，穆宗长子即位，是为唐敬宗。敬宗即位后，尊生母王氏为太后、祖母郭太后为太皇太后。

宝历三年（827年），敬宗被宦官杀死，内外震惊，于是郭太皇太后下诏，迎敬宗的弟弟即位，是为唐文宗。后来，文宗驾崩，他的弟弟武宗即位，因此称敬宗母王氏为义安太后，文宗母为积庆太后，郭氏仍称太皇太后，并且三宫太后仍继续受到武宗孝养。

武宗死后，宪宗第十三子被拥立，在武宗梓宫前即位，是为宣宗，宣宗尊生母郑氏为太后，郭氏仍为太皇太后。宣宗是宪宗庶子，而在早年郭氏还是贵妃时，郑氏曾是郭太后的宫女，因此，宣宗对郭太皇太后的孝养较为疏远，这也引起了郭太后的不满。

大中五年（851年）三月，郭太皇太后登上勤政楼，因为对宣宗的礼薄有所不悦，竟打算跳楼自杀，幸而被宫人阻止，不日即亡。

然而，究竟为什么郭太后在跳楼未遂当晚，突然离开人间，长久以来一直是个谜。

五代十国时期

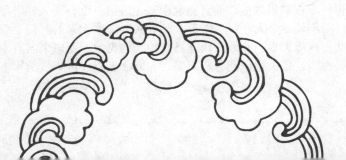

五代十国并非指一个朝代，而是指介于唐朝与宋朝之间的一个特殊历史时期，一般认为是公元907年朱温灭唐到公元960年北宋建立这一历史时期。

五代指的是后梁、后唐、后晋、后汉、后周5个次第更迭的政权。十国指五代之外同时及相继出现的十几个割据政权，主要有前蜀、后蜀、吴、南唐、吴越、闽、楚、南汉、南平（荆南）、北汉等国，统称十国。十国只称其中大者，实际上当时还有不少割据政权。因五代建立于中原地区，占据着原唐朝都城的中央地区，所以它们都以正统自居，而在传统的史学上来看，十国及其余政权被称为割据势力。

五代的开国之君，都是前朝的藩镇，靠军事起家，所以这一时期的历史特点是战争频繁，政权屡有更迭。在5个朝代中，维持的时间最长的后梁也只有17年，后唐14年，后晋11年，后周9年，而后汉仅仅维持了4年。这段时期的权位更迭也非常混乱，即使是在一朝之内，其权位之争也是超乎寻常。如后梁太祖朱温在位5年，就被其次子朱友珪所杀。而朱友珪上台不久，又被其弟朱友贞所杀。再如后唐明宗李嗣源的儿子秦王李从荣，以兵夺权失败，被杀。明宗去世之后，由其弟的第五子李从厚继位，仅一年，就被明宗的养子李从珂夺权。这些频繁的兵戎相见，给百姓带来了极大痛苦和灾难。

五代十国乱局的序幕是被谁拉开的？

五代十国乱局的序幕是被朱温拉开的。朱温前期曾参加过黄巢的起义军，后来降唐，被唐僖宗赐名朱全忠，之后又代唐称帝，建立后梁。朱温的在位时间是公元907年到912年。

朱温小时候家里非常贫穷，曾跟随母亲在萧县刘崇家当佣工。后来加入黄巢领导的农民起义军，并随军进入了长安。唐中和二年（882年）正月，黄巢任命朱温为同州（今陕西省大荔县）防御使。同年九月，朱温背叛义军，投降唐朝河中（今山西省永济市西）节度使王重荣。唐僖宗任命朱温为金吾卫大将军，出任河中行营副招讨使，并赐名朱全忠。

唐中和四年，朱温和李克用等联兵镇压黄巢起义军。此后十余年间，朱温凭借汴州（今河南省开封）优越的地理条件，慢慢地吞并了割据中原和河北地区的藩镇。天复元年（901年），朱温被封为梁王。同年，宰相崔胤召朱温入关，共同谋划诛杀宦官的大计。宦官劫持唐昭宗到凤翔（今属陕西省），投靠节度使李茂贞。朱温领兵攻打凤翔，李茂贞屡战屡败。

天复三年，李茂贞在万般无奈的情况下，杀死了劫持唐昭宗的宦官，并送昭宗出城。昭宗返回长安后，朱温等人将宦官全部诛杀，同时解散了神策军（唐代后期主要的禁军），从此朱温全权控制了昭宗，成为"太上皇"。

天祐元年（904年），朱温挟持昭宗迁都洛阳，随后派人将他杀死，拥立昭宗之子李柷为帝，也就是唐哀帝。天祐四年，朱温废李代唐，自称皇帝，并且改名为晃，定都开封（后曾一度迁都洛阳），建国号为梁，史称后梁，改元开平。至此，五代十国的乱局时代被拉开了序幕。

五代第一贤妃是谁？

张惠，单州砀山（今安徽省砀山）人，是后梁太祖朱温的嫡妻，被史书称之为"五代第一贤妃"。

张惠为人贤明精悍，不仅敢说敢做，而且做起事来也进退有度，为人处事颇具章法。而朱温性格暴戾，喜怒无常，动不动就杀人。每当朱温大动肝火要降罪无辜的时候，只有张氏敢于与丈夫碰硬，继而进言规劝，挽救无辜。此外张氏还具有独到的见解，所以朱温有事都会找张氏商量或讨论。一次朱温用兵不当，张氏意识到有所不妥，立即派人阻止进一步的军事行动，因此避免了不必要的损失。

朱温一共有8个儿子，其中朱友裕是长子。张氏和朱温生有一个儿子，即朱友贞，但张氏并没有因此而偏爱朱友贞，而是对朱温所有的孩子能够做到一视同仁，她还十分礼待朱温其他的儿子，将他们视如己出。有一次，朱友裕领兵攻伐企图独立的族人朱瑾，朱瑾兵败逃走，朱友裕则按兵不动，没有追击余党。于是就有人向朱温进言诋毁朱友裕与朱瑾有勾结，才有意按兵不动，放过了朱瑾。朱温信以为真，立即下令解除朱友裕的兵权。

而此时的朱友裕对父亲的举动，也深感惶恐，只好带领几名亲信逃往别处。张氏爱子心切，明白朱友裕是无辜的，于是就命人四处找寻朱友裕的下落，要求他回来负荆请罪，最后，朱友裕听从母亲的命令，回来向朱温请罪求死。

张氏得知儿子归来，又得知朱温准备赐死朱友裕，于是她鞋都顾不得穿，就跑到朱温跟前，抓住朱友裕的手，痛哭说："你只身回来请罪求死，怎么能说你要谋反呢？"这句话是有意说给朱温听的，朱温明白张氏的意思，于是放过了朱友裕。

可惜张氏命短，在唐昭宗天祐元年（904年）病故了。朱温公元907年称帝后，追封张氏为贤妃。到朱友贞当皇帝时，追谥张氏为元贞皇太后。

身无寸功的袁象先为什么会成为两朝高官？

后梁太祖朱温有个外甥叫袁象先，是宋州下邑（今安徽省砀山）人，在后梁和后唐都是霸据一方的重臣，他之所以能够成为两朝重臣，不是因为他建立什么战功，而是靠关系和投降比别人快。

袁象先并没有什么战功，仅仅依靠亲戚关系就做了后梁的大将。他一生历任宣武军内外马步军都指挥使，宿、洛、陈三州刺史，左龙武统军，在京马步军都指挥使等官职。

朱温登上皇位之后，不理朝政，贪恋酒色。后梁皇室父子、兄弟之间明争暗斗，互相厮杀。袁象先帮助后梁末帝朱友贞夺得了政权，末帝便封袁象先为镇南军节度使，后来又封他为宣武军节度使，坐镇宋州（今河南省商丘市）。

袁象先在宋州10多年，搜刮了大量民脂民膏。公元923年，庄宗李存勖灭掉后梁，建立后唐，定都洛阳。袁象先带着在宋州搜刮的数十万赃银，跑到洛阳，投降了李存勖。

李存勖十分厚待袁象先，并赐他姓李名绍安，改原来的宋州宣武军为归德军，继续让他回原地镇守，李存勖对袁象先说："你投降了后唐，就是归顺后唐的有德之人了。"

象牙潭之战在军事史上是个经典案例吗？

象牙潭之战，指的是五代后梁开平三年（909年），吴王杨隆演遣周本率军以少胜多，从而挫败抚州刺史危全讽在象牙潭（今江西省金鸡县东北）反叛的作战行动。象牙潭之战在军事史上可以说是一个以少胜多的经典案例。

后梁开平三年（909年）六月，抚州（今江西省吉安）刺史危全讽自称镇南节度使，率抚、信（今江西省上饶）、袁（今江西省宜春）、吉（今江西省吉安）四州号称10万的军队，进攻洪州（今江西省南昌市）。

当时的淮南洪州守军仅有数千人，节度使刘威只好一面虚张声势，布设疑兵，迷惑敌人，一面秘密派人到广陵（今江苏省扬州）求援。危全讽将军队驻扎在象牙潭，没有前进，而是请求楚王马殷出兵相助。马殷派指挥使苑玫会同袁州刺史彭彦章合围洪州境内的高安，声援危全讽。另一面，执掌淮南大权的徐温任命周本为西南面行营招讨应援使，率兵7000救援高安。

周本认为楚军只是声援危全讽，并无攻取高安的意思，一旦击败危全讽，楚军援兵就会撤走。于是他领兵急奔象牙潭。一日，周本隔溪水列阵，先派老弱士兵前去挑战，用以试探虚实。危全讽当即下令渡溪追赶，周本乘他们渡溪渡到一半之际，发兵攻击，危全讽军大败而逃，许多士兵溺水而死。周本又分兵截断他们的归路，危全讽及其将士5000余人被俘。周本乘胜攻取袁州，刺史彭彦章被俘；接着又攻克吉州。饶、信等州也相继被攻取。苑玫和彭彦章看到这种局势，只好率领围困高安的楚军退走。

象牙潭之战，周本依据形势，巧妙用兵，伺机而动，以区区数千兵破数万之众，算得上是军事上以少胜多的经典案例。

后梁开国功臣李思安在何处被赐死?

李思安,字贞臣,河南陈留(今河南省开封市陈留县)人。五代时期后梁大将,屡立战功,是后梁的开国功臣之一。乾化年间,被朱温赐死在相州。

李思安早年曾经追随在宣武将军杨彦洪麾下,英勇无敌,力大过人,很有野心。唐中和三年(883年),宣武节度使朱温举行阅兵仪式,看到李思安相貌不凡,于是十分欣赏,特赐名为李思安。此后,朱温每次出兵征战,李思安都跟随在他的左右。由于他善使飞槊,所向披靡,因此屡建战功,朱温由此非常器重李思安,就任命他为踏白将。

在与黄巢起义军和蔡州节度使秦宗权的作战中,李思安主动率百余人出战,左右冲杀,势不可挡。不久,李思安领兵攻打郑州,大将李唐宾不慎坠马,李思安手疾眼快,将他救起,这才使得他幸免于难。之后,李思安又生擒秦宗权的大将柳行实,接着长驱渡过淮河,南下攻占天长、高邮二邑,随之又北拒孙儒,进逼濠州。由于李思安战功显赫,不久之后就被朱温升为诸军都指挥使,官至检校左仆射,亳州刺史。

李思安虽然勇猛善战,但是缺乏智谋,所以每次作战,不是大胜,就是大败。后梁开平元年(907年),李思安率大军攻伐幽州,扎营在桑乾河,节度使刘仁恭率军前来应战,李思安命令大将袁象先带精兵埋伏在山谷,他自己则率领老弱残兵正面迎击刘仁恭,刘仁恭见李思安的军队尽是些老弱残兵,于是产生了骄傲轻敌之心。他下令全军出击,李思安看准时机,下令伏兵发起突然攻击,结果大败刘仁恭。

李思安回军时私自进攻了潞州,结果连攻数月也没有攻破,士兵们心生怠惰,并且有很多人偷偷逃逸。朱温得知以后大怒,只好剥夺了李思安的官爵,但不久又重新让他带兵。

乾化元年(911年),李思安被朱温调到相州当了相州刺史,他觉得这不是他想要的,所以无心治理相州,导致相州境内政治混乱、民怨四起。朱温闻讯大怒,把李思安贬为柳州司户,不久就将他赐死在了相州。

五代时期号称"银枪效节军"的军队是由谁组建的?

"银枪效节军"是由五代时期后梁著名将领杨师厚建立的,后来这支军队成为五代时期最有战斗力的一支军队。

杨师厚是安徽人,年轻时曾经在唐东南面副招讨使李罕之的手下做事。杨师厚勇猛善战,却没有得到李罕之的重用。

公元884年,李罕之归附李克用。李罕之将100多名士兵交给了李克用,其中这里面就有杨师厚。不久以后,杨师厚逃到朱温那里,朱温任命他为曹州刺史。公元903年,杨师厚跟随朱温在岐下与李茂贞交战,杨师厚大败李茂贞。不久,平卢节度使王师范在青州举兵叛乱,唐昭宗命朱温讨伐王师范,朱温就把这个任务交给了杨师厚。经过3场大战,王师范大败投降。

公元904年,杨师厚被朱温授予诸军行营马步都指挥使一职。此时的杨师厚已是五代时期最强大的陆军最高指挥官,他的一举一动都直接影响着唐末的政局。公元905年八月,杨师厚与另一位五代时期优秀的将军赵匡凝在襄阳附近的童山展开了一场决战,结果杨师厚大败赵匡凝。朱温让唐昭宗任命杨师厚为襄州节度使,将大半主力交给他来掌控。

公元907年,朱温称帝建立后梁,他将杨师厚提拔到了最显要的武将位置。杨师厚镇守魏州时,虽然拥有强大的后梁精锐部队,但由于朱温的猜忌,他并没能出任魏州的军节度使。但朱温还没有来得及对杨师厚下手,就被朱友珪杀死了,杨师厚在魏州城内积极响应朱友珪,杀掉了魏州牙将,把节度使罗周翰赶出了魏州。朱友珪只好封他为天雄军节度使,至此杨师厚有了更大的权力来组建军队。

公元912年,杨师厚组织建成了五代时期最有战斗力的一支军队——"银枪效节军"。

后梁是怎么被后唐所灭的?

唐昭宣帝天祐四年(907年)四月,朱温篡唐建梁以后,对他威胁最大的就是河东的李克用。

朱温称帝后的第二年，李克用病死，他的儿子李存勖继位。不久，李存勖与后梁在潞州作战中取胜，稳定了后晋的统治地位。继而他又在政治、军事上采取了一系列的改进措施，为与后梁争夺北方的统治权奠定了基础。

后晋和后梁为了争夺河北的控制权，于公元910年到916年进行了长达6年的战争。其中的柏乡（今河北省柏乡西南）之战与魏州之战，是两次规模较大的战役，对争夺河北，乃至晋、梁最后的兴败存亡起到了关键性的作用。

在沿黄河争夺战中，公元923年四月，李存勖在魏州称帝，建立后唐。不久，李存勖为争夺对沿黄河的控制权，与后梁展开激烈的战争，大获全胜，从而巩固了黄河的重要渡口杨刘（黄河渡口，今山东省东阿县南）、德胜（今河南省濮阳市北）及黄河南岸的郓州城（今山东省东平县西），取得了随时渡黄河南攻的有利态势。

后唐庄宗同光元年（923年）八月，李存勖从后梁降将康延孝那里得知梁军将在十月大举进攻后唐的消息。一个月之后，李存勖亲率主力向汴梁进军。十月二日，李存勖由杨刘渡过黄河，三日抵达郓州城，命李嗣源为前锋，当夜越过汶水。四日清晨，与后梁王彦章部相遇，一战取胜，攻克中都（今山东省汶上县），俘获王彦章。七日，后唐军进抵曹州（今山东省曹县北），后梁守将投降。九日清晨，李嗣源率前军到达了后梁的首都大梁（今河南省开封）城下，开封尹王瓒开城出降。当日，李嗣源与李存勖先后入城。

后唐军攻入大梁之后，后梁末帝朱友贞自杀。统治17年的后梁政权，到此被李存勖消灭。

李克用和朱温有什么不解世仇？

公元907年秋，后唐太祖李克用在弥留之际，将一支箭交给李存勖说："我与后梁是世仇，生前不能攻灭它，乃是我平生一大恨事。你务必要继承我的遗志，攻灭这个敌人。"李克用和朱温的世仇要从中牟之战说起。当时，朱温担心李克用影响自己的事业，想要将他杀死，却被他逃脱，因而结下了不解之仇。

中牟之战后，李克用来到朱温的驻地汴州。朱温见此时的李克用如此骁勇，担心他日后会成为自己的劲敌，就起了杀心。当天晚上，朱温大摆宴席，以犒劳李克用为名，命部将轮流劝酒，将李克用等人灌得酩酊大醉，然后将他送入卧室。

随后朱温派兵将驿馆团团围住。李克用的亲兵薛志勤、史思敬等10余人慌忙出去抵抗，留下亲兵郭景铢去卧室叫醒李克用。李克用当时早就烂醉如泥，怎么叫都叫不醒。郭景铢只好把他从床上拖下来，用水将他喷醒。李克用匆忙拿起弓箭，由亲兵护卫翻出后墙，逃出驿馆。从此，李克用和朱温结下了仇。

李存勖不负父志，将后梁灭掉。李存勖建立后唐，追尊李克用为太祖。

五代十国中谁被称作"飞虎子"？

后唐太祖，名李克用，别号李鸦儿，沙陀部（西突厥别部）人，唐朝时被封为晋王，由于他一目失明，所以又称"独眼龙"。李克用早年曾随父亲出兵镇压庞勋起义，常冲锋陷阵，在军中号称"飞虎子"。

唐朝末期，李克用的父亲朱邪赤心任振武（治所在今内蒙古自治区和林格尔西北）节度使，李克用任云中（今山西省大同市）守捉使。公元876年，李克用杀死大同军防御使段文楚，占据了云州（治所在今山西省长城以南，桑干河以北），并请求唐僖宗任命他为云州防御使。僖宗不同意，发兵讨伐他。李克用战败之后与父亲一起北逃到鞑靼（古时汉族对北方各游牧民族的统称）。

后来在黄巢起义中，李克用率领4万沙陀骑兵攻入关中，逼迫黄巢退出长安，因此被僖宗任命为河东（治所在今山西省永济县蒲州镇）节度使。公元884年，李克用又率兵在中牟（今河南省中牟县）大败黄巢，后被封为晋王。此后，他长期割据河东，一度攻陷京师而纵火大掠。

正是因为在军中征战勇敢，李克用才被称为"飞虎子"，他的战绩为后唐的建立打下了坚实的基础。

谁平定了李克用死后的皇室内乱?

后唐曹皇后，太原人，唐庄宗李存勖的母亲，在李克用死后联合监军张承业设计平定了皇室的争权之乱。

曹氏眉目秀气、温文尔雅、姿质艳丽、温顺贤惠、性格豁达、知书达理。李克用妻妾众多，但极少有人能常得李克用的宠爱，只有曹氏长期受宠不衰。李克用平时待人非常严厉，而且性情暴躁，身边左右随从稍有过失，他就会以严刑厉法惩处，对此，曹氏从容进谏李克用，请求他以宽容之心对待属下，因此众人都对她尊崇爱戴。

唐光启元年（885年）十月，曹氏在太原晋阳宫生下儿子李存勖。李克用大喜，曹氏也因此备受宠爱。但曹氏依然恭敬谨慎，做事勤恳，受到众人的称赞。

后梁开平二年（908年），李克用死后，李存勖继晋王位。当时，李存勖的叔叔李克宁、弟弟李存颢等人不服，密谋联合起来起兵谋反。曹氏立即召见了监军张承业，并向他哭诉李克宁忘恩负义，要与李存颢勾结谋反，要求张承业一定要给她母子一席之地。曹氏与李存勖还表示为了避免战祸，他们甘愿让位。监军张承业深受感动，于是便设伏兵捕杀了李存颢和李克宁，从而稳住了李存勖的王位。

后唐曹皇后内助李克用打天下，笼络士心，教子有方，为人处事、待人接物也表现得非常得体。即使是在内乱的关键时刻，她也能临危不乱、以情感人、果断处事，为李存勖登基称帝出力甚大。因此可以称得上是我国历史上一位不可多得的贤内助。

五代名将康君立是怎么死的?

康君立，蔚州兴唐（今河北省行唐县）人，是唐末五代时期的著名将领。唐僖宗乾符年间，他任云州（今山西省大同市）牙校。李克用镇守太原（今山西省太原市）时，康君立受任检校工部尚书。唐末昭宗李晔景福二年（893年），康君立因功被加封检校太保，后来被李克用毒死。

康君立祖上世世代代都是边镇豪强。唐朝乾符年间，康君立任云州牙校，听命于防御使段文楚的麾下。当时黄河以南诸侯并起，天下大乱，代北之地年年闹饥荒，诸部豪杰都有聚众起兵成就霸业的野心。这时，段文楚稍稍削减了兵士的粮饷供给，搞得军士怨声四起。康君立与薛铁山、程怀信、王行审、李存璋等人秘谋反叛。

随后，康君立等人在夜间来到蔚州，拜见了刺史李克用，对他说要杀主帅替士兵争取利益。李克用说道："方今天子在上，举事应当有朝典，你们不可轻易议论。我的父亲现在远在振武，请等我禀明之后再作打算。"康君立等人说道："事机恐怕已经泄露，时间一长，必定会横生枝节，哪里等得到千里禀报之后再行动啊！"于是大家拥立李克用为主帅反叛段文楚。

唐昭宗景福元年（892年），康君立任检校司徒，封食邑千户。次年，李存孝占据了邢州，举兵反叛，李克用命康君立率军前去讨伐，康君立再次因为军功加任检校太保。唐乾宁初年，李存孝叛乱被平定，康君立班师回朝。

李存孝死后，李克用觉得非常惋惜。当初，李存信与李存孝不和，两人互相倾轧争夺，而康君立向来与李存信友好。康君立到了太原，李克用与诸将饮酒博戏，说到李存孝之事，李克用痛哭流涕，康君立因为一句话触怒了李克用，最后被李克用赐酒毒死，时年48岁。后唐明宗即位之后，感念康君立的功劳，下诏追赠他为太傅。

李克用因何将他的义子李存孝五马分尸?

李存孝，代州飞狐人（今河北省涞源），本姓安，名敬思。李克用众多的"义子"中的一个，因排行十三，所以被称为"十三太保"，曾有"王不过霸，将不过李！"的说法。"霸"指的是西楚霸王项羽，"将"指的就是李存孝。但他最后却被义父李克用五马分尸而亡。

李克用收了李存孝为义子之后，一直带着李存孝东征西讨。大唐文德元年（888年），河南张言攻破河阳，洛阳留守李罕之因此归晋，李克用将李罕之安置在泽州，派李存孝与薛阿檀、安休休等率军7000协助李罕之收复河阳。朱温则派遣丁会、牛存节等援助张言迎战。两军在温县展开激战，梁军先扼太行，李存孝大败。不过此时，晋军已取得了泽、潞二州。之后晋军每年都出征山东，与当时的昭义节度使孟方立争夺邢、洺、磁三州，李存孝每次都随军出战。

在之后的多次大战中，李存孝都勇猛无比，因战功，李克用封康君立为昭义留后，李存孝为汾州刺史，李存孝自认为擒获孙揆的功劳最大，应当由他充任昭义留后，但却被康君立抢去这一官职，因此他心中愤愤不满，连续几天都茶饭不思，并从那时候开始产生了背叛李克用的心思。

李存孝勇猛果敢，李克用军营中的将领没有人能比得过他，正因为如此，后来同样是李克用"义子"的李存信出于嫉妒，便挑拨离间，使李存孝背叛了李克用。李存孝是一介武夫，结果被李克用略施小计在幽州捉住，押解回太原后，用五马分尸的酷刑结束了他辉煌而短暂的生命。

宦官张承业为复兴唐朝误做了哪些努力？

张承业，字继元，原姓康，同州（今陕西省大荔县）人，后来因被内常侍张泰收为养子，所以改名为张承业。他是唐末五代时期的宦官。在唐朝晚期，他曾把复兴唐朝的希望寄托在李克用及其儿子李存勖的身上，误做了许多努力。

在李克用讨伐李茂贞等地方势力时，张承业受命往返在朝廷和李克用军中。时间一久，李克用觉得张承业与其他的宦官不同，识大体，颇懂谋略，因此对他十分赏识。在朱温灭唐称帝之后，张承业更是把复兴唐朝的希望寄托在李克用及其儿子李存勖的身上。后来朱温在宰相崔胤等人的配合下，在长安大肆诛杀危害朝廷和专权败政的宦官，为了斩草除根，他还假借唐昭宗的诏书命各地的节度使杀尽所在地的宦官。李克用接到诏书后，马上将张承业藏进了寺庙里，用一个死囚来顶替张承业。

朱温灭唐以后，李克用又让张承业重新出来任职。从此，张承业对李克用更是忠心不二，在李克用、李存勖父子与朱温的争战中做了大量工作，主持内政事务，还不断地为前线输送粮草，后唐之所以能顺利建立，可以说张承业功不可没。张承业一直感激李克用对自己的救命之恩，所以在以后的时间里还尽心竭力辅佐他的儿子李存勖。

李存勖为了和后梁争夺对黄河沿岸的控制权，将大本营移到了河北，与梁军展开了长达10年的艰苦争夺。在这期间，李存勖将太原的一切军政事务全权交给张承业。张承业勤勤恳恳、鞠躬尽瘁、招兵买马支援前线，招抚流民生产务农，征集粮草充实军用。

短短数年功夫，张承业便把河东的后方治理得井井有条，不仅让李存勖没有后顾之忧，集中精力对付后梁，而且还给李存勖提供了源源不断的兵源和粮草支持。最后李存勖之所以能出奇兵灭掉后梁，张承业起到了非常重要的作用。后来，李存勖由于受众将的劝谏，有了登基称帝的打算。张承业辅佐李存勖原本也是为了灭掉后梁，复兴唐朝，他一听说李存勖要称帝，便急忙去劝说李存勖，然而还是没能阻止李存勖的称帝行动。

在李存勖称帝不久，张承业便因忧虑过度，郁郁而终，享年77岁。

五代时期的"史先锋"指的是谁？

史建瑭，字国宝，雁门郡（今山西省代县一带）沙陀人，白袍将史敬思的儿子，五代时期后唐将领。史建瑭少年时期因为父亲的关系，在军中任职，由于每战都身先士卒，很快便成为了一员屡立战功、智勇双全的名将，世人称之为"史先锋"。

唐光化年间，史建瑭率昭德军与李嗣昭进攻汾州（今山西省汾阳）。他冒着雨点般的箭矢率先登城，擒获叛将，并由此被授予检校工部尚书。李存勖大败后梁军队班师时，史建瑭留守赵州，并且生擒了前来侵犯的梁将氏延赏。

后梁乾化二年（912年），后梁太祖朱温率梁兵攻陷枣强，并扬言50万大军即将进攻镇州、定州。当时晋军大队人马在幽州激战，史建瑭、李存审率领800骑兵奔赴冀州，在下博桥设下埋伏。几天后，梁军赶到，史建瑭下令突袭，俘虏梁兵先锋部队数百名，同时故意让数十人逃走散布沙陀军大军已到的消息，结果致使梁兵军心不稳，惶恐不安。

第二天，史建瑭又与李存审各领百余名骑兵，装扮成梁兵混入梁军，在黄昏时分到达梁军大营，杀死守门者，纵火劫营，斩杀和俘虏梁兵不计其数，随后又砍断几名被活捉的梁兵的手臂，命令他们回去禀报梁军主帅：晋王主力即将与梁军决战。梁军听到这个消息，都信以为真，结果士兵们都人心惶惶，无心再战，并于当天晚上拔营撤退。

梁贞明二年（916年），李存勖大败梁将刘鄩，收复澶州，以史建瑭为刺史、检校司空、外御骑军都将，不久又任其为见、相二州刺史，屯兵在德胜。后梁龙德元年（921年），镇州大将张文礼叛变，李存勖命阎宝征讨镇州，史建瑭为前锋马军都将，于八月收复赵州（今河北省赵县），俘获刺史王铤并进逼镇州。史建瑭在镇州城下作战中被流矢射中，因为医治无效死于军中，时年46岁。

史建瑭出身武将世家，谙熟军事，英勇善战，为李存勖消灭诸雄，争霸中原立下了不可替代的功劳。

后唐哪个皇帝死后焚为灰烬？

后唐庄宗李存勖，李克用的长子，公元923年在魏州（今河北省大名东北）称帝，建国号为唐，史称后唐。李存勖在称帝后，不理朝政，追求享乐，结果引起反叛，在战乱中被乱箭射中而亡，死后又被烧为灰烬。

李存勖自幼爱好骑马射箭，勇猛过人，因此很是受到李克用的宠爱。李存勖少年时曾跟随父亲作战。11岁就与父亲一起到长安向唐廷报功，得到了唐昭宗的赏赐和夸奖。李存勖长大之后身材魁梧高大，作战勇猛，而且学过《春秋》，略通文义。李存勖在沙场上出生入死，不惜生命，是位军事巨人；而政治上，他却是一个昏暗无知的政治侏儒。

李存勖称帝以后，他认定父仇已报，中原已定，所以开始不思进取，追求享乐。由于他自幼喜欢看戏、演戏，所以即位后，常常面涂粉墨，穿上戏装登台表演，将朝政抛在脑后，并自取艺名为"李天下"。

公元926年，李存勖听信宦官的谗言，冤杀了大将郭崇韬。另一个战功卓著的大将李嗣源也险遭杀害。三月，大将李嗣源在将士们的拥戴下，率军进入汴京，要自立为帝。李存勖闻讯后，急忙拿出内府的金帛赏给洛阳的将士，逼他们攻打汴水。大军行到中牟县，听说李嗣源已经进入汴京。李存勖知道大势已去，急忙率军返回洛阳，在路上兵士就逃走了一大半。

回到洛阳后，李存勖试图抵抗李嗣源的进攻。四月，李嗣源的先锋石敬瑭带兵逼进汜水关（今河南省荥阳汜水镇），李存勖决定亲自率军去扼守。军队按照命令在洛阳城外等候出发，直御（亲军）指挥使伶人郭从谦机发动兵变，带着叛乱的士兵一路乱杀乱砍，火烧兴教门，并趁着火势杀入宫内，在混乱中射死了李存勖。

李嗣源攻入洛阳后，派人从灰烬中找到李存勖的尸骨，葬在雍陵。随后，李嗣源登基称帝。

李存勖在哪一战中灭掉了大燕？

后梁乾化元年（911年）至三年，河东晋王李存勖在与后梁的幽州之战后攻占了幽州（今北京），灭掉了大燕。

幽州是河北藩镇割据地区之一。公元907年，卢龙节度使刘仁恭之子刘守光杀死兄长，囚禁父亲，从而独占幽州，他自恃兵强地险，准备称雄河北。刘守光先后威迫成德（今河北省正定）、义武（今河北省定县）等镇推举他为盟主，然后又请求梁太祖朱温封他为河北采访使，之后，借受封的时机称帝建国，国号大燕。

乾化元年十一月，刘守光发兵2万进攻义武镇所辖的容城（今河北省容城西北）。义武节度使王处直向李存勖告急求援。由于晋与燕接界，李存勖此时也感觉到刘守光已经成为自己的心腹之患，于是采纳诸将先取幽州再攻后梁的建议，派蕃汉马步总管周德威领兵救援。

乾化二年正月，周德威率领3万大军从飞狐（今河北省涞源）出发，到达易水（今河北易县境）与成德镇将王德明、义武镇将程岩会合。周德威派部分兵力围攻幽州，又命诸将分兵进攻燕国的州县，从而切断了幽州的外援。刘守光派大将领兵万人出战，结果被周德威打败。

晋军在幽州外围连战连捷，到乾化三年三月，燕国的许多重要州县都被晋军占领。刘守光又命大将元行钦率骑兵7000在山北继续招兵买马，并且以武州刺史作外援。晋军先后攻下山后八军（今太行山北端、军都山以北），夺取武州（今河北省宣化），武州刺史、元行钦二人相继战败投降。随后，晋军又攻克儒州（今北京市延庆）、平州（今河北省卢龙）等地，至此，幽州变得孤立无援。

四月，周德威下令诸军进逼幽州南门。十月，刘守光率兵 5000 乘夜向北逃窜，遭到周德威的截击后又逃回城内。刘守光不得不向周德威乞求，等晋王李存勖来了立即归降。十一月二十三日，李存勖抵达幽州城下，刘守光却借辞推托。李存勖亲率大军攻破幽州，俘虏刘仁恭等人。刘守光在混乱中逃脱，不久被擒，燕国至此灭亡。

谁是"尔虞我诈、薄情寡义"的代名词？

"尔虞我诈、薄情寡义"说的是后唐庄宗李存勖的皇后刘玉娘，为了功名利禄不认生父、不念夫妻之情的事。她也因此慢慢地演变成为了"尔虞我诈、薄情寡义"的代名词。

刘玉娘，后唐庄宗李存勖的皇后。她原本是一个歌女，由于长得漂亮又工于心计，后来嫁给晋王李存勖，做了晋王夫人。一天，有一个老翁来到行宫前，说前几天在这里看到的晋王夫人是他早年失散的女儿，嚷嚷着非要见女儿。李存勖请人进去辨认，确定了老翁正是刘玉娘的父亲。但刘玉娘却说她的父亲早就亡故了，这位老翁一定是一个贪图富贵、假冒皇亲的市井无赖，于是下令将老翁打 20 军棍，立即轰走。

实际上，刘玉娘心里明白老翁就是她的父亲，只是她不想暴露自己卑微的出身，以免给反对她的大臣口实。因此她宁可忍受良心的谴责，也不承认老翁是她的亲生父亲。此后刘玉娘虽然当上了正宫皇后，但却是"恶妇令夫败"。

两年后，李存勖被叛军流箭射中，刘玉娘一看大势已去，在夫妻之情与利害之间，经过一番"慎重"抉择，她又做了一个聪明的决定，不但不去看庄宗一眼，而且还收拾金银财宝，跟皇弟李存渥率领着 700 人的骑兵卫队，逃亡到太原。后来被新皇帝李嗣源抓住，被赐自尽而死。

拥有"李横冲"称号的皇帝是谁？

李嗣源，本名邈佶烈，是五代时期后唐的皇帝，庙号明宗。唐昭宗乾宁三年（896 年），李嗣源率部在任城大败梁军，解除了兖州之围，获得了"李横冲"的称号。

李克用死后，李嗣源作为河东主将，协助后唐庄宗李存勖浴血转战 10 多年，打败了契丹，生擒了燕王刘守恭父子，消灭了劲敌后梁，从而建立了后唐王朝，基本上统一了中原。

公元 926 年，后唐发生兵变，李嗣源兵进洛阳，被群臣拥戴监国，不久即皇帝位，改年号为天成。李嗣源不喜欢声色淫乐，即位之后，禁止中外诸臣进献奇珍异宝等物。后宫只留老成宫女 100 人，宦官 30 人，鹰坊（古代宫廷饲养猎鹰的官署）20 人，御厨 50 人，教坊（乐队）100 人。宫廷供应机构如此简单，这在中国历史上是十分罕见的。

李嗣源能够约束自己的行为，不喜欢臣下阿谀奉承，他常常召集文武百官议论时政得失，并且能够接纳臣下的忠谏。他的这种平实简朴的作风一直保持到晚年。除此之外，李嗣源还做到了知过能改，对自己严格要求。李嗣源为政宽仁，比较关心百姓疾苦。他经常诵读晚唐诗人聂夷中的悯农诗，念念不忘百姓的疾苦，曾多次下令赦免罪犯，减免灾区百姓的赋税丁徭。

李嗣源在位 7 年，战乱稀少，边境安定，饱经战乱之苦的中原百姓，总算获得了短暂的和平机会。李嗣源虽然不识文字，四方奏章都由枢密使安重诲诵读，但是他却教诲皇子李从荣说："我喜欢听儒生讲经义，很能开发心思。"他不仅要求自己的儿子认真学习汉族文化，而且鼓励大臣们督导子弟们学习儒家经典。

由于李嗣源善于学习中原先进的文化，因此粗暴的性情改变了许多，虽然他也是在马上夺得天下的，但他却能够把国家治理得比较清明安定，这是值得后人学习和借鉴的地方。

花见羞有怎样的传奇经历？

五代十国时期名将辈出，后梁大将刘鄩就是其中一位。历来英雄配美女，50 多岁时刘鄩却娶了当时最出名的美女——年仅 17 岁的花见羞。

花见羞原是邠州州城内王氏糕饼店家掌柜的女儿，花见羞也并不是她的真名，只是因为她天生丽质，人们认为鲜花在她的面前也会自惭形秽，所以称她为"花见羞"。尽管天生丽质，但花见羞却深深懂得，美貌可以天生，神情气质却必须依靠后天的造诣来培养。于是她在帮助料理店务的同时，在学问上也狠下了一番功夫，这就为她以后的人生创造了良好的条件。

后来，仅仅17岁的花见羞成了年近花甲的刘鄩的小妾，虽然这桩婚事在当时颇受争议，但他们老夫少妻居然也无比恩爱，然而战火却将幸福无情地吞噬了。刘鄩战死沙场。

后唐李嗣源被刘鄩的遗孀花见羞深深吸引，甚至不惜向敌将刘鄩的孤坟作揖跪拜，最后终于赢得了花见羞的芳心。李嗣源即帝位后，花见羞成为了他的妃子，李嗣源的许多重大举措都是因受到花见羞的影响而实施的，比如革除了李存勖在位时所制定的很多弊政，撤销了一些有名无实的机构，推崇节俭，勤政爱民，等等。这使得李嗣源统治时期成为了五代中最安康的一段时期。3年之后，群臣纷纷上表，大臣们认为皇后母仪天下，不能长久空缺，于是一致推举花见羞为后，李嗣源更是求之不得。然而花见羞却一再谦让，坚持要李嗣源册立曹淑妃为后。

后来后晋取代后唐，后汉又取代后晋，花见羞和自己的儿子被后汉皇帝刘知远杀害。

前蜀是在哪一年被后唐攻灭的？

后唐攻灭前蜀的战争发生在五代后唐同光三年（925年）九到十一月，庄宗李存勖遣军攻灭前蜀的战争。

同光元年（923年），后唐灭后梁之后，庄宗李存勖本来准备乘胜兼并前蜀，但是由于蜀境山川地势险固，所以没有轻举妄动，只是与蜀主约好互不侵犯、和平共处。同光三年六月，前蜀后主王衍撤除边地守备，庄宗抓住时机，立即部署发兵。

5个月之后，后唐大军抵达散关，马步军都指挥使李绍深率领步骑1.3万人攻克威武城（今陕西省凤县东北），获粮2000万升，然后挥军紧逼凤州（今陕西省凤县东北凤州镇）。郭崇韬率大军紧随其后。之后，前蜀守将王承捷迫于后唐军攻势，以凤、兴（今陕西省略阳）、文（今甘肃省文县）、扶（今四川省南坪东北）4州投降后唐。在如此严峻的形势下，蜀主仍然带领妃嫔大臣们，在数万亲兵的护卫下巡游作乐。

为了尽快攻下前蜀，李绍深乘蜀兵溃败破胆之机，率军浮游过江，进入鹿头关（今四川省德阳东北鹿头山上），攻克了汉州，直逼成都。二十六日，李继深率大军进抵成都，次日，蜀主出城投降，前蜀自此灭亡。

唐昭宗的丞相杜让能是为了皇帝而死的吗？

杜让能（841~893年），唐京兆杜陵（今陕西省西安东南）人，杜如晦的七世孙，咸通进士。他曾在宣武王唐锌府里当推官，后任中书舍人、翰林学士，乃至宰相。昭宗时期，又任太尉。后因禁军攻李茂贞兵败，杜让能用性命为唐昭宗化解了一难。

在杜让能出任丞相期间，凤翔节度使李茂贞自恃有功，蛮横无礼，给唐昭宗李晔上书出言不逊。李晔非常气愤，就下决心发兵讨伐李茂贞。他命令门下侍郎同平章事杜让能掌管征讨事宜。

杜让能劝谏说："陛下刚即位不久，天下也不太平。凤翔离长安这么近，万一不能消灭李茂贞，就会结下怨仇，那时，陛下将追悔莫及。"李晔不允，还保证不追究丞相的任何责任。杜让能还是不放心，他说："陛下既然决定兴兵，应该让满朝文武大臣都出力献策，不应当只用臣一个人。"李晔见杜让能再三推托，很是不快，他说："杜卿身为宰相，本应与朕同甘共苦，如何遇事就想逃避责任呢？"杜让能不禁流下眼泪勉强同意，李晔让杜让能留在中书省，筹划调度出兵的事宜，一个多月没有回家。

公元893年八月，李晔任命覃王李嗣周为京西招讨使，率兵出征，并任命中书侍郎同平章事徐彦若为凤翔节度使，让他取代李茂贞。九月初十，李嗣周亲自带领3万禁军护送徐彦若去凤翔赴任，驻扎兴平，李茂贞联合那宁节度使王行瑜，合兵6万，驻扎在周至，做好抗击的准备。

由于李嗣周的禁军都是刚刚招募来的新兵，而李茂贞、王行瑜的部下则都是身经百战的边防将士。九月十七日，李茂贞、王行瑜进军兴平，禁军还未交战就被敌军的气势吓倒。李茂贞、王行瑜乘势进攻三桥，长安受到震动，官吏、市民如惊弓之鸟争相奔逃。数不清的百姓跪在皇宫门前，请求诛杀倡议发兵的那些宰相和官员。宰相崔昭纬乘机陷害杜让能，秘密给李茂贞送信说："这次出兵本不是主上的主意，都是那个杜让能唆使的。"

九月十九日，李茂贞在长安城西的临皋驿陈兵，上书李晔，历数杜让能的罪行，要求诛杀杜让能。杜让能对李晔说："臣已有言在先，请陛下惩处臣来平息战事吧。"李晔无奈，只好下诏处死杜让能。

就这样，丞相杜让能用性命为唐昭宗化解了一难。

后唐大将周德威是因为主将失误战死的吗？

周德威，字镇远，朔州马邑（今山西省朔州）人，是五代时期后唐著名的军事将领。在进攻后梁开封的战争中由于主将李存勖的计策失误，周德威被敌军打败而亡。

周德威身材高大，智勇双全，能远望烟尘料知兵势敌数。唐末时期是李克用的骑将，后来升至铁林军使。

唐光化二年（899年）三月，朱温派兵进逼太原，一直打到榆次（今属山西省）、洞涡驿（今山西省清徐东）等地，梁军中曾传令："能生擒周阳五（周德威）的人可以升为刺史。"外号为陈夜叉的梁将陈章口出狂言，说要活捉周德威以邀功。由于陈章经常骑白马穿朱甲，周德威便要求部下见到白马朱甲的敌将就假装败退，而他自己则化装成士兵夹杂在行伍中间。等到陈章出来挑战时，部下依约退走，陈章中计急追，周德威伺机从后面抢起大锤击中陈章，之后将之活捉。

天祐十四年（917年）三月，契丹入侵新州（今河北省涿鹿），周德威率军迎战失利，退守范阳城（今北京市）。契丹攻城长达200天之久，周德威日夜督军防御，最终未被攻破，从而取得了保卫战的胜利。次年，周德威领燕兵3万南下，与镇（今河北省正定）、定（今属河北省）等州的军队随李存勖渡河进军临濮（今山东省鄄城西），打算直趋汴梁（今河南省开封）。

十二月二十三日，大军在胡柳陂（今河南濮阳东）安营扎寨。梁军闻讯后赶来应战，李存勖向周德威询问如何打法，周德威分析战场形势，认为大军应以逸待劳，暂时按兵不动，先派骑兵骚扰使梁军难以安营扎寨，待敌军疲劳时再发动进攻。这是非常正确的战术安排，但"勇而好战"的李存勖不听，率领亲军立即迎战。周德威无奈，只好跟随出战。结果这一仗，李存勖在开头取得小胜，但不久梁军攻击晋军辎重，败军奔入周德威军中造成混乱，周德威力战而亡。李存勖后悔地痛哭道："损失一员良将，都是我的错啊！"

李存勖称帝之后，追赠周德威为太师，李嗣源继位后加赠他为太尉，石敬瑭建晋称帝时，再追封他为燕王。

谁是后唐庄宗李存勖身边最重要的谋臣？

郭崇韬，五代时期代州雁门（今山西代县）人，字安时。郭崇韬为人精明强干，善长应对，颇具才干。他早年跟随李克用的弟弟李克修，担任河东教练使，后来归于晋王李存勖麾下，帮助李存勖夺取后梁政权，成为李存勖身边最重要的谋臣。

李存勖本是一个无知的武夫，只知道在战场上冒险强攻。晋王李克用死后，李存勖继承王位，率领一批以沙陀人为骨干的军队，凭借自己的实力与后梁争城掠地。在这期间，郭崇韬为他出谋划策，为他建国立下了汗马功劳。

大将张文礼叛变，晋兵因此包围镇州，然而久攻不下，这时契丹人被定州王都引入，给晋兵造成了巨大威胁。李存勖的部下人心恐慌，打算解围退去，正当李存勖举棋不定时，郭崇韬分析道："契丹发兵并非要救张文礼，只是因为王都的利诱，而我晋兵击败了梁军，应当乘胜追击，绝对不可退却。"李存勖按照计策与契丹交战，结果大获全胜。

公元923年四月，李存勖在魏州自立为皇帝。郭崇韬被封为兵部尚书、枢密使。一次，后梁名将王彦章在杨刘城（今山东省东阿县北）进攻唐军，设下重重壕堑，李存勖狂妄轻敌，引短兵出战，结果被王彦章埋伏的士兵射中，大败而归。之后梁军又攻克郓州，李存勖问郭崇韬该怎么办，郭崇韬说："王彦章围攻我们的目的是攻取郓州。我愿意带领数千兵马，筑垒于必争之地，做营救郓州的样子，王彦章必来争夺，就分散了他的兵力，肯定可以击败他！"随后，郭崇韬还为李存勖设计了一套破敌方法。李存勖采纳了郭崇韬的计划，击败了王彦章。

郭崇韬在后唐政权中算得上是个有远见卓识、足智多谋的人才。有一段时期，后唐政权在军事形势上很不顺利，在和梁交战中失掉了部分土地，又遭梁兵大举进攻，契丹接连不断地侵扰幽、涿二州，李继韬在泽潞叛变投梁。于是有人提出与梁罢兵言和，相安无事。

郭崇韬却认为战事已经进行了 10 多年，现在国号已建，黄河以北的老百姓都盼望唐朝成功，从而能够休养生息。如果得一郓州却不能守住，就没有人为南唐效力了。郭崇韬还根据已掌握的梁军情报，提出分兵守魏、博五州，巩固杨刘，从郓州出发直捣后梁的巢穴的策略。后唐庄宗非常赞赏他的见解并采纳了郭崇韬的建议，出兵攻梁，最终取得了胜利。

正是由于身边的这一位谋臣，一介武夫的李存勖才能成为一代君主，开创一个朝代。

后唐闵帝李从厚是怎么死的？

后唐闵帝李从厚，是明宗李嗣源的第五个儿子。明宗病死后，李从厚继位，在位仅仅半个月，就被明宗养子李从珂废黜，后派王峦用绳子活活勒死，终年 21 岁。

公元 933 年十一月，明宗李嗣源临死前，派人把李从厚从天雄召回继承帝位。李从厚即位之后，一直把潞王李从珂当成眼中钉。李从珂是明宗李嗣源的养子，他作战勇敢，屡立战功，被明宗封为潞王，任凤翔节度使。

李从厚对李从珂放心不下，担心他会伺机造反而夺取皇位。因此，他把李从珂的儿子李重吉从朝中调到亳州任团练使，并且把李从珂一个已经削发出家的女儿召进宫中作人质。即使如此，李从厚还是放心不下，又派李从珂镇守河东，将自己的堂兄弟李儿璋调任凤翔，接替李从珂的节度使职务。面对这种安排，李从珂心里很不舒服，在部下的鼓动下，他拒绝朝廷命令，起兵造反。

后唐长兴五年（934 年）三月，朝廷军队兵临凤翔城下。李从珂处境十分危急，就在这时，朝廷军中羽林指挥使、偏将扬思权突然倒戈，率众投降了李从珂。李从珂乘势重整旗鼓，率领兵马一直攻打到洛阳。不久，李从珂率军夺取了陕州。李从厚听说陕州失守，便打算逃到魏州（今河北省大名县西），他召见孟汉琼，让他去魏州安置。但是，孟汉琼不领诏命，李从厚只好只身匹马逃出洛阳，奔向魏州。

四月一日，李从厚到达卫州（今河南省汲县）时，正好遇见石敬瑭。石敬瑭也和潞王李从珂一样，是李从厚不相信的将领之一。石敬瑭看到李从厚单身逃难而来，认为机不可失，便把他安置在驿馆之中，自己偷偷率军向洛阳进发，去和李从珂会合。

四月四日，李从珂进入洛阳。六日即皇帝位。他废闵帝李从厚为鄂王。九日，李从珂派卫州刺史王弘贽的儿子王峦用药酒毒死李从厚。李从厚知道是毒酒不肯喝，于是王峦只好用绳子将他活活勒死。

李从厚被勒死时年仅 21 岁，在位仅仅 4 个月。

历经后唐、后周、宋朝三朝的著名将军是谁？

王全斌，生于五代梁太祖开平二年（908 年），死于宋太祖开宝九年（976 年），并州太原人。他是五代到北宋初期著名军事将领之一，是一直守护唐庄宗到死的一员大将。

王全斌出身武将世家，自幼就非常有胆识。后唐同光四年（926 年），郭从谦发动兵变，攻入宫城，唐庄宗的近臣宿将全部逃遁，只有王全斌等十几个人拼死抵抗。混战中唐庄宗被乱箭射中，王全斌率卫士不顾生命危险将他扶到绛霄殿，一直守护到庄宗死去。

唐明宗即位后，王全斌出任禁军列校。后晋初年，王全斌因战功又升任护圣指挥使。后周时任右厢都指挥使、行营马步都校等职，曾跟随周世宗平定淮南，攻占瓦桥关。北宋初年，王全斌又因勇猛善战受到宋太祖重用。

宋建隆元年（960 年），李筠起兵抗宋，王全斌奉命与慕容延钊率东路军配合大军征讨。战事结束后，王全斌因军功显赫，升任安国军节度使。建隆四年，王全斌又和洺州防御使郭进等率兵进攻北汉，抓获战俘数千名，攻克乐平。

乾德二年（964 年）冬，宋太祖委任王全斌为西川行营前军部部署，率禁军步骑 2 万，诸州兵 1 万，由凤州路讨伐后蜀。王全斌马到功成，十二月初，先后攻克乾渠渡、万仞燕子二寨，攻下兴州，大败蜀军，缴获军粮 40 多万斛。接着又乘胜进军，连战 20 余寨。蜀军伤亡惨重，于是破坏阁道，退守葭萌。后蜀兵再次仓皇逃过桔柏江，随后烧毁桥梁，企图依靠剑门天险进行抵抗。

这年冬天，京师下了大雪，赵匡胤亲自脱下自己的紫貂裘帽派人送给王全斌，王全斌为此深受感动，更加紧了对蜀兵的进攻。他派史延德从来苏渡江，与大军夹击剑门，最后大败蜀兵，活捉蜀将领王昭远、赵崇韬。乾德三年正月七日，后蜀正式投降。因此可以说，王全斌为赵宋王朝统一大业立下了汗马功劳。

开宝九年（976年）六月，王全斌去世，时年69岁。

后晋是靠哪国的力量消灭后唐政权的？

后晋取代后唐的战争发生在五代后唐清泰三年（936年）五月到闰十一月，后晋河东节度使石敬瑭借助了契丹的力量最终消灭了后唐政权。

后唐清泰初年，潞王李从珂即帝位，由于河东节度使石敬瑭与潞王一向不合，看到李从珂称帝，石敬瑭疑忌更重，于是伺机图谋叛唐自立。清泰三年（936年）五月，石敬瑭在晋阳（今山西省太原市南晋源镇）起兵反唐。后唐末帝李从珂任命武宁节度使张敬达为太原四面兵马都部署、知太原行府事，统率代州、义武、河阳等镇6万大军征讨石敬瑭。

二十日，大军抵达晋安寨（今山西省太原市晋祠南），在晋阳城西北依山列阵，企图长围久困以待机破城。石敬瑭明白自己寡不敌众，只好派使者秘密前往契丹，乞求援兵，约定事成之后割让卢龙一道及雁门关以北诸州（即幽云十六州，今北京至山西大同地区）给契丹，并允诺会以儿臣之礼尊契丹国主为"父皇"。契丹太宗见石敬瑭开出的条件相当优厚，答应出兵。

十一月十二日，契丹皇帝耶律德光册立石敬瑭为大晋皇帝。闰十一月，晋安寨因已被围困数月之久，弹尽粮绝，军心涣散，副都讨使杨光远杀死张敬达，开城出降。于是石敬瑭与耶律德光挥师南下，十二日抵达团柏谷。后唐救援军未战先逃，逃到潞州时被契丹军赶上。耶律德光留主力驻守潞州，命太相高模翰率5000骑兵护送石敬瑭南下。

后唐末帝李从珂退回洛阳自焚而死。石敬瑭进入洛阳，自此，后晋取代后唐。

后晋军事将领安重荣为什么会被砍下头颅？

安重荣，朔州（今山西省朔州市）人，是五代时后晋军事将领。后因反对契丹国，被石敬瑭下令将头颅砍下。

安重荣的祖父安从义曾为利州（今四川省广元）刺史，父亲安全官任振武（治所在单于都护府，今内蒙古自治区和林格尔西北）马步军都指挥使。安重荣自幼勤学武艺，能骑善射，勇猛过人，曾出任后唐振武巡边指挥使。后唐清泰二年（935年），身兼太原尹、北京留守、河东节度使的石敬瑭在晋阳举兵反叛。为了扩充实力，取代后唐，石敬瑭派人秘密招纳安重荣。安重荣见后唐朝廷腐败衰微，败亡已成定局，便带领1000多名骑兵赶赴太原，投靠了石敬瑭。

清泰三年，契丹主耶律德光册封石敬瑭为大晋皇帝。后晋国正式建立，安重荣被封为成德（治所在镇州，今河北正定）军节度使。安重荣精明强干，处事坚决果断，并且勤于政务，廉洁奉公，每遇诉讼案件，他一定会亲临大堂明辨是非曲直，依法裁决。至于百姓徭役、课税等大事，他更是事必躬亲。这样一来，同僚及衙役们都不敢再贪赃枉法，胡作非为。

后晋天福六年（941年），石敬瑭北巡邺都，京城空虚。安重荣致书山南东道（治所在今湖北省襄樊市）节度使安从进，让他起兵造反以形成南北夹击之势。安从进一起兵，安重荣马上率部响应。这一年，旱、蝗灾害严重，百姓困苦不堪，安重荣打着抗辽的旗号，很快聚集起饥民数万人扑向邺都。队伍行至宗城（今河北省威县），与前来镇压的杜重威的军队相遇。就在双方交战的紧要关头，以前与安重荣有矛盾的赵彦之突然倒戈，投降晋军，给安重荣一个措手不及，最后他大败而逃。

天福七年正月，安重荣最终因寡不敌众被后晋军队俘获。石敬瑭下令砍掉了安重荣的头颅。

后晋大臣景延广是怎么自杀的？

景延广，字航川，陕州（今河南省三门峡市）人，是五代时期后晋的大臣。他反对对契丹称臣，在与契丹大战失败后，为了避免以后受非人的折磨，在被押送北上的途中，他乘人不备，扼喉自杀了，终年56岁。

景延广的父亲景建精于箭术，在景建的言传身教之下，景延广的箭术也十分出众。后来，景延广进入军队中谋求发展。他起初进的是后梁的军队，后梁灭亡之后，景延广和其他将领一起被后唐军队收编。石敬瑭正式称帝时，景延广任侍卫步军都指挥使，后升为侍卫亲军都指挥使，成为了石敬瑭的心腹大将。

石敬瑭主政期间，景延广从来没有干预过政事，而是一心一意辅佐石敬瑭。石敬瑭死后，他立即从幕后走了出来，对军政事务事事关心，但他毕竟是一介武夫，有勇无谋，最后把命也搭进去了。主政之后，景延广很快暴露出他埋藏已久的反契丹思想。后晋新皇帝继位时，按照惯例，应该向契丹王上表汇报。景延广只给契丹写了一封信，通报了消息，连代表自己地位较低的上奏表也没有写。景延广的表现惹恼了契丹，契丹立即派了专使来斥责他们。不久之后，做好准备的契丹兵向后晋扑来。景延广和石重贵领兵迎敌。石重贵和契丹之间的战争，最终因为将领的投降而惨败，后晋很快灭亡。

耶律德光又专门派数千人马到洛阳去抓景延广，景延广为免酷刑折磨，在被押送北上的途中，扼喉自杀。

后晋的亡国之君是谁？

石重贵，生于后梁乾化四年（914年），卒于辽景宗保宁六年（974年），太原（今山西省太原）人，是后晋的第二位皇帝，也是后晋的亡国之君。

石重贵原是后晋高祖石敬瑭的侄儿。由于他的父亲石敬儒早死，石敬瑭便把他收为养子。石重贵少时谨言慎行，质朴纯厚，喜好骑马射箭，颇具沙陀祖辈的风范，因此很受石敬瑭喜爱。后唐清泰二年（936年），石敬瑭在晋阳举兵叛唐，后唐大军围攻太原。石重贵或出谋划策，或出战御敌，都得到石敬瑭赞赏。石敬瑭借契丹兵挫败后唐军队，准备离开太原赴洛阳夺取帝位，临行前任命石重贵留守太原。由于受到石敬瑭的倚重和青睐，石重贵到后晋天福七年（942年）石敬瑭死前，石重贵已经被封为齐王，兼任侍中。

石敬瑭死后，石重贵继承帝位。不久，因为与契丹的地位问题，两国开战。开运元年（944年），晋军与契丹军在戚城展开大战，石重贵每天沉溺在丝竹声色之中。开运二年三月，后晋与契丹在阳城决战前夕，石重贵依然出外游猎，并且大建宫殿，装饰后庭，广造器玩，极尽奢华。石重贵所宠信重用的人大多属于无才无德、朝秦暮楚之辈。杜重威在前线投敌，另一将领张彦泽引兵南下，一直打到汴梁。

次年正月，契丹国主下旨，将石重贵降职为光禄大夫、检校太尉，封负义侯，封地位于渤海国界的黄龙府。乾祐二年（949年），石重贵一家被迁往建州（今辽宁省朝阳西南）居住。

到建州后不久，契丹述律王子又强行掳走石重贵的宠姬赵氏和聂氏，石重贵为此悲愤不已，最后郁郁而终，走完了他的一生。

刘知远是怎样建立后汉的？

刘知远（895~948年），太原（今山西省太原市南）人，沙陀族，后唐时被封为北平王，后来称帝建立后汉，即帝位后改名刘暠，54岁时病死，葬在睿陵（今河南省禹州市苌庄乡），庙号高祖。后汉共传2帝，历时仅仅4年，是五代史上最短的王朝。

刘知远从小为人稳重，不喜欢嬉戏玩耍。到了青少年时期，他就在李克用的养子李嗣源（即后来的后唐明宗）部下为军卒。当时，石敬瑭是李嗣源的部将。在战斗中，刘知远曾经两次不顾自己的生死安危，在险境中救出石敬瑭，因此深得石敬瑭器重。石敬瑭将刘知远留在自己帐下做牙门都校，不久之后升任他为马步军都指挥使。

后唐清泰三年（936年），石敬瑭在刘知远等人的谋划和协助下，在开封称帝，建立了后晋，称后晋高祖。刘知远因辅佐有功，历任检校司空、侍卫马步都指挥使、点检随驾六军诸卫事、许州节度使、株洲节度使、检校太傅、北京（今山西太原）留守、河东节度使等职，日趋显贵。石敬瑭在后晋天福七年（942年）去世，他的养子石重贵即位，刘知远迁为检校太师，进位中书令。

后晋开运三年（946年），耶律德光亲率契丹军大举进兵，攻进开封，石重贵投降，后晋灭亡。

刘知远看准时机，于后晋开运四年在太原称帝，建立后汉政权。

不过刘知远在位不到一年就病死了，他的儿子刘承祐继位，是后汉隐帝。3年之后，后汉灭亡。

后汉高祖的皇后李三娘是被抢过来的吗？

李三娘，山西榆次鸣李人，是后汉高祖刘知远的皇后。刘知远年少时家庭贫困，参军当马奴，在晋阳牧马，邂逅李氏顿生爱慕之情。刘知远托人向李父求亲，李父嫌刘家贫穷，所以没有答应。刘知远只好请了几位朋友，乘夜到李家抢亲。

婚后，刘知远因军功升任后晋河东节度使，被封为北平王，李氏被封为魏国夫人。公元947年，刘知远起兵太原，由于军饷不足，需要向百姓征收重税。李氏劝谏道："今日起兵，号为义兵，百姓不但还没有得到实惠，反而先被咱们抢夺了财物，这样做肯定会失去民心。不如把后宫所有的财物都拿出来，用来补充军饷，即使数量再少，将士们也都会心存感激的。"刘知远听从了李氏的建议，果然因此赢得了军心。同年二月，刘知远称帝，立李氏为皇后。第二年刘知远病死，刘承祐继位为隐帝，尊李氏为皇太后。

公元950年，隐帝刘承祐在宠臣郭允明、李业的怂恿下，准备杀死枢密使杨邠和都指挥使史弘肇。李太后知道后说："这是一件大事，应该与宰相商议之后决定。"然而，隐帝还是没听李太后的劝告，杀死了杨邠和史弘肇。之后隐帝又准备杀死枢密使、邺都留守郭威，李太后又力劝隐帝不要这样做，但隐帝不听，结果迫使郭威反汉，攻入开封，后汉灭亡。

郭威入京后，并没有马上称帝，而是以李太后名义发布法谕立湘阴公刘赟为帝，并暂时由李太后先主持大事，以安定人心。

公元951年，郭威称帝，建立后周。李太后由于曾经反对隐帝杀死郭威，所以得到郭威厚待。公元954年，李太后薨，时年42岁左右。之后刘知远与李氏的爱情故事，被元人刘唐卿改编成《刘知远白兔记》，有南戏、京剧以及川、滇、湘、豫、汉、潮剧等地方剧种，还有《磨房产子》、《井台会》、《磨房会》、《红袍记》等剧目，李氏在戏中被称作李三娘，成为家喻户晓的人物。

213

郭威是哪一年灭掉后汉的？

后汉乾祐年间，郭威率军平定河中（今山西省永济西蒲州镇）李守贞叛乱，镇守邺都（今河北省大名东北），管理河北边镇诸州，负责抵御契丹的大任，边境的百姓不再受契丹的侵扰。后汉朝廷外患刚刚解除，内部将相间的倾轧又起。

乾祐三年（950年）十一月，后汉隐帝刘承祐年幼轻佻，轻信奸相苏逢吉等人的谗言，枉杀先帝宿将杨邠、史弘肇并诛杀其族人，还密诏邺都行营马军都指挥使郭崇威与步军都指挥使曹威去杀郭威及监军、宣徽使王峻。后汉隐帝担心事情泄露，产生变故，所以同时急招天平、平庐、永兴、泰宁、匡国节度使高行周、符彦卿、郭从义、慕容彦超、薛怀让及郑州防御使吴虔裕、陈州刺史李谷等率兵入卫京师。

十四日，马军都指挥使郭崇威到达邺都，由于不忍心杀郭威，他和邺都众将校劝郭威起兵，入朝"清君侧"，共安天下。郭威经过一番思量，决定起兵。随后，他命郭崇威任前锋，率领骑兵先行，他亲率领大军紧随其后，渡河南下。后汉隐帝听闻邺都兵变，于是急忙派开封尹侯益与慕容彦超、吴虔裕等率禁兵赶往澶州（今河南省濮阳）阻截。当郭威的军队行至滑州（今河南省滑县东旧滑县）时，义成节度使宋延渥与他合兵一处，一起攻打到东京。

二十日，两军大战，后汉军战败。侯益、刘重进见大势已去，于是投降了郭威，吴虔裕等人溃逃。后汉隐帝与宰臣等10多人仓皇躲进民舍，结果被京师乱军杀死。郭威率军进入了东京后，并没有立即称帝，而是让隐帝的母亲李太后监管朝政，以安定人心。

后经太后及大臣商议，决定立后汉高祖的义子武宁节度使刘赟为皇帝。不久，郭威让手下将领散布假情报，说契丹大军就要南下进犯了。李太后急忙命郭威率军出征，抵御契丹。郭威领兵出城，大军抵达澶州以后，于是在澶州称帝，自封为皇帝。

随后，郭威进入大梁称帝，改国号为周，改年号为广顺，史称后周。不久郭威就将刘赟杀死了，后汉至此彻底灭亡。

后周太祖郭威怒杀屠户是怎么回事？

郭威在开创后周之前，胆识过人，英勇无比，而且还曾经怒杀一名屠夫。

一天，郭威在街上闲逛，正好这条街上有一个屠户欺行霸市，非常嚣张，大家都很害怕他，郭威很看不过去，于是很气恼地到了那个屠户跟前，让他割肉，然后找茬骂他。屠户不知天高地厚，扯开衣服用手指着自己的肚子说："有胆量你就在这儿捅一刀！"郭威气愤不过，抄起刀子就捅了进去，结果屠户一命呜呼，郭威因此被抓进了监狱。后唐河东大将李嗣昭的儿子李继韬佩服郭威的勇气和胆色，不久以后又命人将他放了。后来李继韬被李存勖发兵灭掉，郭威被收编进了后唐军队。在刘知远任后晋侍卫亲军都虞侯时，郭威主动投到他的帐下。刘知远很喜欢这员干将，视为心腹，不管到哪里都把他带在身边，让他督率亲军。

契丹灭后晋的时候，郭威和史弘肇等人力劝刘知远称帝，郭威因此成为后汉的开国功臣。后汉建立初年，郭威在各方面都助刘知远出谋划策，使后汉政权很快安稳。刘知远临终之际，郭威还被任命为托孤大臣。隐帝继位后，郭威任枢密使，掌管军政大权。

谁是郭威册封的唯一的皇后？

圣穆皇后柴氏，后周太祖郭威的妻子，邢州（今河北省邢台）尧山人，和郭威是同乡。郭威即位称帝的时候，柴氏已经去世，郭威下诏："故夫人柴氏，追册为皇后，谥曰圣穆。"圣穆皇后柴氏也是郭威册封的唯一一位皇后。

关于郭威与柴氏的结合还有一段佳话。柴氏原是唐庄宗的嫔御，庄宗死后，明宗将大批宫人遣送回家，柴氏就是其中之一。走到黄河岸边的时候，柴氏的父母前来迎接女儿，忽然天气剧变，下起了大雨，他们只好暂住在旅舍里。

此时，一位身材伟岸的男子从柴氏门前走过，衣衫褴褛，不能蔽体。柴氏问旅店主人："那位是何人？"旅店主人回答说："马步军吏郭雀儿。"柴氏见郭威相貌非凡，产生了爱怜之心，想要嫁给他。但是她的父母却坚决不同意，说："你是皇帝身边的人，回家后理应嫁给节度使，为何要嫁给这样的人呢？"柴氏说："他是一个贵人，其前途不可限量。"说完就将所带行李财物分一半给她的父母，另一半作为嫁妆。柴氏的父母见女儿意志如此坚决，知道不可改变，也就只好同意了。

就这样，柴氏与郭威在旅馆之中成了亲，还以金帛资助郭威，使郭威的生活状况得到了很大的改善。

之后郭威即皇帝位时，柴氏已经去世，但是他还是追封柴氏为皇后，谥号圣穆。而且在此后的时间里，郭威虽有嫔妃，却再也没有册立过皇后，并且立柴氏的侄儿为嗣君，由此可见他与柴氏感情的真挚与深厚。

慕容彦超会叛乱是谁事先预测到的？

王峻，字秀峰，相州（今河南省安阳东南）人，由于王峻对后周建国立下了头功，郭威封他为枢密使，兼同中书门下平章事，宰相，成为后周首屈一指的重臣。王峻在任职期间，尽心尽力辅佐郭威，办事认真，任劳任怨，他还准确地预测慕容彦超会叛乱。

郭威刚刚称帝时，刘知远的弟弟刘崇仿效石敬瑭，与契丹联合出兵进攻后周，围攻晋州（今山西省临汾），王峻奉命出征。

王峻领兵到达陕州（今河南省三门峡市），军队停了下来。消息传到京城，郭威坐不住了，急忙派人催他进兵，尽快解救晋州之围，否则郭威就要亲征。王峻对使者说："请你回去转告陛下，就说晋州城墙固若金汤、坚不可摧，不易攻下，现在刘崇兵势正强，不能和他硬拼。我之所以驻兵不前，是要等他士气衰落时再进攻，并不是因为畏惧敌人。陛下初登大宝，也不宜轻举妄动。现在朝中可信的将领只有李谷和范质几个人，陛下如果御驾亲征，那慕容彦超就会乘虚进攻开封，到那时我们就很被动了！"使者回去之后，把王峻的话转告了郭威，郭威才如梦方醒，自己揪着耳朵说："差一点坏我大事。"

过了一段时间之后，王峻认为时机已经成熟，便突然发奇兵进攻晋州的北汉军队。北汉军队早已疲惫不堪，士气也很低落，一听说王峻的部队打过来了，没等交战，就已经四散而逃了。

不久之后，慕容彦超果真在兖州反叛，郭威先派曹英和向训去镇压。王峻也几次对郭威说："慕容是巨贼，曹英没有能力战胜他。"郭威不久便御驾亲征，王峻也随同出征。之后王峻率领的部队率先在南城攻入，为破慕容彦超立下了大功。

不久，功成名就的王峻不懂得功成身退的道理，最终将皇帝郭威惹恼，被贬为商州司马，病死在商州（今陕西省商州）。

后周皇帝柴荣为何要下诏限制寺院的发展？

柴荣继承后周的皇位之后，在抗击北方的入侵和对南方的平定方面大举用兵，再加上前朝的战乱，使得国内劳动力不足，兵源短缺，因而柴荣在显德二年（955年）五月下诏限制寺院的发展，力求劳动力和兵员的充足。

柴荣即帝位不到10天，潞州（今山西省长治）方面就传出北汉皇帝刘崇举兵南下的消息，柴荣认为自己应该向唐太宗学习，以泰山压卵之势打败刘崇。于是经过一番准备，柴荣率兵亲征，之后在泽州高平（今属山西省）与北汉、契丹联军展开鏖战。战斗中，柴荣身先士卒，极大地鼓舞了周军士气。之后，随着后续部队的增援，周军大获全胜，刘崇狼狈逃回了太原。

显德二年正月，柴荣下诏："应逃户庄田，并许人请射承佃，供纳税租。如三周年内本户来归者，其桑田不计荒熟，并交还一半；五周年内归业者，三分交还一分；五周年外归业者，其庄田除本户坟茔外，不在交付之限。其近北地诸州，应有陷蕃人户，自蕃界来归业者，五周年内来者，三分交还二分；十周年内来者，交还一半；十五周年来者，三分交还一分；十五周年外来者，不在交还之限。"

这些规定促进了逃户及早回归和荒弃庄田的开垦利用，非常有利于农村经济的恢复和发展。但是由于长期的战乱，劳动力和兵员依旧十分短缺，而同时，寺院之内却有大量的青壮人员，为了增加劳动力和兵源，柴荣于显德二年五月下诏限制寺院的发展，诏书的主要内容是："诸道州府县镇村坊，应有敕额寺院，一切仍旧，其无敕额者，并仰停废。"同时严格规定了出家为僧尼的条件。在这一年里，共废除寺院30336所，仅仅保留寺院2694所，收效显著。

此次的限制寺院发展也为以后后周对南唐的战争准备了足够的兵员和资金，保证了充足的后勤力量。

后周进攻南唐之战发生在何时？

后周进攻南唐的战争，指的是公年955年至958年，周世宗柴荣分3次进攻淮南，最终击败了南唐的战争，前后进行了4年之久。

五代十国的后期，南唐割据江淮30余州，占地方圆数千里。南唐元宗李璟时期（916~961年），元宗自恃实力强大，出师灭闽、楚之后，又与契丹、北汉联合进攻后周，妄图一统中原。为了统一天下，周世宗决定出兵江淮，采纳比部郎中王朴先易后难、先南后北的进军方略之后，决定先攻取南唐，再进攻契丹和北汉。在此后的4年中，他3次亲征，终于平定了南方。

显德三年（956年）正月初六，周世宗首次亲征。进攻前期十分顺利，但是在后来由于后周军没有做好水战的准备，再加之粮草供应出现问题，周世宗不得不下令放弃进攻。南唐军乘机收复失地，周世宗深知如果没有水军，难以攻取淮南，于是率军返回了京师，下令南唐投降的士卒教练水战，并召集工匠建造楼舰数百艘，连同缴获的南唐舰船，迅速组建了一支水军。

显德四年二月，周世宗二次亲征，命右骁卫大将军王环率新建水师数千人，乘战船数百艘自闵河沿颍水入淮，到达紫金山南安营扎寨。诸将经过激烈奋战，攻城占寨，南唐军溃散。不久，周世宗率师北返东京（今河南省开封）。同年十月，周世宗第三次亲征，自涡口渡过淮河直趋濠州，南唐元宗向后周岁贡称臣，随后罢兵还朝。

发生在公元955至958年的南北方的战争，以北方后周的胜利而告终。通过此战后周稳定了南方的大本营，为以后的北上打下了难得的基础。

215

为什么说后周柴荣是五代时期最为杰出的政治家和军事家？

虽然说周世宗柴荣在位不足 6 年，但他为结束割据、开创新局面而发动的 3 次南征，不仅使南唐俯首称臣，而且震慑了南方各割据势力，为北伐扫除了后顾之忧。他南征的成功，足以证明他是五代时期最为杰出的政治家和军事家。

南征之前，柴荣注重减轻百姓负担，促进经济的发展，为结束割据局面奠定了基础。柴荣还虚心求谏。他认为自己"涉道犹浅，经事未深，常惧昏蒙，不克负荷"，因而要求"内外文武臣僚，今后或有所见所闻，并许上章论谏。若朕躬之有阙失，得以尽言；时政之有瑕疵，勿宜有隐"。一次，他下诏明确要求，"翰林学士承旨徐台符已下二十余人，各撰《为君难为臣不易论》、《平边策》一篇"，这种大面积命题对策在历史上是十分罕见的。审阅之后，柴荣尤其对王朴在《平边策》中所提出的"先易后难"的主张最赏识，并且随即付诸实践。

之后，柴荣派向训、王景等西征，不到半年时间，先后攻取了后蜀的秦（今甘肃天水）、阶（今甘肃省武都东）、成（今甘肃省成县）、凤（今陕西省凤县东）等 4 州之地。显德三年（956 年）初，柴荣亲征寿州，取得正阳（今安徽省颍上西南）之战的胜利。显德四年初，柴荣第二次南征，攻下了寿州城。同年年底，柴荣第三次南征，接连攻下濠（今安徽省凤阳西北）、泗（今安徽省泗县东南）、楚（今江苏省淮安）、扬等州。显德五年，南唐李璟派遣使者向柴荣求和，割江淮之间 14 州 60 县土地给后周，并付犒军银无数。

尽管柴荣在位仅 5 年多，但他的文治武功为结束割据、开创新局面奠定了基础，因此他的确算得上五代时期最为杰出的政治家和军事家。

高平之战最终以谁大获全胜而告终？

高平之战是后周与北汉、契丹联军之间进行的一次关键性的战役，也是五代十国时期最重要的一次决战。它最终是以周世宗柴荣大获全胜而告终。

公元 954 年，郭威去世，他的义子柴荣即位，即周世宗，北汉皇帝刘崇得知这个消息，非常高兴，立即向契丹请兵。契丹派武定节度使、政事令杨衮率领万余骑兵与北汉军队会师晋阳，刘崇亲自统率三万人马，和契丹合兵南下攻周。周世宗得到消息后，打算亲自出征。刘崇没想到周世宗敢亲自出征，他看潞州城坚固，一时很难攻破，就越过潞州，想要直取大梁。北汉兵的前锋与后周军在高平以南相逢，周世宗全身披挂，亲自跨马到阵前督战。经过长时间的大战，最后周军大获全胜，史称高平大战。

高平大战，直接影响着后周的存亡兴衰，这场胜利极大地鼓舞了周军的士气，从而挽救了岌岌可危的战局。周世宗的英明果断，胆识勇猛也不逊于唐太宗。倘若他不能果断地亲征，历史可能将要改写。高平之战的胜利，也为以后北宋的统一奠定了坚实的基础。

为什么说周世宗是壮志未酬身先死？

周世宗柴荣，显德元年（954 年）即位，是后周的第二代皇帝。他在位期间，恢复农业生产、革除朝中存在的弊政，推行了一系列卓有成效的改革措施。他还广泛收罗人才，积极推行改革，遗憾的是，世宗壮志未酬，后来突患重病身亡。

周世宗柴荣进行了一系列的改革。在政治上，澄清吏治，严明赏罚，严惩贪赃枉法的行为，大力提倡节俭，戒除奢华。经济上，鼓励逃亡农户回乡定居，减免各种苛捐杂税，安抚流民，编制《均田图》，派遣使者到各地均定田租，核查隐匿耕地，使之均摊征税，废除曲阜孔氏的免税特权，动员民众兴修水利，疏通漕运；停废敕额（朝廷给予寺名）外的寺院 3 万余所，敕令额外僧尼一律还为编户，禁止私度僧尼；收购民间佛像铜器铸钱，从而有效缓解了唐末以来长期缺钱的局面。

军事上，严整军纪。显德元年，周世宗检阅禁军，裁汰兵士，选募年轻壮勇之士，组成精锐的中央禁军。除此之外，周世宗还修订刑律，修订历法，考正雅乐，广搜遗书，雕印古籍。

显德二年（955 年），周世宗为了全国统一的大业，先出兵后蜀，收复 4 个州郡。次年又征伐南唐，这次战争经过三年多的苦战，收回淮南、江北 14 州 60 多个县。

显德六年（959年）征伐辽国，收回幽云十六州中的三个州，五月间，乘胜进取幽州。遗憾的是，世宗壮志未酬，突患重病，被迫班师回朝，于六月不治身亡，时年39岁。

柴荣的第一任皇后是谁？

后周世宗柴荣的第一任皇后符氏，是后晋节度使、魏王符彦卿的女儿。

符氏出身名门闺秀，是个英明果敢而且胸怀大志的女人。符氏曾嫁给大将军李守贞的儿子李崇训，后来李守贞据河中反叛，后汉枢密使郭威奉命讨伐，李氏父子畏罪自杀。临死前，他们打算先杀死全家人，但是符氏藏在帷幔后面，李崇训没有找到，就自杀了。符氏从帷幔中走出来，对冲进来的军士说："我是魏王的女儿，郭将军与我父亲交情甚好，快去禀报郭将军！"郭威闻报，立即前来相认，并把她带回符彦卿的魏王府，让她与父母团聚。郭威非常欣赏符氏的沉稳勇敢，所以把她收为义女。

当时，郭威的养子柴荣正在镇守澶渊（今河南省濮阳）。他的夫人刘氏死后，郭威为柴荣提亲，柴荣纳符氏为继室。郭威死后，柴荣即位，被称为后周世宗，册封符氏为皇后。符皇后谦逊随和，有教养。而世宗脾气暴躁，自从与符皇后成婚以后，符皇后总是从容劝说，免得他对兵将施暴而影响军心。世宗打算率兵征讨淮南，符皇后认为此时不宜亲征，世宗不听，执意要前往。符皇后没有办法，只好同行，结果正如符皇后所料，战果果然不佳。当时正值炎暑，又遭逢暴雨，符皇后身染重病，回到京师后，于公元955年在汴梁（今河南省开封）滋德殿病逝，终年26岁。

世宗对自己第一任皇后的死万分悲痛，为她服丧7日，谥为"宣懿皇后"，葬在懿陵。

后周的亡国之君只有7岁吗？

柴宗训，周世宗第四子，7岁即位，即位后仍沿用周世宗年号"显德"。公元960年被迫退位，成为后周的亡国之君，在位仅一年时间。

柴宗训即位的时候年龄太小，于是由符太后垂帘听政，范质、王溥等人主持军国大事。柴宗训在位期间，由于特别重用赵匡胤，以致使他产生了篡周自立的野心。

公元960年正月元旦，正当群臣朝贺柴宗训之际，镇（今河北省正定县）、定（今河北省定县）两州忽然有人来报告说，辽和北汉合兵南侵。实际上，这只是赵匡胤和其他将领编造的谣言。范质急忙命令赵匡胤率领禁军北上抵御。待禁军到达陈桥驿后，突然发动兵变，赵匡胤被黄袍加身，众将拥立赵匡胤为帝。赵匡胤回师开封，建立宋朝，废黜柴宗训，降封他为郑王，后周从此灭亡。

不久，柴宗训被迁到房州（今河北省北房县）居住。8年之后，柴宗训去世，终年20岁。

为什么说杨行密不是南吴国的开创者？

杨行密，字化源，庐州合肥（今属安徽）人。他在唐末被封为吴王，公元902年到905年在位，他虽然是五代十国中南吴国的实际上的开国者，但由于他去世时唐朝在名义上依然存在，而且杨行密形式上奉唐朝为正统，因此，此时的杨行密只能算是唐朝的封国国君。

杨行密原是庐州牙将，唐僖宗中和三年（883年）被唐朝政府任命做庐州刺史，归淮南节度使高骈管理。由于高骈此时已是年迈昏庸，宠信方士吕用之，吕用之因此慢慢掌握实权，专断独行。淮南将领毕师铎担心自己会遭遇不测，于是在中和五年起兵叛乱，并召宣州观察使秦彦助战。

不久，高骈被毕师铎和秦彦杀死。杨行密下令全军将士为高骈披麻戴孝，大恸三日。随后，杨行密杀死毕师铎和秦彦，进入扬州（今江苏省扬州），随后自称淮南留后。当时，扬州城内正闹严重的饥荒，于是杨行密下令用军粮救济百姓。接着，杨行密再度与秦宗权、孙儒争夺江淮一带，并先后消灭其他势力，逐渐占据了江淮一带。唐昭宗景福元年（892年），杨行密被任命为淮南节度使。

乾宁四年（897年），宣武节度使朱温大举南下入侵，杨行密在清口迎击朱温，结果战胜朱温的军队，朱温此后再也无力南下。天复二年（902年），杨行密被唐廷封为东面行营都统、中书令、吴王。

哀帝天祐二年（905年），杨行密去世，谥武忠王，后来南吴杨溥称帝时，杨行密被追尊为武帝，庙号太祖。

南吴烈祖杨渥是被砍死的吗？

杨渥，字奉天，是五代时期南吴君主。他是杨行密的长子，杨行密在位时任牙内诸军使，杨行密晚年病重后被任命为宣州观察使。公元908年五月，杨渥被纪祥砍伤后活活勒死。

杨渥从小喜欢玩球、饮酒，曾任宣州观察使。杨行密病重之时，尽管对杨渥十分不满意，但由于其他儿子年纪太小，只得将他召回嘱咐后事，并要求右牙指挥使徐温、左牙指挥使张颢辅佐他。公元905年十一月，杨行密病死，杨渥于同月继王位，称宏农王，沿用唐朝年号。

杨渥继位后，依然沉醉于击球饮酒，连服丧期间也没有放弃玩球。有时他独自一人外出，连他的亲兵也不知他到什么地方去了。徐温、张颢劝谏他，他就发怒大骂。而杨渥又担心他们二人会起异心，于是让心腹陈璠、范遇统帅东院马军来保护他。这一举动引起了徐温、张颢二人的猜疑。

一天，徐温、张颢趁杨渥视事（就职治事，多指政事）时，带领几百牙兵闯入了内庭。他们指挥牙兵杀死了侍立在杨渥身旁的陈璠、范遇，杨渥无奈，只能承认他们二人无罪。从此，徐温、张颢就掌握了军政大权。此后，杨渥与徐温、张颢二人更加相互猜忌，都想除掉对方。

公元908年五月，徐温、张颢经过密谋，在扬州由张颢出头，派纪祥等人手持兵器闯入杨渥寝宫，明目张胆地进行刺杀行动，纪祥举刀向杨渥砍去，杨渥中刀倒地。纪祥见他还没有断气，又用绳索把他活活勒死，对外则宣称杨渥暴病而死。

五代十国时期谁是被逼建国的皇帝？

南吴宣帝，名杨隆演，初名瀛，又名渭，字鸿源，南吴武帝杨行密的第二个儿子。徐温和张颢杀死杨渥后，立杨隆演为王。杨隆演在位12年，由于长期受徐温欺侮，最后忧郁而死，终年24岁。他是历史上被逼建国的皇帝。

杨隆演即位不久，徐温诱杀了张颢，开始独专朝政。公元917年，徐温在今江苏省南京市修筑金陵城，供他自己居住享用，并命自己的儿子徐知训在扬州管理国政。徐知训骄横淫暴，经常欺侮杨隆演。有一次，徐知训在杨隆演宴请他时喝醉了，竟逼杨隆演和他一起演戏，他扮演参军，让杨隆演跟在他身后扮演僮仆。还有一次，杨隆演和徐知训泛舟夜游。小舟靠岸后，杨隆演先登岸了，徐知训认为这就是对他的大不敬，竟用弹子抛击杨隆演，幸亏卫兵挡住，杨隆演才没有受伤。

公元918年，南吴将领朱瑾恼恨徐知训经常侮辱杨隆演，便设计将徐知训杀死，然后进王府报告杨隆演说："臣下已经为大王除去此害。"同时举起徐知训的头颅给他看，希望他从此振作起来。不料杨隆演却被吓得魂不附体，哆嗦着说："这件事我可不敢管。"他就慌张地逃进了内室。公元919年，徐温为了提升自己的地位，在四月逼迫杨隆演称帝，号吴国王，建年号为"武义"。

杨隆演长期以来被徐家父子侮辱，因此他一直闷闷不乐，后来，他只好借酒消愁。在被迫称帝后，他更加忧郁，终于在公元920年五月，病死于扬州。

南唐烈祖李昪是中什么毒死的？

南唐烈祖，名李昪，初名徐知诰，徐州（今江苏省徐州市）人，是吴国大臣徐温的养子。李昪取代南吴称帝，在位7年后，服用丹石中毒而死，终年56岁，葬在永陵（今江苏省南京市南郊牛首山）。

李昪幼时是孤儿，曾经被南吴国武帝杨行密收养，后被吴国大臣徐温收为养子，改名徐知诰。徐温专权后，李昪出任升州（今江苏省南京市）刺史，后任左仆射。徐温的儿子徐知训在扬州被南吴将领朱瑾杀死后，李昪带兵赶到扬州执掌朝政，被任参知政事。执政期间，他革除旧习，选用能士，重视士人，改革赋税，发展农桑，逐渐成为南吴国最强的一股势力。徐温死后，李昪出镇金陵（今江苏省南京市），被封为齐王。公元937年十月，李昪废掉南吴国睿帝杨溥，自己称帝，改国号为大齐，建年号为"外元"，定都金陵。3年后改国号为唐，史称南唐。

李昪本人生活简朴，不好声色，专心致力于国政，常常夜以继日地处理政治事务。由于他非常希望自己长寿，所以在晚年时期开始相信长生道术，结果导致服用丹石中毒。

公元943年三月，他的背上长出一个大疮，久治不愈。他拉着长子李璟（即李景通）的手说："我不行了，德昌宫里储藏着的兵器、金银财帛，你可以守着这些，和邻国友善相处，以保全国家。"接着又说："我想延年益寿，服用丹药，想不到反而因此死得更早。你千万不要学我一样啊！"李昪死在金陵，庙号为烈祖。

南唐烈祖李昪中毒之后是谁帮助他处理政务的？

南唐烈祖皇后宋氏，小名福金，祖籍江夏（今湖北省），出身于书香门第，父亲是宋韫。在李昪中毒之后，她曾处理政务，显示出极强的政治才能。公元945年十月，宋太后病逝，葬在李昪坟墓旁边。

宋氏出生在动荡的年代，年幼时父母死于战乱，于是她便成了无依无靠的孤儿。南吴国州刺史王戎见到她时，觉得她长得和自己的女儿很像，于是就将她领回家收养。王戎的女儿王氏只比宋氏年长一岁，二人从小在一起长大，十分友善，长大之后二人依然形影不离，王氏待宋氏就像亲妹妹一般。

之后南吴国掌握政权的大将军徐温要为他的养子徐知诰娶妻，指名要王戎的女儿王氏。因为宋氏舍不得王氏，她便作为婢女跟随王氏一同去了徐家。但是徐知诰见宋氏有大家闺秀的气质，觉得不可亏待她，于是干脆将她当作小妾，连同王氏一起娶过门来。不久，宋氏产下一个男孩，这就是后来继位皇帝的李璟。在之后的数年间，她又接连生了两个儿子，即景迁和景达。这两个儿子以后都成了南唐王朝的顶梁柱。之后王氏因病去世，宋氏被扶正。宋氏知书达理，精于政事，徐知诰每遇大事常与她商量。

南吴天祚二年（936年），徐知诰自立齐王，将宋氏封为王妃。不久，傀偏皇帝杨溥退位，徐知诰成为了皇帝，恢复自己原来的李姓，并以唐太宗的后裔自居，建国号为唐，史称南唐。之后徐知诰改名为李昪，成为南唐的开国君主，史称烈祖。宋氏被立为皇后。李昪为了多活几年，瞒着大臣服食丹药中毒，不久，李昪因丹药发作，不省人事，宋皇后亲自出面处理军政大事。

此后不久，李昪病死，他的长子李璟即位，宋皇后被尊为皇太后。李璟即位之后，只知道整日写诗填词，根本不懂治国之道。考虑到自己的身份，宋太后拒绝垂帘听政。从此，她深居宫中，直到去世，对于军国政事一概不再过问。

219

南唐后主李煜是怎么死的？

李煜，又名从嘉，字重光，号钟隐，是南唐元宗李璟的第六个儿子。李璟病死后，李煜继位，在位14年，史称李后主、南唐后主。南唐亡国后被宋太宗赵匡义派人毒死，终年42岁，葬在今河南省洛阳市北邙山。

李煜曾先后被封为安定公、郑王、吴王。元宗李璟迁到南都后，李煜被立为太子。公元961年，元宗病死，李煜继位。李煜迫于北宋的威势，使用了北宋太祖皇帝的年号"建隆"。

在政治上，李煜算得上一个碌碌无为的昏君。他即位时，北宋已发动统一战争，南唐岌岌可危，然而他仍然不理朝政，纵情声色，填词作赋、高谈佛理。李煜每年向北宋进贡大量财物，以博取宋太祖的欢心，维持苟安的局面。后来，李煜看到宋太祖接连消灭了南唐周围的3个割据政权，才慌忙主动削去南唐国号，改称"江南国主"，希望宋太祖可以因此放他一马。

公元974年，宋太祖派大军进攻南唐，水军进据长江南岸的采石矶（今安徽省马鞍山市），步军也抵达长江北岸。不久后宋步军搭浮桥渡过长江，南唐守军有的逃跑了，有的投降了，10万宋军很快就兵临金陵城下。之后，李煜派使者求和，宋太祖不许，李煜见求和无望，只得调兵前来救援金陵。援军又在途中受到宋军夹击，南唐军原想火烧宋军，不料却遇到刮北风，反而烧了自己军队，全军覆没。宋军要李煜投降，他不甘心，但又拿不出主意，只好整天借饮酒填词来消愁解闷。

公元975年十一月，宋军攻破金陵。李煜命左右在宫中堆起柴草，想要自焚，但到了最后关头又没有了勇气，只得率领群臣投降宋军，南唐灭亡。

李煜不久被押送到开封，降封为违命侯、光禄大夫、检校太傅、右千牛卫上将军，后又被封为陇西公，居住在汴京。不久，李煜的哀怨情绪引起了宋太宗的疑虑。公元978年，宋太宗派人毒死了李煜。

谁是赵匡胤统一南唐的最大障碍?

林仁肇，福州人，体魄雄健，骁勇善射，是五代十国时期南唐的名将，人称"林虎子"，被赵匡胤视为统一江南的最大障碍，一心想将他除掉。

后周显德二年（955年）十一月，周世宗柴荣领兵南下淮南，妄图消亡南唐。正阳桥一役，林仁肇亲率敢死之士4人逆风举火烧桥，力阻周军进击。后周驸马、殿前都指挥使张永德看见他力拨乱箭，吃惊地说："敌营中有如此神勇的人，千万不可轻敌。"立即下令退兵。

宋朝建立之后，林仁肇就曾向李煜献计说："江北宋军，在灭南荆、后蜀等国之后，兵马劳顿，粮草匮缺，我愿意带兵从此地伺机攻宋，收复失地，扭转局面。此举如能取胜，则继续推进；如果一旦失败，您可以治臣谋反之罪，杀掉我的全家，向赵匡胤谢罪，以确保您的地位。"李煜却胆小怕事，没有接受林仁肇的请求与建议。

此事最后走漏了风声，很快被宋太祖赵匡胤知道，赵匡胤由此对林仁肇恨之入骨，将他视为统一江南的最大障碍，决心要将他除掉。经过一番精心谋划，宋太祖制定了一个反间计。李煜果然中计，认定林仁肇有谋反之心，命人用毒酒毒死林仁肇。从此，南唐失去了一个名将。不久宋兵南下攻唐，南唐此刻已经无人可以抵挡了。宋开宝八年（975年），宋军攻入金陵，李煜出城投降。

3年后，李煜被赵匡义毒死，李煜死前，也曾深深后悔误杀了林仁肇。

大周后娥皇为何到死也不愿再见李煜?

大小周后分别是指南唐后主李煜的两位姐妹皇后周娥皇和周女英。因为小周后的原因，大周后娥皇到死也不愿再见李煜一眼。

周娥皇（936~965年），南唐国主李煜的皇后，姓周，名宪，字娥皇，史称"大周后"。周女英（950~978年），名周嘉敏，字女英，史称"小周后"。大小周后都曾是闻名于天下的绝色美人，因姓周而称为周后。

大周后小字娥皇，19岁进宫，是个多才多艺的美人。她既精通书史，又擅长歌舞，还弹得一手好琵琶。虽然表面上李煜对大周后十分的忠诚，但是，实际上并非如此。周家为了保住自己家族的利益，在大周后病重时，让小周后进宫去顶替姐姐的位置。

李煜当年才28岁，又是个地位尊贵的君王，不会对一个女人忠诚，而且小周后也是个聪明美丽的女子，比大周后更富有青春魅力，所以对李煜更具有吸引力和诱惑力。小周后进宫多日，直到大周后病危之际才去看望姐姐大周后。大周后见到她非常惊讶，马上心生疑惑，问道："你何时进宫来的?"小周后毕竟年轻，不会撒谎，就老老实实答道已经来了好久。大周后一听，顿时知道是怎么回事了。从此之后，她一直脸朝着床里，到死再也没看李煜一眼。李煜心里感到非常内疚和惭愧，在大周后死后，他又写诔，自称"鳏夫"，以此来弥补自己的缺憾。

后来，小周后当上了正式的国后，李煜对她的宠爱也远远超越了大周后。但小周后的命运并不比大周后好，甚至可以说更加的糟糕，她进宫后没几年，南唐就亡国了，她跟随亡国之君李煜一起被迫迁往北方，两年以后，李煜被宋太宗毒死，小周后悲痛不已，没过几天，也死去了。

五代十国时期吴越国是谁建立的?

钱镠字具美，钱塘临安（今浙江省临安北）人，是五代十国时期吴越国的建立者。他在位26年，死后被称为武肃王。

钱镠在年轻时是一个乡里无赖，以贩卖私盐为生。唐朝末年，他追随唐将董昌，任都指挥使，参与镇压黄巢起义军。公元893年出任镇海军节度使。公元896年打败董昌，占据苏南和两浙（浙东、浙西）一带，形成割据势力。公元907年五月，后梁封钱镠为吴越王，建立国家，定都钱塘，沿用唐哀帝年号为"天祐"，第二年建年号为"天宝"。

立国之后，钱镠做事一直小心翼翼，只求确保自己的地盘能够安稳。对外，他自知吴越地小国弱，在西北方南吴国的威胁下，他始终向后梁、后唐等北方小朝廷称臣纳贡，借以牵制南吴国。对内，钱镠则大面积兴修水利，开垦荒田，努力增加耕地面积，尤其是其所修筑的钱塘江石堤，保护了杭州城，对这一地区农业生产的发展起到了非常重要的作用。他还大力扩展杭州城区，修建风景区，从而使得杭州成为了日后的风景胜地。这些措施，终于使吴越成为五代十国中相对安定、经济繁荣的地区。

钱镠并没有忘记吴越处境的危险，时刻保持着高度的警觉性。他用小圆木制成枕头，熟睡时头稍微一动就会落枕惊醒，称为"警枕"。他还在寝室里放置了一个粉盘，夜里想起什么事，就立刻起床记在盘子里，以防遗忘。

钱镠还很尊重文人，他竭力致力于招纳名士，皮日休、罗隐、胡岳等人来投奔他，他都以礼相待。但是，钱镠在位期间，劳役繁重。他除了扩大杭州城外，还大造亭台楼阁，把自己的王宫建筑得像龙宫一样豪华。

公元932年四月，钱镠病重，不久，病死于钱塘，终年81岁。

五代十国时期楚国的开国君主是谁？

马殷，字霸图，原籍许州鄢陵（今河南省鄢陵），是五代十国时期楚国的开国皇帝。唐乾宁元年（894年），跟随刘建锋率军入湖南，占据了潭州，被封做马步军都指挥使。朱温建后梁之后，马殷被封为楚王。后唐灭梁之后，马殷继承后唐的制度，建立国家。

马殷少年时曾经做过木工，后来应招从军，在秦宗权军中做小将。唐僖宗光启三年（887年）十月，马殷、刘建锋跟随秦宗权、孙儒大军与杨行密争夺扬州。唐昭宗景福元年（892年）六月，孙儒被杨行密杀害，马殷与刘建锋收拾残兵败将7000余人逃到江西洪州。由于马殷有勇有谋，善于带兵打仗，很快又在江西聚集起10万余人。

唐昭宗乾宁三年（896年），马殷因战功显赫、待人宽厚而深得将士爱戴，被推举为节度使。马殷重用能征善战的秦彦晖、李琼等将领继续征战，进一步开拓疆土。后梁开平元年（907年）三月，马殷被后梁太祖朱温封为楚王，建都在潭州（今湖南省长沙市）。后唐明宗李亶天成二年（927年），马殷正式建立楚国。

马殷利用楚国盛产茶叶的有利条件，大力提倡和鼓励种植茶树，让农民自采茶叶卖给北方商客，官府收茶税。湖南产铅、铁，马殷就铸为铅钱、铁钱，十文当铜钱一文，通行境内。商人出境，铅、铁钱无法使用，只能购买湖南物产带走。

楚国因为马殷的闭境自保措施，所以极少遭受到兵乱灾祸，日益富庶起来。后唐明宗长兴元年（930年）十一月，马殷病亡，终年79岁。

五代十国时期北汉政权的建立者是谁？

刘旻，沙陀人，原名叫刘崇，是五代十国时期北汉政权的创建者，后汉高祖刘知远的弟弟。刘旻年轻时沉迷饮酒赌博，曾经脸上被刺青从军。刘知远在后晋任河东节度使时，刘旻担任都指挥使。刘知远建立后汉之后，刘旻任太原（今山西省太原市）尹，后汉隐帝刘承祐在位时他出任河东（位于太原）节度使。

后汉乾祐三年（950年），刘承祐将枢密使郭威逼反，郭威进军后汉都城大梁（今河南省开封市），刘承祐在逃亡中被乱兵谋杀，于是郭威控制朝政。刘崇此时本打算举兵南下，但听到郭威准备迎立自己的儿子、武宁节度使刘赟为帝，于是就打消了出兵的念头。公元951年，郭威竟然黄袍加身，自登帝位，建立后周，还杀死了刘赟。因此刘崇只好也在太原登帝位，建立北汉，改名刘旻，继续沿用乾祐年号，称乾祐四年。

北汉地小国贫，又以复兴后汉为业，所以只有向辽国乞援，与辽国约为父子之国，刘旻称辽帝为叔，而自称侄皇帝，辽国则封刘旻为大汉神武皇帝。北汉得到辽国的援助，与后周进行了不少战争，但胜少败多。北汉乾祐七年（954年），刘旻趁郭威去世之际，发兵南攻后周，在高平反被后周世宗柴荣打败，刘旻乔装改扮成农人才得以逃脱，途中还曾一度迷失路径，差点无法回到太原。

高平一战，北汉元气大伤，再无力南下，而刘旻也因此忧愤成疾，不久去世，死后庙号为世祖，他的儿子刘承钧继承皇位。

南汉刘氏政权是怎样建立的？

在五代群雄割据的时代，从中原南迁到岭南的一支刘氏家族，也积极加入了复兴刘氏汉家天下的事业。他们的根据地主要以岭南为主，其势力范围包括现广东、广西两省及越南北部，并且将一个独立的王朝建立在今天的广州，他们认为自己是汉朝刘氏的后裔，因此立国号为"汉"，历史上称作"南汉"。

实际上创建南汉王朝的是唐末五代初的南海王刘隐。他的父亲刘谦，为封州刺史、贺江镇遏使，经过一年多的经营，刘谦建立了一支拥有一万多人马、数百艘战舰的军队，从而为刘氏子孙日后割据南海打下了基础。刘谦共有三子：刘隐、刘台、刘岩（后改名刘龑）。在公元849年，刘谦在贺江病逝。后经岭南节度使刘崇龟的推荐，他的长子刘隐子承父业，被唐朝廷任命为新的封州刺史、贺江镇遏使。

刘隐后又协助朝廷平定叛乱，使自己的势力得到进一步的扩张。他先控制端州，随后又攻占广州，将岭南地区的反叛平定，然后派人迎接岭南东道节度使薛王李知柔来广州上任。唐昭宗光化年间（898~900年），刘隐因平叛有功，被升为静海军节度副使，全面负责岭南地区军事。天复元年（901年）冬，静海军节度使徐彦若病逝，刘隐被徐氏和当地将领公推为静海军节度留后，代理节度使职务，从此开始实际上控制了整个岭南地区。4年后，刘隐又被唐中央朝廷正式任命为静海军节度使、加同平章事。至此，刘隐在岭南的统治获得唐朝中央政府的认可。

刘隐统治南海时期，正值大唐王朝土崩瓦解，中国重新陷入分裂，中原大地被战火笼罩。刘隐采取两方面的措施，一方面继续平定当地将领的叛乱，铲除岭南地区的其他割据势力，巩固刘氏家族对当地的统治，维持岭南地区的社会秩序。另一方面起用大批贤能人才，致力于南海的建设。许多前朝被流放来岭南的贤臣名士，也往往有子孙后人留在这里安家立业，还有一些当时正在岭南任职的中原籍官吏，也因战乱不能返回中原，都留在这里。这一批人就成为刘氏在岭南的人才和组织基础。刘隐对他们大加礼敬，或招为幕僚，或任以官职，使他们都忠心乐意地为刘氏政权服务效力。正是因为这一大批文化素质较高、政治经验丰富的中原籍人士的辅助下，在当时中原混乱不堪之时，刘隐统治下的岭南地区却出现了一个政治比较清明、社会相对安定的局面。

公元907年朱温建梁称帝，建立后梁，唐朝灭亡。刘隐因与朱氏关系密切，后梁乾化元年（911年），刘隐被封为南海王。但是在同年三月，为南汉王朝的建立作好了一切准备的刘隐，还没来得及称帝，就因病去世，后被南汉王朝追尊为"烈宗襄皇帝"。

刘隐去世后的第六年，也就是公元917年，他同父异母的弟弟刘龑在广州宣布称帝，建国号为"大越"，改年号为"乾亨"，都城建在番禺（今广州）。第二年，刘龑认为自己是汉朝皇室的后裔，为了表示自己建国是恢复昔日的汉家天下，于是又改国号为"汉"，史称南汉。刘姓王朝在岭南地区建立。

效仿朱温的前蜀开国皇帝是谁？

前蜀高祖王建，字光图，许州舞阳（今河南省舞阳）人，五代时期前蜀皇帝（907~918年在位），他就是效仿朱温的前蜀开国皇帝。

在唐大顺二年（891年），以精兵2000奔往成都，被陈敬瑄所阻拦。王建攻破鹿头关，取汉州，攻彭州，大败陈敬瑄5万兵，不久攻占成都，陈敬瑄与田令孜开门出降，据西川，接着又降黔南节度使王肇，杀东川节度使顾彦晖、武定节度使拓跋思敬。公元897年占有东川梓（今四川省三台）、渝（今四川省重庆）诸州，遂有两川兼三峡之地。公元902年取山南西道（今甘肃省）。乾宁三年（903年），他被唐昭宗封为蜀王，于是成为了当时最大的割据势力。唐哀帝天祐四年（907年），唐朝灭亡后，王建因为不服从后梁的统治，于是自己称帝，国号大蜀，在历史上被称为前蜀，定都成都，建年号天复。他在位12年，励精图治，注重农桑，兴修水利，扩张疆土，实行与民休息的政策，蜀中大治。

王建死时72岁，庙号高祖。继承皇位的是他的儿子王宗衍，被称作前蜀后主。后唐庄宗李存勖攻打前蜀，结果仅仅用了70天就灭了前蜀。

后蜀存在了多少年？

后蜀高祖孟知祥，字保胤，邢州龙冈（今河北省邢台西南）人，公元934年称帝，他是五代十国时期后蜀的第一位皇帝。

孟知祥年轻时就被李克用看中，被任命为左教练使，李克用还将自己的侄女嫁给他，孟知祥从此有了良好的发展基础。李存勖继承晋王位后，对孟知祥也很器重。李存勖攻灭后梁之后，把都城迁到了洛阳，孟知祥被任命为北京留守，全权负责军政事务。后来后唐派郭崇韬领兵灭蜀，郭崇韬很快就平定了蜀地，李存勖让孟知祥到蜀地去主持军政事务。

公元926年四月，李存勖在兵变中被谋杀，李继岌在渭南（今属陕西省）被谋害，李嗣源继位为明宗，改年号为天成。在后唐朝廷发生这一重大变化后，孟知祥萌生了在蜀中称王的念头。表面上他依然对明宗保持着君臣之礼，暗地里却开始积极筹备起来，他以原有的军队为基础，大幅度地扩军备战，兵力扩充了7万多人，并且加紧训练士卒，提高战斗力。

不久之后，董璋反叛，攻占了朝廷控制的阆州（今四川省阆中），孟知祥也跟着反叛。他发兵进攻安重海派人控制的各州，还出兵协助董璋坚守东川。明宗派石敬瑭和夏鲁奇为正副都招讨使前去讨伐，结果后唐军队大败，安重海代主受死。双方和解。明宗死后，孟知祥听从了赵季良的建议，在第二年，即后唐应顺元年（934年）在成都正式称帝，建国号蜀，史称后蜀，并在四月改年号为明德。

称帝之后，孟知祥废除掉一些苛捐杂税，减轻了百姓的沉重负担。他还组织修缮了水利设施，促进了农业生产的发展。除此之外，他整顿地方政治，派遣清廉官员上任，收揽民心，巩固了两川的统治。

应顺元年六月，孟知祥在欢迎山南西道节度使（镇兴元府，今陕西省汉中）张虔钊和武定军节度使（镇源州，今陕西省洋县）孙汉韶归蜀的酒宴上突然病倒，七月死去，终年61岁。他的儿子孟昶在他死后继位，史称后主。后蜀共存在了32年的统治，最后被北宋统一。

"高赖子"指的是南平国哪一个王？

南平是十国中最小最弱的一个国家，但因南平特殊的地理位置和复杂的政治、经济关系，高季兴得以长期割据一方。在此期间，高季兴的养国之法十分别样，他也因此被称作"高赖子"。

在朱温收复荆南后，高季兴又被任命为荆南留守，从此高季兴便开始以荆南为根据地，经营起自己的小"王国"。高季兴经略的荆南地区兵少地狭，但在乱世之中却能长期生存下来，这并非得力于高季兴的才干，而是荆南是大国的缓冲地带，其中最典型的就是楚国。

荆南被后唐、吴、楚和蜀夹在中间，比其他地方穷得多，高季兴和他的儿子不是大力提倡发展经济，而是采取了一个很不光彩的做法：抢，而且是政府出兵去抢。南汉和楚向后唐进贡要经过荆南，闽进贡也要经过这里，这里是交通要地。当这些国家的贡物经过时，高季兴和他的儿子就常常派兵夺为己有。等到对方抗议或者出兵讨伐问罪时，他们才会将财物退回。为了得到财物，高季兴还向蜀和闽称臣，以讨得一点赐品，时间一长大家都知道了他的品性，便给他和他的儿子起了一个外号"高赖子"，也叫"高无赖"。

蜀地被郭崇韬平定后，魏王李继岌将40万金帛用船只送往洛阳，经过荆南时正好李存勖在兵变中被杀，高季兴听到李存勖被杀的消息，便马上趁火打劫，将财物全部夺了过去。后唐明宗李嗣源继位以后，高季兴还想再要几个州归自己管辖，结果被明宗拒绝，他仍不死心，又向明宗索要，明宗只好口头上答应了他，但刺史必须由朝廷派遣。高季兴则请示让自己的子弟去当刺史，明宗没有答应。明宗向他追问那40万金帛的下落，高季兴回答说："舟船顺流而下，路途数千里，去问问水神就知道了。"明宗闻言大怒，下诏免去高季兴的所有官爵，并发兵征讨，高季兴知道打不过，急忙向吴国求援，吴国派水军增援高季兴。由于当时恰是雨季粮草接济困难，明宗不得不下令撤兵，高季兴这才躲过了一劫。

经此一劫之后高季兴只剩下3个州，他拿这3个州归顺了吴国，吴封他为秦王。然而秦王还没当一年，高季兴便一命呜呼了，终年71岁，后唐明宗赐给他一个谥号"武信"。

"白马三郎"指的是谁？

王审知，字信通，光州（今河南省固始县）人，在任唐福建观察副使的职位时，他毫无骄横之气，并且由于他喜欢骑白马，将士们都称他为"白马三郎"，以表对他的尊敬之意。

王审知的哥哥王潮在县里做小官，二哥和他在家，在当地他们兄弟三人都以勇武出名。在黄巢起义时，王潮被义军王绪任命为军校。王绪乘乱起兵，没有什么大志，度量狭小，乱杀好人，最后惹恼了王潮兄弟。于是大家秘密商议如何除掉王绪。在先锋的推举下，王潮当了军队主将。随后，王潮整肃军纪，在王潮的大力整顿下，这支军队军纪严明，秋毫无犯，因此所到之处大受百姓欢迎。之后，福建的观察使陈岩任命王潮为泉州刺史。不久，王潮占领了福州，唐昭宗任命他接替了陈岩福建观察使的职位，承认了他对福建的控制。

之后王审知被大哥任命为副使，但他并没有因此生一点骄横之气。而且王审知还很有度量，即使被大哥斥骂责打也毫无怨言，这使王潮对这个弟弟非常信任和器重。在王潮病倒后，他没有让4个儿子主政，而是把军政大权交给了弟弟王审知。

不久唐朝廷在福州建威武军，命王审知为威武军节度使，后又进封他为琅琊郡王。朱温建后梁之后，加封王审知为闽王。李存勖灭掉后梁之后，王审知便向后唐称臣纳贡。王审知对福建的发展做出了非常巨大的贡献，在当时的乱世，他治理福建30年，使福建有了"世外桃源"的美誉。

王审知死后，王延翰（王审知长子）自称大闽国王。王延钧（王审知次子）后来称帝建立闽国，尊王审知为太祖。

闽惠宗是被宫女杀死的吗？

王延钧，光州固始（今属河南省）人，后改名王璘，是五代十国时期闽国国主。王审知的次子，王延翰的弟弟，原任泉州刺史。公元933年，王延钧称帝，公元935年受伤之后被身边宫女杀死。

后唐明宗天成元年（926年）十二月初八，王延钧与王审知的养子王延禀联合发动政变，杀死闽王王延翰，王延钧被推举为武威留后，后被后唐累封为节度使、琅琊王、闽王。王延钧喜好神仙之术，并且还有个玄锡的道号，他大兴土木，建造宝皇宫给道士陈守元居住，后来又因为听信陈守元的妄言，从而产生了称帝之心。

后唐明宗长兴三年（932年），王延钧要求后唐封自己为吴越王、尚书令，后唐不答应，于是王延钧断绝了与后唐的关系，后唐长兴四年（933年），王延钧称帝，国号"大闽"，改年号为龙启，改名王璘。王延钧自知国小民弱，地处偏僻，因此与四邻谨慎相处，境内还算安定。王延钧非常宠爱陈金凤，陈金凤原本是王审知的婢女，容貌虽然丑陋，但是十分风流。王延钧晚年得病，陈金凤于是就与王延钧的部属归守明、李可殷私通。

闽国永和元年（935年）陈金凤被立为皇后，势力逐渐强大。同年，王延钧病重，王延钧之子王继鹏与皇城使李仿打算联手除掉陈金凤的势力，李仿派兵进宫行刺，结果王延钧刚好在陈金凤宫中，他只好躲到九龙帐下，结果王延钧受重伤未死却痛不欲生，宫女们不忍心看他痛不欲生的样子，于是将他杀死，陈金凤的余党被全部铲除。

王延钧死后，王继鹏谥其为齐肃明孝皇帝，庙号"惠宗"。

后梁的王彦章是用什么方法推荐自己的？

王彦章，字贤明，郓州寿张（今山东省东平西南）人。王彦章年少时就已经从军，隶属后梁朱温帐下，以骁勇善战而著称。当初，他是毛遂自荐来推荐自己的。

初时王彦章应募从军时，同时应征的有几百人之多，于是王彦章毛遂自荐，请求自己做队长，众人都不服气，并且还有一些老兵嘲讽他说："王彦章你算是什么人，刚从山野草莽之中出来，就想跳到我们的上面做队长，你太自不量力了吧！"

王彦章听了，并没有理会他们，而是径直对当时在场的主将说："我天生就有一身雄壮之气，这是普通人所不具备的，所以请求做他们的队长，以后一起杀敌立功。没想到他们这样不领情，反而在这里胡说八道。看来不拿出点真本事让大家开开眼，你们是不会心服口服的。我就先让你们看看我的脚上功夫，光脚在有蒺藜（一种带刺的植物）的地上走上三五趟，再看看你们有谁也能来试试？"

开始的时候大家都以为他是大言不惭，没想到王彦章真的走了几趟，而且脚上一点事儿也没有。众人不禁大惊失色，没有人敢上前效仿，都对王彦章暗暗佩服。朱温听说此事之后，也视王彦章为神人，因此提拔重用了他。

从此，王彦章就随朱温转战各地，屡立战功，军职也随之步步升迁，开始统率侍卫亲军。王彦章作战时经常使两条铁枪，一条挂在马鞍上，一条握于手中，冲锋陷阵时马快如飞，一条铁枪上下翻飞、所向无敌。王彦章的官职也因此屡屡迁升，从开封府押牙、左监门卫上将军，到行营左先锋马军使，再加金紫光禄大夫、检校司空。

梁末帝朱友贞继位后，先任王彦章为濮州（今山东省鄄城北）刺史。后来朱友贞又调他任澶州（今河南省濮阳）刺史，还进封他为开国伯，用以褒奖他辅佐朱温的建国之功。

被自己的姐夫逼死的后唐皇帝是谁？

李从珂，镇州（今河北省正定）人，本姓王，小字二十三，因此又被称为阿三。他是五代时期后唐皇帝，史称后唐末帝或后唐废帝，在登基之后被自己的姐夫石敬瑭反叛逼死。

李从珂十多岁时，他的母亲魏氏被当时还是将领的后唐明宗李嗣源所掳。李从珂被李嗣源改名并收为养子。李从珂成年之后身材伟岸健壮，骁勇善战，常常跟随李嗣源东征西讨，南征北战，颇得李嗣源的喜爱和器重。李嗣源即帝位后，李从珂曾任河中节度使之职，由于他与权臣枢密使安重诲之前有过节，所以在长兴元年（930年），被安重诲陷害解除军权，后回京师洛阳居住。次年，李从珂再度被任用，出任左卫大将军、西京（长安）留守。

长兴三年，李从珂被改命为凤翔（今陕西省凤翔）节度使。长兴四年，被封为潞王。后唐应顺元年（934年），李从珂举兵叛乱。后唐闵帝李从厚命大军讨伐李从珂。就在凤翔（今陕西省凤翔）即将失败的危难之际，李从珂看出来讨伐军贪图赏赐的弱点，诱使讨伐军叛变，反败为胜，不久以势如破竹之势攻入京师洛阳，即皇帝位，改元清泰，并派人将逃亡在外的李从厚杀死。当时李嗣源的女婿石敬瑭时任重镇河东节度使之职，李从珂和他当初在李嗣源手下都以勇力过人著称，彼此存在竞争之心。因此李从珂即位后，对石敬瑭愈来愈忌惮，而石敬瑭也早有谋反之心。

清泰三年（936年），石敬瑭以调镇他处做投石问路之举，李从珂上当，石敬瑭叛变，同时向契丹乞求援助。李从珂下令各镇联合讨伐石敬瑭，不料联军各怀鬼胎，以致大败于团柏谷，石敬瑭与契丹大军得以顺利南下进逼京师洛阳。李从珂无计可施，于公元937年自焚而死。

有"儿皇帝"之称的后晋皇帝是谁？

石敬瑭（892~942年），太原沙陀族人，是五代时期后晋王朝的建立者，即后晋高祖，在位时间为公元936年至公元942年，被称为"儿皇帝"。

石敬瑭年轻时朴实稳重，不苟言笑，爱好研读兵书，在李克用义子李嗣源的帐下做事。当时正处在后梁朱温与李克用、李存勖父子争雄，石敬瑭冲锋陷阵，立下了不少汗马功劳。由于石敬瑭数次解救李嗣源于危急之中，逐渐成为李嗣源的心腹。为了表示对石敬瑭的器重，李嗣源把女儿永宁公主嫁给他，并让他统率亲军"左射军"。

后唐长兴四年（933年），明宗李嗣源死了，李从厚继位，是为闵帝。不久，李从珂杀死闵帝，改元清泰，自立为皇帝。李从珂对石敬瑭猜忌颇大，石敬瑭也是疑心重重，二人矛盾日益尖锐。公元936年四月，石敬瑭上表指责李从珂是明宗的养子，没有资格继承帝位，李从珂削掉他的官爵，并命建雄节度使张敬达为太原四面招讨使，领兵3万围攻石敬瑭所在的晋阳城。石敬瑭抵挡不住，急忙命掌书记桑维翰起草奏章，向契丹皇帝耶律德光求援：向契丹称臣，尊契丹为"父皇帝"，自称"儿皇帝"，并且答应在打退唐军之后，把雁门关以北的幽云十六州（指幽州、云州等16个州，都在今河北、山西两省北部）土地献给契丹。

逢年过节，石敬瑭还派使者向契丹国主、太后、贵族大臣送礼。如果契丹人不满意，就派人责备石敬瑭，石敬瑭总是恭恭敬敬，赔礼请罪。

石敬瑭这种行径遭到他的部将们的反对，但石敬瑭一意孤行，派出桑维翰带了这些卖国条件去见耶律德光。耶律德光派出5万精锐骑兵去救晋阳。石敬瑭从晋阳城出兵夹击，大败后唐张敬达。

公元936年十一月，契丹国主耶律德光作册书封石敬瑭为大晋皇帝，改元天福，国号晋，史称后晋。石敬瑭在柳林（今山西省太原市东南）即位。不久，石敬瑭攻进洛阳，后唐灭亡。

石敬瑭做了7年的"儿皇帝"，51岁时病死，葬在显陵（今河南省宜阳县西北）。

后汉隐帝刘承祐是被错杀的吗？

刘承祐是后汉的最后一位皇帝，后汉高祖刘知远的儿子。乾祐二年（950年），刘承祐被亲信郭允明错杀，时年21岁，后汉从此灭亡。

刘承祐即位后，内有顾命大臣杨邠、史弘肇和王章等人专权，外有郭威拥兵自重，威望震主。有一次，杨邠、史弘肇在朝堂上议事，刘承祐说："你们再仔细推敲推敲，不要有什么谬误，让别人说闲话。"杨邠竟然说："有我们在，还轮不到你开口。"刘承祐暂时不动声色，忍下了这口气，随后派亲信杀死了杨邠、史弘肇和王章，然后又派使者到魏州（今河北省大名县西）去杀郭威。于是郭威起兵反叛，于公元950年十一月抵达汴京城下。

刘承祐到城外刘子坡观战，结果后汉军大败。刘承祐打算逃回城去，不料开封尹刘益已经据城反叛，投降了郭威，拒绝让他进城。刘承祐只得带着苏逢吉、聂文进和茶酒使郭允明等人向西北奔逃。到了赵村，忽见后面尘埃大起，刘承祐误以为是追兵赶到，便仓皇下马，打算躲进村民屋中。

郭允明见形势危急，想用刘承祐作为进见礼而投降追兵，于是将刘承祐砍死。其实后面赶来的根本不是追兵，而是刘承祐的亲兵赶来护驾。郭允明见自己弄巧成拙，错手杀死了刘承祐，惭愧懊悔之下横刀自刎而死。

北宋时期

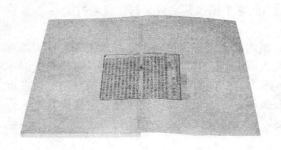

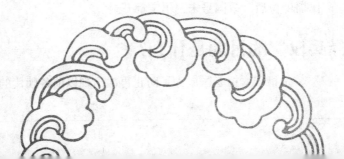

北宋（960~1127年）是中国历史上一个繁荣昌盛的王朝。

公元960年，后周朝廷接到河北边关告急，北汉和辽进犯。后周政权的都点检赵匡胤在出兵北伐的途中，发动了政变。在众将的簇拥下，在陈桥的地方把事先准备好的皇帝才可以穿的黄袍披在赵匡胤的身上，拥他为帝，史称"陈桥兵变"。之后，赵匡胤用古代禅让的方式，迫使周恭帝退位，取后周之位而成为宋王朝的开国君主，为宋太祖，定都开封。

宋太祖在取得政权后，又在一次酒会上劝告他的将领们放弃兵权，史称"杯酒释兵权"。从此宋王朝成为一个高度中央集权的政权。当时，除了刚建立起来的宋朝之外，还同时存在后蜀、南汉、南唐、吴越、北汉等割据势力。因此宋朝建国伊始，宋太祖赵匡胤便开始了他统一全国的斗争。北宋于公元964年、公元965年、公元970年先后兼并荆湘、后蜀、南汉三地，又于公元974年击败了势力较为强大的南唐。此后，吴越与福建、漳泉等地的地方势力纷纷"纳土"于宋王朝，经19年的南征北讨，宋王朝统一了中国，结束了中国自唐末形成的四分五裂的局面，使中国归于统一。

但没有长城的保护，宋王朝面对的是一个群强崛起的天下，与宋同时代的辽、金、西夏、元等国都非常强大，其军队都可以长驱直入，使北宋政权一直处于外族的威胁之中。

同时，宋朝也是中华文化的鼎盛期，唐代最突出的成就是诗歌，而宋代在教育、经学、史学、科技、词等方面都超越了唐代。

"陈桥兵变"的主谋是不是赵匡胤？

陈桥兵变是一个以赵匡胤为主谋，并由他的亲信参与发动的一场取代后周、建立宋朝的兵变。

公元959年，周世宗柴荣驾崩，7岁的恭帝继位。由于恭帝年纪幼小，军政大权由殿前都点检、归德军节度使赵匡胤与禁军高级将领石守信、王审琦等结义兄弟掌握。

恭帝继位第二年的正月初，突然传来契丹兵将南下攻周的消息，宰相范质等人未辨真伪，急遣赵匡胤统率诸军北上御敌。而这个消息其实只是赵匡胤所打的一个幌子，赵匡胤接到出兵命令，立刻调兵遣将率兵出城。

大军刚离开不久，东京城内起了谣言，说赵匡胤将做天子，谣言不知是何人所传，朝中文武百官也略知一二，虽然多数人不相信，但是却已慌作一团。赵匡胤此时不在朝中，但东京城内所发生的一切他都了如指掌，因为这是他为夺取帝位而一手策划的。以前世宗在位时，他就是用此计使驸马张永德被免去了殿前都点检的职务而由他接任。赵匡胤知道皇帝一般都疑心很重，就怕自己的江山被人夺走；而赵匡胤这次故伎重施，就是为了造成朝廷的混乱，从而使他的军队绝对听命于他。

周军行至陈桥驿，赵匡义（赵匡胤之弟）和赵普等人就迫不可待地密谋策划，发动兵变，众将以黄袍加在赵匡胤身上，拥立他为皇帝。随后，赵匡胤率军回师开封，京城守将石守信、王审琦开城迎接赵匡胤入城，又把辅政大臣范质、王溥找来。赵匡胤见了他们，装出一副很为难的样子说："世宗待我恩义深重。现在我被将士逼成这个样子，你们说怎么办？"

范质等人不知该怎么回答。有个将领声色俱厉地叫了起来："我们没有主人。今天大家一定要请点检当天子！"范质、王溥吓得赶忙下拜。周恭帝孤儿寡母势孤力弱，只好让位，史称这一事件为"陈桥兵变"。赵匡胤即位后，改国号宋，仍定都开封。

宋太祖"杯酒释兵权"的目的是什么？

所谓的"杯酒释兵权"，是指宋太祖赵匡胤为了防止再次出现以前各朝代的分裂割据局面，加强中央集权统治，以高官（虚衔）厚禄为条件，解除将领们兵权的手段。

北宋建立了不到半年，就有两个节度使起兵反对宋朝：北宋建隆元年（960年）四至六月，昭义节度使李筠……北宋建隆元年九至十一月，淮南节度使李重进据扬州（今属江苏省），分别起兵反宋。宋太祖率兵亲征，花费很长时间和精力，才将这两次叛乱平定。为了这件事，宋太祖一直耿耿于怀。为此，他特意找宰相赵普谈话，问他如何应付现在的局面。赵普回答说如果将兵权收归朝廷，天下自然会变得太平无事了。宋太祖连连点头，赞赏赵普说得好。

过了几天，宋太祖在宫里举行宴会请石守信、王审琦等几位老将喝酒。宴会上赵匡胤慢慢地道出了自己的心病，石守信等听出话外之音，慌忙跪在地上谢罪，"我们都是粗人，没想到这一点，请陛下指引一条出路"。

宋太祖说："我替你们着想，不如你们把兵权交出来，到地方上去做个闲官，买点田产房屋，给子孙留点家业，快快活活过个晚年。我和你们结为亲家，彼此毫无猜疑，不是更好吗？"石守信等人听到之后齐声说："陛下为我们想得太周到啦！"酒席一散，大臣们各自回家。第二天上朝，人人都递上一份奏章，说自己年老多病，请求辞职。宋太祖立即照准，收回他们手中的兵权，赏给他们一大笔财物，打发他们到各地去做禁军职务。

宋太祖的这一项措施，大大加强了宋专制主义中央集权制，基本上实现了政权统一的政治局面，为宋经济、文化的高度发展创造了良好的条件。

"斧声烛影"是怎么一回事？

"斧声烛影"是指宋太祖赵匡胤暴死与宋太宗皇帝即位之间所发生的一个谜案。宋太祖赵匡胤死后并没有按照传统将皇位传给自己的儿子，而是传给了他的弟弟赵匡义。

开宝九年（976年）十月十九日夜，宋朝的开创者太祖突然驾崩，年仅50岁。二十一日，赵匡胤的弟弟晋王赵匡义即位，史称太宗皇帝。太祖英年而逝，太宗即位又不合情理，于是就引出了这一段千古之谜。

据记载：十九日夜，大雪纷飞，太祖命人召时任开封府尹的晋王赵匡义入宫。赵匡义入宫后，太祖屏退左右，并与弟弟晋王赵匡义酌酒对饮，商议国家大事。室外的宫女和宦官在烛影摇晃中，模模糊糊地看到赵匡义时而离席，摆手后退，似乎在躲避和谢绝什么，又似乎看见太祖手持玉斧戳地，"嚓嚓"斧声清晰可闻。与此同时，这些宫女和宦官还听到太祖大声喊道："好为之，好为之。"之后，二人饮酒至深夜，赵匡义告辞出来，太祖解衣就寝。

凌晨，太祖驾崩，得知太祖去世的消息，宋皇后立即命宦官王继恩去召皇子赵德芳入宫。但是，王继恩却去开封府请了赵匡义，而赵匡义也似乎早已安排好了精于医术的心腹程德玄在开封府门外等候。程德玄宣称前夜二鼓时分，有人唤他出来，说是晋王召见，然而他出门一看并没有人，由于担心晋王有病，所以前来探视。于是二人一同叩门入府去见赵匡义。

赵匡义得知召见，一脸惊诧，踟蹰之间不肯前往，还说他应当与家人商量一下。王继恩催促说："时间久了，恐怕被别人抢先了。"三人便冒着风雪赶往宫中。

到皇宫殿外时，王继恩请赵匡义在外稍候，自己进去通禀，程德玄却主张直接进去，不用等候，于是与赵匡义闯入殿内。宋皇后得知王继恩回来，哪知王继恩道："晋王到了。"宋皇后一见赵匡义，一脸惊奇，但她位主中宫，通晓政事，心知不妙，便哭喊道："我们母子性命都托付于官家了。"官家是对皇帝的称呼，她如此称呼赵匡义，就等于承认赵匡义做皇帝了，赵匡义也泪流满面地说："共保富贵，不用担心。"于是，赵匡义便登基做了皇帝，是为宋太宗。虽然宋朝王权得到了和平转接，但是宋太祖赵匡胤的突然死亡却从此成了一个谜。

宋太宗是如何将其继承权合法化的？

宋太祖死得扑朔迷离，但赵匡义抢在赵德芳之前登上皇位却是不争的事实。太宗为了显示其即位的合法性，不久就抛出了其母杜太后遗命的说法，即所谓的"金匮之盟"。

据说，杜太后临终之际，曾召赵普入宫记录遗命，而当时太祖也在场。杜太后问太祖何以能得天下，太祖说是祖宗和太后的恩德与福荫，太后却说是先朝主少，同时要求赵匡义在兄长百年之后继位。太祖泣拜接受教训。杜太后便让赵普将遗命写为誓书，藏于金匮之中。

然而，由于年代久远，"金匮之盟"的真面目并未能揭开，后人推测是太宗和赵普杜撰出来以掩人耳目的。那么，到底太祖是否有传位给赵匡义的意思呢？据说太祖每次出征或外出，都会让赵匡义留守都城，而对于军国大事，赵匡义都参与预谋和决策。太祖曾一度想建都洛阳，群臣相谏，太祖从来都不听，赵匡义亲自陈说其中利害，才使得太祖改变主意。

赵匡义患病之际，太祖亲自前去探望，还亲手为他烧艾草治病。赵匡义若觉疼痛，太祖便在自己身上试验以观药效，两人之间手足情深，令人感动。太祖还曾对人说："光义龙行虎步，出生时有异象，将来必定是太平天子，福德所至，就连我也比不上。"以此推测太祖是准备将皇位传给弟弟赵匡义的。但是，这种种说法难以经得住推敲，都只是后人的臆测而已。

宋太祖赵匡胤的十大开国功臣都有谁？

对于兵变成功的宋太祖赵匡胤来说，亲信的支持是少不了的。在这一过程之中，石守信、高怀德、张令铎、王审琦、张光翰、赵彦徽、韩重赟、李继勋、罗彦环、王彦升等10人在赵匡胤的称帝过程中起到了很重要的作用，堪称北宋开国十大功臣。

石守信是太祖的结义兄弟，在周朝后期，为太祖副手，"陈桥兵变"时在京城做内应，使赵匡胤的兵变部队得以顺利进城，确保了太祖登基。他卒于太平兴国九年（985年），终年57岁。

高怀德在后周初期已是殿前东西班都指挥使，职位在太祖之上，在"陈桥兵变"中积极拥戴太祖，功劳仅次于石守信。之后高怀德受命与石守信平息上党李筠叛乱。他还是开国功臣中第一个皇亲国戚，卒于太平兴国七年（983年），终年57岁。

张令铎在"陈桥兵变"中同样有拥戴之功，他是继高怀德之后第二个宋太祖的亲家，卒于开宝三年（970年）春，终年60岁。

王审琦在"陈桥兵变"时在京城里与石守信同为内应，之后又参加了平定李筠、李重进叛乱的战争，卒于开宝七年（968年），终年50岁。

张光翰在后周末是侍卫亲军步军都指挥使张令铎的部属，在参与陈桥之变的拥戴功臣中，张光翰与宋太祖的关系比较疏远。他卒于乾德五年（967年）。

赵彦徽与太祖同事周世宗，太祖曾拜其为兄，其年长于太祖，与宋太祖的关系一般，卒于开宝元年。

韩重赟也参与了"陈桥兵变"，以拥戴功升为侍卫亲军马军主力龙捷左厢都指挥使，卒于开宝七年（968年）。

李继勋没有参与"陈桥兵变"，不属于拥戴功臣，但他却是包括太祖在内的"义社十兄弟"之一，而且还是其中最年长的人，也是太祖称帝的后备力量。卒于太平兴国二年（977年），终年62岁。

罗彦环是在后周末年成为太祖心腹的，"陈桥兵变"的消息进入开封后，罗彦环威逼宰相承认赵匡胤的天子地位，在兵变中发挥了重要作用。卒于开宝二年，终年47岁。

王彦升与太祖关系密切。"陈桥兵变"后，王彦升率所部先入京，在兵变中起到了相当重要的作用。卒于开宝七年，终年58岁。

北汉主降人物杨业为何被称为护国忠臣？

杨业，山西太原人，本名重贵，又名继业，原籍麟州新秦（今陕西省神木北），是宋朝名将、军事家。他作为一位主降的将领不仅没有被当作是叛国，反而成为一代忠臣，载入史册，这其中有哪些原因呢？原来，他的主战主降都是为了护君爱国。

杨业小时候就擅长骑射，爱好打猎，武艺高强，刚过20岁便入仕太原的北汉政权，受到北汉皇帝的信任和重用。当时赵匡胤已经建立大宋王朝，全国统一大局已定。杨业考虑到人民和国家的安危与皇室的安全，便冒着叛国投敌的危险向北汉皇帝提出了"奉国归宋"的建议，但是遭到反对。在这之后他并未变心投宋，而是舍命保卫北汉政权。

后来北汉战败，皇帝投降，杨业却仍在城南与宋军苦战。宋太宗早就听说杨业是一员勇将，便派北汉亡国皇帝的亲信前去劝降。杨业见到劝降使者，向着北汉皇帝所处的方向悲愤地大哭了一场，见大势已去，方才投降了宋朝。宋太宗任命他为左领军卫大将军，知代州兼三交驻泊兵马部署。

后来，在对辽的作战中，杨业被自己人算计，一直得不到援助，他只好带领部下转身跟追上来的辽兵展开搏斗，兵士们个个奋勇抵抗。但是辽军越来越多，后来杨业身边只剩下一百多人，他含着泪向士兵高声喊道："你们都有自己的父母家小，不要跟我一起死在这里，赶快冲出去，也好让朝廷得知我们的情况。"兵士们听了这些话，竟然没有一个愿意离开杨业。

最后，兵士都战死了，杨业身上也受了十几处伤，浑身是血，还来回冲杀，杀伤了几百名敌人。辽国名将萧达凛从暗中放出冷箭，射中他的战马，辽兵乘机围了上来，将他俘虏了。杨业被俘以后，辽将劝他投降。他抬起头叹了口气说："我杨业本来想消灭敌人，报答国家。没想到被奸臣陷害，落得全军覆没。哪儿还有脸活在世上呢？"他在辽营里，绝食三天三夜而亡，享年59岁。

从降宋到抗辽，杨业演绎了一场真正的爱国忠臣故事。

杨业为什么会被称为"杨无敌"？

杨业降宋之后，宋太宗任命他为左领军卫大将军，知代州兼三交驻泊兵马部署。其"杨无敌"的称号是在对抗辽的战争中不断取得胜利而得到的。

公元980年，辽朝派了十万大军前来攻打雁门关。此时的杨业手下只有数千人马，兵力相差巨大。但是杨业却是个有经验的老将，他知道靠硬拼是不行的，于是他就把大部分人马留在代州，自己带领几百名骑兵，悄悄地从小路绕到雁门关北面敌人后方。辽兵向南进军，一路上没遇到抵抗，正在得意，忽然从后面响起一片喊杀声，只见烟尘滚滚，一支骑兵从背后杀来，像猛虎冲进羊群一样，乱砍猛杀。

辽兵在毫无防备的情况下遭袭，也弄不清后面来了多少人马，一个个都心惊胆战，阵容顿时大乱，纷纷向北逃窜。杨业带兵追赶上去，不长时间就杀伤大批辽兵，杀死了一名辽朝贵族，还活捉了一员辽将。雁门关大捷以后，杨业威名远扬。辽兵只要是一看到"杨"字旗号，就吓得不敢交锋。人们因此给杨业起了个外号，叫做"杨无敌"。

一代大将杨业是因何而死的？

杨业在对辽的战争中不断立下大功，在得到皇帝表彰的同时，也引起一些边防将领的妒忌。正是由于这种嫉妒，使得一代忠臣战败被俘，受辱含恨绝食而亡。

据称，当时有些将领给宋太宗上奏章，说了杨业许多坏话。宋太宗知道杨业的忠诚，不理睬那些诬告，有时甚至把那些奏章封好了，派人送给杨业。杨业见宋太宗这样信任他，自然十分感动。这让那些将领更加不快，为以后杨业的死埋下了种子。

辽景宗耶律贤死后，即位的辽圣宗耶律隆绪才12岁，辽国由他的母亲萧太后执政。边将向宋太宗上奏章，认为辽朝政局变动，趁这个机会可以收复幽云十六州失地，宋太宗接受了这个意见。

公元986年，宋太宗派出曹彬、田重进、潘美率领三路大军北伐，任命杨业为副将，三路大军分路进攻。潘美、杨业的一路人马出了雁门关，很快就收复了四郡。但是，由于东中两路的失败，西路军不得不同时回撤。同时潘美率领的西路军还有另外一个任务——掩护四个州的百姓撤退。潘美、杨业接到命令，就领兵掩护四个州的百姓撤退到狼牙村。正当那时，辽军已经占领寰州（今山西省朔县东），兵势很猛。于是杨业建议派兵佯攻，吸引住辽军主力，并且派精兵埋伏在其退路的要道，掩护军民撤退。监军王侁反对杨业的意见，要求正面对抗辽军，杨业无可奈何，只好带领手下人马作为先锋出发了。

临走的时候，他流着眼泪对潘美说："这个仗肯定要失败，我本来想看准时机，痛击敌人，报答国家。现在大家责备我避敌，我不得不先死。"接着，他指着前面的陈家峪（今山西省朔县南）对大将潘美说："希望你们在这个谷口两侧埋伏，也许有转败为胜的希望。"杨业出兵没有多远，果然遭到辽军的伏击。由于兵少将寡，杨业也只好将辽军引向陈家峪。

到了陈家峪，正是太阳下山的时候。杨业退到谷口，见两边并没有宋军。潘美带领的主力先退了，原来王侁怕杨业抢了头功，已催促潘美把兵撤去离开。由于没有援军，杨业兵败被俘。被俘以后，辽将曾劝他投降。这次他并没有像降宋一样降辽，而是选择了绝食而亡。

佘太君是否真有其人？

佘太君，名赛花，原来姓折，后改为佘。和其他传说中的女将有所不同，在历史上确有其人。

佘赛花的曾祖父曾任后唐麟州（今陕西省神木县北十里）刺史；祖父折从远曾任府州（今陕西省府谷县）刺史；父亲折德扆为后汉隐帝特任府州团练使。佘赛花，封号太君，生于后唐清泰年间（934年），后汉乾祐二年（949年）与杨业成婚，卒于1010年，享年77岁。

佘太君生长在一个爱国武将的家庭里，自幼受到父兄武略的影响，青年时候就已经成为一名机敏、善骑射，文武双全的女将。佘赛花在少年时便与普通的大家闺秀不同，她研习兵法，精通将略，把戍边御侵、守护中原、保卫疆域视为己任。佘太君的父亲折德扆，世出官宦之家，在后汉任府州团练使，佘家世代居府州地区，历抵外侵，为将门豪族，世称"佘家军"。

佘太君深受家庭的熏陶，文韬武略，深明大义，喜欢骑马射箭，舞剑挥刀，她使的一手绝活叫"走线铜锤"，能把铜锤使的犹如流星绕飞，让人防不胜防。与杨业结婚之后，佘太君随夫杨业效命于北汉。杨业在边关打仗，她在杨府内组织丫环仆人习武，因此杨家仆人的武技和忠勇之气个个都不亚于边关的士兵。

杨业归宋以后，举家迁至开封府。杨业在北方抗辽，威震雁门，但由于受到奸臣的陷害，于公元986年不幸殉国。佘太君上书述说杨业战死的缘由，潘美因此官降三级，王侁和刘文裕也被削职为民。

作为一名历史人物，虽然史书记载较少，但佘太君是家喻户晓、妇孺皆知的"杨门女将"中的核心人物。至今，佘太君墓所在地山西保德县折窝村和陕西白鹿县佘家坡头村的佘姓后裔对她都津津乐道。

潘美算不算是大宋的开国功臣？

潘美，字仲询，大名（今河北省大名东北）人，北宋初名将。潘美是大宋的开国元勋，《宋史》对此早有定论：殁后赠中书令，谥武惠，追封郑王，配飨太宗庙庭。这在当时是一种极大的荣誉。

陈桥驿兵变中，赵匡胤黄袍加身，当上了皇帝，成为宋太祖。然而此时，宋太祖想要回兵京师登上皇帝宝座稳定朝局，还需要有人在朝廷对他力挺才行。而当时能够胜任这项重任的人只有一个，那就是大将潘美。潘美果然不辱使命，他回朝以后，在朝会上当着太后、恭帝和文武百官的面宣布了赵匡胤的命令，并说明了其中的道理，从而赢得了文武百官的理解和支持，稳定了朝局。所以说潘美是宣布建立宋朝的第一人。

宋太祖建隆二年（961年），赵匡胤虽然取得了皇位，但当时国家仍处于军阀割据的分裂状态。宋太祖决定先处置陕西藩镇袁彦，杀鸡儆猴。此时，他想到了潘美，他认为潘美有勇有谋，完全可以胜任这件事。临行前，太祖密令潘美，在必要时可以将袁彦除掉。潘美受命之后，他不带一兵一卒，单人匹马来到了袁彦军中，对袁彦坦诚相见，耐心说服、讲明道理。袁彦见潘美如此胸襟，感慨万分，于是在这年秋天，跟随潘美朝觐了宋太祖。

宋太祖建隆元年九月，淮南节度使李重进起兵叛乱。李重进是后周太祖郭威的外甥、世宗柴荣的表哥，又是顾命大臣，赵匡胤称帝他当然会起兵反抗。淮南是宋朝京都的大后方，战略位置十分重要，宋太祖只好御驾亲征，并命石守信为统帅、潘美为副帅，兵伐淮南。大军进展非常顺利，十一月便攻下了淮南，平乱之后，宋太祖任命潘美为淮南巡检使，镇守扬州。潘美用了3年的时间将淮南治理得井井有条，并因功授任泰州团练使。除此之外，他还扫平南汉、平定江南、大战太原、攻取北汉。

从宋朝的开国到立国，潘美曾多次挂帅，东征西抚、南征北战、上马治军、下马安民，成为宋太祖的左膀右臂，为大宋朝立下了汗马功劳。

杨延昭为什么被人称为"六郎"？

杨延昭，原名杨延朗，后因避道士赵玄朗的讳，改名杨延昭，常被人称为杨六郎。他本是北宋抗辽大将杨业的长子，身为杨业的长子，杨延昭为什么被称为"杨六郎"呢？其实，这个"六郎"

与兄弟排行根本毫无关系，人们之所以称他为六郎，是因为在民间，人们认为他是一颗福星。

杨延昭在北宋历史上的首次亮相，是在宋太宗雍熙三年（986年）的伐辽战争中。这一年，宋军分山西、河北两线进攻辽军。西路主帅是潘美，副帅是杨业，28岁的杨延昭为先锋。宋军在杨家父子的率领下，在雁门关外进攻辽军，节节胜利，收复了很多城池。杨延昭也初次让辽军见识了他的勇敢。杨业死后，杨延昭便担负起河北延边的抗辽重任。

北宋咸平二年（999年），辽军大举南侵，很快攻到了遂城（今河北省徐水县东）。杨延昭正在遂城镇守。当时遂城城小兵少，而辽军由于萧太后亲临城下，强力猛攻。面对辽军的猛烈攻势，军民都惶恐不安，而杨延昭却从容自若。他召集城中青壮年百姓，发给他们武器，让他们登城与兵士共同作战。当时刚到初冬，天气并不寒冷，不料一日气温骤降，杨延昭随即命城中军民大量提水往城墙猛浇，一夜之间城墙变成了既坚固又光滑的"冰铁城"。辽军面对这样根本无法攀爬的城池，只好绕过遂城进攻别处。经过此次战役，杨延昭威震边关，人们都称杨延昭守卫的遂城为"铁遂城"。

咸平四年，辽军再次大举南下侵扰北宋边境。杨延昭在遂城西北的羊山设下伏兵，自己率少数骑兵引诱辽军，边战边退。行至羊山下，伏兵四起，杨延昭与伏兵会和，两面夹击辽军，并斩杀辽国大将。这一战宋军大获全胜，尽歼辽军。这就是历史上著名的"羊山之伏"。当地百姓为了纪念此次大捷，改羊山为"杨山"，杨延昭因功被加封为莫州团练使。

古人称天狼星为六郎星，并将之看作将星。杨延昭守卫边境20多年，智勇善战，令辽军闻之丧胆。辽人认定杨延昭是天上的六郎星宿下凡，故称之为杨六郎。

"大宋第一良将"指的是谁?

曹彬，字国华，真定灵寿（今河北省石家庄市灵寿县）人，被人称为大宋第一良将。

曹彬自幼喜好习武，早在他做成德军牙将的时候，节帅武行德就看出他与众不同，并认定他能成大器。虽然他婶婶张氏是周太祖的贵妃，但曹彬平常为人低调，并没有因此而骄横，反而是比任何人都恭谦。宋太祖赵匡胤还未登基时与曹彬同为柴世宗的手下。宋太祖有一次问曹彬对当朝官员有什么意见和建议，曹彬回答说："臣主军事，军事之外不是臣所应当知晓和介入的。"太祖执意追问，曹彬也只是推荐随军转运使沈伦，认为他廉洁谨慎，可以任要职。

曹彬兼将、相于一身，却从来不因为官场上不同等级的不同威严而自认为有什么特别之处。在路上遇到其他官员，曹彬也会领着车子避让。没有名气的小官，每每汇报事情，他必定穿戴整齐后才会召见他们。

乾德二年（964年）冬，宋廷终于平定了蜀乱。曹彬袋子中只有图书、衣物而已，而当时多数将领掳掠了很多女子和财物。曹彬主管徐州工作时，有一官员犯罪，都已经结案了，可是过了一年之久才实施杖刑，人们都不知道其中的缘故。曹彬说："我听说这个人刚娶了妻子，如果给他实施杖刑，她的公婆必定会认为新媳妇不吉利，而经常打骂她，使她难以生存。所以我把这件事缓了一步，也没有违背法律。"曹彬戎马一生，谦恭仁厚，不言人过，严于律己，士众畏服，朝臣敬重。

咸平二年（999年）六月，曹彬病逝，终年69岁。真宗皇帝亲临恸哭吊祭，赠中书令、济阳君王，谥武惠，配飨太祖庙庭，后又追封韩王，妻高氏赠韩国夫人。《宋史》对曹彬的评价是："仁恕清慎，能保功名，守法度，唯彬为宋良将第一。"

北宋"守内虚外"政策是谁制定的?

北宋"守内虚外"政策是指将大多数禁军驻防在京城及附近地区，而边境上却只有少数禁军驻防的布军政策。它的制定者是北宋第二代皇帝赵匡义。

宋太宗（939~997年）本名赵匡义，后因避其兄赵匡胤的名讳改名赵光义，即位后改名炅。父亲赵弘殷，母亲杜太后。在其兄弟中，除去早夭者，太宗排行居中，比太祖小12岁，比秦王赵廷美大8岁。太祖驾崩后，38岁的赵光义登基为帝，在位共21年（976~997年），至道三年（997年）去世，终年59岁，庙号太宗，谥号至仁应道神功圣德文武睿烈大明广孝皇帝，葬永熙陵。

宋太宗是宋朝的第二个皇帝，22岁时，参与陈桥兵变，拥立其兄赵匡胤为帝，曾参与太祖统一四方的大业。

宋太宗治政有为，却不善武功。太宗即位后，继续进行始于后周周世宗时的统一事业，扩大科举取士规模，编纂大型书籍，鼓励垦荒，发展农业生产，设考课院、审官院，加强对官员的考察与选拔，确立了文官政治，进一步限制节度使权力，力图改变武人当政的局面。这些措施顺应了历史潮流，为宋朝的稳定做出了重要贡献。但是由于急功好利，宋几次北伐攻辽都受到了很大的挫败。

太平兴国四年（979年）宋太宗赵光义移师幽州，试图一举收复幽云十六州，宋辽在高粱河（今北京市西直门外）展开激战，宋军大败。宋太宗被辽将耶律休哥射伤，后乘驴车逃走。由于宋太宗两度伐辽失败，导致四川王小波、李顺农民起义。之后太宗转而执行守内虚外的政策。太宗晚年政治也都大多循规蹈矩，这使宋朝渐渐形成了"积贫积弱"的局面，给宋代社会的发展带来了不利的影响。

"寇准罢宴"是怎么一回事？

"寇准罢宴"是一件关于寇准知错能改、关爱人民的事。

宋太宗淳化年间，寇准得到宋太宗赵匡义的信任，被提升为参知政事。不久，太宗又为寇准主婚，让皇姨宋娥与他成婚。新婚期间，日日酒宴，夜夜歌舞。一天，寇准与宋娥正在欢宴，忽听门官来报："相爷，门外有一名老汉，说是相爷您的家里人，非要见相爷不可。"一听是家人，寇准连忙说："快请进来！"

过了不一会儿，门官领来一个衣衫褴褛，满脸皱纹的老汉。寇准一看，原来是舅舅赵午，便忙拉宋娥一起上前拜见。谁知老汉两眼发呆，并不回答寇准夫妻的问话，却大声哭了起来。寇准忙问缘由，老汉连连摇头。问了半天，老汉才长叹一口气，说道："我进了这相府，见你这么荣华富贵，又听你手下人说，你每日每夜都是这样，叫我不由得想起我那可怜的姐姐了。她一辈子受苦受难，没过一天好日子！"

寇准听舅舅说起母亲，慌忙跪倒说："都是甥儿不好，忘了母亲早年的苦楚。"赵老汉擦了擦眼泪，拍着寇准的肩膀说："你10岁那年，你爹去世，是你娘昼夜纺线织布，供你读书。我送你上华州会试时，你穿的蓝布袍还补着补丁。直到后来你母亲归天时，你还在关外操劳王事，顾不上奔丧，舅也不能怪你。你现在当了大官，又招了皇姨，欢乐几天也就是了。可你天天作乐，夜夜宴饮。你娘受过的苦难，你是不是早忘光了？"

寇准忙给舅父叩了3个头，说："舅父指教，甥儿得益不浅，母亲弃世时，我君命在身，忠孝不能两全，是甥儿终生憾事。不过，母亲的苦楚，甥儿实不敢忘。甥儿今为国家大臣，誓以上报宋王，下抚黎民。"说罢，慌忙和宋娥劝舅舅入席用饭。老汉看着宴席上的山珍海味，硬是不入席，而是指着宴席说："这一桌饭，够咱家乡一家人过几个月哩！你在京城里吃得这么好，可知咱华州、同州今年大旱，颗粒不收，一斗米涨到一千钱。现在还没过年，已闹起了饥荒，到明年春天，不知要饿死多少人呢！想到这，我怎么能吃下这样好的饭呢？"寇准早就听说家乡有旱情，但是从地方官的奏折里，却不能看出灾情的严重程度。听舅舅这么一说，顿时觉得自己失职，愧对乡里。之后他安排舅舅住下，急忙回到大厅，吩咐撤了宴席，以此为戒，永不夜宴。

第二天早朝，寇准将故里旱情如实奏报太宗，并请旨回陕西督赈和询察民情。寇准回陕西后，为家乡办了一些好事，还把关中的赋税免征3年。这种知错能改的品格使他成为了北宋的一位名相。

北宋朝廷给谁的拨款不够归葬费？

寇准，字平仲，北宋政治家、诗人。华州下邽（今陕西省渭南市）人。1023年死于雷州，朝廷给他的拨款竟不能使之归葬乡里。

寇准从小就非常聪明，7岁时随父登华山就留下了"只有天在上，更无山与齐。举头红日近，俯首白云低"的著名诗句。19岁时，寇准赴汴梁（今河南省开封市）会试时被录取，出任大理评事。由于政绩显著，升任大名府成安军，迁殿中丞，后又被提为尚书虞部郎中。

寇准刚直不阿，敢于向皇帝犯颜直谏，所以宋太宗就称赞他说："朕得寇准，犹文皇之得魏徽也。"宋真宋景德元年（1004年），辽军有大举进攻北宋之势，寇准被召回朝任宰相。他极力反对王钦若等南迁的主张，力主抗辽，促使真宗往澶州（今河南省濮阳）督战与辽订立澶渊之盟。不久之后，寇准遭到王钦若排挤，被罢黜宰相之职。晚年，寇准再次被起用为相。

天禧四年（1020年），寇准又被丁谓排挤去位，封莱国公，被贬逐到雷州（今广东省海康）。天圣元年（1023年），寇准死于雷州，终年62岁。寇准死后，他的夫人宋氏（宋太祖开宝皇后的幼妹）入宫启奏，请求朝廷拨款搬运寇准灵枢。然而拨款仅够将其灵枢运到宋氏住地洛阳。景祐元年（1034年），在寇准去世11年后，宋仁宗为他昭雪，归葬于今陕西省渭南市临渭区官底。

哪次起义第一次明确地提出了"均贫富"的口号？

王小波、李顺起义是中国北宋前期的一次农民起义，也是第一次明确地提出了"均贫富"口号的起义。

北宋初期，川峡地区的土地大多被豪强、寺观、官僚霸占。很多农民丧失耕地，阶级矛盾异常尖锐。宋太宗即位后，川峡天灾频繁，民不聊生。淳化四年（993年），永康军青城县（今四川省都江堰市南）爆发了王小波、李顺起义。

王小波是青城县（今四川省灌南县南部）农民。青城县除出产粮食外，还盛产茶叶，茶农们以种茶为生。宋太宗时期推行"榷茶"法，由朝廷专门强行收购茶叶，使很多茶农失去活路，而朝廷官员和地主商人却乘机大肆牟利。贫富差距拉大，许多种茶的人和种庄稼的人难以生活。

淳化四年二月，王小波在青城县领导100多名破产的农民和失业的茶农起义。他号召说："现在的人穷的穷、富的富，太不合理！今天我们起义，就是要均贫富！"起义立即得到广大农民的拥护，短短几天时间就发展到一万多人。王小波指挥大家攻下青城后，起义军队伍迅速扩大，在攻江原县（今四川省崇庆东南）时，王小波中箭，不治身亡。起义军又推举王小波的内弟李顺为首领，继续与官府斗争。

李顺在成都建立了农民政权，号称"大蜀"，自己称为"大蜀王"，建年号"应运"。大蜀"政府"最高长官为"中书令"，军事最大官职为"枢密使"。李顺没有贪图享乐，而是继续指挥义军扩大成果。农民军占领的地盘越来越大，北至剑关，南至巫峡，义军也发展到几十万人之多。但是起义军的主要力量放在进攻上，从而忽视了防守。因此，当朝廷军队打来时，防线很快被攻破，农民军成千上万人牺牲，李顺也在战斗中英勇牺牲。李顺牺牲后，张仓余领导剩下的义军坚持战斗，先后攻下嘉州（今四川省乐山）、戎州（今四川省宜宾）、泸州、渝州（今重庆市）、涪州（今四川省涪陵）、万州（今四川省万县市）等地，最后张仓余被捕，英勇就义。

王小波、李顺、张仓余领导的农民起义虽然失败了，但却有着深远的历史意义。王小波、李顺起义在中国农民战争史上，第一次明确地提出了"均贫富"的口号，它沉重地打击了地主阶级。它反映出广大农民要求土地和贫富均等的强烈愿望，对以后的农民起义有着深远的影响，在中国封建社会农民战争史上具有承前启后的重要意义。

有"憨福"的宋真宗赵恒是怎么继承帝位的？

宋真宗，原名赵德昌，后称赵恒，又改名元休、元侃，为宋太宗赵匡义的第三个儿子，太宗病死后继位。在位25年，病死，终年55岁，葬于永定陵（今河南省巩县东南蔡家庄）。赵恒的继位极具传奇色彩。

赵恒，曾先后被封为韩王、襄王、寿王。由于太宗在晚年迷信相术，一天，太宗皇帝召一僧人入宫给子侄诸王看相，好几个皇子都急忙跑出来。在僧人看了几个子侄之后，只有赵恒还在睡觉，没有出来。见不到赵恒的僧人却奏告太宗说："我遍观诸王，命都不及寿王。"太宗问道："你还没有见过他，怎么知道他的命最好？"僧人回答说："我刚才见到过站在寿王门前的3个仆人，他们都具有日后成为将相的气度。仆人尚且如此，他们的主人自然是更加高贵了。"于是，太宗就立赵恒为太子，人们称赵恒有"憨福"。

公元997年三月，太宗赵匡义病死后，宣政使王继恩等人企图废除已被封为皇太子的赵恒，准备拥立长子赵元佐为帝。赵恒母李贤妃向宰相吕端说明情况之后，吕端断然答道："先帝之所以设立皇太子，不正是为了今天吗？这是为了江山社稷，岂可再有异议？"李氏听后，觉得十分有理，也深感立君大事绝对不可感情用事，于是连连对吕端说："先帝曾经说过，宰相小事糊涂，大事不糊涂，关键时刻果然名不虚传，愿拥皇太子赵恒为帝。"赵恒于同月继位，第二年改年号为"咸平"。

赵恒即位之初，任用李沆等人为宰相，也能注意节俭，政治比较安定。赵恒的继位不可谓不具传奇色彩，相对于前朝的宫廷谜案，他的继承算是在和平的环境下实现的。

北宋不败而败所签的盟约是哪一个？

澶渊之盟是宋、辽两国之间经过多次战争之后所缔结的一个盟约。其实质上是北宋的一次不败而败、丧权辱国的求和之举。

1004年，辽国萧太后以收复瓦桥关（今河北省雄县旧南关）为名，亲率大军深入宋境。萧挞凛率军一路势如破竹攻破遂城，生俘宋将王先知，强攻定州，俘虏宋朝云州观察使王继忠。宋廷朝野震动，真宗在惊恐之下打算迁都南逃，当时的宰相寇准、毕士安等人坚持主战，真宗在无奈之下只好硬着头皮亲至澶州督战。

辽军抵达定州，宋辽两军出现相峙局面，辽军因为担心腹背受敌，于是提出和约，起初被真宗拒绝。十一月，辽军在朔州被宋军大败，岢岚军的辽军因粮草断绝不得不撤军。辽军主力集中于瀛洲（今河北省河间）城下，与宋军激战10多天之久，宋军守将季延渥死守城池。萧挞凛、萧观音奴二人率军攻克祁州，萧太后等人率军与之会合，力攻冀州、贝州（今河北省清河），辽军三面包围澶州（今河南省濮阳），宋将李继隆死守澶州城门。辽统军萧挞凛率数十骑在澶州城下巡视。宋军在澶州前线以伏弩射杀辽南京统军使萧挞凛，之后辽军士气大挫，萧太后等人闻讯痛哭不已。

此时宋真宗一行抵达澶州，寇准力促宋真宗登上澶州北城门楼以示督战，宋军将士们战前见到皇帝亲临，士气倍增。但是由于主降派占据上风，宋辽双方于十二月初达成停战协议，即"澶渊之盟"，因澶州又名澶渊，所以又称"澶渊之盟"，其主要内容有：辽宋为兄弟之国。以白沟河为国界，双方撤兵。宋每年向辽提供"助军旅之费"银10万两，绢20万匹。双方于边境设置榷场，开展互市贸易。

盟约缔结以后，宋、辽之间百余年间相对平静，对中原与北部边疆经济文化的交流和民族的融合具有积极的作用。但是对于北宋而言，澶渊之盟不过是在战争形势有利的情况下以"贿赂"来换取和平的不明之举，甚至可说是丧权辱国的行为。

宋真宗为什么要伪造"天书"？

宋真宗赵恒是一个胆小少谋而又爱慕虚荣的君主，他既好大喜功，又害怕战争，正是由于他的这种性格，才有了北宋的伪造天书的举动。

宋真宗景德元年(1004年)，辽帝与萧太后亲率大军南下攻宋。在宰相寇准等人的强力坚持下，真宗才不得不御驾亲征，但是在宋军士气方振、战局对辽不利之际，真宗皇帝却以每年输辽岁币银10万两、绢20万匹的屈辱条件，在澶渊同辽国签订了丧权辱国的和约，开创了以输岁币求苟安的先例。

真宗还以为这是一桩值得自豪的功业，得意了一阵子。不料有一天，参政王钦若却对他说："城下之盟，《春秋》耻之。澶渊之举，以万乘之尊而为城下盟，没有比这更耻辱的了！"其实王钦若当时说的一席话，本来是要贬低寇准的，但却给爱虚荣的宋真宗当头泼了一盆冷水，宋真宗从此怏怏不乐。

王钦若刚好又是个善于察言观色、逢迎邀宠的小人。他对正经事儿没多大能耐，但在搞小动作方面，却是高人一筹。宋真宗伪造"天书"的把戏，就是他出的点子。

他看出真宗这人既好大喜功，又惧怕战争，就找了个机会假意向真宗提议说："陛下若出兵收复幽、蓟两州，就能够洗掉澶渊之盟的耻辱了。"真宗说："河北的百姓刚免了战争之苦，我哪忍心再挑起战争呢？还是想点其它主意吧！"王钦若乘机说："那就只有封禅可以镇服四海、夸示外国了。"然后他接着又说："当然，这'天瑞'不是说要就有的；前代之所谓'天瑞'者，有些是人为杜撰的，只不过皇帝把它当真的崇奉起来，并以之昭示天下，就会同真的一样了。"

真宗听了，于是就派他主抓此事。

景德五年（1008 年）正月初三，宰相王旦率群臣早朝完毕时，有人来报，称"左承天门南鸱尾上挂了条黄帛"，于是宋真宗召群臣拜迎于朝元殿，这条"黄帛"就被他们称为了"天书"。虽然大臣们中间有人根本不信什么"天书"，但是一国之君相信，这也从一定程度上助长了之后朝野上下大搞迷信活动的行为。

宋仁宗赵祯的生母是谁？

大中祥符二年（1010 年）四月十四日，北宋皇室传出信息，贵妃刘娥生下一子，名赵受益（即后来的宋仁宗赵祯）。其实皇子不是刘娥亲生，而是刘娥身边的李氏所生。

景德元年（1004 年）正月，真宗皇帝赵恒封刘娥为四品美人，刘娥正式成为后宫妃嫔的一位，并很快晋封为二品修仪，又封为一品德妃。此时的刘娥已非昔日的小妹，她在长年幽居期间，博览群书，研习琴棋书画，早已才华出众。但在宫中刘娥举目无亲，她便向真宗提出，愿让"表哥"龚美改姓为"刘"，做自己的兄长，继承刘家香火。

景德初年，郭皇后的儿子赵佑夭折了，年仅 9 岁。半月后，另一名两月大的皇子也夭折了。真宗的 5 个皇子居然一个也没能活过 10 岁，此时的真宗已经年近四旬。刘娥虽然长年受宠，却始终没能怀孕。她身边的侍女李氏，突然一日梦到仙人下降为子，真宗和刘娥大喜，于是就想出"借腹生子"的方法来。

大中祥符二年四月的一天，李氏生下一子，就是后来的宋仁宗赵祯。皇子虽然是李氏所生，却只认刘娥为母。而且真宗早在孩子出生三月前，便已宣布刘娥怀孕，册封刘娥为修仪，与刘娥交好的杨才人则晋封婕好。皇子虽然名为刘娥的儿子，刘娥却没有亲自抚养，而是交给杨婕好抚养。杨婕好正好也是成都人，比刘娥小 16 岁，因为当时刘娥已经 40 多岁，精力已经不如 20 多岁的杨氏充沛，便让杨氏代行哺育之职。即使如此，刘娥也没有杀害赵受益真正的生母李氏，而是封李氏为崇阳县君。

不久，李氏又生下一女，她晋封才人，正式进入妃嫔行列。不幸的是，小公主很快夭折。李氏自认命薄无福，终其一生，都未与儿子相认。

刘娥是如何成为皇后的？

献明肃皇后刘娥，是宋真宗赵恒的皇后，其走上皇后位置的道路可谓是十分曲折，从结婚到正名，她用了几十年的时间。

刘娥十几岁的时候，嫁给了银匠龚美。刘娥嫁夫随夫，跟着龚美一起来到京城开封谋生。恰逢襄王府选妃，刘娥于是进入王府。然而太子赵恒的乳母秦国夫人看不起刘娥的出身，于是劝赵恒将刘娥赶走，赵恒硬是不答应。秦国夫人没有办法，只好报与宋太宗，太宗大怒，下旨驱逐刘娥出京。然而，赵恒虽迫于皇命把刘娥送出王府，却打心眼里不愿离开刘娥，他把刘娥偷偷藏在王宫指挥使张耆家里，以后时不时地前去约会。这样偷偷摸摸的日子，刘娥一过就是 15 年。直到宋太宗赵匡义病逝，赵恒继承皇位，刘娥才有了新生活。

虽然皇帝后宫拥有三千佳丽，赵恒却并未忘情刘娥。赵恒很快把刘娥接进宫里。景德元年（1004年）封刘娥为四品美人，正式成为后宫妃嫔的一位。此刻的刘娥，终于可以正大光明地和真宗赵恒在一起了。而后，刘娥又很快晋封为二品修仪，又被封为一品德妃。

真宗心里虽然很想立刘娥为后，但是由于刘娥既无子嗣又出身卑微，所以群臣们都不赞同，最后他们想出来"借腹生子"的主意，并顺利实施。刘娥既已"生子"，真宗便诏告群臣，欲立其为后。然而不少高级官员都知道刘娥"生子"的真相，真宗无可奈何，立后之事再度被搁置。

大中祥符五年（1012年）十一月，真宗晋封刘娥为德妃，并给百官加官晋爵。十二月，册立德妃为皇后。册后礼仪一应从简，既不让官员进贺，也没搞封后仪式，封后诏书也回避朝臣公议，只下令将封后诏书传到中书省，在皇宫宣布一下完事。十二月，44 岁的刘娥终于成为大宋王朝的皇后。

大宋第一位摄政太后是谁？

刘娥是宋朝第一位摄政的太后，她掌政期间功绩赫赫，常被后人与汉之吕后、唐之武后并称，史书称其"有吕武之才，无吕武之恶"。

大中祥符五年（1012年）十二月，44岁的刘娥终于成为大宋王朝的皇后。1022年二月，54岁的宋真宗病逝于延庆殿，遗诏曰：太子赵祯即位，皇后刘氏为皇太后，杨淑妃为皇太妃，军国重事由皇太后处分。由于当时皇帝赵祯只有11岁，朝政大权实际上就握在了皇太后刘娥手里。于是，刘娥开始和仁宗赵祯一起听政决事，正式垂帘。

刘娥号令极其严明，赏罚也十分有度，虽然难免有些偏祖家人，但绝不纵容他们插手朝政。在大是大非面前，她能够尊重士大夫们的意见。王曾、张知白、吕夷简、鲁宗道都得到了她的重用，她的家族也没有做出危害国家的祸事。此外，贵为太后的刘娥非常简朴。侍女见皇帝侍女服饰华丽，觉得自己身为太后侍女，不能被比下去，于是报与刘娥，刘娥却不为所动。

虽然刘娥掌权日久，并且有不愿把权柄交给仁宗之嫌，但她却依然是个慈母。仁宗少时体弱多病，刘娥忙于政务，让杨淑妃照顾，因此仁宗称刘娥为"大娘娘"，杨妃为"小娘娘"。1032年二月，仁宗生母李氏患了重病，刘娥连忙派太医前去诊治，并同时晋封她为宸妃。然而李氏命薄，封妃当天，便病发身亡。李氏死后，刘娥以一品礼仪将李妃殡殓，在皇仪殿治丧，并给李妃穿上皇后冠服。李妃的父亲也同样得以追封，兄弟李用和也得到晋升。

刘娥虽不愿还政于仁宗，但却并未想过自立。程琳献《武后临朝图》，刘娥亲手掷于地上，说："我绝不会做这样的事！"刘娥表态后，群臣都如释重负，仁宗也心怀感激，恭孝唯谨。1033年三月，刘娥病重，数日之后，病逝于宝慈殿，享年65岁。

为什么说宋仁宗赵祯是北宋帝王中做皇帝最好的？

宋仁宗，初名受益，宋真宗的第六个儿子，北宋第四代皇帝，生于大中祥符三年（1010年），1018年被立为皇太子，赐名赵祯，1022年即帝位，1063年驾崩于汴梁皇宫，享年53岁，葬于永昭陵。他是北宋做皇帝最好的一个人。

仁宗在位42年，是两宋时期在位时间最长的皇帝，也是历代在位时间较长的皇帝之一。仁宗早年生活在养母刘太后的阴影下，是一个守成之君，遵守祖宗法度，性情文弱温厚，其武功谋略远远不及太祖、太宗，在与西夏的长期对峙中表现平平，宋王朝屡战屡败，军事上一直处于弱势。然而，仁宗却能够知人善任，解决了当时社会存在的诸多弊端，提拔重用了一大批对当时和后世都产生了重大影响的人物，如千古流芳的包拯，还出现了范仲淹、欧阳修等著名人物。而仁宗庆历初年实施的"庆历新政"，也为王安石变法起到了投石问路的先导作用。因此，他在位时期名臣辈出。有人曾经这样说过："仁宗虽百事不会，却会做官家（皇帝）。"

身为皇帝，会做皇帝，这其实是一种最难得的境界。宋仁宗是宋代帝王中的明君圣主，他在位期间，不仅国家太平，边境安定，经济繁荣，而且科学文化发达，人民生活也很安定。仁宗当政期间，政府正式发行了世界上最早的纸币——"官交子"（相对于"私交子"而言）。仁宗死亡的消息传出后，"京师罢市巷哭，数日不绝，虽乞丐与小儿，皆焚纸钱哭于大内之前"。他的死讯传到洛阳时，市民们也自动停市哀悼，焚烧纸钱的烟雾飘满了洛阳城的上空，以致"天日无光"。

他的死甚至影响到了偏远的山区，当时有一位官员前往四川出差，路经剑阁，看见山沟里的妇女们也头戴纸糊的孝帽哀悼这位仁爱的皇帝。除了自己的国民之外，他还影响到了邻国的君主。当讣告送达辽国时，大辽的皇帝也非常难过，将仁宗送给他的御衣"葬为衣冠冢"，岁岁祭奠。当时有人路过永昭陵，在陵寝的墙壁上还题诗写道：农桑不扰岁常登，边将无功更不能。四十二年如梦觉，春风吹泪过昭陵。

"仁宗"是这位当皇帝的赵祯死后被追尊的庙号。人们认为，这个庙号对他来说最为货真价实。由此可见，仁宗皇帝可谓是北宋所有皇帝中做皇帝最好的一个人。

毕昇的泥活字印刷比木活字印刷有什么优越之处？

活字印刷术是北宋平民发明家毕昇发明的。毕昇是北宋中期的一介布衣。他经过不断地总结历代雕版印刷的丰富实践经验，然后反复试验，终于在宋仁宗庆历年间（1041~1048年）在诸多的材料中选择了优于木活字的泥活字，实行排版印刷，完成了印刷史上一项重大的革命。

毕昇在试验过程中，不仅使用过泥活字，而且实验了木活字印刷，不过由于木料纹理疏密不匀，刻制困难，木活字沾水后容易变形，而且和药剂粘在一起不容易分开，因此毕昇最终没有采用木活字。在泥活字的使用中，他先用胶泥做成许多规格一致的毛坯，在一端刻上反体单字，字划突起一定的高度，用火烧硬，成为单个的胶泥活字。常用的一些字备有几个甚至几十个，以备在同一版内重复使用。而一些不常用的冷僻字，如果事先没有准备，也可以随制随用。

为便于拣字，把胶泥活字按韵分类放在木格子里，贴上纸条标明。排字的时候，用一块带框的铁板作底托，上面敷一层特制的药剂，然后把需要的胶泥活字拣出来一个个排进框内。排满一框就成为一版，再用火烘烤，等药剂稍微熔化，用一块平板将字面压平，成为版型。印刷的时候，只要在版型上刷上墨，覆上纸，加一定的压力就行了。一般情况下，在排版的过程中使用两块铁板，一版印刷，另一版排字，两版交替使用。印完以后，用火把药剂烤化，用手轻轻一抖，活字就可以从铁板上脱落下来，十分方便。

毕昇的胶泥活字版印书方法，不仅能够节省大量的人力物力，而且还大大提高了印刷的速度和质量，比雕版印刷要优越得多。

宋仁宗的皇后是谁？

宋仁宗皇后曹氏是"八仙"之一的曹国舅的姐姐。曹皇后是北宋枢密使曹彬的孙女、吴王曹玘的女儿，曹氏于明道二年（1033年）应诏入宫，之后被宋仁宗册封为皇后。

曹皇后出身将门，因而熟读经史，谦谨节俭。她亲自带领宫嫔们在苑内种植谷物，采桑养蚕。1048年间正月，仁宗住在曹皇后宫中，到了半夜，被一阵杂乱的响声惊醒，仁宗本来打算出去看看发生了什么事，结果被曹皇后劝住，要他不可轻举妄动，免遭毒手。曹皇后把内监宫人集中起来，分别把守宫门，并亲手为每人剪下一缕头发。叛乱平息之后，以发为记，论功行赏。曹皇后临危不惧，应变有方，指挥若定，不愧为将门之后，仁宗对她大为佩服。

仁宗生三子，都已夭折。后因急于生子，仁宗纵欲过度，身体逐渐衰弱。早些年，曹皇后将濮安懿王赵允让的第十三子赵宗实接进宫中抚养。当时宗实只有4岁，因而没有被立为太子。1062年八月，31岁的赵宗实被立为皇太子，赐名曙。次年三月，仁宗驾崩。赵曙进宫即位，是为宋英宗，曹皇后为皇太后。英宗即位不久生病，无法料理朝政。曹太后于内东门小殿垂帘听政。英宗病情好转后，曹太后马上撤帘归政。

1067年，英宗病逝，其长子赵顼即位，即宋神宗，尊曹太后为太皇太后。1079年，曹太后病逝，终年64岁，谥号为"慈圣光献皇后"，葬于永昭陵。

被称为"包青天"的宋臣有哪些生平事迹？

包拯，字希仁，庐州人（今安徽省合肥人），北宋天圣五年（1027年）进士。由于他为官清廉，铁面无私，世人都称誉他为"包青天"。

宋景祐四年（1037年），包拯任天长（今安徽省天长）知县，颇有政绩。任期届满，被调任知端州（今广东省肇庆）。后回京任监察御风里行，又改监察御史。

宋皇祐二年（1050年）闰十一月，宋仁宗下诏以三司使、户部侍郎张尧佐为宣徽南院使、淮康军节度使、景灵宫使。张尧佐是张贵妃之父张尧封的堂兄。因为张贵妃受到宋仁宗的宠爱，张尧佐也因此青云直上。包拯时任监察御史，他认为宋仁宗再三擢拔张尧佐，任人唯亲，不符合大宋法度。于是就上书指出宋仁宗提拔张尧佐是错误的，并分析其背景是后宫干政、个别大臣曲意逢迎。包拯此举如石破天惊，顿时，大臣们纷纷上书反对任命张尧佐。面对强大的舆论，宋仁宗只得收回成命。

次年正月，宋仁宗经不住张贵妃的一再请求，再次下旨擢升张尧佐。包拯再次不顾触犯宋仁宗和张贵妃，挺身直谏。张尧佐见包拯等人言辞激烈，感到事情难办，当即表示不接受委任。于是，宋仁宗也就顺势下台了。但是张贵妃却非常不高兴，一再在仁宗耳边煽风点火。但是由于包拯的极力反对，直到最后仁宗都没能擢升张尧佐。

嘉祐元年（1056 年）十二月，朝廷任包拯权知开封府，在这短短的一年里，他就把号称难治的开封府，治理得井井有条。他敢于惩治权贵们的不法行为，坚决抑制开封府吏的骄横之势，并能够及时惩办无赖刁民。

由于包拯在开封府执法严明，敢于碰硬，铁面无私，贵戚宦官们不仅有所收敛，而且听到包拯的名字就感到害怕。儿童妇孺们也都知道包拯的名字，亲切地称呼他为"包特制"。开封府还流传着"关节不到，有阎罗包老"的说法，意思就是用阎罗比喻包拯的铁面无私。

狄青为何成了大将之后还面带刺字？

狄青，字汉臣，北宋汾州西河（今山西省文水）人，1057 年死后被葬于永安县（今河南省巩义）。狄青勇而善谋，精通兵法，身经百战而立下了累累战功，成为北宋大将，但是在他成为北宋军中职位最高的大将之后，依然面带象征着卑贱士卒的刺字。

狄青出身贫寒，但却从小胸怀大志，16 岁时，狄青代兄受过，被"逮罪入京，窜名赤籍"，开始了他的军旅生涯。宋仁宗宝元元年（1038 年），党项族首领李元昊在西北称帝，建立西夏。宋廷择京师卫士戍边，狄青成为一名低级军官。在战争中，狄青骁勇善战，多次充当先锋，率领兵士夺关斩将，先后攻克金汤城，宥州诸地，烧毁西夏粮草数万，并指挥士兵在战略要地桥子谷修城，筑招安、丰林、新寨、大郎各堡，抵御西夏。

狄青每战披头散发，头戴铜面具，一马当先，所向披靡，在短短的 4 年时间里，就参加了大小 25 次战役，身中 8 箭，却从未临阵脱逃，在宋夏战争中，立下了累累战功，声名也随之大振。

由于狄青勇猛善战，屡建奇功，所以升迁很快，皇祐四年（1052 年）六月，狄青任枢密副使。狄青治兵有方，对自己的形象也不是很在意，他十分注重与下级士卒的联系。在他做了枢密副使之后，脸上仍保留着宋代军士低贱的标记——制字。宋仁宗曾劝他用药抹去，狄青回答说："陛下以功擢臣，不问门第，臣愿留以劝军中。"由此可见，狄青做了大将之后，首先想到的是如何地鼓舞士气，而不是自己做官的尊严。

北宋大将狄青是怎么死的？

平定广西的叛乱之后，论功行赏，狄青被任命为枢密使，虽然当上了最高军事长官，但是种种祸患也就由此而生，最后导致狄青被皇帝的重重疑心给"吓"死了。

宋朝自开国以来就重文轻武，极力压低武将地位，并把崇文抑武作为基本国策。在这样的政治环境下，随着狄青官职的升迁，朝廷对他的猜忌、疑虑也在逐步加深。早在皇祐四年（1052 年）狄青任枢密副使时，御史中丞王举正就认为，狄青出身行伍而位至执政，恐怕有朝一日会对朝廷不利。到狄青凯旋还朝做枢密使时，这种疑忌和不安达到了顶点，朝廷百官纷纷进言，反对任命狄青。

嘉祐元年（1056 年）正月，仁宗生了一场病，后来慢慢康复，而当时的朝臣，竟把狄青树为朝廷最大的威胁。在这种猜忌和疑虑最严重的时候，谣言纷起，有人说狄青家的狗头上长角，有人说狄青的住宅夜有光怪，就连京师发水，狄青避家相国寺，也被人们认为是要夺取王位的行动。

嘉祐元年（1056 年）八月，只做了 4 年枢密使的狄青终于被罢官了。但由于狄青没有过错，所以被加宰相衔，民间称其"从士兵到元帅、从布衣到宰相"。后来狄青离开京师到陈州以后，朝廷仍然很不放心，每半个月就遣中使来，名为抚问，实为监视。此时的狄青已被谣言中伤搞得惶惶不安，每次使者到来他都会惊疑终日，唯恐再生祸害。不到半年，狄青便发病而终，年仅 49 岁。

狄青是不是唐朝名臣狄仁杰的后人？

北宋大将狄青，虽然出身贫寒，但是他从小胸怀大志。宋廷择京师卫士戍边，狄青也在其列，任延州指挥使。狄青曾经在一次攻打安远的战斗中，身负重伤，但"闻寇至，即挺起驰赴"，冲锋陷阵，在宋夏战争中，立下了累累战功，声名也随之大振。在随后的征战中，一步步地坐上了北宋军中最高的职位。

康定元年（1040年），经过尹洙推荐，狄青得到了陕西经略使韩琦、范仲淹等人的赏识。范仲淹授之以《左氏春秋》，并对他说："为将若不能博古通今，那只是匹夫之勇。"于是从那时起，狄青便开始发奋读书，也因此而精通兵法谋略。由于狄青勇猛善战，屡建奇功，所以升迁很快，数年之间，就先后出任泰州刺史、惠州团练使、马军副部指挥使等职，皇祐四年（1052年）六月，狄青任枢密副使。

狄青受命于宋王朝的多事之秋。这一年，广西少数民族首领侬智高起兵反宋，自称仁惠皇帝，招兵买马，攻城略地，一直打到广东境内。仁宗皇帝十分恐慌，几次派兵征讨，均损兵折将，大败而回。

就在举国骚动，满朝文武茫然无措之际，仅仅当了不到3个月枢密副使的狄青，自告奋勇，上表请行。宋仁宗非常高兴，任命他为宣徽南院使，宣抚荆湖南北路，经制广南盗贼事，并亲自在垂拱殿为狄青设宴饯行。经过一番苦战，狄青终于凯旋，班师还朝以后，论功行赏，狄青被任命为枢密使，当上了最高军事长官。

之后曾有不少阿谀谄媚之徒附会，说他是唐朝名臣狄仁杰的后人，但狄青一口否认，并不为改换门庭而冒认祖宗。

一夫一妻的皇帝夫妻是哪一对？

在北宋时期，做到一夫一妻的皇帝和皇后是北宋第五代皇帝宋英宗赵曙与皇后高氏。宋英宗皇后高氏，是宋将高琼的曾孙女，也是曹彬的外曾孙女，赵曙16岁时得娶高氏为妻，之后两人恩恩爱爱，开始了一夫一妻的生活。

赵曙是濮安懿王的第十三子，仁宗赵祯的侄子；而高氏是曹后姐姐的女儿，二人自幼被选入宫。当时宫中人都称赵曙为"官家儿"，高氏则被称为"皇后女"。赵曙与高氏婚后相亲相爱，高氏为他生下4子4女。

皇帝所有的子女皆由皇后所出是十分罕见的事，但对赵曙来说也不奇怪，因为他没有妃嫔。在《宋史》、《长编》、《续资治通鉴》乃至其它宋代笔记里都没有他晋封妃嫔的记载。英宗治平年间，一向多病的赵曙身体好转，但高皇后也没有同意让他临幸宫人。曹太后觉得不妥，也曾让亲信悄悄劝高皇后："官家即位已久，如今身体又已痊愈，怎可以左右无一侍御者呢？"高皇后听后很不高兴，回答说："跟娘娘说，我嫁的是十三团练，又不是嫁他官家！"

十三团练就是指的赵曙，他在濮王诸子中排行十三，仁宗在位时长辈皆唤他"十三"，仁宗时封他为团练使。这段话后来传到宫外，便成了士大夫们八卦的笑料。大概都觉得英宗乾纲不振，所以导致皇后如此强悍。事实上宋英宗之所以能尊重高皇后并且按她的意见不纳嫔妃，更主要的原因是因为他们之间那段青梅竹马的爱情。

北宋第一位以宗子身份继承大统的皇帝是谁？

宋英宗赵曙，原名宗实，太宗曾孙，濮王允让之子，后改名赵曙。1063~1067年在位，是北宋第五代皇帝，也是北宋第一位以宗子身份继承大统的皇帝。

由于仁宗没有儿子，因此英宗幼年就被仁宗接入皇宫抚养，赐名为宗实。1050年，赵曙任岳州团练使，后任秦州防御使。嘉祐七年（1062年），赵曙被立为皇太子，加封钜鹿郡公，嘉祐八年即帝位。英宗不是仁宗的亲生儿子，本与皇位无缘。作为北宋第一位以宗子身份继承大统的皇帝，应该说他是很幸运的。

但不幸的是，英宗自幼体弱多病，即位之初就大病了一场，所以不得不由曹太后垂帘，虽然后来也能亲政，但不久便病故，在位仅仅5年，这在两宋诸帝中是十分少见的。英宗同他名义上的父亲仁宗一样，也是一位极想有所作为的皇帝，但他近乎偏执地恪守孝道，因此在他亲政之后便上演了一场震惊朝野的追赠生父名分的闹剧。等到这场争议得以平息，他的生命也走到了尽头。

英宗作为北宋第一位以宗子身份继承大统的皇帝，由于在位时间短暂，又不想改革，因而，英宗功绩不大。但是他在位期间，辽国和西夏没有发生战争，社会安定。

宋神宗赵顼在位时的最大军事举措是什么？

宋神宗赵顼，宋英宗赵曙之子，1067年至1085年在位，年号为熙宁、元丰，是北宋第六代皇帝。其在位期间，最大的举措就是对西夏的作战。

神宗怀有恢复旧疆的强烈愿望，十几岁时，他就曾披甲去见祖母曹后。登基之前，对群臣提到仁宗时辽国侵略之事，也会激动得落泪。继位后，神宗立即向元老重臣富弼征询治国强盛之道，试图有一番作为，但事与愿违，富弼要他20年不谈兵事。

元丰四年（1081年），神宗凭借几年来积蓄的强大的军事力量，对西夏发动了猛烈的攻势。这一年八月，在宋夏交界的弧形线上，宋调动了熙河、秦凤等五路大军，约40万，准备一举攻占兴庆府（今宁夏回族自治区银川）和西平府（今宁夏回族自治区灵武西南），击破西夏。但是由于五路并进，而无大帅，各路行军步调不一，互不协同，加上领兵高遵裕、王中正等人皆属庸劣之辈，所以最后以失败告终。宋军虽然损失惨重，但据有了兰州，切断了西夏同河西走廊的联系，为环攻西夏造成了有利态势；同时也控扼了横山之险，给直取兴庆、西平创造了前沿阵地。

为了保持这一战果，神宗于元丰五年八月下令修筑永乐城（今陕西省米脂西北）。主持永乐城修筑和防御任务的徐禧志大才疏，不懂军事，既不能用以逸待劳的方法迎头痛击来犯的西夏军，又不知以重兵保护水道，以致于后来使永乐城被西夏攻陷，徐禧以及数万宋军民夫全部死难。噩耗传来，神宗彻夜绕床不眠，次日对辅臣痛哭失声。

自此，神宗郁闷满怀，于元丰八年春病逝，他仅有的一点功绩也被无能的臣下付之东流。

什么是"王安石变法"？

王安石变法，指的是北宋时期，大臣王安石发动的旨在改革北宋建国以来积弊的一场改革运动。

熙宁元年（1068年），宋神宗召王安石单独进宫谈话。神宗一见面就向他问道说："你看要治理国家，该从哪里着手？"王安石从容不迫地回答道："先从改革旧的法度，建立新的法制开始。"于是宋神宗要求他马上回去写个详细的改革意见。王安石回家以后，当天晚上就写了一份意见书，第二天呈给神宗。宋神宗认为王安石提出的意见非常符合他的心意，从此就更加信任王安石。

1069年，宋神宗把王安石提升为副宰相。那时候，朝廷里名义上有4个宰相，但病的病，老的老，有的虽然不病不老，但是一听见改革就叫苦连天。王安石知道，跟这批人共事，根本成不了大事。经过宋神宗批准，王安石任用了一批年轻的官员，并且设立了一个专门制定新法的机构。这样一来，他就能放开手脚进行改革了。

王安石变法的内容主要包括以下几个方面：置制三司条例司、方田均税法、均输法、青苗法、农田水利法、市易法、募役法、保甲法、裁兵法、将兵法、保马法、军器监法、太学三舍法、贡举法等。

王安石变法对巩固宋王朝的统治、增加国家收入、改变北宋积贫积弱的局面，起到了积极的作用。但由于王安石急于求成，推行过急，利弊互见，事前缺乏充分宣传，而且触犯了大地主阶级的利益，因此遭到很多朝臣的反对，最后以失败告终。

"乌台诗案"发生在哪一年？

北宋元丰二年（1079年），苏轼被贬调湖州。贬调的原因是他不赞成王安石的新法。在奉调时，苏轼要依照惯例向宋神宗上表致谢。上书致谢本来就是一种平常的官样文章，但他知道自己被外放的原因是新党的御史们作了手脚，因此按捺不住心中的不平之气，不由地在表中写出了略带牢骚的语句："我真是生不逢时啊，不能跟这些新进的政治暴发户共事，你们大概是看我年纪大了（当时苏才44岁），在下面也兴不起什么风浪了，可能还能管管小老百姓。"于是，他"讥讽朝廷"的帽子就被扣上了，从而引发了一场大案，即"乌台诗案"。

当时苏轼在朝中的政敌章敦、蔡确等人借此指责苏轼以"谢表"为名讥讽朝廷，妄自尊大，发泄对"新法"的不满，请求对他严办。御史李定、何正臣、舒亶等人，也举出苏轼的《杭州纪事诗》作为证据，说他"玩弄朝廷，讥嘲国家大事"，还从他的其他诗文中找出个别句子，断章取义地给予定罪。

他们从苏轼的诗中找到"读书万卷不读律，致君尧舜知无术"一句。本来苏轼是说自己没有把书读通，所以无法帮助皇帝成为像尧、舜那样的圣人，他们却指他是讽刺皇帝没能力教导、监督官吏；还有"东海若知明主意，应教斥卤变桑田"，说他是指责兴修水利的这项措施不对。

总之，他们认定苏轼胆敢讥讽皇上和宰相，罪大恶极，应该处死刑。于是朝廷便将苏轼免职逮捕下狱，押送京城交御史台审讯。此时，沈括还出来告密，说苏轼诗作有讥讽朝政之意，章敦等人便以苏轼的诗作为证据。

一场牵连苏轼39位亲友，100多首诗的大案便因沈括的告密震惊朝野。这就是著名的"乌台诗案"。后因曹太后出手相救，苏轼才免于一难。

一幅漫画是如何打倒一代名相王安石的？

王安石的变法对改变北宋积贫积弱的局面，起到了积极的作用。但王安石事前缺乏充分宣传，又急于求成，同时触犯了大地主的利益，因此遭到很多朝臣的反对。最后因为一幅漫画而被迫辞官。

在推行变法的过程中，王安石经常遇见大臣们反对变法。1074年，河北闹了一次大旱灾，一连10个月没下雨，当地很大一部分的农民断了粮，到处逃荒。宋神宗正为此事发愁，有一个官员趁机画了一幅《流民图》的漫画献给宋神宗，说旱灾是王安石变法造成的，要求神宗将王安石撤职。宋神宗看了这幅《流民图》，只是长吁短叹，没有说什么，但是到了晚上却睡不着觉了。神宗的祖母曹太后和母亲高太后也在神宗面前哭哭啼啼，诉说天下被王安石搞乱了，请求神宗停止新法。王安石看到新法已经不可能再实行下去，于是上书辞职。宋神宗也只好让王安石暂时离开东京，到江宁府去休养。

第二年，宋神宗又把王安石召回京城当宰相。可是刚刚过了几个月，天空上出现了彗星，这本来是正常的自然现象，但是在当时却被认为是不祥的预兆。于是宋神宗又慌了，让大臣们对朝政提意见，一些保守派又趁机攻击新法。虽然王安石竭力为新法辩护，希望宋神宗不要相信这种迷信，但宋神宗还是迟疑不定。

王安石见无法继续贯彻自己的主张，遂于1076年春天，再次辞去宰相之职，回江宁府去了。宋神宗逝世以后，哲宗即位，向太后垂帘听政，以司马光为首的守旧派掌握了政权，此前的新法全部被废止。

宋哲宗皇后孟氏第一次被废的原因是什么？

宋哲宗皇后孟氏，号元祐皇后，因为姓孟，又常被称为元祐孟皇后，是宋哲宗的第一位皇后。她两度被废又两度复位，并两次于国势危急之下被迫垂帘听政，经历之离奇，在中国历史上实为罕见。其第一次被废，可以称得上是一次有预谋的冤案，是皇室两派相互斗争的结果。

孟氏是宋朝眉州防御使、马军都虞侯、赠太尉孟元的孙女。元祐七年（1092年），高太皇太后下懿旨，将孟氏封为皇后。可惜好景不长，绍圣三年（1096年），孟氏所生之女福庆公主重病，药石无效，而此时孟氏的姐姐则持道家治病符水入宫医治。由于符水之事一向是宫中禁忌，孟氏顿时大惊失色，忙命人将符水藏起来，等到哲宗前来探望之时，再一一说明原委。

本来哲宗也认为这是人之常情，所以未加怪罪。不料公主病逝后，孟氏养母燕夫人等人为孟氏及公主祈福，此事正好落人口实，哲宗听说后也开始怀疑起来。于是，命人调查此案。皇城司遂逮捕了皇后左右侍女及宦官数十人，在酷刑之下，孟氏的罪名马上就被罗织出来，她的皇后之位也旋即被废，出居瑶华宫，号"华阳教主"、"玉清妙静仙师"，法名"冲真"。

这事件是当时北宋新旧党争的产物，孟氏是支持旧党的高太皇太后与向太后所立，高太皇太后去世后不久，哲宗亲政之后就极力想要摆脱这位祖母的阴影，因此转而支持新党，提拔新党的章敦做宰相，章敦也支持哲宗宠爱的刘婕妤，有废孟氏后位之图，于是酿成了这件冤狱。孟氏的这一次被废可以说是两派派系斗争的产物。

沈括主要有哪些科技成就?

沈括,北宋时期著名科学家。晚年以平生见闻,在镇江梦溪园撰写了笔记体巨著《梦溪笔谈》。沈括是我国古代少有的一位博学多才、成就显著的科学家、他精通天文、数学、物理学、化学、地质学、气象学、地理学、农学和医学等,有很多的科技成就传世。

在天文学方面,他提倡的新历法,与今天的阳历极为相似。

在物理学方面,他不仅仅记录了指南针原理及多种制作法,还发现地磁偏角的存在,他的这一发现比欧洲早了400多年。除此之外,他还曾阐述凹面镜成像的原理,并且对共振等规律加以研究。

在数学方面,他创立了"隙积术"(二阶等差级数的求和法)、"会圆术"(已知圆的直径和弓形的高,求弓形的弦和弧长的方法)等。

在地质学方面,他对冲积平原形成、水的侵蚀作用等都有研究,并首先提出石油的命名。

在医学方面,他对于有效的药方,多有记录,并著有多部医学著作。

沈括一生最大的成就当属《梦溪笔谈》,这部书共30卷,包括《补笔谈》3卷和《续笔谈》1卷。这是一部包罗万象的百科全书式的著作,内容涉及天文、历法、气象、地质、数学、物理等。64岁那年,他的《梦溪笔谈》正进入最后修改定稿阶段,他的妻子不幸离世,他本人也病魔缠身,之后身体一天不如一天。

长期的疾病折磨使这位中国科技史上最卓越的科学家最终于1095年离开人世,终年65岁。

是谁在围困中向宋徽宗提出传位给太子赵桓的建议?

李纲,北宋末、南宋初的抗金名臣,民族英雄,字伯纪,号梁溪先生,祖籍福建邵武,祖父一代迁居江苏无锡。他曾任太常少卿、兵部侍郎、尚书右丞。金兵入侵汴京时,李纲任京城四壁守御使,领导军民数次击退金兵。但不久即被投降派所排斥,在宋廷一派慌乱的情况下,是李纲向宋徽宗提出了传位给太子赵桓,以号召军民抗金的建议。

宣和七年(1125年)冬,金兵分为两路大军进攻北宋,完颜宗望所率东路军更是直逼宋都开封。在宋廷上下均表无奈的情况下,李纲向宋徽宗提出了传位给太子赵桓,以号召军民抗金的建议。

赵桓(宋钦宗)即位后,升任李纲为尚书右丞,就任亲征行营使,负责开封的防御。他率领开封军民及时完成防御部署,并亲自登城督战击退金兵。金帅完颜宗望见开封难以强攻,转而施行诱降之计,使宋廷上下顿时弥漫了屈辱投降的气氛。李纲因坚决反对向金割地求和,被宋钦宗罢官。

后来,由于开封军民的愤怒示威,迫使宋钦宗收回成命,李纲才又被起用。完颜宗望因无力攻破开封,在北宋答应割让河北三镇之后,遂于靖康元年(1126年)二月撤兵。开封守卫战在李纲的组织下获得胜利。

金兵撤离之后,李纲马上就遭到宋廷投降派的排斥和诬陷。靖康元年五月,宋廷强令李纲出任河东、河北宣抚使,驱赶他出朝。李纲被贬不久,金兵再次两路南下围攻汴京。宋钦宗在被俘前夕才想起任用李纲,当李纲在长沙得知此命时,北宋已经灭亡。

"靖康之变"给北宋带来了什么结果?

靖康元年(1126年),金军仅以4万人南下,一路势如破竹,连破北宋27州,黄河北岸宋地全部沦陷,兵锋直指宋都汴梁。北宋朝廷本想借黄河天险抵御金兵,但戍守黄河南岸的宋军久已虚缺,偶有在营兵卒也没有作战能力,根本无力抵抗。当时宋军虽然烧毁了黄河浮桥,但两岸渡船却因部属渎职拖延而未能彻底收缴,金军在北岸仅用数日便汇集了足够渡船,并很快渡过黄河,北宋守军见金兵到来,纷纷四散奔逃,不战而溃。

金军兵不血刃就占据了汴梁以北的军事重地仲牟驿。北宋朝中上至皇帝下至小吏皆惊慌失措,主和派也乘机大造声势,举朝一片投降之声。宋徽宗见势危,只好禅位于太子赵桓,赵桓在哭哭啼啼中无奈地登上皇位,成为宋钦宗。金军围困汴梁一月有余,在尚未攻破东京的情况下,北宋皇室准备投降，开封下级军民却坚决要求抵抗，30多万人决心参战。然而钦宗竟然亲自到金营求降，卑躬屈膝地献上降表，还下令各路勤王兵停止向开封进发，甚至还镇压自发组织起来准备抵抗的军民。

第二年二月，金军立原宋朝宰相张邦昌为伪楚皇帝。四月，金军俘虏了徽、钦二帝以及后妃、皇子、宗室、贵戚3000余人，并搜罗了大量宝玺、舆服、法物、礼器、浑天仪等后北撤。

这就是历史上著名的"靖康之变"，北宋王朝也因此而灭亡。

宋徽宗皇后郑氏的家人为何能在"靖康之变"中幸免于难？

宋徽宗赵佶皇后郑氏，其家人是靖康之变中唯一幸免于难的皇室家族。这主要是因为其家族从不参与朝政，因而被金军放过。

宋徽宗赵佶皇后郑氏，开封人，父亲郑绅，初为直省官，因为女儿做了皇后的缘故，后累封太师、乐平郡王。郑氏少年入宫，由于她聪明伶俐，徽宗即位后，向太后就把郑氏赐给了徽宗。郑氏精通书画，不仅能鉴赏徽宗的书画词章，而且能帮助他处理奏章，因此深得徽宗宠爱。

1111年十月，郑氏被册封为皇后。虽贵为一国之母，郑氏仍然十分勤俭，连皇后冠服都用贵妃服改制。当皇后期间，郑氏从来不干预政事，并且不准家族干预朝政。

1125年，金兵南下，进逼京城。徽宗将皇位传给太子赵桓，被称做宋钦宗。钦宗尊徽宗为"教主道君太上皇帝"，郑皇后为"道君太上皇后"。不久之后，徽宗带着郑皇后避居镇江。第二年4月，金兵被李纲击退。同年十二月，金军攻破汴京。金帝将徽宗、钦宗废为庶人。

1127年三月底，金军将徽、钦二帝、郑皇后以及妃嫔、皇子、公主、宗室、百官等3000余人押往北方，并把有号位的妃嫔和公主50余人交由金国皇帝处理。宫女由粘罕分给金军将士，其余的分配给金国贵族为奴。金军攻破汴京掳人北返时，皇后到金营对元帅粘罕说："妾身有罪，应当随行北迁，但妾家属从不干预朝政，请元帅将他们留下！"粘罕答应了郑氏的请求，郑氏的父亲郑绅才幸免于难。

徽宗与郑皇后北迁至五国城（今黑龙江省依兰县）后，由于不堪折磨，郑皇后于1131年病逝于五国城，终年52岁。1142年，徽宗与郑皇后的遗骸被运回南宋，两人合葬于永佑陵。

宋朝最倒霉的皇帝是谁？

宋钦宗赵桓，北宋的第九位皇帝，也是北宋最后一位皇帝，曾名亶、煊，生于1100年4月13日。宣和七年（1125年）十二月，金兵大举南下，徽宗禅让帝位，赵桓被迫即位，称做钦宗，改次年为靖康元年。靖康二年，钦宗与其父徽宗同被金兵俘虏北去。绍兴二十六年（1156年）被马乱蹄踩死于五国城，享年57岁，葬于永献陵。

他即位后，立即贬逐奸臣蔡京、童贯等人，然后重用李纲抗金。但是他为人懦弱无能，优柔寡断。后来又听信奸臣谗言，罢免了李纲，向金人求和。金国乘机于靖康二年（1127年）南下渡黄河破宋京东京（今河南省开封市）。靖康二年（1127年）二月，金太宗下诏废徽、钦二帝，贬为庶人，并且强行脱去二帝龙袍。

七月，徽、钦二帝被俘北上，迁到中京（今北京），靖康三年（1128年）八月二十一日抵达金上京会宁府。绍兴二十六年（1156年）六月，宋钦宗去世。关于他的死因，众说纷纭，最受认可的说法是，金国皇帝完颜亮叫57岁的钦宗和81岁的耶律延禧去比赛马球，宋钦宗从马上跌下来，被乱马践踏而死。

钦宗在国家危在旦夕之际接任为帝，毫无作为又被金国强行脱去龙袍。被金国掳走之后，终生未能回到故土，最终死于马蹄之下，实在算得上大宋朝最倒霉的一位皇帝。

因受辱而两度自杀的皇后是谁？

宋钦宗皇后朱氏，名朱琏，开封祥符人，父亲朱伯材曾任武康军节度使。1125年朱氏被立为皇后，死后谥号"仁怀"。宋钦宗皇后朱琏的遭遇可谓古今罕见，她受尽了凌辱，两度自杀才愤然死去。

北宋末年，金兵南侵，制造了中国历史上骇人听闻的靖康之难。金军不仅大肆掠夺金银财宝，还大规模索要北宋女子，并制定以北宋女子抵兑赔偿的无耻条约。靖康二年，即1127年，金兵将徽、钦二帝以及妃嫔、皇子、公主、宗室、贵戚、大臣等约3000余人押往北方。

这其中，妇女占了绝大多数，比较著名的有宋徽宗皇后郑氏、宋钦宗皇后朱氏、宋高宗生母韦氏、宋高宗发妻邢氏。这一大群俘虏北上时，虽然已经是农历四月，但是北方还很寒冷，宋徽宗、宋钦宗二帝和宋徽宗皇后郑氏、宋钦宗皇后朱氏等人的衣服都非常单薄，晚上经常冻得睡不着觉，只得找些柴火、茅草燃烧取暖。女子作为俘虏，其中所受的屈辱是不言自明的。当时的朱皇后年仅26岁，艳丽多姿，于是经常受到金兵的调戏。在北上的路上，朱皇后经常被强迫给金军唱歌助兴，数次面临被侮辱的危险。

为了苟且偷生，她选择了逆来顺受，忍受各种各样的侮辱。当他们抵达金朝上都以后，宋徽宗的郑皇后、宋钦宗的朱皇后被换上女真服装，上千名妇女被赐给金人，剩下的有300人留住洗衣院。这些妇女都被迫入乡随俗，"露上体，披羊裘"。朱皇后因不堪其辱，回屋后随即自缢，在被救后又投水自尽。一位堂堂的北宋皇后就这样香消玉殒了！

南宋时期

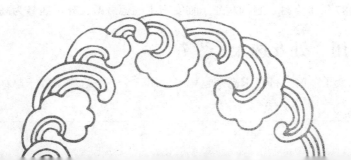

靖康之难后徽宗、钦宗二帝被俘，南渡后的宋徽宗第九子康王赵构成为侥幸躲过这场劫难而成为皇室唯一幸存的人。建炎元年（即靖康二年，1127年），赵构在大臣的推举下于南京登基，后迁都于临安，恢复宋国号，史称南宋。

从建炎元年（1127年）到祥兴二年（1279年），南宋共经历了9位皇帝，历时约152年。

南宋的历史都与抗击北方外族的战争相关，从南宋建国开始，共对金王朝进行了五次战争，最后被蒙古人所灭。在抗金战争和抗元战争中，南宋出现了一些名将、名臣，如岳飞、韩世忠、张浚、文天祥和陆秀夫等，他们爱国抗敌的英雄业绩为后人留下了宝贵的精神遗产。

宋高宗即位的第二年，金国又继续大举南侵，南宋派出岳飞、韩世忠、宗泽、刘光世、张浚等众多将领指挥抗金北伐，在黄河两岸曾经击溃伪齐军与金国的联军。之后，宋高宗任秦桧为相，推行了求和政策。秦桧削去抗金将领韩世忠的兵权，又以莫须有的罪名杀害了岳飞、岳云父子。宋高宗以向金国纳贡称臣为代价，换回了东南半壁江山的统治权。

之后，南宋在宋孝宗、宋宁宗朝时比较安定，但宋宁宗以后，国势日衰。宋蒙联合灭金后，南宋所要面临的是更强大的蒙古人。

1276年，蒙古攻占了南宋的都城临安，俘虏了5岁的宋恭宗。南宋光复势力陆秀夫、文天祥、张世杰等人相继拥立了端宗、帝昺两个幼小的皇帝，在广东南崖山建立了南宋流亡朝廷。1279年，走投无路的陆秀夫背着刚满8岁的小皇帝赵昺跳海殉国，南宋彻底灭亡。

南宋自建国起一直偏安于淮水以南，是中国历史上封建经济发达、古代科技发展、对外开放程度较高，但军事实力较差、政治影响力较弱的一个王朝。

南宋第一个皇帝是谁？

赵构（1107~1187年），字德基，宋徽宗第九子，钦宗赵桓的弟弟，他是南宋的第一个皇帝，即宋高宗。宋高宗一生委曲求全，偏安于南方。

赵构15岁被封为康王，北宋靖康元年（1126年）十一月，金兵攻陷宋都汴京（今河南省开封市），徽、钦二帝做了俘虏，北宋灭亡了。

第二年（1127年）五月初一，21岁的康王赵构在应天府（今河南省商丘市，当时称南京）正式继承帝位，改元建炎，史称南宋。

高宗在位初期，启用投降派黄潜善、汪伯彦，帮助金兵轻易渡过了黄河，并在不到3个月之内占领了西自秦州、东至青州一线的广大地区。

从建炎元年（1127年）到绍兴八年（1138年）的十余年间，高宗一直辗转在东南沿海各地，躲避金军。

高宗逃抵临安后，任用岳飞、韩世忠等主战派将领抗金，但之后他又任用投降派秦桧为宰相，为了彻底求和，高宗解除了韩世忠的兵权，杀害岳飞并撤销了专为对金作战而设置的3个宣抚司，以割地、纳贡、称臣的屈辱条件，与金朝签订了"绍兴和议"。

绍兴三十一年（1161年），金废帝完颜亮撕毁和议，再次大举南侵，被虞允文所击败，南宋再次转危为安。但高宗以屈辱换取苟安的国策遭到了军民的强烈反对，他于次年六月宣布退位，禅位于太子赵昚，自称太上皇，退居德寿宫。

淳熙十四年（1187年）十月，赵构病死于临安宫中的德寿殿，死后庙号为高宗。

南宋哪个皇帝用"处女选太子"？

南宋用"处女选太子"的皇帝是宋高宗赵构。他用这个方法选中了养子赵昚，也就是后来的宋孝宗。

1127年，宋高宗赵构在南京应天府称帝后，他并没有励精图治、加强武备，反而偏安一隅，贪图享乐，并对金国采取了退让求和的政策。他重用秦桧等人，免去了南宋大将韩世忠的军权，赐死了抗金名将岳飞，以割地、纳贡、称臣的屈辱条件，与金朝订立了丧权辱国的"绍兴和议"。后来，宋高宗自觉国家风雨飘摇，军国之事日重，为了推卸责任，宋高宗便想把皇位让出去。

但是虽然宋高宗赵构后宫妃嫔如云，但儿子却只有元懿太子一人，可是元懿太子却在3岁的时候就死了。为了大宋朝廷后继有人，宋高宗只好在皇族中选嗣，他按着辈份的大小，在"伯"字辈的皇族中挑选了7岁以下的男童10人，再经仔细查看后，最后留下了一胖一瘦两个小孩，胖的是伯玖，瘦的是伯琮。赵构本来决定"留胖去瘦"，但恰在此时一只猫从二人身边经过，伯琮站着没动，伯玖却飞起一脚踢去，赵构看了很不高兴，说："如此轻狂，怎能担当社稷重任！"于是便留下了伯琮，将他以候选人的身份养育在宫中。

伯琮入宫后，天资聪颖，博闻强记，异于常人，很受赵构的喜欢，但是高宗的母亲韦太后不喜欢伯琮，而深受赵构重用的秦桧则主张立伯玖为太子。赵构虽然内心喜欢伯琮，但外在阻力很大，直到韦太后死后，高宗赵构才决定用"处女"选太子。于是他派人给伯琮、伯玖分别送去初选入宫的美女10人做侍女，过了一阵又把她们召回来，经过检查，发现给伯玖的那10个都已破身，而给伯琮的那10个仍然是处女之身，于是高宗便下令立伯琮为太子。

绍兴三十二年（1162年），赵构正式册立伯琮为太子，改名为赵昚。同年，高宗赵构宣布退位，将皇位传给了赵昚，是为宋孝宗。

中国历史上唯一一位修成金婚的皇后是谁?

宋高宗赵构（1107~1187年）的皇后吴氏和赵构携手走过了59年，是历史上唯一一个与皇上修成金婚的皇后。

吴氏14岁被选入宫，侍奉高宗赵构。高宗即位之初，外受金兵追击，内部时常发生兵变，吴氏身穿戎装，跟随高宗左右，英姿飒爽，颇有胆略。

吴氏非常贤惠，韦太后由金国还朝后，亲自伺候起居，恪尽一个儿媳的孝道，经过韦太后的劝说，高宗于1143年正式册立吴氏为皇后。

高宗唯一的儿子病死后，后宫再无生育。吴皇后就收养了宗室赵璩和赵伯琮。伯琮恭俭勤敏，聪慧好学，可当大任，吴皇后劝高宗立伯琮为皇太子，改名为赵昚。

1162年，高宗禅位于赵昚，是为宋孝宗。退位后的赵构身体一直硬朗，活到1187年。孝宗尊吴皇后为寿圣太上皇后。

1194年，孝宗死，光宗即位，光宗又尊吴太后为太皇太后。

1197年，在寡居10年之后，吴太后病死，终年83岁，谥号为"宪圣慈烈皇后"，葬于永思陵。

吴太后一生，历经高、孝、光、宁四朝，居后位（含太后）长达55年，是历史上在后位最长的皇后之一，她与高宗的婚姻持续了59年，是中国皇室婚姻史上的一个奇迹。

"绍兴和议"是什么时候签订的?

绍兴十一年（1141年），宋军在反击金的入侵中已取得一定胜利的情况下，与金国签订了称臣纳币的和约，史称绍兴议和。

1140年，金兵又一次大举南侵，可是各路军队连遭失败。在顺昌（今安徽省阜阳市）之战中，宋军以少胜多，击败了金军。接着岳飞率领岳家军又取得郾城大捷，打败了金军的主力，先后收复了郑州、洛阳等城，这时，金兵打算撤至河北。

南宋举国上下要求收复北方的呼声很高，抗金形势一片大好。可是，以妥协苟安为国策的宋高宗，既害怕宋军的胜利影响他的求和，更害怕岳家军从金营迎回徽、钦二帝，从而威胁自己的帝位。于是，高宗和秦桧商定，命令各路军队班师，并在一天内连下12道金牌逼令岳飞退兵。由于各路宋军退兵，将已收复的国土又拱手让给了金国。

1141年，宋高宗为了向金国表示议和的诚意，解除了岳飞、韩世忠、张浚三大帅的兵权，撤销了对金作战的专门机构。随后，高宗派使者到金求和，在使者叩头哀求下，金国以必杀岳飞为条件，答应和议。经过一番交易后，双方签订了绍兴和议：一、宋向金称臣，金册封宋康王赵构为皇帝。二、划定疆界，东以淮河中流为界，西以大散关（陕西省宝鸡西南）为界，以南属宋，以北属金。宋割唐（今河南省唐河）、邓（今河南省邓州）二州及商（今陕西省商县）、秦（今甘肃省天水）二州之大半与金。三、宋每年向金纳贡银、绢各 25 万两、匹，自绍兴十二年（1142年）开始，每年春季搬送至泗州交纳。

绍兴和议确定了宋金之间政治上的不平等关系，结束了长达 10 余年的战争状态，形成了南北对峙的局面。

抗金名将宗泽最大的功绩是什么？

宗泽，宋代抗金大臣，字汝霖，浙江义乌人，伟大的民族英雄。宗泽最大的功绩在于赢取了东京保卫战的胜利。

1127 年六月，宗泽前往抗金前哨开封充任东京留守。他六月十日接到朝廷任命，立即出发，十七日就到了目的地。宗泽留守京师，独挡大敌，他不惧金军，积极地投入到防卫京城的艰苦斗争中。

他上任以后，立即着手整顿社会秩序，经过努力，在一个多月的时间里，宗泽就将开封这个遭遇过金兵洗劫的城市，整顿成了一个抗金前线的坚强堡垒。在社会秩序初步安定之后，宗泽又着力修建京城防御设施，并日夜加紧训练义兵。在护城的同时，宗泽尤其重视黄河防线，他将沿河防务分给各县守卫，并在河的南岸设置障碍物，以阻止敌骑突入。沿河的走向，依次建立连珠寨，相互支援策应。宗泽在总结前人经验的基础上，制造了"决胜车"1200 辆，行则为阵，止则为营，专门用来对付敌人骑兵的进攻。

建炎元年冬至建炎二年（1128 年）春，金军多次渡过黄河南下，宗泽坐镇开封，从容不迫地调兵遣将，多次打退金军的进攻。宗泽在保卫开封城的过程中，突出特点就是没有坐守孤城，而是打出去。在战斗中，金兵见宗泽戒备森严，只好仓皇逃跑。金军不甘心失败，不久，又从郑州进犯，前军抵达白少镇，离京城仅有 20 千米左右，宗泽镇定自若，调度有方。这场保卫京城的战斗宋军大获全胜。渡过黄河，相机收复河东、河北地区，这也是宗泽保卫开封成果的重要组成部分。

东京保卫战是两宋之际以宗泽等抗战派将领为首的宋朝军民抗击金军侵略、保卫都城开封的重要战争，虽然宋军多次打退金军的进攻，但由于朝廷内部以高宗为首的妥协投降派不积极抗战，使得宋军未能保住东京开封，也未将金军赶往黄河以北，以致后来金军多次南侵，并占领中原地区。

岳家军为什么被称为"撼山易，撼岳家军难"的军队？

岳家军，由中国历史上著名的抗金名将岳飞为首组成。岳家军赏罚分明，官兵同心，人称"撼山易，撼岳家军难"。

"冻死不拆屋，饿死不掳掠"是岳家军的口号，历史上很多军队都曾有过相似的口号，但真正做得到的，恐怕只有岳家军一支。但岳家军真正得名却并不只是因为这些，重要的还在于它的战斗力，岳家军将士具有"守死无去"的战斗作风，敌人以排山倒海的大力，也不能把岳家军阵容摇动。

岳家军的首领岳飞是南宋时期最著名的主战派，在与金军交战的过程中，岳家军是最重要的主力。绍兴十年（1140 年）五月，金国撕毁和议，兀术等分四路来攻，由于没有防备，宋军节节败退，城池相继失陷。

高宗派韩世忠、张浚、岳飞等出师迎击，很快在东、西两线均取得对金大胜，失地相继收回。岳飞挥兵从长江中游挺进，展开了锐不可挡的反击，岳家军进入中原后，受到中原人民的热烈欢迎。绍兴十年七月，岳飞亲率一支轻骑驻守河南郾城，在郾城和金兀术 1.5 万精骑发生激战。岳家军首领岳飞亲自率领将士，向敌阵突击，大破金军"铁浮屠"和"拐子马"，把金兀术打得大败，取得了郾城大捷。

郾城大捷后，岳飞乘胜向朱仙镇进军（离金军大本营汴京仅 45 里），金兀术集合了 10 万大军抵挡，又被岳飞打得落花流水。岳飞这次北伐中原，一口气收复了颍昌、蔡州、陈州、郑州、郾城、朱仙镇，消灭了金军有生力量，金军全军军心动摇，发出了"撼山易，撼岳家军难"的哀叹。

但昏庸的高宗却在这时发了12道金牌令岳飞回朝，之后解除了他的兵权，不久岳飞被奸臣秦桧杀害，这支比山还要坚固的铁骑，没有死在金军排山倒海的金戈铁马下，最终却被奸臣秦桧所灭。

岳飞是被秦桧以什么罪名害死的？

岳飞，著名的抗金英雄，被奸臣秦桧以"莫须有"之罪杀害。"莫须有"的意思是：推测着有，（我）认为就是有，（我的）看法是有。

就在岳飞抗金战争取得辉煌胜利的时刻，朝廷连下12道金牌（红漆金字木牌），急令岳飞班师回朝。岳飞愤慨地说；"十年之功，废于一旦！所得诸郡，一朝全休！社稷江山，难以中兴！乾坤世界，无由再复！"岳飞的抗金战斗，至此被迫中断。

岳飞一回到临安，立即陷入秦桧等人布置的罗网。绍兴十一年（1141年），他被诬告"谋反"，关进了临安大理寺（原址在今杭州小车桥附近）。监察御史万候卨亲自刑审、拷打，逼供岳飞。与此同时，宋金政府之间，正加紧策划第二次和议，双方都视抗战派为眼中钉，金兀术甚至写信给秦桧："必杀岳飞而后可和。"

在内外两股恶势力夹击下，岳飞却依然正气凛然，秦桧一伙从他身上找不到任何反叛朝廷的证据，韩世忠当面质问秦桧，秦桧支吾其词："其事莫须有（这件事情难道没有吗？）。"韩世忠当场驳斥："'莫须有'三字，何以服天下？"绍兴十一年农历除夕夜，高宗下令赐死岳飞，岳飞部将张宪、儿子岳云也被腰斩于市门。

岳飞就在"莫须有"的罪名下，含冤而死。临死前，他在供状上写下"天日昭昭，天日昭昭"8个大字。

谁的墓碑被称为"天下第一碑"？

韩世忠（1089~1151年），字良臣，南宋名将，他的墓碑原高三丈，现为一丈三尺（4米多），有"天下第一名碑"之誉。

韩世忠英勇善战，胸怀韬略，在抗击西夏和金的战争中为宋朝立下了汗马功劳，而且在平定各地的叛乱中也做出了重大的贡献。

宣和二年（1120年），江南发生方腊起义，韩世忠为偏将随王渊出兵镇压，以伏兵击败起义军，王渊赞他："真万人敌也。"他又乘势追击方腊至睦州清溪桐，俘获方腊，以功转承节郎。宣和三年（1121年），随刘延庆出兵燕山（今北京市郊）收复被金所掠失地。宋军被金兵一击即溃，唯韩世忠率50余骑抵滹沱河，出敌不意，击败金兵。之后，他又随军击山东、河北小股地方武装起义。

南宋初，金兀术将大举南犯，攻破临安（今浙江省杭州市），韩世忠奏请于长江上伏兵截击北归的金兵，宋高宗准奏。于是韩世忠便引兵到镇江，屯兵在金山，与金兵大战黄天荡48天，使兀术军无法夺路北归。宋金和议之后，韩世忠上疏言秦桧误国，乞解枢密职，又上表请求退休，于是被罢为礼泉观使、奉朝请，封福国公，自此，这位抗敌多年的名将杜门谢客，不言朝事。

宋孝宗赵昚即位后，为顺民意，不仅平反岳飞的冤狱，也为韩世忠昭雪，追封韩世忠为"蕲王"，谥号"忠武"，赐予苏州灵岩山建墓。他的墓高8.35米，碑上刻着宋孝宗亲笔写的"中心佐命定国元勋之碑"10个大字，碑文13900多字为赵雄奉敕所撰，由周必大书写，共88行，每行150字左右，记载着韩世忠的生平事迹。

韩世忠的墓碑之高，碑文之长，均为世所罕见，有"天下第一名碑"之誉。

擂鼓战金山的巾帼英雄是谁？

梁红玉（1102~1135年），韩世忠的夫人，宋朝著名抗金女英雄，她曾亲自为宋军擂鼓助威，使得宋军士气大振，这便是著名的"梁红玉擂鼓战金山"一事。

建炎三年（1129年），在平定苗傅叛乱中，梁红玉立下殊勋，一夜奔驰数百里召韩世忠入卫平叛，因此被封为安国夫人和杨国夫人。

这一年冬天，金兀术统兵渡江，韩世忠率水师乘海船从海口（今上海市）进攻镇江，截击金兀术的归路。在两军激战中，韩世忠的夫人梁红玉亲自为宋军擂鼓助威，宋军士气大振，险些活捉了金兀术，这便是著名的"梁红玉擂鼓战金山"的故事。

次年宋军辗转战到黄天荡（江苏省南京附近），梁红玉与丈夫韩世忠与金兵周旋了48天，使金兀术大窘，灭了金兵威风。黄天荡大捷后，韩世忠与梁红玉的名声大振，大大地鼓舞了南宋军民士气。

除此之外还有野史记载，当时金兵10万南下，韩世忠只有宋军8000，如何破敌，颇让韩世忠费心。一天有人送糕到军帐，梁红玉接过一看，此糕两头大，中间细，遂掰开此糕，发现内夹纸条一张，上写："敌营像定桦，头大细腰身，当中一斩断，两头不成形。"梁红玉知是破敌之计，金兵中部薄弱，当拦腰截之。于是她便告诉了韩世忠，当夜韩世忠传令连夜出击，直冲敌营中部，果然大获全胜。后来，梁红玉与韩世忠又在大仪（江苏省扬州西北）大败金与伪齐的联军，一时，名震大江南北。

南宋的反金斗争中，不仅有岳飞、韩世忠这样的英雄，同时还有梁红玉这样"巾帼不让须眉"的女将。

陷害岳飞的南宋"中兴四将"之一是谁？

张浚（1086~1154年），南宋武将，曾与岳飞、韩世忠、刘光世并称南宋中兴四将，他后来转向主和派，成为帮助秦桧谋杀岳飞的帮凶之一。

宋高宗赵构即位后，建立御营司，任张浚为前军统制。绍兴元年（1131年），张浚讨伐马进、李成有功，被封为太尉，以后历任浙西江东宣抚使、淮西宣抚使。绍兴六年（1137年）十月，伪齐发兵30万大举侵宋，受张浚节制的杨沂中军与伪齐主力刘猊激战于藕塘（今安徽省定远东南），伪齐军战败，张浚所部张宗颜等生力军赶至，两军遂共奋击，伪齐军大败，张浚又率主力追击伪齐军，与杨沂中军一直追击至寿春，这就是被列入"中兴十三处战功"的"藕塘之战"，张浚以功进领镇洮、崇信、奉宁军三镇节度使。

绍兴五年（1136年）十二月，改神武军等为行营护军，张浚所部改称行营中护军。张浚与韩世忠部为南宋两支最重要的军队，宋高宗将之比喻为左右手。绍兴七年（1138年），左护军副都统制郦琼率4万人叛降伪齐。次年，原刘光世部主力、左护军都统制王德所部2万人，归属于淮西宣抚使张浚。

绍兴八年（1139年），宋金首次议和，金将原伪齐辖区划归南宋，南宋成为金附属国，张浚被加封为少傅及安民靖难功臣号。第二年，金毁约南犯，张浚兼任河南、河北诸路招讨使。金军主力宗弼围攻顺昌府战败，张浚军也渡淮北上，一度攻占亳州（今安徽省亳县）。奸相秦桧令诸将退兵以便乞和，张浚首先退回淮南。

张浚得知宋高宗、秦桧想收兵权的想法之后，率先上书请求收回宣抚司兵权，宋高宗、秦桧乘势罢三宣抚司，收韩世忠、岳飞兵权。之后，张浚协助秦桧推行乞和政策，又与秦桧合谋制造岳飞谋反的冤狱。

抗金最无力的南宋"中兴四将"是哪一位？

刘光世（1089~1142年），字平叔，将门世家，南宋"中兴四将"之一，他是四将中最惧怕金军的将领。

刘光世以荫补入官为三班奉职，宣和三年（1121年），从父刘延庆镇压方腊起义，以功升观察使、鄜延路兵马钤辖。宣和四年（1122年），宋军攻辽，刘光世随父攻取易州（今河北省易县），升承宣使，进入高级武官行列。但在进攻辽南京的战役中，刘光世违约未到达，致使已先攻入城内的宋军失援而败，成为宋军攻辽战败的原因之一，因此被降官。

建炎三年（1129年）二月，金军追击到了天长，宋高宗渡江南逃，刘光世的军队没有遇到金兵就渡江了，被任为行在五军制置使，屯守镇江府，随后又升为殿前指挥使，成为名存实亡的殿前司长官。九月，金军自黄州渡江，刘光世率军向南逃去。

刘光世一直以来都害怕金军，每次上前线，他都想方设法逃避。加上他治军不严，不少流寇、叛军都成为了他的部属，于是他竟有当时人数最多的军队之一。除了怕金军之外，刘光世常虚报军额，多占军费，作战时不亲临前线而是坐守后方，以便必要时逃跑。大臣们对他深为不满，但宋高宗考虑到南宋政权基础还不稳固，刘光世所部仍是不得不依靠的军事力量之一，不仅设法满足其后勤军需的供应，还不断对刘光世加官晋爵，以防止其部属溃散后复为流寇或投奔伪齐。

绍兴十一年（1141年）四月，南宋朝廷收了韩世忠、张浚、岳飞三大将兵权；六月，刘光世也再次被收兵权，罢为万寿观使，封杨国公。

谁带兵镇压了南宋钟相、杨幺起义？

岳飞首先对钟相、杨幺起义的众将领进行招降，然后攻破杨幺水寨，持续了6年之久的钟相、杨幺起义被镇压。

建炎三年（1129年），金军紧逼南下，宋溃军沿途剽掠，统治者横征暴敛，政繁赋重，激起江南民众纷纷起反抗。南宋建炎四年（1130年）二月，鼎州武陵（今湖南省常德）人钟相率先聚众起义，抗击溃兵游寇集团抢劫，破州县、焚官府、杀贪官，号召等贵贱、均贫富，得鼎、澧、潭、岳、辰（今湖南省澧县、长沙、岳阳、沅陵）等州19县民响应。

杨幺起义军在水军的建设和作战方面，积累了很多宝贵的经验。例如在战船建造方面，始终把速度和机动性摆在突出的位置，无论是车船，还是海鳅，都具有快速攻击能力。在建造车船时，又注意到了大、中、小相结合，以适应在各种水文地理条件下的作战。在作战指挥方面，起义军擅长于调动和迷惑敌人，发挥水军优势，予敌以突然袭击。

面对起义，南宋朝廷惊恐不安，视之为心腹大患，于是派兵攻打。南宋绍兴三年（1133年）十一月十二日，王躞、程昌寓率军出下沚江口，水陆并进，逐个围剿义军水寨，所至皆扑空。而下游预伏宋军发现湖面车船，万余人争乘数百只舟船贸然入湖拦截，快到阳武口（今湖南省岳阳西洞庭湖中）的时候，义军车船突然回旋，纵横冲撞，官军猝不及防，舟船皆被撞沉，崔增、吴全及属下无一生还。义军获阳武口之役大捷后，回师又败王躞等军。绍兴四年（1135年）六月，王躞再次遣军进剿。七月，杨幺乘江水暴涨，率车船水军出湖反击，尽歼社木寨（今湖南省常德东）守军，王躞败逃。义军屡战获捷，兵势日盛，使宋廷愈加恐惧。

绍兴五年（1135年）二月，高宗调集20万大军，命张浚为诸路兵马都督，岳飞为荆湖南北路置制使，趋洞庭湖围剿。五月，宋军封锁缘湖四面诸江河要津后，岳飞率领军队到了鼎州，先对义军各寨遣派间谍挑拨离间诱引他们投降，分化瓦解义军，义军大首领杨钦、刘衡、金琮、刘诜、黄佐等相继投降，只有杨幺、夏诚等人留守在寨中。

岳飞知道湖深莫测，于是采用了杨钦的策略，遣人开闸泄放湖水，放巨筏堵塞港汉，并在湖面散放青草，以破义军车船优势。后以杨钦为向导，进围杨幺水寨。杨幺率水军出战，因水浅，车船机轮又被草缠住，滞不能行，被官军击败，各个水寨或降或破，至此，前后相继6年之久的湖南农民起义被镇压。

南宋最杰出的皇帝是谁？

宋孝宗赵昚（1162~1189年），初名伯琮，后改为瑗，南宋第二位皇帝，在位27年，被公认为南宋最杰出的皇帝。

1162年，高宗禅位于赵昚，是为宋孝宗。孝宗登基后，定年号为"隆兴"，他立志光复中原，收复河山，遂恢复名将岳飞谥号"武穆"，追封岳飞为鄂国公，又剥夺了秦桧的官爵，并且命令老将张浚北伐中原，但在符离遭遇金军阻击，结果大败。

宋孝宗被迫于隆兴二年（1164年）和金国签订了"隆兴和议"。孝宗虽然被迫向金屈服，但无时无刻不想着恢复。为了恢复国力，他首先从整顿内政入手，安定民心，改变以往赈灾方式，推行社仓法；又改变盐钞，将官府拖欠盐商的钱还给盐商，放宽了盐的买卖权限；孝宗还取消了很多消耗，大力削减冗官，又严格控制荫补任子，以前不参加考核的官员儿子即可当官的情况被取缔；对官吏还经常考察实际才能，不合格的都予以革职。在军事上，他还整军兴武，5年间举行了 3 次大规模的阅兵，还积极选拔将领，使南宋的军队战力有了很大的提高。

乾道年间（1165~1173 年），由于没有战事的干扰，宋孝宗专心理政，百姓富裕，五谷丰登，太平安乐，一改高宗朝时贪污腐朽的局面。由于宋孝宗治国有方，南宋出现了"乾淳之治"的盛况。

淳熙十四年（1187 年）十月，高宗病卒，孝宗为了服丧，让太子赵惇参与政事。淳熙十六年（1189 年）二月，又禅位于太子，孝宗自称太上皇，闲居重华殿，继续为高宗服丧。宋光宗绍熙五年（1194 年）六月，孝宗病逝于临安重华殿。

孝宗为人勤政、节俭，他在位的 27 年是南宋国力最强的一段时间。当时朝内没有内乱，对外宋和金之间的平衡没有被打破。他一生励精图治，可惜对手强大，再加上自己手下又没有名将辅佐，因此宋军一直处于守势。但相比南宋的其他皇帝，孝宗不失为一位明君。

宋光宗的皇后李氏是怎样一个皇后？

宋光宗赵惇的皇后李氏，是宋朝有名的妒后。

李氏出身武将之家，名"凤娘"，绍兴末年高宗聘李氏为恭王赵惇之妃。在做恭王妃期间，李氏尚能安分守己，但恭王被立为太子后，她就开始暴露出骄横蛮悍、无事生非的本性。她不断在高宗、孝宗、太子三宫之间搬弄是非，到高宗那里埋怨孝宗为太子选的左右侍臣不好，在孝宗面前又诉说太子的长短。

光宗即位，李氏成为皇后，越发肆无忌惮。面对强悍的妻子，懦弱的光宗既惧怕又无可奈何。绍熙二年（1191 年）十一月，李氏趁光宗离宫之机，杀死了他宠爱的黄贵妃。光宗闻讯，虽万分伤心，却敢怒而不敢言，只能将痛苦埋藏于心。除此之外，光宗的另两位妃子张贵妃、符婕妤两人，也因皇后嫉妒而被下令改嫁平民。

当然，太上皇孝宗和太上皇后谢氏早就留意到了李氏的所作所为，孝宗召来老臣史浩，私下商议废后之事，但史浩认为光宗初立，此举会引起天下议论，不利于政局稳定，执意不从，废后之事只得作罢。孝宗废后的警告对李氏来说，时时如芒刺在背。为了保住凤冠，她更得牢牢地控制住光宗，使其疏远孝宗，只相信和依赖自己。她几次离间孝宗与光宗父子之间的感情，终使光宗成为南宋有名的不孝之子。

绍熙五年（1194 年）七月，嘉王赵扩在太皇太后的支持和大臣赵汝愚、韩侂胄等人的拥立下即位，被称为宋宁宗。光宗被迫退位，李氏自然也一道被遗弃。

庆元六年（1200 年）李氏染病，却没有人来关心照顾。七月，这位昔日泼辣刁蛮而又工于心计的皇后孤寂地死去，终年 56 岁。

李氏刁蛮骄横，祸乱朝政，凌驾于皇帝之上，算得上是历史上有名的妒后。

即位时连说"做不得"的南宋皇帝是谁？

宋宁宗赵扩，宋光宗的次子，在位 31 年，是一位好学偏又无能的君主。绍熙五年（1194 年）光宗退位后，由赵扩继位，第二年改年号为"庆元"，即宋宁宗。

赵扩学习非常勤奋，即位初，他曾亲自开列了 10 部经史书目，把讲官增置到 10 名，他选定的讲官中，既有原嘉王府的黄裳等人，还有他仰慕已久的大儒朱熹，堪称极尽一时之选。他虽勤奋，但却又是一位无能的皇帝。他即位过程颇为有趣：当太皇太后宣布让他即位时，他连说："做不得，做不得。"太皇太后命令左右说："拿皇袍来，由我亲自替他穿上。"他又急忙拉住韩侂胄的手臂求助，又绕着殿柱躲避。太皇太后喝令他站住，并流着泪说大宋王朝延续到今天的不易，韩侂胄也在旁百般劝说。他见太皇太后的决定已经不可改变，才穿上皇袍，叩拜太皇太后时嘴里还喃喃自语："使不得，使不得。"

宁宗即位后，重用赵汝愚和韩侂胄二臣。后赵、韩斗争十分激烈，宁宗便罢免赵汝愚，重用韩侂胄，又下令禁止道学，定理学为伪学，史称"庆元党禁"。

南宋开禧元年（1250 年）四月，宁宗采纳韩侂胄的建议，崇岳贬秦，追封岳飞为鄂王，削去秦桧死后所封的申王，改谥号为"谬丑"。同年五月，宁宗下诏北伐金朝，史称"开禧北伐"。开战初期收复了一些失地，后来由于韩侂胄用人不当，于第二年被金国打败。嘉定元年（1208 年），南宋与金签订了屈辱的"嘉定和议"。

嘉定十七年（1224年）闰八月，宁宗病死，终年57岁，葬于永茂陵。宁宗在位31年，无声色之奉，无游畋之娱，无耽乐饮酒之过，不事奢靡，不值货利，不行暴虐，凡前代帝王失德之事，皆无。但只可惜他有德无才，被权臣和后宫控制，只是坐在龙椅上的一个傀儡。

宋宁宗皇后杨氏是名正言顺的吗？

宋宁宗的皇后杨氏（1162~1232年），原名杨桂枝，她是一位仪态端庄、知识渊博、聪慧机警、善诗能书、倾国倾城的杰出女性，但她并不是通过正当途径当上皇后的。

杨氏出身卑微，但美艳出众，才华横溢，而且知书达理，通贯古今，入宫后受到吴太后的赏识，成为吴太后的侍女。当时还是嘉王的赵扩经常到吴太后宫中请安，杨氏姿容美丽，楚楚动人，很容易就引起了赵扩的注意，杨氏十分聪颖机敏，经常与赵扩眉目传情。

赵扩当上皇帝后，依旧念念不忘杨氏，经常借故亲近，杨氏因此而得幸。吴太后知道后干脆将杨氏大方地赐给了宋宁宗，还叮嘱宁宗道："看我面上，好生待她。"宋宁宗喜出望外，此后对杨氏恩宠有加，累进婕妤、婉仪，一直到贵妃，已经是仅次于皇后的封号。

就在杨氏被封为贵妃的这一年，韩皇后病死。重臣韩侂胄力主宋宁宗立曹美人为皇后，但宋宁宗内心深处更偏爱杨贵妃，一时犹豫不决。为了争得皇后之位，她精心策划了一场先退后进的好戏，让宋宁宗在醉意中写下了册立杨氏为皇后的诏书。精明过人的杨氏担心韩侂胄将册封的诏书驳还，便又让宋宁宗写了一道一模一样的诏书，派心腹将诏书连夜送出宫外。

韩侂胄得知消息后，即便不同意也无济于事了。这一年，杨氏41岁，她终于如愿以偿，凭借自己的聪明才智登上了皇后的宝座。

宋理宗赵昀是一个什么样的皇帝？

宋理宗，名赵昀（1205~1264年），宁宗的养子，是南宋第五代皇帝。他在位40年，尊崇理学，纵情声色，以致政治黑暗，忠臣受屈，在蒙古军不断攻逼下，境土日蹙，南宋王朝日益衰落。

赵昀本非皇子，只是南宋皇室的一个亲戚，是赵匡胤之子赵德昭的九世孙。后被宰相史弥远从浙东接回临安，被宁宗收为养子。之后又被封为沂王，立为太子。宁宗于嘉定十七年（1224年）闰八月病死，赵昀同月即位，第二年改年号为"宝庆"。

理宗即位后，由史弥远专权，他只顾沉湎于酒色，享乐于后宫。绍定六年（1233年）史弥远死后，理宗开始亲政。端平元年（1234年）正月，南宋联合蒙古灭了金朝。端平二年（1235年），蒙古大汗窝阔台南下攻宋，拉开了蒙宋战争的序幕。

开庆元年（1259年），蒙古蒙哥汗弟忽必烈进围鄂州（今湖北省武汉市），并准备进攻南宋都城临安。理宗惶恐异常，派贾似道支援鄂州。正逢蒙哥病死，忽必烈争位，故与贾似道和谈，贾似道擅自以向蒙古称臣和赔款的屈辱条件求和。

"鄂州和议"之后，理宗很快就忘掉了国难，又沉湎于醉生梦死的荒淫生活中。景定五年（1264年）十月，理宗因嗜欲过度而得病，下诏征求名医进宫，竟无一人应征入宫。理宗于这年病死，终年60岁。宋理宗在位40年，沉湎酒色，亲小人远贤臣，致使大好山河落入蒙古人之手，南宋王朝进一步走向衰落。

宋度宗赵禥是不是一个昏君？

宋度宗（1240~1274年），名赵禥，是宋理宗养子，景定五年（1264年）即位。他孱弱无能，其荒淫程度更甚于理宗，整天在后宫与妃嫔们饮酒作乐，不理朝政，是南宋朝典型的昏君。

由于理宗没有儿子，所以赵禥被收为养子，1260年被立为太子。理宗病死后，赵禥于同日继位，第二年改年号为"咸淳"。

度宗做皇太子时就以好色出名，当了皇帝后更是有过之而无不及。根据宫中旧例，如果宫妃在夜里奉召陪皇帝睡觉，次日早晨就要到合门感谢皇帝的宠幸之恩，主管的太监会详细记录下受幸日期。度宗刚当了皇帝时，有时一天到合门前谢恩的宫妃就有30多名。

度宗还封贾似道为太师，备加宠信，将朝政统统委托给他。贾似道也因此更加专横跋扈，目无天子，稍不如意，就以辞官来要挟。度宗害怕他不辞而别，总是卑躬屈膝地跪拜，流着眼泪挽留他。度宗还特授贾似道为平章军国重事（宋代特殊官名，位在丞相之上，独揽军、政大权），许他三日一朝，后来放宽到十日一朝，而且每次退朝，度宗总要离座目送他走出大殿，才敢坐下。因为贾似道专权乱政，致使南宋朝政混乱不堪。

忽必烈夺得蒙古汗位，稳定内部之后，就派兵侵犯南宋四川地区，并沿汉江南下。度宗咸淳四年（1268年），蒙军包围襄阳，次年又围攻樊城。贾似道隐匿不报，也不派兵增援，以至襄樊被围攻了三年。

咸淳九年（1273年）正月，樊城被元军攻破，同年二月，襄阳守将吕文焕在粮尽援绝的情况下献城投降。消息传来，贾似道假装率军出征，胆小无能的度宗死死拖住贾似道，不让他出征。

咸淳十年（1274年）七月，度宗因酒色过度，死于临安宫中的福宁殿，太子赵显继位。

奸臣贾似道推行的对南宋有利的法令是什么？

贾似道，字师宪，号悦生、秋壑，贾涉之子，他是中国历史上有名的奸臣之一，南宋宋理宗时的权臣。但他推行的公田法，对南宋有一定的积极作用。

开庆元年（1259年），吴潜、丁大全实任左、右丞相，但理宗对他们的主张都不满意，于是将贾似道召入朝廷，自此贾似道开始处理朝政。当时，南宋为了支付庞大的军费，对农民加以重税，在征税之外，又加上经制钱、总制钱等杂税。另外，政府在财政困难时，为了救急，乱发一种称为"会子"的不兑换纸币，造成通货的恶性膨胀，物价飞涨，加深政府的财政困难。

贾似道针对这种情况实行了公田法：限制大地主的田土额度，超过部分的三分之一由政府收买为公田，公田交由佃户耕作，然后以其佃租作为军粮。公田法虽然有利于国计民生，但却招致了统治阶级内部的不满，这也为贾似道的死埋下了很大的隐患。

德祐元年（1275年）正月，贾似道亲出督师抗元，他本来就没有什么军事才能，再加上大将夏贵降元，不战而去，且扬言前锋已败，摇动军心，致全军溃散。贾似道也因此被罢官、贬逐。在押送途中，贾似道被大地主监送官郑虎臣所杀。

公田法虽只实施于浙西路（今浙江省西部），而且遭到地主的强烈反对，但它一直被沿用到南宋灭亡。可见它还是产生了一定的效果，在一定程度上支撑了南宋末期的财政。

贾似道为什么被称为"蟋蟀宰相"？

贾似道虽然于政不通，但精于逗蟋蟀，又因为他官至宰相，因此人们称他为"蟋蟀宰相"。贾似道专门为蟋蟀写了一篇《促织经》。

贾似道与忽必烈私自议和，答应割江为界，且岁奉银、绢各20万。不久忽必烈便派使臣来宋朝索要纳币，贾似道怕泄露"援鄂之功"的真相，竟扣押了使臣。不久忽必烈借口南宋不执行和约，派大将刘整、阿术出兵进攻襄阳，宋军连战连败，襄阳城被围了5年。

襄阳在蒙古兵围攻下，越来越危急，而"蟋蟀宰相"贾似道却每天躲在他的葛岭别墅里斗蟋蟀。有一次，有个亲信官员去找他，看到他正趴在地上跟他的几个侍女在斗蟋蟀，那个官员拍拍贾似道的肩膀说："这难道也是国家大事吗？"贾似道玩得正起劲，根本没把朝政当一回事。由于贾似道一心沉迷于玩乐，不久襄阳被元兵攻破了，南宋王朝大为震动。元世祖忽必烈决定一鼓作气消灭南宋，并派左丞相伯颜率领元兵20万，分两路进军，一路从西面攻鄂州，另一路从东面攻扬州。贾似道一面带领7万宋军驻守芜湖，一面派使臣到元营求和。伯颜拒绝议和，命令元军在长江两岸发起进攻，宋军全线崩溃，贾似道逃回扬州不久，被罢官、贬逐，后被监送官郑虎臣擅杀于漳州。

南宋捏造"援鄂之功"的奸臣是谁？

南宋奸臣贾似道，在支援鄂州时，私自与忽必烈议和，捏造了历史上著名的"不胜而胜"的"援鄂之功"。

宝祐六年（1258年）二月，蒙古大汗蒙哥决定调动三路大军全面侵宋，七月，蒙哥病死在钓鱼山。九月，蒙哥的弟弟忽必烈进围鄂州，并准备进攻南宋都城临安。理宗万分慌张，急忙命令诸路出兵御敌，并派贾似道以右丞相兼枢密使的身份屯兵汉阳（今湖北省汉阳），以援鄂州。

宝祐六年（1258年）十一月，蒙古军激烈进攻鄂州城，城中死伤达1.3万人，宋将高达率领援兵全力抗击蒙古军，并加强了鄂州的防守。左丞相吴潜根据军事需要，命贾似道移防鄂州下游军事要冲黄州（今湖北黄冈）。贾似道本来就没有军事才能，在他移防黄州途中，忽闻前面的军队已遭遇蒙古兵，贾似道立刻吓得手足无措，连叹"死了！"当他发现来者只是南宋叛将储再兴带领的一支老弱残兵时，这才又神气了起来。

忽必烈一面急攻鄂州，一面扬言将向临安进军，听到消息贾似道万分惊恐，就秘密派遣宋京去向蒙古人求和，提出的条件是："北兵若旋师，愿割江为界，且岁奉银、绢各二十万。"蒙古军拒绝议和。正在这时，合州守将王坚派人向贾似道报告蒙哥的死讯，贾似道本应伺机反击，可是他却再次派宋京前去求和，忽必烈本来就准备撤军赶回蒙古去争夺汗位，见贾似道求和心切，就乘机答应了议和条件，放心地率领主力军回北方去了。

贾似道见蒙古军主力已撤走，就出动大军拦杀了几百名垫后的蒙古兵，布置了一个"英勇抗战"的场面，然后向蒙古人求和答应纳币之事，大言不惭地向朝廷上表说："诸路大捷，鄂围始解，江汉肃清，宗社危而复安，实万世无疆之休！"这就是贾似道自己制造的"援鄂之功"。

昏庸的理宗对前线实况一无所知，接到贾似道的捷报后，十分高兴，不久就封他为卫国公。

宋端宗在位时间有几年？

宋端宗（1272~1279年），名赵昰，赵昰是宋度宗的长子，宋恭帝（全皇后所生，1274年即位）的哥哥。恭帝被元掳往北方之后，陆秀夫等人拥立赵昰为帝。德祐二年（1276年）五月一日，赵昰在福州即位，被称为端宗，改元景炎。端宗在位时间3年，死时年仅11岁。

当时，杨淑妃为太后，垂帘听政，端宗又进封赵昺为卫王，已经两次逃跑的陈宜中被任命为左丞相兼枢密使、都督诸路军马，陈文龙、刘黼为参知政事，张世杰为枢密副使，陆秀夫为签书枢密院事，苏刘义主管殿前司，流亡小朝廷在福州建立起来，并初具规模。

端宗在位时，年仅8岁，这时南宋虽然已经投降元朝，但还有许多地区依然掌握在宋室遗民的手中。福建、两广大片地区仍处在流亡小朝廷的控制之下，李庭芝坚守的淮东、淮西地区也进行着拉锯战，但在元军的进攻下，淮东、淮西等地相继失陷，李庭芝战死。

景炎元年（1276年）十一月，元军逼近福州，此时小朝廷还有正规军17万，民兵30万，淮兵万人，拥有的兵力远比元军要多，完全可以与之一较高下，但由于朝政由陈宜中、张世杰二人主持，陈宜中一直就是一个胆小鬼，张世杰也"惟务远遁"，因此小朝廷在福州立足未稳，就又开始了逃亡。

十一月十五日，陈宜中、张世杰护送着端宗赵昰、卫王赵昺及杨太后乘一艘海船逃跑，刚刚入海，就与元朝水军相遇，由于天气不好，大雾弥漫，才侥幸得以脱身。离开福州之后，小朝廷失去了最后一个根据地，此后只能建立海上行朝，四处流浪。

景炎三年（1278年）三月，有一天夜间，端宗所坐的船被颠覆，不慎落入海中，等到被左右救起后，已经喝了一肚子的海水，端宗经此一吓，好几天都说不出话来，从此大病不起。元军怕留有后患，紧追不舍，端宗又不得不逃往冈州端（今广东省雷州湾），经此颠簸，他惊病更甚，于四月病死，终年11岁，葬于永福陵。

端帝只是个年幼孩童，只因生在帝王之家，继位后一直东逃西避，疲于奔命，在惊吓与恐惧中度日，从未有过些许孩童般的快乐，最后客死海上，不可谓不悲。

"宋亡三杰"中誓不降元的是谁？

文天祥，初名云孙，字天祥，南宋名相，宋亡三杰之一，被囚禁3年誓不降元。

祥兴元年（1278年）十二月二十日，文天祥不幸在五坡岭被一支偷袭的元军俘获，他吞下二两脑子（即龙脑）自杀，但药力失效，未能殉国。崖山决战之后，文天祥被押到广州。元军将领张弘范对他说："宋朝灭亡，忠孝之事已尽，即使杀身成仁，又有谁把这事写进国史？文丞相如愿转而效力大元，一定会受到重用。"文天祥回答道："国亡不能救，作为臣子，死有余罪，怎能再怀二心？"元朝政府为了使他投降，决定把他押送大都。

中国历史常识与趣闻随问随查

文天祥从至元十六年（1279 年）十月抵达大都到至元十九年（1282 年）十二月被杀，一共被囚禁了三年两个月。这期间文天祥的妻子欧阳夫人和两个女儿柳娘、环娘被元军俘虏后送到大都，元朝想利用骨肉亲情软化文天祥，文天祥虽然痛断肝肠，但仍然坚定地说："人谁无妻儿骨肉之情？但今日事已如此，于义当死，乃是命也。奈何！奈何！"

利诱和亲情都未能使文天祥屈服，元朝统治者又变换手法，用酷刑折磨他。他们给文天祥戴上木枷，关在一间潮湿寒冷的土牢里。牢房空气恶浊，臭秽不堪。文天祥过着地狱一般的生活，但他毫不示弱："我既不怕死，还怕什么监禁！"在囚禁的孤寂岁月里，他写下了不少感人肺腑的爱国诗篇。

至元十九年（1282 年），忽必烈亲自召见文天祥，当面许他宰相、枢密使等高职，又被他严词拒绝，并说："但愿一死！"十二月初九，从监狱到刑场，文天祥走得神态自若，举止安详。行刑前，文天祥问明了方向，随即向着南方拜了几拜。

文天祥殉难后，人民以各种方式纪念他。曾经参加义军的王炎午写了《望祭文丞相文》，赞扬文天祥像岁寒的松柏一样坚贞。

258

辽金元时期

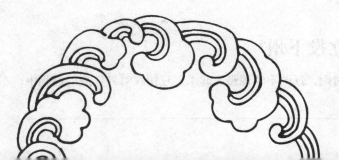

辽、金、元时期（907~1368年）是我国历史上少数民族大融合时期。

辽（907~1125年）是由契丹族的耶律阿保机建立起来的一个王朝。辽朝的原名为契丹国，于公元916年建立，开国君主为辽太祖耶律阿保机，建国之后，各个时代的皇帝为了扩大领土面积，不断地对外发动战争，直到1125年辽为金所灭。辽在较短的时间内从部落氏族社会过渡形成奴隶制度社会，并在向封建社会跃进的同时统治了中国北部，为开发蒙古地区和中国东北发挥了重要的作用，密切了各族人民之间的联系，促进了融合。辽太祖和辽太宗时期，他们任用汉人治理国家，使辽国经济飞速发展。

金国（916~1125年）是由女真族的完颜阿骨打建立起来的国家。女真兴起于今黑龙江、松花江流域及长白山地区。1115年，女真领袖完颜阿骨打称帝，建国之后，金首先灭掉了辽国，将宋朝皇帝打到了南方，统一了包括黄河流域在内的广大北方地区，并与南宋长期对峙。完颜亮在位期间，对南宋发动大规模战争，但以失败告终。金国建立初期政局并不稳定，到了金世宗时期，政治逐渐稳定下来，开始发展经济，增强实力。金朝后期，统治集团极其腐朽，各民族起义风起云涌，同时又受到蒙古军队的不断打击，终于被宋蒙联军所灭。

元朝（1206~1368年）是铁木真带领蒙古族建立起来的国家。元朝时期是我国历史上领土面积最大的时期，也是中国历史上第一个由少数民族（蒙古族）建立并统治全国的封建王朝。1206年成吉思汗建立蒙古汗国。1271年，忽必烈改国号为"大元"，1279年灭南宋，统一了中国。元朝的疆域空前广阔，今天的新疆、西藏、云南、东北、台湾及南海诸岛，都在元朝统治范围内。但由于元朝的统治制度非常残酷，赋税、兵役压力过大，百姓难以生存。到了元顺帝时期，爆发了大规模的农民起义，元朝最后在1368年被农民起义军首领朱元璋所灭。北迁的元政权退居漠北，仍沿用大元国号，与明朝对峙，史称"北元"。元朝自成吉思汗起历经15帝163年，自忽必烈定国号起，历11帝98年。

辽国的开国君主是谁？

辽太祖耶律阿保机(872~926年)，姓耶律，名亿，字阿保机。他勇猛善射骑，明达世务，统一了契丹七部，建立了辽国，是辽国的开国君主。

后梁贞明二年(916年)耶律阿保机建立了奴隶制国家——辽国，建年号为神册，即帝位11年，庙号太祖。辽太祖喜欢任用汉人，康默记、韩延徽、韩知古等，都成了辅佐耶律阿保机的功臣。

阿保机建立了辽国之后，就开始着手制定新制度。阿保机依照汉族的政治模式，改造了契丹族原有的制度，建立国家机构。废除部落世选制，确立皇位世袭。创"斡鲁朵"（宫卫）制，建成特殊的皇权侍卫，这些侍卫"入则居守，出则扈从"，成为对内镇压异己，对外扩张的一支核心力量。

与此同时，阿保机还制订了辽国的第一部法典《决狱法》。本着因人而异和不同的民族习惯的原则，制定民族政策。降奚后，置六部奚，命勃鲁恩主之，号为奚王。中央官制分南北，北面契丹人自己治理，南部地区以汉制待汉人。废除部落世选制，改成立长子为皇太子，确立皇位世袭制。为了发展辽国的文化，他组织人力创制契丹文字；兴建孔庙、佛寺、道观等。

耶律阿保机的一系列改革，为辽国的发展奠定了基础，但是他的改革中也存在很多问题，后来成为辽国灭亡的因素。

辽国为什么设立投下州？

在辽太祖和太宗时期，辽国不断地强大起来。辽国在对外作战的过程中，不断地取得战争的胜利，获得了大量的俘奴。为了控制俘奴，当时的统治者采取了大臣韩延徽的建议，建立了许多投下州和县。这是一种残酷的剥削俘奴权利的制度，它剥夺俘奴的自由，并且强制俘奴从事强体力劳动，无休止地榨取劳动人民的血汗。

这一种制度同时也用来有效地制止俘奴逃亡，例如：阿保机攻打带北的时候，俘虏了许多奴隶，建立了龙化州；攻大燕、蓟的时候，俘虏的奴隶过多则建龙化县；在黄河以北，以燕、蓟的俘奴建临黄县；同样地在黄河以西，以渤海俘奴建立了长宁县。有的州县直到今天仍然沿用俘奴原来所属州县的名称，例如：今河北省俘奴建的三河县；今北京地区的密云俘奴建的密云县；以及俘奴渤海地区的长平县人与汉人杂居建的长泰县等。

这些投下州县的大小各不相同，多则四五千人，少则一两千。投下州的建立，实则是契丹族建立的辽国在不断地寻找各种方式发展自己实力的一种统治方式。

"南北面官两制"产生在什么时期？

辽国时期的"面官两制"是在辽太宗得到幽云十六州之后建立的制度，主要目的是为了让汉人治理汉人，契丹人治理契丹人和其他少数民族。

公元938年，辽太祖耶律阿保机实施了"南北面官制"的政治制度，用此来统治辽阔土地上的人民，希望这样能够使各个民族之间不会发生冲突。

辽太祖带领契丹族征服奚族后建国，在契丹族、奚族及北方游牧民族居住地建立起了此项政治制度。接着消灭渤海，基本保持渤海国原有的官制。攻打宋朝之后，得到汉人的燕云十六州地区，则沿用后唐的旧制。这样一来，辽国境内的地方官制形成三个系统。

随后，辽太宗为了更好地治理生活在广阔的国土上的人民，在契丹族和北方诸族地区实行部族制，也就是设立北院大王，统治契丹族和其他民族。在辽国南部，辽朝设立了南院大王府，统治南面的汉族和其他民族杂居的地方。之后设立了乙室王府与奚王府，这四大王府各领一大部族，即五院部、六院部、乙室部和奚六部。辽太宗（耶律德光）时，仿照汉族人的朝廷制度，在奚王以下设宰相二员、常衮二员。

这就是辽国的政治制度，这一制度，对于当时社会来说，已经具有很大的先进性了。

"察割政变"是怎么回事？

天禄元年（947年），辽世宗在位时期，耶律察割为了争夺皇位，杀死了当时的辽世宗耶律阮，他最后被辽穆宗耶律璟带人杀死，历史上称这次事件为"察割政变"。

耶律察割是辽太祖的侄子，耶律安瑞的儿子。耶律察割向世宗耶律阮揭露他的父亲安瑞图谋不轨，世宗耶律阮便让安瑞的部族军离开，留察割在朝中，耶律察割因此博得了世宗耶律阮的信任。公元949年，耶律屋质曾经向世宗揭露察割有造反的嫌疑，世宗耶律阮不听。

应历元年（951年），辽世宗耶律阮亲自统帅辽国军队，到南方攻打中原的后周。九月，辽世宗耶律阮带兵行至归化州（今河北省宣化）的祥古山，整顿休息。担任宿卫的耶律察割乘着辽世宗耶律阮不注意的时候，发动了政变，与耶律盆都一起带人攻入辽世宗耶律阮居住的大帐，杀死辽世宗耶律阮，耶律察割自己做了皇帝。

之后耶律屋质联合寿安王耶律璟带领士兵杀了没有准备的耶律察割，耶律屋质拥立寿安王耶律璟（辽太宗子）坐上了皇位，是为穆宗。参与政变的耶律盆都等人都被辽穆宗处死。

辽国有"睡王"称号的皇帝是谁？

辽穆宗虽然登上了皇位，但他的宝座并不稳定，和他的父亲一样面临着众多兄弟的争夺。为了巩固自己的地位，辽穆宗和一般的皇帝一样，对异己力量进行了排斥。对于敢公开反对他的人，穆宗更是毫不手软地镇压。渐渐地，穆宗将这些叛乱都平息了。辽穆宗在平定叛乱稳定政权之后，觉得帝位已无后顾之忧，于是开始放纵自己。他晚上喝酒作乐，直到第二天早晨，然后白天就大睡其觉，政事放在了脑后，因此得了个"睡王"的称号。

穆宗的游猎场地大多数在怀州，当地有几座山风景秀美，一是黑山，二是赤山，还有太保山，

261

麋鹿成群，很适合打猎。穆宗一年四季打猎，基本上都在这几座山里。穆宗的游猎不分季节，不管寒冬还是盛夏，只要高兴，便去游猎。"睡王"在游猎的时候也不忘喝酒，而且兴致极高，每次游猎喝酒都要长达7昼夜才肯结束。喝了酒，穆宗的脾气没有见好，反而更坏了，动不动就找茬杀人，视人命如草芥。晚年时就更残暴了，左右侍从稍有过错，就会被他亲手杀死，弄得侍从们整天提心吊胆。穆宗自己残暴，却常常叮嘱大臣们进谏，然而当大臣们劝说他时，他却不肯听。据说穆宗杀人是听信了女巫肖古的话，为了取人胆造延年益寿的仙药。据记载：公元963年正月，穆宗昼夜喝酒共9天，杀海里；三月，杀养鹿人弥里吉，并枭首示众；六月，侍从因为伤了獐，被穆宗杖杀；公元964年十一月，又杀近侍于宫中；公元965年，三月，近侍东儿因为送吃饭的刀、筷慢了，被穆宗杀死；公元966年，正月，杀近侍白海和家童。此后，一直到公元969年，几乎每年都有杀人的记录。因为穆宗的残暴统治，辽的国势日益衰微，政治黑暗，兵将疲弱，闹得全国上下怨声载道。穆宗似乎知道自己不得人心，每次在出行时都会命令左右在停留之地，立下明显的标志，禁止其他人随意通行，违者处死。这样做是为了自己的安全，但躲得了初一，躲不了十五。

在公元969年三月，辽穆宗来到黑山游猎，而且又喝醉了。可能是在半夜时醒来后，向左右要食物吃，结果没人答应，穆宗大怒，要杀做饭的人。这些人很害怕，就连夜起来反抗，以送饭为掩护，持刀进入穆宗的营帐，杀死了穆宗。

辽国的哪位皇后被称为女中丈夫？

萧太后，名绰，小字燕燕，是辽景宗耶律贤的皇后，辽北院枢密使兼北府宰相萧思温的女儿。她在历史上素有"承天太后"的称号，是辽史上著名的女政治家、军事家，被称为女中丈夫。

萧绰出身于辽代皇族著名四大别部之一国舅的别院，她的父亲萧思温是辽朝的开国宰相萧敌鲁（述律皇后之兄）的侄子，她的母亲是燕国公主、辽太宗的长女，可见萧绰的出身非常显赫和尊贵。

辽朝皇室耶律氏和萧氏世代联姻，皇后多为萧氏。同样，萧绰也嫁入皇室，成为了辽景帝的皇后。乾亨四年（982年）九月，辽景宗驾崩，辽圣宗即位，萧绰被尊称为皇太后，并且摄政。当时萧绰只有30岁，圣宗也只有12岁，在大臣耶律斜轸和韩德让的辅佐下，太后和圣宗的地位得到了巩固。统和元年（983年）六月，辽圣宗带领群臣给萧绰上尊号为"承天皇太后"。萧绰以承天皇太后的身份开始管理军国大政，开始了辽代历史上著名的"承天后摄政"时代。

萧绰年轻时曾经许配给汉臣韩德让，但还没有来得及结婚，就被皇帝选为妃子。辽景宗死后，萧绰看中韩德让的政治与军事才能，于是决定改嫁给韩德让，这在当时契丹族的风俗是允许的。她私下里和韩德让定下了两个人之间的事情。萧绰又秘密派人鸩杀韩德让的妻子李氏。这件事之后，韩德让就无所避讳地出入于萧绰的帐幕之中，过着事实上的夫妻生活。辽圣宗对韩德让也以父事之。韩德让忠心辅佐承天太后与辽圣宗，政绩显著。

萧绰虚心诚恳，用人不疑，成为了世代政治家的典范。她有男子一般的气魄，执法严明，毫不留情，甚至"亲御戎车，指挥三军，赏罚信明，将士用命"，把北宋部队杀得尸横遍野，生擒名将杨业。几年后又与宋真宗订立了"澶渊之盟"，开创了宋辽和平发展时代，在中国历史上意义重大。

萧绰摄政期间，励精图治，选贤任能，开科取士，消除番汉不平等待遇；鼓励农桑，薄赋徭，内政修明，严整军备，确立纲纪，上下和睦；与宋讲和，坐收岁币之利，使经济文化高度发展，辽朝达到鼎盛时期。

"澶渊之盟"给辽、宋之间带来和平了吗？

辽统和二十二年（1005年），辽圣宗奉萧太后之命深入河北，十一月兵迫澶渊。宋真宗领兵亲征。之后双方达成和议，史称"澶渊之盟"。此后，在很长一段时间内，辽宋间基本上保持了和平相处。

宋辽战争长达25年，其目的在于争夺燕云十六州。自北宋咸平二年（999年）开始，辽朝陆续派兵在中原边境挑衅，掠夺财物，屠杀百姓，给边境地区的居民带来了巨大灾难。虽然宋军在杨延昭、杨嗣等将领率领下，积极抵抗入侵，但辽朝骑兵进退速度极快，战术灵活，给宋朝边防带来的压力日益增大。而宋真宗对辽朝一直心存畏惧，逐渐由主动进攻转为被动防御。

辽圣宗统和二十二年十一月，辽军攻克德清（今河南省清丰），三面包围澶州（今河南省濮阳），宋将李继隆死守澶州城门。宋真宗赵恒，在辽国进犯中原，打破数州直逼京都之时，本欲迁都金陵南逃，但被宰相寇准等主战派力荐其御驾亲征。真宗勉强到了澶州北城，在城楼上召见了各军将领。宋军将士看到城楼上的黄龙旗，得知皇帝到了，立即高呼万岁，士气大振。真宗朝名相寇准，在澶渊一役中掌握军事大权，指挥若定。辽朝统军萧挞凛恃勇，率数十轻骑在澶州城下巡视。宋军大将张环（一说周文质）在澶州前线以伏弩射杀辽南京统军使萧挞凛，辽军士气受挫。经过协商，辽、宋达成"澶渊之盟"。

一、辽宋为兄弟之国，辽圣宗年幼，称宋真宗为兄，后世仍以世齿论。

二、以白沟河为国界，双方撤兵（辽归还宋遂城及瀛、莫二州）。此后凡有越界盗贼逃犯，彼此不得停匿。两朝沿边城池，一切如常，不得创筑城隍。

三、宋方每年向辽提供"助军旅之费"银十万两，绢二十万匹，至雄州交割。

四、双方于边境设置榷场，开展互市贸易。

盟约缔结后，宋、辽之间百余年间不再有大规模的战事。因澶州又名澶渊，故史称"澶渊之盟"。

金朝制造"宗本案"的皇帝是谁？

完颜亮（1122~1161年），是金废帝，女真名迪古乃，字元功，金代第四位皇帝。完颜亮为了稳固统治，大肆屠杀那些不支持自己的人，这件事被称为"宗本案"。

完颜亮是杰出的改革家、政治家、文学家和杀人狂，是一位毁誉参半的人物。他是金太祖完颜阿骨打庶长孙，完颜宗干次子，被称为海陵王。完颜亮在位12年，在位期间为人残暴，杀人无数，同时他制订了严格的政治制度，能够听取臣下的某些有益建议，算是个有作为的皇帝。

辽皇统九年（1149年）十二月，完颜亮废掉了熙宗，自己坐上皇位。篡权之后，他害怕有人不服，决心清除异己，使自己得到的皇位更加稳固，他首先拿皇室中颇有实力的太宗后代开刀。宗本案就是在这个时候开始的。在这场大清洗中，太宗一系的皇室人全部被他杀掉了。

完颜亮坐上皇位后，在熙宗改革的基础上对职官制及刑法做了一系列的变革。政治上的辉煌并不能掩盖完颜亮私生活的疯狂，他为了满足自己的私欲，开始大规模地兴建宫殿，除了极尽奢华之外，他最为人诟病的就是对女色的疯狂猎取，对象无所不包：有夫之妇，兄嫂弟媳，叔伯姊妹。

完颜亮是一个拥有多面性格的人，他一面精心治理金国，另一面却不断地大兴土木和远征，而且他非常好色，最后成为了一个问题皇帝。

金国哪位皇帝有"小尧舜"的称号？

金世宗完颜雍（1123~1189年），原名完颜雍，他是金朝第五位皇帝（1161~1189年在位）。即位后，金世宗与宋朝讲和，励精图治，改革政治，使大金出现了"大定盛世"的繁荣鼎盛局面，金世宗被后人称为"小尧舜"。

金世宗完颜雍是太祖完颜阿骨打的孙子，完颜宗辅之子，先后被封为葛王、曹国公、赵王、郑国公、卫国公等爵位，在金熙宗时任兵部尚书。金废帝完颜亮时，任东京（今辽宁省辽阳）留守。在他做济南尹时，废帝完颜亮听说世宗的妻子乌林答氏貌美，让她进京见帝。乌林答氏对完颜雍说，"我若不去见淫贼，他一定会加害夫君，我自有办法，既不连累夫君，又不辱我清名"，就到了京城。行至良乡，乌林答氏自杀而死。世宗后来在位29年间，没有再立皇后，一直在怀念深明大义的乌林答氏。

正隆六年（1161年）九月，金废帝率军大举攻宋。同年十月，废帝的部下南征万户完颜福寿、高忠建、卢万家奴和婆速府路总管完颜谋衍正在攻打宋朝，分别率领所部从山东、长安自行返回辽阳，他们趁这个机会杀了废帝安插在辽阳监视世宗的副留守高存福，并于十月八日将世宗推到了皇位上，改年号为"大定"。

世宗称帝后，下诏列数废帝罪恶，将废帝贬为百姓，并遣军切断了其归路，占据中都。之后世宗外与南宋议和罢兵，内用各族人士为官，重兵镇压了契丹族起事，使统治集团内部趋于稳定，国内社会秩序较为安定。金世宗十分朴素，不穿丝织龙袍。他注意恢复和发展农业，重视科举、学校等文化发展，减轻农民负担，取消金银矿税，放免二税户和部分奴婢为平民，广开边境互市市场。

金世宗在位期间，励精图治，使金国财政充足，仓廪爆满，政治局面稳定，社会经济和文化呈现出一时的繁荣，使金国发展到了全盛时期，女真族也基本上完成了从奴隶制向封建制的过渡。

金世宗是个节俭的人吗？

金世宗完颜雍，女真名乌禄，致力于维持金王朝的统治，1189 年逝，庙号世宗。世宗虽贵为一国之君，但他本人却非常节俭。

金世宗崇尚节俭，身体力行，从自身做起，表现在吃、穿、住、用等个人生活方面。世宗即位初年，即大定二年（1162 年）四月，即"诏减御膳及宫中食物之半"。大定二十六年（1186年）十二月，世宗对大臣说："朕年来惟以省约为务，常膳止四五味，已厌饫之，比初即位十减七八。"可见，世宗从即位初年到统治末年，并没有随着国家经济状况的好转而改变节俭的习惯。世宗对于"穿"和"用"同样也是相当节省的，而这些无疑都是从节约爱民的角度出发的。不管别人怎么看，世宗仅是在个人生活方面就为国家经济节省了一大笔开销。

世宗崇尚节俭，还表现为竭力反对铺张浪费。在世宗看来，这不仅是巨大的浪费，更是不懂得体抚百姓的举动。大定十三年（1173 年），太子詹事刘仲海请求增加东宫的侍人及张设。世宗不但没有满足其愿望，而且还教诲亲王大臣们不要铺张浪费。为了以身作则，世宗在执政期间，除大定十九年（1179 年）修建了太宁宫外，一般没有搞什么大规模的营建工程，世宗大刹了皇家大兴土木之风。

世宗在减少进贡和禁止馈献上也颇为用心。对于地方的进贡，世宗多从减轻百姓劳役负担的角度出发，尽量减少或罢免贡品。世宗禁止馈献，一方面是为了纠正这种不利于统治的社会风气，另一方面是教育百官要生活节俭，为政清廉。

此外，世宗还抑制佛教的发展。世宗这样做，从经济的层面看，不仅节省了一大笔的开支，又使百姓集中到农业生产上来了，可谓节流开源，一举两得。

金世宗是金朝九帝中最崇尚节俭的皇帝。他在位 30 年不尚奢华，崇尚节俭，对于一个封建帝王来说，实属不易。世宗提倡节俭为恢复和发展金后期的经济起到很大的作用。

为什么说金卫绍王"柔弱鲜智能"？

卫绍王，姓完颜，名永济，金世宗第七子。他在位期间，政治日益腐败，而此时，蒙古迅速强盛，多次打败金军，史书上对卫绍王的评价为"柔弱鲜智能"。

完颜永济在位期间，蒙古崛起，元太祖成吉思汗曾率领蒙古大军多次攻金。成吉思汗有意进攻金国，却首先出兵进攻臣属金国的西夏，西夏向金求援，卫绍王坐视不救。西夏向蒙古屈服后，成吉思汗自大安三年（1211 年）起大举攻金，屡败金兵。这年九月，蒙古军逼近中都，完颜永济采纳主战死守的建议而顽强防守，击败了蒙古军，保住了中都。

次年成吉思汗再次亲征金国，一度包围金西京大同府。同年契丹人耶律留哥在今吉林省境起兵反金，数月之间发展至十余万人。耶律留哥依附蒙古，又在迪吉脑儿（今辽宁昌图附近）击败60 万金兵，金国的处境更加不妙。

1213 年八月，成吉思汗再次率大军逼近中都。然而卫绍王为人优柔寡断，没有安邦治国之才，只是俭约守成而已。他不善于用人，忠奸不分。此时负责防守中都北面的右副元帅胡沙虎，在两年前蒙古军南下时，曾临阵怯逃，丢弃西京（今山西省大同市），逃回中都。完颜永济对他非但没有治罪，反而仍重用为将。蒙古军逼近时，胡沙虎仍然一味游猎，不理防务。完颜永济派使臣到军营去严词督促，胡沙虎恼羞成怒，于八月二十五日凌晨，联络完颜丑奴、蒲察六斤、乌古论孛剌等人反叛，从通玄门杀入中都东华门，占据了皇宫。第二天，劫持完颜永济出宫。不久，胡沙虎派宦官李思中用毒酒将完颜永济毒杀。

完颜永济身为君王却软弱无能，面临蒙古的进攻不能任人唯贤，最终导致杀身之祸。

金朝招纳地主武装抵抗蒙古是在什么时期?

金宣宗兴定二年（1218 年），金国开始衰落。为了抵抗蒙古军队的进攻，金宣宗只能招纳地主武装力量。

兴定二年秋，蒙古攻克太远之后，形势变得非常严峻。兴定三年正月，金宣宗召集文武百官商讨形势变化后的对策。翰林学士承旨徒单镐等人，通过商量之后认为："统帅军队有三种方法，一种是和敌人打，第二种是和敌人讲和，第三种是守住现有的地方。我们现在要是打，自己的兵力不足，要和他们讲和，敌人不会允许，只有想办法守住现有的地方了。"

移剌光祖等人向宣宗进策：太原虽暂失，还可以收复，应当招募当地土人（大地主）有威望的，给他们一些好处，只要谁能收复一座城池，就让他做那座城市的总管；能守州郡，就做本地长官。使他们各保一方，令百姓复业。宣宗和朝臣均赞同移剌光祖的建议，于是下令招纳地主武装，命他们自己抵抗敌人，守住自己的土地。

当时招纳的地主武装有：割据一方的地主武装武仙，易州定兴的强大地主武装张柔，收复太原要地的地主武装张开、郭文振，河北地主武装王福，收复平阳府的地主武装胡天作等。

由于这些地主武装都拥有强大的武装力量，因此他们在金朝末期的政治、经济生活中占据着举足轻重的地位。金国将这些分散的力量整合了起来，使之成为支持金国继续对抗蒙古兵的中坚力量。

金宣宗执意迁都为什么招来灭顶之灾?

金宣宗完颜珣(1163~1223 年)，1213 年即位，在位 12 年。他是完颜允恭的庶长子，世宗的孙子。1213 年，纥石烈执中（胡沙虎）杀卫绍王后，拥立完颜珣为帝，史称金宣宗。天兴二年（1223 年）宣宗病死于宁德殿，终年 61 岁。

年过半百的金宣宗因乱得位，即皇位于大安殿，改年号为贞祐。金贞祐二年（1214 年）五月至三年五月，在蒙金战争中，蒙古军攻占金中都（今北京）。金宣宗完颜珣以国危兵弱、财用匮乏，不能守中都为辞，决议迁都南京（今河南省开封）。宣宗的这一举动，极大动摇了人心。朝中投降派将领和受金压迫的契丹、汉军吏和地主土豪，纷纷叛金降蒙。成吉思汗原本并无灭金之心，但从降蒙的金朝将士那里得知宣宗想要南逃的消息，看清了金朝的腐败无能，遂决意再次攻打金国。

贞祐三年初，蒙军再次兵临中都城下，元帅木华黎攻克金北京（今内蒙古自治区宁城西南）。金右副元帅蒲察七斤以通州市（今北京市通州区）降蒙古将领石抹明安，石抹明安率军进驻中都南面建春宫。此时金中都被围日久，守城将领承晖向南京告急。三月，金宣宗遣御史中丞李英率河间、清沧义军数万，元帅左都监乌古论庆寿、元帅左监军永锡将 3.9 万人分路运粮支援中都。永锡进到涿州省（今属河北省）将蒙古军击退；李英进至霸州（今河北省霸县）遭遇蒙古军，但因军纪松弛，被蒙古军队歼，所运军粮都被抢走；乌古论庆寿听到这一消息，不战而逃。后来金国朝廷虽屡遣援兵，却始终不见成效。中都粮尽援绝，陷于孤立。五月，金中都留守承晖服毒自杀，尚书右丞抹燃尽忠弃城南逃，中都被蒙古军占领。成吉思汗得报后命大军开进了中都，将中都城洗劫一空。

金军则因都城南迁，由消极防御变成退却防御，军心涣散，致使屡战屡败。可以说是金宣宗执意迁都为国家招来了灭顶之灾。

金国哪个皇帝在位时被灭国?

金哀宗完颜守绪（1198~1234 年），是金国第九位皇帝（1224~1234 年在位）原名守礼，女真名宁甲速，金宣宗的第三个儿子，母明惠皇后王氏。哀宗在位 10 年，国破后自缢而死，终年 37 岁。

1224 年正月，金宣宗死后，英王完颜守纯抢先进宫夺取皇位。完颜守绪接到讣告，回到南京，立刻命令枢密院官以及东宫亲军 3 万人屯守在东华门大街，并派 4 名侍卫将完颜守纯监禁在近侍局内，然后在灵柩前继承皇位，第二年改年号为"正大"。

即位后，面对危局，金哀宗力图振作，立即实行大规模的改革。对内，大胆起用完颜合达、犯人完颜陈和尚等女真卓越将领，起用胥鼎等文武兼备的致仕官员；对外，改变宣宗的对夏、宋政策，与西夏和南宋停战讲和，专心抵抗蒙古。在金哀宗及其将士大臣的努力下，金朝抗蒙战争形势一度有所好转。

然而金朝的国势恶化到了已经难以挽救的地步，哀宗虽竭尽全力，终究独木难撑，无力回天。天兴二年（1233年）六月，因归德（属河南省）形势不利，哀宗逃到了蔡州（今河南省汝南），蒙古大将史天泽一路紧追不舍，在蒲城歼灭了完颜白撒的8万精兵，之后蒙军紧追不舍，一直追到蔡州，并包围了蔡州。同年八月，蒙古召宋兵攻破唐州（今河南省唐河），哀宗欲与宋连和。十一月，宋将孟珙、江海率军2万、运粮30万石出兵助蒙灭金，共同围困蔡州。

天兴三年（1234年）正月，已经被围了3个月的蔡州，弹尽粮绝。初九晚上，哀宗深知亡国之日就要到了，不愿当亡国之君，所以下诏禅位与宗室完颜承麟，承麟初执意推却，后来哀宗苦苦哀求，他说："朕所以付卿者，岂得已哉？以朕肌肥，不便鞍马。城陷之后，驰突必难。顾卿平昔以疾闻，且有将略可称。万一得免，使祚胤不绝，此朕之志也。"大概意思就是哀宗认为自己身胖，不能策马出征，万一城陷，必难突围，所以将皇位传给身手矫健、有才有略的完颜承麟，希望他能够逃出这里，继续发展金国。之后，完颜承麟答应继位。

很快蔡州被宋军和蒙古军队攻破，金哀宗自杀，金国就此灭亡。

金哀宗为什么自缢而死？

金哀宗生于金承安三年（1198年），初名守礼，后宣宗赐名守绪。

宣宗病死，金哀宗即位后立即进行大刀阔斧的改革。对内，大胆起用完颜合达、犯人完颜陈和尚等女真卓越将领，起用胥鼎等文武兼备的致仕官员；对外，改变宣宗的对夏、宋政策，与西夏、南宋停战、和解，专力抗击蒙古。在金哀宗及其将士大臣的努力下，金朝抗蒙战争形势一度有所好转，如在正大五年（1228年）的大昌原一战，金忠孝军提控完颜陈和尚以400骑大破蒙军8000之众，取得了金蒙战争中最杰出的胜利。

正大四年（1227年），蒙古灭西夏后即全力伐金，正大八年（1231年）十一月，拖雷率蒙军4万南下，取道南宋进攻金朝南部的金州，哀宗命完颜合达、移剌蒲阿由陕西引两省军30万南下堵截。不久，窝阔台率蒙军北路军攻克金朝北部河中府，意欲与拖雷会师。天兴元年（1232年）正月，双方大战于钧州三峰山，拖雷不等窝阔台命令，率蒙军趁大雪奋击金军。金军对突来的大雪毫无准备，战斗力急剧下降，经三峰山会战、钧州战役，金军主力丧失殆尽，良将尽死，自此再也无法与蒙军抗衡。蒙军趁机迅速包围汴京，金军坚守将近一年后，金哀宗于天兴元年十二月被迫离开汴京，北渡黄河，后奔归德（今河南省商丘）。天兴二年（1233年）六月，归德形势恶化，哀宗又逃往蔡州（今河南省汝南）。然而蒙古大将史天泽一路紧追不舍，随即进兵蔡州。哀宗想与宋连和，宋人不但不救反而趁机派宋将孟珙、江海率军2万、运粮30万石出兵助蒙灭金，合围蔡州。

天兴三年（1234年）正月，蔡州已被围3个月，城中粮尽。哀宗深知亡国之日将到，于是下诏禅位与宗室完颜承麟，而后自缢于幽兰轩，终年37岁。守城的金军将士顽强抵抗，几乎全部战死或自杀殉国。

是谁统一了蒙古族？

孛儿只斤·铁木真，蒙古帝国的可汗，汗号为"成吉思汗"，是世界史上杰出的政治家、军事家。1271年元朝建立后，忽必烈追尊成吉思汗为元朝皇帝，庙号太祖，谥号法天启运圣武皇帝。

1146年，蒙古部首领俺巴孩汗被金熙宗以"惩治叛部法"的名义钉死在木驴上。从这个时候开始，蒙古部落就开始组织抗金力量。在这种社会环境下生长的铁木真，自然也将打败金国定为自己的目标，随着自己力量的不断强大，铁木真开始向杀害父祖的敌人寻仇。他首先打败主儿乞部，杀了他们的首领，木华黎父子投诚。

铁木真很快又打败了扎木合的联军，接着又打败了塔塔儿部和泰赤兀部落。之后铁木真又集中兵力，征服了乃蛮部。最后，铁木真又消灭了王汗部落，王汗只身一人想投奔乃蛮部，在乃蛮边界被边将当做奸细杀死，他的儿子桑昆也因此客死异乡。

强大的克烈部被灭之后，铁木真占据了水草丰美的东部草原——呼伦贝尔草原，蒙古草原上只留下乃蛮部能和铁木真对抗，而未经战阵的"太阳汗"也不堪一击，被铁木真所灭。

统一蒙古之后，铁木真又开始了对金国的战争。没想到的是，金国都城一时难以攻克，铁木真只好遣使逼和，迫金朝奉献岐国公主、金帛和马匹，之后带兵退到居庸关。随后，铁木真又以金朝迁都南京（今河南省开封）而"违约"为借口，乘金人心浮动及敌军哗变降蒙的时候派遣部将三摸合拔都、石抹明安率军，会合降蒙（辽、金、元时代对被征服北方诸部族人的泛称）军进攻中都，以围城打援和招降之策，最终攻克了中都。

铁木真统一蒙古族之后，建立了蒙古国，将四分五裂的蒙古人，凝聚到一起，使蒙古国强大起来。草原上的人民为了表示对他的尊敬，就称他为成吉思汗。成吉思汗，蒙古语为"四海之内的大汗"之意，"汗"为王、帝王、皇帝的意思。

铁木真一生中只战败了一次吗？

铁木真一生中有过无数次的战斗，那他有没有战败过呢？答案是肯定的，但他一生中只有过一次失败的经历，那就是十三翼之战。

铁木真从小就是一个骁勇善战的人。在他18岁的时候，他曾经的仇敌蔑儿乞部的脱部落首领抢走了他的妻子。这时候的铁木真虽然没有强大的实力，但他必须向蔑儿乞部开战，结果出乎其他人的预料，他打败了蔑儿乞人。1184年前后，铁木真被推举为蒙古乞颜部可汗。

铁木真当上了可汗之后，引起了雄心勃勃的札木合的嫉恨。札木合开始纠合塔塔儿部落和泰赤兀部落等13个部落，其中包括蔑儿乞部落，开始向铁木真宣战。在这样强大阵容的围攻之下，铁木真也没有办法，最后被人打败了，这次战斗被称为"十三翼之战"。这次战败，也是铁木真一生所经历的60余场战争中唯一的一次战败。

成吉思汗是经过几次对西夏的战争灭掉西夏的？

成吉思汗发动了三次对西夏的战争：第一次是1205年，第二次是1207年，第三次是1209年。经过三次战争最终歼灭了西夏王朝。

1205年，蒙古第一次向西夏显示强大的武力。这一年三月，成吉思汗以西夏救助了蒙古仇人为借口，带着早已经准备充足的蒙古军队攻破力吉里寨（今宁夏回族自治区中卫县），并且纵兵瓜、沙诸州进行掳掠。西夏统治者根本没有能力抵挡蒙古军队的突然进攻，只好任其蹂躏。同年四月，成吉思汗退兵经过夏落思城，又大掠人民及其骆驼而还。即使这样，西夏皇帝李纯佑对成吉思汗灭亡西夏的企图还是没有认清楚，因而当蒙古退兵后，他以为从此可以太平了，于是下令大赦国内。

1207年九月，蒙古借口西夏襄宗李安全废黜纯佑皇帝没有通报自己为由，第二次出兵，这一次成吉思汗攻占了兀刺海城。襄宗调集右厢各路兵进行抵抗，蒙古军队在西夏国内攻打了数月，因粮草接济不上而退兵。

1209年，成吉思汗为了能够完全消灭金朝，防止西夏从中作梗，第三次出兵征西夏。同年三月，成吉思汗果断地派兵从黑水城（今内蒙古自治区额济纳旗南）北，由居延海关口强行攻入河西。襄宗遣皇子承祯、大都督府令公高逸率兵5万竭力抵抗，最终西夏没能抵御住蒙古军队的强大攻势惨遭失败，大将军高逸被俘后不屈被杀。

到了四月，蒙古兵再度围攻兀刺海城。这一次，蒙古军与太傅西壁氏率领的西夏军进行了激烈的巷战，夏兵惨败，西夏灭亡。

蒙古帝国有没有打到多瑙河？

成吉思汗去世之后，他的儿子窝阔台带领蒙古人东征西战，他们的足迹留在了欧亚两片大陆上，甚至在欧洲攻打到了多瑙河。

267

蒙古汗国成立后，成吉思汗和他的继承者发动了一系列大规模的战争。整个公元13世纪几乎成了他们的舞台。蒙古铁骑踏遍了东自黄河、西至多瑙河的欧亚大陆，使这些地区的人民蒙受严重的战争灾难，这些战争，大致可以分为西征和南下两个方面。

成吉思汗在1219年到1225年亲自西征，在整个中亚细亚和南俄罗斯草原都留下了成吉思汗铁骑的痕迹。他把这些地区分封给他的儿子术赤、察合台和窝阔台。

成吉思汗死后，他的儿子窝阔台继任蒙古大汗。1235年蒙古大军开始进攻钦察、俄罗斯，攻占莫斯科等城市。1240年成吉思汗的孙子拔都攻占基辅。1241年拔都率部入侵波兰、匈牙利、斯洛伐克、捷克，到达了奥地利的维也纳附近，这是蒙古大军所到最西的地方。1242年，窝阔台的死讯传来，拔都率军东归参与蒙古大汗汗位的继承，蒙古军因此停止了对奥地利、波西米亚联军的进攻。

蒙古汗国建立之后，它的领导者将国土面积扩大了很多倍。这一时期是我国疆土面积最大的时期，不过由于面积过大，通讯不方便，所以这些地方很难得到有力的控制，最后依旧逃脱不了四分五裂的命运。

元代出现的未加冕的女皇是谁？

乃马真皇后，是窝阔台汗的皇妃，她借窝阔台汗去世后长子贵由领兵在外未回，利用阴谋夺取权力，控制朝政长达5年。可以说乃马真皇后是位未加冕的女皇。

1241年冬，窝阔台在汪吉河附近冬猎，因饮酒过度而死。六皇后乃马真氏脱列哥那通过巧妙手段获得察合台等宗亲的赞同，摄掌国政。脱列哥那原是蔑儿乞部首领之妻，蒙古灭蔑儿乞时被窝阔台收纳。她在诸后中地位本不高，但其他皇后无子，而她生贵由、阔端、阔出、哈剌察儿、合失五子，又机智多谋，就成为最有权势的皇后。她摄政后，以滥行赏赐博取宗亲贵族、那颜们的欢心，专擅国政达5年之久。她宠信妇人法蒂玛（蒙古军从波斯所俘，侍奉宫廷），使她得以干预朝政；中原事务则委任给商人奥都剌合蛮等。她将"御宝空纸"给予奥都剌合蛮，凡奏准之事，就令必阇赤书旨行下，若不肯书写则断其手。脱列哥那还因旧怨极力排除异己，要捕杀汗廷大臣镇海和燕京行省牙老瓦赤，二人被迫逃到阔端处，此后河中地区长官麻速忽也投奔拔都处寻求庇护。呼罗珊地区长官阔里吉思则被处死。耶律楚材看不惯皇后的所作所为，上书据理力争，却没能得到重视，抑郁而死。

1243年，成吉思汗幼弟斡赤斤见汗位空悬，萌生觊觎之心，率领本部兵趋向和林。脱列哥那大惊，一面调兵防备，一面遣使询问斡赤斤起兵缘故，自称侄媳，词意卑恭。斡赤斤自知争位师出无名，又闻贵由已从西征军中回到叶密立，就引兵退回本部。

这次夺位事件让脱列哥那大受震动，为顺应形势她意欲让长子贵由继位，于是遣使召集各支宗王和将领来和林举行忽里台（大会）推选大汗。1246年春，东、西道诸王和各大臣、将领在和林附近的达兰达葩之地失剌斡耳朵等处举行忽里台，与会诸王、百官经长期商议，同意共推贵由为大汗。七月，贵由在汪吉宿灭秃里之地的行宫即大汗位，乃马真皇后至此结束摄政生涯。

蒙古帝国第三代大汗统治为什么那么短暂？

元定宗孛儿只斤贵由（1206~1248年），继窝阔台后为大蒙古帝国第三代大汗。贵由即位后不久就开始着手整饬朝政。首先他授命皇弟蒙哥（拖雷之子）和斡儿答（术赤之子）调查斡赤斤图谋汗位之事，并处死了斡赤斤及其一些官员。而后，贵由杀死了其母宠信的奥都剌合蛮和女巫法蒂玛，开始启用被其母罢免的官员。贵由沉溺于酒色，还常下令打开府库，以金银财宝大肆分赏诸王、贵戚、大臣等，企图宣扬自己的名声超过其父。可是事实上，他的业绩远不及他父亲和祖父。

当时大蒙古帝国内部矛盾日益尖锐，贵由为显示自己权势，插手察合台家族内政。察合台原来被成吉思汗封于中亚地区（察合台汗国），察合台临终时曾遗言封地由其长孙哈剌旭烈继承，也得到过窝阔台的认可。可是察合台的儿子也速蒙哥因与贵由关系密切，便在贵由上台后迫使哈剌旭烈让位于他，这引起了哈剌旭烈的不满。因此，贵由一直不能改变"法度不一，内外离心"的日益衰腐的局面。

同时，贵由与堂弟拔都早在西征中就不和，后来拔都又反对贵由继大汗之位，因而双方结下了冤仇。1247年秋，贵由任命野里知带为征西军统帅，率兵西进，统辖波斯地区，借机便与拔都相抗衡。第二年春，贵由以都城和林气候不好，叶密力的水土有利他养病为借口，亲率大军离开和林向西进发。此时，拖雷之妻唆鲁和帖尼察觉贵由此举后，秘密通报拔都，拔都获悉后就整军待战。1248年3月，贵由在行至叶密力以东（今新疆维吾尔自治区青河东南）时突然病死。

贵由终年43岁，仅当了3年皇帝，死后葬于起辇谷（一说葬在生前的封地叶密力），追谥为简平皇帝。

元朝男婚女嫁有什么特色？

元朝境内各民族互相融合，互相影响，是中国历史上第一个由少数民族建立的多民族大一统王朝，婚俗既有本民族特点又有其他民族的影子，呈现出多样性。

元代蒙古人实行的是一夫多妻制。实行一夫多妻制的一个重要原因是为了保证蒙古人的繁衍。至于一个男子娶多少妻子，则有赖于他供养的能力。所以，愈是显贵的人，往往妻子愈多。在蒙元时代的文献中，一个贵族有几十个妻子的记载屡见不鲜。按照当时的风俗，平民也可以娶有多妻。在多妻的情况下，长妻的地位最高。但是，妻以子贵，如果长妻没有生子，她的地位就可能低于她丈夫的其他生子的妻。不过法律严禁与已婚之妇私通，犯者将被处死。

此外蒙古人中间还流行"定亲"的风俗，议婚的风俗也很普遍。父亲可以为儿子向女方求婚，若女方父亲同意，就饮"布浑察儿"（许亲酒）。这个词原意是"颈喉"，这里实际上指羊的颈喉，羊的这个部位的骨头十分坚硬，许婚筵席上吃这个部位的肉，表示定婚不悔。议婚则要讲聘礼，一般是以马示聘。元代时候，蒙古贵族与平民不相通婚；贵族之间彼此嫁娶，称为"忽答"，即姻亲；此外，"安答"之间也互相嫁娶，结成"安答忽答"，即义兄弟姻亲关系。

元代蒙古人还实行收继婚制，也就是"父死则妻其从母，兄弟死则收其妻"。在当时蒙古人的观念中，这是顺理成章的。成吉思汗死后，他的宠妃木哥哈敦就被三子窝阔台娶去。而在窝阔台得到木哥哈敦以前，他的二哥察合台也派人来说："父亲遗留下的诸母和美妾之中，把这个木哥哈敦给我！"

由此可见，元朝的婚嫁制度别有一番味道。

元朝开国皇帝是谁？

孛儿只斤·忽必烈（1215~1294年），蒙古帝国成吉思汗孛儿只斤·铁木真的孙子，监国孛儿只斤·拖雷第四子，孛儿只斤·蒙哥的弟弟。1260年自称蒙古帝国可汗，汗号"薛禅可汗"，没有得到史学家的普遍认可。1271年建立元朝，成为元朝首位皇帝，庙号世祖，谥号圣德神功文武皇帝。忽必烈还是在藩王的时候就怀有"大有为于天下"的理想，并热心于学习中原文化。

蒙哥汗元年（1251年），孛儿只斤·忽必烈奉大蒙古国大汗孛儿只斤·蒙哥的命令，管理漠南地区的各种事情。他曾先后向僧海云（宋印简）、张德辉、僧子聪（刘秉忠）、王鹗、元好问、张文谦、窦默等学习儒道，然后开始任用汉人儒士管理邢州的政务；在汴梁整理司法，整顿河南军政；在唐、邓等州实行屯田制度。

蒙哥汗三年（1253年），忽必烈带领蒙古军攻打大理国，4年后大理国灭亡。蒙哥汗九年（1259年），在攻打南宋鄂州（今湖北省武昌）时，因为当时蒙哥汗去世的消息传来，所以忽必烈撤军北上，争夺帝位。次年，忽必烈在开平（今内蒙古自治区正蓝旗东）称汗，将年号定为中统。和他同父同母的阿里不哥也在和林（今蒙古国鄂尔浑河上游东岸哈尔和林）称汗。忽必烈在元朝元年（1264年）打败阿里不哥，后迁都燕京（今北京市），改名为大都，随后将国号改为元。元朝16年灭南宋，统一全国，同时开始攻打日本、安南、占城、爪哇等国。

忽必烈统治期间，注意选用人才，采取汉朝统治的方法，建立各项政治制度；地方建立行省，我国的行省制度是他开创的；鼓励农工业，兴修水利，发展生产，加强边境管理，开辟中外交通，巩固和发展多民族国家。

忽必烈励精图治，兢兢业业地治理元朝，为元朝初期的发展奠定了基础。此外，他不断地拓展国土范围，初步奠定了国家疆域的规模，促进了国内各民族的经济文化交流。

京杭大运河在哪一朝全线开通？

元朝至元十二年（1275年），忽必烈定都北京后，政治中心由中原转到华北。最初朝廷仍希望利用隋唐运河旧道转运漕粮，但从江浙一带运粮到大都，要借道洛阳，漕粮运输要经过多次水陆转运。当时虽然开通了海上运路，却往往风信失时，很多粮船倾覆。于是，元朝着手组织对大运河进行了治理与修凿，将大运河裁弯取直贯通南北，使其全线开通。

元朝至元十二年（1275年），丞相伯颜统军南征，委派当时著名的水利专家、天文学家郭守敬勘察汶、泗、卫相邻地区的水道，到了至元十三年，丞相伯颜攻占南宋临安，以江南水运发达，主张广开漕运，上书朝廷说："江南城郭郊野，市井相属，川渠交通，凡物皆以舟载，比之车乘任重而力省。今南北混一，宜穿凿河渠，令四海之水相通。远方朝贡京师者，皆由此致达，诚国家永久之利。"正式向世祖忽必烈提出了开凿南北沟通的大运河。

至元十三年（1276年）修凿济州河，至元十六年（1279年）派了5000名军人并征调大批民工，开凿大都至通州的运河，至元十七年（1280年），调侍卫军3000人，疏通通州运河。至元十八年至二十年，采纳郭守敬、马之贞建议，开通75公里的济州河。至元二十六年（1289年），动用民工30000人开会通河。至元二十八年（1291年），元廷按照郭守敬设计的方案开凿了82公里的通惠河。至此，北起今日北京，南到杭州的京杭大运河全线贯通。元朝运河的修建不仅将洛阳弯道取直，更重要的是扩展、疏通了隋朝运河中连接北京段的河道，形成了现代京杭大运河的雏形，实现了南北动脉的直线连通，并为北京这个政治中心的确立打下了基础。

元朝用将近10年的时间开凿成了现在仍然存在、近乎直线的京杭大运河，开始沿此线运送江南的粮米。开通后的京杭大运河和隋代大运河相比，缩短了300多千米的陆路。它以杭州为起点，以北京的积水潭为终点，全长超过1790千米，经今北京、河北、天津、山东、江苏、浙江6省市，把海河、黄河、淮河、长江和钱塘江五大水系联系成一个统一的水运网，成为我国古代南北交通的主动脉。

元朝皇帝曾向哪位臣子认错？

耶律楚材（1190~1244年），契丹族，字晋卿，号玉泉老人，法号湛然居士，生长于燕京（今北京市），世居金中都（今北京市），是辽太祖耶律阿保机的九世孙。他是蒙古帝国时期的大臣，也是元朝的开国大臣，元太宗（成吉思汗第三子窝阔台）曾向他低头认过错。

1215年，成吉思汗率蒙古大军攻占燕京的时候，开始招揽他。耶律楚材也因对腐朽的大金失去信心，决心转投成吉思汗帐下，以拯救处于水深火热中的百姓。他的到来，极大地影响了成吉思汗及其子孙，他采取的各种措施为元朝的建立奠定了基础。

耶律楚材是契丹族人，但他却得到了成吉思汗和元太宗的重用。成吉思汗常常吩咐自己的儿子窝阔台说："耶律楚材是天赐给我大元朝的才子，我们不能浪费了他，今后的军国大事都要向他咨询。"

一次，朝廷发生了一桩案子，这件案子涉及范围很广，其中包括了杨惟忠。耶律楚材并没有任何犹豫，果断地将杨惟忠抓了起来。耶律楚材这样做得罪了太宗。太宗一怒之下，不由分说把耶律楚材抓了起来。很快，太宗想起了成吉思汗的话，感觉这件事做得不妥，这样做违背了成吉思汗的旨意，还可能错怪了有功之臣，便急忙传令松绑。但耶律楚材不肯，他说："陛下既然要捆绑我，就是认为我有罪，如今又要放了我，就一定要说出放我的原因。如果皇上做事都能这样出尔反尔，轻率从事，那么皇上又该如何去处理国家大事呢？"

最后，元太宗没法，只好说："我虽然是天子，但我也是普通人，我没有圣贤的本事，所以我也有做错的时候。"这样，耶律楚材逼着元太宗承认了自己的错误，才答应松了绑。

明朝时期

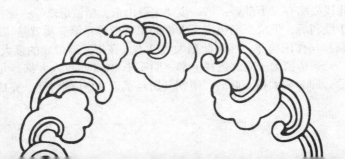

明朝（1368~1644年），是中国历史上承元朝、下启清朝的朝代，它是中国历史上最后一个由汉族建立的封建统一王朝。

1368年，明太祖朱元璋在应天（今江苏省南京）称帝，定国号为"大明"，明朝统治自此开始。明朝历经太祖朱元璋、惠宗朱允炆、成祖朱棣等16位皇帝，共计276年。

明朝初年国力强盛，经洪武、建文、永乐三朝励精图治，到明宣宗的近百年间，天下大治，一派盛世景象。到了明英宗时宦官王振开始擅权，1449年发生震惊天下的土木堡之变，永乐以来的军事优势遭到破坏，并使国力大损，后又经历景泰、天顺两朝的经营恢复，国力有所回升，到明中叶孝宗弘治时期再次大治。

从正德朝开始，明朝逐渐中衰，到嘉靖时推行新政，政治国力一度有所恢复。到万历朝时，在著名的内阁首辅张居正的辅政之下实行改革，再度中兴。此时明朝经济文化极其发达，后世计当时朝廷岁收，明朝的经济规模世界第一。

万历末年，关外建州女真叛乱，明朝开始走向衰亡。到崇祯年间，因为连年灾害，明廷因财政破产，无力镇抚，人民纷纷揭竿而起，崇祯十七年（1644年），李自成率军攻克北京，崇祯帝自缢，同年清军入关，明朝自此灭亡。

明朝建立于哪一年？

明朝建立于1368年。明军南征北伐胜利后，元朝灭亡。朱元璋即皇帝位，定国号大明，建年号为洪武，开始了明王朝的统治。

元朝末年，统治腐败，经济衰退，灾害不断。百姓生计难以维持，纷纷起来反抗。各地农民起义层出不穷。1352年二月，定远土豪郭子兴、农民孙德崖等在濠州起义。闰三月，出身微寒，曾做过和尚的朱元璋也参加到这支队伍中来。朱元璋作战勇猛，谋略过人，得到郭子兴的器重，于是将爱女许配于他。1355年郭子兴死后，这支起义军便由朱元璋领导。

后来的开国元勋李善长看到朱元璋的队伍军纪好，就前来投奔。朱元璋因李善长文韬武略，便留他在身边帮助自己出谋划策。1356年三月，朱元璋亲自带领水陆大军攻克集庆路（今江苏省南京），并将其更名为应天府。在应天，他采纳朱升"高筑墙、广积粮、缓称王"的策略，大量招集贤能的武将谋士，刘基、宋濂等都得到朱元璋的特别倚重。

接着，朱元璋以应天为根据地，四处征战，附近的元军据点都被他逐次攻占。这时，朱元璋的占领地区东北邻张士诚，西邻陈友谅，东南邻方国珍，南邻陈友定，他们都割地称雄，独霸一方，对朱元璋构成了一定的威胁。

1363年秋，陈友谅带领60万大军，攻打洪都（今江西省南昌）。朱元璋亲自带领20万大军前去援救。两军船队于鄱阳湖相遇，进行了一场为期36天的大决战。最后，陈友谅战死，全军覆灭，朱元璋乘胜占领武昌。

陈友谅被消灭之后，南方群雄之中再也没有敢和朱元璋抗衡的了。第二年正月，朱元璋即吴王位。随后，朱元璋先是打败了东北邻张士诚，不久方国珍就不战而降，这就奠定了朱元璋建立帝业的基础。

朱元璋在南征的同时，决定以徐达为征虏大将军、常遇春为副将军，统率25万大军，水陆并进，北取中原。朱元璋的北伐战略有三个部署：第一步"先取山东，撤彼屏蔽"；第二步"旋师河南，断其羽翼"，在前两步胜利后，形成三面包围元大都的军事形势；第三步就是"进兵大都"。

尽管元朝调集各路兵马作困兽斗，然而此刻大势已去，在朱元璋带领的强大军队的打压下，溃不成军，连连告败。元顺帝携太子向北逃往上都。明军于1368年攻入大都，元朝灭亡。

朱元璋建立明朝后，即为明太祖。此后，明朝又历经了近20年的时间，完成了统一大业。

"明灭夏之战"指的是哪场战争?

"明灭夏之战"是1388年明统一中国的进程中,消灭四川蜀夏政权的战争。战争自明洪武四年(1371年)正月开始,到八月结束。

元大都的陷落,标志着元朝的灭亡,但并不意味着明太祖的最后胜利。元王朝在各地的残存力量和元末起义中建立起来的诸多割据政权,都在威胁着刚刚建立的明朝的统治。为此,明太祖称帝后,在进行改革和建设的同时,秣马厉兵,南征北战。

明军在稳定了北方的形势后,于1371年,即洪武四年正月,分南、北两路大军进攻四川。夏政权君主明升面临明军压境,一边派遣使者修好,以争取作战准备时间,一边用铁索横断瞿塘峡口,派重兵扼守。闰三月,明南路军开始进攻瞿塘峡,未果,遂退回归州(现湖北省秭归)。

明北路军却是进攻顺利,相继攻克阶州(今甘肃省武都)、文州(今甘肃省文县)、江油、彰明、绵州(今四川省绵阳)。六月初一,明北路军攻下汉州,兵临成都。与此同时,明南路军得到永嘉侯朱亮祖带领的增援军,再次发兵西进。六月初十,明将廖永忠带领军队攻克夔州(今四川省奉节),从而攻破瞿塘天险。第二日,明南路军水陆两军齐头并进,六月二十二日,明军兵临重庆,夏主明升自缚,率百官迎降于马前,蜀夏政权灭亡。

七月十日,明北路军进逼成都,成都守将戴寿全力应战,终于不支,于是开城归降。八月二十日,明北路军攻下保宁(今四川省阆中),擒获夏将吴友仁,战争结束。

朱元璋当过和尚吗?

朱元璋是继汉高帝刘邦之后的第二位平民出身并且统一全国的皇帝,他也是中国历史上一位富有传奇色彩的人物,曾经出家为僧。

朱元璋,字国瑞,原名朱重八,后改名元璋,他是大明王朝的开国皇帝,推翻了元朝在中原的统治。朱元璋自幼家境贫寒,父母兄长都死于瘟疫,孤苦无依,曾入皇觉寺为僧,兼任清洁工、仓库保管员、添油工等。入寺不到两个月,因为荒年寺租难收,寺主封仓遣散众僧,朱元璋不得不背井离乡,成为游方僧人。

在同乡好友汤和的举荐下,朱元璋参加了红巾军,反抗蒙元暴政。在郭子兴手下,朱元璋屡建战功。郭子兴死后,朱元璋继续统率郭部。后来因为战功卓著,朱元璋得到连续升迁。1356年,很多将领推举朱元璋为吴国公。1364年,朱元璋即吴王位。

1367年四月,吴王朱元璋命中书右丞相徐达为征虏大将军、平章常遇春为副将军,率军25万大军北进中原。在北伐过程中,朱元璋发布告北方官民的文告,文告中提出"恢复中华,立纲陈纪,救济斯民"的纲领,以此来感召北方人民起来反元。

朱元璋凭借其雄才大略、远见卓识对北伐做出了精心部署,提出先取山东,撤除元朝的屏障;再进河南,切断元朝的羽翼,夺取潼关,占据元朝的门槛;然后进兵大都,这时元朝已经势孤援绝,不战而亡;再派兵西进,山西、陕北、关中、甘肃可以席卷而下。北伐大军依计而动,徐达率兵先取山东,再西进,攻下汴梁,然后挥师潼关,朱元璋到汴梁坐镇指挥。

1368年七月,各路大军沿运河直达天津,占领通州。八月二日,明军占领大都,元朝至此灭亡。经过十几年的征战讨伐,朱元璋终于实现了自己的梦想,结束了蒙古族在中原长达99年的统治历史,他自己也从一个横笛牛背的牧童、小行僧,最终成为了明朝的开国皇帝。

"大脚皇后"指的是谁?

马皇后(1332~1382年),名秀英,是明朝的开国皇后,因为她的脚大,民间又戏称她为"马大脚",是为"大脚皇后"。她是中国历史上非常有名的贤妃。

马皇后非常懂得相处之道,她对妃嫔、宫人、民妇、朝臣、娘家种种关系,料理得都十分妥当。

马皇后原是郭子兴的义女,后因朱元璋战功显赫,赐予他为妻。朱元璋凭借雄才大略,很快在濠州红巾军中崭露头角,但由于锋芒毕露,不免受人侧目,义父郭子兴也对他有所疑忌。诸将出征,掳获物都要贡奉郭子兴,而朱元璋不猎取私财,无从进纳,引起了郭子兴的不快。马氏见此情形，就把自家财产送给养母张夫人和郭子兴妾张氏，请她们在义父面前为朱元璋说点儿好话，以弥缝裂痕。

朱元璋称帝之后，马氏为皇后，与大多善妒的皇后不同，马皇后与身边的妃子和宫人都能够和睦相处。有一次，朱元璋盛怒之下要立即惩罚一个宫中下人，马后也假装发怒，命人把那人捆绑起来，交由宫正司议罪。朱元璋不满地责问她："这是你皇后处理的事情，为什么要交给宫正司？"马皇后回答说："赏罚公平才可以服人，治理天下的君主，哪能亲自处理每一个人，有犯法的应当交给有关部门去办。"朱元璋又问："那你为什么也发火？"她回答说："当皇上愤怒时，我故意也发怒，把这事推出去，消释你的烦恼，也为了使宫正司能持平执法。"由此，可以看出马皇后的善解人意。

马皇后对士庶的生活也非常关心。明朝太学建成后，马皇后问朱元璋有多少学生，朱元璋回答有几千名。当时有些太学生携带家眷在京，他们没有薪俸，无法养家糊口，于是马皇后建议按月发给他们口粮，朱元璋接受了马皇后的建议，专门设立"红板仓"，存储粮食，发给太学生。

除此之外，马皇后还十分照顾朝臣的利益。马皇后生前最后一场病非常严重，朱元璋命太医诊治，但马皇后不服药，朱元璋强行要她吃药，她说："如果我吃药无效，你就会杀死那些医师，那不等于我害了他们吗？我太不忍心了。"朱元璋希望她尽快医好，就说："不要紧，你吃药，就是治不好，我也不会惩治医生。"

洪武十五年（1382年），52岁的马皇后病逝，临终时她嘱托朱元璋"求贤纳谏，慎终如始"，并愿"子孙皆贤，臣民得所"。

朱元璋将莫愁湖和胜棋楼赐给了谁？

明太祖朱元璋将莫愁湖和胜棋楼赐给了当时的开国功臣，中山王徐达。胜棋楼始建于明洪武初年，是南京莫愁湖内的一个著名景点。相传这里是明太祖朱元璋与大将徐达弈棋的地方，至今胜棋楼内还挂有徐达的肖像。

胜棋楼青砖小瓦，造型庄重，工艺精巧。此楼原名对弈楼，据传这里是明太祖朱元璋下棋之处。明太祖朱元璋十分喜欢下围棋，名臣徐达是一位棋艺高手，朱元璋常与他对弈。可是，朱元璋每次和徐达下棋，徐达总是败在他手里。对此，朱元璋心里清楚，恐怕这是徐达故意输给自己的，然而朱元璋有时也很自信，未必徐达就能胜过自己。

为了证明自己的臆想，一次，朱元璋又找徐达去下棋，并事前一再叮嘱徐达，输赢决不怪罪，要他尽管施展棋艺，以决高下。于是，阵势摆开了，两人从早上下到晌午，午饭也没来得及吃。此时，朱元璋连连逼进徐达，眼看胜券在握，心里一高兴，便随口问徐达："爱卿，这局意下如何？"徐达面带微笑，从容答道："请万岁纵览全局！"朱元璋赶忙起身细看棋局，不禁失声惊呼："哦！朕实不如徐卿也！"原来，朱元璋看到徐达的棋子竟布成"万岁"二字。朱元璋为了褒奖徐达的功绩和棋艺，当即把"对弈楼"与整个莫愁湖花园钦赐给徐达，并把"对弈楼"改名为"胜棋楼"。

至今"胜棋楼"内还陈列着一张精致的棋桌，桌面正中嵌有一块棋盘，斜对角方洞分盛黑白棋子，并画有这位对弈高手，开国元勋徐达的肖像。后人因此还撰写了这样一副对联："莫愁女观花眉飞色舞，朱元璋对弈好大喜功"。

有"小故宫"之称的瞿昙寺是朱元璋赐名的吗？

明洪武二十五年（1393年），瞿昙寺建成，明太祖朱元璋书匾赐名"瞿昙寺"。瞿昙寺是一个佛教寺院，位于青海省乐都县城南。瞿昙是释迦牟尼的族姓，释迦牟尼为印度佛教的创始人。朱元璋之所以青睐本寺，除了他本身崇信佛教外，还与寺内主持有关。

明初，有一位西藏高僧，人称三罗喇嘛，从西藏来到青海湖海心山上静修，后来又在乐都南山弘扬佛法，声望越来越高。1392年，朱元璋派兵前往青海北部一带追剿元兵残部，当地藏族人不明情况也跟着四处逃窜，造成混乱的局面。这时，三罗喇嘛凭借在当地的威望写信招抚，结果藏族部众归顺了明王朝。这件事不但使得青海地区结束了改朝换代造成的混乱局面，也使朱元璋意识到了以三罗喇嘛为代表的宗教势力的影响之大。

1393年，三罗喇嘛到南京进贡，并请求对他的寺院给予护持和赐名，其实这个寺院在当时来说仅是一座小小的佛堂而已，然而当时极力推重佛教的朱元璋却欣然应允，并且很快下令筹款建寺。寺院建成后朱元璋亲自赐名瞿昙寺，封该寺的开创者三罗喇嘛桑杰扎西为西宁僧纲司都纲，即西宁卫的宗教首领。

自建寺以来，继开国皇帝朱元璋之后，瞿昙寺受到明王朝历代皇帝的高度重视，明13代皇帝中便有7位皇帝给瞿昙寺下达敕谕、赐匾额、修佛堂、立碑记，并颁给金、银、象牙图章和封西天佛子大国师等。

瞿昙寺是乐都南山地区最大的寺院，是中国西北地区保存最完整的一组明代建筑群，因其总体布局与北京故宫极其相似，故人常称"小故宫"。

明朝开国元勋李善长是因为一句什么话惨遭灭门？

李善长是明朝的开国功臣，字百室，被朱元璋誉为"在世萧何"。他自幼就善于智计谋略，对法家学说颇感兴趣，推断时事，十推九中。然而最终，李善长却是因为一句话不慎，招致了杀身之祸、灭族之灾，全家70余口全部被抄斩。

元至正十四年（1354年），李善长通过丁德兴推举，投在朱元璋麾下。从此李善长便一心一意追随朱元璋打天下。他曾经多次劝朱元璋效法汉高祖刘邦豁达大度，知人善任，不嗜杀人的做法，以成大业，因此颇受朱元璋器重。元至正二十七年（1367年），朱元璋自立为吴王，任李善长为右相国。洪武三年（1370年），李善长被授予开国辅运推诚守正文臣、特进光禄大夫、左柱国、太师、中书左丞相，加封韩国公，岁禄四千石，子孙世袭。当时封公者共计6人，李善长位居第一。

胡惟庸为李善长所推荐，被擢为太常寺少卿，后升任丞相，二人往来甚密。胡惟庸造反之初，曾多次想拉李善长下水，李善长不从，胡惟庸便拉李善长的弟弟劝说李善长。时间长了，李善长不免生厌，终于说了一句"吾老矣，吾死，汝等自为之"的不慎之言。后来李善长的下人被屈打成招，说出了这句话，朱元璋便以此为口实定下了李善长的谋反罪。

洪武二十三年（1390年），李善长以胡党获罪，说他作为元勋国戚，知逆谋不举，狐疑观望，心怀两端，大逆不道，因此将其满门抄斩。一代开国元勋，因为这一句不慎之言，惨遭灭门。

275

明朝的社会状况如何？

明朝是中国历史上继元朝之后的统一王朝。从1368年明太祖朱元璋在应天（今江苏省南京）即位建立明朝开始，到1644年李自成率起义军攻入北京，崇祯帝自杀，明朝灭亡，走过了近280年的风风雨雨。那么当时的社会状况如何呢？

明朝建国以后，明太祖采取一系列措施巩固君主专政制度，从而使明廷的中央集权专制空前强化。朱元璋废除隋唐以来设立的中书省，取消丞相制，使得军政大权掌握在皇帝一人手中。同时设置翰林院，提拔院内大学士做顾问，后演变成内阁制度。并在中央建立刑部、大理寺、都察院等立法机构，惩治贪赃枉法。这种三法司体制对明朝之后的清朝也产生了重要影响。因此，明朝初期，政治清明，社会秩序十分安定。

明朝的社会经济很发达，当时农产品非常丰富，手工业生产也达到了很高水平，陶瓷业、丝棉纺业、冶炼、建筑等享誉世界。16世纪隆庆、万历年间，资本主义生产关系开始在若干手工业行业中产生。

明朝对外交往非常频繁。明成祖在位期间，郑和曾先后7次带领大型船队下西洋，足迹遍及非洲东海岸，促进了中国同亚非各国的政治、经济和文化交流，具有深远的历史意义，直接推动了明朝社会的向前发展，进一步促进了中国封建社会的进程。

然而，由于明朝专制主义空前强化，尤其是大兴文字狱，因此，明朝的科技文化在此种背景下，成就较少。但是也出现了一些著名的思想家，例如李贽、王守仁等人的学说便对后世产生了很大影响。此外，中国古代的四大文学名著有三部就诞生于明朝，分别是《水浒传》、《三国演义》、《西游记》，还有一些著名的文学作品如《牡丹亭》等。

同时还出现了《三言》、《二拍》等短篇小说集和长篇通俗小说《金瓶梅》。科技著作的代表作品是《本草纲目》、《天工开物》、《农政全书》等。这些都成为了中国历史上的瑰宝，流芳百世，至今仍被人研读，并运用在生活中的许多方面。还有，由明成祖倡导编著成的《永乐大典》，成为我国最大的一部类书。

但是到了明代末年，政治腐朽，天灾接二连三发生，统治剥削日益加深，不堪忍受的人民，掀起了大规模的农民起义。崇祯初年陕北发起农民起义，不久起义队伍不断发展壮大，最后席卷全国。1644 年，李自成带领起义军攻入北京，崇祯帝自杀，明朝灭亡。明亡后，明朝残余势力曾于江南建立过短期的政权，史称南明，但也很快在历史的车轮下覆灭。

明代社会的"里甲"指的是什么？

"里甲"是明代社会的基层组织，相当于现在的乡村结构。它是为了征收徭役，分配劳役及维持地方治安而编制的。城市中的里又称坊，近城者则称厢。每里人户是 110 户。1 里之中，基本上是拥有丁粮较多的 10 户称里长，其余百户分成 10 甲，甲设甲首。

里长对上级官府负责，管理所属人户，统计本里人户丁产的消长变化，监管人户生产事宜，调解里内民众纠纷，并以丁粮和财产多寡排序，按赋役黄册排年应役。以里甲为单位编派的徭役叫里役或甲役，分为正役和杂泛差役两种。

里甲制度下的里，随各地情况而变化。有的地方 1 里包含几个村落，有的地方一个村落分为几个里。因为中国乡村环境的差别，再加上各地方言的不同，所以里的名称也随各地情况而有差异，有不同的叫法。例如，"里"在北方常称做"社"，在南方的福建，也有把"里"叫做"社"的例子。有些地区，里又称做"图"，这也许是赋役黄册的第一页上均附有一张图表的原因。有些地方也把里称为"都"，"都"是由宋代的都保而来。

里甲的编成建立了一种新的乡村体制。不论乡村的范围有多大，都将民户每 10 户组成 1 甲，10 甲组成 1 里。明朝初期，开国皇帝朱元璋试图通过实行里甲制度规范地方社会的权利结构，形成以安分守己的地主富民为乡村社区领导层的社会政治秩序。但这一理想化的规划难以长期维持。

到明代后期，尤其是到晚明，由于人口数量的增长及迁移率的提高，乡村社区成员之间贫富分化差距加大，在商品经济发展对乡村社会的冲击与影响等等因素的影响下，以里甲体制为核心的原有乡村社区呈现出明显的分解趋势。粮长、里长之类的职役性地方权贵的身份地位大幅衰落，乡村社会的掌控权力转移到绅士、土豪等非职役性地方权贵手里。这一现象也成了晚明社会变迁总体进程中一个十分重要的方面。

明"十段锦法"指的是什么？

"十段锦法"是明代中叶在江南地区推行的赋役改革，全名为十段锦册法，又叫十段册法、十段田法，名称因地而异。这一改革对稳定当时的社会秩序，发展农业生产产生了很大的影响。

明代中叶，江南地区土地兼并严重，人民生活贫富悬殊，官绅享有优惠政策，因此在赋役方面就产生了丁粮多者役轻，丁粮少者役重的现象。贫苦民户入不敷出，几近破产逃亡。地方官府因此而实行十段锦法，目的是整顿役法，改革均徭，兼以清理田赋。此法仍保持明初轮役制，只是在编审的时候，打破以户为编审单位的界限，而把一州一县应纳丁粮分作 10 段（间有分为 5 段者），每段丁粮（田）大体相等。一州一县的赋税等役，逐年按段分派，每 10 年为一轮。

各府、州、县关于此法的定名不同，在具体执行上也有差别。福建按原额丁粮分为 10 段，江苏常州府将一县田地分成 10 段，浙江衢州把各县粮米均作 10 段，云南各州县却是依照丁田分作 10 段。编审的时候，有的将田折丁，但大多的是将丁折田核算。应役的时候，把全县所需银额，编派在一个县的丁田里。轮役之年，此段有余而留供下段；此段不足则从下段补足。

通过此法编审徭役，虽人田并计，丁粮兼派，但偏重于田粮，人丁的负担较轻，已具备摊丁入地因素，而因各地丁粮、丁田折率不等，人丁徭役负担也有差别。

明朝有马市吗？

明朝马市由来已久，马市是明朝同边疆少数民族互市的一种固定场所，因以交换或收买马匹为主，故名。主要有设在辽东的辽东马市，设在宣府、大同的宣大马市。

辽东马市的形成和明初国家形势有关。明朝建国之初，战争频繁，马匹缺乏。明太祖朱元璋曾分遣使臣到边疆各地买马。永乐四年（1406年）三月在开原城东与广宁城（今辽宁省北镇）的铁山各建马市一所，分别设马市官，专门收买兀良哈和女真各卫马匹。开原马市每月初一至初五开市，广宁马市每月开市二次，分别为初一至初五、十六至二十。各少数民族来买卖马者，将马匹和其他货物赴官验放后，方准入市交易。所交易的马，分上上马、上马、中马、下马、驹五种，马价不一。

正统四年（1439年），限制海西女真来京城朝贡，并将开原城南发展起来的私市作为开原南关马市，用来接待海西女真，原开原城东的马市则专待兀良哈。正统十四年，兀良哈勾结瓦剌进攻辽东，明政府关闭广宁马市与开原城东马市。天顺八年（1464年），限制建州女真到京朝贡，同时建抚顺马市，专待建州女真。成化十四年（1478年），应兀良哈三卫邀请，在团山堡北又开广宁马市，接待朵颜、泰宁二卫；在古城堡南开开原马市，接待福馀卫与海西、黑龙江等地女真。

宣大马市是为笼络日益强盛、不断扰掠的瓦剌而建立的。正统三年（1438年），明政府设大同马市。十四年，瓦剌首领以明政府削减马价为由，大举南犯。明英宗朱祁镇御驾亲征，兵败被俘，大同马市也因此中断。嘉靖三十年（1551年），鞑靼强盛，俺答汗扰乱边境，明政府为了同俺答议和，效仿辽东，四月在大同镇羌堡、五月在宣府开马市，专待鞑靼，但收效甚微，因此在次年三月关闭。

隆庆四年（1570年）十月，俺答之孙把汉那吉归顺明王朝。次年俺答汗被封为顺义王，宣大总督王崇古奏请再开宣大马市。同年五月至八月先后在大同得胜堡、宣府张家口堡、大同新平堡、山西水泉营堡分别设马市，用银购马，另加抚赏甚厚，宣府、大同一带局势暂时安定。

清太祖努尔哈赤起兵并攻陷抚顺、辽阳等地后，各地马市基本结束。

明朝时期的"十三布政使司"指的是什么？

布政使司是明代直辖地区的省级行政机构及区划。十三布政使司是除京师、南京外的十三个省，分别是山东、山西、河南、陕西、四川、江西、湖广、浙江、福建、广东、广西、云南、贵州。京师又称北直隶，南京又称南直隶，此即两京（直隶）十三布政使司，俗称为十五省。

明朝建立后为巩固中央集权，将元朝的行省改为布政使司。布政使司只主管民政，另外，又设提刑按察使司管刑狱、都指挥使司掌军政，它们合称都、布、按三司，大事通过三司会商决议。此外，为避免布政使司长官专权，每一布政使司又有左、右布政使各一人用以监督。明布政使司的职权虽同元行省有差异，但作为行政区划在本质上是一样的，各布政使司的名称、辖境与元行省也大致相同，因此，习惯上布政使司仍称做省，布政使则俗称做方伯。

布政使司下辖府、州、县与土府州县及部分土司。据《大明会典》上记载，万历初计有一百三十七府、十三军民府、一百九十九州、一千一百四十九县、八土府、四十六土州、七土县与八宣慰司、五宣抚司、七安抚司、一百一十六长官司、一卫军民指挥使。另有布政使司佐理官参政、参议分管各道，管理粮储、屯田、清军、驿传、水利、抚民等事，或节制一或几个府州，称分守道。各布政使司参政、参议都因事而设，员额不等。而京师、南京不设布政使司，无参政、参议，境内各道由邻省布政使司代管。明代的布政使司是在元代行省制的基础上进一步发展而来，设置较元朝合理，为清代以后内地省级行政区划奠定了基础。

明布政使司虽是当时地方的最高行政机构，但自明朝中期以后，各地纷纷设立总督、巡抚，布政使司需受其管制，地位开始衰退。

明朝翰林院是一个什么样的机构？

翰林院原名翰林国史院，明洪武年间更名为翰林院。翰林院是封建社会中带有浓厚学术色彩的一个官署，在院内任职和曾经任职者，被称为翰林官，简称翰林，他们是传统社会中层次最高的士人群体。

明朝初期，翰林院官员都是举荐的，而不在进士中选任。因此，洪武四年（1371年）开科，状元仅授员外郎，榜眼、探花只授主事而已。到洪武十八年（1385年），改革翰林品员，定进士一甲授修撰，二甲以下负责编修、检讨，其品秩从学士五品以下至七品不等。进士入翰林也就是由这一年开始的。

此后，明太祖对翰林院的政治影响逐渐注意。洪武二十七年（1394年），探花戴德彝为翰林院侍讲，后官至监察御史，太祖曾对他讲："翰林虽职文学，然既列禁近，凡国家政治得失，民生利害，当知无不言。昔唐陆贽、崔群、李绛在翰林，皆能正言谠论，补益当时，汝宜以古人自期。"翰林学士地位进一步提升。

明惠帝建文初年，复设学士承旨，将侍讲、侍读两学士改为文学博士，以其师方孝孺担任，并建文翰、文史二馆。文翰馆负责侍讲、侍读、侍书、五经博士；文史馆负责修撰，编修，检讨。

永乐二年（1404年），授一甲三人为翰林修撰、编修，再从二甲中选文学优等者及善书者等十人为庶吉士。从此之后，庶吉士即成为翰林专官。当时翰林学士主制诰、史册之事，以考议制度，详正文书，备天子顾问，其职位很重要。因为常在帝侧，可以左右朝政，也能干预官吏的黜陟，所以尤其受尊崇，虽品列第五，侍坐则位于四品京官之上。

明代翰林院与内阁是一而二，二而一的机构。翰林官也可作为内阁成员参预机务，这也是清制仅有翰林出身者才能入阁的由来。自明宪宗之后，不仅内阁，就连六部长官也有定例以翰林官担任的。另外，由于明朝的翰林院包含了前代的秘书监、史馆、著作局、起居郎、舍人等职位，因此，这些官名在当时都已废除，事实上连这些官职也不存在了。

明朝的大理寺是在哪一年设立的？

大理寺为明朝的执法机关。洪武十四年（1381年），明政府设立大理寺，命当时著名儒生李仕鲁为首任大理寺卿，正五品。洪武十九年（1386年）设审刑司，共平庶狱。凡是大理寺所审理的刑狱案件，审刑司都要再详议一遍。

为巩固大理寺的权力，洪武二十二年（1389年），改大理寺卿为正三品，少卿为正四品，丞正五品，可见明太祖对这个执法机关是非常重视的。洪武二十四年（1391年）六月，太祖把大理寺丞周志清任命为卿，并称："大理之卿，即古之廷尉，历代任斯职者，独汉称张释之、于定国，唐称戴胄。盖由其处心公正，议法平恕，狱以无冤，故流芳后世。今命尔为大理寺卿，当推情定法，毋为深文，务求明允，使刑必当罪。庶几可方古人，不负命也。"大理寺主要负责审理刑事案件，要做到"推情定法"，"刑必当罪"，使得"狱以无冤"是非常不容易的，因此大理寺官员选任是极为重要的。

宣德年间，吏部尚书蹇义特为大理寺选任官员一事对宣宗上疏说：任其职者，一定要选对人。其官属，应从堂上官严加考证，庸劣不当者黜之，贪婪苛刻者罪之，其有作奸犯科者，责令互相检举。违者，一律论罪。蹇义奏疏所提出的原则事实上是无法实行的，特别是明中期以后，大理寺之权竟落于"庸劣不称者"的手里，以至刑狱冤案层出不穷。

因此，嘉靖六年（1527年），大臣黄绾又上表世宗，陈述大理寺用人不慎，以致庸劣当权，不通律例，固执己见，从而拷掠成狱，"捶死狱中"，论罪不公，"重囚称冤"者经常发生。大理寺卿有时会受到权臣的制约，不能公正治狱。在封建社会，正直的刑官往往是不能维护法律尊严的。

然而明朝也有一些大理寺卿能公平理狱，执法严明。仁宗时，虞谦任大理寺卿、吕升任少卿，他们能做到"悉心奏当，凡法司与四方所上狱，谦等再四参复，必求其公正，常常告人说："彼无憾，斯我无憾矣。"还有马森任大理卿时，多次重新办理以前的冤假错案，和刑部尚书郑晓、都御史周廷并称"三平"。

明代的大理寺同刑部、都察院并称为"三法司"，"三法司"负责审理国家的重大案件。但是明朝中期之后，大理寺执法的权力被夺，事实上只能核阅案卷而已。

明朝著名儒生李仕鲁是被皇帝摔死的吗？

明太祖朱元璋在位期间，著名儒生李仕鲁不满太祖崇信佛教和道教，大肆建造寺院与道观，以致荒废朝政，故而犯颜直谏，被朱元璋摔下殿阶而死。

李仕鲁，字宗孔，明濮州（今山东省鄄城）人。他从小聪慧好学，曾足不出户在家用心苦读3年；后听说鄱阳朱迁公得到了南宋著名理学家、思想家、哲学家、教育家、文学家朱熹的真传，便前去拜访，从而集朱熹学说之大成，名噪一时。洪武中，朱元璋崇尚朱熹学说，下诏寻访深谙朱熹学说之儒士，李仕鲁被举荐，得到朱元璋的重用。

明太祖朱元璋对僧、道极为尊崇，于是在全国修寺观，度僧道之事便一发而不可止。至洪武六年（1373 年），取得度牒的僧、道超过 9.6 万人。不仅如此，一些僧道进入朝廷，位居高官。他们在朝中恃宠而骄，诋毁大臣，如刘基、徐达、李善长、周德兴等开国功臣皆被无辜猜疑或是遭到诽谤，满朝文武敢怒不敢言。只有大理寺卿李仕鲁和给事中陈汶辉先后上疏谏争。对于李仕鲁等儒臣们而言，佛教和道教都应该是严格禁止的。于是，李仕鲁前后向朱元璋上了数十个奏章，朱元璋非但不听，而且对李仕鲁所言及的"舍弃儒家圣学而崇尚佛教异端"一说尤其反感，怒曰："朕心意已决！"

锦衣卫指挥使上官一锋借此大作文章，在朱元璋面前编造谎言，污蔑李仕鲁背后出言不逊，说皇上起用僧道是因为皇上出身和尚，当了皇上也改变不了旧时的习气，如此大量重用僧人，势必导致大明倾覆等。朱元璋听后半信半疑。

而生性倔强耿直的李仕鲁由儒家学术起家，此时正要准备将朱熹学说发扬光大，故而以排斥、驳斥佛教为自己的责任。于是一天上早朝时，他第二十九次上疏，劝告朱元璋"崇儒戒佛"。在多次上疏不被采纳实行的情况下，李仕鲁在朱元璋面前请求说："陛下深深地沉迷在佛教与道教之中，臣的言论陛下听不进去了。现在，我归还陛下朝笏，乞请赐准退休，回归故里。"说完即把朝笏放在地上。

朱元璋本来对前日上官一锋的话将信将疑，今日见李仕鲁掷朝笏于地，此刻大为光火，当即命令武士揪住李仕鲁，摔下殿阶。李仕鲁脑浆涂地，即刻死于阶下。

明朝有"第二孔明"之称的是谁？

刘基，字伯温，谥文成，是元末明初军事谋略家、政治家，通经史、晓天文、精兵法。他因为辅佐朱元璋完成帝业、开创明朝并尽力保持国家的安定，因而驰名天下，被后人誉为第二孔明。

刘伯温自幼聪慧过人，读书一目十行，过目不忘，并且文笔精彩，所写文章非同凡响。他本希望通过做官来实现自己的远大理想，但是他的才能越来越受到大元朝廷的压制，最后不得不隐居浙江青田。

就在这时，全国的形势发生了根本的变化。全国各地的反元起义风起云涌，元王朝的气数将尽。1360 年，红巾军统帅朱元璋两次向隐居青田的刘伯温发出邀请，刘伯温经过深思熟虑之后，最终决定出山辅助朱元璋，希望通过助朱氏打江山来实现自己治国平天下的雄心壮志。刘伯温出山之后，一心一意地给朱元璋出谋划策。他为朱元璋制定了"先灭陈友谅，再灭张士诚，然后北向中原，一统天下"的战略方针。朱元璋得到刘伯温的辅助后，如虎添翼。他按照刘伯温为他定下的战略、战术行事，先后将陈友谅、张士诚等势力消灭，然后，朱元璋派大军北上攻打元朝首都北京，同时准备在南方称帝。

1368 年，朱元璋在南京登基称帝，正式建立大明王朝，改元"洪武"。刘伯温作为开国元勋之一，被任命为御史中丞兼太史令。洪武三年（1370 年），刘伯温被任命为弘文馆学士，授"开国翊运守正文臣资善大夫上护军"的称号，赐封诚意伯，食禄 241 石。到此为止，刘伯温的事业和青田刘氏家族的发展达到了最辉煌的顶峰。

功成名就以后，刘伯温在洪武四年（1371 年）主动辞去所有职务，告老还乡，隐居山野。正是由于刘伯温毅然选择了急流勇退，才在朱元璋大批杀害自己的开国功臣之际，幸免于难，他的才华和智慧至今都被人们传颂。

朱升献的哪三计成为朱元璋早期的发展方针？

朱升（1299~1370 年），字允升，他曾避弃官场，隐居石门，被学者称为枫林先生，而后追随朱元璋，为朱元璋献上了"高筑墙、广积粮、缓称王"的计策。这三条建议极具战略眼光，是朱元璋发展初期最重要的指导思想。

所谓的高筑墙，是指加强军事防备，巩固后方。朱元璋攻破集庆后，将集庆改为应天府。不久，朱元璋就派徐达攻取镇江，并且要求徐达攻下镇江后，做到不烧不抢。徐达指挥有方，军纪严明，镇江很快被攻下。在之后的一年时间里，朱元璋先后攻下了金坛、丹阳、江阴、常州、常熟、扬州等地，进一步控制了应天周围的战略据点。到了1359年，朱元璋已经占领了江苏南京、太湖以西，往南经江苏、安徽、浙江三省交界处，到浙东的一块长方形地区，和1355年刚占领应天时相比，形势大为改观，高筑墙的策略完成。

所谓广积粮，是指发展经济生产，储备粮草，增强经济实力。在完成了"高筑墙"的部署之后，朱元璋便开始着手实行"广积粮"了。初期，军粮的解决主要是靠强征，但长此以往，军队就会成为破坏百姓的力量，从而失去民心。为了彻底解决粮食问题，朱元璋除了动员百姓进行生产外，决定推行屯田法，大力开展军队屯田，并任命元帅康茂才为都水营用使，负责兴修水利，又分派各将在各地开垦荒田。不到几年工夫，明军到处兴屯，因此他们的府库充盈，军粮充足。

所谓缓称王，则是指不要操之过急，过早称帝，以免树敌过多。朱元璋在称帝之前大量地网罗人才，尤其是地主阶级的知识分子，他在应天专门修建了礼贤馆来接待他们。这些人在朱元璋统一全国的过程中起到了重要作用。

根据朱升的这些策略，朱元璋迅速地发展起自己的实力，平定了天下，开创了中国历史上一个新的封建王朝。

谁是中国历史上最后一个丞相？

胡惟庸，明洪武年间左丞相，因谋反之罪被杀。他为人骄横跋扈，是中国历史上最后一个丞相。

胡惟庸早年跟随朱元璋起兵，曾任太常少卿、太常卿等职。洪武三年（1370年），胡惟庸拜为中书省参知政事。洪武六年七月，由于李善长推荐，胡惟庸升任右丞相，洪武十年，升为左丞相，位居百官之首。

随着权势的不断增大，胡惟庸日益骄横跋扈，擅自裁定官员人等的生杀升降，私自查阅内外诸司奏章，凡是对己不利者的，均藏匿不上报。各地喜好钻营、热衷于功名仕途之徒以及功臣武夫失职者，争走其门，贿以金帛、名马、玩物等。

胡惟庸还千方百计地拉拢因犯法受朱元璋谴责的吉安侯陆仲亨、平凉侯费聚，让他们在外招兵买马，以图谋反。此外，胡惟庸还勾结中丞涂节、御史大夫陈宁等人，让陈宁坐中书省阅天下兵马籍。

洪武十三年正月，胡惟庸称他家的旧宅井里涌出了醴泉，邀请明太祖前来观赏。朱元璋欣然前往。走到西华门时，一个名叫云奇的太监突然冲到皇帝的车马前，紧拉住缰绳，急得说不出话来。卫士们立即将他拿下，乱棍齐上，差点儿把他打死，可是他仍然指着胡惟庸家的方向，不肯退下。朱元璋感到事情不妙，立即返回，登上宫城，发现胡惟庸家墙道里都藏着士兵，刀枪林立。

朱元璋立即下令将胡惟庸逮捕，当天即处死。胡惟庸被杀后，朱元璋先后罢黜丞相，革除中书省，并严格规定嗣君不得再立丞相。臣下若敢有奏请说立者，即处以重刑。丞相被废除之后，其职权由六部分理，皇帝拥有至高无上的权力，中央集权得到进一步加强。

从未战败过的明朝开国元勋是谁？

常遇春，字伯仁，号燕衡，他是元末红巾军的杰出将领之一，也是明朝的开国名将。常遇春一生为将，从未败北，他曾自言能将10万军横行天下，所以在军中有"常十万"之称。

常遇春出生在元朝至顺元年（1330年）一个贫苦的农民家庭，貌奇体魁，力大无比，勇猛过人。元至正十五年（1355年），常遇春参加农民起义军，跟随朱元璋渡长江，取太平，克集庆等地，每战必先，屡建战功，擢升中翼大元帅。

元至正二十年（1360年）初，朱元璋下令常遇春与另一名大将徐达率重兵镇守池州防务。陈友谅率其众企图袭取池州。徐达侦获陈友谅的行动，命常遇春率精兵万人，在六泉口设伏。等到陈友谅兵至，徐达率领守军开城迎战，常遇春伏兵掩其后，大败陈友谅军，斩首万余人，俘虏3千，陈友谅逃亡到江州。此次战役不但恢复了皖南军事要地太平县，还使汉军龟缩于武汉不敢再犯，论功行赏常遇春功劳最大。朱元璋夸赞他说："当百万众，摧锋陷坚，莫如副将军。"

元至正二十三年（1364年）秋，在鄱阳湖大战中，常遇春奋勇当先，救出被陈友谅军围困的朱元璋，随即率军封锁湖口，全歼号称60万的陈军。至正二十七年九月，常遇春攻克平江，俘获张士诚及其将士25万多人，因此被升为中书平章军国重事，封鄂国公。明洪武二年（1369年），常遇春率军继续北征，攻占元上都，俘虏元宗王及将士万余。七月，常遇春暴病死于回师途中。

在常遇春一生的征战生涯中，只胜不败，创造了无往不胜的神话，人们赞誉他为"天下奇男子"。

明朝的开国功臣中以"功名终"的是谁？

汤和（1326~1395年），中国明朝开国名将，字鼎臣，为人谨慎，沉敏多智。历经胡惟庸案和蓝玉案，最后成为了信国公，一生富贵，也一生谨慎，最后得以"功名终"。

汤和自幼父母双亡，和朱元璋是同乡好友，后来参加了郭子兴的农民起义军，擢升为千户。汤和写信邀请朱元璋参加起义军，也正因此朱元璋开始登上了历史的舞台，开始了打天下、坐江山的一生。

元至正十四年（1354年），汤和就开始跟随朱元璋攻城略地，一路上他屡建军功。至正二十七年（1367年），汤和受征南将军之职，攻打庆元，迫使方国珍投降，平息了浙东，接着兵进福建，攻破延平（今福建南平市），活捉陈友定，平定了福建。洪武四年（1371年），汤和受封征西将军，率领廖永忠、杨璟等部由瞿塘进攻重庆，攻打四川重庆，消灭了夏国。后来他又随徐达北伐，晋封为信国公。

洪武十八年（1389年），汤和深知"飞鸟尽，良弓藏；狡兔死，走狗烹"的道理，于是，做出了重大决定：上交兵权，主动辞官，回家养老。

朱元璋替他在凤阳老家修建府第，以让他安度晚年。后来由于沿海地带倭寇猖獗，朱元璋请汤和出山到沿海防备倭寇，汤和筑卫所城59处，征兵民5.8万余戍守，使得倭寇不敢轻犯。

洪武二十八年（1395年）八月，汤和病逝，终年70岁。

明朝的"胡、蓝之狱"是怎么一回事？

明初的胡惟庸案和蓝玉案，在历史上被合称为"胡蓝之狱"，是明太祖朱元璋以这两个案件为借口，大肆诛杀开国功臣，明初的开国功臣几乎被诛杀殆尽。

朱元璋称帝后，将与他共同打天下的开国功臣都封了高官，他们以李善长、胡惟庸为中心，组成了势力强大的"淮西帮"。胡惟庸当了丞相之后，飞扬跋扈，独掌生杀大权，秘密在朝廷中不断培植自己的势力，并且拉拢军界，在他的门下出现了一个文臣武将聚集的小集团。

洪武十三年（1380年），朱元璋以"擅权植党"的罪名杀死左丞相胡惟庸，并且几兴大狱，使"胡惟庸案"所牵涉的范围不断扩大，就连开国大功臣李善长等人也被以与胡惟庸"串通谋反"罪被杀。著名儒臣、文学家宋濂因受孙子连累，全家被贬到四川，宋濂本人也病死于途中。胡惟庸案一直延续了10年之久，前后被诛杀王公贵族达十余家，共计30000多人。

蓝玉是明朝开国功臣常遇春的妻弟，因南征北战平定边疆有功，被封为凉国公。但是蓝玉为人骄横跋扈、强占民田、广蓄庄奴，并有很多义子仗势欺人，朱元璋为此对蓝玉多次严厉申斥，但蓝玉不知悔改。洪武二十六年（1393年），特务头子锦衣卫指挥控告蓝玉"谋反"，并严刑拷打成案。此后，不仅蓝玉全家被杀，受此案株连被杀者多达15000人。

除了胡、蓝两案被诛杀的人之外，很多功臣也被朱元璋以各种借口除去，如朱元璋的亲侄儿朱文正，曾在与陈友谅大战中坚守南昌85日之久，战功卓著，最后却被朱元璋以"亲近儒生，胸怀凶望"的罪名，鞭挞致死。开国第一功臣徐达，曾是朱元璋患难与共的战友，但在他生背疽之际，偏偏赐蒸鹅给他，徐达吃下后，不久病重而死。

朱元璋大兴"胡蓝之狱"，大肆诛杀开国功臣，其意图无非是想解除外姓对朱氏江山的觊觎和威胁，以求朱氏天下能够千秋万载、永远延续，但大明王朝最终还是没有逃离灭亡的结局。

明太祖朱元璋为何要废掉丞相一职？

明太祖朱元璋建国后，为了巩固自己的统治，一直考虑撤消中枢省，免去丞相一职。恰巧当时的丞相独断专行，更令朱元璋坚定了决心。丞相胡惟庸被告谋反，朱元璋借此顺水推舟，立即罢去这一官职，丞相一职从此成为了历史。

当时先后任丞相的有李善长、汪广洋和胡惟庸。李善长是在朱元璋还是郭子兴的部将之时便和他在军中共事的旧人，他们交情极深。李善长其人，史称"少读书，有智计，习法家言，策事多中"，是朱元璋极为推重的人物，朱元璋曾将其比为张良和韩信。战场上，从指挥作战到组织供应，他都兼管。建国初期，一切有关政、经等项的法规及制度，礼节及仪制，也都是由李亲自制定，或者由其带头的。因此，在最初朱元璋封公的六人中，李善长居于最先的地位。

然而，李善长本人"外宽和而内岐刻"，任相时他敢于执事，当机立断的作风渐渐地使成为皇帝而又疑心极重的朱元璋心生忌讳。到洪武四年（1371年），机会来临了，恰好李善长生病在家，自忖多日未能前往中书省治事，心中不安，便上疏恳请致仕（退休）。他这样做一方面是暗示未能任事心有不安；另一方面也是借此探试，看看皇帝对他究竟是何看待，这也是历代大臣所惯用的做法。然而出乎他的意料的是，朱元璋得奏之后，当即钦准他致仕。

这样一来，中书省便无人任职了，朱元璋即提拔了追随自己多年的旧人汪广洋。汪广洋为人谨慎小心，廉明持重，与李善长的专断截然相反，朱元璋非常放心。但汪广洋却没有丞相之才，办事乏力，事事请示，又让他日渐失望。所以李善长把胡惟庸荐入了中书省，汪则例升左相。

胡惟庸很早就以精明干练受知于李善长，曾多次受到他的推荐与提拔。朱元璋对胡惟庸虽大体满意，但并不放心，始终暗地里观察着胡惟庸的言行。而胡惟庸在挤跑汪广洋之后，也开始无所顾忌，趾高气扬起来。于是洪武十年，朱元璋又把汪广洋调回中书省，以牵制胡惟庸。然而汪广洋本庸才，重任后更是小心翼翼，唯唯诺诺，不敢得罪胡惟庸，反使胡更加肆无忌惮。朱元璋一怒之下将其再次贬谪，后余怒未息，又下诏书，将汪广洋赐死。

处置了汪广洋，朱元璋将矛头指向了胡惟庸，对胡惟庸的不满日益明显。胡惟庸原本贪欲极深，爱财如命，朱元璋经常对他公开加以斥责。因此当有人上告胡惟庸结党谋反之后，立即便予以审究，并立刻将胡惟庸连同告发人一起处决，中书省也被撤销，从此不再设丞相这个官职。

"明初四杰"中死的最惨的是谁？

朱元璋嗜杀成瘾，杨基、高启、张羽、徐贲"明初四杰"，无一逃过他的黑手，而高启死得最惨，他是被活活地腰斩成八段。

朱元璋从一开始就不太喜欢高启，这除了高启不肯接受户部右侍郎一职，不给皇帝面子，不愿顺从，不肯合作外，还在于他写的诗多次有意无意地触动和冒犯了朱元璋。高启曾写过一首《题宫女图》的诗："小犬隔花空吠影，夜深宫禁有谁来？"这本是一首针对元顺帝宫闱隐私的闲散之作，与明初宫掖毫不相干，可朱元璋偏偏要对号入座，认为高启是在借古讽今挖苦自己，所以忌恨在心。

古代平常人家盖房子上大梁时，都要摆上猪头祭神，点上爆竹驱鬼。作为苏州治所的官方办公衙门建造，更要有一篇像样的上梁文。时任苏州知府的魏观，便把高启这位隐居在此地的资深文人请出来挥墨献宝。这本是一件很正常、很平常的事情，却让朱元璋抓住了把柄。高启写的那篇《上梁文》上，有"龙蟠虎踞"的字眼，犯了朱元璋大忌。按照朱元璋的逻辑，"龙蟠虎踞"之地当为帝王所居，你高启把贼寇张士诚住过的地方也称"龙蟠虎踞"，岂非大逆不道？

高启被行刑时，是朱元璋亲自去监斩的，这在历史上是不多见的。高启被腰斩后，并没有立即死去，他伏在地上用半截身子的力量，用手蘸着自己的鲜血，一连写了三个鲜红而又刺眼的"惨"字。高启事件是明初文人不依附朝廷所付出的代价，可以说是朱元璋杀鸡儆猴的牺牲品。

谁被朱元璋称为"万里长城"？

徐达是明朝的开国军事统帅，字天德。徐达出身于农家，自幼就胸怀大志。他一生智勇双全，持重有谋，纪律严明，屡统大军，南征北战，功高不矜，因此被朱元璋誉为"万里长城"。

元至正十三年（1353年），徐达参加农民起义军郭子兴部，听命于朱元璋，并跟随朱元璋攻取了滁州、和州等地，智勇双全，战功卓著，位于诸将之上。至正十五年（1355年），徐达又跟随朱元璋渡长江，攻克采石，下太平，俘虏了元万户纳哈出，继而又率军攻克溧阳、溧水。次年，又跟随朱元璋攻克集庆，随后领兵攻取镇江，号令明肃，徐达也因此被授予淮兴翼统军元帅的称号。

至正二十年（1360年）五月，长江中游汉政权首领陈友谅发兵进攻池州，徐达与中翼大元帅常遇春在九华山下设兵埋伏，俘斩陈军万余人，而后跟从朱元璋设伏于应天城下，大败陈友谅军，俘获陈军 7000 余人。在鄱阳湖大战中，徐达冲锋陷阵，大败陈友谅军前锋，杀敌 1500 人，使士气大振。随后，徐达引兵攻克庐州、江陵、辰州等地，平定陈友谅余部。至正二十七年（1367年）九月，徐达大败张士诚军，并俘虏张士诚，被朱元璋封为信国公。

明洪武元年（1368年）三月，徐达率军进军河南，用巧计收降元将左君弼、竹昌，并攻取了汴梁，在塔儿湾大败元兵 5 万，迫使元梁王阿鲁温投降，河南遂平。随后徐达带领大军占山西，取陕西。洪武三年，徐达率师败扩廓于定西，俘虏元王公、将领以下 8 万余人，因功被授予中书右丞相参军国事，改封魏国公。次年，徐达镇守北平，操练军马，修建城池，总领北方军事。

徐达是辅助朱元璋打天下、创江山的功臣之一，在他一生的戎马生涯中，无论战至何处，都会申明军纪，严禁抢掠民财，是一位"德才兼备"的名将。

李文忠是个文武双全的将领吗？

李文忠，字思本，是朱元璋的外甥（母亲曹国长公主）明代开国著名将领。他喜爱读书，通晓经义，能诗善歌，而且作战骁勇，治军严明，可谓文武双全。

李文忠 12 岁丧母，由朱元璋一手抚养长大。李文忠 19 岁跟随朱元璋增援池州，初立战功，继而又率部连挫元军。元至正十八年（1358年）攻占浙江昌化、淳安等地，因功被授予帐前左副都指挥兼领元帅府事。不久，元数万水陆大军突然疯狂反击，李文忠先破其陆军，取部分首级置于木筏，顺流而下，水路元军见到这些带血的元军首级惊慌逃遁。

至正二十六年（1366年）秋，李文忠率军进取杭州，迫使守军 3 万多人投降，因此被升为浙江行省平章。明洪武二年（1369年），李文忠作为偏将军跟从常遇春攻占元上都（今内蒙古自治区正蓝旗东北）。常遇春病逝以后，李文忠代替其职继续远征漠北，俘斩元兵万余人。次年，与徐达分道北征，俘获元顺帝孙及后妃公主，升为大都督府左都督，加封曹国公，同知军国事。

洪武三年（1370年）正月初三，李文忠随征虏大将军徐达远征漠北，攻克兴和，兵至察罕脑儿。五月，攻克应昌，生擒元帝之子买的里八剌。洪武五年（1372年），明太祖下令第二次北征沙漠之战，分三路北征，李文忠掌东路军，率师追至称海。洪武七年（1374年），李文忠率军攻克大宁、高州，斩元宗王朵朵失里等，至毡帽山斩鲁王，俘获其妃蒙哥秃。八月，率军至丰州，生擒元大臣 12 人。洪武十年（1377年），李文忠负责大都督府。洪武十二年（1379年），李文忠与西平侯沐英进兵洮州，平定那里的叛乱，兼领国子监事。

李文忠通晓韬略，治军严明，临阵奋勇，战功卓著，且为人忠直，曾经命军中收养道上弃儿，还曾力劝朱元璋少杀人，史称其"器量沉宏，人莫测其际，临阵踔踔风发，遇大敌益壮"。

洪武十六年（1383年）冬，李文忠患病，朱元璋亲临探视。洪武十七年（1384年），李文忠因病逝世，追封岐阳王，谥"武靖"，配享太庙，赐葬钟山之阴。

谁被朱元璋誉为"开国文臣之首"？

宋濂是元末明初著名的大学士，曾被明太祖朱元璋誉为"开国文臣之首"，学者称"太史公"。

宋濂生于 1310 年十一月四日，自幼家境贫苦，但聪慧好学，他一生刻苦研习，"自少至老，未尝一日去书卷，于学无所不通"。元朝末年，元顺帝曾命他为翰林院编修，他以奉养双亲为由，辞不应召。明初朱元璋即位称帝后，宋濂上任江南儒学提举，同刘伯温、章溢、叶琛同得到朱元璋礼聘，被尊为"五经"师，为太子朱标讲经。

明洪武二年（1369年），宋濂奉命主修《元史》，累官至翰林院学士承旨、知制诰。次年《元史》成书，后迁任翰林学士，兼修国史。洪武四年迁任礼部主事、赞善大夫。洪武六年，参与制定礼乐诸典，奉命编辑《辩奸录》，编修《大明日历》、《洪武宝训》等，深受朱元璋赏识。洪武十年宋濂以年老辞官还乡。

洪武十三年（1380年），宰相胡惟庸因结党营私，意图谋反，案发后受到处置。宋濂次子宋璲、长孙宋慎也因牵连此案先后被斩，宋濂无端受到连累。朱元璋本欲杀戮，经皇后、太子力劝，改为全家流放茂州（今四川省茂汶羌族自治县）。洪武十四年五月二十日，途中病死于夔州（今重庆奉节县），后谥文宪。

大明王朝的主要军制是什么?

大明王朝的主要军事制度是卫所制。明洪武元年(1368年)正月,明太祖朱元璋采纳刘伯温"立军卫法"的建议,正式建立卫所制。卫所的设置,依照地理形势和军事冲缓而定。

明洪武十七年(1384年),在全国的各军事要地,建立卫所。卫所遍布于京师及地方,约5600人称1卫,由卫指挥使掌管。卫下面有5个千户所,每千户共计1120人,由千户负责统领掌管。千户所下面有10个百户所,约112人,由百户负责统领掌管,百户所下面还有总旗和小旗等单位。卫所大部分军队在各地屯田耕作,称做屯军,小部分驻守操练,称做旗军,屯军和旗军按时轮换。

除在京的上直卫等由皇帝掌管外,各地方卫所都分别由各省都指挥使司统领,隶属于五军都督府,也隶属于兵部。军人有事就被征调,无事就回各自所在的卫所。此外,还配备了一套能保障军队人数的军户制度,来保证卫所制的正常运行。

卫所制规定,加入军籍的人称为军户。军户的主要义务就是出一男丁到卫所当兵,称为正军,其他的子弟称为余丁或军余。正军去卫所,最少要有一名余丁或军余随行,以助其生活。由于军户负担沉重,所以多补给有田地,正军免所有差役,而在卫所的余丁及原籍下的一丁也可免差役,以保障其生活并供给正军的生活。

军丁的分派地点,主要通过距离原籍地遥远且分散的方式来分派,以防止出现逃兵。然而长途跋涉加上水土不服,给役卒带来诸多痛苦。正军在卫所服役,必须携妻同行,目的是安定生活并生儿育女。每个军人都有房屋、田地,每月分发固定的军粮。但事实上,军粮常分配不足。行军时会发给口粮,而衣装则需要自己置办,武器是由国家工匠专门生产。军人在营,分为守备和屯田二部分,比例不等,定期轮流。屯田的军人固定上缴粮食,以供给守备军和官吏,这样做旨在养兵而不耗国家财力。

军户为世袭,管理很严格,除籍十分困难,大致上除非丁尽户绝、家中有人成为高官或皇帝特免,否则无法除军籍。尽管如此,日久军户仍日渐减少,因此后来有用因犯罪而充军者入军籍的方法,被称作恩军或长生军。明朝中叶以后,军士占役,大量逃亡,军屯破坏,卫所制趋于崩溃,逐渐被募兵制所取代。

世界上面积最大的纸币是什么?

世界上最大的纸币是明代的大明宝钞。大明宝钞印框高约30厘米、宽约20厘米。宝钞分六等:一贯、五百文、四百文、三百文、二百文、一百文,是明朝官方发行的唯一纸币,该纸币通行于明朝270多年。

明朝建立初期,由于政府财政储备不足,铜源紧缺,铜钱铸造数量受限,造成供给困难。同时官府为了获得足够铜材,迫使人民以私铸钱和铜器输官,致使民怨沸腾。此外,随着商品经济发展,贸易用钱量需求加大,而铜钱笨重不便于商业周转。在这样的情形下,明太祖决定改用纸钞,而把铜钱作为辅助。于是在明洪武七年(1374年)颁布"钞法",设宝钞提举司,其下再设抄纸、印钞二局和宝钞、行用二库。"大明通行宝钞"就诞生了。

宝钞发行之初的20余年间,钞值基本上处于稳定的状态。但是由于当时纸质较差,大明宝钞经不起时间的考验,难以耐久。而且明代纸币只发不收,既不分界,也不回收旧钞,致使市场上流通的纸币越来越多。大约到了洪武二十六年前后,宝钞泛滥成灾,通货膨胀,贬值极快,人民纷纷弃之。尤其是南方的两浙、江西、福建一带,民间重钱轻钞,一贯纸钞仅能换铜钱160文,要是按照铜钱购买力不变来计算,用纸币衡量的物价已经上涨了6倍。尽管明政府一再重申不准使用金银交易,纸钞依然不断贬值。

以米价的变化来看,纸钞的贬值更加明显。初行宝钞时,买一石米花一贯宝钞,到成祖永乐二年(1404年),买一石米要花纸钞三十贯。其后的"户口钞盐法","门摊课税",均没有起到抑制纸币贬值的作用。

至宣德初年,米价已达到宝钞五十贯,政府不得不允许民间以实物交易,同时又把门摊课税调高了5倍。正统九年(1444年),米价升到宝钞一百贯,政府开始释放用银的禁令,朝廷上下均不愿意用钞而用银、钱。到了成化年间(1465~1487年),一贯纸钞只相当于一文钱。正统时,宝钞曾到了"积之市肆,过者不顾"的境地。

直至弘治(1488~1505年)、正德(1506~1521年)年间,宝钞事实上已经废止不行了,使用纸钞也仅限一贯,其他不复流行。纸币基本在市面上停止流通。

之后,明朝基本上没有再发行纸币。明末天启、崇祯年间,都有人力主恢复行钞,尤其是在崇祯十六年(1643年),崇祯皇帝本人也采纳了行钞的建议,并建立了内宝钞局,加紧制造。此时明朝江山已摇摇欲坠,没有人愿意用白银去换纸币,明廷最后的行钞努力也以失败告终。

明代官服是如何显示官序高下的?

明朝官服服饰属于汉族传统服饰体系,是当时材料加工水平最高的服装,对于官服的确定,就官服制度而言,它承袭唐宋官服制度的传统,指导思想相对保守,但制作更加精美,整体配套也较为和谐统一。

明朝于洪武十六年(1383年)始定衮冕制度,衮冕的形制大体承袭古制,帽卷夏用玉草、冬用皮革做骨架,表裱由玄色纱、里裱由朱色纱制成。帽卷两侧有纽孔(戴时用玉簪穿过纽孔将冕固定在头顶的发髻上),下端有武(即帽圈),纽孔与武都用金片镶成。

皇帝的帽子叫通天冠,于洪武元年(1368年)定制,为皇帝郊庙、祭祀,皇太子冠婚、醮戒(属道教的戒条)时所戴。皮弁服是仅次于冕服的华夏二等服制,于嘉靖八年(1529年)定制,朔望视朝、降诏、降香、进表、四夷朝贡、外官朝觐、策士、传胪(科举制度中,殿试以后由皇帝宣布登第进士名次的典礼)、祭太岁山川时着用。武弁服在嘉靖八年定制,皇帝亲征遣将时服用。常服装于洪武三年定制,是皇帝平时的常用服饰。

其次是皇后的官服,皇后礼服于洪武三年定制,皇后在受册、谒庙、朝会时穿戴礼服,皇冠的圆框冒以翡翠,上面装饰着九龙四凤,大、小花树各十二,两博鬓、十二钿(短头大花的花簪)。袆衣为深青色,上有各种象征皇后身份的挂饰及镶边,非常精美。

皇后常服主要采用双凤翊龙冠,首饰钏镯是金玉、珠宝、翡翠。服饰为金绣龙纹诸色真红大袖衣、霞帔、红罗长裙,红背子。冠形如特髻,上加龙凤饰。衣用织金龙凤纹并绣有装饰。

此外,文武官朝服按品级制定,分为祭服、官公服、常服、燕服、蟒服、飞鱼服、斗牛服等。对于各种服饰的样式和尺寸,衣料、帽顶、绣样、色彩,以至鞋履,都有严格的制度规定。也就是说,明代官服是完全受制度与规章的严格约束的。

明王朝统治者就是通过各种官员不同的服饰,来显示官序中的高下的。它使封建制度的体现更加外在化,从而使被统治者心目中产生神秘感和威慑效应。

被史学家称为"四载宽政解严霜"的历史事件是什么?

1398~1402年,建文帝实行改制,被史学家称为"四载宽政解严霜"。建文帝虽在位短短4年,但他的改革对当时的社会产生了积极影响。

建文帝朱允炆即位以后,首先恢复了朱元璋当年裁撤中书省而取消的一部分行政机关,并将中枢权力机构进行了调整。其中极为重要的有两项:一是,省并州县,革除冗官冗员;二是,更定内外官制。把尚书的品秩由正二品提高到正一品,这就在一定程度上缓和了封建最高权力机构的畸形特征及内部的不平衡现象。此外,建文帝还推行省刑减狱,很大程度上消除了明朝建立之初的严酷刑罚,实行仁政。

在财政方面,建文朝廷也制定了一些新措施,以减轻前朝某些过重的税赋,尤其是减少了江南过度的土地税。由于这样繁重的苛索,当地百姓苦不堪言,往往不能缴足规定的税额。尤其在凶荒年代更是如此,一部分甚至抛荒了土地,变成了游民,从而更加重了纳税人民的负担,同时又减少了每年的税收。1400年初,建文帝因有人申诉南直隶及浙江等地区赋税不公而采取了措施。他下令按每亩地收一石粮的统一标准征收土地税。

另外一项财政改革是限制佛、道二教寺观所占有的免税土地的数量。由于建文帝祖父朱元璋在位时对佛教和道教极为优待,使得他们在洪武帝的庇护下攫夺了大量的肥田沃土,从而变成了有权有势的地主。此外,宗教界的僧侣职事们不但享有免除土地赋税和徭役的权利,甚至还把负担强加于当地居民，无理占用他们的土地，强迫他们给自己服劳役。这些行为激起了人们的不满。于是，朝中有官员上了两份奏疏，请求限制佛教与道教的土地占有数量，建文帝于 1401 年八月发出的一道诏令中批准了他们的建议。这一新命令只允许每名僧道拥有不超过 5 亩免除赋税的土地；多出的土地应分给需要土地的人民。

建文改制虽只进行了 4 年，但依然取得了显著的成绩，为推动封建社会的向前发展做出了很大贡献。因此，"四载宽政解严霜"名副其实。

明朝历史上的"叔侄大战"指的是什么事件？

明朝历史上的"叔侄大战"指的是明朝开国皇帝朱元璋死后不久爆发的一场统治阶级内部争夺皇位的战争，史称"靖难之役"。

朱元璋建立明朝后，把儿孙分封到各地做藩王，藩王势力日益膨胀。他死后，皇太孙朱允炆继拉，称建文帝。为了打击藩王势力，建文帝采取一系列削藩措施，严重损害了藩王利益，坐镇北平的燕王朱棣，即朱元璋第四子起兵反抗，随后挥师南下，直逼京师。建文元年（1399 年）八月，真定之战中，朱棣大败朝廷军队，并一路追击将其从北平一路赶到济南，后在济南都督盛庸和山东布政使铁铉的死守下才得以保住城池。朱棣围攻济南 3 月未成，恐粮道被断，遂回撤北平。

建文三年（1401 年）二月，朱棣再次率军出击，连连告捷，然而南军（朝廷军队）兵多势盛，攻不胜攻，燕军所克城邑一直处于得而复失，失而复得的状态，战争很难取得进展。正在朱棣为此而苦恼之时，南京宫廷里不满建文帝的太监捎来了南京城空虚宜直取的情报。朱棣决定，跨过山东，以迅速行动直趋南京城。

建文四年（1402 年）正月，燕军进入山东，绕过戒备严密的济南，向南推进。此时南军才反应过来，调兵追截。后双方相持在泗河。在这个关键时刻，建文帝接受一些臣僚建议，把一部分军队调回南京，削弱了前线的军事力量，南军粮运又被燕军所阻截，燕军抓住机会，痛击南军。自此，燕军士气倍增。朱棣率军攻破淮河防线，越过淮水，攻克扬州、高邮、通州（今江苏省南通）、泰州等要地，打算强渡长江。这时，朱棣之子朱高煦引番骑赶来，燕军军势大振。

此时，建文帝打算以割地分南北朝为条件同燕王议和，被拒绝。六月初三，燕军从瓜洲渡江，率军直逼金陵。十三日兵临金陵金川门，守卫金川门的李景隆与谷王为朱棣开门迎降。燕王进入京城，文武百官纷纷跪于道旁，在群臣的拥戴下即皇帝位，称明成祖，年号永乐。

历时 4 年的"靖难之役"以燕王朱棣的胜利而告终。4 年的战争，给明初刚刚有所恢复的社会经济带来了较大的破坏，对当时的社会秩序产生了深远影响。

叔侄大战中，朱棣是怎样打败李景隆的大军的？

真定之战（1399 年）后，燕王在中秋夜趁南军（朝廷军队）不备，冲出雄县，一举歼灭南军的先头部队。继而又在滹沱河北岸大败南军耿炳文的主力部队。建文帝听说耿炳文军败，又命曹国公李文忠之子李景隆任大将军，代替耿炳文和燕军作战。

李景隆本为纨绔子弟，向来不问战事。九月，李景隆来到德州，收集耿炳文的溃散部队，并调各路兵马，共计 50 万，在河涧驻扎。当朱棣侦知李景隆军中的部署后，已然胜券在握。为了引诱南军深入，朱棣让姚广孝协助世子朱高炽留守北平，自己亲带大军去援救被辽东军进攻的永平，并告诫朱高炽说："李景隆来，只宜坚守，不能出战。"此外，朱棣还撤掉了卢沟桥的守兵。朱棣这一计策果然灵验，李景隆听说朱棣率军赶往永平，就率师于十月直抵北平城下。经过卢沟桥时见无守兵，不禁大喜，说："不守此桥，我看朱棣是无能为力了。"

这时朱高炽于北平城内严密部署，全力守卫。李景隆则号令不严，指挥失策，数次攻城，都被击退。都督瞿能曾带千余精骑，杀进张掖门，但后援不到，只好停止进攻。又因李景隆贪功，命瞿能等待大部队一起进攻，延误了时机。燕军则因此得以喘息，连夜向城墙上泼水，天冷结冰，等到第二天，南军再也无法攀城进攻了。

朱棣解救永平之后，转而进攻李景隆所部，李景隆腹背受敌，被朱棣从北平一路赶到济南，后在济南都督盛庸和山东布政使铁铉的死守下才得以保住城池。朱棣围攻济南三月未成，恐粮道被断，遂回撤北平。

由于李景隆的一败再败，建文帝撤免了他的大将军职务，又任命盛庸为平燕将军，代李景隆统兵讨燕。

明朝第一位殉国的皇后是谁？

皇后马氏（约 1378~1402 年），是明惠帝朱允炆的嫡妻，为光禄少卿马全的女儿，"靖难之役"时，被烈火焚身，成为明朝第一位殉国的皇后。

洪武二十八年（1395 年），明太祖为 18 岁的皇位继承人——皇太孙朱允炆选妃，参照皇后的标准，经过一系列繁冗苛刻的程序后，马氏被选为皇太孙妃。

建文元年（1399 年）二月，册立马氏为皇后。马氏入主中宫以后，严格恪守太祖制订的后宫不干政的规定，悉心处理后宫大小事务，精心侍候皇帝和皇太后的生活起居，细心照顾年幼的皇子，同时兢兢业业履行各种礼仪规定的职责，堪称一位贤良淑德、母仪天下的皇后。

然而，建文帝从继位的第一天起，皇位就从未安稳过。建文帝的几位叔叔都对皇位虎视眈眈，尤其是四叔燕王朱棣。果不其然，后来燕王朱棣以"朝无正臣，内有奸逆，必举兵诛讨，以清君侧之恶"为由，在北平（今北京市）发起了靖难之役。

建文四年（1402 年）六月中旬，燕王朱棣攻下都城京师（今江苏省南京市），长达 4 年之久的叔父争夺侄子皇位的战争结束了。马后知道自己的丈夫失败了，她在世间再也没有生存的价值了。当宫中燃起熊熊大火时，马后整好自己的衣裙，捋齐自己的鬓发，端坐在坤宁宫，直至被冲天的火苗吞噬，当时她不到 25 岁。

燕王进宫以后，清宫 3 日，搜寻建文帝的下落。宫人们从灰烬中扒出一具尸体，面对眼前这具面目全非、状如焦炭的尸体，就连朱棣这位不念骨肉亲情的胜利者，也禁不住流下了眼泪。

在这场骨肉相残、争权夺位的战争中，马后被烈火焚身，成为明朝第一位殉国的皇后。

中国历史上第一个定都北京的汉人皇帝是谁？

明成祖朱棣，明朝第三位皇帝，明太祖朱元璋的第四个儿子。他发动靖难之役，夺取了自己侄子的帝位，以南京为留都，迁都并营建北京，成为中国历史上第一个定都北京的汉人皇帝，奠定了北京此后 500 多年的首都地位。

朱元璋晚年，太子朱标、秦王朱爽、晋王朱㭎先后死去，他立皇太孙朱允炆为继承人，即建文帝。而朱棣不但在军事实力上，而且在家族尊序上都是诸王之首。朱元璋去世后，继位的建文帝朱允炆实行削藩政策。于是朱棣在建文元年（1399 年）七月发动了历史上著名的靖难之役，建文四年六月攻入南京，夺取帝位。

朱棣即位后，曾先后 5 次北征蒙古，追击蒙古残部，缓解其对明朝的威胁。为保证北京粮食与各项物资的需要，在永乐九年（141 年）疏浚会通河，十三年凿清江浦，使运河重新畅通，对南北经济文化交流与发展起了重要的作用。

除此之外，朱棣还设立了奴儿干都司，以招抚为主要手段管辖东北少数民族。而令他闻名于世的则是郑和先后 7 次下西洋，最远到达非洲东海岸，沟通了中国与东南亚及印度河沿岸国家的联系。

朱棣认为"家给人足"、"斯民小康"是天下太平的根本，因此十分注意社会经济的恢复与发展。他大力发展和完善军事屯田制度和盐商开中则例，保证军粮和边饷的供给，在中原各地鼓励垦种荒闲田土，实行迁民宽乡，督民耕作等方法以促进生产。通过这些措施，永乐时明朝的社会经济达到了一个高峰。

永乐二十二年，朱棣死在北征回师途中的榆木川，葬在长陵，庙号太宗，嘉靖时改为成祖。纵观明成祖一生，他虽抢了侄子建文帝的天下，但励精图治，功绩累累，造福四方百姓，不失为大明王朝的一代雄主。

明成祖朱棣跨国恋情中女主角是谁？

明成祖朱棣跨国恋情中的女主角是来自朝鲜的女子权妃。权妃 18 岁进宫，22 岁病逝，可谓红颜薄命。明成祖失去爱妃后，一度陷入悲痛之中，以致伤痛成疾。

中国自元朝开始就不断派人到朝鲜选秀女入宫。明初，太祖朱元璋的后宫中便有不少朝鲜妃嫔，成祖朱棣就是朝鲜人硕妃所生。也许是有一半朝鲜血统的原因，也许是希望从朝鲜秀女的身上找回自己年幼时死去的母亲的影子，总之，成祖即位后，就接连下诏派人到朝鲜选秀女。权妃就是在这个时候来到了中国的宫廷。

明成祖朱棣对权妃应该称之为一见钟情，第一次相见便被她出奇的清丽文雅所吸引。成祖问她有什么特长，权妃就拿出随身携带的玉箫吹奏起来，箫声悠扬，成祖沉浸其中如痴如醉，从此备受成祖宠爱。随后又让其掌管后宫之事。权妃聪慧美丽、优雅迷人。每当成祖下朝，一身疲倦地来到权妃宫中，权妃就用美妙的箫声为他驱赶疲劳。这位柔顺、温婉、妙不可言的朝鲜女子一直深受果敢、刚毅、男子气十足的成祖宠爱。两人几近形影不离。

1410年，也即永乐八年十月，权妃随侍成祖北征蒙古。是年，成祖亲自带领50万大军深入漠北，在斡难河，即鄂嫩河畔大败本雅失里大军，最后本雅失里仅以七骑往西逃窜。明军初次交战胜利后，权妃的美妙箫声一度传遍千里草原，这使一路征程风尘仆仆的成祖朱棣心旷神怡，信心倍增。接着，成祖便乘胜追击，又一鼓作气地在兴安岭下攻破阿鲁台大军，阿鲁台带着家人远逃到大兴安岭的深山老林。这次北征以明军的大获全胜结束，于是成祖带军班师回朝。

权妃在随成祖返回京师，途经山东临城时，突然不幸身患重病，最终不治身亡。成祖伤心欲绝，后就地将她葬于山东峄县的土地上，并下诏当地官府出役看守坟茔。权妃死后，成祖不但对她的家人非常厚待，而且对她的音容笑貌记忆犹新。在一次看到权妃的家人时，竟然悲痛得涕泪纵横，一时之间讲不出话来。

而集万千宠爱于一身的权妃猝死，死因可疑。成祖听信宫中谣传，认为权妃是被人毒害的，因此"冲冠一怒为红颜"，在处理爱妃猝死这个案件中，手段极为残忍，大肆屠杀宫人，被无辜杀害的妃嫔、宫女无数，酿成后宫一起大冤案，以致此后招来百姓漫天指责，但从中也可以看出成祖对权妃的宠爱及无限思念之情。

明初的一支"娘子起义军"是谁领导的？

明朝初期，民女唐赛儿因不满明朝的苛刻压迫，领导了农民起义，史称唐赛儿起义。起义发生在永乐十八年（1420年），主要分布于山东益都一带。

唐赛儿（生卒年不详）是山东蒲台人林三之妻，略通文字。传说丈夫死后，唐赛儿在扫墓回来的路上偶得一石匣，内藏有宝剑兵书。于是，她日夜研读，通晓诸术，决定削发为尼，自称佛母，宣称能预知生前死后成败事；又能剪纸人、纸马互相搏斗；如需衣食财货等物，用法术即可获得。唐赛儿传教于山东蒲台、益都、诸城、安丘、莒州、即墨、寿光等州县之间，贫苦农民争相信奉。

明永乐年间，明朝为营建都城北京、修建会通河，再加上北征蒙古，耗资很大。山东是负担最重的地区之一，又逢连年水旱，农民以树皮、草根为食，卖妻鬻子，老幼流散，艰难度日。眼见此景，唐赛儿于十八年二月同刘信等率数百人起义，占领益都的卸石棚寨，迅速发展壮大，起义军约数万人。明青州卫指挥高凤带兵镇压，被打死。

明成祖朱棣命安远侯柳升做总兵官，派都指挥金事刘忠一同前往，率京营5000人星夜赶赴山东，围卸石棚寨。唐赛儿派人诡降，称寨中食尽水缺，欲从汲道撤逃。柳升信以为真，率重兵防守汲道。起义军趁夜冲出包围，杀死刘忠，转战安丘、诸城等地。然而终因官军众多，又遇到山东都指挥卫青、鳌山卫指挥王真的突然偷袭，最终腹背受敌，于三月宣告失败。

起义平定后，明廷为搜捕唐赛儿，竟逮捕了山东、北京等地的数万名出家妇女，而唐赛儿等人安然逃离，不知所终。当地人民为了纪念她，把卸石棚寨称为唐赛寨。

锦衣卫是明朝的军事特务机构吗？

锦衣卫，是明朝官署名，它是皇帝的侍卫机构，特务机关，可称为特工。

锦衣卫是明朝时期的专有军事特务机构，他们直接听命于皇帝，可以逮捕任何人，包括皇亲国戚，并进行不公开的审讯。锦衣卫平日为皇帝爪牙，镇压臣下时则罗织大狱，捕人，审讯和处刑。通常锦衣卫在逮捕嫌犯之前，会发给其"驾帖"，作用相当于现代的逮捕证。

明代的特务机关可以分为三大部分：一是分驻各地的，一是驻在京师的，再有就是临时向外派遣的。这三部分中，以分驻各地的最为繁多，从明成祖朱棣时就开始设立，后来全国各省以及各重要城镇全部都设有，他们的任务实际是替皇帝侦察该地官吏军民人等，暗查军民动态。

明成祖朱棣在永乐十五年（1417年）将首都迁往北京，迁都前，首先派出负责皇帝防务的贴身卫队"锦衣卫"到天津卫，在原来三卫的指挥衙门前设立锦衣卫指挥衙门府，所在地就是现在的锦衣卫桥大街附近，专门负责暗地监察京津军民动态。

锦衣卫在天津设立机构后，就开始按照皇帝的意思私下打探军情民意，凡是有一点对皇帝不利的言论都逃不过他们的耳目，当地的官吏也不敢随便过问他们的事情。只要流露出对他们的不满，都有可能被抓去受刑，而一旦被特务们抓去，那就是九死一生，最轻也要落个残疾的下场。

锦衣卫拥有特权，无形中令他们可胡作非为、贪赃枉法而又得到了皇帝的保护，造成了社会的混乱不堪。由于锦衣卫是由皇帝直接管辖，朝中的其他官员根本无法对他们干扰，因而使得锦衣卫可以处理牵扯朝廷官员的大案，并直接呈送皇帝，而且明朝特务机构使上至藩王宰相，下至平民百姓，都处于监视之下，稍有拂逆，便家毁人亡。

明朝的锦衣卫虽然是统治者为加强中央集权而建立的，但其酷刑甚多，制造了不少冤假错案，被人们称为朝廷的鹰犬。

东厂是什么时候设立的？

明成祖于永乐十八年（1420年）设立东缉事厂，简称东厂，由亲信宦官担任首领。它是明代的特权监察机构、特务机关和秘密警察机关。

明中叶后期锦衣卫与东西厂并列，活动加强，常合称为"厂卫"。东厂权力在锦衣卫之上，只对皇帝负责，不经司法机关批准，可随意监督缉拿臣民，从而开明朝宦官干政之端。

东厂的属官有掌刑千户、理刑百户各一员，由锦衣卫千户、百户来担任，称贴刑官。除此以外，设掌班、领班、司房40多人，由锦衣卫拨给，分为子丑寅卯十二颗，颗管事戴圆帽，着皂靴，穿褐衫，其余的人靴帽相同，但穿直身。

东厂的首领称为东厂掌印太监，也称厂公或督主，是宦官中仅次于司礼监掌印太监的第二号人物，通常以司礼监秉笔太监中位居第二、第三者担任，其官衔全称为"钦差总督东厂官校办事太监"，简称"提督东厂"。

东厂的职能是"访谋逆妖言大奸恶等，与锦衣卫均权势"。一人掌理，委以缉访刺探的大权。起初，东厂只负责侦缉、抓人，并没有审讯犯人的权力，抓住的嫌疑犯要交给锦衣卫北镇抚司审理；但到了明末，东厂也有了自己的监狱。

东厂监视政府官员、社会名流、学者等各种政治力量，并有权将监视结果直接向皇帝汇报。依据监视得到的情报，对于那些地位较低的政治反对派，不经司法审判，东厂可以直接逮捕、审讯；而对于担任政府高级官员或者有皇室贵族身份的反对派，东厂在得到皇帝的授权后也能够对其执行逮捕、审讯。

东厂的人每天在京城大街小巷里面活动，并非完全为朝廷办事，更多的是为自己谋私利。东厂镇压人们的手段极其残酷，他们或为了向独裁者邀功或为了自己的私利，所以容易制造大量的冤假错案，以至于东厂在明代民间的口碑极差。

东厂是明成祖为了镇压政治上的反对力量而设立的，东厂大堂有大幅岳飞画像，提醒东厂办案毋枉毋纵，堂前还有一座"百世流芳"的牌坊，可惜东厂在实际办案中完全背离了这些精神信条。

苏禄国王来明朝贡是哪一年？

1417年，即永乐十五年八月初一，苏禄国王来大明王朝访问，这是苏禄国对郑和使团访问苏禄的回访，也是继渤泥、满剌加国王之后，又一个海外国家首领亲自率领使团来中国访问。

苏禄本是一个菲律宾群岛国，有东王、西王、峒王总理国事。苏禄东国酋长巴都葛叭答剌、苏禄西国酋长麻哈剌吒葛剌马丁、已故苏禄峒酋长的妻子叭都葛巴剌卜，各率其亲属和随从头目，组成多达340人的使团，漂洋过海，长途跋涉，带着珍珠、宝石、玳瑁等物来明朝贡。永乐十五年八月初八，明朝政府封巴都葛叭答剌为苏禄国东王，麻哈剌吒葛剌马丁任苏禄国西王，叭都葛巴剌卜任苏禄国峒王，并赐诰命和袭衣、冠服、印章、鞍马、仪仗。其随从首领300余人，也分别赏赐冠带、金织文绮、袭衣等贵重物品。

在访问期间，苏禄国三王受到最高礼节的接待。八月二十七日，3个国王辞归，明朝政府分别赐予他们金相玉带一条，黄金百两，白金2千两，罗锦文绮2百匹，绢三百匹，钞1万锭，钱3千贯，金绣蟒龙衣、麒麟衣各一袭。其随从头目也分别得到赏赐，携带文绮、彩绢、钱钞等物回国。

九月十三日，东王巴都葛叭答剌在南归路经德州时，不幸因病去世。明成祖命依照王礼祭葬，并派礼部郎中陈士启赶去主持祭礼，赐谥"恭定"。成祖还在德州为其营建了壮观的陵墓，命其次子安都禄、三子温哈喇世代留在德州守陵；又让其妃姜、仆从10人守墓，满三年后才允许回国。此外，命其长子都麻含继承王位，带领众人回国。永乐十六年（1418年）九月初一，成祖亲自给苏禄东王墓碑撰写碑文，对其表示了深切的缅怀及悼念之情。

明朝三杨辅政中的"东杨"是谁？

明朝内阁大学士杨荣，初名子荣，字勉仁，1418年至1424年任明朝首辅，人称"东杨"。

建文二年（1400年），杨荣考中进士，被授予翰林院编修，他为人警敏通达，善于察言观色。建文四年（1402年），朱棣进入南京，杨荣和解缙、杨士奇等一同迎附。杨荣建议朱棣先谒埋葬朱元璋的孝陵而后即位，朱棣欣然采纳。

朱棣即位后，从翰林院中选用杨士奇、解缙等人与杨荣一起入职文渊阁，参与机务。杨荣最为年轻且聪明伶俐，朱棣自然对其格外宠爱，亲自将其名由杨子荣改为杨荣。朱棣不苟言笑，与大臣们讨论事情，议而不决之时，脸色更是难看，大臣们战战兢兢，无所适从。每当此时，杨荣便大显身手，三言两语便令"龙颜"大悦了。杨荣在文渊阁38年，谋而能断，老成持重，尤其擅长谋划边防事务。

永乐八年（1410年）二月初十，朱棣率军开始了即位后的第一次北征，杨荣作为贴身大臣随行。由于侦知了鞑靼军队的行踪，朱棣亲选精锐进行长途奔袭，轻装前进，每人只带20日粮，命杨荣率勇士300人作为亲兵跟随。明军追至斡难河，与本雅失里率领的鞑靼主力发生激战，明军大获全胜，朱棣下令班师回朝。在回师途中，明军的粮草供应开始紧张起来，士兵几乎断粮。杨荣建议朱棣将御用的储粮散发给将士，并且让军队中粮多与粮少者借贷互济，还京后加倍偿还。朱棣采纳了他的建议，明军顺利地度过粮荒，胜利班师回朝。

杨荣以武略见重，但他也有些文才，然而他恃才自傲，不能容忍他人的过错，所以与同僚常有过节，并且他还经常接受边将的馈赠，因此常常遭人议论。杨荣在老迈之年，仍肩负着治理国家的重任，直到王振专权，才告老还乡。在"三杨"中，杨荣的个性和才能最为突出，又因为其府邸在东面，故称为"东杨"。

杨溥是不是明朝三杨辅政中的"南杨"？

明代内阁大学士杨溥，字弘济，任明朝首辅，人称"南杨"，他与杨荣同为建文二年（1400年）进士，同授编修，但是两人的仕途经历却大不相同。

杨荣因后来被检入内阁，又不断跟随成祖北征而成为永乐朝的近臣，杨溥却因为被选侍太子朱高炽为洗马，成为太子身边的幕僚。永乐十二年（1414年）闰九月，成祖北征回师，太子朱高炽遣使迎驾稍迟，汉王朱高煦乘机进谮，成祖一怒之下，下令将东宫官属全部抓起来下狱。杨溥入狱后，在狱中一待就是10年之久，直到太子继位后才被授官翰林学士，重新开始了他的官场生涯。

但是，杨溥虽三受其职，却并未得到一个合适的位置，杨溥真正走上朝廷重臣仕途，是在仁宗朱高炽去世，宣宗即位以后。宣宗即位后，杨溥被检入内阁，开始与杨士奇、杨荣等阁臣共掌机务。但是入阁4年后，杨溥又因母丧而归，而且复起后并未再度入阁掌机务。也许是因为在仕途上长期受挫的缘故，杨溥与杨荣在性格处事上有着很大的区别，他虽然是"三杨"中年龄最轻的一个，但却是在处事上最为老成的一个。

正统年间，英宗皇帝登基，确立了"三杨"的重要位置，自英宗登基起，杨溥便与杨士奇、杨荣忙于开经筵、择讲官以及慎选宫中朝夕侍从内臣之事，三朝元老的治事风格得到了充分表现的机会，但这也到了"三杨"政治的尾声。这一年在馆阁的学士7人，杨士奇74岁、杨荣68岁、杨溥67岁，其中最年轻的也在60岁以上了。

杨溥可以说是三杨中最没有建树的一个，他有太多的律己，却缺少东、西杨那样鲜明的性格。他是一位正臣，却不是一位无可指摘的正臣，因为其府邸在南侧，故人称"南杨"。

谁是明朝三杨辅政中的"西杨"？

明代大臣、学者杨士奇，名寓，字士奇，以字扬名于世，号东里，他历5朝，在内阁为辅臣40余年，首辅21年，人称"西杨"。

建文元年（1399年），朝廷准备修撰《明太祖实录》，从社会上征集文人参加。杨士奇因学行出众，由王叔英引荐，以布衣身份进入翰林院，充当了编纂官。明成祖朱棣经过靖难之役登上了皇帝的宝座，为了保证政局的稳定，将杨士奇等人由翰林院选入内阁，参与制定国家的大政方针，同时杨士奇被晋升为翰林院侍讲，正式开始了从政的生涯。

永乐二年（1404年），朱棣选拔他为辅助皇太子的官僚，于是他和后来的皇帝朱高炽结下了难得的师友之缘。永乐五年（1407年），他又任翰林院侍讲，承担为皇帝讲读经史的任务，朱棣由于对《周易》情有独钟，所以对杨士奇格外尊宠。

然而，杨士奇的仕途也很坎坷。朱棣即位之初，长子朱高炽、次子朱高煦、三子朱高燧皆有意争夺皇太子之位，后来几经周折，才确定长子为皇太子。朱棣却偏偏对太子颇有微词，宠爱悍勇好斗的朱高煦，这样朱高煦和朱高炽都公开表示不满。

作为皇太子的幕僚，这场争斗，杨士奇自然无法置身事外，但他却采取了较为灵活的应对策略。永乐九年（1411年），朱棣北征回师，由于次子的谗言，有意找寻皇太子的过失，向杨士奇询问朱高炽的情况。杨士奇并不执意为皇太子辩解，只是说太子仁孝，凡有事宗庙、祭物、祭器皆亲阅，同时还总结说："殿下天资高，即有过必知，知必改，存心爱人，决不负陛下托。"无意中表彰了朱高炽宽厚仁爱的个性。正因为他的这种灵活，在卷入争夺太子位的大臣中，处境较好，虽被牵连下狱，但很快被释放，不像别人因此而断送了自己的性命，顺利地度过了自己从政生涯的多事之秋。

杨士奇与杨荣、杨溥并称"三杨"，"三杨"中，他以"学行"见长，因其府邸在西面，故称为"西杨"。

明朝哪位皇帝有"一代仁君"之称？

朱高炽（1378~1425年），是明成祖朱棣的长子，明代第四位皇帝。于洪熙元年（1425年）五月暴死，在位仅10个月，终年47岁，葬于北京昌平天寿山献陵，庙号仁宗，谥号孝昭皇帝。他在位期间，实施了一系列仁政，被称为"一代仁君"。

永乐二十二年（1424年）八月，成祖朱棣病逝，朱高炽继位，次年改年号为"洪熙"。开始了他一系列的改革措施。

首先朱高炽赦免了建文帝的旧臣和成祖时遭连坐流放边境的官员家属，并允许他们返回原籍，又平反冤狱，使很多冤案得以昭雪，并且恢复了一些大臣的官爵，从而缓和了统治集团内部的矛盾。

其次，朱高炽非常注重选用贤臣，削汰冗官。他任命杨荣、杨士奇、杨溥三人（史称三杨）辅政。废除了古代的宫刑，停止了宝船下西洋，停止了皇家的采办珠宝等等，处处以唐太宗为楷模，修明纲纪，爱民如子。

朱高炽非常善于纳谏，曾经给杨士奇等人一枚小印，鼓励他们进谏，因此洪熙朝政治十分清明，朝臣可以各抒己见，皇帝可以从谏如流、择善而行。朱高炽在后宫之中也不贪恋女色，除皇后张氏以外，仅有谭妃一人。张皇后非常贤良淑德，与朱高炽相敬如宾，谭妃也是一位贤内助。

他还下令减免赋税，对于受灾的地区无偿给予赈济。同时开放一些山泽，供农民渔猎，对于流民一改以往的刑罚，采取妥善安置的措施。这一切都使得洪熙朝人民得到了充分的休养生息，生产力得到了空前的发展。

明仁宗朱高炽在位期间，明朝进入了一个稳定、强盛的时期，这就是"仁宣之治"的开端。

所以说"一代仁君"的称号明仁宗朱高炽当之无愧。

哪位皇后被称为"女中尧舜"？

张皇后，是明仁宗朱高炽的皇后，兵马副指挥张麒的女儿，她历经了明仁宗、明宣宗、明英宗三朝，亲历了"仁宣之治"，被誉为"女中尧舜"。

张氏自小聪颖贤惠，被册封为燕王世子朱高炽的妃子。明成祖永乐二年（1404年）燕王进为皇太子，张氏被封为皇太子妃，张氏操妇道，十分严谨，深得成祖和徐皇后的喜欢。

永乐二十二年（1424年）七月，成祖驾崩，皇太子朱高炽即位，为明仁宗，册封张妃为皇后，并册立朱瞻基为皇太子。张皇后虽然地位尊崇，但她对自己娘家人管束非常严格，不允许他们凭借自己的关系谋官就职，更不允许他们干涉朝政，这一点是非常难能可贵的。

然而仁宗在位仅10个月就一病不起而离世，终年48岁。明宣宗朱瞻基即位后，尊张氏为皇太后。宣宗即位之初，凡遇到重大的军政要事，总要向母亲禀报，而张太后提出的意见往往都很中肯。

一次，宣宗陪同母亲拜谒长陵、献陵，路过河桥时，宣宗下马，亲自挽扶太后的坐辇。看到道路两旁欢呼的人群，张太后意味深长地告诫宣宗，百姓之所以能如此爱戴君王，是因为君王能使他们过上安定幸福的生活，作为皇帝，一定要重视百姓的生活，爱民如子。返回京城的途中，张皇后走访当地的百姓，询问他们的生活、生产情况，并赐予他们一些钱物，百姓献上食物、水酒，张太后亲手递给宣宗，让皇帝品尝一下真正的农家风味。正是在张太后的影响下，宣宗对百姓的生活非常关心，对农业也很重视，致使宣德朝物阜人丰。

张皇后爱民如子，重视农业生产，是"仁宣之治"形成的一个重要原因所在，后世都称她为"女中尧舜"。

杨士奇辅佐了明朝哪三位皇帝？

杨士奇，作为三杨之一，先后辅佐了三任皇帝，分别是：明仁宗朱高炽、明宣宗朱瞻基、明英宗朱祁镇。

一辅明仁宗：永乐二十二年（1424年），朱棣去世，明仁宗朱高炽即位，杨士奇被提拔为礼部左侍郎兼华盖殿大学士。不久，杨士奇成为内阁首辅，位次列于内阁其他同僚之上。朱高炽监国时，御史舒仲成曾得罪过他，他即位后便想将其治罪。杨士奇认为这样做，将使言官不敢说话，朱高炽于是打消了自己的念头。

朱高炽即位后，许多文武大臣歌舞升平，杨士奇却反其道而行之，让他居安思危，看到"流徙尚未归、疮痍尚未复、民尚艰食"的社会现实。朱高炽甚为感激，特地创制了"杨贞一印"赏赐给他。朱高炽去世，杨士奇成为首席顾命大臣。

二辅明宣宗：洪熙元年（1425年），宣宗朱瞻基继承皇位，杨士奇在宣宗朝的贡献更多地体现在内政建设上。其一，朱瞻基设立以"金花银"或棉布缴纳税粮的制度，保证农民从事农业生产的时间，另外特定的折换率的定期调整也保证了国家财源的稳定。其二，征粮的衡量单位标准化，防止了税吏的营私舞弊。所有这些措施，基本上体现了藏富于地方、藏富于民的指导思想，从根本上调动了农民的生产积极性，巩固了朝廷的财源。在杨士奇等人的努力下，明皇朝一片安居乐业的社会景象。朱瞻基自然高兴，每年正月，他让百官休息10天，自己则和杨士奇等大学士赋诗唱和，几乎可以称得上国泰民安了。

三辅明英宗：宣德十年（1435年），明宣宗朱瞻基去世，明英宗朱祁镇继位，张太皇太后行使摄政之权，极力倚重"三杨"，凡军国大事皆请他们参决。同时她的同乡宦官王振开始控制司礼监，与"三杨"相抗衡。杨士奇极力支持危局，施展自己的才能，建议朝廷训练士兵，巩固边防，设南京参赞机务大臣，分派文武镇抚到各地考察民情，罢除派往各地的特务，减轻百姓的赋税，放宽刑罚，加紧吏治的整顿，使明英宗统治初年继续保持政治清明的局面。

杨士奇历经五朝，在内阁为辅臣40余年，首辅21年，为了大明江山，他可谓"鞠躬尽瘁死，而后已"。

明宣宗朱瞻基是明朝的第几位皇帝？

明宣宗朱瞻基（1398~1435年）是明仁宗朱高炽长子，永乐九年（1411年）被立为皇太孙，经常随成祖征讨。洪熙元年（1425年）即位，年号宣德，是明朝第五位皇帝。

据说在朱瞻基出生的当天晚上，他的皇祖燕王朱棣曾经做了一个梦。他梦见太祖皇帝将一个大圭赐给了他，大圭上镌着"传之子孙，永世其昌"8个大字。朱棣醒来之后，正在回忆梦中的情景时，忽然有人禀报说皇孙朱瞻基降生了。朱棣立刻意识到梦中的情景正印证在孙子的身上。此事对以后朱棣下决心发动靖难之役起到了很大的激励作用。

1411年，朱瞻基被明成祖朱棣册封为皇太孙。朱棣亲自挑选当时的著名文臣担任朱瞻基的老师，同时朱棣还时常亲自教导。永乐中期以后，朱棣经常把朱瞻基带在身边远征漠北，让他了解如何带兵打仗，锻炼他的勇气，这对后来朱瞻基的亲征有非常大的帮助。每次经过农家，朱棣都会带朱瞻基到农家看看，让他了解农家的艰辛，敦促他以后做一位爱民的好皇帝。

朱瞻基的父亲仁宗朱高炽病逝时，朱瞻基正在南京，准备当日动身北归。路上他听说他的皇叔、汉王朱高煦要在半路截杀他，然后自立为帝。很多亲信下属都劝他整顿兵马以作防范。朱瞻基却道："君父在上，谁敢如此胆大妄为？"仍然轻身出发，日夜兼程赶赴北京，当时朱高煦还没有派人设埋伏，他没有料到朱瞻基的速度会如此之快。

回到北京以后，朱瞻基一方面妥善处理父皇的后事，一方面加紧北京城的戒备，以防有人伺机作乱，而后从容登基，改年号为宣德，即为大明宣宗皇帝。

朱瞻基和其父一样，比较能倾听臣下的意见，他听从了阁臣杨士奇、杨荣等人的建议，停止了对交阯用兵。宣宗时君臣关系融洽，经济也稳步发展，因此宣宗统治时期与仁宗统治时期被人们称为"仁宣之治"。

无错而被废的皇后是谁？

永乐十五年（1417年），皇太孙朱瞻基19岁，成祖下令为他选妃。司天宫经过占卜，言说应在济河一带求得佳女，锦衣卫百户胡荣的三女儿胡善祥便被选中为皇太孙妃，后来又晋为太子妃。宣宗朱瞻基即位以后，胡善祥被封为皇后，之后又被无错废黜了。

虽然胡善祥贵为皇后，但并不得宠，宣宗最心爱的女人是孙贵妃。孙氏虽然出身低微，但长得如花似玉，而且非常工于心计，善于揣摩宣宗的心思，深得宣宗喜爱。

胡善祥贵为皇后多年，没有子嗣，孙贵妃虽然也没儿子，但是她把皇帝临幸过的宫人生的孩子，冒充是自己的。这个孩子就是宣宗的皇长子，即后来的明英宗朱祁镇。

由于孙贵妃为明宣宗"生"下了皇子，宣宗越发宠爱她，以胡皇后无子，理应让贤为由，逼胡皇后上表逊位，大臣们如张辅、蹇义、夏原吉、杨士奇、杨荣等都为这件事争论不已，但是宣宗还是册立了孙贵妃为皇后。

宣宗母亲张太后同情胡氏的遭遇，常召她居住在清宁宫。张氏去世后，胡氏悲痛不已，不久胡氏也病故，只以嫔妃礼安葬。

明英宗朱祁镇一生中的三大污点是什么？

朱祁镇，是明宣宗长子，在宣德十年（1435年）正月即位，时年9岁，年号正统，次年改年号为正统元年。他是明朝第六位皇帝，即明英宗。他宠信太监王振，启明代宦官专权之端，御驾亲征却被俘，后来又发动政变，成为历史上污点甚多的皇帝。

随着仁、宣朝重臣"三杨"的相继去世和引退，后宫宦官势力急剧膨胀，明朝政治日益腐败。明朝自英宗起，开始出现宦官专权的不正之风，这也是英宗一生中最大的污点之一。著名的大宦官王振倚仗英宗的宠信，排除异己、树立朋党。

英宗时期，蒙古瓦剌逐渐强大，借故对明朝发动战争。英宗年少气盛，不顾众人的反对，从京师附近临时拼凑了50万军队御驾亲征，结果在怀来城外的土木堡被瓦剌也先大军团团围住。瓦剌也先切断了明军的水源，并且以假意议和为烟雾弹，趁明军不备，发动了总攻。明朝全军覆没，英宗被俘，王振也被明将樊忠杀死。这就是历史上著名的土木堡之变。从此，英宗开始了他一年的北狩生活，土木之变成为明英宗一生中的第二大污点。

英宗被掳以后，孙皇后和很多朝廷重臣拥立英宗之弟朱祁钰为帝，是为代宗。北京军民在兵部尚书于谦的领导下击退了瓦剌的军队，而杨善在没有圣旨的情况下迎回了英宗。1457年，代宗病重，原来的五清侯石亨、徐有贞、宦官曹吉祥等人密谋帮助英宗复辟，并发动了一场政变，历史上称之为"南宫复辟"。英宗就这样又重新登上了皇位。在石亨和曹吉祥的极力劝说下，英宗以"谋逆罪"杀害了北京保卫战的总指挥于谦，这成为英宗人生中的又一大污点。

英宗复辟以后，励精图治，做了一些于国于民的好事。他释放了从永乐帝就开始被囚禁的"建庶人"（建文帝的幼子朱文圭，靖难后被幽禁宫中逾50年），恢复宣德朝胡皇后的称号，下旨废止帝王死后嫔妃殉葬的制度，这些积极举措被史学界称为"盛德事可法后世者矣"。

明英宗如何在"土木之变"事件中被俘虏？

明正统十四年（1449年），明军因为指挥失利，在土木堡被蒙古瓦剌军打败，明英宗突围被俘，历史上称这一事件为土木堡之变。

元末明初，瓦剌经过长期发展，势力逐渐增强，瓦剌首领也先统一蒙古之后，产生了进一步吞并中原的野心。明正统十四年（1449年），也先故意挑起事端，统率各部，分四路大举向内地侵扰。明英宗朱祁镇对自己宠信的太监王振偏听偏信，在王振的煽惑下，他不顾群臣反对，一意孤行，准备御驾亲征。

七月十六日，英宗和王振统率50余万大军从北京出发，一切军政事务皆由王振专断。十九日出居庸关，过怀来，至宣府。也先打算诱明军深入，于是主动北撤，王振坚持北进，后来听说前方惨败，才惊慌撤退。

在撤退过程中，王振先是让英宗在退兵时经过他的家乡蔚州，以显示他衣锦还乡的威风，后来又担心大军损坏他田园的庄稼，屡次更改行军路线，等到达宣府时，瓦剌大队兵马已经追袭而来，明军3万骑兵几乎全军覆没。

二十三日，英宗和王振带残兵败将狼狈逃到土木堡，瓦剌大军步步紧逼，土木堡地高缺水，将士们饥渴疲劳，瓦剌军从四面围攻，明军士兵被杀得血流成河。英宗与亲兵乘车突围，结果失败被俘，随征大军几乎全部战死，王振则被明护卫将军樊忠以锤击毙，明50万大军死伤过半。历史上称这次战争为"土木之败"。

英宗被俘虏的消息传至京城，朝野震惊，京城大乱。"土木之败"对明朝的影响十分深远，它是大明王朝由初期进入中期的重要转折点。

为什么说明英宗与其皇后钱氏伉俪情深？

明英宗孝庄皇后钱氏，为人贤良淑德，与英宗伉俪情深。明英宗弥留之际，遗诏群臣，千秋万代之后，钱皇后一定要和他同葬，可是他的遗愿最终没能实现。

钱氏在正统七年（1442年）被册封为皇后，但她出身卑微。明英宗为了提高钱皇后家人的地位，打算把皇后家的亲属都封为侯，钱皇后得知此事以后，婉言谢绝了英宗的好意，由此可见，钱皇后是一位贤德的皇后。

正统十四年（1449年），明英宗被蒙古人掳走，皇后倾尽所拥有的财产，想尽各种办法，力求把英宗迎回北京。英宗北狩的这段日子，钱皇后回忆起过去和明英宗朝夕相处的日子，常常日哭夜泣，哭累了就趴在地上，由于不停地流泪，她的一只眼睛因此失明了，因为经常伏地痛哭，她的一条腿也患上了严重的关节炎，最后变成了跛腿。

钱皇后最终守得云开见月明，英宗终于回到了北京，然而却被明代宗囚禁在南宫，这期间，钱皇后一直陪伴在英宗左右。

但明宪宗继位之后，没有遵守英宗皇帝的遗诏，钱皇后虽在大臣的坚持下被合葬在裕陵，但是却得走不同的隧道，距离放置英宗灵柩的玄堂有数丈远，中间阻隔，那是把石圹的位置空出来留给英宗的母亲周太后的，并且在奉先殿的祭祀神位中间，也没有钱皇后的神位。因此，明英宗和钱皇后死后同穴的遗愿终究没能彻底实现。

明朝的北京保卫战是在谁的带领下发起的?

明正统十四年（1449年）秋，土木堡惨败的消息传到北京，举朝震动，百官惊慌失措，此时，兵部侍郎于谦挺身而出，坚决反对南迁，并对皇太后悉数迁都的利害，在征得皇太后的支持后，于谦被任命为兵部尚书，负责保卫北京，史称"北京保卫战"。

于谦针对当时的危急情势，采取了一系列措施：首先，诛杀太监王振亲信，打击宦党的气焰，从而初步稳定了内部；其次，提出了"社稷为重，君为轻"的口号，拥立朱祁钰继承皇位，这样既可以使也先的阴谋不能得逞，又有利于统一部署，共同抗击瓦剌；再次，从各地调来勤王兵，日夜赶造武器，武装军队。如此一来，逐步形成了一个依城为营，以战为守，分调援军，内外夹击的作战部署，准备与瓦剌军决战于北京城下。

十月十一日，瓦剌军队逼近北京，于谦在彰义门迎击瓦剌军，击败了也先部队先锋，夺回被俘者1000多人。同时，于谦又派人率兵连夜偷袭，用以疲惫敌军。十月十三日，瓦剌军乘风雨大作，进攻德胜门，于谦命大将石亨在城外民房内设伏，然后派遣小股骑兵佯败诱敌，也先不知是计，率领大批部队穷追不舍。待也先军进入埋伏圈后，于谦一声令下，明军开始反击，由于明军前后夹击，也先部队大败而归。

也先在进攻北京的过程中，处处遭到军民的抵抗。各地的百姓自发组织起来，抗击瓦剌军的侵略和掠夺，北方边陲重镇的守兵，也抱着与城共存亡的决心，誓死保卫国土。也先进攻北京各门屡遭失败，中路军在居庸关的进攻也连连受挫，而且获悉明朝各援军即将到达，唯恐后路被切断，遂于十五日率一部人马，向紫荆关撤退。

于谦发现也先军队正在撤退，于是命令石亨等集中火炮轰击也先军营，炸死瓦剌军1万余人，后又派明军分路追击，也先一路狂逃，于十月十七日撤出紫荆关，不久退居关外。在于谦的指挥下，明军取得了北京保卫战的胜利。

于谦为什么被称为"西湖三杰"之一?

于谦，字廷益，号节庵，明朝名臣，著名的民族英雄。官至少保，世称于少保。因为他与岳飞、张苍水三人都是浙江人，因此被后世并称为"西湖三杰"。

于谦少有大志，写下明志诗《石灰吟》，宣德元年（1426年），汉王朱高煦在乐安州起兵谋反，于谦随明宣宗朱瞻基亲征，被授予御史，后官至兵部侍郎。

正统十四年（1449年）秋，蒙古瓦剌也先大举侵犯明朝边境，英宗在土木堡之变中被瓦剌俘虏，消息震惊了明廷上下。皇弟郕王朱祁钰监国，将于谦擢升为兵部尚书，全权负责筹划京师防御，于谦驳斥了各种投降主义的论调，提出"社稷为重，君为轻"的主张，坚持保卫北京，誓死抗敌。而后于谦分遣诸将列阵九门迎敌，并亲自督战，击毙也先弟孛罗及平章卯那孩，取得了北京保卫战的胜利。

除此之外，于谦还镇压了当时闽浙的叶宗留、邓茂七起义，广东的黄肃养起义，以及湖广、广西、贵州等地的少数民族反抗。英宗复位以后，石亨和曹吉祥等诬陷于谦制造不轨言论，打算另立太子，唆使科道官上奏，都御史萧维祯审理此案，判定于谦犯谋逆罪，判处死刑。英宗顾念于谦有功于国家，不忍心杀他，徐有贞奏道："不杀于谦，此举为无名！"于是以"意欲"谋逆罪将于谦处死，判其子于冕充军，发戍山西龙门，其妻张氏发戍山海关。

明宪宗成化年间，于谦之子于冕获赦，他上疏为父申诉冤枉，得以恢复于谦的官职，皇帝赐祭，诰文里说："当国家多难的时候，保卫社稷使其没有危险，独自坚持公道，被权臣奸臣共同嫉妒。先帝在时已经知道他的冤，而朕实在怜惜他的忠诚。"此诰文在全国各地传诵。

谁是明朝第一个专权乱政的宦官?

王振，明朝宦官，他深受英宗器重，是明朝第一个专权乱政的宦官。

王振略通经书，后来又做了教官，但是中举人、考进士这条荣身之路对他而言是太难了，于是他便自阉入宫。宣德十年（1435年）正月，宣宗病死，英宗即位，改年号为正统。这时，英宗年仅9岁，不能亲自处理国家大事，太皇太后张氏（英宗祖母）垂帘听政，三杨辅政。由于他们都是前朝元老，威望很高，王振自知难以匹敌，还不敢放肆，只好采取两面派手法，等待时机，再行窃权。

太皇太后张氏贤明有德，她见王振逐渐有抓权、干预朝政的迹象，心中十分不安。于是决心进一步提醒英宗严防宦官专政，并准备严惩王振，以打消王振妄图干预朝政的念头。

一天，张太后让宫中女官穿上戎装，佩好刀剑，守卫在便殿旁边，肃穆凛然。接着，太后把英宗和英国公张辅、大学士杨士奇、杨荣、杨溥以及尚书胡焕、宦官邹东来等召到便殿。她指着五大臣对英宗说："这5位大臣是先朝元老，受先皇之命辅佐你治理国家，你有什么事情，必须与他们商量，如果他们不赞成，切不可去做。"接着张太后又把王振找来，喝令跪在地上，声色俱厉地说："太祖以来就立下了规矩，宦官不得干预政事，违犯者定斩不饶。现在，你侍奉皇帝不守规矩，按照我大明法律，应当赐你一死。"王振顿时吓得面如土色，浑身直打哆嗦，后众人求情，张太后才饶了他。张太后每隔几天就派人到内阁去查问王振办了什么事情，有没有未通过内阁而由王振自己决定的事情。王振受此教训，还真的老实了一段时间。

正统七年（1442年），太皇太后张氏病逝，对王振最有控制能力的人没有了，王振开始控制朝政，成为明朝第一个专权乱政的宦官。

英宗复辟后被废黜的皇帝是谁？

明代宗景泰皇帝朱祁钰（1428~1457年），是明宣宗朱瞻基的第二个儿子，明英宗朱祁镇的弟弟。他在明英宗被蒙古瓦剌军俘去之后即位，最后在病入膏肓之际被英宗复辟废黜软禁。

朱祁钰的生母原本是永乐皇帝朱棣的次子朱高煦的一名侍女。宣德年间，宣宗皇帝对叔父汉王朱高煦用兵，御驾亲征生擒朱高煦父子，并将汉王宫的女眷充入后宫为奴婢。在返京途中，宣宗皇帝邂逅了汉宫侍女吴氏，由于封建礼教的束缚和阻挠，身为罪犯的吴氏是不能被封为嫔妃的，后来，吴氏珠胎暗接，为宣宗诞下次子，取名朱祁钰，吴氏也因此被封为贤妃。宣德八年（1433年），宣宗病重，命人将朱祁钰母子召进宫，托付自己的母后张太后善待朱祁钰母子。

原本朱祁钰母子可以平静地度过一生，但是土木堡的狼烟改变了他们的生活际遇。先是朱祁钰奉命在明英宗御驾亲征期间担任监国，后来由于英宗被俘，太子朱见深（即后来的明宪宗）才两岁，国无长君，朱祁钰就被推上了前台，在皇太后的授意下，朱祁钰继承了皇位。

朱祁钰在坐稳帝位之后，本想立自己的儿子为太子，但天不遂人愿，朱见济早早夭折。之后杨善将上皇英宗迎回京。英宗为了复辟，发起了著名的夺门之变。朱祁钰被废为亲王，被软禁于西内，不久连病带气，死于永安宫。朱祁钰的统治就这样画上了句号。

明宪宗朱见深都有哪些功过是非？

明宪宗朱见深（1447~1487年）或称为成化帝，是明英宗的长子，明朝的第八代皇帝。宪宗于天顺八年（1464年）登基，即位初期即为于谦平冤昭雪，恢复景帝朱祁钰帝号，又体察民情，励精图治。在位末年，终日沉溺于后宫享乐，并宠信宦官汪直、梁芳等人，以至奸佞当权，朝纲败坏。

朱见深性格沉稳安静、谨慎宽和。他性格中最宽厚的一面，体现在他对朱祁钰的态度上。成化三年（1467年），一个叫黎淳的大臣请求追查当初废除代宗的旧事，宪宗批答说："景泰事（即代宗被废事）已往，朕不介意。"

朱见深即位后任用李贤为相，李贤也"以受知人主，所言无不尽"，回报知遇之恩。当时，宪宗所倚重的阁臣还有孜孜奉国数十年、"持正存大体"的彭时、商辂等人，可谓是人才济济。在他们的辅佐下，朱见深即位后做了不少值得后人称颂的事。最值得一提的是，宪宗皇帝为大量被贬逐的正直大臣复职，因此赢得了朝野的一片称颂。

可惜好景不长，随着他对贵妃万贞儿的宠爱以及对宦官汪直等人的宠信，他越来越怠于朝政，开始沉迷于神仙、佛道和长寿秘术，纵情于声色之娱和货利之乐。因此，执政后期的朱见深不再是一个励精图治、有所作为的皇帝，而是一个碌碌无为、骄奢淫逸的皇帝。

宪宗皇帝喜欢一个比自己大19岁的宫女，也就是贵妃万贞儿。宪宗宠幸万贵妃造成了明朝第一个外戚乱政的局面，万贵妃的亲戚在她的庇护下到处抢占民田，而且不少官吏也通过贿赂她而得到了提升。

成化二十三年（1487年），万贵妃暴病而终，宪宗皇帝也因悲伤过度于数月后去世，谥号纯皇帝，葬于茂陵。宪宗皇帝后期的荒淫无道，导致明朝出现前所未有的混乱，他死后，呈现在太子朱祐樘面前的是一个千疮百孔的江山。

万贵妃是怎样执掌后宫的？

万贵妃（1430~1487年），小名贞儿，本是宪宗的祖母孙太后宫中的一名宫女，4岁就选入宫中，长大后选在东宫服侍朱见深，朱见深即位后，封其为贵妃，宪宗朱见深一辈子都对年长他19岁的万氏非常宠幸，成化一朝的内宫，基本上都是万氏主宰着。

天顺八年（1464年）正月十七日，明英宗病逝。同年，16岁的太子朱见深即位称帝，被称为明宪宗，七月二十七日，明宪宗册立吴氏为皇后，但是明宪宗并不喜欢吴后，而是偏爱大他19岁之多的万贵妃。

万贵妃非常嫉恨吴皇后，她想方设法地激怒吴皇后，企图使她失去控制，以便从中进行报复。吴皇后也的确被万贵妃的粗俗无礼而激怒，于是命令身边的侍女将万贵妃一顿责打。万贵妃顺水推舟，借着被打的一幅狼狈相跑到宪宗面前大哭大闹，并借题发挥说吴皇后因小看她出身低微而污辱她，宪宗闻言不问青红皂白，命人用打万氏的方法打吴皇后，原想替万氏出口气也就算了。不料，万贵妃依然不依不饶，一心想致吴皇后于死地。最后，宪宗不得不将吴后废掉。

吴后因得罪万贵妃被废之后，年仅15岁的王氏被立为皇后。万贵妃又利用对付吴后的老一套来对付王皇后，她经常做一些让王皇后难堪的事，不过王皇后非常聪明，她总是化怒为笑，淡然处之，使得万贵妃无计可施、无从下手。

尽管王皇后假装不痛不痒的样子，但其内心非常痛苦，因为宪宗出入一些重要场合从不带她，她这个皇后根本就形同虚设，而万贵妃却横行后宫，集万千宠爱于一身。

成化二十三年（1487年），万贵妃因气咽痰涌而死，宪宗由于悲伤过度，不久驾崩。

明孝宗朱祐樘使明朝出现中兴盛世了吗？

明孝宗朱祐樘（1470~1505年），是明朝第九位皇帝，宪宗皇帝的第三个儿子，生母孝穆纪太后。在位期间，勤于政事，励精图治，驱除宫内奸臣，任用王恕、刘大夏等为人正直的贤臣，使明朝再度出现中兴盛世的景象。

成化二十三年（1487年）宪宗驾崩，太子朱祐樘继承皇位，被称为明孝宗，又称弘治皇帝。

朱祐樘在位期间，推行了一系列开明的政治措施。他首先裁抑宦官及佞幸之臣，并且淘汰传奉官2000余人，遣散禅师、真人等240多人，佛子、国师等780人，并调整内阁班底，罢免了大量不学无术、只会攀权附贵的阁臣。

弘治十三年（1500年），大学士刘健上奏说，晚朝结束后，天色已晚，各处送来的文件往往积压内阁，来不及处理。为此孝宗特定除早、晚朝外，每日两次在平台召见有关大臣议事，从此出现了"平台召见"这一新的朝参方式。

孝宗还大力兴修水利，发展农业，繁荣经济。弘治二年五月（1489年），开封黄河决堤，孝宗命户部左侍郎白昂领5万人修治。弘治五年（1492年），苏松河道淤塞，泛滥成灾。孝宗命工部侍郎徐贯主持治理，历时近3年才告完成。从此，苏松消除了水患，再度成为鱼米之乡。

孝宗在生活上非常节俭，不近女色。孝宗还是太子时，内侍曾给他送来新裁制的衣服，他说："用这种布缝制的衣服，抵得上几件锦缎衣服。穿它，太浪费了。"于是谢而不用，他当了皇帝之后，下令停止为皇宫织造此布。

孝宗是中国历史上唯一一个用实际行动实现男女平等的皇帝。他一生只娶了一个张皇后，从不纳宫女，也不封贵妃、美人，每天只与皇后同起同居，过着平民百姓一样的夫妻生活。

孝宗在位18年间，吏治清明，选贤任能，抑制官宦，勤于政务，倡导节约，与民休息，是明朝历史上少有的经济繁荣、人民安居乐业的和平时期，历史上称这一时期为"弘治中兴"。

明朝禁止百姓养猪的皇帝是谁?

明武宗朱厚照，为人耽乐嬉戏，狎近群小，纵情声色，吃喝玩乐，他曾下令禁止百姓养猪。

朱厚照做过的荒唐事，举不胜举，但最为荒唐的莫过于"禁猪令"。由于"猪"与"朱"同音，再加上朱厚照出生在猪年，因此朱厚照认为养猪、杀猪、猪屎、猪瘟、猪狗不如一类的词都是对他这位姓朱皇帝的不恭，于是便下令禁止百姓养猪。

朱厚照这一禁令发布后百姓恐惧，谁也不敢养猪，受影响最大的是江北地区，后来一直蔓延到京师，全国的猪几乎都"断子绝孙"。一个月后，留守京师的内阁大学士杨廷和才知道这件事，于是他于正德十五年（1520年）二月专门就此事上了一道《请免禁杀猪疏》。他从崇尚科学和关心民生的大局出发，逐条驳斥了明武宗所有的禁猪理由，并建议重新颁诏天下，废止禁猪令，让百姓安于生计。

正德十五年（1520年）三月，礼部上奏说国家的正常祭典都要用牛、猪、羊"三牲"，如今猪肉绝迹，无法按常例进行，请求更改。迫于各方面的种种压力，明武宗不得不悄悄地取消禁令，"内批仍用豕"，只是在圣驾所过地方稍为回避即可。

其实明武宗"禁猪令"的荒唐法令，并非首创。如唐朝李姓皇帝因为"鲤"与"李"同音，就禁止人们烹食鲤鱼；宋徽宗因为自己生肖属狗，曾下令天下臣民禁止杀狗。明武宗颁行的"禁猪令"，不过是拾人牙慧而已。

显然，明武宗已经把养猪、杀猪这件民间寻常事视为对皇帝的大逆不道行为。为此，明武宗还抛出了吃猪肉会生疮，会对健康不利的荒诞观点。"禁猪令"充满愚昧迷信的思想和滑稽可笑的逻辑。

武宗"禁猪令"发布后只坚持了3个月，就作为一场荒唐的闹剧宣告结束。

为什么说武宗朱厚照是一个极具个人色彩的皇帝?

朱厚照年号为正德，为明孝宗朱祐樘的长子。1505年即位，在位17年。他好逸乐，贪女色，是明朝著名的荒唐皇帝，但他又聪明勇敢，弹指之间在应州大败蒙古小王子，是一个极具个性色彩的人。

明孝宗只有二子三女，其中二子朱厚炜早年夭折，皇长女太康公主也因病去世，所以孝宗只剩下朱厚照这一个儿子，对朱厚照自然是疼爱备至，朱厚照两岁时就被立为太子。朱厚照小时候很聪明，老师教的东西他很快能学会，而且他为人仁厚善良，当时大臣们认为朱厚照应该和他父亲一样也是个明君。

朱厚照15岁继承皇位，开始了他的帝王生涯。在太监刘瑾的引诱下，他玩得越来越离谱了，先是在宫中模仿街市的样子修建了各式各样的店铺，让太监扮成老板或百姓，他自己则扮作富商，在其中取乐。后来又觉得不过瘾，于是又模仿妓院，让很多宫女扮作粉头，他自己挨家进去听曲、淫乐，后宫因此被搞得乌烟瘴气。

然而如此荒唐的皇帝，也有过人的军事才能。正德十二年（1507年）十月，蒙古鞑靼小王子率5万精兵南下，武宗朱厚照大喜，调集五六万兵马亲征。双方激战数日，武宗与士兵同吃同住，极大地鼓舞了明军士气。最后，蒙古小王子被迫撤兵，明军取得了胜利，史称"应州大捷"。此后正德年间蒙古不敢再南下侵犯。

但是由于朱厚照对朝政的荒废，大量百姓流离失所，明朝酝酿着一场新的动乱。这场动乱的发起者并非百姓，而是出自明朝皇室，这个人就是宁王朱宸濠。武宗皇帝并没有因此而着急，这正好给了他一个南巡的机会，于是他率兵出征，不料行至半路，御使王守仁已经平定了叛乱。这个消息丝毫没有减低武宗的兴致，他又一手导演了一幕闹剧。他将朱宸濠释放，由自己亲自再将他抓获，然后大摆庆功宴，庆贺自己平叛的胜利。

明武宗一生，贪杯、好色、尚兵、无赖，所行之事多荒诞不经，为世人所诟病；可他又聪明勇敢，力挫蒙古军。有人认为他荒淫暴戾、怪诞无耻，是少见的无道昏君，也有人认为他追求个性解放，是明朝历史上极具个性色彩的皇帝。

王守仁为什么被称为"大明军神"?

王守仁(1472~1529年),字伯安,号阳明子,世称阳明先生,他曾用35天时间平定了宁王之乱,因此被称为大明军神。

王守仁年轻时,经常出游边关,练习骑马射箭,博览各种兵法秘笈,遇到宾客,常用果核摆列阵法作为游戏。

正德十二年(1517年),江西南部以及江西、福建、广东交界的山区爆发民变,兵部举荐时任右佥都御史的王守仁巡抚江西,镇压民变。正当王守仁将去福建剿匪时(无大量军队),他所率部队行军刚到丰城,宁王朱宸濠举兵叛乱。

王守仁积极备战,调配军粮,修治器械,然后发出讨贼檄文,公布宁王的罪状,要求各地起兵勤王。当时,王守仁最担心的就是宁王朱宸濠挥师东下,占领故都南京。而南京一旦失守,宁王不仅有了称帝的资本,还会占据有利的地形。为了防止这种状况出现,王守仁虚张声势,利用假宣传假情报,在城中扰乱宁王的视线,逼他做出错误的判断,让他以为各路大军已经组成合围态势。

同时王守仁还使用了反间计,散布假情报,迷惑、离间对手,使宁王猜疑自己部下进攻南京的策略。宁王果然上当,有半个月时间都只是犹豫观望、不知所措,没敢发兵。王守仁利用这一时机,做好了防守南京的准备,使宁王欲攻南京,已无可能。

同年七月,宁王率6万人,攻下九江、南康,渡长江攻安庆。有人指出应该急救安庆,王守仁却主张进攻南昌。由于先前进行大量宣传工作,王守仁部队谎称有大量军队攻城,南昌竟然不攻自破。

宁王眼观局势不妙,急忙调九江、南康的精锐部队出击,王守仁派几路大军迎战并取南康。正当宁王在船上召开"早朝"会议时,王守仁大军突然杀到,用小船装草,迎风纵火,烧毁了宁王的副船,宁王的旗舰搁浅,不能行动,仓促间换乘小船逃命,被王守仁的部下王冕部追上擒获,宁王的其他文武大臣也成了阶下囚。

不久,南康、九江也被官军攻陷,宁王之乱全面平息,前后只有35天时间,王守仁因此声名远播。

有"立皇帝"之称的明朝大太监是哪位?

刘瑾,明朝最大的权宦之一,当时有"立皇帝"之称,后因造反被武宗朱厚照凌迟处死。

刘瑾6岁时被太监刘顺收养,后净身入宫当了太监,侍奉太子朱厚照,即后来的明武宗,他善于察言观色、随机应变,深受武宗信任。

弘治十八年(1505年),明孝宗因病去世,太子朱厚照顺利即位。刘瑾和马永成、高凤等8个太监得到了新皇帝的宠爱,被称为"八虎",刘瑾则是"八虎"之王。在刘瑾的领导下,这些宦官想方设法地鼓动武宗游玩享乐,他们则专权跋扈,为非作歹。

第二年,为国忧虑的大臣们见武宗被宦官们搞得不理朝政,便纷纷劝谏。开始武宗听不进去,直到被告知天象有变,是上天在警示他,武宗这才有所表示。武宗打算将刘瑾先贬到南京。为了让皇帝下决心除掉刘瑾,大臣们联合了当时的京城主要官员,准备第二天一起劝谏武宗杀掉刘瑾。刘瑾知道后,大惊失色,赶忙召集其他7人连夜到武宗面前哭诉求情,武宗念及刘瑾以前的忠心照顾,竟赦免了他们,而且在他们的怂恿下将司礼监、东厂、西厂也让他们分别掌管。

刘瑾为了增加自己的权势,还建立了另外的特务组织"内行厂",权力在锦衣卫和东厂之上。有了权势之后,刘瑾和很多贪官一样索贿、受贿、贪污。刘瑾的专权使朝政混乱,他的索贿受贿也直接导致了地方矛盾的激化。官员们向他行贿后,必然要加重剥削百姓,逼得百姓走投无路,只好反抗。

弘治十八年四月,武宗派都御史杨一清和八虎之一太监张永去平定安化王的叛乱。叛乱平定之后,在向武宗报告战况时,都御使等揭发了刘瑾的17条大罪。武宗亲自出马,抄了刘瑾的家,结果却发现了印玺、玉带等禁止百姓和官员私自拥有的禁物,而且在刘瑾经常拿着的扇子中也发现了两把匕首,武宗大怒。

八月，刘瑾被处以凌迟刑，即千刀万剐，共行刑3天，原来受过其害的人家纷纷用1文钱买下刘瑾已被割成细条块的肉吃下，以解心头之恨。

明朝历史上最富有的太监是谁？

明朝历史上最富有的太监叫刘瑾。2001年，《亚洲华尔街日报》曾把明朝太监刘瑾列入过去1000年来，全球最富有的50人名单。刘瑾当年所聚敛的财富相当于大明帝国150年的财政总收入。

刘瑾在明孝宗执政时侍奉太子朱厚照，深受太子的宠爱。后来太子登基，刘瑾掌握权势，开始了纳贿自肥的进程。刘瑾与很多贪官一样也开始敛财。他的手法也没有什么特别，索贿、受贿、贪污，都是常用的手法。唯一不同的是，有了天子做后盾，刘瑾胆子非常大。身为一个太监，刘瑾的性格和一般的贪官还不同，他要的必须得到。刘瑾本人心胸狭隘，如果谁得罪了他，必然横加报复，而且手段极为毒辣。因此，他基本上是要风得风，要雨得雨。

凡是遇到官员升迁，刘瑾必然索要"贺印钱"，其实就是索要贿赂。一旦这一要求被拒绝，立即将此人遣送回家。刘瑾受起贿来一向来者不拒，因此，朝廷官员中只要想升迁者，就会给他带去一笔丰厚的收入，而其他的官员大多是害怕刘瑾对自己打击报复，于是各地官员进京朝拜述职时总会向刘瑾行贿，叫做"拜见礼"，少则要上千两，多的达到5000两甚至20000两白银。要是升了官要立即使用重金"谢"刘瑾，叫做"谢礼"。这个谢礼也是非常贵重，送少了便会有被马上撤职的危险。官位基本上成了刘瑾用来发财的商品。

此外，在收受别人贿赂之后，刘瑾还枉法行事，直到制造冤狱。御史葛浩原来由于触犯了刘瑾，被杖责后贬为庶民。接着刘瑾收下了葛浩仇人的贿赂，找理由又将葛浩押进京城，处杖30。而奇怪的是，有一段时期，这个贪财的太监竟然听从亲信的话拒贿了。亲信告诉他说，那些给他行贿的人的钱不是盗取的官银，便是剥削百姓所得，假借刘瑾的名义损公肥私，但给刘瑾的钱仅为1/10，而今后百姓的怨气却都要集中到他身上。刘瑾听后大为震动，于是开始拒绝贿赂，像个清官一样处罚行贿者。然而他不可能从根本上改掉贪婪的性格，后来一有机会便重操旧戈，照旧贪财。

刘瑾的索贿受贿使自己富可敌国的同时，直接导致了官场风气的恶化，朝政荒废。同时，加剧了地方矛盾的激化。由于官员们向他行贿后，必然加重剥削百姓，逼得百姓走投无路，只好反抗。在刘瑾被处死后，京城地区便爆发了刘六、刘七起义。

刘六、刘七起义发生于什么年间？

由刘六、刘七兄弟及杨虎等领导的农民起义发生于明朝正德年间。他们两兄弟豪侠仗义，骁勇善骑，因不堪地主豪强的压迫，和齐彦名等人在河北霸州等地劫富济贫，时称"河北响马"。

正德四年（1509年），明朝政府派遣监察御史驻守天津、真定等地，"专理捕盗"。刘六、刘七家属均被害。齐彦名也被捕入狱，后被刘七等救出。五年十月，刘六、刘七在霸州率数十骑起义，贫苦农民纷纷响应，迅猛发展为万余人。再加上杨虎带领的山东起义军的加入，队伍更加壮大，活动于京师南面及山东地区。

次年三月，起义军连续攻克许多城市。起义军杀地主官僚，焚毁官，劫取兵库，释放狱囚。前来镇压的明军一路溃逃。起义军提出"建国扶贤"的口号，制订了先攻河北、河南，扩充兵马后，再攻南京，建立政权的计划。接着，义军分成两支，一支由刘六、刘七、齐彦名统领，活动于山东地区；另一支由杨虎等人统领，活动于河南地区。

五月，刘六、刘七起义军由山东入河南，进湖广转往江西，又挥师北上，直逼霸州。杨虎一支由南向北，先进山西，又入河北，来到文安。八月，两军会和，攻霸州。在此情况下，明政府赶紧设防，命兵部右侍郎陆完提督军务，统领边兵与京营官军阻击起义军。此后，刘六一支冲出包围，东入山东乐安，杨虎所部则转入山东东昌地区，一起牵制敌人。九月，两支起义军又先后围攻河北沧州，拦截明朝漕运。十月，杨虎率部经天津等地，进入河北，东入山东，攻城略地，同刘六军声势相倚，威震山东，然后进入安徽。但杨虎于义门渡河之际，遭明军袭击阵亡，其部下转入河南，继续作战。刘六部在攻下山东后，转战于北起霸州，南到河南汤阴的广大地区。正德七年正月，再次进入近京霸州地区。

此时，杨虎残部在河南大战明军之后，开始将兵锋指向湖广襄阳等府县。七年二月，明政府又增派右都御史彭泽提督军务，增调大同等处边兵与湖广士兵，采用四面堵截，督兵跟进的战术，追击河南起义军。五月，杨虎部下起义军被镇压。

而在京城近郊的刘六、刘七起义队伍，见京师很难强攻，便从河北南下，入江苏，后又转入山东。陆完集兵10万在山东围剿起义军。起义军全力突围，同明军周旋于京师以南各州县。此后，起义军战况逐渐恶化。闰五月，刘六在乘舟过江时，因舟覆牺牲，刘七等由武昌而下，转战于九江。明政府起调彭泽援助陆完，对其进行夹击。起义军孤军作战，寡不敌众，刘七、齐彦名等先后阵亡，起义惨败。

遭遇宫女弑君的是哪位皇帝？

朱厚熜（1507~1566年），是明朝的第十一个皇帝，即明世宗。由于武宗早死，没有子嗣，按照当时的规定，要从各地的王爷中挑选出一位来继承大统，世宗因此继位。但他为人荒唐、自大、残忍、喜欢玩弄权术，因此引起了历史上罕见的宫女弑君的"壬寅宫变"事件。

武宗正德（1521年）十六年四月，朱厚熜即位，改年号为嘉靖。即位初，他革除先朝蠹政，朝政为之一新。但不久他与杨廷和等朝臣在议兴献王尊号的问题上发生礼议之争，史称"大礼议"之争。经过两年多的争议，最后以君权的高压结束，朱厚熜终于得偿所愿。这件事充分体现了朱厚熜少年时即刚愎自用、专横暴虐的性格。

朱厚熜一生尊道教、敬鬼神，而且他的个性很强，认定的事一般难以更改，他不但本人信道，当了皇帝以后，还要求全体臣僚都要尊道。尊道者升官发财，若有进言劝谏者轻则削职为民，枷禁狱中，重则当场杖死。嘉靖时期的道士官至礼部尚书，这在明朝历史上是空前绝后的。

朱厚熜迷信丹药方术，他派人到处采集灵芝，并经常吞服道士们炼制的丹药。为了满足自己修道和淫乐，朱厚熜还多次遴选幼女入宫，每次数百名。嘉靖二十一年（1542年），朱厚熜命宫女们清晨采集甘露兑服参汁以期延年益寿，结果使得上百名宫女病倒。宫女们忍无可忍，最终发动了历史上罕见的宫女弑君的"壬寅宫变"。经此变故，朱厚熜被吓得魂不附体，整日躲在西苑，设醮炼丹，养生修道，不敢回大内，完全置朝政于不顾，使贪赃枉法的首辅严嵩横行乱政20余年。

在明朝历代皇帝中，朱厚熜的权术或许不及太祖朱元璋，荒唐不及武宗朱厚照，残忍不及成祖朱棣，但是，荒唐、自大、残忍、喜欢玩弄权术，却集聚于他一身。

明朝为猫立碑的皇帝是谁？

明世宗朱厚熜迷信道教，对猫情有独钟，他的猫"虬龙"死后，世宗几天不吃不喝，将它葬于万岁山，并立碑刻文，题名"虬龙墓"。他因此成为明朝第一个为猫立碑的皇帝。

一代女皇武则天对猫是深恶痛绝，但明世宗朱厚熜对猫却是情有独钟。世宗迷信道教，为此，他对各种祥瑞之物也极为喜爱。在中国传说中，猫有九条命，为了沾沾猫的这点"寿福"，明世宗渐渐对猫产生了兴趣。阿谀逢迎的官吏也竞相进贡白鹿、白雁、白鹤、白猫等宠物，以求得到封赏。

世宗最喜爱的宠物是两只漂亮的猫，名曰雪眉和狮猫。他经常与猫儿一起逗玩，后来可笑的明世宗还以帝王的身份举行仪式，庄重地封雪眉为"虬龙"。但最荒唐的却是在虬龙死后，世宗几天都不吃不喝，并将它葬于万岁山，并立碑刻文，题名"虬龙墓"。

等到狮猫死后，世宗命人用黄金铸造一口棺材，将它敛入其中，并举行隆重的葬礼，还请当朝大臣为它作祭文。侍读学士袁炜的祭文中有一句"化狮为虎"的颂词大得世宗的欢心，在几月的时间里就被提升为少宰，陛宗伯，加一品入阁，时称"青词宰相"。

明朝功臣名臣多不胜数，但无论功绩多大，却没有一个人受到过这两只猫儿般隆重的待遇。世宗对猫的喜爱几乎到了和它们同吃、同玩、同睡的程度，为了这两只猫，他竟然20多年不上朝政，一切朝廷事物交由严嵩执掌。

然而，世宗对猫的喜爱并没有让他达到想长寿的初衷，最终却玩物丧志。1567年，明世宗因吃长寿丹药过度暴亡宫中，享年60岁。

明朝的"青词宰相"指的是谁?

严嵩,是明朝的权臣,字惟中,号勉庵、介溪、分宜等,他与同朝的夏言"俱以青词得幸",时人讥讽二人为"青词宰相"。严嵩专权国政长达20年之久,是中国历史上臭名昭著的权臣之一。

所谓青词,就是道教斋醮时上奏天帝所用的表章,因为是用朱笔写在青藤纸上,故而得名。

明世宗在政治上没有什么建树,却将主要精力放在了玄修上,热衷于炼丹制药和祈求长生。在那些看似神秘的仪式中,世宗经常需要一些焚化祭天的青词,如果谁写得好就可以立即加官晋爵,甚至入内阁。当时朝中的很多大臣都因进献青词而得宠,严嵩由于文笔颇佳,因而所作青词非常合乎世宗心意,因此找到了一条升官的捷径。

当时,与严嵩齐名的还有夏言,夏言曾担任过礼部尚书,后来又担任内阁首辅,他在严嵩的政治生涯中起过非常重要的作用。他曾经是严嵩向上攀爬的阶梯,后来又与严嵩相互倾轧,在经过了长达十余年的相互倾轧之后,夏言最终被严嵩陷害,惨遭弃市。

嘉靖十八年(1539年)正月,世宗举行"尊天重典",礼部尚书严嵩尽职尽责,作青词颂德,被特加太子太保,而后平步青云,官至宰相,权倾朝野。由于严嵩是由青词而得宠,因此被人成为"青词宰相"。

谁是明代最伟大的政治家?

张居正,字叔大,少名张白圭,又称张江陵,号太岳,谥号文忠,他是明朝最伟大的政治家、改革家,也是中国历史上最优秀的内阁首辅之一。

隆庆元年(1567年),张居正任吏部左侍郎兼东阁大学士,隆庆时与高拱并为宰辅,为吏部尚书、建极殿大学士,万历初年,代高拱为首辅。由于明神宗年幼,一切军政大事均交由张居正主持裁决,张居正由此一直主持国政10年。

作为一个雄才大略的政治家,张居正对明王朝所面临的问题有着深刻的认识。他认为当时国力匮乏和盗贼横行都是由于吏治不清造成的。由于官吏贪污,地主兼并土地,引起"私家日富,公室日贫",加之皇帝的穷奢极欲,百姓因此才饥寒交迫,落草为寇。张居正客观地分析了当时的社会矛盾,把握了问题的实质和关键,实行了一系列改革措施,他清查地主隐瞒的田地,实行一条鞭法,使得税收统一收钱不收物,节省了很多土地,更实行考成法,其具体实施方法类似于今天的考勤,从而改变赋税制度。

在军事上,他用戚继光镇守蓟门,李成梁镇守辽东,又在东起山海关,西至居庸关的长城上加修"敌台"3000多座,加强北方的防备,并在边疆实行互市政策,使马匹大增,边疆在政治经济上一直保持稳定。除此之外,他还封俺答(北方蒙古首领)为顺义王,在大同、宣府、甘肃等地立茶马互市,保持贸易往来,俺答长久没有来犯边关。

张居正在大明王朝百病丛生、危机四伏的情况下,以其非凡的魄力和智慧,整饬朝纲,巩固国防,推行一条鞭法,使奄奄一息的明王朝重新获得生机,称得上是明朝最伟大的政治家。

哪个人被倭寇称为"戚虎"?

戚继光领导的戚家军,威名远播,打得倭(古时对日本人的称呼)寇闻风丧胆,倭寇把他称为"戚虎"。

戚继光出生于将门之家,耳闻目睹了海盗倭寇对我国东南沿海烧杀抢掠、灭绝人性的暴虐行径,立志要扫平倭寇。明朝嘉靖年间,戚继光带领戚家军荡平了浙江倭寇后,带领军队直逼福建。在行军途中,为了麻痹敌人,戚继光故意命令士兵每天只走很短的路程就宿营。等敌探回去禀报后,就下令烙制中间带孔的饼子,用绳子穿起来,背在身上,急速向兴化进军,结果只用了一天一夜就赶完了几天路程,出其不意地把倭寇消灭了。后来,当地群众把这种中间带孔的饼称为"光饼",并沿袭成风,用以纪念戚继光抗倭斗争的辉煌业绩。

1562年,戚继光在挫败进犯浙江的倭寇之后,率部入闽剿倭,狡猾的倭寇把营扎在福建宁德边的横屿上。小岛四面环水,退潮时尽是泥沼,倭寇凭借这种有利地形,在岛上修筑了坚固的防御工事，使得陆军难以进攻，水军也无法靠近。戚继光在观察地形后，制定了陆军进攻的方案，他命令战士们在海水退潮时快速在烂泥上铺上稻草，冲上横屿，就仿佛天降神兵一般，倭寇毫无准备，经过短暂的激战，倭寇被戚家军全歼，倭寇盘踞 3 年的横屿一举收复。

戚继光率军在浙、闽、粤沿海诸地抗击来犯倭寇，历时十余载，大小战斗约 80 余次，并以岳家军为榜样，"冻死不拆房，饿死不掳掠"，因此深得人民的拥护和爱戴，戚继光也被后人誉为民族英雄。

与戚继光并称为"俞龙戚虎"的另一个抗倭英雄是谁？

俞大猷，字志辅，号虚江，他是明朝著名爱国将领，抗倭民族英雄，官至都督同知，他与戚继光齐名，被并称为"俞龙戚虎"。

俞大猷年幼时，家境贫穷，但他非常勤奋，而且喜好学文习武，勇敢机敏。在一次海战中，突然风浪狂作，天昏地暗，船只几乎倾翻，将士们因此断炊两天，哭号不止，副将汤克宽则狂呼："海神保佑！"只有俞大猷泰然自若地对汤克宽说："我平生无所忧挂，今日若能与你一起溺海，了却生命，无负大业，是最痛快的了！"须臾之间，风平浪静，安然无恙。

嘉靖三十一年（1552 年），倭寇大举侵扰浙东，北窜苏南，俞大猷配合戚继光、邓城等将领，用福建楼船在浙东、苏南大败倭寇，消灭倭寇四五千人，击沉敌船 140 多艘，彻底平定了苏浙倭患。

嘉靖四十一年（1562 年）冬，朝廷提升俞大猷为福建总兵，戚继光为副总兵，隶属闽浙总督谭纶指挥，一同剿灭倭寇。谭纶命令戚继光、刘显、俞大猷分别率领三路大军，会攻倭寇于平海卫，歼敌 2200 余人，并救回 3000 多名被劫的居民，胜利光复了兴化城。

倭寇攻占永宁卫时，用两只凶猛的军犬，看守营盘，俞大猷就带领士兵，化装成百姓，深夜潜入敌营，在铁钩上挂上香牛肉，先诱杀了军犬，然后带兵冲杀敌营，倭寇溃乱，争相登船从海上逃窜，俞大猷率军在永宁卫海口一块大石旁全歼敌寇。后来，俞大猷亲自在这块石上题了"镇海石"三个大字。

俞大猷身经百战，战功显赫，他带领的"俞家军"也是威名赫赫，为消灭倭寇做出了重要贡献。

明朝时，与宋朝的包拯齐名的是谁？

海瑞，是明朝著名政治家，字汝贤、国开，自号刚峰。海瑞是著名的大清官，后人称其为"海青天"，与宋朝的包拯包青天齐名。

海瑞是中国历史上有名的清官，他为政清廉，洁身自爱，为人正直刚毅，职位低微时就敢于蔑视权贵。嘉靖四十五年（1566 年），明世宗迷信巫术，生活奢侈浮华，不理朝政，海瑞便买来棺材，别妻子，散童仆，准备以死上书，劝谏世宗不要相信陶仲文这班方士的骗术，而应该治理朝政，结果世宗大怒，将他下狱，首辅徐阶竭力营救，直到同年十二月世宗驾崩，黄光升等人才把海瑞从狱中救了出来。

隆庆三年（1569 年），海瑞被调升为右佥都御史。他一如既往，惩治贪官污吏，打击豪强，疏浚河道，修筑水利工程，并且推行一条鞭法，强令贪官污吏退田还民，被人们尊称为"海青天"。

后来海瑞因遭到排挤，革职闲居 16 年之久。万历十三年（1585 年），海瑞重新被起用，先后任南京吏部右侍郎、南京右都御史，仍然力主严惩贪官污吏，禁止徇私受贿。万历十五年（1587 年），海瑞在南京病逝。

海瑞一生清贫，抑制豪强，安抚穷苦百姓，打击贪官污吏，深得百姓拥护和爱戴，留下了"海青天"的美名。

明穆宗是怎样的一个皇帝？

明穆宗朱载垕（1537~1572 年），明世宗朱厚熜第三子，明世宗病死后继位。在位 6 年，病死，终年 36 岁，葬在昭陵（今北京市十三陵）。可以用 8 个字来概括明穆宗朱载垕的性格，即：谨慎、仁义、懒惰、好色。

嘉靖三十二年（1553 年），刚满 16 岁的朱载垕就出居裕王邸。在裕王邸的独立生活，使朱载垕较多地接触到了社会方方面面，了解到了明王朝的各种矛盾和危机，特别是严嵩专政，朝纲颓废，官吏腐败，"南倭北虏"之患，民不聊生。

朱载垕即位后，改年号为"隆庆"。朱载垕在位期间处处小心谨慎，极少张狂，他任用贤能，得到高拱、陈以勤、张居正等大臣的鼎力相助，还广施仁政，对嘉靖朝那些由于谏言而获罪的诸臣"存者召用，没者恤录"，一改世宗时期的弊端，使朝政为之一新。其中就有海瑞获释出狱，恢复官职的案例。

但明穆宗本人庸碌无能，对朝政事务毫无所知，每次上朝都要由大学士代答，经筵也经常不发表意见，再加上沉湎酒色贪图享乐，宠幸塞外美女花花奴儿，大病不起，休养了两个月后才勉强上朝主事，结果一上朝嘴和手就不停颤抖且头晕目眩。他自知病情严重，急召高拱、张居正和高仪3人接受顾命，吩咐遗诏与皇太子。

穆宗朱载垕在位期间，朝廷几乎没有发生什么重大的变故。穆宗虽庸碌，但最大的优点就是用人不疑，敢于放手让臣子们去发挥才能，因此隆庆朝人才济济，文有徐阶、张居正、高拱、杨博等贤臣，武有谭纶、戚继光、李成梁等良将。

隆庆朝和万历朝前10年成了明王朝回光返照的时期。这一时期社会比较稳定，经济发展也有了重大的改观，因此可以说朱载垕在使明王朝向最后一个繁荣时期过渡的过程中，起到了非常重要的作用。

谁是明朝在位时间最长的皇帝？

朱翊钧（1563~1620年），即明神宗，是明穆宗第三个儿子。隆庆六年（1572年），穆宗驾崩，10岁的朱翊钧即位，次年改年号为万历。他在位48年，是明朝在位时间最长的皇帝。

万历时期有三件大事，即援兵朝鲜、国本之争和梃击风波。

援兵朝鲜。日本当时的统治者丰臣秀吉统一了日本以后，就将矛头对准了朝鲜，朝鲜本是中国的藩属，万历皇帝对此表现得极为重视，毅然决定派兵援助，明军一到朝鲜，就给了日本侵略者以沉重的打击，先后收复了平壤、开城。由于某些原因，双方最终达成了议和协议。不料3年后日本又挑起了战争，万历皇帝毅然决然再次派兵，丰臣秀吉病死，明军不战而胜。

国本之争。当时万历皇帝宠爱郑贵妃，在郑贵妃的怂恿下，万历皇帝总想伺机立郑贵妃的儿子为太子，但遭到正直大臣们的极力反对，当时太子又称为国本，因此，皇帝与大臣间的这次斗争又称为国本之争。国本之争是继嘉靖朝"大礼议之争"后的又一次大规模的皇帝与大臣的冲突，不过此次的胜利者是众大臣。

梃击风波是从国本之争演变而来的，这次风波的起因是因为郑贵妃为了能让自己的儿子继承皇位所做的最后挣扎。国本之争中，大臣的势力占了上风，郑贵妃心中十分焦急，于是她派自己的心腹太监雇人行刺太子。被雇的人叫张差，他在太监的配合下，顺利地到达了太子寝殿门口，当他手持木棒杀进去的时候，被太子宫中的太监当场抓获，这就是著名的梃击风波。

执政前期，明神宗曾作为一代明主，在张居正的辅佐下，使得大明王朝的经济得到了空前的繁荣，但张居正死后，他却穷奢极欲，横征暴敛，留下了千古骂名。万历四十八年（1620年）七月，万历皇帝逝世，传位于太子朱常洛，死后葬在北京十三陵定陵。

明朝的国本之争是怎么回事？

国本之争是指万历年间，君臣围绕册立太子一事展开的一场历时15年的争论，因为太子是"天下之本"，因此这场争论被称为"国本之争"。

明神宗大婚之后，一直没有子嗣，从太后到大臣都非常着急，一直到万历十年（1582年），皇长子朱常洛才呱呱坠地。朱常洛的母亲恭妃虽生了儿子，但并没有因此而得宠，神宗最宠爱的是郑贵妃。万历十四年（1586年），郑妃也生下了一个皇子，名为朱常洵，神宗见郑妃喜得贵子，比皇长子的诞生还要高兴，传旨大加庆贺。

明神宗对朱常洵非常偏爱，这使得朝臣们预感到即将面临一个很棘手的问题：册立谁为太子？这可是牵涉到"国本"的大事。内阁首辅申时行上疏，请求明神宗根据"有嫡立嫡，无嫡立长"的原则，册立皇长子朱常洛为太子。但明神宗以长子年幼为由，推托说等两三年后再行册封。其实，神宗是想借机拖延，然后伺机立朱常洵为太子。

万历十八年（1590年）正月初一，神宗召见申时行、王锡爵、王家屏等阁臣，申时行等乘机再次提出册立太子之事，神宗一口回绝。到了十月，群臣又一次联名上疏请立太子，神宗大怒，将诸臣全部停俸，但迫于压力，神宗同意第二年册封。但到了第二年，神宗仍然没有册立之意，很多官员又重提立储之事，结果，有的被削职惩办，有的遭到廷杖。

万历二十二年（1594年），神宗迫于太后的压力，终于让皇长子出阁讲学，但对于皇长子册立、冠婚之事，虽然朝臣连连奏请，但神宗却一再拖延。一直拖到万历二十九年（1601年），朱常洛才被正式册立为东宫太子，朱常洵被封为福王。朱常洵受封以后，一直赖在京城，不肯到封国去。直到发生了震惊朝野的"梃击案"，神宗才速速下令福王离京就藩。至此，朱常洛才算坐稳了东宫太子之位。

万历年间的国本之争，前前后后一共经历了15年之久，很多人因此丢官罢职、下狱受杖。后人评论说："自古父子之间继承受命，从没有过如此这般磨难。"

明朝的东林党是一个什么团体？

东林党是明代晚期以江南士大夫为主的政治集团。1604年，顾宪成等修复宋代杨时讲学的东林书院，与高攀龙等在这里讲学。"三吴士绅"在朝在野的各种政治代表人物、东南城市势力、某些地方实力派等，一时都聚集在以东林书院为中心的东林派周围，时人称之为东林党。

明神宗朱翊钧统治后期，宦官擅权，倒行逆施，政治日益腐化，社会矛盾激化。针对这一现象，东林党人提出反对矿监税使掠夺、减轻赋役负担、发展东南地区经济等主张。他们还主张开放言路、实行改良等针砭时政的意见，得到当时社会的广泛支持，同时也遭到宦官及各种依附势力的激烈反对。

在"争国本"事件和以后发生的"梃击"、"红丸"、"移宫"三案中，东林党人都从维护皇权的立场出发，坚持反对郑贵妃、李选侍干政，公开抨击危害皇太子、皇帝的行为，主张严厉追查三案的当事人及其幕后主使者。

天启帝时期，宦官魏忠贤专政，形成明代势力最大的阉党集团，齐楚浙诸党争相依附之，对东林党人实行血腥镇压。天启四年（1624年），东林党人杨涟因为弹劾魏忠贤二十四大罪被捕，与左光斗、黄尊素、周顺昌等人同时被杀害。魏忠贤又派人编《三朝要典》，借红丸案、梃击案、移宫案三案为题，毁东林书院，打击东林党。东林著名人士魏大中、顾大章、高攀龙、周起元、缪昌期等先后被迫害致死。

天启七年（1627年），明思宗朱由检即位，魏忠贤自缢而死，次年明思宗毁了《三朝要典》，阉党集团对东林党人的迫害才告停止。东林党人往往不畏强权，为民请命，大胆弹劾朝中权贵，反对"矿使"、"税监"，甚至敢于冒犯"龙颜"。对于后妃干政和宦官专权，东林党人始终加以反对，哪怕是削职罢官，逮捕问罪也坚持不改，东林党与阉党的斗争，一直延续到了南明时期。

与明宫三大疑案都有关系的皇帝是谁？

明光宗朱常洛，是明代的第十四位皇帝，年号泰昌，只享有一个月的执政时间，他是明代传奇色彩最浓的一位皇帝，明宫三大疑案都与他有关，在他即位的第三十天清晨，就离奇死亡。

万历四十八年（1620年），朱常洛登上了皇位。在即位的前十几天，朱常洛进行了一系列革除弊政的改革：他发内帑犒劳边关将士，虽是杯水车薪，也是万历朝很难见到的；他还废除了万历朝的矿税，这种税收曾一度使得民不聊生，叛乱频生；他拨乱反正，将因进谏而得罪皇帝的言官都释放出来，恢复其官职；面对万历中后期官员严重不足的情况，他重振纲纪，提拔了一批新的官吏，补足了缺额，使得国家机器能够正常运转。

正当百姓翘首以待之时，皇帝却突然病倒了。原来，泰昌帝未即位时就好女色，即位之后郑贵妃又向皇帝进献美女，泰昌帝的身体本来就差，由于即位之初处理政务非常繁忙，加上回到后宫又纵欲，泰昌帝终于倒下了。

本来不是什么大病，吃几副补药，静心调养一段时间就可以复原，但是由于掌管御药房的太监崔文升向皇帝进了一济泻药，泰昌帝当天晚上腹泻三四十次，身体一下就垮掉了，从此再也没能起床，并且病情日趋恶化。

就在此时，鸿胪寺丞李可灼进献了两粒红药丸，泰昌帝服用了第一粒后，病情稍见好转，用了第二粒后却昏昏睡去，于第二天清晨驾鹤西归。

泰昌帝是因为服用红丸而毙命的，至于红丸到底是什么药，是不是毒药，崔文升又为什么向皇帝进泻药，这些都无从考证、无法弄清，历史上称此次事件为红丸案。此案最后不了了之，成为明宫又一大疑案。

哪位皇帝是经过"移宫案"被拥立的？

明熹宗朱由校（1605~1627年），是明代第十五位皇帝，明光宗朱常洛的长子，他继承皇位还经过了"移宫案"的风波。

明光宗在位仅29天，却留下了一个祸害李选侍。她和郑贵妃如出一辙，整天挖空心思地捉摸怎么把皇后的位子弄到手，此时的郑贵妃也对皇太后的位子垂涎已久，因此，两个女人凑到了一起，一唱一和，在皇帝面前非要将封号讨下来不可。

结果光宗突然驾崩，两人担心自己的地位不保，于是李选侍想出了"挟天子以令诸侯"的计策，由于明熹宗的生母早逝，李选侍成了熹宗的实际看护人，于是她利用这层关系，将熹宗扣留。

先皇已经驾崩，熹宗也已经被宣布继承皇位，小皇帝却迟迟没有从后宫走出来，大臣们非常着急，纷纷上书请求李选侍放还熹宗。李选侍仍然不肯撒手，幸亏太监王安从大局出发，将皇子骗了出来，交给了群臣。

李选侍一计不成，又生二计，她赖在乾清宫不走，以此要挟群臣给她一个皇太后的封号。依照古制，皇帝即位以后，应该立即迁入乾清宫居住，然而无人奈何得了李选侍，群臣为此十分着急。最后新皇帝朱由校亲自下旨，让她尽快移宫，李选侍只得带着宫女离开了乾清宫。之后朱由校继位，第二年改年号为"天启"，是为大明熹宗皇帝，又称天启帝。史称此事件为"移宫案"，为明朝宫廷三大案之一。

熹宗皇帝朱由校在位7年，因嬉乐过度成病（一说曾落水，留下病根），于1627年逝世，终年23岁，谥号熹宗，葬在德陵（今北京市十三陵），是明朝营建的最后一座皇陵。

臭名昭著的大宦官魏忠贤是怎么死的？

魏忠贤，原名李进忠，明朝末期臭名昭著的大宦官。魏忠贤与皇帝乳母客氏沆瀣一气、狼狈为奸。他极受明熹宗宠信，被鹰犬们称为"九千岁"。崇祯帝即位之后，魏忠贤遭到弹劾，被流放于凤阳，在途中畏罪上吊自杀。

魏忠贤出身于市井无赖，后因赌债不得不自阉入宫做太监。入宫后结识皇长孙朱由校的乳母客氏，并与其对食。对皇长孙朱由校，魏忠贤则极尽谄媚之能事，引诱其宴游，得到了朱由校的欢心。

泰昌元年（1620年），朱由校即位，被称为明熹宗。魏忠贤升为司礼秉笔太监。明熹宗是个"木匠天才"，他亲自在庭院中建造了一座小宫殿，形式模仿乾清宫，高不过三四尺，却曲折微妙，巧夺天工。魏忠贤总是趁他做木工做得全神贯注之机，拿重要的奏章去请他批阅，从而使得熹宗非常扫兴，于是熹宗随口说："朕已悉矣！汝辈好为之。"久而久之，魏忠贤逐渐代替皇帝专擅朝政。

1624年，魏忠贤遭到东林党人杨涟的弹劾，于是他开始大规模迫害镇压东林党人士。魏忠贤借熊廷弼事件，诬陷东林党人左光斗、杨涟、周起元、周顺昌、缪昌期等人有贪赃之罪，大肆抓捕东林党人，而后杀害了高攀龙、周宗建、黄尊素、李应升等人，最后拆毁东林书院，至此，东林党被阉党势力彻底消灭。

魏忠贤还在民间养了不少"义子"，如"五虎"、"五狗"、"十孩"、"四十孙"等。在其权势的全盛时期，各地的大小官吏纷纷对其阿谀奉承，甚至为他设立生祠。

1627年，崇祯帝朱由检登基即位之后，魏忠贤遭到弹劾，自杀身亡。

清朝时期

清朝是中国历史上最后一个封建君主专制王朝，也是中国历史上继元朝之后第二个由少数民族统治中国全境的封建王朝。

1616年，努尔哈赤建立后金，定都在赫图阿拉（今辽宁省）。1636年，清太宗皇太极称帝，改国号为大清。1644年，李自成的大顺军攻占北京，明朝灭亡；驻守山海关的明将吴三桂降清，清军入关，打败大顺农民军；同年，清顺治帝迁都北京，成为全国的统治者。清朝在入关后的20年时间里，先后灭亡大顺、大西和南明等政权，基本上统一了全国。

清朝大力开拓疆土，奠定了我国今天疆域的基础，鼎盛时期领土达1300多万平方公里。疆域西跨葱岭，西北达巴尔喀什湖，北接西伯利亚，东北至黑龙江以北的外兴安岭和库页岛，东临太平洋，东南到台湾及附属岛屿钓鱼岛、赤尾屿等，南至南海诸岛。为了缓和阶级矛盾，清朝初期实行奖励垦荒、减免捐税、与民休息的政策，到18世纪中叶，清朝的封建经济发展到一个新的高峰，历史上称之为"康乾盛世"。

鸦片战争以后，西方列强纷纷以武力逼迫中国开放市场，并签订了割地赔款等一系列不平等条约，曾是"天朝上国"的中国从此陷入半殖民地半封建社会的深渊，2000多年的封建帝制随之灭亡了。1911年，辛亥革命爆发，各省纷纷宣布独立。末代皇帝溥仪在1912年2月12日宣布退位，清王朝正式灭亡。大清王朝自建国到灭亡，历经了12帝，统治全国268年。

谁为清朝的建立奠定了基础？

爱新觉罗·努尔哈赤，原姓夹古氏，后改姓爱新觉罗，名努尔哈赤，号淑勒贝勒，他统一女真，建立后金，为大清王朝的建立，奠定了基础。

努尔哈赤出生在建州（今辽宁省抚顺市新宾县）女真贵族家庭，自幼就练习骑马射箭，习得一身好武艺。他为了报仇，领兵向土伦城进攻，城主尼堪外兰根本不是他的对手，狼狈逃走，努尔哈赤很快攻克了土伦城，进而继续追击，趁机又征服了建州女真的另外一些部落。

努尔哈赤击败了尼堪外兰之后，声势越来越大，这就引起女真族其他部落的恐慌，当时的女真族共分为三部，除了建州女真之外，还有海西女真和"野人"女真，其中海西女真的叶赫部最为强大。

1593年，叶赫部联合了女真、蒙古等9个部落，合兵3万，分3路向努尔哈赤进攻，努尔哈赤闻讯后，立即做好了迎战的准备。他在敌军的必经之路上，设下精兵埋伏。叶赫部一个头目还没等冲到努尔哈赤阵前，他的战马就被木桩绊倒了，随后被杀。另一头目见此情景也被吓坏了。这样一来，九部联军失去了统一的指挥，纷纷四散逃窜。努尔哈赤乘胜追击，击败了叶赫部，又过了几年，努尔哈赤基本上统一了女真各部。

在统一了女真各部之后，努尔哈赤决定发动对明朝的进攻。1618年，努尔哈赤以"七大恨"祭告天地，宣布不承认与明朝的附属关系，决定起兵反明，到1621年，努尔哈赤取得了反明战役的多次胜利，迁都辽阳，兴建东京城。1625年，再一次迁都到沈阳，并把沈阳改称盛京。

1626年正月，在攻打由明朝著名大将袁崇焕镇守的宁远时，努尔哈赤被红夷大炮击伤，数月后死在了回沈阳的路上。

清宫的四大奇案是什么？

野史传闻清宫有"四大奇案"，指的是"太后下嫁"、"顺治出家"、"雍正被刺"和"狸猫换太子"。

太后指清太宗皇太极之妃博尔济吉特氏，她是世祖福临的生母，传说她下嫁摄政王即睿亲王多尔衮。多尔衮是皇太极的弟弟，孝庄文皇后就是多尔衮的兄嫂。弟妻兄嫂，按汉人的道德观念来看，是一件不合伦理的事。但我们也不要忘了另一个事实：满清入关以前的社会性质虽已由奴隶制迅速向封建制过渡，但很早以前女真人的习俗，如弟娶兄妻、妻姑、侄媳的一些群婚制的残余，延续到入关初年，也是不足为怪的。太后下嫁这件事，成为清朝的第一个奇案。

清世祖福临好佛，他死前确实有过要祝发为僧的念头。但事实上在他死去的前几天，只是叫他最宠任的内监吴良辅去悯忠寺（今北京市广安门内法源寺）削发，他本人也曾亲自前往观看过，但他自己并未出家。据当事人王熙《王文靖集·自撰年谱》载："奉诏入养心殿，谕：朕患痘，势将不起。"张宸《青王周集》也称："传谕民间毋炒豆，毋燃灯，毋泼水，始知上疾为出痘。"两人所记完全相合，可以互相印证。这就很清楚地告诉我们，世祖是死于出痘，那么，遁入五台山祝发为僧的说法，就并不可信了。

世传清世宗胤禛暴崩的原因，说法不一。有人说是被刺而死的。雍正皇帝胤禛杀了明末人吕留良，吕留良有一个幸存的孙女，名叫吕四娘。她的剑术之精，冠绝侪辈，立志要为父祖报仇。后来她潜入宫内，终于刺死了雍正帝，并把他的脑袋割下，提着逃走了。但正史记载，如《清实录》、《清史列传》、《清史稿》等书都没有这类的记载。清世宗死后到底有没有头颅，被刺与否，还有待查证。

狸猫换太子，这里指的是清世宗胤禛与海宁陈氏换子的传说。高宗乾隆帝曾经南巡到海宁，当天就去了陈家，出来之后，就把门给封闭了。清高宗南巡去过陈家，是事实。但按清制，皇帝到过的人家，经过的大门是必须封闭，禁止再开的。何况，清代旗人生子一定要报都统衙门，宗室生子一定要报宗人府，定制十分缜密，换子并不容易。

四大奇案，均出自野史，并不可信，还需后人加以考证。

大清王朝的第一位皇后是谁？

孝慈高皇后，叶赫那拉氏，名孟古，她是叶赫部首领杨吉砮的女儿，清太祖努尔哈赤的妻子，是清太宗皇太极的生母，被封为孝慈高皇后，她是大清王朝的第一位皇后。

1582 年，海西女真的另一部扈伦与建州相互征战，杨吉砮看中了崛起的建州和风度翩翩的清太祖努尔哈赤，于是决定把自己的小女儿孟古姐姐许配给他，从而达到政治联姻的目的。对努尔哈赤来说，这是一件求之不得的事，既可以使他摆脱四面受敌的境遇，又为他一心一意统一建州的战争创造了条件。在建州费阿拉城，努尔哈赤用最隆重的仪式迎娶了这位美丽的妻子。

1592 年 10 月，孟古生下了皇八子，取名为"皇太极"，即后来改"女真"为"满族"，定国号为"大清"的清太宗皇太极。但这位贤惠的皇后的寿命非常短。明万历三十一年（1603 年）秋天，不到 30 岁的她便一病不起，她在弥留之际想见一见母亲，太祖虽派人去请，但建州与叶赫已势同水火，因而孟古只能带着对母亲的思念，对丈夫与胞兄之间争斗不休的无奈，撒手人寰，年仅 29 岁。

孟古死后，努尔哈赤十分悲痛，好几个月不喝酒，不吃肉，并为她举行了盛大的祭礼，而且还下令要 4 个贴身奴婢为孟古殉葬。在孟古死后的最初 3 年里，努尔哈赤把她葬在了自家的院子里，直到第四年才把她的棺木迁到了尼亚的满山冈建立了陵墓。到了清天命六年（1621 年）八月，努尔哈赤修筑辽阳新城，并把国都迁到了此处，因为努尔哈赤不愿意让自己心爱的妻子孟古离自己太远，于是他又在辽阳的杨鲁山上为孟古修建了新的陵园。

天聪三年（1629 年），继承父位的皇太极为努尔哈赤修建了福陵，并将生母孟古的灵枢合葬于陵中。

为努尔哈赤殉葬的大妃是谁？

孝烈武皇后乌拉那拉氏，名阿巴亥，在清太祖孝慈高皇后去世后，阿巴亥被立为大妃。努尔哈赤死后，皇太极以努尔哈赤之命为由，逼迫阿巴亥殉葬，谥号孝烈武皇后。

阿巴亥嫁给努尔哈赤时年仅 12 岁，她一共为努尔哈赤生了 3 个儿子：阿济格、多尔衮和多铎。

阿巴亥年轻貌美，因此努尔哈赤对她十分宠爱。在一次晚宴的时候，努尔哈赤看着年轻美丽的阿巴亥，想着自己终会一天天地老去，不得不考虑起自己百年之后将阿巴亥托付给何人的问题。

后金有儿子在父亲死后娶继母、父妾的习俗，因此努尔哈赤有让自己的第二个儿子代善继娶阿巴亥的打算。

代善知道父亲的这一想法后，十分高兴，而年轻的阿巴亥也希望在努尔哈赤死后在后金复杂的政权中找到自己的靠山。但是由于努尔哈赤的小福晋德因泽的告发，在天命五年（1620年）引发了大妃事件。德因泽首先告发说：阿巴亥送食物给代善和四贝勒皇太极吃，皇太极虽然接受了食物但没吃，而代善接受之后就高兴地吃了；她还告发说，阿巴亥经常深夜出宫到代善家去；不久德因泽又告发阿巴亥在举行聚会时，故意精心打扮并与代善眉来眼去。

努尔哈赤经过一系列的调查之后，认为情况基本属实，可是由于家丑不可外扬，于是以私藏金银的罪名将阿巴亥"离弃"。但历史上也有很多人认为，德因泽之所以告发阿巴亥，是受到皇太极的指使，皇太极的目的是在于排挤代善，而德因泽的目的无非是为了打击阿巴亥。

天命十一年（1626年），努尔哈赤在外身染重病，命阿巴亥前往。但不幸的是，还没等到阿巴亥赶来，努尔哈赤就病故了。努尔哈赤的儿子皇太极便以努尔哈赤之命为由，逼迫阿巴亥殉葬，阿巴亥当时只有37岁，谥号孝烈武皇后。

"冲冠一怒为红颜"的明末清初将领是谁？

吴三桂，字长伯，是明末清初辽东人，他曾为了爱妾陈圆圆冲冠一怒，吴梅村有诗为证，"恸哭三军俱缟素，冲冠一怒为红颜"。

吴三桂自幼习文练武，他18岁时，父亲吴襄带领500名士兵出锦州城巡逻，被皇太极的数万大军重重包围，但守城的祖大寿以城内兵少为由，不肯出兵相救。吴三桂率领20多名家丁亲自上阵将父亲从皇太极数万大军中救出重围。皇太极赞叹说："吾家若得此人，何忧天下？"从此，吴三桂的孝勇之举闻名天下，有"勇冠三军、孝闻九边"的美誉。

崇祯十七年（1644年）三月初，李自成攻破大同、真定，"京师为之震动"，崇祯帝因此决定放弃关外，任命吴三桂为平西伯，保卫京师。吴三桂奉旨保护京师，于三月十六日抵达山海关，等到三月二十日抵达河北丰润时，李自成的军队已攻破北京，崇祯帝自缢景山（煤山），于是吴三桂引兵退保山海关。

李自成曾多次招降吴三桂，吴三桂犹豫再三，也曾一度有过投降李自成的念头。但当吴三桂领兵赴京朝见新主（李自成）时，刚走到永平沙河驿时，遇到从京城逃出的家人，吴三桂问："家里人好吗？"家人说："被闯王抄了。"吴三桂说："没关系，我到后就会归还。"又问："我父亲好吗？"答："被拘捕了。"吴三桂说："我到后就会释放。"又问："陈夫人（指陈圆圆）还好吗？"答："被闯王带走了。"此时，血气方刚的吴三桂勃然大怒，厉声叫道："大丈夫不能保一女子，何面目见人耶？"随后，掉头打回山海关，以明朝大臣的身份，向昔日的宿敌清军递去了请兵书，希望多尔衮"合兵以抵都门，灭流寇于宫廷，示大义于中国"。这就是"冲冠一怒为红颜"的故事。

吴三桂为了一个苏州名妓陈圆圆，就将大明江山出卖给了满清朝廷。

谁建立了大清王朝？

皇太极，他是后金君主，清太祖努尔哈赤的第八个儿子。他是大清王朝的创建者，史称清太宗。皇太极是杰出的政治家、军事家、战略家、军事统帅。

皇太极出生于明万历二十年（1592年），从小就受到父亲努尔哈赤的喜爱。他生来面色赤红，眉清目秀，行动稳健，举止端庄，并且聪慧伶俐，耳目所经，过目不忘，一见即识，非常喜欢看书学习，在努尔哈赤的众多兵将中，皇太极是唯一一个识字的。

皇太极出生时，努尔哈赤正处于统一女真各部的战争中。当父亲和兄长长年在外忙于出征作战时，7岁的皇太极就开始主持家政了，不但把家里的日常事务、钱财收支等管理得井井有条，而且有些事不等努尔哈赤操心指示，皇太极就能干得非常出色，因此努尔哈赤非常喜欢皇太极。

清天命十一年（1626年），努尔哈赤因伤死在征战的途中，皇太极在沈阳继承后金汗位，改年号为天聪，史称"天聪汗"。他对内大力推行封建化的改革，加强中央集权。他废除与三大贝勒俱南面坐、共理政务的旧制，从而取得了一人独尊的地位。之后建立了由满汉知识分子组成的文馆，以利于其推行汉化，并设立六部，分掌国家行政事务；将文馆扩充为内三院，负责撰拟诏令、编纂史书、颁布制度等；又建立了都察院；改蒙古衙门为理藩院。皇太极通过这套政权机构，逐渐将权力集中到自己的手中。

皇太极对外相继征服了蒙古和朝鲜，并全力以赴对明朝发起进攻，接连发兵入关。他又发动了锦州战役，亲临前线指挥作战，大败明军。崇德七年（1642年）二月，松山城被皇太极攻陷，洪承畴被俘，祖大寿在锦州投降，至此，明廷在关外仅剩宁远一座孤城由袁崇焕把守。后来，皇太极利用崇祯对袁崇焕的猜忌，巧施了一个反间计，遂除去了心腹大患袁崇焕。从此，明朝"边事益无人，明亡征决矣"。

天聪十年（1636年）四月，皇太极改年号为崇德，并改国号为大清，正式称帝。崇德八年（1643年），皇太极在宫中猝然病死，葬沈阳昭陵。

身历四朝、辅佐两代幼主的清朝皇后是谁？

孝庄文皇后，博尔济吉特氏，原是蒙古科尔沁贝勒寨桑之女，她通今博古，聪慧异常，是清朝最有才能的皇后。

清太祖努尔哈赤天命十年（1625年）二月，博尔济吉特氏孝庄文皇后只有12岁，由兄长专程护送，嫁给了比她大20岁的亲姑父皇太极为侧室福晋。崇德元年（1636年）七月初十，博尔济吉特氏被册封为永福宫庄妃。

在民间传说里，庄妃是皇太极身边的一位女诸葛。据说，在明崇祯十五年（1642年），蓟辽总督洪承畴在解锦州之围时被清军俘虏，皇太极因为看重他的才干，打算收降他。无奈群臣费尽心机，洪承畴非但不降，而且采取了绝食抗争，以示忠臣不事二主的决心。正当群臣无计可施之际，庄妃自告奋勇，装扮成汉族侍女，亲手捧着人参汤进入了囚所，对洪承畴极尽温柔，动之以情，晓之以理，在她的婉言相劝下，洪承畴最终降清，为后来清朝平定中原立下了汗马功劳。

皇太极死后，庄妃为了帮助自己的儿子顺治帝福临坐上皇帝之位，极力拉拢皇太极之弟、摄政王多尔衮。顺治帝即位后，她成为皇太后，顺治帝在位18年，因患天花，24岁就英年早逝了。以后，年幼的康熙皇帝在孝庄文太皇太后的扶持下，8岁登基，14岁亲政。孝庄文太皇太后从不直接干预朝政，但她却对朝政非常关心。她经常告诫康熙帝说："祖宗骑射开基，武备不可弛。用人行政，务敬以承天，虚公裁决。"还说："古称为君难，苍生至众，天子以一身临其上，生养抚育，莫不引领，必深思得众得国之道，使四海咸登康阜，绵历数于无疆，惟休。汝尚宽裕慈仁，温良恭敬，慎乃威仪，谨尔出话，夙夜恪勤，以祗承祖考遗绪，俾子亦无疚于厥心。"对这些治国修身的道理，康熙帝一直铭记于心，并且付诸行动。因此可以说，康熙大帝之所以文治武功大有作为，开创了大清王朝的鼎盛时期，孝庄文太皇太后是功不可没的。

康熙二十六年（1690年）九月孝庄文太皇太后病重，康熙帝十分伤心，痛哭不止，并且日夜看护，水米不进，衣不解带；到了十二月，孝庄文太皇太后的病依旧没好，康熙便步行到天坛，向上天表示愿意减少自己的寿命来延长孝庄文太皇太后的生命。康熙二十六年十二月二十五日，身历4朝、辅佐两代幼主的孝庄文太皇太后病逝于慈宁宫，享年75岁。

"大清第一文臣"是谁？

范文程是清初一代重臣，他也是汉官中最为突出的代表人，在"满官"、"汉官"矛盾尖锐的满清朝廷，范文程历经4朝，在皇权更迭的血雨腥风中，始终稳居"大清第一文臣"之位。

范文程，字宪斗，号辉，出身于名门仕宦家庭。天命三年（1618年），清太祖努尔哈赤攻陷抚顺，范文程"仗剑谒军门"，参加了后金政权。清太宗时期，范文程是主要谋士之一，深受清太宗皇太极的倚重，凡是涉及社稷安危的大计，范文程无不参与其中，范文程对清朝的建立和巩固起到了非常重要的作用。

范文程是皇太极最看重的谋臣，难免招致摄政王多尔衮的诸多猜忌。顺治五年（1648年），摄政王多尔衮命令范文程等人删改《太祖实录》，范文程知道此事关系重大，一旦政局有所变动，就可能招致杀头之祸，于是他以养病为由，闭门不出。与此同时他还把自己撰写的所有文件的草稿统统焚毁了，他之所以这么做，就是为了避免"功高震主"，以求"安身避祸"。

顺治十一年（1654 年）八月，顺治帝特加封范文程为少保兼太子太保。但范文程深知伴君如伴虎，于是选择了急流勇退，以体弱多病为由请求"退休"。顺治帝婉言慰勉，无奈范文程去意已决。

范文程"退休"之后，只是与亲朋好友种种花草树木，写写诗词歌赋，教教学生，再也没有过问政事。

康熙五年（1666 年）八月，一代谋臣范文程病逝，终年 70 岁。康熙帝亲撰祭文，并赐葬于怀柔县的红螺山，立碑以纪其功绩。

范文程一生历经大清三朝四世，始终稳坐"大清第一文臣"的位置，功绩堪比西汉的张良、大明朝的刘伯温，范文程面对各种复杂的形势，做到了识大体、顾大局、言所当言，为所当为，最后和张良一样，功成身退。

大清入关之后的第一位皇帝是谁？

爱新觉罗·福临（即顺治皇帝）是清代入关后的第一位皇帝。他的生母是孝庄文皇后。福临是清太宗爱新觉罗·皇太极的第九个儿子，在位时间从 1643 年到 1661 年。

崇德八年（1643 年）八月，太宗皇帝因病逝世在清宁宫。经过一番兵戎相见的较量，在叔父摄政睿亲王多尔衮的辅佐下，福临继承了帝位，改年号为顺治，并在顺治元年（1644 年）九月由沈阳迁入北京，在太和门举行了登基大典。

由于顺治皇帝年幼不能主事，多尔衮摄政长达 7 年之久，多尔衮病逝后，顺治开始摆脱傀儡地位，为了加强皇权，顺治帝废除了诸王贝勒管理各部事务的旧制，又采取了停止圈地，放宽逃入法等一系列缓和民族矛盾的措施。顺治帝虽然很想有一番作为，也很为中原汉文化所吸引，但因为他周围没能形成一支以他为主导的强有力的政治势力，最终导致他在与朝中反对汉化的勋旧大臣的较量中败下阵来。

政治上的失意，使顺治帝终日沉湎于与其弟媳董鄂氏的爱情之中。除此之外，顺治帝还与耶稣会教士汤若望以及佛教高僧木陈忞、玉林琇等人交往非常密切，很受他们的影响。

当他挚爱的宠妃董鄂氏突然病死之后，他悲痛欲绝，精神支柱完全崩溃，决心出家，但后来经过玉林琇等人坚决劝阻，才重新蓄发留俗。

自董鄂妃死后，顺治帝的健康每况愈下，24 岁时又突然染上天花，在顺治十八年（1661 年）正月初七逝世。顺治帝在位不足 18 年，死后葬在清东陵"孝陵"，谥号为章皇帝，庙号为世祖。

董鄂妃是顺治帝最宠爱的妃子吗？

孝献皇后董鄂氏，又作栋鄂氏，世称董鄂妃，她的父亲是鄂硕，曾追随皇太极南征北战，战功卓著。她本来指配给顺治的异母弟襄亲王博穆博果尔为妻，但顺治帝却对她一见钟情，以致不顾兄嫂身份，穷追不舍，最终成为了顺治帝最宠爱的妃子。

董鄂妃在 15 岁时被选中秀女，并被指配给顺治帝的异母弟襄亲王博穆博果尔为妻，次年与其完婚，成为襄亲王妃。由于襄亲王长年在外征战，无法顾及儿女私情，董鄂妃虽贵为王妃，却经常独守空闺，生活非常苦闷，并无幸福可言。

一次偶然的机会，董鄂妃与顺治帝邂逅，两人一见钟情，顺治帝被她的美貌和气质深深吸引，以致不顾身份，穷追不舍，二人频繁约会，坠入爱河。襄亲王知道此事后，十分气愤，不久便怨愤而死。

顺治十三年（1656 年）八月，18 岁的董鄂妃刚一进宫，就被顺治帝立为贤妃。又过了一个月，董鄂妃被顺治帝谕升为皇贵妃，并于当年十二月举行了隆重的册封典礼。随后顺治帝又特颁恩诏，大赦天下。按照清初规定，只有册封皇后才能颁发诏书，而董鄂妃入宫不到半年，就连晋两级，升为皇贵妃，并大赦天下。

顺治帝亲政以后，虽然很想有一番作为，但是他满族贵族子弟的习气难改，尽管大臣们对他多次谏阻劝诫，都无济于事，顺治帝依然我行我素。然而自从有了董鄂妃，顺治帝竟然尽改恶习，与董鄂妃朝夕相处，心心相印，可谓一个奇迹。

顺治帝对董鄂妃一往情深，并引为知己，董鄂妃对顺治帝更是尊崇挚爱，体贴入微，亲自照料顺治帝的起居饮食。有时遇到庆典，顺治帝由于兴致所致，难免多饮几杯，董鄂妃就劝他不要贪杯。顺治帝喜欢打猎，董鄂妃就谏阻他说："陛下籍祖宗鸿业，讲武事，安不忘战，甚善。然马足安足持，以万邦仰庇之身，轻于驰骋，妾深为陛下危之。"顺治帝不但听从了董鄂妃的劝谏，而且赞誉她"深识远虑，所关者切"。

顺治帝对董鄂妃的情感，成为历史上一段佳话。

辅佐顺治帝入主中原的是谁？

多尔衮，是努尔哈赤的第十四子，皇太极的弟弟，其母是努尔哈赤的大妃阿巴亥。多尔衮作为摄政王，带领清军入关，并辅佐顺治帝入主中原。

天聪二年（1628 年），多尔衮出征察哈尔多罗特部，初建战功，被赐予"墨尔根代青"（满语，聪明之意）的称号。此后，多尔衮又多次奉命进入山西、河北、山东等地劫物掠入，并且先后率军征战察哈尔、朝鲜，攻战大凌河、锦州、松山等地，多尔衮因战功显赫，十分受清太宗皇太极的器重，逐渐跃居于后金军主要统帅之列，到崇德元年（1636 年），被皇太极封为"和硕睿亲王"。

顺治元年（1644 年）三月，李自成攻破北京，多尔衮抓住了这个有利时机，立即向关内进军。四月，他与明山海关总兵吴三桂互相勾结，共同镇压李自成的农民军，李自成兵败，率部西走。五月，多尔衮率军入京。十月，多尔衮迎顺治帝福临即位北京，正式宣布清朝对全国实行统治。

多尔衮摄政时期，仿照明制，建立了一套新的政治体制，他在维护"权归满人"的同时，对汉族地主阶级、前明官员采取了"官仍其职，民复其业，录其贤能，恤其无告"的政策，还设六部汉尚书、都察院汉左都御史各一员，并下令禁止满洲诸王干预各衙门政事及指摘内外汉官。

但多尔衮为了维护满族贵族利益，也采取了一些不当的统治政策，从而激化了民族矛盾和阶级矛盾，其中尤以剃发令、圈地令、逃人法、易服、投充等为最甚，在一些地区内造成了极大的社会动荡。

为了进一步加强中央集权，多尔衮采取措施限制由满族贵族、大臣组成的"议政王大臣会议"的权力，集各项大权于摄政王一人之手。

顺治七年（1650 年），多尔衮到塞外去狩猎，十二月初九因坠马不治而亡，时年 39 岁，被追尊为"诚敬义皇帝"。

清朝的"嘉定三屠"是怎么回事？

清顺治二年（1645 年）六月，清军再下剃发令，令 10 天之内，全国百姓一律剃头，严重伤害了汉族百姓的民族感情，纷纷起而抗清，其中嘉定人民的抗清反剃发斗争尤为顽强激烈。分别于同年六月十三日、六月十四日、八月十六日 3 次遭屠城，史称"嘉定三屠"。

清朝刚下发剃发令，汉族广大群众就开始酝酿反抗。清朝的嘉定知县强制剃发，起义顿时爆发。城郊居民一呼而起，奋起反抗，打败了清军。人民公开推举黄淳耀、侯峒曾出面领导抗清，降将李成栋率清兵猛攻，城中居民冒雨奋战，坚守不屈。最后清军用大炮轰城，才开始攻入城门，义军将领誓不降清，侯峒曾投河自尽，黄淳耀自缢身亡，城中军民也没有一个人投降。1645 年闰六月十四日朱瑛又率众入城，组织人们抗清，最终失败。八月十六日，明将吴之藩起兵，反攻嘉定，失败。

李成栋入城后，下令鸣炮屠城。小街僻巷，无不穷搜。每遇一人，大呼献宝，献若不多，连砍三刀，物尽则杀。全城刀声霍然，嚎叫之声，动地惊天。悬梁者、投井者、断肢者、血面者，被砍未死，手足犹动者不计其数。骨肉狼籍，遍地皆是。投河自溺者不下数千人。自西门至葛隆镇，浮尸满河，行舟无处下篙。血污浮于水面，高出数分。妇女若容貌不佳者必杀，有美色者生掳，于街坊当众奸淫。若有不从，钉其手足。后来李成栋纠集民船 300 余艘，满载所掠金帛、女子、牛马猪羊驶往太仓。

自闰六月初，嘉定人民自发起义抗清，两个月内，大小战斗十余次，民众牺牲 2 万余，史称"嘉定三屠"。

中国历史上在位时间最长的皇帝是谁?

　　爱新觉罗·玄烨是清朝第四位皇帝、清定都北京后第二位皇帝,年号康熙。康熙帝8岁登基,在位61年,是中国历史上在位时间最长的皇帝。

　　康熙六年(1667年)七月初七,康熙帝在太和殿举行亲政仪式,在其祖母太皇太后孝庄文皇后的帮助下,康熙帝最终赢得了与顾命大臣鳌拜的斗争,开始真正亲政。

　　康熙帝执政期间,先后平定三藩之乱,收复了宝岛台湾,平定准噶尔汗噶尔丹叛乱,并成功击败了沙俄对黑龙江流域的侵略。其次,他还宣布停止圈地,放宽垦荒地的免税年限。同时着手整顿吏治,恢复了京察、大计(明代考核外官的制度,清沿其制,规定三年举行一次)等考核制度。

　　除此之外,为了防止被臣下蒙蔽欺骗,康熙帝还亲自出京巡视,了解民情吏治。其中最著名的是6次南巡,此外还有3次东巡、六次西巡,以及数百次巡查京畿和蒙古。康熙帝还亲自巡视黄河河道,督察河工,并下令整修永定河河道。

　　康熙帝不但精通中国传统文化,而且涉猎西方科学,他十分注重学习借鉴西方的先进科学技术,力图让我国走在世界前列。

　　康熙帝一生功绩颇多,对中国历史和世界文明的发展做出了重要贡献,他不仅是"康乾盛世"的开创者,也是中国历史上伟大的政治家。正是因为如此,他才奠定了持续一百多年的"康乾盛世"的基础。

康熙帝的第一位皇后是谁?

　　孝诚仁皇后,赫舍里氏,她是康熙帝的顾命大臣索尼的孙女,也是康熙皇帝的第一位皇后。

　　孝诚仁皇后为人温柔贤德,在与权臣鳌拜的斗争中,索家立下了汗马功劳。虽然索尼中途去世,但是他的二儿子,即孝诚仁皇后的叔父——索额图,在与鳌拜的斗争中帮助康熙皇帝取得了最后的胜利,孝诚仁皇后也因此受到了康熙皇帝的宠爱。

　　康熙初年,身为皇祖母的孝庄文皇后在为康熙皇帝选皇后时煞费了一番苦心,在候选人中,既有鳌拜的女儿,又有遏必隆的女儿,无论选谁为皇后,都必然会导致皇后所在家族势力的壮大。

　　由于鳌拜的狂妄自大已经初露端倪,因此,鳌拜的女儿第一个从名单中删除。而遏必隆是一个"墙头草"式的人物,哪一方势力强大,他就向哪一方倾倒,所以对待遏必隆既不能完全依靠,又不能完全置之不理,因此遏必隆的女儿可以进宫为妃,却不能为后。另外一位候选人就是四位顾命大臣之首索尼的孙女。索尼身为顾命大臣,虽然对汉族官员有些排斥,但对清廷是绝对忠心的,而且,他对鳌拜的专权也早有意见,因此册立他的孙女为皇后是再合适不过了。

　　康熙十三年(1674年),孝诚仁皇后生下了皇二子胤礽之后,因难产而去世。康熙皇帝悲痛万分,并暗下决心,要立胤礽为太子,用来回报索尼家为皇室做出的贡献,这也正是胤礽屡次犯错而屡次受到康熙皇帝原谅的原因。

　　孝诚仁皇后虽然温柔贤德,只可惜她的儿子却很不争气,到了康熙晚年,胤礽已经越来越不像话了,根本就难成大器。为了不使天下百姓受苦,康熙皇帝做出了痛苦的抉择:将对孝诚仁皇后的爱、对索家忠臣的感激放在一边,毅然决然地废掉了胤礽,另立皇四子胤禛为继承人。

谁是清朝康熙时治理黄河的功臣?

　　靳辅(1633~1692年)是清康熙时的治河名臣,他为治理黄河立下了不朽的功绩,造福了黄河流域的广大民众,至今为人们所歌颂。

　　顺治九年(1652年),靳辅考授国史编修。康熙十五年(1676年),黄、淮并涨,奔腾四溢,砀山以东黄河两岸决口21处,黄河倒灌洪泽湖,高家堰决口34处,淹了淮、扬7个州县。黄河河道在清口以下到河口长300余里严重淤积,河道、运道均遭破坏。当时康熙皇帝为了治理黄河,于康熙十六年调靳辅为河道总督,担起治河重任。

　　靳辅知人善任,陈潢是其得力的僚属,凡治河之事,无不向陈潢垂询和请教。靳辅到任不久,即同陈潢遍察黄、淮形势及冲决要害。根据实地调查研究,提出了"治河之道,必当审其全局,将河道运道为一体，彻首尾而合治之，而后可无弊也"的治河主张。一日内向康熙皇帝上了八疏，系统提出治理黄、淮的全面规划。

为了解决当务之急，靳辅首先在清口以下至河口 300 里的河道内，采取"疏浚筑堤"并举的措施，把河道内所挖引河之土，用以修筑两岸大堤；又在清口开掘 5 道引河，疏通淮水入河的通道，从而使黄、淮并力入海，河道畅通，运道无阻。

其次，靳辅鉴于"上流河身宽，下流河身窄"的状况，沿用潘季驯修减水坝的办法，在江苏砀山以下至睢宁间狭窄河段，因地制宜地在两岸有计划地增建许多减水坝，作异常洪水分洪之用。如遇黄、淮并涨之时，即开泄黄河北岸减水坝；若黄涨淮落则南北两岸减水坝并开，把南坝分出的黄河水，经沿程落淤澄清，均入洪泽湖，再从清口入于正河，以防黄河倒灌之虞。

最后，为了进一步解决漕运问题，康熙二十五年（1685 年）靳辅在张家庄运口经骆马湖，沿黄河北堤的背河，再经宿迁、桃源，到清河仲家庄开一新河，名曰"中河"。漕船可由清口直渡北岸过仲家庄闸至张家庄运口，避免黄河漕运 180 里之险，便利了漕船的往来。

康熙三十五年（1694 年），人们为了纪念靳辅，经皇帝允准，建祠于河畔。他生前著有《治河方略》一书，为后世治河的重要参考文献。

清朝"三藩之乱"中的"三藩"分别指谁？

三藩是指清朝初期吴三桂、耿精忠、尚可喜三支割据势力所辖的藩镇。清朝初年，清朝统治者从汉人降将中选拔出一些有功者分封在一些南方省份，负责管理南方诸省：吴三桂封平西王，镇守云南，兼辖贵州；尚可喜封平南王，镇守广东；耿仲明封靖南王，死后，他的儿子耿继茂袭封，镇守福建。上述三方势力合称为三藩。

20 年后，南方驻云南的吴三桂、驻广东的尚可喜、驻福建的耿精忠（耿继茂之子）等藩王已经形成相当大的势力，并且与清廷分庭抗礼，其中吴三桂的势力最大，不仅在经济上是中央政府的沉重包袱，而且直接威胁到清政府的统治。康熙十二年（1673 年）春，康熙帝作出撤藩的决定，吴三桂首先于当年十一月杀死云南巡抚朱国治，自称天下招讨兵马大元帅，提出"兴明讨虏"的口号，将矛头直接指向清政府。

康熙帝采取剿抚并用的手段，首先坚决打击吴三桂，而对其他的叛变者实行招抚，通过分化反叛力量来孤立吴三桂。军事上，康熙帝仅以湖南为进攻的重点，同时做到了充分信任汉将，这样就大大鼓舞了朝廷军队的士气，同时也争取了民心。

在耿精忠、尚之信（尚可喜之子）归附清廷之后，吴三桂在康熙十七年（1678 年）在衡州称帝，建国号为周，改年号为昭武，而且大封文臣武将。只可惜他刚称帝不久就病死了。吴三桂死后，其孙吴世璠继承他所谓的"帝位"。

康熙二十年（1681 年）冬，清军攻入云贵省城，吴世璠自杀，历时 8 年的三藩之乱最终被平定。康熙帝平定三藩之后，清政府才从真正意义上完成了统一，确立起了稳定的皇朝统治，并进一步为以后的"康乾盛世"奠定了政治基础。

雅克萨之战是一场正义之战吗？

雅克萨之战，是指沙俄侵略者妄图侵占我国黑龙江流域大片领土，我国军民被迫进行的一次收复失地的自卫战争，它也是一场反对侵略者的正义之战。

康熙帝在平定三藩之后，随即着手解决驱逐沙俄的问题。康熙二十四年（1684 年）四月二十八日，康熙帝命令彭春、郎谈、萨布尔 3 人率领满、蒙、汉 3000 余人分批抵达雅克萨，要求沙俄督军托尔布津立即撤军，但受到拒绝。五月二十五日，一队沙俄军队企图冲入城内救援，被林兴珠所率领的 400 名藤牌兵团团围住，将士们在枪林弹雨中与侵略者周旋恶战，为收复雅克萨屡立奇功，奇怪的是藤牌兵居然无一人死于战斗，创造了军事史上的奇迹。

清军当晚以炮火攻城，次日，郎谈又在城下堆放柴火，预备焚城，俄军大惊失色，托尔布津在无可奈何之下，乞求投降。康熙帝降旨，饶恕他们的罪过，让俄军撤军回国。清军毁掉雅克萨城之后，撤回到瑷珲。托尔布津获悉清军撤回瑷珲后，于七月又回到雅克萨，重新筑城。

康熙二十七年（1687 年）五月二日，索额图奉命离京赴俄国谈判。离京之前，康熙帝谕示：

尼布楚、雅克萨、黑龙江上下游以及通向此江的一河一溪都属于我方。中国代表领侍卫大臣索额图与俄方代表御前大臣费多尔·阿列克谢耶维奇·戈洛文在尼布楚开始进行边界谈判，俄方代表提出以黑龙江为界的无理要求，被中方代表断然拒绝，经过一番唇枪舌剑的谈判斗争，双方在七月二十四日签订了《中俄尼布楚条约》。

雅克萨自卫反击战的胜利，是中国人民为保卫边防而进行的一次自卫之战，是一场正义的战争，它挫败了沙俄跨越外兴安岭侵略我国黑龙江流域的企图，有效遏制了沙俄对我国的侵略野心，使我国东北边境在之后的一个半世纪里基本上得到了安定。

"满洲第一勇士"是谁?

鳌拜，是清代著名权臣，满洲镶黄旗人，康熙帝早年的辅政大臣之一，鳌拜军功显赫，被称为"满洲第一勇士"。

鳌拜的伯父费英东早年曾跟随太祖努尔哈赤起兵，是大清的开国元勋之一，二哥卓布泰是清初战功卓著的战将。鳌拜本人也曾随皇太极南征北战，战功赫赫，不仅是一名骁勇善战的大将，而且也是皇太极的心腹。

1644年，清军入关，鳌拜率军平定燕京，征战湖广，驰骋疆场，冲锋陷阵，为大清王朝的统一事业立下了汗马功劳。1646年，鳌拜出征四川张献忠的大西军，在南充大破大西军，并射杀了张献忠，鳌拜因此被顺治皇帝超升为二等公，授议政大臣。

1661年，顺治帝驾崩，8岁的爱新觉罗·玄烨即位，按照顺治帝遗诏，由索尼、遏必隆、苏克萨哈、鳌拜四大臣辅政。但由于索尼年老多病，遏必隆生性庸懦，苏克萨哈因曾是摄政王多尔衮的旧属，为其他辅政大臣所不容，因此鳌拜得以擅权。

自此，鳌拜结党营私，日益骄横跋扈，他不顾康熙帝的旨意，先后杀死户部尚书苏纳海、直隶总督朱昌祚、巡抚王登临及辅政大臣苏克萨哈等政敌，引起康熙帝的极端不满，后来康熙帝亲自设计了一个由一群少年在宫内练习的"布库"游戏，将鳌拜擒获。康熙帝当场宣布了鳌拜的30条罪状，按理当斩，不过念鳌拜是三朝元老，为朝廷效力多年，于是免去了他的死刑，并将他拘禁于大牢。

这位征战沙场，号称"满洲第一勇士"的鳌拜，最后竟被一群小孩擒获，成为清朝历史上的一则笑谈。

清朝平定准噶尔叛乱用了多少年?

清朝平定准噶尔贵族的叛乱起始于康熙二十九年（1690年），结束于乾隆二十二年（1757年），历经康、雍、乾三朝，历时将近70年。

噶尔丹是卫拉特蒙古准噶尔部首领巴图尔浑台吉的第六个儿子，他杀死兄长袭为台吉，接着出兵擒获叔父楚琥尔乌巴什，攻克和硕特部首领鄂齐尔图车臣汗。在沙俄的唆使下，噶尔丹率军进攻喀尔喀蒙古，发动了一场旨在分裂祖国的叛乱。

康熙二十九年六月，康熙帝决定御驾亲征，并下令分兵两路出击：左路军出古北口（今河北省滦平县南），右路军出喜峰口（今河北省宽城县西南），从左右两翼迂回北进，在乌珠穆沁地区消灭噶尔丹。康熙三十六年二月，由于噶尔丹拒不投降，康熙帝再次下诏亲征。在众叛亲离的情况下，噶尔丹服毒自尽。至此，康熙帝平定噶尔丹叛乱的战争宣告结束，喀尔喀地区重新统一于清朝。

康熙帝死后，雍正帝继续坚持平定准噶尔贵族割据势力的斗争。雍正五年（1727年）冬，准噶尔的统治者、噶尔丹的侄子策妄阿拉布坦死，其子噶尔丹策零继位。在沙俄的支持下，噶尔丹策零继续进行叛乱活动。雍正十年八月，清军以精骑3万夜袭敌营，准噶尔军溃逃，清军乘胜追击，噶尔丹策零被迫投降。

乾隆十年（1745年），噶尔丹策零死后，准噶尔部发生内乱，达瓦齐夺得汗位。乾隆二十二年春，乾隆帝派军从巴里坤等地分路进击，大败叛军，策妄阿拉布坦的外孙、叛军头目阿睦尔撒纳逃往沙俄后不久病死。清军平定准噶尔贵族叛乱的战争，至此宣告胜利。

清朝平定准噶尔贵族叛乱的战争，历时将近70多年，最终取得胜利，这次战争不仅维护、巩固了西北边陲，消灭了准噶尔贵族的分裂势力，而且也挫败了沙皇俄国侵略中国的野心。

清朝的哪次赋役制度改革废除了人头税？

摊丁入亩，它废除了人头税，是清朝政府将历代相沿的丁银并入田赋征收的一种赋税制度，是中国封建社会后期赋役制度的一次重要改革。

摊丁入亩，在康熙、雍正、乾隆年间普遍实行，其主要内容为废除人头税，此后中国人口迅速增长，客观上是对最底层农民人身控制的放松。

早在满清入关之初，他们的皇室、贵戚和大大小小的官吏就疯狂地圈占汉人土地，土地兼并由此一发而不可遏止。后来随着地主经济的复苏，他们对土地的兼并更加狂妄之极，加上丁役负担的严重不均，引起了一系列的反应，威胁到了清政府的统治。

清统治者为了解决这些问题，实行了摊丁入亩政策，"摊丁入亩"的原则是，"其派丁多者，必其田多者也，其派丁少者，亦必有田者也"，而地主田多丁少，农民田少丁多，于是"富户也困于役，而置产困也"。

"摊丁入田"以后，地主的利益不像明代以前那样优厚，土地的负担大幅度加重。农民的赋役负担大致普遍均衡起来，人为地阻碍了小生产者的分化，而这些被置于相同处境上的农民，其生活是相当痛苦的。除此之外，"摊丁入亩"由于废除了人头税，人口增长达到前所未有的速度。

"摊丁入亩"，虽然在一定程度上减轻了农民的赋役负担，但人头税的废除，极大地加速了人口的增长。

郑成功为什么被称为民族英雄？

郑成功（1624~1662年），原名森，幼名福松，字明俨，号大木，他是我国历史上著名的军事家、政治家，他打败了荷兰殖民者，收复了宝岛台湾，被誉为民族英雄。

郑成功的父亲郑芝龙是一个海盗出身的明朝将领，郑成功出生在日本九州平户藩，祖籍是河南省固始县汪棚乡邓大庙村，后来南明绍宗隆武帝朱聿键赐郑成功姓朱，并册封为忠孝伯。

清兵入福建之后，郑芝龙迎降，郑成功不愿从父命降清，于是举兵抗清，后与张煌言联师北伐，震动东南。郑成功向南明隆武帝提出了历史上著名的"延平条陈"，被隆武帝叹为奇策，于是封郑成功为"忠孝伯"，并赐予尚方剑，挂"招讨大将军"印。

南明永历七年（1653年），隆武帝又追封郑成功为"延平公"，到了永历十二年（1658年）正月，郑成功又被明永历帝晋封为"延平郡王"，因此后人也称郑成功为郑延平。之后郑成功与西南抗清将领李定国一个在云南广西，一个在东南沿海，屡屡给清兵以致命的打击，支撑南明政权长达20年之久，堪称擎天双柱。

清康熙元年（1662年），郑成功率军数万人，从厦门出发，在台湾禾寮港登陆，打败荷兰殖民者，收复了宝岛台湾。占领台湾之后，郑成功下令屯垦台湾的范围，北达噶玛兰（今台湾省宜兰县），南至琅峤（今台湾省最南端的恒春平岛），后因大肚王与琅峤番人的反抗而减缓扩张。郑成功实际的统治区域大约是从二林（今台湾省彰化县二林镇）到茄藤（今台湾省屏东县佳冬乡）的范围之间。由于台湾处于热带，再加上当时的卫生条件非常差，郑成功没多久就染上了疫病，并于1662年五月初八病逝。

郑成功一生，抗清驱荷，因为赶走了荷兰殖民主义者、收复了祖国的领土宝岛台湾而被载入史册，至今海峡两岸均立像树碑纪念他的功绩。

清南书房是什么时候设立和撤销的？

南书房，设于康熙十六年（1677年），光绪二十四年（1898年）撤销，是清代皇帝文学侍从值班的地方。清代士人视之为清要之地，能入则以为荣。

康熙帝为了与翰林院词臣们研讨学问，吟诗作画，在乾清宫西南角特辟房舍以待，名南书房。在翰林等官员中，"择词臣才品兼优者"入值，称"南书房行走"。入值者主要陪伴皇帝赋诗撰文，写字作画，有时还秉承皇帝的意旨起草诏令，"撰述谕旨"。

由于南书房"非崇班贵檩、上所亲信者不得入",所以它完全是由皇帝严密控制的一个核心机要机构,随时承旨出诏行令,这使南书房"权势日崇"。

康熙帝亲政以后,朝廷的权力一则受议政王大臣会议的限制,国家大事需经过议政王大臣会议,而这些满洲王公贵族地位较高,有时与皇帝意见发生矛盾,皇帝也不得不收回成命;二则内阁在名义上仍是国家最高政务机构,控制着外朝的权力。

康熙帝为了把国家大权严密地控制在自己手中,决定以南书房为核心,逐步形成权力中心,南书房地位的提高,是康熙帝削弱议政王大臣会议权力,同时将外朝内阁的某些职能移归内廷,实施高度集权的重要步骤。

雍正朝自军机处建立后,军机大事均归军机处办理,南书房官员不再参与机务,其地位有所下降。但由于入值者常能觐见皇帝,因此仍具有一定地位,南书房也被长期保留,直至光绪二十四年(1898年)撤销。

因接近皇帝,对于皇帝的决策,特别是大臣的升黜有一定影响力,所以入值者位虽不显而备受敬重。雍正朝成立军机处后,撰拟谕旨为军机大臣等专职,南书房虽仍为翰林入值之所,但已不参与政务。

雍正帝是不是清军入关后的第三位皇帝?

清世宗爱新觉罗·胤禛是满族人,生母是康熙帝孝恭仁皇后乌雅氏,清圣祖玄烨的第四个儿子,也是清朝入关后的第三位皇帝,在位时间为1722年到1735年,年号雍正。

圣祖康熙帝驾崩之后,雍正帝在十三皇子胤祥的帮助下继承了大清皇位。民间也有人认为他是在隆科多的帮助下夺了皇位。

雍正帝即位时已经45岁了,他即位之后,在政治上采取了很多措施来巩固自己的地位。首先他大力消除异己,分化瓦解诸皇子集团:将胤禵从西北军前召回,加以圈禁;晋封胤禩为廉亲王和总理事务大臣;将胤禟发往青海西大通。除此之外,为了消除因为皇位继承问题而引发的争端,雍正帝还创立了秘密立储制度。

在经济上,雍正帝也采取了一系列发展农业生产的措施。雍正二年(1724年),开始实行李维钧提出的"摊丁入亩"的赋役制度,取消了儒户、宦户,并限制了绅衿的特权。同时,为了解决日益紧张的粮食问题,开始更加严格地执行传统的重农抑商政策,鼓励垦荒,强调粮食生产,反对种植经济作物,反对开矿和发展手工业。

他还非常注重兴修水利,除了治理黄河、修筑浙江海塘外,还命怡亲王胤祥在直隶开展营田水利,在宁夏修筑和疏浚水渠。

雍正帝也十分注重改善同少数民族的关系。雍正四年,他根据云贵总督鄂尔泰的建议,开始大规模地推行改土归流(改土归流是指改土司制为流官制)政策,取消了云南、贵州、广西、湖南、四川等省的一些土司,加强了中央对这些地区的统治。

虽然历史上对雍正帝的继位问题颇有争议,但他作为大清入关的第三位皇帝,可谓励精图治,不失为清朝的一代明君。

清代君主集权发展到顶点的标志是什么?

军机处,清朝中后期的中枢权力机关,它的建立是清代中枢机构的重大变革,标志着清代君主集权发展到了顶点。

雍正七年(1729年),因用兵西北,以内阁在太和门外,恐漏泄机密,始于隆宗门内设置军机房,选内阁中谨密者入值缮写,以为处理紧急军务之用,辅佐皇帝处理政务。雍正十年(1732年),改称"办理军机处",简称"军机处"。

军机处本为办理军机事务而设,但因它便于发挥君主专制独裁,所以一旦出现之后,便被皇帝抓住不放,不但常设不废,而且其职权愈来愈扩大。军机处的职官有军机大臣,俗称"大军机",有军机章京,俗称"小军机"。军机大臣由皇帝从满汉大学士、尚书、侍郎等官员内特选,有些也由军机章京升任。

军机大臣既无品级,也无俸禄。军机大臣的任命,并无制度上的规定可供遵循,完全出于皇帝的自由意志。军机大臣的职务也没有制度上的规定，一切都是皇帝临时交办的，所以军机大臣只是承旨办事而已。可见军机处完全置于皇帝的直接掌握之下，等于皇帝的私人秘书处。

军机处是皇帝集权的最好工具，它的办事效率很高，一切均由大臣和章京通同办理，皇帝有谕，随时奉诏承办，而且必须当日事当日毕。经皇帝认可后，按照谕旨的性质分"明发上谕"和"廷寄上谕"两种形式向下传达。明发上谕指交内阁发抄，宣示天下。廷寄上谕因奏请而降旨，事属机密，由军机大臣直接密寄具奏人。

军机处成立后，乾隆五十六年（1791年），议政王大臣会议废止，内阁变成只是办理例行事务的机构，一切机密大政均归于军机处办理。军机处总揽军、政大权二端，真正成为执政的最高国家机关。军机大臣无日不被召见，无日不承命办事，出没于宫廷之间。

军机处大大地加强了中央集权，它的设立标志着中央集权达到了一个新的顶点。

清朝雍正皇帝在哪几个地方实行"改土归流"？

康、雍、乾时期，清朝国力强盛，雍正帝又是锐意进取的君主，为了加强对边疆地区的统治，他在云南、贵州、广西进行了大规模的"改土归流"。

雍正四年（1726年），云贵总督鄂尔泰数次上书，全面阐述改土归流的必要，奏请立即推行。他建议对不法土司用计擒为上，以兵剿为次；使其自动投献为上，勒令纳土为次；既要用兵，又不专恃用兵。雍正帝对此非常赞赏，让总督鄂尔泰悉心办理。

同年五月，首先平定贵州长寨土司的叛乱，设立长寨厅（今贵州省长顺县）。不久，清廷将原隶属四川的乌蒙、镇雄、东川三土府划归云南。鄂尔泰派游击哈元生领兵摧毁了叛乱的乌蒙土知府禄万锺、镇雄土知府陇庆侯的势力，改设乌蒙府（后改称昭通府，今云南省昭通市）、镇雄州。云贵改土归流的巨大声势，很快冲击到广西地区。雍正五年，清廷以威慑力量革去泗城土知府岑映宸的职务，在其属南盘江以北地区设置永丰州（今贵州省贞丰布依族苗族自治县），划归贵州统辖。

雍正帝为使云、贵、广西的改土归流事务得以统一筹划，特于雍正六年底任命鄂尔泰为云、贵、广西三省总督。同年，命贵州按察使张广泗在黔东南推行改土归流政策，与云、贵、广西接界的湖南、湖北、四川等省的土司，本来就靠近内地，势力有限，在形势压力下，纷纷请求交出世袭领地及土司印信，归政中央。改土归流的地区，包括滇、黔、桂、川、湘、鄂6省，其中贵州省改土归流的地区之广，大约相当于原设府县的面积。改土归流所涉及的民族很多，有壮族、彝族、苗族、哈尼族、布依族、侗族、瑶族、水族等。

清政府在改土归流地区，清查户口、丈量土地、征收赋税、建城池、设学校，原来土司只交纳很少的贡赋，而将残酷掠夺属民所得的大量银两尽收于己。改土归流后，变革赋役方法，废除原来土司的征收制度，与内地一样，按地亩征税，数额一般少于内地，土民所受的剥削稍有减轻。

改土归流废除了土司制度，减少了叛乱因素，加强了中央政府对边疆的统治，有利于少数民族地区社会经济的发展，对中国多民族国家的统一和经济文化的发展有着积极意义。

雍正帝的第一位皇后是谁？

清世宗孝敬宪皇后，乌拉那拉氏，是步军统领费扬古的女儿。她是雍正帝的第一位皇后，育有一子，名弘晖，可惜8岁夭折。

在雍正帝还是皇子的时候，他就娶了乌拉那拉氏为妻，之后乌拉那拉氏又被康熙帝册封为雍亲王嫡福晋。雍正帝即位后，乌拉那拉氏的地位也随之提高，到了雍正元年（1723年），她被雍正帝册封为皇后。

雍正帝虽为皇族，但并没有声色犬马等爱好，因此他放掉了宫内所养的全部珍禽异兽。除此之外，雍正帝还喜欢园林，因此他常年办事的地点就在圆明园。到了闲暇时，雍正帝往往喜欢流连于园中山水之间。乌拉那拉氏深知雍正帝事务繁忙，日理万机，因此对他生活上的一些爱好尽力满足。在乌拉那拉氏掌管六宫时，她宽以待人，与嫔妃、宫娥之间的关系相处甚好。更让雍正帝欣赏的是乌拉那拉氏为人极为孝顺恭敬，无论是在藩邸的时候，还是被封为皇后之后，她始终如一，未曾改变。也正因此，雍正对乌拉那拉氏皇后非常尊重，经常称赞她谦和顺从。

雍正九年（1731年）九月，乌拉那拉皇后病逝。雍正帝非常悲痛，他说："皇后自垂髫之年，奉父皇之命，在我当亲王的时候，便嫁给我了。婚后40余年，夫妻感情相融，她为人极好，孝顺恭敬，40年如一日。"雍正为乌拉那拉皇后亲上谥号为"孝敬皇后"。后来，雍正死后，乌拉那拉皇后与其合葬在泰陵。

乌拉那拉氏是雍正帝的第一位皇后，在雍正帝的藩邸生活了20年，亲身经历了康熙年间宫廷斗争的多事之秋，却能善终，在雍正帝即位后，统领后宫，受到各宫妃的敬重，实在难得。

"最有福气"的清朝皇后是谁？

清世宗孝圣宪皇后，钮祜禄氏，她是满洲镶黄族人四品典仪官凌柱的女儿，生于康熙三十一年（1693年），于乾隆四十二年（1777年）去世，寿终正寝。她是雍正帝的第二位皇后，也是清朝历史上最有福气的皇后。

康熙四十三年（1704年），年仅11岁的钮祜禄氏就被指婚给了当时还是雍贝勒的雍正帝胤禛。但由于她的父亲凌柱身份、官位都不高，而当时的四阿哥胤禛的封爵只是贝勒（仅次于王爵），因此钮祜禄氏的身份只能是格格，这一身份一直到弘历（即后来的乾隆帝）降生才得以改变。虽然钮祜禄氏当时被作为秀女指婚给胤禛，但是因为钮祜禄氏为人贤德勤劳，康熙帝对这个儿媳妇非常赞赏。

有一次，雍王患当时流行的一种传染病，病情十分严重，差点丧命，钮祜禄氏殷勤侍奉在他左右，煎汤熬药，非常体贴周到。等到雍王康复之后，对她尤为钟爱。

康熙五十年（1711年）八月十三日，钮祜禄氏生皇四子弘历，也就是著名的乾隆皇帝。弘历12岁的时候便随父亲雍王初侍康熙帝。康熙帝一见到皇孙弘历聪颖过人，便十分喜爱，于是接他到皇宫去读书，亲自抚养，并称弘历是"福过于予"，连声称赞钮祜禄氏是有福之人。为此，钮祜禄氏更加得到雍正帝的恩宠。

雍王登基之后，先封钮祜禄氏为熹妃，进而晋为熹贵妃。雍正元年（1723年）八月，雍正帝秘密立储，将弘历的名字书写好，放于乾清宫"正大光明"匾额之后。

乾隆帝弘历25岁即皇位，按照雍正帝的遗命，母以子为贵，封熹贵妃为皇太后，并移居慈宁宫，乾隆皇帝对她更是孝顺至极。

钮祜禄氏的一生贯穿整个康乾盛世，享年86岁，生前儿孙满堂、享尽荣华。

谁和隆科多并称为雍正帝的左膀右臂？

年羹尧，原籍安徽怀远人，他和隆科多并称为雍正的左膀右臂。

虽然年羹尧后来征战沙场，以武功著称，但他却自幼读书，才学颇佳。康熙四十八年（1709年），年羹尧迁为内阁学士，不久升任四川巡抚，成为封疆大吏，对于康熙帝对自己的赏识与破格提拔，年羹尧颇为感激，在奏折中表示自己"以一介庸愚，三世受恩"，一定要"竭力图报"。

雍正帝即位以后，年羹尧更是备受器重。雍正元年（1723年）五月，雍正帝发出上谕："若有调遣军兵、动用粮饷之处，着边防办饷大臣及川陕、云南督抚提镇等，俱照年羹尧办理。"这样，年羹尧就总揽了西部一切事务，实际上成为雍正帝在西陲前线的亲信代理人，权势和地位远远在抚远大将军延信和其他总督之上。同年十月，青海发生罗卜藏丹津叛乱。青海局势顿时陷入混乱，雍正帝命令年羹尧接任抚远大将军，驻西宁坐镇指挥平叛，年羹尧下令诸兵将"分道深入，捣其巢穴"，叛军迅速土崩瓦解，此次战役历时短短15天，在年羹尧的统帅和指挥下，清军大获全胜。年羹尧"年大将军"的威名也从此威震西陲，享誉朝野。

在此之前，年羹尧因为平定西藏和平定郭罗克之乱的军功，已先后受封三等公和二等公。平定青海战事的成功，着实令雍正帝喜出望外，于是雍正帝给予年羹尧破格恩赏：年羹尧由于筹划周详、出奇制胜地平定了青海叛乱，遂晋升为一等公。此外，再赏给一子爵，由其子年斌承袭；其父年遐龄则被追封为一等公，外加太傅之衔。

此时的年羹尧威震西北，而且又参与云南政务，因此成为雍正帝在外省的主要心腹大臣，与雍正帝的亲娘舅隆科多并称为雍正帝的左膀右臂。

但自古就有"狡兔死走狗烹"的谚语，年羹尧的功绩最后招来雍正帝的怀疑，以反叛之名被处死。

中国历史上最长寿的皇帝是谁？

乾隆帝即清高宗皇帝，名弘历，是雍正帝的第四个儿子。在雍正十三年（1736年）即位，是清代入关后的第四位皇帝，终年88岁，也是中国历史上最长寿的皇帝。

雍正帝驾崩后，弘历即位，也就是乾隆帝。乾隆帝天生聪颖，文治武功皆有很大的成就，但他为人极为自负。御史赫泰曾上疏："国家经费，有备无患，今当无事之时，不应蠲免一年钱粮。"乾隆帝却认为："百姓富足，君孰与不足？朝廷恩泽，不施及于百姓，那将施于何处？"因此，乾隆帝断然下令蠲免全国钱粮。乾隆十年（1745年）、三十五年（1770年）、四十三年（1778年）、五十五年（1790年）和嘉庆元年（1796年），先后5次普免全国一年的钱粮，3次免除江南漕粮，累计蠲免赋银2亿两白银，大约相当于全国5年的财赋总收入，乾隆帝此举颇受百姓欢迎，因而赢得了百姓拥护。

乾隆帝继位后，十分注重皇家园林的兴修和维护，维修、兴建了大量皇家宫殿园林，如皇宫的宁寿宫及其花园、天坛祈年殿、清漪园（颐和园）、圆明园三园、静宜园（香山）、静明园（玉泉山）、避暑山庄暨外八庙以及木兰围场等。这些皇家园林体现了清代园林文化的辉煌，是园林艺术史上的一颗颗璀璨的明珠。

大清王朝历经"三祖三宗"——太祖努尔哈赤、世祖顺治、圣祖康熙和太宗皇太极、世宗雍正、高宗乾隆6代，到乾隆时期达到鼎盛时期。乾隆帝以其祖宗已有的成就为基础，进一步巩固和扩展了我国的疆域版图：东起大海，西达葱岭，南达曾母暗沙，北跨外兴安岭，西北到巴尔喀什湖，东北到库页岛，总面积达到1310万平方千米。实际控制面积成为历代之首。

除此之外，乾隆时期的人口突破了3亿大关，乾隆帝继续推行改土归流政策，增强了少数民族地区和中原之间的联系，促进了少数民族地区发展，增进了各民族间的交往和融合。

但当时的大清王朝已经开始走下坡路了，国内潜伏着的各种危机，在国际上，中国与西方的差距也日益拉大，中国早已不再是什么"天朝大国"，而只是一只盲目自大的井底之蛙。清朝实行的闭关锁国政策，最终使中国陷入了半殖民地半封建的深渊，对此，乾隆皇帝有着不可推卸的责任。

伊犁将军是清朝哪个皇帝设立的？

伊犁将军，是清朝乾隆帝平定准部和回部之乱后设立的新疆地区最高军政长官，全称为总统伊犁等处将军。

1759年清政府平定大小和卓叛乱，重新统一天山南北，以兆惠为将军的清军完全控制了新疆地区，1762年清政府设伊犁将军，明瑞就是第一任将军。伊犁将军之下，设都统、参赞大臣、办事大臣、领队大臣等职，分驻天山南北各地，管理本地军政事务。北路设伊犁参赞大臣一员，领队大臣五员，塔城参赞大臣一员，办事兼领队大臣一员。南路设喀什噶尔参赞大臣一员，为管理叶尔羌（今新疆维吾尔自治区莎车县）、英吉沙尔（今新疆维吾尔自治区英吉沙县）、乌什、阿克苏、库车、和阗（今新疆维吾尔自治区和田县）、喀喇沙尔（今新疆维吾尔自治区焉耆县）、吐鲁番等城的办事大臣或领队大臣。东路设乌鲁木齐都统，为管理古城（今新疆维吾尔自治区奇台县）、巴里坤、哈密、库尔喀喇乌苏（今新疆维吾尔自治区乌苏县）等城的办事大臣或领队大臣。

1763年，清朝在伊犁河北岸兴建了一座城市，将这座城市命名为惠远（今新疆维吾尔自治区霍城县南），作为伊犁将军的驻地。从此，惠远城成为新疆地区的首府。又陆续修建了宁远城（今新疆维吾尔自治区伊宁市）、惠宁城（今新疆维吾尔自治区伊宁市巴彦岱镇）、塔勒奇城（今新疆维吾尔自治区霍城县境内）、瞻德城（今新疆维吾尔自治区霍城县清水河镇）、广仁城（今新疆维吾尔自治区霍城县芦草沟）、拱宸城（老霍城县城）和煕春城（今新疆维吾尔自治区伊宁市西城盘子），史称伊犁九城。其中惠远、惠宁二城为满营驻所。伊犁将军驻惠远城，绥定等6城为绿营驻所，总兵驻绥定。宁远为维吾尔族（包括塔兰奇）商民聚居之处。

1871年沙俄侵占伊犁后，惠远城遭侵略者拆毁。1876年清朝派左宗棠率大军进疆，消灭了盘踞在南疆的阿古柏伪政权。1881年清军收回伊犁，第二年在惠远旧城北7.5千米处另外选择新址，重建惠远城，史称新惠远城。

1883年新疆正式建省，省府设在迪化（今新疆乌鲁木齐市），惠远城逐渐失去了全疆政治中心的地位，伊犁将军主要负责北疆防务。辛亥革命后，伊犁军府建制被取消。

惠远古城中心矗立着宏伟高大的钟鼓楼，登楼远眺，城内外风光尽收眼底。历史上，洪亮吉、祁韵士、林则徐、邓廷桢、徐松等著名被谪将士们都曾在此地留下辉煌业绩。林则徐率民开通水利，巩固边防，为民造福，受到了伊犁将军和各族人民的尊敬和信赖。林则徐在惠远虽然只有两年时间，但其日记、诗抄、书信留传甚多。

如今城内还保留着将军府旧址，旧址坐北朝南，院内古木参天，厅堂、台榭、曲径、回廊，依然存在，小巧玲珑的"将军亭"已修缮一新，伫立在青松绿树之间。而将军府门前的那一对造型奇特的石狮，也仍存院内，神态逼真，十分惹人喜爱。

"多情天子"乾隆帝最爱的皇后是谁？

乾隆皇帝是出了名的"多情天子"，有关他情感经历的野史传闻可谓是层出不穷、屡见不鲜。但是真正了解乾隆帝的人都知道，乾隆皇帝一生真正深爱的女人只有一个，那就是他的嫡妻孝贤皇后。

孝贤皇后富察氏属于八旗中地位最高的镶黄旗，她不但旗籍高，而且出身于名门宦家。从太祖到世宗，富察氏家族就人才辈出，为大清建立了不少的功勋。孝贤皇后出身于这样良好的家庭，从小就接受到最好的正统教育，娴于礼法，深明大义，并且有很好的文化修养，再加上她天生端庄文静，是标准的名门淑女、大家闺秀。

雍正五年（1727年），16岁的富察氏一眼就被雍正帝看中，并且将这位名门之女指配给早已秘定为皇储的皇四子弘历（即乾隆帝）为嫡福晋。婚后，弘历和富察氏这对小夫妻相敬如宾，感情笃挚，百般恩爱。等到乾隆帝即位以后，富察氏便被立为皇后。

孝贤皇后虽然出身名门望族，但她生性节俭，不好奢华，平时在宫中从不穿金戴银，而只是穿戴一些简单、普通的衣物服饰。她还特地做了一个用鹿尾绒毛搓成线缝制而成的燧囊献给乾隆帝，以示不忘满洲本色，乾隆帝非常珍爱孝贤皇后亲手缝制的燧囊，一直都带在自己身边。

但乾隆帝对她最满意的地方，就是孝贤皇后非常孝敬自己的生母崇庆皇太后，乾隆帝是个有名的大孝子，对母亲的孝顺几乎到了无以复加的地步，乾隆帝的生母崇庆皇太后出身不高，与出身高贵的孝贤皇后根本没法比，然而生性纯孝的孝贤皇后对乾隆的生母十分敬重，把皇太后侍奉得十分体贴周到，婆媳关系相处得非常融洽，如同亲生母女一般。

早在乾隆帝当皇子时，就已经娶了福晋、侧福晋、格格等十余人。他当了皇帝之后，更是风流多情，纳了不少嫔妃，但在他的众多后宫嫔妃之中，孝贤皇后与乾隆帝感情是最好的，她也是乾隆皇帝最为宠爱的妃子，她的贤惠、善良、大度、温柔处处显示出了母仪天下的风范，真正无愧于"孝贤"之名。

"最有钱"的大清宰相是谁？

和珅，字致斋，原名善保，钮祜禄氏，满洲正红旗人。和珅的记忆力惊人、头脑聪明、做事果断、办事利索、多才多艺，精通满、汉、蒙古、西藏4种文字。他为相20年，所积财产有8亿两白银，比清廷10年收入的总和还要多，他是大清朝最有钱的宰相。

乾隆三十四年（1769年），20岁的和珅继承祖上三等轻车都尉的爵位，乾隆三十七年十一月，23岁的和珅被任命为三等侍卫（正五品），这成为他人生的一个重要转折点。

乾隆四十年闰十月，26岁的和珅被提升为乾清门侍卫，十一月又升为御前侍卫，并授正蓝旗副都统。四十一年正月，和珅被授予户部左侍郎，三月授军机大臣，四月，授总管内务府大臣。在短短半年的时间里，和珅从一名普通的侍卫，升入大清王朝权力的最高层，成为乾隆皇帝的亲信宠臣。

和珅在任职期间，擅权纳贿，贪赃枉法，结党营私，网罗亲信，排除异己，祸国殃民，但他的种种罪行，都没有招来杀身之祸，相反乾隆皇帝对他的宠信程度达到了无以复加的地步。直到乾隆帝寿终正寝之后，嘉庆帝才下诏宣布了和珅的22条罪状。

当文武百官查抄和珅家的清单时，无不吃惊。清单上列着：房屋二千余间，田地八千余顷。银号十处，本银六十万两。当铺十处，本银八十万两。金库内赤金五万八千两。银库内银元宝、京锞、苏锞八百九十五万五千多个。珠宝库、绸缎库、人参库都装得满满的……

有人曾经计算过，乾隆时期，清廷一年的收入是7千万两，和珅为相20年，他的这部分家产，有8亿两之多，比清廷10年收入的总和还要多，真可谓富可敌国。

清朝著名"驼背"宰相是谁？

刘墉，字崇如，号石庵，清朝著名书画家、政治家，刘墉是个驼背，因此人们戏称他为"刘罗锅"。他是大清王朝著名的"驼背"宰相。

乾隆二十年（1755年）十月，刘墉的父亲刘统勋因为办理军务失宜，被判入狱，刘墉也因此受株连，降为编修。次年十月，他被提升为安徽学政。任职期间，刘墉针对当时贡生、监生管理的混乱状况，上疏，"请州县约束贡监，责令察优劣"，并提出了一些切实可行的补救办法，获得批准。

乾隆二十四年（1759年）十月，刘墉调任江苏学政。他再次上疏："生监中滋事妄为者，府州县官多所瞻顾，不加创艾。（行政官员）既畏刁民，又畏生监，兼畏胥役，以致遇事迟疑，皂白不分，科罪之后，应责革者，并不责革，实属阘茸怠玩，讼棍蠹吏，因得互售其奸。"由于刘墉的看法深刻而又切中时弊，因此颇得乾隆皇帝的赏识，称赞他"知政体"，并于乾隆二十七年（1762年）任命他为山西省太原府知府。而后，山西省阳曲县令段成功侵吞了大量的国库银两，刘墉也以失职罪被判处死刑，乾隆帝因为偏爱他的才能，因此对他从轻发落，发军台效力赎罪。次年，刘墉获赦回京，被授予江宁府知府。

乾隆四十六年（1781年），充任三通馆总裁，刘墉奉旨协同和珅办理山东巡抚舞弊一案。到达山东以后，假扮成道人，以化斋为名，明察暗访，查明山东连续3年受灾，而布政使国泰邀功请赏，以荒报丰，国泰还残杀了很多进省为民请命的进士、举人。刘墉如实上报朝廷，并奉旨开仓赈济山东百姓，捉拿国泰赴京治罪。此时皇妃为国泰说情，有的御史也从旁附和，和珅也有意祖护国泰，但刘墉据理力争，最终使国泰伏法。

在处理国泰的案件上，刘墉不畏权要，刚正无私，挫败了皇妃及和珅等权贵的阻挠，成功执行了大清律法，为百姓除了一大害。后来，民间曾根据此事写成了通俗小说《刘公案》，以褒扬这位"再世包公"。

323

清朝为什么建立了金瓶擎签制度？

金瓶掣签制度是清政府为了维护西藏的主权，整治流弊、护卫藏传佛教格鲁派，使活佛转世制度得到必要的整顿而制定的"万世遵循"的具有最高法律效力的制度。根据这种制度，上一代的达赖或者班活佛圆寂之后，派护法根据活佛圆寂时的指示或者推算出下一代灵童的出生地点，带回符合要求的灵童后，用汉满藏3种文字将灵童的名字和出生年月写在象牙签上，放在金瓶里，在监督下抽选出认定活佛的名字。

金瓶掣签制度形成后，掣签大权一直掌握在中央政府手中。在具体实施过程中，其形式或细节后来有所变通，但活佛转世尤其是达赖、班禅等大活佛转世必须经中央政府批准，否则即视为非法已成定例。

金瓶掣签制度符合宗教仪轨，体现了释迦牟尼的"法断"，同时还有助于杜绝营私作假的流弊，弘扬正法，避免纷争。它一经颁布即得到了达赖喇嘛、班禅额尔德尼及各呼图克图、僧众的衷心拥护。它对于顺利实现宗教权力的传承和延续，对于维护西藏地区的稳定和发展，对于保证中央政府在活佛转世问题上的最高权威，均具有重大意义。

蒙古族的哪个部落在乾隆年间回归祖国？

土尔扈特部落是蒙古族的一部分，他们是一个勤劳、勇敢，有着光荣历史的部落，乾隆年间，他们历经千难万险回归祖国的怀抱。

18世纪以后，沙俄势力不断向外扩张，他们强迫土尔扈特部西迁，对土尔扈特部的高压控制日益加剧。政治上，迫使他们称臣；思想上，强迫土尔扈特人改变宗教信仰；并对土尔扈特人征派繁重的赋税徭役，苦调兵丁。为此，以渥巴锡为首的上层首领们秘密商定，武装起义，脱离沙俄的黑暗统治，重返祖国，回到太阳升起的东方去。

乾隆三十五年（1770年）冬十月，土尔扈特人民勇敢地举起了反抗沙俄的旗帜。年轻的渥巴锡汗率领部族老小33000多户、169000多人，驱赶驼队、羊群毅然决然地踏上东归之路。途中他们冲破沙俄军队、哥萨克骑兵和草原游牧民族的围追堵截，克服了令人难以想象的艰难险阻，承受了巨大的民族牺牲。在战争、饥饿、严寒、酷暑、疾病的摧残折磨下，约有10万人倒在路上。

乾隆三十六年（1771年）六月，土尔扈特部众终于回到了祖国，结束了长达8个月的万里长征，这时只剩下不足7万人。他们风尘满面，形如枯槁，衣不蔽体，鞋靴全无。

清政府对土尔扈特摆脱异族统治的悲壮爱国行为十分重视，迅速而妥善地做出安置。拨出官银20万两，紧急动员了新疆、甘肃、陕西、宁夏及内蒙古等地各族人民以大量的物资供给土尔扈特部。为了让他们休养生息，发展生产，重建家园，乾隆帝旨令，划拨土地、发放种子，从各地牧群中挑选有繁育能力的牛羊26.5万头让他们放牧饲养，连续8年免除赋税。直到1871年，国家百年未征土尔扈特部兵丁。由于清朝的妥善安置，土尔扈特人民非常满意，从而进一步密切了清朝统治集团同土尔扈特蒙古人民的关系，加强了全国各族人民的大团结。

1775年渥巴锡因病去世，临终遗言："安分度日，勤奋耕田，繁衍牲畜，勿生事端，致盼致祷。"其维护民族团结统一之心可鉴。土尔扈特部的子子孙孙都站在反侵略斗争的前线，建立了不朽功勋。

谁被世人称为"文达公"？

纪昀，字晓岚，一字春帆，晚号石云，道号观弈道人，清代著名文学家，《四库全书》的总纂官。由于纪昀"敏而好学可为文，授之以政无不达"，故卒后谥号为"文达"，所以世人也称其为"文达公"。

纪昀是纪容舒的次子，他出生在一个世代书香的门第，自纪昀上推七世，纪家都是读书人。纪昀的曾祖父纪钰，17岁补博士弟子员，后入太学，才学曾受到皇帝褒奖。纪昀的祖父纪天申，监生，做过县丞，纪昀的父亲纪容舒，是康熙五十二年（1713年）恩科的举人，历任户部、刑部属官，纪氏祖祖辈辈重视读书，祖上遗训有"贫莫断书香"等语。

纪昀自幼聪慧，喜好读书，4岁开始启蒙读书，11岁便跟随父亲纪容舒入京，在生云精舍读书，到了21岁纪昀便中了秀才，等到24岁时他在应顺天府乡试，为解元。

在主编《四库全书》期间，纪昀由侍读学士升为内阁学士，并一度受任兵部侍郎，仍兼阁事，甚得皇上宠遇。接着便升为左都御史。《四库全书》修成当年，迁礼部尚书，充经筵讲官。乾隆帝格外开恩，特赐其紫禁城内骑马。

嘉庆八年（1803年），纪昀80大寿，皇帝派员祝贺，并赐上方珍物。不久，他便被拜为协办大学士，加太子少保衔，兼国子监事。

嘉庆十年（1805年）二月，纪昀卒，享年82岁，筑墓在崔尔庄南五里的北村，朝廷特派官员，到北村临穴致祭，嘉庆皇帝还亲自为他作了碑文，极尽一时之荣哀。

纪昀历经雍正、乾隆、嘉庆3朝，才思敏捷，勤奋好学，博古通今，而且襟怀旷达，机智诙谐，常常出语惊人，妙趣横生，因而名闻当世，并流传至今。

谁在位期间打出了"咸与维新"的旗号？

嘉庆帝，大清王朝入关后第五位皇帝，原名永琰，后改称颙琰，年号嘉庆，世称嘉庆皇帝，庙号仁宗，谥号为睿皇帝，死后葬在昌陵。他即位后打出了"咸与维新"的旗号，力图改变乾隆末年危机四伏的局面。

乾隆六十一年（1796年）正月初一，颙琰正式登基称帝，改年号为嘉庆。他即位后朝政仍然由太上皇乾隆帝一手把控，直到嘉庆四年（1799年）正月，乾隆帝病逝，颙琰才开始亲政。

为了改变乾隆末年危机四伏的政治局面，嘉庆帝打出"咸与维新"的旗号，整饬内务，整肃纲纪，诛杀权臣和珅,并罢黜和囚禁和珅的亲信党羽。他还广开言路,重新起用乾隆朝因言获罪的官员,要求地方官员对民隐民情据实陈报,不得欺骗、隐瞒等。

在军事上,嘉庆帝还倾尽全力,采取了剿抚兼施的两手政策,分化瓦解起义军,并实行寨堡团练的坚壁清野政策,加固防御工事,把四野的居民和物资全部转移,让起义军既打不进来,又抢不到任何东西,从而割断了起义军与人民的联系。到嘉庆十年(1805年),川、楚、陕的农民起义先后被镇压。

在对外关系上,嘉庆帝力主严禁鸦片,虽然英国曾先后向清政府提出帮助镇压起义军,帮助澳门抵御法国侵略者等要求,但嘉庆帝知道这些"外国佬"是醉翁之意不在酒,因此严词拒绝了这些要求。嘉庆二十一年(1816年),嘉庆帝还拒绝了英国提出的建立外交关系、开辟通商口岸、割让浙江沿海岛屿的无理要求。

在内忧外患的危机中,嘉庆帝倾尽全力企图维护清王朝的统治,然而历史的发展并非人力所能改变,清王朝的败落在嘉庆末年已经开始表面化,并一步步地走向了衰亡。

谁被称为历史上最"抠"的皇帝?

道光皇帝,清宣宗,爱新觉罗·绵宁,后改为爱新觉罗·旻宁,是清朝入关后的第六位皇帝。

他是历史上著名的"抠"皇帝,他不仅在生活细节上吝啬、抠门,而且在为政治国方面也是如此。

道光初年,发生张格尔叛乱。数万清军万里远征边疆,经过数年浴血奋战,终于平定了叛乱。道光八年(1828年)夏,清政府在午门举行献俘礼,现场山呼海啸一样的"万岁"声让道光帝心潮澎湃、陶醉不已,他立即做出了一个"壮举"——宣布宴请平叛有功的将士。

数日之后,宴会在清漪园(光绪年间称为颐和园)万寿山下的玉澜堂举行,将士们筷子一挥,几碟小菜立即一扫而空,这些小菜连塞牙缝都不够,更甭提吃饱喝足了,吃又没得吃了,退席又不敢,将士们只好一个个面面相觑,呆若木鸡。

还有一次,在商讨新疆设防方案时,一些将军考虑到道光帝的吝啬,准备上奏仅要18000名士兵镇守新疆,但道光帝还是嫌多,一下子就给砍去了2/3,只批准清军留守6000人。将军们实在忍无可忍,于是提出只守新疆东部,西部自治,不予设防的方案。道光帝知道后大骂他们放弃了新疆的防守,简直是居心叵测。

总之,在讨论诸如海防、边务、黄河治理等问题时,大臣们只要一提到拨款,道光皇帝立即面露不悦之色。

虽然道光皇帝的"抠门"为国家节省了不少的经费开支,但却没有解决经济危机,对越来越严重的财政状况不但没起到好的作用,反而每况愈下。道光皇帝作为一国之君,不去大刀阔斧地开源兴利,反而在一饭一衣上锱铢必较,这根本不是节俭,而是舍本逐末的抠门儿和吝啬,他的这种"抠门"自然没有挽救大清,反而加速了它的灭亡。

深得道光帝偏爱的皇后是谁?

孝全成皇后,钮祜禄氏,是钮祜禄·颐龄的女儿,她是道光帝的第三位妻子,也是道光帝即位后所立第二位皇后,深受道光帝偏爱。

孝全成皇后出生在号称"海内繁华、江南佳丽"的苏州地区,从小就长得非常漂亮,而且聪明伶俐,再加上江南名城苏州水土文风的滋养和熏陶,更为她平添了几分灵气。

道光元年(1821年),年方13岁的钮祜禄氏参加了道光帝即位后的第一次大规模选秀,道光帝一眼就看中了这个与众不同的女子,把她留在了宫中,继而将她封为贵人。由于她才、智、貌样样俱佳,因此,道光帝特赐徽号"全"字,称她为"全贵人"。

钮祜禄氏除了刺绣(指苏州的苏绣)和诗书尤为出色外,还十分擅长苏州女子雅好的七巧板拼字游戏,她入宫之后,曾仿世间常见的七巧板样式,将木片削为若干方,排成吉祥语"六合同春"四个字。

如此美丽多才的钮祜禄氏很快就得到了道光帝的偏爱,入宫仅一年左右,她就被晋升为"全嫔",道光三年(1823年),也就是她入宫的第二年,全嫔又晋升为"全妃",钮祜禄氏入宫只有短短两年，就从贵人晋升为嫔再晋升为妃，她的地位提升得如此迅速，足以证明道光帝对她的宠爱程度。

道光五年（1825 年），全妃生下了第一个女儿即皇三女，到了四月，道光帝再度将全妃晋升为全贵妃。第二年，全贵妃又为道光帝生下了第二个女儿皇四女，即后来的寿安固伦公主。至道光十一年（1831 年），全贵妃生下了他们唯一的儿子——皇四子奕𬣞，即后来的咸丰帝，母以子贵，自此，全贵妃的地位更加尊崇。

道光十四年（1834 年），道光帝命大学士长龄为正使，礼部尚书奕颢为副使，持节赍册、宝（指皇后的玉玺），正式册立皇贵妃钮祜禄氏为皇后。

道光二十年（1840 年）正月十一，钮祜禄氏皇后突然驾崩于皇后寝宫——紫禁城东六宫的钟粹宫，年仅 32 岁，死因不明。道光帝万分悲痛，特赐谥号为"孝全皇后"。

"开眼看世界的第一人"是谁？

林则徐（1785~1850 年），字元抚，又字少穆、石麟。他是清朝后期著名的政治家、思想家和诗人，也是中华民族抵御外辱过程中伟大的民族英雄，因而深受中国人民的敬仰和爱戴。在"虎门销烟"期间，林则徐注意了解外国情况，因而他被史学界称为近代中国"开眼看世界的第一人"。

嘉庆十九年（1814 年），林则徐被授予编修之职，此后，林则徐又先后出任过国史馆协修、撰文官、翻书房行走、清秘堂办事、江西乡试副考官、云南乡试正考官、江南道监察御史等职。在做京官期间，林则徐广泛搜集元、明以来几十位专家关于兴修畿辅水利的奏疏、著述，撰写了《北直水利书》。书中明确指出："直隶水性宜稻，有水皆可成田"，"农为天下本务，稻又为农家之本务"。林则徐认为只有发展华北水利，提倡种稻，就地解决漕粮，才能合理而彻底地解决南粮北运及由此产生的漕运积弊等问题。

嘉庆二十五年（1820 年）七月，林则徐出任浙江杭嘉湖道。他积极甄拔人才，大力兴修海塘水利，颇有一番作为。然而，林则徐感到仕途上有诸多阻力难以应付，因而曾发出"支左还绌右"、"三叹作吏难"这样的慨叹，并于次年七月借口父病辞职回乡。

道光二年（1822 年）四月，林则徐受命复出，很快受到道光帝的宠信，不久便在官场上青云直上，道光三年（1823 年）正月，林则徐被提任为江苏按察使，后来又先后出任过陕西按察使、代理布政使、湖北布政使、河南布政使、江宁布政使、江苏巡抚、湖广总督等职。在此期间，林则徐一心一意为国为民，他整顿财政，兴修水利，救灾办赈，提倡新的农耕技术，严惩贪赃枉法者，为国家和人民做出了不可磨灭的贡献。

"要正人，先正己"、"身教重于言教"，林则徐非常注重严格要求自己，事事以身作则，处处为人表率，他为官兢兢业业，廉洁奉公，正直无私，因此深受百姓拥护和爱戴。

虎门销烟是谁发起的？

虎门销烟是林则徐发起的。道光十九年四月廿二（1839 年 6 月 3 日），林则徐下令在广州虎门海滩当众销毁鸦片，至五月十五（6 月 25 日）结束，共历时 23 天，销毁鸦片 19187 箱 2119 袋，总重量近 119 万公斤。

工业革命之后，英国成为世界工业大国，英国殖民主义者为了发展垄断资本主义，进一步开拓殖民地市场，开始向中国秘密走私鸦片。

清朝自道光初年起，鸦片就开始流毒全国，而且愈演愈烈，从而导致了白银大量外流，造成了严重的社会危机。鸿胪寺卿黄爵滋针对当时烟毒泛滥的严重情况，向道光帝上了一个主张严禁鸦片的奏折，但遭到了以琦善为首的弛烟派的大力抨击，并以各种理由将烟害问题归咎于其他社会问题上。

不过林则徐早在江苏巡抚及湖广总督任内就已成功禁烟，把烟贩及鸦片吸食者一扫而空。鉴于林则徐的成功，道光帝认为禁烟的主张非常可行，于是召林则徐入京，并任命为钦差大臣，主持全国禁烟运动。

道光十九年正月二十五日（1839 年 3 月 10 日），林则徐抵达广东，他对烟贩宣告："若鸦片一日未绝，本大臣一日不回，誓与此事相始终，断无中止之理。"林则徐还写了一封致英国维多利亚女王的信，要求女王去除印度的鸦片，并通知女王中国早已通过《钦定严禁鸦片烟条例》，全面禁烟，希望英国国民放弃鸦片贸易。

　　从林则徐道光十九年正月二十五（1839年3月10日）抵达广州，到义律于同年二月二十四（3月28日）被迫同意缴出全部鸦片，历时总共18天。经道光帝批准后，林则徐决定在虎门公开销烟。由于销烟是公开参观的，而且是在端午节前后，因此很多人纷纷前往虎门海滩观看。虎门销烟的历史壮举得到了国人的支持与赞誉。

三元里抗英斗争是一个什么样的历史事件？

　　三元里抗英斗争指的是鸦片战争时期，广州三元里人民自发组织的武装抗英斗争，三元里人民凭借自己的胆识和智慧，最终取得了这次战役的胜利。

　　1841年5月25日，英军攻陷广州城北诸炮台，在地势最高的永康台设司令部。永康台土名四方台，距城仅一里，大炮可直轰城内。清军统帅奕山等求和，5月27日与英订立《广州和约》，以支付英军赎城费，外省军队撤离广州等条件，换取英军交还炮台，退出虎门。

　　但和约墨迹未干，英军就不断窜扰西北郊三元里及泥城、西村、萧冈等村庄，抢掠烧杀，奸淫妇女。广大民众义愤填膺，各地团练共图抵抗。29日，三元里村民击退来犯小股英军。三元里民众料到英军必会报复，所以在三元古庙集合，相约以庙中"三星旗"作为指挥战斗的令旗，会后，他们分头联络附近103乡的群众，准备共同战斗。南海、番禺百余村团练手持戈矛犁锄，群起围困永康台，英军司令卧乌古亲自带兵出击，团练且战且退，诱敌至牛栏冈丘陵地带。

　　当时正赶上大雨骤至，英军火枪受潮不能发射，团练民众冒雨反击，将英军分割包围，肉搏鏖战。追击过程中，英军第三十七团的一个连（60人）被义军截至稻田中，三四十名印度雇佣兵被刀砍毙伤。英军派出两个水兵连，带着"雷管枪"（不怕雨天）前来增援，被围困两小时之后，英军撤退至四方炮台。

　　5月31日，三元里人民再次包围四方炮台。广州手工业工人以及附近州县如花县、增城、从化等地团练也陆续赶来，围台民众增至数万，相约饿死英军。他们用土枪、土炮、矛戈、盾牌、锄头、镰锹等与英军作战，可谓"刀斧犁头在手皆成武器，儿童妇女喊声亦助兵威"。卧乌古不敢再战，转而威胁官府，扬言毁约攻城。

　　奕山等闻讯恐慌，急派广州知府余保纯出城，先安抚英军，复率番禺、南海两县令向团练中士绅施加压力。士绅潜避，团练逐渐散去，台围遂解。英军撤出虎门时发出告示，恫吓中国人民"后勿再犯"。

　　人民群众当即发出《申谕英夷告示》，警告英军，若敢再来，"不用官兵，不用国帑，自己出力，杀尽尔等猪狗，方消我各乡惨毒之害也！"

　　三元里之战，以英军惨败而告终，它是中国人民在反侵略史上取得的最辉煌的一次胜利。

第一次鸦片战争是在什么时候爆发的？

　　第一次鸦片战争发生在1840年到1842年，它是中国从主权独立的封建国家向半殖民地半封建社会过渡的转折点。

　　18世纪70年代，英国开始把鸦片大量输入中国，中国白银大量外流，更可怕的是吸食鸦片的人在精神上和生理上都受到了严重的摧残，为了防止造成国家财源的枯竭和军队的瓦解，清政府决定严禁鸦片。1839年公历6月3日到25日，林则徐在广州虎门海滩当众销毁了大量鸦片。清政府的禁烟措施，在一定程度上影响了英国鸦片集团的利益，为了赚取中国的大量白银，英国政府很快决定向中国出兵，发动侵华战争。

　　1840年6月28日，英军军舰封锁珠江海口，第一次鸦片战争正式爆发。1840年8月，英国军队抵达了天津大沽口，进而直逼北京，道光帝害怕至极，连忙将林则徐革职查办，并改任琦善为钦差大臣，琦善在未经清政府批准的情况下，私自应允了英军的条件：清政府割让香港、赔偿烟价600万元、开放广州等为通商口岸。这完全违背了清廷的初衷，琦善也因此受到了严惩。1841年1月26日，英军未经中国政府同意就擅自占领了香港，2月下旬，英军攻陷了虎门炮台，水师提督、著名爱国将领关天培与守军数百人全部壮烈殉国。5月下旬，新任靖逆将军奕山向英军求和，与英国签订了丧权辱国的城下之盟——《广州和约》。

贪婪的英国政府并没有满足从中国攫取的利益，他们又改派璞鼎查为全权公使，并增派援军，进一步扩大侵华战争的规模。1841 年 8 月，璞鼎查率英舰自香港北上，相继攻陷了厦门、定海、镇海和宁波。到 1842 年 6 月英国又攻陷了长江口的吴淞炮台，不久宝山、上海也相继失陷。8 月 5 日，英军抵达江宁（今江苏省南京市）江面。腐败软弱的清政府只好命令盛京将军耆英赶赴南京与英国侵略者谈判。

1842 年 8 月 29 日，耆英代表清政府与璞鼎查在英国军舰上签订了中国近代史上第一个不平等条约——《南京条约》，第一次鸦片战争到此宣告结束。

《南京条约》签订以后，美国、法国等资本主义国家接踵而至，乘机索取特权，强迫清政府签订了一系列不平等条约，第一次鸦片战争是我国走向半殖民地半封建社会的第一步，从此中国人民开始经受更加深重的苦难。

是谁签订了中国近代史上第一个不平等条约？

耆英（1790~1858 年），满族，爱新觉罗氏。在 1842 年 8 月，耆英作为道光帝的钦差大臣同伊里布赶奔南京，跟英国代表璞鼎查谈判，签订了中国近代史上第一个不平等的条约——中英《南京条约》。

1842 年 3 月，奕经在浙江战败，清政府命耆英署理杭州将军，同伊里布一起赴浙江向英军求和。8 月，英军闯入南京下关长江江面，耆英同伊里布赶奔南京，跟英国代表璞鼎查谈判，签订了中国近代史上第一个不平等的条约——中英《南京条约》。

《南京条约》签订后，耆英又在璞鼎查要挟下，诬陷在台湾抗英的台湾道姚莹、总兵达洪阿"冒功欺罔"，致使姚、达二人被革职逮问。

1843 年，耆英再任钦差大臣，与英国签订中英《五口通商章程》和《虎门条约》。1844 年，他任两广总督兼办通商事务，与美国签订了《望厦条约》，与法国签订了《黄埔条约》。

1858 年第二次鸦片战争期间，他被派赴天津与英法联军交涉，由于英军在占领广州期间查获大量档案文件，发现耆英在上报朝廷的时候并没有如实禀报英方的要求，因此拒绝与其谈判。

之后，耆英因惧罪擅自回京，咸丰帝令其自尽，他的死与宫廷斗争、签订丧权辱国条约和藐视皇权是分不开的。

耆英妄想可以学贾似道般瞒天过海，但最终却为自己招来杀身之祸，李鸿章签订《马关条约》时，尚且争得一分是一分，而耆英却是一味迎合，不做争取，甚至还不惜为此陷害忠良，真是清朝后期的一大恶臣。

领事裁判权是一种什么样的特权？

领事裁判权，是一国通过驻外领事等，对处于另一国领土内的本国国民，根据其本国法律行使司法管辖权的制度。这是一种治外法权，也是在第一、二次世界大战期间，帝国主义在殖民地国家所享有的一种非法特权。

领事裁判权最早规定于中英《南京条约》之后的《江南善后章程》中，并在之后的中英虎门《五口通商章程》中作了更具体，更具有操作性和权威性的规定。

领事裁判权的存在，形成对国家属地优越权的例外或侵犯。但当时的清政府并没有认识到治外法权的严重危害，恰恰相反，当时清朝政府的统治者甚至把诉讼当作一种累赘，把中外交涉中的诉讼当作这样一种麻烦推给外人处置。

中英虎门条约签订后，当时作为清朝谈判大臣的耆英得意洋洋地认为，这一条款的订立，有"杜绝衅端，永远息争相好起见，两无偏枯，亦两无窒碍"的好处。被称作"通晓夷务"的耆英尚且如此，不难想象当时清朝士大夫们普遍存在着这种无知心理。

当时的清朝政府只希望通过以上条款的订立达到这样的目的：通过领事裁判权的授予，使中英之间的商务矛盾不至于上升为两国间的武力冲突。同时，也有把清朝政府观念中的麻烦——诉讼推给外人处置的思想。他们根本没有意识到领事裁判权是国家主权的巨大沦丧。

直到第二次世界大战期间及战后，通过一系列条约，中国才恢复了对在中国境内的美、英、挪威、巴西、加拿大、瑞典、荷兰、瑞士、法国、丹麦、意大利、葡萄牙等国国民的司法管辖权。

中华人民共和国建立，中国人民终于彻底摆脱了包括领事裁判权在内的帝国主义的一切特权的羁绊，真正成为自己的主人。

关天培是一位深具民族气节的名将吗？

关天培，字仲因，号滋圃，是清末著名爱国名将，他在虎门的靖远炮台与英国侵略者孤军奋战，直至力竭战死。他被誉为深具民族气节的一代名将。

1833年，关天培任江南提督，次年调任广东水师提督。自接任以后，关天培就致力于加强广东沿海的防务，并且积极支持林则徐实行禁烟，其后，他全力改建虎门要塞威远、靖远的炮台，设法加添了火力强大的"洋炮"200多门，用以抗击外国侵略势力的挑衅。

不久英国军舰在珠江口穿鼻洋开炮攻击中国水师，关天培知道后，亲自前临火线战场，带伤指挥中国水师进行反击，英国军舰受重创，落荒而逃。

1840年10月，林则徐被革职查办，自林则徐走后，广东很多地方官吏大都改持与侵华英军"和谈"的态度，但关天培却不为所动，依然坚决主战。为了表示自己宁愿战死沙场，誓不投降的决心，关天培特意在大战前夕，派专人将自己的旧衣服送回故乡与家人诀别，以示至死不渝之志。

1841年1月7日，虎门要塞的沙角、大角炮台都被英军攻陷，守将陈连升等战死，很多清朝官员得到消息后，弃城逃跑，只剩下数百名将士跟随关天培坐镇虎门，坚守要塞，为避免孤军作战，关天培曾多次向两广总督求援，但都没有获得有力的援助。

1841年3月，英军对虎门要塞发起总攻，关天培知道败局已定，难以挽回，于是下定决心，以死报国。关天培亲临镇远炮台指挥，负伤十余处依然亲自开炮还击敌军。

到傍晚时分，英军攻陷了炮台，关天培仍不投降，持刀奋战，被英军砍伤左臂，又被枪弹击中，但他口中仍然大呼杀敌，最后阵亡。

中国的第一个租界建在哪儿？

中国的第一个租界建在上海。1845年，苏松太道宫慕久与英国驻上海的第一任领事巴富尔签订了《上海租地章程》，在上海建立了第一个租界，开创了帝国主义在中国境内划定租界的首例。

1843年10月底，上海正式宣布开埠通商，不久，英国驻上海第一任领事巴富尔到任。他一到上海，就察看地段，想设立租界，向清政府提出土地买卖的要求。但这一要求是当时中国法律所不允许的，一开始就遭到了拒绝。可是巴富尔却大耍赖皮，死缠着上海地方政府不放。直到1845年，苏松太道宫慕久被迫以他的名义，用告示形式，公布了他同巴富尔签订的《上海租地章程》。其中规定："洋泾浜以北，李家庄以南之地，准租与英国商人，为建筑房舍及居住之用。"这样，英国开创了帝国主义在中国境内划定租界的先例，在上海建立了第一个租界。

1845年，上海英租界面积为55.8万平方米。之后英商擅自在租界外面修筑连接租界的马路，又在马路两侧强占土地，建造房屋。1848年英驻沪领事阿礼国，借英国传教士引起的"青浦事件"强迫新任上海台道麟桂，重新修订租地章程，承认既成事实，将租界面积扩展到188公顷。随着帝国主义的入侵，中国在租界内各项主权相继丧失，租界实际上成了帝国主义的变相殖民地。英国驻上海领事阿礼国曾以一个殖民主义者的口吻，毫不隐讳地说："上海租界，是一个独立自主的国家"。

在租界里，中国人遭受百般压迫、侮辱和虐待，上海租界公园门口，竖立着"华人与狗不得入内"的牌子。租界内的娼妓、赌博、贩卖毒品、贩卖人口，是受帝国主义保护的公开行当。在赌场，被诱骗的中国人，把省吃俭用积攒下的钱，输光赌净，甚至倾家荡产，卖妻鬻儿，还有许多人被逼得投江自杀。而挂着"慈善"招牌的上海公济医院，为了让一个头上长满癫痫的洋人"体面"，竟然到街上抓来一个中国人，强行揭去头皮，给洋人移植。更有甚者，租界里的洋巡捕拿中国人当活靶子，练习射击。

当时的租界是帝国主义侵略中国的铁证，并且给租界内的广大中国人民带来了深重的苦难。

被称为"四无"皇帝的是谁?

咸丰帝,名爱新觉罗·奕詝,20岁登基,他是清朝秘密立储继承皇位的最后一位皇帝,被后人称为无远见、无胆识、无才能、无作为的"四无"皇帝。

咸丰帝即位时,满清王朝面临内忧外患的统治危机。1853年3月,太平天国的起义军攻克了南京,并在南京定国建号,与清政府分庭抗礼。咸丰帝对起义军的态度非常明朗,就是坚决镇压。咸丰帝先是采取了一切可以采取的措施:熔化内务府金钟,开捐例,卖官鬻爵,铸大钱,发行官票和钱票,推行厘金制度等,筹措到1亿7千万两军费,而后又拉拢曾国藩等人依靠湘军的力量来奋力消灭太平天国的起义军。

但是祸不单行,列强发起了第二次鸦片战争,不久,英法联军再次大举入侵。当时清军的防御重点在天津大沽口,英法联军在北塘登陆,进而攻占大沽口。随后英法联军攻占天津,并进一步逼近北京。咸丰帝慌忙派遣怡亲王载垣、兵部尚书穆荫为钦差大臣,前往通州与英法联军议和。

英法联军以和谈为幌子,继续组织军队进攻北京,英法联军在通州八里桥击败清军后,开始大举进攻北京城,圆明园、清漪园等处均被英法侵略者焚掠。咸丰帝为了保命,仓皇逃往热河避暑山庄(今河北省承德市),命令恭亲王奕䜣留守北京负责议和事宜。

咸丰帝登基不久就发生了太平天国农民起义,之后就是英法联军进攻北京火烧圆明园,他在重大事件面前优柔寡断、毫无主见、无所决策,并且沉迷于酒色,荒废朝政,宠爱叶赫那拉(即日后的慈禧),误国殃民,留下了千古遗恨。

"铁血女人"指的是大清的哪位皇太后?

孝钦显皇后,叶赫那拉氏,即慈禧太后,她是满洲镶蓝旗人,自幼博学多才,能书善画。1852年,慈禧被选秀入宫,赐号兰贵人,后册封懿嫔,生下咸丰帝唯一的皇子载淳后,母凭子贵被晋封为懿妃,之后又被晋封为懿贵妃。她被称为大清的"铁血女人"。

1861年8月,咸丰帝在热河病逝。由于皇子载淳只有6岁,咸丰帝死前将怡亲王载垣、郑亲王端华、协办大学士尚书肃顺等八人任命为顾命大臣,又把两枚代表皇权的印章交给皇后和懿贵妃,希望他们相互牵制,共辅幼帝。但不料权力欲极强的慈禧对顾命八大臣的专权极为不满,于是联合在京主持和谈的恭亲王奕䜣(咸丰帝的弟弟)发动了辛酉政变,设计铲除了八大臣。由此可见慈禧太后的铁血手腕。到了1861年十二,两宫太后(慈安太后与慈禧太后)御养心殿,垂帘听政,并改年号为"同治"。

慈禧垂帘听政初期,在奕䜣的辅佐下,整饬吏治,重用汉臣,依靠曾国藩、左宗棠、李鸿章等汉族地主武装,先后镇压了太平天国等起义,从而缓解了大清王朝的统治危机,使大清王朝得到了暂时的稳定。

与此同时,为了维护封建专制统治,慈禧还重用了洋务派,以"自强"与"求富"为方针,发展了一些军用和民用工业,训练海军和陆军以加强军事实力,通过洋务运动的开展,清王朝的军事实力有一定程度的提高,工商业也有了初步发展,被清朝统治阶级称为"同治中兴"。

1875年正月,同治帝载淳病逝,慈禧立她的外甥载湉即位,改年号为"光绪",两太后再次垂帘听政,但朝政一直把持在慈禧手里,光绪帝只是一个有名无实的傀儡皇帝罢了。在她垂帘听政的后期,她作为主和派和保守派,与列强签订了一系列不平等条约,使中国彻底走进了半殖民地的深渊。

1908年年底,光绪帝死,慈禧下令立醇亲王载沣之子、年仅3岁的溥仪即位,年号宣统。次日,慈禧太后病死,这位铁血女人终于走完了她辉煌却不光彩的一生。

哪位皇太后的死因成"千古谜团"?

慈安太后,钮祜禄氏,是满洲镶黄旗人,咸丰帝驾崩后,被尊为皇太后,上徽号为"慈安",称为慈安太后,她的死成为清宫的千古谜团。

1860年10月,英法联军侵入北京城,皇后钮祜禄氏跟随咸丰帝从圆明园逃到热河的行宫。

第二年 8 月，咸丰帝驾崩，当时的皇后钮祜禄氏只有 25 岁，因为她没有儿子，便立懿贵妃 6 岁的儿子载淳继承皇位，并尊其生母懿贵妃为圣母皇太后，上徽号为"慈禧"，称为慈禧太后，她自己被尊为慈安太后。

同治、光绪两朝初年，慈安、慈禧两位太后先后两次垂帘听政，慈安太后为人忠厚正直，然而慈禧太后的权欲却极强，到了 1881 年初，慈禧突然身患血崩剧疾，不能临朝主政。因此慈安太后这段时间只能独视朝政，这使得慈禧非常不安。为了除去这个"心腹大患"，慈禧对慈安太后百般诬蔑，言辞颇为激烈，慈安太后为人木讷，又不善与人辩解，恼恨之下，吞鼻烟壶自尽。

对于慈安太后的死还有另一种说法：当年咸丰帝临终时，曾秘密留下了一个遗诏给慈安，让她监督慈禧，如果慈禧"安分守己则已，否则汝可出此诏，命廷臣传遗命除之"。但是慈安为人忠厚老实，竟将此事告诉了慈禧。慈禧为人阴险毒辣，表面上对慈安感激不已，暗地里却早已起了杀机，于是借向慈安进献补药之机，暗下毒药，加以谋害。

另外，民间还有一种说法：慈禧因为与人私通怀孕，为慈安太后察觉，慈安准备废黜慈禧太后的称号，慈禧闻讯，先下手为强，设计毒死了慈安。

然而，上述几种说法皆是出自传闻或野史笔记，并无可靠的史实依据，慈安太后之死始终是个千古谜团，有待于进一步考证分析和进一步研究。

谁是淮军的创始人和统帅？

李鸿章，是晚清军政重臣，淮军的创始人和统帅，也是洋务运动的主要倡导者。

1847 年，李鸿章中进士，并在曾国藩的门下学习，讲求经世之学。到了 1853 年，李鸿章受命回到自己的原籍办团练，并多次领兵与太平军作战。

1860 年，李鸿章开始统率淮扬水师，湘军占领安庆后，曾国藩奏荐说李鸿章"才可大用"，于是李鸿章被命令回到合肥一带招兵募勇。同治元年（1862 年），李鸿章编成淮勇五营，曾国藩以上海系"筹饷膏腴之地"，命令李鸿章率淮勇乘英国轮船抵达上海，自成一军，也就是后来的淮军。

经过曾国藩的举荐，李鸿章很快出任江苏巡抚，他掌握了地方实权之后，开始在江苏地区大力扩军，并采用了西方新式枪炮，使淮军在两年内由 6000 多人迅速增加到六七万人，成为清军中装备精良、战斗力较强的一支地方武装。后来在此基础上，逐渐形成了淮系军阀集团。1863 年和 1864 年，李鸿章率领淮军先后攻陷了苏州、常州等地，与湘军一起镇压了太平天国起义。

由于中外力量对比悬殊的格局，李鸿章逐渐产生了严重的"惧外"思想，因此他在对外关系中始终坚持"委曲求全"的方针。从 19 世纪 60 年代起，李鸿章开始积极筹建新式军事工业，仿造外国船、炮，自此开始开展标榜"自强"的洋务事业，到 19 世纪 70 年代，李鸿章开始进一步扩大洋务事业，从标榜"自强"进而发展到"求富"，以"官督商办"为主要形式，创办了一系列民用企业。李鸿章创办的洋务事业，对中国的近代化发展起到了一定的推动作用。

1870 年，李鸿章继曾国藩任直隶总督兼北洋通商大臣，自此控制北洋达 25 年之久，并参与掌管清政府外交、军事、经济大权，成为清朝末年权势最为显赫的封疆大吏。1901 年 11 月，李鸿章去世，谥号"文忠"，晋封一等侯。

李鸿章是晚清时期权倾一时的重要人物，可以说晚清中国的命运与李鸿章息息相关，李鸿章一生功过参半：他以镇压农民起义起家，他的双手沾满了太平军将士的鲜血；但他又是洋务运动的先驱者，为中国近代化的进程中做出了不可抹除的贡献。

天下不可一日无湖南，湖南不可一日无"谁"？

左宗棠，字季高，号湘上农人，他是晚清重臣，军事家、政治家、著名的湘军将领。时人有"天下不可一日无湖南，湖南不可一日无左宗棠"的赞语。

左宗棠生性聪颖，自幼便胸怀大志，他不仅攻读儒家经典，而且更多的是经世致用之学，他对那些涉及中国历史、地理、军事、经济、水利等内容的名著视为至宝。这对他后来带兵打仗、施政理财起到了很大的作用。

最值得一提的是，名满天下的林则徐对左宗棠也非常器重，两人曾在长沙彻夜长谈，二人对治国大计，尤其是关于西北军政的见解不谋而合。林则徐认定将来"西定新疆"，舍左君莫属，

1852年，太平天国大军围攻长沙，在郭嵩焘等人的劝勉下，左宗棠应湖南巡抚张亮基的邀请，投入到保卫大清江山的阵营中。在左宗棠的建议和帮助下，使得张亮基在太平军围攻长沙3个月后都没有攻打下来，只好撤围北去。之后左宗棠又应湖南巡抚骆秉章的邀请，第二次入佐湖南巡抚幕府，长达6年之久。在此期间，左宗棠殚精竭虑，日夜策划，苦力支撑大局，他革除弊政，开源节流，稳定货币，大力筹措军购。在左宗棠的悉心辅佐和筹划下，不但湖南军政形势转危为安，其他各项工作也取得了显著成效。

1885年7月27日，他病逝福州军中，谥号文襄。

太平天国政权存在了多少年？

鸦片战争以后，清政府将巨额的战争赔款全部以苛捐杂税的形式转嫁到老百姓的身上。加上鸦片和外国商品的大量输入，使中国农村出现了大批游民饥民，引发了多次人民起义，其中最大的就是著名的太平天国运动。太平天国政权共计存在了14年。

1851年1月11日，洪秀全在广西桂平县金田村发动起义，不久，建号"太平天国"，洪秀全正式登基，称"天王"，建立军师和五军主将制，太平天国中央政权至此初步确立。

1853年1月，太平军攻下汉阳、汉口、武昌，然后溯江东下，同年3月20日，太平军攻占南京，改名天京，并以此为都城。为镇压太平天国起义，清政府下令长江南北各省在籍官绅举办团练，协助朝廷镇压太平军，其中最有"成效"的就是湖南湘乡的曾国藩，曾国藩的团练军，称为"湘勇"，也称"湘军"，湘军兴起之后，成为太平军的劲敌。

太平天国定都天京以后，领导者开始追求奢华的生活享受，而且相互争权夺利，互相残杀：北王韦昌辉杀死东王杨秀清，翼王石达开率众连夜逃离天京被清军所杀，洪秀全又下令处死韦昌辉，太平天国从高峰急转直下。

1864年6月1日，洪秀全病逝，幼天王洪天贵福继位。天京失陷后，李秀成带领幼天王突围，不久，李秀成被清军俘虏，被曾国藩杀害，幼天王洪天贵福也被清军搜捕抓获，在南昌被凌迟处死。

1868年1月5日，接受太平天国领导的另一支农民起义军东捻军在扬州东北瓦窑铺也被清军剿灭。同年8月16日，西捻军在山东荏平徒骇河被李鸿章消灭。1869年，最后一支使用太平天国年号的残余捻军袁大魁部在陕北保安被左宗棠消灭。至此，太平天国残余势力全部被清军消灭。

太平天国是中国清朝后期，由洪秀全创立的农民政权，从1851年起兵，到1864年天京陷落为止，其政权共计存在了14年。

太平天国进行的两次大的军事战争是什么？

1853年3月，太平军攻占南京，改名"天京"，并定都在此，随即展开两次大的军事战争——北伐及西征。

1853年5月洪秀全派林凤祥、李开芳、吉文元等率两万多太平军将士北伐，北伐军广大将士英勇奋战，震撼清朝心脏地区，牵制了大量清兵，客观上对太平军西征起到了支持作用。虽然北伐军一度进至天津附近，但终因孤军深入，后援不继，在1855年全军覆没。与此同时，洪秀全派春官正丞相胡以晃、夏官副丞相赖汉英等率战船千余艘，兵员两三万人，自天京溯江而上西征。相比北伐军而言，西征军的进展比较顺利，先后攻下安庆、九江、武昌等地。1854年西征军在湖南遭遇新建立的湘军抵抗，湘军反攻至九江附近。

1856年3月，石达开在江西樟树大败湘军，湘军统帅曾国藩所在的南昌城已经陷入太平军的四面合围之中，南昌城的对外联络全部被切断，但在关键时刻，石达开被调回天京参加解围战，令曾国藩幸免灭顶之灾，同时也失去了消灭湘军的大好时机。1856年六月，太平军攻破清军向荣的江南大营，解天京三年之围，太平天国在军事上达到了全盛时期。但这种繁盛并没有维持很长时间，1856年，太平天国统治内部爆发了严重的争权夺利斗争，大大削弱了太平天国的军事力量。

1864年正月，天京被包围。早在1863年11月，洪秀全就特命干王洪仁玕出京到丹阳、常州、湖州等地去催兵解围，但各处军队因天京无粮都不应命。天京这样大的城池，只有 1 万人防守，加上严重缺粮，2 月，杭州失守。这时候，苏、浙两省从城池撤出的军队都因缺乏粮食，不可能在当地继续作战，3 月下旬，奉诏急救天京的西北远征军从陕西赶回到皖北边境，也因苏、皖地区遍地饿荒，被迫停留，无法抵达天京。

1864 年 7 月天京失守，昔日占领长江中下游富庶地区多年的辉煌变成了泡影，两次大的军事斗争也都以失败告终。

太平天国前期的纲领性文件是什么？

《天朝田亩制度》是太平天国定都天京后，在 1853 年颁布的一个以解决土地问题为中心的、全面的农民革命斗争纲领和社会改革方案，它也是太平天国前期的纲领性文件。

清朝中叶，土地已高度集中，而清朝官吏在粮赋上浮收勒折，大力剥削小户农民，更加剧了土地问题的矛盾。而太平天国颁布的《天朝田亩制度》是封建土地所有制的对立物，受到大多数农民的广泛欢迎。《天朝田亩制度》以解决农民土地问题为中心：它把土地分为九等，好坏平均搭配。然后以户为单位，不分男女按人口平均分配。16 岁以上分全份，15 岁以下分半份。它还绘制了一幅新型社会的蓝图，每个基层单位，建立一个"国库"，凡当收成时，两司马督伍长除足其 25 家每人所食可接新谷外，其余则归国库，各家遇有婚丧嫁娶和生育等事，按规定费用到"国库"领取；鳏寡孤独残废等丧失劳动能力的人，也由"国库"开支抚养。

在政治上，《天朝田亩制度》规定，地方官吏由人民选举，"凡天下每岁一举，以补诸官之缺"。乡官如有贪污不法的，人民可以检举揭发，随时革退。

在对于妇女的问题上，《天朝田亩制度》也有一些进步的规定，妇女和男子同样分配土地和生活资料；妇女可参与军政事务；设置女官，开科取士；在宗教上，妇女和男子都参加拜上帝活动。还提出禁止缠足和买卖婚姻。这样，妇女地位有了显著提高。

《天朝田亩制度》作为太平天国前期的纲领性文件，对太平天国的发展起到一定的积极作用，但真正要在个体劳动、分散经营、农业和手工业相结合的小农经济的基础上废除私有制，并绝对平均分配所有财物，这是一种空想，加上连年征战，在当时的历史条件下是不能实现的。但要实际建立这样一个"有田同耕，有饭同食，有衣同穿，有钱同使，无处不均匀，无人不饱暖"的理想社会，在当时看来，只是一种空想罢了。

太平天国由盛而衰的转折点是什么？

1856 年，太平天国领导层发生严重内讧，引发了天京事变，它是太平天国由盛而衰的转折点。

1851 年，天王洪秀全在"永安建制"时，命其他四王归东王杨秀清节制。在这期间，北王韦昌辉曾因下属犯错而被东王下令杖打，翼王石达开的岳父黄玉昆因公事开罪东王，被杖刑 300，革去爵位及降职，燕王秦日纲及另一高官陈承瑢也因此被东王杖刑。不仅如此，即使是天王，东王杨秀清也多次以假装"天父下凡"来杖刑威吓。由于东王权大，众人都是敢怒而不敢言。

1856 年 6 月，太平军攻破清军向荣的江南大营，解天京三年之围。过了不久，东王称"天父下凡"，召天王洪秀全到东王府。"天父上身"的东王对天王说："你与东王皆为我子，东王有咁天功劳，何止称九千岁？"洪秀全说："东王打江山，亦当是万岁。""天父"又问："东世子岂止千岁？"洪说："东王既称万岁，世子亦当是万岁，且世代皆万岁。""天父"大喜说："我回天矣。"此王韦昌辉在这时请求天王诛杀东王，天王不肯。陈承瑢后来向天王告密，说东王有弑君篡位的企图，天王密诏北王、翼王及燕王铲除东王。

1856 年 9 月 1 日，北王韦昌辉率 3000 精兵赶回天京，当夜在城外与燕王秦日纲会合，陈承瑢开城门接应，众军在凌晨突袭东王府，东王被杀，东王府内数千男女被杀尽。其后北王以搜捕"东党"为名，大杀异己。众多东王部属在弃械后被杀，平民也不能幸免，随后血洗南京城，约 2 万余人被屠杀。

翼王石达开 10 余日后到天京，进城会晤北王韦昌辉，责备滥杀之事，不欢而散，连夜匆忙缒城逃出城外。北王未能捉拿翼王，尽杀其家属及王府部属。翼王从安庆起兵讨伐北王，求天王杀北王以谢天下。天王洪秀全为平息民愤，下令处斩北王韦昌辉，燕王秦日纲及陈承瑢不久也被处死，天京事变告一段落。

天京事变之后，太平天国内人心开始涣散，军事形势逆转，太平天国的控制区大为缩小，即使后来太平军攻下江浙一带，形势上也一直处于下风，最终被清所灭。

大骂清将胜保的太平天国英雄是谁？

陈玉成（1837~1862年），是太平天国后期的重要将领，骁勇善战，被封为英王，被清军逮捕后，大骂清将胜保，表现了坚贞不屈的英雄气概。

1856年天京事变后，为了扭转危局，太平天国将士进行了艰苦卓绝的斗争。洪秀全自任军师，总理国政，积极着手组建新的领导核心。在1858年恢复了五军主将制，陈玉成为前军主将。

1861年4月下旬，陈玉成鉴于安庆被围日紧，又不见李秀成部如期入鄂，遂率主力离鄂回皖。陈玉成弃鄂回皖，经宿松、石牌，于4月27日进至集贤关，逼近围安庆城的湘军曾国荃部，然后分军扎营于城东北的菱湖，与城内守军相呼应。与此同时，天京当局鉴于"合取湖北"以救安庆的计划未能实现，决定派干王洪仁玕、章王林绍璋率兵直接援安庆，定南主将黄文金在进军赣北失利后，也率部自芜湖西援。5月1日，万余人进至桐城新安渡、横山铺、练潭一带，连营30余里，谋与陈玉成部会师，共解安庆之围。

太平天国虽发动进攻，但安庆保卫战还是屡屡失利，9月5日凌晨，湘军于北城轰塌城墙，蜂拥登城，攻入城内，滥肆屠杀。陈玉成的部将叶芸来及平西主将吴定彩与万余守军全部殉难，安庆陷落。

安庆失陷后，陈玉成退守庐州，1862年5月，清将多隆阿围攻庐州，盘踞在寿州已暗投清军的苗沛霖诱劝陈玉成前往寿州，并许以帮助陈玉成攻取河南。陈玉成不听部下的再三劝阻，决意出走寿州，结果中计遭擒。

陈玉成被送往清帅胜保营中左右叫跪，陈玉成大骂道："尔胜小孩，在妖朝第一误国庸臣。本总裁在天朝是开国元勋，本总裁三洗湖北，九下江南，尔见仗即跑。在白云山踏尔二十五营，全军覆灭，尔带十余匹马抱头而窜，我叫饶你一条性命。我怎配跪你？好不自重的物件！"胜保想以荣华富贵来诱降，陈玉成喝道："大丈夫死则死耳，何饶舌也！"

1862年6月4日，陈玉成就义于河南延津，时年25岁。

李秀成为什么被封为忠王？

李秀成（1823~1864年）是太平天国将领，因为他前期战功赫赫，对太平天国忠心耿耿，洪秀全曾经亲书"万古忠义"4个字送他，并晋封他为忠王。

1849年，26岁的李秀成加入了拜上帝教，1851年9月参加太平军，他作战机智勇敢，从一名普通的士兵很快晋升为青年将领。

清朝围困天京时，李秀成和秦日纲、陈玉成等去救咽喉之地镇江，进兵至汤头时，为清兵张国梁所拒，李秀成巧出奇兵，带3000人趁黑夜越过汤头岔河与陈玉成、吴如孝内外夹攻，重创清军，遂解镇江之围。之后李秀成又配合石达开参加破袭江南大营的战斗，屡立战功。

天京事变之后，在"朝无佐政之将"的情况下，洪秀全重建新的领导核心，李秀成被升为副掌率，提兵符令，进入了领导核心。1858年，清军进逼天京，洪秀全任李秀成主持天京解围的战斗，李秀成在滁州东南乌衣与陈玉成合兵击败清军主力德兴阿、胜保部。紧接着奔袭浦口，摧毁江北大营，敌都统德兴阿部被歼1万多人。

在李秀成、陈玉成和清军拼死奋战，不断为太平天国事业立下显赫战功的时候，洪秀全封从香港回到天京还不到一个月、尚无尺寸之功的族弟洪仁玕为干王，总理朝政。接着洪秀全又封陈玉成为英王。清军利用这一时机，指使叛将李昭寿寄书给李秀成，对他进行劝降。洪秀全得知后，立即采取了严厉的防范措施：将李秀成的母妻押当，并下令封江不准李秀成回京。而此时，困守浦口的李秀成在内无军饷支兵，外无援兵相救的情况下，仍坚持与清军进行艰苦的战斗。

李秀成的勇敢作战和忠贞不渝的表现，解除了洪秀全的疑虑。洪秀全亲书"万古忠义"4个字送给李秀成，并晋封为忠王，以表彰他对太平天国革命事业的忠诚和卓越贡献。

谁是中国历史上的女状元？

傅善祥（1833~1856年），是太平天国女状元，也是中国历史上第一位女状元，太平天国有"武有洪宣娇，文有傅善祥"之说。

傅善祥自幼父母不在，是她的兄嫂将她抚养成人，而她也饱学经赋，1853年，太平军定都天京，不久便开设了女科，这是中国历史上破天荒的第一次（以前只开男科状元）。傅善祥冲出世俗偏见，勇敢地报名参加女科考试，结果考中鼎甲第一名，成为中国历史上第一个女状元。

东王杨秀清将傅善祥选入东王府，加以重用，先封她为"女侍史"，后又封为"簿书"。傅善祥文才超群，精通文史，精明强干，负责批阅所有文件、书札，不久又被迁升为"恩赏丞相"，处理太平天国军机大事，制定"天朝田亩制度"，成为天王洪秀全和东王杨秀清在政治上、经济上的得力助手。

傅善祥参加太平军最早，她被任命为丞相后，还为太平天国制定了解放妇女的政策，提倡"男女平等"，"天下女子尽是姊妹之群"，"同心放胆同杀妖"。太平军所到之处，大批受苦受难妇女踊跃参军参战。

傅善祥与在东王府里从事文牍工作的何震川发生了爱意，从此，东王府中又添了一双地下情人。

后来北王韦昌辉一手制造了血腥的天京事变，众将领带兵血洗了东王府，东王杨秀清的亲眷、部下、亲信，大大小小一万余人都丧命在刀剑之下，傅善祥和她的地下爱人何震川却侥幸逃了出去。

太平天国失败后，傅善祥与何震川双双隐姓埋名，住在上海的小里弄里。

太平天国将领中谁被称为"石敢当"？

石达开（1831~1863年），小名亚达，他是太平天国最富有传奇色彩的人物之一，被称为"石敢当"（在我国古代传说中，"石敢当"有灵石可以抵挡一切的意思），他英勇就义后，人们都称其为"奇男子"。

石达开幼年丧父，八九岁起独撑门户，务农经商之余，习武修文不辍，13岁时处事已有成人风范，因侠义好施，常为人排难解纷，年未弱冠即被尊称为"石相公"。

石达开16岁那年，正在广西以传播基督教为名筹备反清起义的洪秀全、冯云山慕名来访，邀其共图大计，石达开慨然允诺，他16岁被访出山，可见其威名。

3年后，石达开毁家纾难，率4000多人参加金田起义，被封为左军主将。这一年他19岁，就开始统帅三军。

1851年12月，太平天国在永安建制，石达开晋封"翼王五千岁"，意为"羽翼天朝"。这时候他刚20岁，就已经被封为王。

1852年西王萧朝贵在湖南长沙阵亡后，太平军在长沙城下陷入清军反包围，形势万分危急。石达开率部西渡湘江，开辟河西基地，缓解了太平军的缺粮之危，又多次击败进犯之敌，取得了"水陆洲大捷"，重挫清军士气。之后，石达开为全军先导，经河西安全撤军，跳出反包围圈，夺取了岳阳，占领了武汉，又自武昌东下金陵，28天就挺进了1800里，战无不胜，攻无不克，令清军闻风丧胆，被称为"石敢当"。

天京事变不久，石达开被清军擒获，1863年6月27日，石达开在成都公堂受审，慷慨陈词，令主审官崇实理屈词穷，无言以对，而后从容就义，临刑之际，神色坦然，身受凌迟酷刑，至死默然无声，观者无不动容，叹为"奇男子"。

石达开是太平天国最富有传奇色彩的人物之一，英勇就义时年仅32岁，有关他的民间传说遍布在他生前转战过的大半个中国，充分表现出他当年深得各地民众爱戴。

谁是太平天国的九千岁？

杨秀清是太平天国重要领袖之一，被天王洪秀全封为五王之一的东王，称"九千岁"，后在1856年的"天京事变"中被杀。

杨秀清父母早亡，年少而孤，后来他接受了太平天国南王冯云山传播的革命思想，逐渐成为太平军有谋略、有胆识的最高军事统帅，是太平军著名的军事家。

1848年，冯云山被捕下狱，洪秀全回广东设法营救。拜上帝会群龙无首，会众成员中有人退缩，有人动摇，拜上帝会面临分裂和瓦解的危险。为了扭转这一严重局面，杨秀清忽生"哑病"，两个月不能言语，他以此作借口，假托天父下凡，自己代天父传言，把自己敏锐的洞察力和宗教迷信巧妙地结合起来，从而做了许多思想工作，澄清了拜上帝会中的许多混乱思想，避免了拜上帝会的瓦解，巩固了革命队伍的团结，成为太平天国准备起义阶段的一次关键性转折。

金田起义后，他忽然开口，自称天父降托，耳聪目明，组织群众，策动起义，指挥军事行动，一切井然有序。此后杨秀清用代天父传言为谋略辑刻成书，发给太平军各级属员学习，从而对太平军的发展壮大起到了良好的催化作用。

太平天国定都天京（今江苏省南京市）后，他又筹划、组织了太平军第一次西征和北伐诸战役，并以其名义与英国公使通信，宣布太平天国的外交政策。1856年，在太平军连破清军江北、江南大营后，他逼洪秀全封他为万岁。

杨秀清战功显赫，位高权重，因居功骄横与天王洪秀全矛盾加剧。洪秀全遂下密诏令领兵在外的韦昌辉、石达开等返天京除杨。韦昌辉率部抵天京后，突袭东王府，诛杀杨秀清全家；而后又有意扩大事态，诛戮杨秀清部属2万余人，逼走石达开，使太平天国元气大伤，史称天京事变。

"九千岁"之名，虽然给他带来无上的荣耀，但最终也为他引来了杀身之祸。

法国发动第二次鸦片战争的借口是什么？

马神甫事件发生于咸丰六年一月二十四日，即1856年2月29日，史称"西林教案"，其与"亚罗号事件"一起成为英法发动第二次鸦片战争侵略中国的借口。

《中法黄埔条约》允许法国在我国通商口岸设立天主教学校，为了进一步取得内地传教的合法地位，实现其利用宗教进行侵略活动的野心，法国开始不断地纵令教士私入内地传教。

1853年，法国天主教神甫马赖非法潜入我国广西西林县，披着宗教外衣，进行侵略活动。他吸收地痞流氓入教，勾结当地官府和土豪，欺压人民，强奸妇女，无恶不作。并纵容包庇教徒马子农、林八等无故在乡间起衅，进行抢掳奸淫，肇事多起。他们作恶多端，而又逍遥法外长达3年之久，激起当地人民极大愤慨，上控省大吏。1856年2月29日，新任西林知县张鸣凤根据村民控呈，调查据实后，将马赖及不法教徒共26人逮捕归案，依法判处马赖及不法教徒2人死刑，其余分别论罪处罚。这个事件被称为"马神甫事件"。

1854年，英国串通法国、美国，凭借中美《望厦条约》、中法《黄埔条约》中有"恐不无稍有不变更之处，应俟12年后两国派员公平酌办"的说法，以利益"一体均沾"为借口，要求清政府修改《南京条约》，法、美也趁机提出修改《黄埔条约》、《望厦条约》的要求，遭到清政府拒绝。当时因为英、法正陷于同俄国争夺黑海出海口的克里米亚战争，无暇以武力东顾中国，而美国也因为兵力有限，无法对华单独一战，三国权作暂时容忍。

之后克里米亚战争以英、法的获胜而告结束，当美国新任驻华公使伯驾提出的修约要求再次遭到清政府的拒绝时，英、法就毫不犹豫地分别以"亚罗号事件"和"马神甫事件"为借口，发动了新的侵华战争。

不仅如此，法国还强迫清政府在西林县城定安镇建起规模较大的天主教堂，定安镇从此成为法国传教士宣传洋教的一个据点。

鉴于"西林教案"曾经是近代中国人民反洋教斗争高潮前奏的特殊历史意义，1994年，广西自治区政府将其列为文物保护单位。

火烧圆明园的罪人是谁？

英国全权大臣额尔金，在英国首相帕麦斯顿的支持下，下令烧毁了圆明园，大火连烧了3天3夜，这座世界名园化为一片废墟。

圆明园位于北京西北郊，建于明朝。1709年，清朝康熙帝把该园赐给四子胤禛（后来的雍正帝），并赐名圆明园。经雍正、乾隆、嘉庆、道光、咸丰5位皇帝150多年的经营，集中了大批物力，役使了无数能工巧匠，倾注了千百万劳动人民的血汗，把它精心营造成一座规模宏伟、景色秀丽的离宫。清朝皇帝每到盛夏就来到这里避暑、听政，处理军政事务，因此也称"夏宫"。

第二次鸦片战争期间，英法联军攻入北京，1860年10月6日，占领圆明园。从第二天开始，军官和士兵就疯狂地进行抢劫和破坏。为了迫使清政府尽快接受议和条件，英国公使额尔金、英军统帅格兰特以清政府曾将英法被俘人员囚禁在圆明园为借口，命令米启尔中将于十月十八日率领侵略军3500余人直趋圆明园。

英法侵略军把圆明园抢劫一空之后，为了销赃灭迹，掩盖罪行，英国全权大臣额尔金在英国首相帕麦斯顿的支持下，下令烧毁圆明园，大火连烧三昼夜，使这座世界名园化为一片废墟。

火烧圆明园，这是人们说惯了的一个说法。其实，火烧圆明园的真正概念，不仅是火烧圆明园，而是火烧京西皇家三山五园，焚毁的范围远远比圆明园大得多。

火烧圆明园这场浩劫，正如法国著名作家雨果所描绘和抨击的那样：有一天，两个强盗闯进了夏宫，一个进行抢劫，另一个放火焚烧。他们高高兴兴地回到了欧洲，这两个强盗，一个叫法兰西，一个叫英吉利。他们共同"分享"了圆明园这座东方宝库，还认为自己取得了一场伟大的胜利！

一代名园圆明园的毁灭，既是西方侵略者野蛮摧残人类文化的见证，又是文明古国落后就会挨打的铁证。

我国近代史上字数最少的不平等条约是什么？

《瑷珲条约》是中国近代史上字数最少的不平等条约，但却是导致中国丧失领土最多的一个条约。

当英法联军进攻天津，直接威胁北京的关键时刻，早已接奉沙皇关于对中国"可以武力逼其就范"御令的穆拉维约夫，亲率大兵，在炮艇护送下，赶到瑷珲，提出要与清政府黑龙江将军奕山，就重划中俄边界问题进行谈判，想趁火打劫。

昏聩怯战的奕山将军招架不住俄军的强势，只好在丧权辱国的《瑷珲条约》上签字画押。《瑷珲条约》共三款：第一，将黑龙江以北、外兴安岭以南的60多万平方千米的中国领土，划归"俄罗斯所属之地"；只将黑龙江左岸的"江东64屯"划归中国人"居住"，归中国管辖。第二，将乌苏里江以东40多万平方千米的中国领土，划为中俄"共管区"。第三，赋予沙俄在黑龙江、松花江和乌苏里江上，有自由航行权，并在这一地带享有自由贸易权。

《瑷珲条约》是沙俄利用第二次鸦片战争中英法联军威胁北京的"有利"时机，强迫与清政府订立的中俄间第一个不平等条约。俄国先后强迫清王朝签订了一系列不平等条约，抢占了黑龙江流域，包括黑龙江以北、外兴安岭以南、乌苏里江以东至库页岛在内的150多万平方千米的大片领土。

谁是大清王朝的第一个傀儡皇帝？

爱新觉罗·载淳，即同治帝，他是清朝入关之后的第八位皇帝。他为人执拗任性，刚愎自用，因为受制于慈禧太后，成为清朝第一个傀儡皇帝。

1861年8月21日，咸丰帝病危，他命人代写遗诏，立载淳为皇太子，尊载淳生母那拉氏即慈禧和钮祜禄氏即慈安为皇太后。第二天，咸丰帝去世，6岁的载淳即位，改年号为同治。同治帝即位之初，清政府正在利用湘军并借列强的力量镇压太平天国起义。1864年，太平天国运动被镇压下去，接着李鸿章率领淮军也将捻军镇压了下去。

由于慈禧太后贪恋权力，她以同治帝"典学未成"为借口，一再拖延同治帝的亲政时间。一直到1872年10月16日，慈禧才为17岁的儿子载淳举行了大婚典礼。同治帝的婚姻是个大问题，关于谁做皇后，两宫皇太后意见不一：慈安太后提议以侍讲崇绮之女阿鲁特氏为皇后，慈禧太后则主张以侍郎凤秀之女富蔡氏为皇后。同治帝本人比较喜欢前者，遂以阿鲁特氏为皇后，富蔡氏为慧妃。

从19世纪60年代开始，曾国藩、李鸿章、左宗棠等人办起了洋务运动。洋务运动以建立新式军备为中心，并创办了一些为它服务的民用工业、交通运输业。洋务运动和镇压太平天国运动给面临危亡的大清王朝赢来了"中兴"。虽然这些事都发生在同治朝，但这一切都与同治帝毫无关系。同治幼年时，政事由两宫太后全权管理，同治帝只是读书学习。

同治皇帝在位 13 年，前 12 年都是在两太后垂帘的情况下虚坐龙椅，最后只亲政了 1 年。在他亲政的 1 年里，他处理了一些外交事务。1875 年 6 月 13 日，同治帝在紫光阁接见日本特派大使。在此之后，俄国、美国、英国、荷兰等国公使均向他递交了国书。第二年 3 月 29 日，同治帝派福建船政大臣沈葆桢赴台湾部署防务，抵御日本侵略。后来通过谈判，与日本订立的《北京专款》规定：日本撤出台湾，清政府赔偿白银 50 万两。因此可以说，同治帝在外交方面还算有一些成绩。

1875 年 1 月 12 日，同治帝患天花病逝，终年 19 岁，这位大清的第一位傀儡皇帝是清朝 12 位皇帝中寿命最短的一个。死后葬在惠陵（今河北省遵化市西北），谥号毅皇帝，庙号穆宗。

慈禧太后是清朝"同治中兴"的"功臣"吗？

慈禧太后即孝钦显皇后，又称"西太后"、"那拉太后"、"老佛爷"，她是咸丰帝的妃子，同治帝的生母，光绪帝的养母。慈禧自幼博学多才，能书善画，书法擅长行书、楷书，绘画有花卉等传世。在政治上，她也是"同治中兴"的功臣。

咸丰帝死后，她的儿子载淳即位，咸丰帝死前指定的顾命八大臣企图专权，致使权欲极强的慈禧非常不满，在咸丰帝的弟弟恭亲王奕䜣的帮助下，慈禧太后利用帝后和咸丰帝的梓宫回京的机会，发动了辛酉政变，逮捕了顾命八大臣，并判处怡亲王载垣、郑亲王端华自裁，肃顺斩立决，其他人革职，一举粉碎了八大臣势力。而帮她发动辛酉政变的奕䜣则被封为议政王。

1861 年十二月初二日，慈禧太后御养心殿，垂帘听政，并改年号为"同治"。她执政初期，在议政王奕䜣的辅佐下，整饬吏治，重用汉臣，依靠曾国藩、左宗棠、李鸿章等汉族地主武装，又在列强支持下，先后镇压了太平天国等起义，缓解了清王朝的统治危机，使清王朝得到暂时稳定。

为了维护封建专制统治，她又重用洋务派，以"自强"和"求富"的方针，发展一些军用、民用工业，训练海军和陆军以加强政权实力。但是由于慈禧对西方先进的科学技术知之甚少，她也作出很多愚蠢的决定，阻碍了洋务运动的进行。但无论如何，洋务运动在客观上对中国的近代化起到了一定积极作用。

这一时期，国内起义被平定，两次鸦片战争暂时满足了列强的贪欲，外交上没有吃大亏。洋务运动后清王朝的军事实力有所提高，工商业有了初步发展，被清朝统治阶级称为"同治中兴"。

慈禧太后作为"同治中兴"的功臣，虽然没有从根本上挽救大清王朝，但她所支持的洋务运动，对中国近代工业的发展起到一定的积极作用。